अधिकतम सफलता

अधिकतम सफलता

सफलता पाने की रणनीतियाँ और योग्यताएँ, जो आपकी छिपी हुई शक्तियों के दरवाज़े खोल देंगी!

ब्रायन ट्रेसी

अनुवाद : डॉ. सुधीर दीक्षित, रजनी दीक्षित

MANJUL

मंजुल पब्लिशिंग हाउस

MANJUL

मंजुल पब्लिशिंग हाउस

कॉरपोरेट एवं संपादकीय कार्यालय

• द्वितीय तल, उषा प्रीत कॉम्प्लेक्स, 42 मालवीय नगर, भोपाल-462003

विक्रय एवं विपणन कार्यालय

• सी-16, सेक्टर 3, नोएडा, उत्तर प्रदेश - 201301, इंडिया

वेबसाइट : www.manjulindia.com

वितरण केन्द्र

अहमदाबाद, बेंगलुरू, भोपाल, कोलकाता, चेन्नई,
हैदराबाद, मुम्बई, नई दिल्ली, पुणे

ब्रायन ट्रेसी द्वारा लिखित मूल अंग्रेजी पुस्तक
मैक्सिमम अचीवमेंट - स्ट्रैटज़ीज ऐंड स्किलस् दैट विल अनलॉक यॉर हिडन पावर्स टु सक्सीड का हिन्दी अनुवाद

Maximum Achievement by *Brian Tracy* - Hindi Edition

यह हिन्दी संस्करण 2010 में पहली बार प्रकाशित
10वीं आवृत्ति 2022

ISBN 978-81-8322-149-8

हिन्दी अनुवाद : डॉ. सुधीर दीक्षित, रजनी दीक्षित

मुद्रण व जिल्दसाज़ी : पार्कसन्स ग्राफ़िक्स प्रा.लि.

यह पुस्तक प्रेम सहित मेरी पत्नी बारबरा को समर्पित है,

सबसे अच्छी दोस्त, पत्नी, माँ और जीवनसाथी

जिसकी मैं कल्पना भी नहीं कर सकता था।

ईश्वर तुम पर कृपा करे और तुम्हें हर चीज़ के लिए धन्यवाद।

तुमने मुझे सचमुच ख़ुशनसीब बना दिया।

विषय सूची

आभार

पुस्तक लिखना बड़ी मेहनत का काम है, ख़ास तौर पर तब जब आप ऐसा पहली बार कर रहे हों। इसमें बरसों के शोध और अनुभव की ज़रूरत होती है, फिर महीनों या सालों तक लिखने काट-छाँट करने और दोबारा लिखने की ज़रूरत होती है। यह पुस्तक मेरे हज़ारों घंटों के सेमिनारों की देन है और हज़ारों लोगों के अनगिनत सुझावों की भी, जिनके साथ मुझे बरसों तक काम करने का सौभाग्य मिला है।

मेरी ज़िंदगी व्यक्तिगत और व्यावसायिक विकास की एक लंबी, सतत प्रक्रिया रही है। मैंने हज़ारों पुस्तकें और लेख पढ़े हैं, हज़ारों ऑडियो कैसेट सुने हैं और असंख्य कोर्सों तथा सेमिनारों में हिस्सा लिया है। जैसा टेनिसन ने "युलिसिस" शीर्षक की कविता में कहा है, "मैं उन सबका हिस्सा हूँ, जिनसे मैं मिला हूँ।" मैं असंख्य लोगों से प्रभावित हुआ हूँ, लेकिन मैं उनमें से कुछ को ख़ास तौर पर धन्यवाद देना चाहता हूँ, जिनकी बदौलत मैं यह पुस्तक लिख सका।

सबसे पहले, मैं उन लोगों को धन्यवाद देना चाहूँगा, जिन्होंने बरसों तक मेरे सेमिनारों और भाषणों में शिरकत की। उनसे मिली जानकारी, अवलोकन और अनुभव मेरे लिए बहुत मूल्यवान हैं और उनसे मुझे यह पुस्तक लिखने में काफ़ी मदद मिली है। आप जानते हैं कि आप कौन हैं और आपके प्रति मेरी कृतज्ञता असीम है!

ख़ास तौर पर मैं स्वर्गीय जॉन बॉयल को धन्यवाद देना चाहता हूँ, जिन्होंने मेरी आँखें खोल दीं और मुझे दिखाया कि मस्तिष्क बेहद शक्तिशाली होता है और हमारे साथ होने वाली हर चीज़ को यही तय करता है। आम व्यक्ति की क्षमता के बारे में अद्भुत ज्ञान देने के लिए मैं अर्ल नाइटिंगेल को धन्यवाद देता हूँ। साथ ही, डेनिस वेटली को भी, जिन्होंने अपने ऑडियो कैसेट *साइकोलॉजी ऑफ़ विनिंग* में सफलता के सिद्धांतों का निचोड़ पेश किया है। मेरे चिंतन पर कई अद्भुत

चिंतकों, लेखकों और वक्ताओं का भी प्रभाव पड़ा है, जैसे स्टीफ़न कवी, केन ब्लैंचर्ड, टॉम पीटर्स, ज़िग ज़िग्लर, जिम रॉन, एंथनी रॉबिन्स और वेन डायर।

मैं नाइटिंगेल-कॉनैन्ट कॉरपोरेशन के अपने दोस्तों विक कॉनैन्ट, केविन मैकेनली, माइक विलबॉन्ड और जिन स्कैक्टर का बहुत एहसानमंद हूँ, जिन्होंने इन विचारों की ऑडियो रिकॉर्डिंग की गुणवत्ता सुनिश्चित करने के लिए बरसों तक मेरे साथ मेहनत की।

मैं ख़ास तौर पर अपने सेमिनार के प्रायोजकों जॉन हैमंड, डैन ब्रैटलैंड, जिम कॉफ़मैन और सुआन सैंडेज़ के प्रति कृतज्ञ हूँ, जिन्होंने कई सालों तक उत्तर अमेरिका के हर प्रमुख शहर में मेरे सार्वजनिक सेमिनार आयोजित कर इन सिद्धांतों को हज़ारों लोगों तक पहुँचाया।

मेरी कंपनी में बहुत से ऐसे लोग थे और हैं, जिन्होंने मेरी बहुत मदद की। विक्टर रिज़लिंग को हार्दिक धन्यवाद, जिन्होंने मेरे साथ बरसों तक सड़क पर काम किया, जल्दी जागे, देर से सोए और मेरे करियर के शुरुआती दौर में अपना अमूल्य योगदान दिया। मैं अपने वीरत और पार्टनर माइकल वोल्फ़, मेरी मार्केटिंग डायरेक्टर डोना विलेरिली, मेरी एक्ज़ीक्यूटिव असिस्टेंट्स और सेक्रेटरीज़, मैविस हैनकॉक और शर्ली व्हेटस्टोन को भी धन्यवाद देना चाहता हूँ, जो अगर पांडुलिपि बार-बार टाइप नहीं करतीं, तो यह पुस्तक कभी पूरी नहीं हो पाती।

मैं साइमन एंड शुस्टर के अपने दोस्तों को धन्यवाद देना चाहता हूँ, ख़ासकर मेरे संपादक बॉब बेंडर को, जिन्होंने पांडुलिपि की तैयारी में हौसला बढ़ाया और प्रोत्साहन दिया। उनके बिना यह पुस्तक संभव ही नहीं होती। शायद इस पूरी प्रक्रिया में सबसे महत्वपूर्ण भूमिका मेरी लिटरेरी एजेंट मार्ग्रेट मैकब्राइड ने निभाई, जिन्होंने मुझमें और मेरे काम में आस्था दिखाकर वह चिंगारी सुलगा दी, जिससे इस पुस्तक के लेखन की लौ जली। मार्ग्रेट आपको धन्यवाद।

मैंने ज़िंदगी में एक बहुत महत्वपूर्ण सबक़ यह सीखा है कि इंसान कोई भी बड़ा काम अकेले नहीं करता। हम सभी लगभग हर चीज़ के लिए दूसरों पर निर्भर हैं। मैं बहुत सारे लोगों को धन्यवाद देना चाहता हूँ, लेकिन जगह कम पड़ जाएगी, इसलिए मैं अपनी अद्‌भुत पत्नी बारबरा को धन्यवाद देकर आभार का अध्याय समाप्त करता हूँ। बारबरा, तुम्हें हर चीज़ के लिए धन्यवाद, ख़ास तौर पर महीनों तक धैर्य के साथ मुझे बर्दाश्त करने के लिए, जब मैं इस पुस्तक को पूरा करने में जुटा हुआ था। साथ ही मेरे प्यारे बच्चों, क्रिस्टीना, माइकल, डेविड और कैथरीन को भी, जिन्हें काफ़ी दिनों तक मैं पर्याप्त समय नहीं दे पाया। मैं वादा करता हूँ कि मैं उस कमी की भरपाई कर दूँगा।

प्रस्तावना

आप जो सिस्टम सीखने जा रहे हैं, उससे आपकी ज़िंदगी बदल सकती है। इस पुस्तक में विचारों, विधियों और तकनीकों का ऐसा अनूठा मिश्रण है, जो पहली बार एक जगह पेश किया जा रहा है। बहरहाल, इस सिस्टम के विचार नए नहीं, बल्कि अजर-अमर हैं। इन्हें तो इंसान ने हर युग में सीखा है और बार-बार सीखा है। लाखों स्त्री-पुरुषों ने इन सिद्धांतों और तकनीकों की जाँच की है और इन्हें कारगर पाया है। इन्हीं विचारों पर अमल करके हर महान सफलता पाई गई है।

अगर आप इन विचारों और विधियों पर अमल करेंगे, तो आप ज़्यादा ख़ुश, स्वस्थ और आत्म-विश्वासी महसूस करेंगे। आपको शक्ति, उद्देश्य और अपनी दिशा का बेहतर एहसास होगा। आप ज़्यादा सकारात्मक व एकाग्रचित्त बन जाएँगे। आप अपने लक्ष्यों को हासिल करने में ज़्यादा समर्थ बनेंगे। अपने जीवन के महत्वपूर्ण लोगों के साथ आपके संबंध मधुर हो जाएँगे। आप अपने करियर में ज़्यादा कामयाब होंगे और अपने बारे में अद्भुत महसूस करेंगे।

इस पुस्तक में आप अपनी गहराई में मौजूद क्षमता के निष्क्रिय विशाल भंडारों का ताला खोलना सीखेंगे। हर अध्याय में दिए गए अभ्यास करने से आपको उल्लेखनीय परिणाम मिलेंगे, जो आपके प्रयासों की तुलना में बहुत ज़्यादा होंगे। आपका जीवन सफलता, उपलब्धि और ख़ुशी की ऐसी बुलंदी पर पहुँच जाएगा, जिसकी शायद आपने कभी कल्पना तक नहीं की होगी।

एक सरल उपमा देना चाहूँगा। ज़िंदगी ''कॉम्बिनेशन लॉक'' की तरह होती है, बस इसमें अंक ज़्यादा होते हैं। अगर आप सही क्रम में सही नंबर घुमाएँगे, तो ताला खुल जाएगा। यह चमत्कार नहीं है और यह भाग्य पर भी निर्भर नहीं है। इससे भी कोई फ़र्क़ नहीं पड़ता है कि आप कौन हैं। शर्त सिर्फ़ यह है कि आपके पास सही नंबर होना चाहिए। इसी तरह अगर विचारों और कार्यों का तालमेल सही

है, तो आप लगभग हर वह चीज़ हासिल कर सकते हैं, जिसे आप सचमुच चाहते हैं। आपको इस पुस्तक में यह सही तालमेल मिल सकता है, बशर्ते आप उसकी तलाश करें।

इसी सिद्धांत पर चलकर सेहत, दौलत, ख़ुशी, सफलता और मानसिक शक्ति भी हासिल की जा सकती है। अगर आप सही क्रम में सही काम करते हैं, तो आपको मनचाहे परिणाम मिलेंगे। अगर आप सटीकता से तय कर लेते हैं कि आप क्या चाहते हैं, तो फिर आप पता लगा सकते हैं कि दूसरों ने उस चीज़ को पहले कैसे हासिल किया है। अगर आप वही काम करते हैं, जो उन्होंने किए हैं, तो आपको भी उन्हीं जैसे परिणाम मिल जाएँगे। पक्की गारंटी है।

"सफलता का रहस्य" इतना सरल है कि ज़्यादातर लोग इसे नज़रअंदाज़ कर देते हैं। आप जो चाहते हैं, उसे पा सकते हैं, बशर्ते आप उसे शिद्दत से चाहें और इसके साथ ही लंबे समय तक लगन से उसका पीछा करने और ऐसे काम करने के इच्छुक हों, जिनकी बदौलत दूसरों ने वही चीज़ें हासिल की हैं।

इससे कोई फ़र्क़ नहीं पड़ता कि आप जवान हैं या बूढ़े, पुरुष हैं या महिला, श्वेत हैं या अश्वेत। इससे भी कोई फ़र्क़ नहीं पड़ता कि आप अमीर परिवार में पैदा हुए हैं या ग़रीब घर से आए हैं। प्रकृति तटस्थ है। यह व्यक्तियों में भेदभाव नहीं करती। यह किसी पर भी कृपा नहीं करती। यह तो आपको वही लौटाती है, जो आप इसमें बोते हैं; न कम न ज्यादा। और आप यह तय कर सकते हैं कि आप क्या बोएँ।

गेटे ने एक बार लिखा था, "प्रकृति मज़ाक़ नहीं समझती है। यह हमेशा सच्ची है, हमेशा गंभीर है, हमेशा कठोर है। यह हमेशा सही है। सारी ग़लतियाँ और भूलें हमेशा इंसान ही करता है। इंसान प्रकृति के महत्व को नहीं समझता, इसलिए वह उसका तिरस्कार करती है। प्रकृति सिर्फ़ उपयुक्त, पवित्र और सच्चे लोगों के सामने ही विवश होती है और अपने रहस्य उजागर कर देती है।"

असफल लोगों को इस विचार को स्वीकार करने में काफ़ी मुश्किल होती है, क्योंकि वे अपने जीवन के परिणामों के कारणों की तलाश आदतन बाहर करते हैं। लेकिन प्रमाण हमारे चारों तरफ़ हैं। जहाँ भी आप नज़र डालें, हर पृष्ठभूमि के लोग नज़र आ जाएँगे - जवान और बूढ़े, श्वेत और अश्वेत, शिक्षित और अशिक्षित - जो महान चीज़ें हासिल करते हैं और समाज में मूल्यवान योगदान देते हैं।

साथ ही, आप ऐसे लोगों को भी देख सकते हैं, जिनके पास अच्छी पृष्ठभूमि

और शिक्षा का हर लाभ मौजूद होने के बावजूद उनकी ज़िंदगी गोल-गोल घूम रही है। वे ऐसी नौकरियाँ कर रहे हैं, जिन्हें वे पसंद नहीं करते हैं; ऐसे संबंधों में रह रहे हैं, जिनमें उन्हें आनंद नहीं मिल रहा है और वे सफलता तथा सुख पाने की अपनी क्षमता से काफ़ी नीचे काम कर रहे हैं।

ख़ुश और सफल बनने यानी जीवन में अपनी मनचाही चीज़ें पाने का तरीक़ा यह है कि आप तालों के कॉम्बिनेशन पता करें । ख़ुशक़िस्मती की उम्मीद में ज़िंदगी का डायल उस तरह न घुमाएँ, जैसे आप स्लॉट मशीन खेल रहे हों। इसके बजाय अध्ययन करें और उन लोगों का अनुसरण करें, जो पहले ही वह काम कर चुके हों, जिसे आप करना चाहते हैं और वे परिणाम हासिल कर चुके हों, जिन्हें आप हासिल करना चाहते हैं।

यह पुस्तक इसी बारे में है। इसमें इंसान द्वारा व्यक्तिगत सफलता के बारे में आज तक खोजी गई सारी सर्वश्रेष्ठ बातें हैं। सब कुछ एक ही जगह पर है और सरल भाषा में व्यक्त किया गया है। बस इसे कर्म में तब्दील करने भर की देर है। यह सिस्टम आपको ज़िंदगी के लगभग हर क्षेत्र के तालों का कॉम्बिनेशन बता देगा।

ये विचार कारगर हैं, यह मैं दो प्रमुख कारणों से जानता हूँ। पहला कारण, मैंने कई बरसों तक उनकी जाँच की है और ग़लतियाँ कर-करके उन्हें सीखा है और अचूक बनाया है। दूसरा कारण, मैंने यह सिस्टम दस लाख से ज़्यादा लोगों को सिखाया है और जिसने भी गंभीरता से अपने जीवन में इस पर अमल किया है, उसे सफलता मिली है।

कुछ लोग क़ानून का अध्ययन करते हैं और कुछ इंजीनियरिंग का। कुछ लोग अख़बार में खेल का पन्ना पढ़ते हैं और फ़ुटबॉल, बेसबॉल या बास्केटबॉल के विशेषज्ञ बन जाते हैं। बाक़ी लोग कुकिंग, इतिहास, डाक टिकट, कंप्यूटरों या हज़ारों अन्य विषयों के बारे में सीखने में कई घंटों का निवेश करते हैं। मैंने सफलता का अध्ययन किया है, इसके सभी रूपों में।

बचपन से ही मैं जानना चाहता था कि कुछ लोग बाक़ी लोगों से ज़्यादा सफल क्यों होते हैं। मैं अपने चारों ओर दौलत, ख़ुशी और प्रभाव की असमानताएँ देखकर हैरान होता था। मेरे दिल की गहराई में कोई चीज़ कहती थी कि इस असमानता के पीछे कोई न कोई कारण तो होगा। और मैंने उन कारणों का पता लगाने का संकल्प कर लिया।

मैं एक ग़रीब परिवार में जन्मा था और मुझे यह बात पसंद नहीं थी। मेरे पिता के पास नियमित रोज़गार नहीं था और हमारे पास सिर्फ़ अनिवार्य ज़रूरतों

को पूरा करने लायक पैसे ही होते थे। शुरू के दस साल तक मैंने परोपकारी संस्थाओं से दान में मिले कपड़े पहने।

बड़ा होते समय मुझमें व्यवहार की समस्या भी थी। मैं हमेशा किसी न किसी तरह की मुश्किल में फँस जाता था। मैं नाराज़ था और ज़िंदगी पर अपनी भड़ास निकाल रहा था। बहरहाल, मैं यह नहीं जानता था कि मैं ऐसा क्यों कर रहा हूँ। मुझे कई बार सस्पेंड किया गया और दो हाई स्कूलों ने तो मुझे स्कूल से निकाल भी दिया। सातवें से बारहवें ग्रेड तक मुझे जितनी बार सज़ा मिली, उतनी स्कूल में किसी भी विद्यार्थी को नहीं मिली होगी।

मैं हाई स्कूल में फ़ेल हो गया और आख़िरी साल तो सात में से छह विषयों में फ़ेल हुआ। मैंने अपनी पहली असल नौकरी एक छोटे होटल में की, जहाँ मैं किचन में बर्तन माँजता था। उसके बाद मैं मेहनत-मज़दूरी के एक काम से दूसरे तक भटकता रहा। मैं परिस्थिति के हिसाब से बोर्डिंग हाउस, छोटे होटल या एक कमरे के अपार्टमेंट में रहता था। कभी-कभार तो मुझे मजबूरन अपनी कार में या पास ज़मीन पर सोना पड़ा।

मैंने आरा मिलों में काम किया, लकड़ी चीरी। कुछ समय तक मैंने कुएँ खोदने का काम भी किया। मैंने मकान बनाने वाले मज़दूर का काम किया और एक फ़ैक्ट्री की असेंबली लाइन में भी काम किया। इक्कीस साल की उम्र में मुझे नॉर्वे के एक फ्रेटर पर गैली बॉय का काम मिल गया और मैं दुनिया देखने चल दिया। अगले कुछ सालों में मैंने तब तक यात्रा की, जब तक कि मेरे सारे पैसे ख़त्म नहीं हो गए। फिर मैं घूमने लायक पैसे जमा करनें के लिए दोबारा मेहनत-मज़दूरी करने लगा।

तेईस साल की उम्र में भी मैं मज़दूरी ही कर रहा था। दिन में मैं खेत पर मज़दूरी करता था और रात को किसान के खलिहान में भूसे के ढेर पर सोता था। जब मुझे मज़दूरी का काम मिलना बंद हो गया, तो मैं सेल्स लाइन में कमीशन पर काम करने लगा। हर रात को मुझे भुगतान मिलता था, ताकि मैं कुछ खा-पी सकूँ और अपने मकान का किराया दे सकूँ।

इन शुरुआती अनुभवों ने मुझे ज़िंदगी के बारे में बहुत कुछ सिखाया। बहरहाल, मैं लगातार उस सवाल का जवाब खोजता रहा, "कुछ लोग बाक़ी लोगों से ज़्यादा सफल क्यों होते हैं?"

मैं बहुत पढ़ता था। मुझमें जानने और, समझने की गहरी जिज्ञासा थी। मैं हर वह चीज़ पढ़ता था, जिससे मुझे अपने चारों तरफ़ हो रही चीज़ों का मतलब समझने में मदद मिल सके। मैं अजीबोग़रीब अंदाज़ में डॉन क्विग्ज़ोट की तरह

पवनचक्कियों पर तलवार चला रहा था, लेकिन हमारे बीच एक बड़ा फ़र्क़ था।

मैं बहुत व्यावहारिक था। मैं कुछ ख़ास चीज़ों के सटीक कारण खोज रहा था, ताकि मुझे तत्काल बेहतर परिणाम मिल सकें। हवाई या अमूर्त सिद्धांतों के लिए मुझमें ज़रा भी धैर्य नहीं था। हर नए विचार के बारे में मेरा इकलौता सवाल होता था, "क्या यह कारगर है ?"

सेल्स लाइन में, मैंने कई महीनों तक पहिए घुमाए, जब तक कि मैं यह नहीं पूछने लगा, "कुछ सेल्समैन बाक़ी सेल्समैनों से ज़्यादा सफल क्यों होते हैं ?" मैं पूरे दिल से इस सवाल का जवाब खोजने में जुट गया। मैंने सेल्स संबंधी हर उपलब्ध पुस्तक पढ़ी, हर ऑडियो टेप सुना और हर प्रशिक्षण सेमिनार में हिस्सा लिया। मैंने शीर्षस्थ सेल्समैनों से पूछा कि वे कैसे बेचते हैं और उन समस्याओं को सुलझाने के लिए क्या करते हैं, जो सेल्समैनों के सामने लगातार आती रहती हैं।

मैंने हर सही लगने वाली चीज़ को आजमाकर देखा। मैं बीच रास्ते में धीरे-धीरे सुधार भी करता गया। परिणाम यह हुआ कि धीरे-धीरे मेरी बिक्री बढ़ने लगी। छह महीने के भीतर ही मैं अपनी कंपनी का टॉप सेल्समैन बन गया। जल्द ही मैं दूसरे सेल्समैनों को सिखाने लगा कि मेरी सफलता का राज़ क्या है। मैंने जिन लोगों को सिखाया, उनमें से कई बाद में शीर्षस्थ सेल्समैन बनने में सफल हुए।

जब मैं मैनेजमेंट के क्षेत्र में पहुँचा, तो मैंने हर उपलब्ध चीज़ पढ़ी, ताकि मैं दूसरों की मदद से नतीजे पाने में ज़्यादा असरदार बन सकूँ। अपनी सीखी बातों पर अमल करके मैंने एक सेल्स संगठन बना लिया, जिसमें छह देशों में 95 लोग थे जो हर महीने नए बिज़नेस से लाखों डॉलर कमा रहे थे।

जब मैंने रियल एस्टेट डेवलपमेंट के क्षेत्र में जाने का फ़ैसला किया, तो मैंने एक बार फिर पुस्तकों का सहारा लिया। रियल एस्टेट डेवलपर का लाइसेंस लेने के बाद मैंने उस विषय पर मिलने वाली हर पुस्तक पढ़ डाली। मैंने पहले कभी रियल एस्टेट डेवलपमेंट का काम नहीं किया था, इसलिए अपने पहले प्रोजेक्ट के लिए मैंने ऑप्शन, फ़ाइनैंसिंग, लीज़िंग का इस्तेमाल किया और तीस लाख डॉलर का शॉपिंग सेंटर बनाकर बेचा। मैंने पढ़कर और सफल डेवलपर्स से सवाल पूछकर हर ज़रूरी जानकारी हासिल की।

अगले पाँच साल तक मैंने कई मिलियन डॉलर की व्यावसायिक, औद्योगिक और आवासी जायदाद ख़रीदी, उसका नियोजन किया, उसे डेवलप किया, लीज़ पर उठाया और बेचा।

मैं किराए के फ़र्नीचर वाले एक बेडरूम के छोटे से अपार्टमेंट में रहता था। वहाँ से निकलकर मैं अपने ख़ुद के कॉन्डोमिनियम में पहुँचा। उसके बाद एक मकान

में। और फिर उससे भी ज़्यादा बड़े मकान में, जिसमें स्विमिंग पूल और तीन कारों का गैरेज था।

अच्छी तरह जीना सीखने के लिए मैंने सेल्स, मैनेजमेंट और बिज़नेस के क्षेत्रों का अध्ययन किया। मैंने रात को पढ़ाई करके हाई स्कूल पूरा किया और पत्राचार पाठ्यक्रम का सहारा लिया। अपने अनुभव और स्कॉलैस्टिक एप्टीट्यूड टेस्ट में ऊँचे स्कोर लाने की वजह से मुझे एग्ज़ीक्यूटिव एमबीए प्रोग्राम में दाख़िला मिल गया। अगले तीन साल तक मैंने बिज़नेस सिद्धांतों का अध्ययन किया और रणनीतिक नियोजन व मार्केटिंग में डिग्री हासिल की।

इसके बाद मैं मैनेजमेंट कनसल्टेंट बन गया। यहाँ मैंने अपने ज्ञान और अनुभव की बदौलत अपने ग्राहकों के लिए कई मिलियन डॉलर कमाए या बचाए।

ख़ुशी का विषय हमेशा से मुझे आकर्षित करता था और मैं जानना चाहता था कि कुछ लोग बाक़ी लोगों से ज़्यादा ख़ुश और संतुष्ट क्यों रहते हैं। इस सवाल का जवाब जानने के लिए मैंने मनोविज्ञान, दर्शनशास्त्र, धर्म, मेटाफ़िज़िक्स, प्रेरणा और व्यक्तिगत कामयाबी का अध्ययन किया।

अपने व्यक्तित्व की समस्याओं से निबटने के लिए मैंने मानवीय संबंधों, पारस्परिक मनोविज्ञान, संप्रेषण और व्यक्तित्व शैलियों का अध्ययन किया। जब मेरी शादी हुई, तो मैंने बच्चों के लालन-पालन संबंधी हर वो चीज़ पढ़ी और सुनी, जो मुझे मिल सकती थी। लोगों के साथ अपने संबंधों को बेहतर बनाने के लिए मैंने पुस्तकें पढ़ीं, ताकि मैं ख़ुद को बेहतर तरीक़े से समझ सकूँ और यह जान सकूँ कि मैं जिस तरह से महसूस करता हूँ और काम करता हूँ, उसका कारण क्या है।

अतीत और वर्तमान को बेहतर ढंग से समझने के लिए मैंने इतिहास, अर्थशास्त्र और राजनीति शास्त्र का अध्ययन किया। मैं यह जानना चाहता था कि कुछ देश और प्रदेश दूसरों से ज़्यादा समृद्ध क्यों हैं।

कुल मिलाकर, पच्चीस साल के दौरान मैंने पढ़ने में शायद बीस हज़ार घंटे से ज़्यादा समय दिया है। कई विषयों के अध्ययन साथ-साथ चले। कुछ में दो-तीन साल का गहन समय लगा, एक तरह की दीवानगी। लेकिन इन सभी अध्ययनों में एक बात समान थी उन सभी का उद्देश्य व्यावहारिक समझ हासिल करना था, जो असल जीवन में उपयोगी हो सके। मैं अचूक और आज़माए हुए विचार, विधियाँ और तरीक़े खोज रहा था, जिनसे तत्काल बेहतर परिणाम मिल सकें।

फिर मैंने एक महान खोज की। मैंने पाया कि मैं जिस चीज़ की सच्ची परवाह करता हूँ, उसमें कामयाब होने का तरीक़ा जानने के लिए ज़रूरी हर चीज़ सीख

सकता हूँ। ज्ञान से सब कुछ संभव है।

ग़रीबी से बाहर निकलने और हर समय पैसे की चिंता करना छोड़ने में मुझे बीस साल का वक़्त लगा। फिर मैं इस नतीजे पर पहुँचा कि क्यों न मैं सफलता के बारे में सीखी बातों को एक वैचारिक साँचे में डाल दूँ, ताकि कोई भी उसका इस्तेमाल करके सफल हो सके। मैंने सोचा कि ऐसा करके मैं लोगों को ऐसे साधन दे सकता हूँ, जिनसे उनके हज़ारों डॉलर और सालों की कड़ी मेहनत बच जाएगी।

1981 में मैंने दूसरों के उपयोग के लिए "सफलता का सिस्टम"(सफलता का साँचा) तैयार किया। मैंने इसे दो दिन के सेमिनार का रूप दिया, जिसका नाम था *द इनर गेम ऑफ़ सक्सेस*। फिर मैंने डायरेक्ट मेल और अख़बार में विज्ञापन देकर इसका प्रचार किया।

सेमिनार के विचारों को लेकर मुझमें बहुत जोश था। मेरे मन में उन्हें दूसरों तक पहुँचाने की प्रबल इच्छा थी। मैं जानता था कि ये विचार कारगर हैं। मुझे पूरा यक़ीन था कि अगर कोई भी इंसान इस सिस्टम के छोटे से हिस्से पर भी अमल कर ले, तो उसके जीवन में तीव्र सकारात्मक परिवर्तन हो सकते हैं।

हर महत्वपूर्ण चीज़ में समय लगता है। इस सेमिनार को लोकप्रिय होने में भी तीन साल लग गए। इस दौरान मैंने इस कोर्स की सामग्री और प्रस्तुति को बेहतर बनाने में पूरा ज़ोर लगा दिया। मैं इसे बेहतर बनाता गया और धीरे-धीरे सेमिनार की लोकप्रियता बढ़ने लगी। इसमें शामिल होने के लिए ज़्यादा लोग आने लगे, दूर-दराज़ के इलाक़ों से भी।

शुरुआत से ही लोग इस सेमिनार के बारे में इस तरह की बातें कहते थे, "यह तो जीवन में बिलकुल नया मौक़ा पाने जैसा है," या, "यह सेमिनार तो भविष्य के ब्लैंक चेक जैसा है।" अंततः हमने इस कोर्स का नाम बदलकर फ़ीनिक्स सेमिनार कर दिया, जो रूपांतरण और नए जीवन का मिथकीय प्रतीक है।

1984 में दुनिया में ऑडियो और वीडियो लर्निंग प्रोग्राम्स के सबसे बड़े वितरक नाइटिंगेल कॉनैन्ट कॉरपोरेशन ने इस सेमिनार का ऑडियो टेप निकाला, जिसका शीर्षक था *द साइकोलॉजी ऑफ़ एचीवमेंट*। यह जल्दी ही बेस्टसेलर बन गया और अब तक इसकी लगभग पाँच लाख प्रतियाँ बिक चुकी हैं।

1985 में इस सेमिनार की माँग इतनी ज़्यादा बढ़ गई कि मेरे लिए व्यक्तिगत रूप से हर प्रस्तुति देना संभव नहीं था। इसलिए मैंने इसका वीडियो टेप निकालकर और साथ में वर्कबुक देकर लोगों को प्रस्तुति देने के लिए प्रशिक्षित किया। हमने इसका शीर्षक रखा *फ़ीनिक्स सेमिनार ऑन द साइकोलॉजी ऑफ़ एचीवमेंट*। वीडियो संस्करण इतना ज़्यादा लोकप्रिय हुआ कि इसका बारह भाषाओं में अनुवाद हो चुका

है और इसे चौबीस देशों में प्रस्तुत किया जा रहा है।

इस सेमिनार का इस्तेमाल व्यक्ति और कंपनी दोनों के कायाकल्प के मूलभूत पाठ्यक्रम के रूप में किया जाता है। इसमें हिस्सा लेने वाले लोग तत्काल बेहतर महसूस करने लगते हैं। वे अपने परिवार, कामकाज और जीवन के हर पहलू के बारे में पहले से ज़्यादा सकारात्मक और आशावादी बनकर बाहर निकलते हैं। उन्हें ज़्यादा आत्मविश्वास, योग्यता और क्षमता का एहसास होता है। उन्हें लगने लगता है कि वे अपने जीवन को ज़्यादा लाभकारी तरीक़े से दिशा दे सकते हैं और नियंत्रित कर सकते हैं।

फ़ीनिक्स सेमिनार ऑन द साइकोलॉजी ऑफ़ सक्सेस का इस्तेमाल कंपनियाँ अपनी उत्पादकता, प्रदर्शन और परिणाम बढ़ाने के लिए करती हैं। वे इसका इस्तेमाल टीमवर्क और टोटल क्वालिटी मैनेजमेंट प्रोग्राम्स के आधारभूत पाठ्यक्रम के रूप में करती हैं। बाद में कंपनी को यह सुखद आश्चर्य होता है कि नवनिर्मित "टोटल क्वालिटी पीपुल" कंपनी को बेहतरीन बना देते हैं।

यह पुस्तक मेरे सेमिनार के हज़ारों प्रतिभागियों के आग्रह का परिणाम है, जिन्होंने मुझसे इन अवधारणाओं को लिखित रूप में प्रस्तुत करने को बार-बार कहा है। आगे आने वाले पन्नों में आप जो सिस्टम सीखेंगे, उसे *फ़ीनिक्स सेमिनार ऑन द साइकोलॉजी ऑफ़ एचीमेंट* में सिखाया जाता है। यह ख़ुशी, सद्‌भाव, सेहत और सच्ची दौलत से भरे जीवन का पूर्ण पाठ्यक्रम है।

शुरू करने से पहले एक आख़िरी बात : बरसों से मेरे हज़ारों प्रशिक्षणार्थी लौटकर मुझे बताते हैं (कई बार तो यह सिस्टम सीखने के कुछ घंटों के भीतर ही), "आपको यक़ीन नहीं होगा कि मेरे साथ क्या हुआ!"

इसके बाद वे मुझे आश्चर्यजनक घटनाएँ सुनाते हैं कि इन विचारों पर अमल करने के बाद उनके व्यावसायिक और व्यक्तिगत जीवन में कितनी अद्‌भुत चीज़ें हुईं।

मैं आपको पहले से ही बता दूँ कि आपके जीवन में जो भी सुखद परिवर्तन होगा, मैं उस पर यक़ीन कर लूँगा। मैं जानता हूँ कि जब आप इन सिद्धांतों को अपने जीवन में उतारेंगे, तो आपको ऐसी सफलताएँ मिलेंगी, जिनके बारे में आपने सपने में भी नहीं सोचा होगा। आप इन विचारों का जितना ज़्यादा इस्तेमाल करेंगे, ये आपके लिए उतना ही बेहतर से काम करेंगे। आपका भविष्य सिर्फ़ आपकी कल्पना के ज़रिए ही सीमित होगा!

अध्याय 1

अपने जीवन को अनुपम कलाकृति बनाएँ

यह सफलता का युग है। पहले कभी इतने सारे लोगों ने इतने सारे क्षेत्रों में इतनी सारी चीज़ें हासिल नहीं की हैं, जितनी कि वे आज कर रहे हैं। आज इतने ज़्यादा लोग इतनी तेज़ी से सफल हो रहे हैं, जितने इतिहास में पहले कभी नहीं हुए। आपके पास अपने सपनों को हक़ीक़त में बदलने के जितने ज़्यादा मौक़े आज मौजूद हैं,उतने पहले कभी नहीं थे।

शीर्षस्थ भविष्यवादी और अग्रणी व्यवसायी यह भविष्यवाणी कर रहे हैं कि मानव जाति एक स्वर्णिम युग में प्रवेश कर रही है। प्रजातंत्र, व्यक्तिगत स्वतंत्रता और पूँजीवाद के पाश्चात्य आदर्श दुनिया भर में अपना सिक्का जमा रहे हैं। जहाँ भी ये आदर्श गंभीरता से स्थापित हो रहे हैं, वहाँ दौलत, विकास और मानवीय स्वतंत्रता का विस्तार हो रहा है। बड़ी सफलता, स्वतंत्रता, ख़ुशी और वित्तीय स्वतंत्रता हासिल करने का जितना बेहतर समय आपके पास इस पल है, उतना शायद पहले कभी नहीं रहा।

यह पुस्तक आपको बताएगी कि आप अपनी ज़िंदगी को कैसे बेहतर बना सकते हैं और अपने लक्ष्य कैसे हासिल कर सकते हैं? यह आपको बताएगी कि आप सफलता की अपनी समूची क्षमता और सुख की पूरी संभावना को कैसे साकार कर सकते हैं। चाहे आप जो भी हों, चाहे आपकी स्थिति जैसी भी हो, आपमें इस वक़्त इतना कुछ हासिल करने की क्षमता है, जितनी पहले कभी नहीं थी। आपने अतीत में जितनी सफलता पाई है, आपमें उससे ज़्यादा सफल होने की क्षमता है। आप इतना ज़्यादा कर सकते हैं, पा सकते हैं और बन सकते हैं, जिसकी शायद आपने कल्पना भी नहीं की होगी। इसके लिए तो आपको बस इसका तरीक़ा सीखना है और फिर सीखी हुई बातों पर अमल करना है।

इस पुस्तक में बताया गया हर सिद्धांत असल ज़िंदगी की प्रयोगशाला में जाँचा-परखा गया है। मैंने गिनी-पिग बनकर इन विचारों को ख़ुद पर आज़माया है। इस जाँच के लिए मैं बिलकुल आदर्श व्यक्ति था। अगर मैंने इस जाँच के आदर्श उदाहरण के लिए अपने शुरुआती जीवन की पूरी योजना बनाई होती, तब भी शायद इससे बेहतर परिणाम नहीं हो सकता था। मैंने इतने पीछे से शुरुआत की थी कि कोई भी मुझे दोष नहीं दे सकता था कि मैं कुछ क्यों नहीं बन पाया।

मेरी आपबीती

मेरा जन्म 1944 में कनाडा में हुआ। मेरे माता-पिता भले और मेहनती लोग थे, लेकिन हमारे पास कभी पर्याप्त पैसे नहीं हुआ करते थे। मुझे अब भी याद है कि मेरे बड़े होते समय माता-पिता बार-बार कहते थे, "हम इसका ख़र्च नहीं उठा सकते, हम इसका ख़र्च नहीं उठा सकते, हम इसका ख़र्च नहीं उठा सकते।" बात चाहे किसी भी चीज़ के बारे में हो रही हो, हम उसका ख़र्च नहीं उठा सकते थे। मेरे माता-पिता ज़बर्दस्त मंदी के भीषण दौर से गुज़रे थे और वे हर वक़्त पैसे की चिंता करने के अनुभव से कभी नहीं उबर पाए।

किशोरावस्था में पहुँचने के बाद मेरा ध्यान पहली बार इस बात की तरफ़ गया कि कई परिवार हमसे बेहतर स्थिति में थे। उनके पास ज़्यादा अच्छे मकान थे, ज़्यादा नए कपड़े थे और ज़्यादा अच्छी कारें थीं। वे पैसों की उतनी ज़्यादा चिंता नहीं करते थे, जितनी हम करते थे। वे ऐसी बहुत सारी चीज़ों का ख़र्च उठा सकते थे, जिनके बारे में हमारा परिवार सपने तक नहीं देख सकता था। यह देखकर मेरे मन में सवाल उठने लगा, "कुछ लोग बाक़ी लोगों की तुलना में ज़्यादा सफल क्यों होते हैं?"

मैं इस बात पर हैरान होने लगा कि आख़िर कुछ लोग ज़्यादा पैसे क्यों कमाते हैं, उनके संबंध और परिवार ज़्यादा सुखद क्यों होते हैं, वे ज़्यादा सुंदर घरों में रहते हैं और आम तौर पर वे दूसरों की तुलना में ज़्यादा सुख-संतुष्टि क्यों पाते हैं।

इस सवाल के बारे में सोचने के लिए मेरे पास काफ़ी समय था, क्योंकि मैं ज़्यादातर वक़्त एकांत में गुज़ारता था। मुझे "पराजित" कहा जाता था। क्लास में भी मैं मूर्खतापूर्ण हरकतें करता रहता था। आवारा क़िस्म के लड़कों के साथ रहता था। हमेशा दूसरों का ध्यान आकर्षित करने के लिए अनाप-शनाप बातें बोलता रहता था। नतीजा यह हुआ कि अंततः मैं बेहद अलोकप्रिय बन गया।

कहा जाता है कि हर व्यक्ति किसी न किसी चीज़ में अच्छा होता है, फिर

भले ही यह बुरी मिसाल देने के लिए ही क्यों न हो। यह मैं था। मैं वह लड़का था, जिसकी तरफ़ इशारा करके माता-पिता और टीचर्स दूसरे बच्चों को चेतावनी दिया करते थे, "अगर तुम नहीं सुधरे, तो अंत में तुम भी ट्रेसी जैसे बन जाओगे।"

जब मैं सोलह साल का हुआ, तो मेरे सामने अचानक पहला रहस्य खुला, जिसने मेरी ज़िंदगी की दिशा बदल दी। एक दिन मेरे मन में यह प्रेरणा आई कि अगर मैं अपनी स्थिति को बदलना चाहता हूँ, तो यह मेरे हाथ में है। अगर मैं नाख़ुश और अलोकप्रिय नहीं रहना चाहता, हर समय मुश्किल में फँसे नहीं रहना चाहता, तो इसके बारे में कुछ करना मेरे ही हाथ में है। यहीं से मैं इस सवाल का जवाब खोजने में जुट गया, जो अंततः मेरी गंभीर आजीवन खोज में बदल गया, "कुछ लोग बाक़ी लोगों से ज़्यादा सफल क्यों होते हैं ?"

हाई स्कूल में फ़ेल होने और कुछ सालों तक मेहनत-मज़दूरी करने के बाद मैंने आख़िरकार थोड़े पैसे जोड़े और दुनिया देखने के लिए निकल पड़ा।

तब से मैं छह महाद्वीपों के अस्सी से ज़्यादा देशों की यात्रा कर चुका हूँ या वहाँ काम कर चुका हूँ। मैं ऐसी स्थितियों में रहा हूँ और मुझे ऐसे-ऐसे अनुभव हुए हैं, जिनकी ज़्यादातर लोग कभी कल्पना भी नहीं कर सकते। मैं बेहद ग़रीब रहा हूँ, मैंने फ़ाक़े किए हैं और मैं अनगिनत बार ज़मीन पर सोया हूँ, दूर-दराज़ के देशों में भी।

मैं सुंदर होटलों में भी रुका हूँ और दुनिया के सबसे अच्छे शहरों के सर्वश्रेष्ठ रेस्तराँओं में डिनर कर चुका हूँ। समय के साथ मैं 265 मिलियन डॉलर की डेवलपमेंट कंपनी का सीनियर एक्ज़ीक्यूटिव बन गया। मैं चार राष्ट्रपतियों और तीन प्रधानमंत्रियों से मिल चुका हूँ। मेरी पत्नी और मैंने अमेरिका के राष्ट्रपति के साथ डिनर लिया है। इसका लक्ष्य बनाने के छह महीने के भीतर ही हम इसमें कामयाब हो गए।

इस दौरान मैंने कई बार पीछे मुड़कर अतीत पर नज़र डाली और बहुत से सबक़ सीखे। उनमें से एक बहुत महत्वपूर्ण सबक़ यह है : आप उस निशाने को नहीं भेद सकते, जिसे आप देख न सकते हों। आप अपने जीवन में तब तक अद्भुत चीज़ें हासिल नहीं कर सकते, जब तक आपको यही न पता हो कि वे दरअसल क्या हैं। अगर आप अपने भीतर की असाधारण शक्ति का ताला खोलने को लेकर सचमुच गंभीर हैं, तो आपको सबसे पहले तो इस बारे में पूरी तरह स्पष्ट होना होगा कि आप दरअसल चाहते क्या हैं।

मैंने जो भी सफलता हासिल की है, वह तब मिली, जब मैंने यह सोच लिया कि मेरा हासिल लक्ष्य कैसा दिखेगा। मैं कई बेहद सफल लोगों से मिल चुका हूँ

और उन सभी में यह गुण था। वे यह बात अच्छी तरह जानते थे कि वे क्या चाहते हैं। उनके मन में बिलकुल स्पष्ट तस्वीर थी कि उनका आदर्श जीवन और उपलब्धियाँ कैसी दिखेंगी। वे अपने लिए जैसा भविष्य बनाना चाहते थे, उसका सपना उनके लिए एक प्रबल प्रेरणा बन गया, जिसकी शक्ति ने उन्हें आगे बढ़ाया। उनके लक्ष्य इसलिए साकार हुए, क्योंकि उन्होंने लक्ष्य तय किए थे।

लक्ष्य तय करना सफलता के इस सिस्टम का एक महत्वपूर्ण तत्व है और मैं अध्याय पाँच में इसके बारे में और विस्तार से बात करूँगा। बहरहाल, उससे पहले आपको ऐसा कुछ करना होगा, जो बहुत कम लोग करते हैं। इस सिस्टम के कारगर होने के लिए यह एकदम अनिवार्य है। यह काम है : आपको ठीक-ठीक तय करना होगा कि "सफलता" का आपके लिए क्या अर्थ है। आपको तय करना होगा कि अगर आप अपनी ज़िंदगी को अनुपम कलाकृति में बदल लेते हैं, तो यह कैसी दिखेगी।

शुरू करने के लिए "शून्य आधारित सोच" का प्रयोग करें। कल्पना करें कि आप अपनी ज़िंदगी की हर स्थिति की दोबारा नई शुरुआत कर सकते हैं। एक तरह से आप तस्वीर का फ्रेम थामकर अपने जीवन और संबंधों के अलग-अलग हिस्सों को देखते हुए यह सवाल पूछते हैं : "अगर मुझे अपने पुराने अनुभवों और समूचे संगृहीत ज्ञान के साथ आज यह निर्णय लेना हो, तो मैं क्या करूँगा ?"

अपने जवाबों के साथ समझौता करने से इंकार करें। ख़ुद के साथ पूरी तरह ईमानदार रहें। हर क्षेत्र में अपनी आदर्श स्थिति को परिभाषित करें। उन तमाम कारणों को ख़ुद पर हावी न होने दें कि यह आपके लिए संभव क्यों नहीं है। सभी महान उपलब्धियाँ आपके इस निर्णय से शुरू होती हैं कि आप दरअसल क्या चाहते हैं ? ज़ाहिर है, इसके बाद आपको उसे हासिल करने के लिए पूरी तरह समर्पित होना होगा।

सफलता के सात तत्व

आप जो भी चीज़ चाहते हों या जिस भी चीज़ को अपनी ख़ुशी के लिए महत्वपूर्ण मानते हों, उसे सात श्रेणियों में से किसी एक में रखा जा सकता है। सफलता के ये सात तत्व सफलता और ख़ुशी के बारे में लिखी व खोजी गई हर चीज़ के तालमेल में हैं। ये तत्व सभी सफल स्त्री-पुरुषों के जीवन और उपलब्धियों में नज़र आते हैं। इनमें वह हर चीज़ शामिल है, जिसे आप चाह सकते हैं।

आपका आदर्श जीवन इन सात श्रेणियों का मिश्रण है। आप इनका ऐसा

तालमेल बैठा लें, जो आपको इस पल सबसे ज़्यादा सुखद लगता हो। इन सात श्रेणियों में से एक या ज़्यादा के संदर्भ में अपनी सफलता और ख़ुशी की परिभाषा तय कर लें।इससे आप एक स्पष्ट लक्ष्य बना लेते हैं, जिस पर आप निशाना साधेंगे। इसके बाद आप यह मूल्यांकन कर सकते हैं कि आप कितना अच्छा प्रदर्शन कर रहे हैं। तब आपको यह पता चल जाएगा कि अपने जीवन को बेहतर बनाने के लिए आपको किन क्षेत्रों में बदलाव लाने की ज़रूरत है।

आपको अपने आदर्श भविष्य के सपने से शुरू करना होगा। अपनी आंतरिक शक्तियों का दोहन करने के लिए शुरुआत में आप नज़रें उठाकर अपने जीवन को ठीक उसी तरह "देखें," जैसा आप इसे बनाना चाहते हैं- हर दृष्टि से आदर्श। आपका पहला काम ब्लूप्रिंट बनाना है। आपको एक स्पष्ट तस्वीर बनानी होगी कि आप कहाँ पहुँचना चाहते हैं और वहाँ पहुँचने के बाद आपका जीवन कैसा दिखेगा। यह तस्वीर एक संगठक सिद्धांत, मार्गदर्शक और मूल्यांकन का आधार बन जाएगी। तब आप इसके आधार पर हर उस काम की तुलना और मूल्यांकन कर सकते हैं, जो आप इसे साकार करने के लिए करते हैं।

मानसिक शांति

सफलता की सात श्रेणियों में पहली और सबसे महत्वपूर्ण हैः मानसिक शांति। यह सर्वोच्च मानवीय हित है। इसके बिना बाक़ी किसी चीज़ का ज़्यादा महत्व नहीं है। यही वजह है कि आप ज़िंदगी भर इसकी कामना करते हैं। आपमें आंतरिक शांति कितनी है, उसी से आम तौर पर आप यह मूल्यांकन करते हैं कि आप जीवन में कैसा प्रदर्शन कर रहे हैं।

मानसिक शांति आपका आंतरिक दिशासूचक (compass) है। जब आप अपने सर्वोच्च जीवनमूल्यों और विश्वासों के अनुरूप जीते हैं - जब आप जीवन में आदर्श संतुलन की अवस्था में होते हैं - तब आप मानसिक शांति का आनंद लेते हैं। लेकिन अगर किसी कारण आप अपने जीवनमूल्यों के साथ समझौता करते हैं या अपने आंतरिक मार्गदर्शन के ख़िलाफ़ जाते हैं, तो आपकी मानसिक शांति नष्ट हो जाती है।

मानसिक शांति या सुव्यवस्था सभी मानवीय समूहों के सर्वश्रेष्ठ प्रदर्शन के लिए अनिवार्य है। इसमें आपके मित्रों तथा परिवारजनों के साथ आपके संबंध शामिल हैं और वे कंपनियाँ और संगठन भी, जहाँ आप काम करते हैं। सद्भावपूर्ण संबंधों से समूचा मानव व्यवहार समृद्ध होता है। सारा शिष्टाचार, नैतिक सिद्धांत

और कूटनीति हर व्यक्ति की इसी इच्छा पर आधारित है कि वह अपनी मानसिक शांति सुनिश्चित करने के लिए दूसरों की मानसिक शांति भंग न करे।

कंपनियों में मानसिक शांति को सहकर्मियों की आपसी सद्भावना के संदर्भ में नापा जा सकता है। उत्पादक और सफल कंपनियाँ वे होती हैं, जिनके कर्मचारी ख़ुद के बारे में अच्छा महसूस करते हैं। वे कार्यस्थल में सुरक्षित और खुश महसूस करते हैं। हो सकता है कि वे बहुत व्यस्त हों और तूफ़ानी गतिविधियों में जुटे हों, लेकिन भीतर से वे शांत रहते हैं।

मानसिक शांति के बारे में अद्भुत सच्चाई यह है कि यह आपकी सहज, नैसर्गिक अवस्था है। ख़ुशी आपका जन्मसिद्ध अधिकार है। यह आपकी संपत्ति है। यह कोई ऐसी चीज़ नहीं है, जिसका अनुभव आपको कभी-कभार ही हो। मानसिक शांति आपके अस्तित्व का केंद्र है। यह हर चीज़ का आनंद लेने की मूलभूत शर्त है।

आंतरिक शांति हासिल करना आपके जीवन का बुनियादी सिद्धांत होना चाहिए। यह आपका सबसे बड़ा लक्ष्य होना चाहिए और बाक़ी सारे लक्ष्य इसके अधीन होने चाहिए। सच तो यह है कि आप इंसान के रूप में उसी हद तक सफल हैं, जिस हद तक आप अपनी ख़ुशी, संतुष्टि, अच्छेपन के एहसास - संक्षेप में, मानसिक शांति - को हासिल कर सकते हैं।

जब मैंने ख़ुशी पाने का निश्चित लक्ष्य बनाया, तो इसकी वजह से पहलेपहल मेरे जीवन में काफ़ी दुविधा और तनाव पैदा हुआ। मेरी धार्मिक पृष्ठभूमि ने मुझमें यह विचार कूट-कूट कर भर दिया था कि व्यक्तिगत ख़ुशी सार्थक लक्ष्य नहीं है, इसलिए यह मेरे चुनावों और व्यवहार का वैध कारण भी नहीं है।

मुझे बताया गया था कि व्यक्तिगत ख़ुशी तो दूसरों को ख़ुशी देने से मिलती है। अगर मुझे कोई ख़ुशी मिलती है, तो मैं बस ख़ुशक़िस्मत हूँ। और अगर मुझे ख़ुशी नहीं मिलती, तो यह मेरी बदक़िस्मती है। मुझे बताया गया कि ख़ुशी का निश्चित लक्ष्य बनाने का विचार स्वार्थपूर्ण है और दूसरों की परवाह न करने वाला नज़रिया है।

मेरे जीवन में महत्वपूर्ण मोड़ तब आया, जब मैंने दो चीज़ें सीखीं। पहली यह कि अगर मैं अपने लिए ख़ुशी हासिल करने का संकल्प नहीं करूँगा, तो कोई दूसरा भी यह कष्ट नहीं करेगा। अगर जीवन में मेरा लक्ष्य दूसरों को ही ख़ुशी देना है, तो मैं हमेशा दूसरों की भावनाओं के रहमो-करम पर रहूँगा। और मैंने यह भी पाया कि अपने जीवन को दूसरों की ख़ुशी पर केंद्रित करने की कोशिश कुंठा और

निराशा के अंतहीन अभ्यास के सिवा कुछ नहीं है, क्योंकि यह संभव ही नहीं है।

दूसरी बात, मुझे यह पता चला कि मैं वह चीज़ नहीं दे सकता, जो मेरे पास न हो। अगर मैं ख़ुद दुखी हूँ, तो किसी दूसरे को कभी सुख नहीं दे सकता। जैसा अब्राहम लिंकन ने एक बार कहा था, "आप ख़ुद ग़रीब बनकर ग़रीबों की मदद नहीं कर सकते।" मैंने पाया कि मैं दूसरों को तब तक ख़ुशी नहीं दे सकता, जब तक कि पहले मैं ख़ुद ख़ुश न बन जाऊँ।

मानसिक शांति हर सफलता के लिए इतनी महत्वपूर्ण है कि इसका कठोर विश्लेषण करना ज़रूरी है। यह कहाँ से आती है? यह आपको किन परिस्थितियों में हासिल होती है? आप इसे ज़्यादा कैसे पा सकते हैं?

सरल शब्दों में कहें, तो आपको ख़ुशी और मानसिक शांति का एहसास तब होता है, जब आप डर, क्रोध, शंका, अपराधबोध, द्वेष और चिंता की विनाशकारी भावनाओं से पूरी तरह मुक्त होते हैं। नकारात्मक भावनाओं के न रहने पर आप स्वाभाविक रूप से, बिना किसी कोशिश के मानसिक शांति का आनंद लेते हैं। ख़ुशी की कुंजी यह है कि जीवन में नकारात्मकता या तनाव पैदा करने वाले हिस्सों को योजनाबद्ध तरीक़ों से ख़त्म या कम कर लिया जाए।

जब कई साल पहले यह विचार मेरे मन में आया, तो मैं भौंचक्का रह गया। कल्पना करें! सुखी, उपयोगी जीवन जीने का तरीक़ा इतना सरल है! इसके लिए तो मुझे बस मानसिक शांति हासिल करनी है। और यह तब मिलेगी, जब मैं ख़ुद को दुखी करने वाले नकारात्मक लोगों, स्थितियों और भावनाओं को सुनियोजित तरीक़े से ख़त्म कर दूँ।

वाह! तो क्या जीवन में ख़ुशी पाना इतना आसान है? यहीं पर पेंच है। आपकी ख़ुशी में ख़लल वाली नकारात्मकता को ख़त्म करने की राह में सबसे बड़ी बाधा यह है कि आपको नकारात्मक लोगों और स्थितियों से लगाव होता है। आपका तार्किक मस्तिष्क बहुत से चतुराई भरे कारण सोच लेता है कि आपको अपनी वर्तमान स्थिति में ही क्यों रहना चाहिए। आपके हित में काम करने के बजाय, समस्याओं का समाधान सुझाने के बजाय आपका अद्भुत मस्तिष्क आपके ख़िलाफ़ काम करता है और आपको उसी दलदल में रोककर रखने के लिए मेहनत करता है।

इस पुस्तक में बाद में मैं आपको ऐसे बहुत से तरीक़े बताऊँगा, जिनका प्रयोग करके आप अपनी नकारात्मक भावनाओं को नियंत्रित और अंततः ख़त्म कर सकते हैं। मैं आपको ऐसी सशक्त तकनीकें सिखाऊँगा, जिनका इस्तेमाल करके आप

चंद पलों में ही क्रोध और चिंता से मुक्ति पा सकते हैं। मैं आपको बताऊँगा कि आप अपनी भावनाओं को पूरी तरह नियंत्रित कैसे कर सकते हैं और ज़्यादातर समय उन्हें सकारात्मक कैसे रख सकते हैं।

बहरहाल, इस पल आपका काम "पर्वतशिखर सोच" (mountaintop thinking) का अभ्यास करना है। अपने विचारों का रुख भविष्य की तरफ़ करें और अपने आदर्श जीवन की कल्पना करें। तत्वों का कौन सा मिश्रण आपको पूर्णतः सुखी बनाएगा? इस पल यह चिंता न करें कि आपके लिए क्या संभव है और क्या नहीं है। अपने मस्तिष्क को सीमाओं से मुक्त कर दें और पूरी तरह स्वार्थी बन जाएँ। ठीक-ठीक परिभाषित करें कि अपनी मनचाही मानसिक शांति का आनंद लेने के लिए आपका जीवन कैसा होना चाहिए।

आप क्या करेंगे? आप कहाँ रहेंगे? आपके साथ कौन रहेगा? आप अपना समय कैसे बिताएँगे, दिन-रात? याद रखें, आप उस लक्ष्य पर निशाना नहीं लगा सकते, जिसे आप देख न सकते हों। लेकिन अगर आप स्पष्टता से किसी चीज़ की कल्पना कर सकते हैं, तो इस बात की काफ़ी संभावना है कि आप उसे हासिल भी कर सकते हैं।

अगर आप बिज़नेस में हैं, तो यह आदर्श कल्पना करें कि आपका काम हर संदर्भ में पूरी तरह उत्कृष्ट होने पर कैसा दिखेगा। अपने कार्यस्थल के परिवेश में सद्भाव और सहयोग के ज़्यादा ऊँचे स्तर हासिल करने के लिए आप कौन सी चीज़ें ज़्यादा या कम करेंगे?

अगर आप और आपके प्रियजन पूर्ण शांति और सुख की अवस्था में रहें, तो आपका पारिवारिक जीवन कैसा दिखेगा? दूसरों और ख़ुद को ख़ुश रखने के लिए आप क्या-क्या करेंगे?

जब आप मानसिक शांति को लक्ष्य बना लेते हैं और अपने हर काम के बारे में इस संदर्भ में सोचते हैं कि यह उस लक्ष्य की प्राप्ति में मदद करता है या बाधा डालता है, तब शायद आपसे कभी ग़लती नहीं होगी। आप हमेशा सही करेंगे और कहेंगे। आप ज़्यादा ऊँचे सिद्धांतों के हिसाब से काम करेंगे। आप ख़ुद के बारे में अद्भुत महसूस करेंगे। मानसिक शांति ही कुंजी है।

सेहत और ऊर्जा

सफलता का दूसरा तत्व सेहत और ऊर्जा है। जिस तरह मानसिक शांति आपकी सामान्य और सहज मानसिक अवस्था है, उसी तरह सेहत और ऊर्जा भी आपकी

सामान्य और प्राकृतिक शारीरिक अवस्था है।

आपके शरीर का स्वाभाविक रुझान सेहत की ओर है। मानसिक या शारीरिक हस्तक्षेप के अभाव में यह आसानी से और भरपूर ऊर्जा पैदा करता है। बेहतरीन सेहत का मतलब है किसी भी तरह के दर्द, बीमारी या रोग का अभाव। आश्चर्यजनक बात यह है कि आपका शरीर इस तरह से बनाया गया है कि अगर आप इसके साथ कुछ निश्चित चीज़ें करना बंद कर दें, तो यह अक्सर अपने आप ठीक हो जाता है और दोबारा स्वस्थ व ऊर्जावान बन जाता है।

अगर आप भौतिक जगत में सब कुछ हासिल कर लें, लेकिन अपनी सेहत या मानसिक शांति गँवा दें, तो आपको अपनी उपलब्धियों से बहुत कम ख़ुशी मिलती है या ऐसा भी हो सकता है कि ज़रा भी ख़ुशी न मिले।

आदर्श सेहत का आनंद लेने की कल्पना करें। यह सोचें कि आप शारीरिक फ़िटनेस की अपनी आदर्श तस्वीर जैसे बन रहे हैं। आप कैसे दिखेंगे ? कैसा महसूस करेंगे ? आपका वज़न कितना होगा ? आप कैसा भोजन करेंगे और किस तरह के व्यायाम करेंगे ? आप कौन सी चीज़ें ज़्यादा करेंगे और कौन सी चीज़ें कम करेंगे ?

मेरे एक सेमिनार में एक बिज़नेसमैन मेरे पास आया। उसने अपनी "आदर्श" छवि के बारे में मुझे बताया कि अगर उसकी सेहत आदर्श हो जाए, तो वह मैराथन दौड़ना चाहेगा। समस्या यह थी कि उसकी उम्र चालीस साल थी, उसका वज़न आदर्श से बीस पौंड ज़्यादा था और वह ख़ास फ़िट नहीं था। उसे नहीं लगता था कि यह उसके लिए संभव है, लेकिन विचार प्रक्रिया शुरू हो चुकी थी।

अब तक वह सिर्फ़ यही सोचता रहता था कि वह कैसा है। अब वह इस बारे में ज़्यादा सोचने लगा कि वह कैसा बन सकता है, इसके बाद तो जैसे बिजली सी कौंधने लगी। वह मैराथन दौड़ने का प्रशिक्षण लेने की बात सोचकर ही रोमांचित हो गया। वह अपनी कल्पना में ख़ुद को छरहरा और फ़िट देखने लगा। उसे विश्वास होने लगा कि वह यह काम कर सकता है।

उसने जॉगिंग के बारे में कुछ पुस्तकें ख़रीदीं और हर दिन थोड़ा-बहुत दौड़ने लगा। उसने ट्रैक सूट और दौड़ने वाले जूते भी ख़रीद लिए। वह हर हफ़्ते दूरी बढ़ाता गया और जल्दी ही "फ़न रन" व मिनी-मैराथन में दौड़ने लगा। एक साल के भीतर ही उसने 26.4 मील की अपनी पहली मैराथन दौड़ पूरी कर ली। उसने अपना सपना साकार कर लिया और वैसा व्यक्ति बन गया, जैसा बनने की उसने कल्पना की थी। इससे भी ज़्यादा महत्वपूर्ण बात यह है कि वह ख़ुद को पहले से ज़्यादा फ़िट, छरहरा, शक्तिशाली और ऊर्जावान महसूस करने लगा, जो कि बरसों बाद हुआ था।

प्रेमपूर्ण संबंध

सफलता का तीसरा तत्व प्रेमपूर्ण संबंध हैं। यानी उन लोगों के साथ संबंध, जिनसे आप प्रेम करते हैं या जिनकी परवाह करते हैं। उन लोगों के साथ भी आपके संबंध, जो आपसे प्रेम करते हैं और आपकी परवाह करते हैं। ये संबंध ही इस बात का असली पैमाना हैं कि इंसान के रूप में आपका प्रदर्शन कैसा है। जीवन में आपकी अधिकांश ख़ुशी या दुख दूसरों के साथ आपके संबंधों से पैदा होता है। ये संबंध ही दरअसल आपको इंसान बनाते हैं।

पूरी तरह सफल व्यक्ति का एक प्रमुख गुण यह है कि उसमें दूसरे लोगों के साथ दीर्घकालीन मित्रता और अंतरंग संबंध बनाने और उसे बनाए रखने की योग्यता होती है। आपके व्यक्तित्व का सार दूसरों के साथ संबंध बनाने के तरीक़े से प्रदर्शित होता है।

आप किसी भी समय अपने संबंधों का हाल-चाल जान सकते हैं। इसकी जाँच का तरीक़ा बड़ा ही सरल है : हँसी। दो लोग या परिवार एक साथ कितना हँसते हैं, यह सबसे अचूक पैमाना है। यह पैमाना तत्काल बता देता है कि स्थितियाँ कितनी अच्छी हैं। जब कोई संबंध सचमुच सुखद होता है, तो लोग एक साथ रहते वक़्त ज़्यादा हँसते हैं। और जब किसी संबंध में खटास आ जाती है, तो दूर होने वाली सबसे पहली चीज़ हँसी ही होती है।

यह कंपनियों के मामले में भी सही है। उच्च प्रदर्शन और उच्च लाभ वाली कंपनियाँ वे होती हैं, जिनके कर्मचारी एक साथ हँसते और मज़ाक़ करते हैं। वे एक-दूसरे का और अपने काम का आनंद लेते हैं। वे टीम के रूप में सहजता से और ख़ुशी-ख़ुशी काम करते हैं। वे ज़्यादा आशावादी होते हैं, नए विचारों का ज़्यादा स्वागत करते हैं, ज़्यादा रचनात्मक और लचीले होते हैं।

पहले मैं सोचता था कि कर्मचारी किसी बिज़नेस का महत्वपूर्ण हिस्सा होते हैं। फिर मैंने एक महान सच्चाई सीखी; कर्मचारी ही बिज़नेस हैं।

फ़र्नीचर और स्थिर चीज़ों को बदला जा सकता है। उत्पाद, सेवाएँ और ग्राहक समय के साथ बदलते रहते हैं। लेकिन अगर आपके पास सही क़िस्म के लोग या कर्मचारी हैं, तो कंपनी की समृद्धि तय है।

एक्ज़ीक्यूटिव की सबसे महत्वपूर्ण ज़िम्मेदारी यह है कि वह जिन कर्मचारियों के लिए उत्तरदायी है, उनमें सद्भाव और ख़ुशी का माहौल रहे। आशावाद, उत्साह और ऊँचे मनोबल का माहौल बनाना उसकी ज़िम्मेदारी है। यह "एस्पिरिट दे कॉर्प्स" सभी विश्वस्तरीय कंपनियों का निर्णायक गुण है।

आपका आदर्श संबंध क्या है ? यह किसके साथ होगा और कैसा दिखेगा ? अगर आप अपने महत्वपूर्ण संबंधों की कल्पना पूरे विस्तार से कर सकें, तो आप उनमें क्या ज़्यादा चाहेंगे और क्या कम ? आप अपने जीवन में उन परिस्थितियों को बनाने के लिए आज से ही क्या कर सकते हैं ?

अगर आपके पास कोई स्पष्ट विचार ही न हो कि आप दूसरे व्यक्ति के साथ अपने संबंध में दरअसल चाहते क्या हैं, तो शायद आप ख़ुद को अप्रिय परिस्थितियों में ही पाएँगे। जीवन की समस्याएँ लगभग हमेशा "लोगों से संबंधित समस्याएँ" होती हैं। वे इंसानों के रूप में सामने आती हैं और पलटकर जवाब देती हैं।

लोगों से संबंधित समस्याएँ आपकी मानसिक शांति और सेहत को शायद किसी भी अन्य चीज़ से कहीं ज़्यादा नुक़सान पहुँचाती हैं। इसलिए जीवन में आपका एक प्रमुख लक्ष्य ऐसा मानवीय परिवेश बनाना होना चाहिए, जिसमें आप ख़ुश, संतुष्ट और सुखी रह सकें। आपको एक-एक करके अपने संबंधों की जाँच करनी चाहिए और फिर उनमें से हर एक को आनंददायक तथा संतुष्टिदायक बनाने की योजना बनानी चाहिए।

जब आपके संबंध नियंत्रण में और सद्भावपूर्ण हों, तभी आप अपने विचारों को आत्म-अभिव्यक्ति और आत्म-वास्तविकीकरण की ओर मोड़ सकते हैं, जो आपकी सच्ची संभावना को साकार करेंगे।

वित्तीय स्वतंत्रता

सफलता का चौथा तत्व है वित्तीय स्वतंत्रता। वित्तीय स्वतंत्रता का मतलब यह है कि आपके पास पर्याप्त पैसा हो, ताकि आपको लगातार इसकी चिंता न करनी पड़े, जैसी ज़्यादातर लोग करते हैं। बुराई की जड़ पैसा नहीं है; यह तो पैसे की कमी है। वित्तीय स्वतंत्रता हासिल करना आपके जीवन का एक बहुत अहम लक्ष्य और ज़िम्मेदारी है। यह इतना महत्वपूर्ण है कि इसे तक़दीर के भरोसे नहीं छोड़ा जाना चाहिए।

८० प्रतिशत जनसंख्या पैसे की समस्याओं से जूझ रही है। सुबह उठते समय, नाश्ता करते समय, दिन-रात - हर वक़्त वे पैसे के बारे में सोचते हैं, बात करते हैं और चिंता करते हैं। यह जीने का सुखद या स्वस्थ तरीक़ा नहीं है। इससे आप अपने उस सर्वश्रेष्ठ स्वरूप में नहीं पहुँच पाएँगे, जो आप बन सकते हैं।

पैसा महत्त्वपूर्ण है। हालाँकि मैंने इसे सफलता के तत्वों की सूची में चौथे स्थान पर रखा है, लेकिन पहले तीन तत्वों को पाने के लिए यह अनिवार्य है। पैसे की चिंता से ही ज़्यादातर तनाव, व्यग्रता, दबाव, और मानसिक अशांति पैदा होती है। धन संबंधी तनाव और चिंता के कारण कई बीमारियाँ भी हो सकती हैं। पैसे की चिंता के कारण संबंधों में भी कई समस्याएँ पैदा होती हैं और धन संबंधी वाद-विवाद तलाक़ का भी एक प्रमुख कारण है। इसलिए बेहतर यही होगा कि आप अपनी योग्यताओं और गुणों को इतना बढ़ा लें, ताकि तसल्ली रहे कि आप पर्याप्त पैसा कमा सकते हैं, इसलिए आपको इसके बारे में चिंता करने की कोई ज़रूरत नहीं है।

स्वतंत्रता का एहसास किसी भी लक्ष्य को हासिल करने के लिए अनिवार्य है और आप तब तक स्वतंत्र नहीं हो सकते, जब तक कि आपके पास पर्याप्त पैसा न हो, ताकि आपको उसकी चिंता न करनी पड़े। जीवन में आपका एक प्रमुख लक्ष्य अपनी आर्थिक स्वतंत्रता पाना है - ख़ुद को धोखा दिए बिना, टालमटोल किए बिना या तक़दीर पर भरोसा किए बिना।

कल्पना करें कि आपके पास जादू की छड़ी है और आप उसे लहराकर अपनी मनचाही आर्थिक ज़िंदगी बना सकते हैं। अगर आप अपने सभी आर्थिक लक्ष्य हासिल कर लें, तो आपकी ज़िंदगी कैसी दिखेगी ? इससे आपकी दिनचर्या पर क्या फ़र्क़ पड़ेगा ? आप कौन से काम ज़्यादा करेंगे और कौन से कम ?

आज से एक, पाँच या दस साल बाद आप कितना पैसा कमाना चाहेंगे ? आप किस तरह की जीवनशैली का आनंद लेना चाहेंगे ? आप अपने बैंक खाते में कितना पैसा देखना चाहेंगे ? रिटायरमेंट के वक़्त आप कितनी नेट वर्थ (संपत्ति) चाहेंगे ?

ये सभी सवाल बेहद महत्वपूर्ण हैं! ज़्यादातर लोग ज़िंदगी में एक बार भी इन्हें न तो पूछते हैं, न ही इनका जवाब देते हैं। बहरहाल, आप आर्थिक दृष्टि से कहाँ पहुँचना चाहते हैं, इसके बारे में आपको पूरी तरह स्पष्ट होने की ज़रूरत है। उसके बाद ही आप सीख सकते हैं कि वहाँ पहुँचने के लिए आपको क्या जानने या करने की ज़रूरत है। मेरे सेमिनार के कई प्रतिभागियों ने बाहर निकलकर शून्य से बेशुमार दौलत तक पहुँचकर अपनी ज़िंदगी बदल ली। वे बड़े कॉरपोरेशन्स के प्रेसिडेंट बन चुके हैं। कुछ तो मिलियनेअर बन चुके हैं। उन्होंने अपना बेहद सफल बिज़नेस शुरू किया या उन्हें उनकी कंपनियों या उद्योगों में तेज़ी से प्रमोशन मिले। लेकिन ऐसा तभी हुआ, जब उन्होंने यह तय कर लिया कि वे क्या चाहते हैं।

जब आप ठीक-ठीक तय कर लेते हैं कि आप अपनी आर्थिक तस्वीर कैसी देखना चाहते हैं, तभी आप इस सिस्टम का इस्तेमाल करके अपने लक्ष्यों तक पहुँच पाएँगे। और यह इतनी तेज़ी से होगा, जिसकी आपने कल्पना भी नहीं की होगी। यह सब इस बात से शुरू होता है कि आप स्पष्टता से अपने आदर्श आर्थिक भविष्य का लक्ष्य बनाएँ और फिर उसे सकार करने की योजना बनाएँ। हर चीज़ इसके बाद होगी, जैसा आप इस पुस्तक में बाद में सीखेंगे।

सार्थक लक्ष्य और आदर्श

सफलता का पाँचवाँ तत्व सार्थक (worthy) लक्ष्य और आदर्श हैं। *मैन्स सर्च फ़ॉर मीनिंग* के लेखक डॉ. विक्टर ई. फ़्रैंकल के अनुसार जीवन में अर्थ और उद्देश्य की आवश्यकता शायद आपकी सबसे गहरी अचेतन प्रेरणा है। सचमुच ख़ुश रहने के लिए आपको दिशा के स्पष्ट एहसास की ज़रूरत है। आपको ख़ुद से ज़्यादा बड़ी और महत्वपूर्ण चीज़ के प्रति समर्पित होने की ज़रूरत है। आपको यह महसूस करने की ज़रूरत है कि आपकी ज़िंदगी किसी मज़बूत बुनियाद पर खड़ी है और आप दुनिया में अपना मूल्यवान योगदान दे रहे हैं।

ख़ुशी को "किसी सार्थक आदर्श की क्रमशः प्राप्ति" के रूप में परिभाषित किया जाता है। आप सिर्फ़ तभी ख़ुश रह सकते हैं, जब आप किसी महत्वपूर्ण चीज़ की दिशा में क़दम दर क़दम काम कर रहे हों।

ज़रा इस बारे में सोचें कि आपको किस तरह की गतिविधियों और उपलब्धियों में सबसे ज़्यादा आनंद आता है। जब आप अतीत में सबसे ज़्यादा ख़ुश थे, तब आप क्या कर रहे थे? किन कामों से आपको जीवन में अर्थ और उद्देश्य का सबसे ज़्यादा एहसास होता है?

आत्म-ज्ञान और आत्म-जागरूकता

सफलता का छठा तत्व है आत्म-ज्ञान और आत्म-जागरूकता। पूरे इतिहास में आत्म-ज्ञान और आंतरिक ख़ुशी का बाहरी सफलता से चोली-दामन का साथ रहा है। "मनुष्य, ख़ुद को जानो" वाक्य प्राचीन ग्रीस तक जाता है। अपना सर्वश्रेष्ठ प्रदर्शन करने के लिए आपको यह जानने की ज़रूरत है कि आप कौन हैं और आप जिस तरह सोचते और महसूस करते हैं, वैसा क्यों करते हैं। आपको उन शक्तियों

और प्रभावों को समझने की ज़रूरत है, जिन्होंने बचपन से लेकर आज तक आपके चरित्र को आकार दिया है। आपको यह जानने की ज़रूरत है कि आप अपने आस-पास के लोगों और स्थितियों के सामने जिस तरह से प्रतिक्रिया करते हैं, उसका कारण क्या है। ख़ुद को समझने और स्वीकार करने के बाद ही आप अपने जीवन के बाक़ी क्षेत्रों में आगे बढ़ सकते हैं।

व्यक्तिगत संतुष्टि

सफलता का सातवाँ और अंतिम तत्व है व्यक्तिगत संतुष्टि का एहसास। यह एहसास इस भावना से पैदा होता है कि आप पूरी तरह वह बन रहे हैं, जो बनने में आप सक्षम हैं। इसका मतलब यह निश्चित ज्ञान है कि आप इंसान के रूप में अपनी पूर्ण संभावना को साकार करने की दिशा में बढ़ रहे हैं। मनोवैज्ञानिक अब्राहम मास्लो ने इसे "आत्म-वास्तविकीकरण" (self-actualization) कहा था। उन्होंने कहा था कि यह हमारे समाज के सबसे स्वस्थ, सुखी और सफल लोगों का मूलभूत लक्षण है।

इस पुस्तक का एक प्रमुख फ़ायदा यह है कि इसकी मदद से आप अपने ख़ुद के मनोवैज्ञानिक बन सकते हैं। आप सीखेंगे कि हर तरह की परिस्थिति में आप सकारात्मक, आशावादी और ख़ुश मानसिक नज़रिया कैसे हासिल कर सकते हैं और उसे क़ायम रख सकते हैं। आप सीखेंगे कि पूर्णतः एकीकृत, सक्रिय और परिपक्व व्यक्तित्व कैसे विकसित किया जाए।

सफलता के सात तत्वों को परिभाषित करने से आपको निशाना लगाने के लिए लक्ष्य (targets) मिलेंगे। जब आप अपने आदर्श जीवन को परिभाषित कर लेते हैं, जब आपके पास यह तय करने का साहस होता है कि आप ठीक-ठीक क्या चाहते हैं, तभी आप सफलता पाने के लिए अपनी छिपी शक्तियों का ताला खोलने की प्रक्रिया शुरू कर सकते हैं। आगे के अध्यायों में आप विचार और कर्म का आज़माया हुआ एक ऐसा सिस्टम सीखेंगे, जिसका प्रयोग करके आप हर उस लक्ष्य को हासिल कर सकते हैं, जो आपने अपने लिए तय किया है। लेकिन आप अंत में कहाँ पहुँचना चाहते हैं, यह जानना पहला और सबसे महत्वपूर्ण क़दम है।

• • •

अध्याय दो में आप *मानसिक विजय के सात नियम* और अपनी कल्पना का मनचाहा जीवन बनाने के लिए उनका प्रयोग करने का तरीक़ा। अध्याय तीन में आप अपने

मास्टर प्रोग्राम के बारे में सीखेंगे और यह भी सीखेंगे कि यह अपने बारे में आपके विचारों और भावनाओं के हर पहलू को किस तरह नियंत्रित करता है। आप सीखेंगे कि इसकी प्रोग्रामिंग दोबारा कैसे करनी है और इसे अपने जीवन में चाहे गए लक्ष्यों के तालमेल में कैसे लाना है।

अध्याय चार में आप अपने *मास्टर माइंड* के बारे में सीखेंगे। आप अधिकतम सफलता पाने के लिए अपनी मानसिक शक्तियों का दोहन करना भी सीखेंगे। आप वे विधियाँ और तकनीकें सीखेंगे, जिनका प्रयोग हमारे युग के सबसे सफल स्त्री-पुरुषों ने अपने लक्ष्य हासिल करने के लिए किया है।

अध्याय पाँच में आप सफलता की *विजयी योग्यता* सीखेंगे। यहाँ आप शायद लक्ष्य तय करने और हासिल करने की वह सबसे सशक्त प्रक्रिया सीखेंगे, जो एक जगह पर एकत्रित और प्रस्तुत की गई है। इस विजयी योग्यता की मदद से आप सिर्फ़ एक-दो साल में इतना हासिल कर लेंगे, जितना कई लोग सारी ज़िंदगी में भी नहीं कर पाते।

अध्याय छह में आप *विजयी शक्ति* के बारे में सीखेंगे - अचेतन मस्तिष्क, जो हमेशा आपके लिए उपलब्ध है। इस मस्तिष्क का सही उपयोग आपको अपना निर्धारित लक्ष्य हासिल करने में समर्थ बनाता है। अचेतन मस्तिष्क की खोज और उपयोग मानवीय अनुभव की सभी महान सफलताओं का कारण है। आप इसका उतना ही सहज प्रयोग करना सीख लेंगे, जैसे साँस लेना और छोड़ना।

अध्याय सात में आप *विजयी निर्णय* लेना सीखेंगे। विजयी निर्णय लेने के बाद ही आप व्यक्तिगत और व्यावसायिक सफलता पाने के लिए अपनी उच्चतर शक्तियों को सक्रिय कर सकते हैं। यहाँ आप ज़्यादा सफलता और कम सफलता पाने वालों के बीच का मुख्य अंतर जानेंगे। आप सीखेंगे हैं कि अपने अनुभव के हर पहलू को पूरी तरह नियंत्रित कैसे किया जा सकता है और अपने जीवन को अद्‌भुत कैसे बनाया जा सकता है।

अध्याय आठ में आप *विजयी लक्ष्य*, आंतरिक शक्ति के बारे में सीखेंगे और यह भी कि आप अपने जीवन के हर पहलू को कैसे व्यवस्थित कर सकते हैं, ताकि आपको और आपके आस-पास के लोगों को सबसे ज़्यादा ख़ुशी मिल सके। यहाँ आप तनाव और नकारात्मकता के मूल कारणों को जानेंगे और यह भी सीखेंगे कि उन्हें अपने जीवन से कैसे ख़त्म करना है। इस अध्याय में आप अपने हर काम में ज़्यादा सकारात्मक और आशावादी बनने का तरीक़ा सीखेंगे।

अध्याय नौ में आप पिछले अध्यायों में सीखी हर चीज़ को बटोरेंगे। यहाँ आप लोगों के साथ ज़्यादा प्रभावी संबंध बनाने पर ध्यान केंद्रित करते हैं। *मानवीय*

संबंधों की विजय में आप पारस्परिक मनोविज्ञान के बुनियादी सिद्धांत सीखते हैं। हर स्थिति में दूसरों के साथ बेहतर व्यवहार करने का तरीक़ा सीखेंगे।

अध्याय दस *व्यक्तिगत संबंधों की विजय* में आप सीखेंगे कि रोमांटिक संबंधों में ज़्यादा सुखी कैसे रहा जाए। यहाँ आपको यह ज्ञान मिलेगा कि संबंध सफल या असफल क्यों होते हैं। आप उन सरल चीज़ों को सीखेंगे, जिन्हें आप कर सकते हैं या करना बंद कर सकते हैं और जो रातोंरात या इससे भी जल्दी आपके संबंधों का कायाकल्प कर देंगी।

अध्याय ग्यारह *लालन-पालन की विजयी कला* में आप उत्कृष्ट अभिभावक बनना सीखेंगे। आप अपने बच्चों से, चाहे उनकी उम्र जो भी हो, ऐसा व्यवहार करना सीखेंगे, ताकि वे बड़े होकर ख़ुश, स्वस्थ और आत्म-विश्वासी बनें। आप अतीत की ग़लतियों को संतुलित करने और आजीवन प्रेमपूर्ण संबंध बनाने का तरीक़ा सीखेंगे।

आख़िरकार, अध्याय बारह, *महाविजय : प्रेम की शक्ति,* में आप "युगों-युगों के रहस्य" को सीखेंगे - ब्रह्मांड की सबसे प्रबल शक्ति, चरित्र और तक़दीर को आकार देने वाली चीज़, सचमुच महत्वपूर्ण चीज़। आपको पूरी तरह मानवीय बनने और अपनी क्षमता तक पहुँचने की कुंजी का ज्ञान मिलेगा। आप सीखेंगे कि आप अपने हर काम में प्रेम के सिद्धांतों पर कैसे अमल कर सकते हैं।

इस पुस्तक में सीखी गई बातों पर अमल करके आप ज़्यादा मानसिक शांति, बेहतर सेहत और ऊर्जा तथा बेहतर प्रेमपूर्ण संबंधों का आनंद ले सकते हैं। इन बातों पर अमल करके आप ज़्यादा आर्थिक स्वतंत्रता, रोमांचक लक्ष्य और आदर्श जीवनमूल्य हासिल कर सकते हैं। इस पुस्तक के सिद्धांतों पर चलने से आपका आत्म-ज्ञान और आत्म-जागरूकता बढ़ती है। इससे आप व्यक्तिगत संतुष्टि और सफलता के अद्‌भुत एहसास का ज़्यादा आनंद ले सकते हैं।

आगे के पन्नों में जो विचार, ज्ञान और व्यावहारिक मार्गदर्शन दिया गया है, वह आपको इतनी सेहत, ख़ुशी और समृद्धि प्रदान करेगा, जितनी आपने पहले कभी महसूस नहीं की होगी। जब आप इन सिद्धांतों को अपने जीवन में उतारेंगे, तो आपको ख़ुद में, अपनी स्थिति में और अपने आस-पास के लोगों में कई आश्चर्यजनक सुधार नज़र आएँगे। जब आप अधिकतम उपलब्धि के उच्च्य मार्ग की ओर बढ़ेंगे, तो आपका पूरा जीवन मुक्त हो जाएगा और आपकी संभावनाओं के क्षितिज की ओर फैलने लगेगा।

अमल करने का अभ्यास

यह सिस्टम बहुत व्यावहारिक है। हर अध्याय में अभ्यास दिए गए हैं, जिन्हें आपको करना ही है। इन्हें इस तरह तैयार किया गया है, ताकि आपको उन संसाधनों की शक्ति मिल सके, जो जीवन को पूरी तरह नियंत्रित करने के लिए ज़रूरी हैं। इन साधनों को कारगर बनाने के लिए आपको उनका अभ्यास करना होगा। आपको इन अभ्यासों को क्रम से करने के लिए ख़ुद को अनुशासित करना होगा, ताकि आपको उनके सकल प्रभाव का पूरा लाभ मिले।

आपका पहला अभ्यास इस पूरे अध्याय में बताया गया है। अब यह आप पर है कि आप अपनी कल्पना की कूची उठाएँ और उससे अपने जीवन के कैनवास पर मास्टरपीस बनाना शुरू करें। यह आप पर निर्भर करता है कि आप स्पष्टता से फ़ैसला करें कि कौन सी चीज़ें आपको सबसे ज़्यादा सुखी बनाएँगी।

क्या संभव है, यह निर्णय लेने से पहले यह फ़ैसला करें कि आपके लिए क्या सही है। अपने आदर्श जीवन का निर्माण पूरे विस्तार से करें। आप जहाँ पहुँचना चाहते हैं, वहाँ तक जाने की प्रक्रिया के बारे में चिंता न करें। हाल-फ़िलहाल तो बस अपने आदर्श भविष्य की तस्वीर बनाने पर ध्यान केंद्रित करें। आगे के अध्यायों में आपको यह बताया जाएगा कि सपनों को हक़ीक़त में कैसे बदला जाता है।

अध्याय 2

मानसिक विजय के सात नियम

किसी भी क्षेत्र में सफलता कैसे हासिल की जाए, इस बारे में आज जितनी ज़्यादा व्यावहारिक जानकारी उपलब्ध है, उतनी पहले कभी नहीं रही। इसके बावजूद सिर्फ़ 5 प्रतिशत लोग ही रिटायर होते वक़्त आर्थिक रूप से स्वतंत्र हो पाते हैं। 80 प्रतिशत लोग जो काम कर रहे हैं, उसके बजाय कुछ और काम करना चाहते हैं। और 84 प्रतिशत लोगों का मानना है कि वे अपनी क्षमता से कम, कई बार तो बहुत कम, स्तर पर काम कर रहे हैं। सिर्फ़ 5 प्रतिशत को ही लगता है कि वे अपने कामकाज में अपनी पूरी क्षमता का उपयोग कर रहे हैं।

आज पहले से ज़्यादा लोग बीमार हैं, मोटे हैं, अनफ़िट हैं और अस्वस्थ हैं। अमेरिका स्वास्थ्य सुविधाओं पर अपने जीएनपी का जितना ज़्यादा हिस्सा ख़र्च करता है, उतना कोई दूसरा देश नहीं करता। और ख़र्च बढ़ते जा रहे हैं। आज हम जान चुके हैं कि नकारात्मक मानसिक नज़रिया और दुख बहुत सी बीमारियाँ व रोग पैदा कर सकते हैं। लोग दरअसल अपनी सोच से बीमार हो सकते हैं और अपने संबंधों में ज़हर घोल सकते हैं।

अमेरिका एक स्वतंत्र समाज है। यहाँ इंसान के सामने सारे विकल्प खुले हैं। लोग अगर चाहें, तो कुछ भी कर सकते हैं, कुछ भी बन सकते हैं, कहीं भी जा सकते हैं, अपनी ज़िंदगी के किसी भी हिस्से को बेहतर बना सकते हैं। फिर ऐसा क्यों है कि इतने सारे लोग अपनी नकारात्मकता और निराशावाद को जारी रखते हैं, जबकि वे हर मनचाही चीज़ सोचने के लिए स्वतंत्र हैं? ऐसा क्यों है कि इतने सारे लोग अपनी क्षमता के अनुरूप नहीं जी रहे हैं?

खोज

बड़ा होते समय मुझे कभी लगा ही नहीं कि अगर आप किसी चीज़ में अच्छे बनना चाहते हैं, तो आपको पूरी तरह उसका अध्ययन करना होता है और मेहनत से अभ्यास भी करना होता है। मुझे तो यह लगता था कि चीज़ें अपने आप हो जाती हैं। मुझे लगता था कि अगर आप सही समय सही जगह पर होते हैं, तो स्वास्थ्य, ख़ुशी, शांति, समृद्धि और सफलता जैसी सारी अच्छी चीज़े तक़दीर से मिल जाती हैं।

अधिकांश लोग इसी विचार पर चलते हैं, लेकिन इससे इंसान संयोग के नियम का ग़ुलाम बन जाता है। यह नियम उसी हद तक लागू होता है, जिस हद तक इसे स्वीकार किया जाता है, लेकिन यह अधिकांश लोगों का नियंत्रणकारी सिद्धांत बन जाता है। सरल भाषा में इसका मतलब है कि योजना बनाने की असफलता ही नाकामयाबी का प्रमुख कारण है।

अगर आप डॉक्टर बनना चाहते हैं, तो आप चिकित्सा शास्त्र का अध्ययन और अभ्यास करते हैं। अगर आप अच्छे कुक बनना चाहते हैं, तो आप पाककला संबंधी पुस्तकें ख़रीदकर उनका अध्ययन करते हैं और आज़माई हुई रेसिपीज़ का अभ्यास करते हैं। अगर आप ख़ुशी, आनंद और आत्म-संतुष्टि से भरा जीवन जीना चाहते हैं, तो आप सबसे ख़ुश और सफल लोगों का अध्ययन करते हैं और फिर तब तक उन्हीं की तरह काम करते हैं, जब तक कि आपको अपने जीवन में भी वही परिणाम नहीं मिलने लगते।

यह विचार मुझे अद्‌भुत लगा। यह बहुत सरल दिखता था। मैंने सोचा, निश्चित रूप से यह इतना आसान नहीं हो सकता। और ज़ाहिर है, था भी नहीं। कोई भी महत्वपूर्ण चीज़ सचमुच आसान नहीं होती है। यह एक ग़लत धारणा है कि अगर कोई चीज़ सही है, तो वह आसान होनी चाहिए। संबंधों के मामले में कई लोग कहते हैं कि अगर आपको इन्हें मधुर बनाने के लिए सचमुच मेहनत करनी पड़े, तो इसमें शायद कुछ ग़लत है। इस तरह की सोच ख़ुशी के लिए घातक होती है।

अच्छे जीवन के होली ग्रेल (पवित्र पात्र) की अपनी खोज शुरू करते वक़्त मैंने तीन बुनियादी कार्यकारी सिद्धांत बनाए, जिन्होंने अविश्वसनीय रूप से मेरी मदद की।

पहला सिद्धांत, ज़िंदगी कठोर है। यह हमेशा कठोर रही है और हमेशा रहेगी। यह आपके या मेरे या किसी और के लिए कभी आसान नहीं होगी। अच्छी ख़बर यह है कि अगर आप इस बुनियादी सच्चाई को स्वीकार कर लेते हैं, तो ज़िंदगी

थोड़ी ज़्यादा आसान बन जाती है, क्योंकि तब आपको कुंठा और अन्याय की भावनाओं से ज़्यादा दिक्क़त नहीं होती।

दूसरा सिद्धांत, आप आज जो हैं या भविष्य में जो बनेंगे, वह आप पर निर्भर करता है। आप अपनी वर्तमान स्थिति में इसलिए हैं, क्योंकि आपने यहीं रहने का चुनाव किया था। आप हमेशा अपने काम करने या न करने के लिए स्वतंत्र हैं और आपका वर्तमान जीवन आपके सभी अच्छे-बुरे चुनावों का महायोग है। अगर आप अपने भविष्य को बेहतर बनाना चाहते हैं, तो आपको बेहतर चुनाव करने होंगे।

तीसरा और सबसे महत्वपूर्ण सिद्धांत यह था कि आप अपने मनचाहे स्वरूप या मनचाही चीज़ को हासिल करने के लिए ज़रूरी हर तरीक़ा सीख सकते हैं। बहुत कम सीमाएँ हैं और उनमें से ज़्यादातर हमारे बाहर नहीं, भीतर होती हैं।

अगर आवश्यकता आविष्कार की जननी है, तो दर्द निश्चित रूप से सीखने का जनक है। हमें कुंठा और कष्ट के चाबुक की ज़रूरत पड़ती है, तब कहीं जाकर हम नए विचारों और काम के नए तरीक़ों का स्वागत करते हैं। यह यक़ीनन मेरी युवावस्था के शुरुआती दौर में सही था।

आगे बढ़ने के लिए आपको कुछ चीज़ें सीखनी होंगी और कुछ भूलनी भी होंगी। आप अपने ज्ञान और योग्यता के वर्तमान स्तर पर एक ही जगह क़ैद हैं। आप इस वक़्त जो जानते हैं, उसकी बदौलत आप इससे आगे नहीं जा सकते। आपका भविष्य काफ़ी हद तक इस बात पर निर्भर करता है कि इस पल के बाद आप क्या सीखते और करते हैं।

मैंने इन सिद्धांतों के आधार पर सफलता, ख़ुशी और उपलब्धि का अध्ययन शुरू कर दिया। इन सिद्धांतों की नींव पर मैंने उस सिस्टम का ढाँचा बनाया, जिसके बारे में मैं आपको आगे बताऊँगा। इस पुस्तक का हर हिस्सा बाक़ी हिस्सों का पूरक है, ठीक वैसे ही जैसे कोई भव्य इमारत एक-एक मंज़िल ऊपर की ओर जाती है, जब तक कि पूरी इमारत भव्यता में प्रकट नहीं हो जाती।

विचार दर विचार, कार्य दर कार्य, आप अपने जीवन को अनुपम कलाकृति (masterpiece) बनाना सीखेंगे। आप अपनी कोशिशों से सचमुच सुंदर चीज़ों को हासिल करना सीखेंगे। आप अपनी तक़दीर का पूरा नियंत्रण अपने हाथ में लेने का तरीक़ा सीखेंगे। आप इतनी ज़्यादा सफलता हासिल करने का तरीक़ा सीखेंगे, जितनी आपको सपने में भी संभव नहीं लगी होगी। बस इसके आसान होने की उम्मीद न करें।

ईंट दर ईंट

जब मैंने मानवीय सफलता के मनोविज्ञान और विज्ञान का अध्ययन शुरू किया, तो मैंने अपनी स्थिति और स्वयं की जाँच करके देखा कि यह सही है या नहीं। आपको भी ऐसा ही करना चाहिए। अपनी आंतरिक आवाज़ सुनें। आपने चाहे जो सीखा हो या चाहे जिस पर विश्वास करने का विकल्प चुना हो, बस इतना पूछ लें, "क्या यह मेरे लिए सच है?"

जैसा आप अध्याय छह में ज़्यादा अच्छी तरह समझेंगे, श्रेष्ठ व्यक्ति दिल की गहराई में ख़ुद पर भरोसा करते हैं। वे इस बारे में बहुत संवेदनशील होते हैं कि कोई चीज़ सही महसूस हो रही है या नहीं। आपको भी यही करना चाहिए। आपको लगना चाहिए कि इस पुस्तक की हर नसीहत से अच्छी भावना पैदा हो रही है। अगर आपको ऐसा नहीं लगता, तो आप उस नसीहत को कुछ समय के लिए अलग रख दें और कुछ वक़्त बाद उसकी ओर लौटें। शायद तब आपको उसमें ज़्यादा समझदारी नज़र आए।

थियोडोर रूज़वेल्ट ने एक बार कहा था, "जो कर सकते हैं, करें; जो आपके पास है उसी से करें; जहाँ हैं, वहीं से करें।" यही मैंने किया। जब मैंने पूछना शुरू किया कि कुछ लोग बाक़ी लोगों की तुलना में ज़्यादा सफल क्यों होते हैं, तो मैंने गहरे पानी में छलाँग लगा दी। हालाँकि मैं कमज़ोर विद्यार्थी था, लेकिन मुझमें लगातार पढ़ने की उत्सुकता थी और मैं कड़ी मेहनत से घबराता नहीं था। जब मेरे आस-पास के लोग डेटिंग और मौज-मस्ती में मसरूफ़ रहते थे, तब मैं अध्ययन करता था और खोए समय की भरपाई करता था।

मैंने एक चीज़ यह सीखी कि अगर अद्भुत जीवन जीने के लिए सिर्फ़ पुस्तकों और विचारों की ही ज़रूरत होती, तो हम सभी अमीर और ख़ुशहाल बन जाते। आज जीवन के हर क्षेत्र में कामयाबी पाने के बारे में इतनी ज़्यादा और बेहतर पुस्तकें, टेप्स, वीडियोज़ और कोर्स हैं, जितने इतिहास में पहले कभी नहीं रहे। और मैंने कभी कोई ऐसी पुस्तक या टेप नहीं देखा, जिसमें मुझे कोई मूल्यवान चीज़ न मिली हो। लेकिन सिर्फ़ यही काफ़ी नहीं है।

आपके पास एक सिस्टम होना अनिवार्य है। सीखे हुए विचारों को एकीकृत करने वाले सिस्टम के बिना आप उस व्यक्ति की तरह हैं, जो बिना तस्वीर के जिगसॉ पज़ल को जोड़ने की कोशिश में जुटा हो। सिस्टम कैसा भी हो, न होने से तो बेहतर ही है। आपको सिस्टम सीखना होगा और फिर ख़ुद को इस पर चलने के लिए तब तक अनुशासित करना होगा, जब तक कि आपको मनचाहे परिणाम नहीं मिल जाते।

कोई भी जब किसी जटिल विषय में महारत हासिल करने की गंभीर कोशिश करता है, तो वह उस क्षेत्र के महारथियों से सीखे बिना नहीं रह सकता। यह बात क़ानून, चिकित्सा, इंजीनियरिंग, बिज़नेस आदि हर क्षेत्र पर लागू होती है। यह मानवीय संबंध, ख़ुशी, सेहत, दौलत और मानसिक शांति के बारे में भी सच है। आप जो भी बनना चाहते हों, करना चाहते हों या पाना चाहते हों, लगभग हर चीज़ सीखने और कड़ी मेहनत से पाई जा सकती है। लेकिन आपके पास एक सिस्टम होना चाहिए और आपको उस पर काम भी करना चाहिए।

बुनियादी कार्यकारी सिद्धांत

कम सफलता और कुंठा का प्रमुख कारण बस इतना है कि लोग अपने भीतर की अधिकतम संभावना को बाहर निकालने का तरीक़ा नहीं जानते। वे यह नहीं जानते कि अधिकतम सफलता और ख़ुशी के लिए काम कैसे किया जाए। वे अपने बुनियादी कार्यकारी सिद्धांत नहीं जानते। परिणामस्वरूप, वे अपनी क्षमता से बहुत निचले स्तर पर काम करने में कई घंटे, यहाँ तक कि कई साल बर्बाद कर देते हैं।

मिसाल के तौर पर, कल्पना करें कि किसी ने आपको एक महँगा, आधुनिक पर्सनल कंप्यूटर दे दिया। यह कंप्यूटर आपके घर आ जाता है और जब आप इसके सभी हिस्सों को बक्सों से बाहर निकालते हैं, तो आपको पता चलता है कि सिर्फ़ एक चीज़ नहीं है : निर्देश पुस्तिका। अब कल्पना करें कि आपको कंप्यूटर या कंप्यूटर भाषा का ज़रा भी ज्ञान नहीं है। फिर कल्पना करें कि आपको अब यह पता लगाना है कि कंप्यूटर कैसे काम करता है, इसे कैसे लोड करना है, ऑपरेट करना है, प्रोग्राम करना है – यानी इससे कोई महत्वपूर्ण काम कैसे करवाना है। आपको क्या लगता है, बिना बाहरी मदद या मार्गदर्शन के पर्सनल कंप्यूटर का प्रयोग करना सीखने में आपको कितना वक़्त लगेगा ?

जवाब यह है कि भले ही आप बहुत प्रेरित और संकल्पवान हों, लेकिन शायद आपको कंप्यूटर का इस्तेमाल सीखने में बरसों लग जाएँगे। और यह पक्के तौर पर जान लें कि उससे बहुत पहले आपका दिमाग़ दूसरी चीज़ों की तरफ़ मुड़ जाएगा और आप दोबारा उसी पुराने, धीमे तरीक़े से काम करने लगेंगे।

अब कल्पना करें कि इसके बजाय आपको वही कंप्यूटर मिलता है, लेकिन इस बार उसके साथ एक निर्देश पुस्तिका भी मिलती है, जिसमें सरल भाषा में निर्देश दिए गए हैं। इसके अलावा एक कंप्यूटर विशेषज्ञ आपके साथ बैठकर आपको क़दम दर क़दम दिखाता है कि कंप्यूटर को कैसे लोड करना है, ऑपरेट करना है, प्रोग्राम

करना है - यानी इसे अधिकतम कार्यकुशलता से कैसे चलाना है।

निर्देश पुस्तिका और विशेषज्ञ के प्रशिक्षण से आप चंद घंटों में ही कंप्यूटर चलाना शुरू कर सकते हैं। इसके बाद आप इसके प्रयोग में बेहतर होते जाएँगे और आपके कार्य की गुणवत्ता व मात्रा तेज़ी से बढ़ने लगेगी।

सबक़ यह है : आप इस दुनिया में बिना किसी निर्देश पुस्तिका के आते हैं। आप एक अद्‌भुत मस्तिष्क के साथ पैदा होते हैं, जिसकी जटिलताएँ और संभावनाएँ इतनी वृहद् हैं कि हम उन्हें अब तक पूरी तरह नहीं समझ पाए हैं। आपके तीन पौंड के इस अद्‌भुत अंग में 100 बिलियन कोशिकाएँ हैं और यह हर घंटे 100 मिलियन जानकारियों को प्रॉसेस करता है। ऑटोनॉमिक नर्वस सिस्टम से यह आपके शरीर की कई बिलियन कोशिकाओं में आदर्श रासायनिक संतुलन क़ायम रखता है। सही उपयोग करने पर आपका अविश्वसनीय मस्तिष्क आपको शून्य से दौलत तक, तन्हाई से शोहरत तक, बीमारी से सेहत तक और निराशा से ख़ुशी तक पहुँचा सकता है - बशर्ते आप इसका सही उपयोग करने का तरीक़ा सीख लें।

इस पूरी पुस्तक को निर्देश पुस्तिका की तरह देखा जा सकता है। इसे इस तरह से तैयार किया गया है, ताकि आपको अपनी सर्वश्रेष्ठ प्रतिभा बाहर निकालने में मदद मिले। यह आपको बताएगी कि आप ज़िंदगी में सचमुच जो चीज़ें चाहते हैं, उन्हें पाने के लिए अपने मस्तिष्क की अद्‌भुत शक्ति का दोहन कैसे किया जाए है।

आपका बहुआयामी मस्तिष्क

आपका मस्तिष्क किसी बड़े कंप्यूटर नेटवर्क के सेंट्रल प्रॉसेसिंग यूनिट जैसा होता है। इसे कई ऑपरेटर या स्रोत प्रभावित और प्रोग्राम कर सकते हैं। अंदर आने वाला हर डाटा बाक़ी डाटा को प्रभावित करता है। अंदर आने वाली सारी जानकारी तत्काल डाटा को प्रभावित करने की स्थिति में होती है, जिससे प्रॉसेसिंग करने वाला व्यक्ति अलग निष्कर्ष पर पहुँच सकता है। नई जानकारी, चाहे सही हो या ग़लत, हर क्षेत्र में कार्यों को तत्काल बदल सकती है।

आपका अवचेतन मस्तिष्क आपका सेन्ट्रल प्रॉसेसिंग यूनिट (सीपीयू) है। किसी भी लक्ष्य को हासिल करने के लिए आपका प्रमुख काम इस यूनिट की प्रोग्रामिंग दोबारा करना है। यह प्रोग्रामिंग इस तरह करें, ताकि आप जो सोचें, महसूस करें और यक़ीन करें, वह ठीक उसी चीज़ का मानसिक समतुल्य (mental equivalent) हो, जिसका आप अनुभव करना या आनंद लेना चाहते हों।

आपके अवचेतन तक पहुँचने के पोर्ट भीतर भी होते हैं और बाहर भी। आंतरिक तौर पर आप अपने विचारों, मानसिक तस्वीरों या कल्पना और भावनाओं से प्रभावित होते हैं। बाहरी तौर पर आप अपने परिवेश की हर उस चीज़ से प्रभावित होते हैं, जो आपके चेतन मस्तिष्क में दर्ज होती है। आप हर उस चीज़ से प्रभावित होते हैं, जो आप करते, कहते, सुनते, देखते, पढ़ते हैं – ख़ास तौर पर उन लोगों से, जिनके साथ आप ज़्यादा उठते-बैठते या बातचीत करते हैं। इनमें से कोई भी प्रभाव किसी एक या एक से ज़्यादा प्रभावों को प्रेरित कर सकता है। उन सभी के तालमेल के कारण ही आप अपने वर्तमान स्वरूप में हैं। उन्होंने ही आपको और आपके जीवन के हर पहलू को ऐसा बनाया है या बना रहे हैं।

जब आप किसी कारण कोई विचार सोचते हैं, तो वह अक्सर किसी दूसरे विचार या चेतना की धारा (stream of consciousness) को प्रेरित कर देता है, जिससे आप मूल विचार से काफ़ी दूर पहुँच जाते हैं। आपका मस्तिष्क किसी तूफ़ानी नदी की तरह भागता है और आपको अपने लक्ष्यों की ओर या उनसे दूर ले जाता है। आप अपने लक्ष्यों की ओर जा रहे हैं या दूर, यह आपके मानसिक नियंत्रण की मात्रा पर निर्भर करता है।

आपके विचार अपने अनुरूप छवियों या तस्वीरों को प्रेरित करते हैं। ये तस्वीरें एक से दूसरे विचार की ओर ले जा सकती हैं और उस विचार से दूर भी जा सकती हैं, जिसने उन्हें पहले प्रेरित किया था ... या ये आपको मूल विचार की ओर लौटा भी सकती हैं।

विचारों या तस्वीरों से हर क़िस्म की भावनाएँ प्रेरित होती हैं। दूसरी ओर, आपकी भावनाएँ भी विचारों और तस्वीरों को प्रेरित करती हैं, जो अतिरिक्त भावनाओं को प्रेरित कर सकती हैं।

आप जो विचार सोचते हैं, अपने मन में जो तस्वीरें देखते हैं, जो भावनाएँ महसूस करते हैं, वे अपने अनुरूप शब्दों और कार्यों को प्रेरित करती हैं। अगर आप अपने लक्ष्यों के बारे में सोच रहे हैं, अगर आप अपने लक्ष्यों के पूरा होने की तस्वीर देख चुके हैं और अगर यह विचार आपको सकारात्मक और प्रोत्साहित करने वाला लगता होगा, तो आप दिन भर सकारात्मक अंदाज़ में बोलेंगे और प्रभावी ढंग से काम करेंगे।

आप जो पढ़ते हैं, वह भी आपके विचारों, तस्वीरों, भावनाओं, शब्दों और कार्यों पर असर डाल सकता है। दूसरी ओर, ये चीज़ें इस बात पर असर डाल सकती हैं कि आप अगली पुस्तक कौन सी पढ़ेंगे। आपके आस-पास के लोगों और आपकी बातचीत से इस बात पर असर पड़ता है कि आप कैसे बोलते, चलते,

बात करते और व्यवहार करते हैं।

आप अपनी कार में जो टेप सुनते हैं, टीवी पर जो शो देखते हैं, जिन सेमिनारों में जाते हैं और हर दिन जो काम करते हैं, वे सभी आपके भावी स्वरूप पर प्रभाव डालेंगे। ये प्रभाव बाक़ी प्रभावों और संगृहीत जानकारी पर असर डालेंगे, उसे कई गुना करेंगे, कम करेंगे, बढ़ाएँगे और बदलेंगे।

इन सभी तत्वों के अतिरिक्त आपके अतीत के अच्छे-बुरे अनुभव भी आपके साथ और आस-पास होने वाली हर चीज़ के प्रति आपके नज़रियों और अनुभूतियों में रंग भरते हैं।

अगर यह आपको थोड़ा जटिल लग रहा हो, तो यह ऐसा ही है। आपका मस्तिष्क और आपका जीवन संगीतकारों से भरे कमरे जैसा है, जो सभी अलग-अलग वाद्ययंत्रों पर अलग-अलग धुनें बजाकर आपका ध्यान खींचने की कोशिश कर रहे हैं। इस दुविधा के बीच क्या इसमें कोई हैरानी की बात है कि ज़्यादातर लोग महसूस करते हैं कि उनका अपने जीवन पर कोई नियंत्रण नहीं हैं ? क्या कोई हैरानी है कि अधिकांश लोग चाहते हैं कि वे कोई और काम कर रहे होते, किसी और जगह रह रहे होते, और कई मामलों में तो किसी और के साथ रह रहे होते ? क्या कोई हैरानी है कि ज़्यादातर लोग महसूस करते हैं कि वे वर्तमान से काफ़ी बेहतर प्रदर्शन कर सकते हैं, लेकिन वे स्थिति बदलने में ख़ुद को असहाय महसूस करते हैं ? यह स्थिति आपके जीवन की बड़ी चुनौती है और एक महान अवसर भी।

आपका मुख्य काम अपने जीवन और भविष्य का नियंत्रण अपने हाथ में लेना है, अपने ऑर्केस्ट्रा का कंडक्टर बनना है। आपको अपने जीवन के भीतरी और बाहरी पहलुओं का नियंत्रण अपने हाथ में लेना होगा। आपको इन सभी से अपनी चुनी हुई केंद्रीय विषयवस्तु के चारों ओर तालमेल में वाद्ययंत्र बजवाना होगा। आपका काम अपने जीवन के साथ सुंदर संगीत बजाना है, अपने जीवन को महान सफलता में बदलना है।

अलग-अलग नियमों को समझना

हो सकता है आप यह बात पहले से ही जानते हों कि ब्रह्मांड में दो तरह के नियम होते हैं : मानव-निर्मित नियम और प्राकृतिक नियम। आप इंसान के बनाए नियमों, जैसे ट्रैफ़िक के नियम को तोड़ सकते हैं और हो सकता है कि आप पकड़े न जाएँ। लेकिन अगर आप किसी प्राकृतिक नियम को तोड़ने की कोशिश करते हैं, तो आप हर बार पकड़े जाएँगे, बिना किसी अपवाद के।

प्राकृतिक नियमों को दो श्रेणियों में बाँटा जा सकता है : भौतिक नियम और मानसिक नियम। भौतिक नियमों जैसे विद्युत या यांत्रिकी की सक्रियता को नियंत्रित प्रयोगों और व्यावहारिक कामों में साबित किया जा सकता है।

बहरहाल, मानसिक नियम सिर्फ़ अनुभव और सहज बोध के ज़रिए ही साबित किए जा सकते हैं ... और अपने जीवन में उन्हें कारगर होते देखकर भी।

कुछ मानसिक नियम तो बहुत प्राचीन हैं, जिन्हें 2000 ई.पू. या चार हज़ार साल पहले बताया गया था। प्राचीन जगत में ये नियम या सिद्धांत "रहस्यवादी पाठशालाओं" में सिखाए जाते थे। विद्यार्थी इन पाठशालाओं में दाख़िल होते थे और कई साल लंबा प्रशिक्षण लेते थे, जिस दौरान उन्हें धीरे-धीरे, एक-एक करके इन सिद्धांतों से परिचित करवाया जाता था।

उन दिनों इस तरह के सिद्धांत आम जनता को नहीं बताए जाते थे। प्राचीन पाठशालाओं के प्रमुख महसूस करते थे कि आम आदमी इन नियमों को ग़लत समझ सकता है और इनका दुरुपयोग कर सकता है और उस वक़्त उनकी यह सोच शायद सही भी थी।

आज इनमें से अधिकांश नियमों पर खुलेआम बातचीत होती है और इनके बारे में काफ़ी कुछ लिखा जाता है, लेकिन इसके बावजूद जनसंख्या का बहुत छोटा सा हिस्सा ही उनके बारे में जागरूक है। सफल स्त्री-पुरुषों की जीवनियों का अध्ययन करने पर मैंने पाया कि उन सभी ने जाने-अनजाने इन नियमों का इस्तेमाल किया। फलस्वरूप उन्होंने दो-तीन साल में ही इतना ज़्यादा हासिल कर लिया, जितना आम आदमी ज़िंदगी भर में भी हासिल नहीं कर पाता। दरअसल, हर वास्तविक और स्थायी सफलता इन सामान्य सिद्धांतों के तारतम्य में जीवन को व्यवस्थित करने से मिलती है।

यहाँ एक महत्वपूर्ण बात बताई जा रही है : मानसिक नियम भौतिक नियमों की तरह होते हैं, क्योंकि ये हर समय काम करते हैं। उदाहरण के लिए, गुरुत्वाकर्षण का नियम पृथ्वी पर हर दिन हर जगह चौबीसों घंटे सक्रिय रहता है। यह नियम तटस्थ है। यह आप पर हर जगह लागू होता है, चाहे आप इसके बारे में जानते हों या नहीं, चाहे यह उस पल आपके लिए आरामदेह हो या नहीं।

हालाँकि मानसिक नियमों के भौतिक प्रभाव इतनी आसानी से नहीं देखे जा सकते, लेकिन वे भी हर समय काम करते हैं। जब भी आपका जीवन अच्छी तरह चल रहा हो, तो इसका मतलब यह है कि आपके विचार और कार्य अदृश्य मानसिक नियमों के तारतम्य और दिशा में हैं। जब भी आपको किसी तरह की समस्याएँ आ रही हों, तो इसका मतलब लगभग हमेशा यह होता है कि आप एक या अधिक

नियमों को भंग कर रहे हैं, चाहे आप उनके बारे में जानते हों या न जानते हों। चूँकि ये नियम आपकी ख़ुशी के लिए बुनियादी महत्व के हैं, इसलिए यह अनिवार्य है कि आप उनसे परिचित हो जाएँ और अपने हर काम में उन्हें एकीकृत कर लें।

1. नियंत्रण का नियम

नियंत्रण का नियम कहता है कि आप जिस हद तक अपने जीवन में नियंत्रण में महसूस करते हैं, उसी हद तक अपने बारे में सकारात्मक महसूस करते हैं। दूसरी तरफ़, आप जितना ज़्यादा महसूस करते हैं कि आप नियंत्रण में नहीं हैं या कोई बाहरी शक्ति, व्यक्ति या प्रभाव आपको नियंत्रित कर रहा है, आप अपने बारे में उतना ही ज़्यादा नकारात्मक महसूस करते हैं।

यह नियम या सिद्धांत मनोविज्ञान में काफ़ी जाना-पहचाना है। इसे "लोकस ऑफ़ कंट्रोल" (नियंत्रण का स्थान) सिद्धांत कहा जाता है। आम तौर पर यह माना जाता है कि ज़्यादातर दबाव, तनाव, चिंता और मनोदैहिक रोग इसी कारण पैदा होते हैं, क्योंकि व्यक्ति नियंत्रण से बाहर महसूस करता है या अपने जीवन के किसी महत्वपूर्ण हिस्से के नियंत्रण में नहीं होता।

मिसाल के तौर पर, अगर आप महसूस करते हैं कि आपका जीवन आपके क़र्ज़, आपके बॉस, आपकी बीमारी, बुरे संबंध या दूसरों के व्यवहार से नियंत्रित हो रहा है, तो आप तनाव के शिकार हो जाएँगे। यह तनाव चिढ़, ग़ुस्से और द्वेष में प्रकट होगा। अगर इसे दूर नहीं किया जाए, तो यह बढ़कर अनिद्रा, डिप्रेशन या कई तरह की बीमारियों में बदल सकता है।

आपका यह लोकस ऑफ़ कंट्रोल बाहरी भी हो सकता है और भीतरी भी। यानी, आप यह महसूस कर सकते हैं कि आप अपने जीवन के नियंत्रण में हैं, ख़ुश, सकारात्मक और आत्म-विश्वासी हैं। दूसरी तरफ़, आप यह महसूस कर सकते हैं कि आपको दूसरे नियंत्रित करते हैं, आप असहाय हैं, फँसे हुए हैं और काफ़ी हद तक ज़िंदगी के शिकार हैं।

हर मामले में जीवन पर नियंत्रण आपके विचारों से शुरू होता है। विचार ही वो इकलौती चीज़ है, जिस पर आपका पूरा नियंत्रण होता है। आप किसी स्थिति के बारे में जो सोचते हैं, उसी से तय होता है कि आप कैसी भावना महसूस करते हैं ... और आपकी भावनाओं से ही आपका व्यवहार तय होता है।

आत्म-अनुशासन, आत्म-विजय, आत्म-नियंत्रण यह सब इस बात से शुरू

होता है कि आप अपने विचारों का नियंत्रण अपने हाथ में लें। कोई व्यक्ति या स्थिति आपसे कोई चीज़ महसूस नहीं करवा सकती। दरअसल, उस व्यक्ति या स्थिति के बारे में आप जो सोचते हैं, उसी से आपकी भावनाएँ पैदा होती हैं। और आप अपने सोचने के तरीक़े को हमेशा नियंत्रित कर सकते हैं। जैसा एलीनोर रूज़वेल्ट ने कहा था, "कोई भी आपकी सहमति के बिना आपको हीन महसूस नहीं करा सकता।"

मूलभूत रूप से आप दो तरीक़ों से किसी ऐसी स्थिति को नियंत्रित कर सकते हैं, जो आपके जीवन में तनाव या दुख पैदा कर रही हो। पहला, आप कर्म कर सकते हैं। आप आगे बढ़कर उसे बदलने के लिए कुछ कर सकते हैं। आप स्थिति पर अपना असर डाल सकते हैं और किसी तरह उसे दूर कर सकते हैं। और दूसरा तरीक़ा यह है कि आप ख़ुद को इससे दूर ले जा सकते हैं। आप अक्सर किसी व्यक्ति या स्थिति से दूर जाकर और किसी दूसरे काम में व्यस्त होकर दोबारा नियंत्रण हासिल कर सकते हैं।

अगर आप किसी स्थिति में नियंत्रण से बाहर महसूस करते हैं, तो कई बार सबसे अच्छा तरीका बस छोड़ना होता है। अगर आपने कभी किसी दुखद संबंध या दुखद नौकरी को छोड़ा हो, तो आपको याद होगा कि उससे जूझना छोड़ने के बाद आपको कितना बेहतर महसूस हुआ था। प्रतिरोध न करने के निर्णय द्वारा आपने दोबारा नियंत्रण का एहसास पा लिया था।

नियंत्रण के नियम से यह स्पष्ट होता है कि निर्णयशील बनना आपके लिए इतना महत्वपूर्ण क्यों है। इससे यह भी स्पष्ट होता है कि आपके लिए अपनी मनचाही चीज़ों को सटीक तौर पर जानना इतना महत्वपूर्ण क्यों है। नियंत्रण में महसूस करने से आत्म-विश्वास आता है, इसलिए स्पष्ट उद्देश्य और योजना वाला व्यक्ति अस्पष्ट या अनिश्चित व्यक्ति पर हमेशा भारी पड़ेगा।

एक मानसिक जाँच सूची से अपने जीवन के विभिन्न क्षेत्रों की जाँच करें और फ़ैसला करें कि आप कहाँ सकारात्मक और नियंत्रण में महसूस करते हैं और कहाँ नहीं। फिर उन निश्चित कामों के बारे में सोचें, जिन्हें करके आप अपने जीवन में तनाव पैदा कर रही चीज़ों पर नियंत्रण कर सकते हैं। उन स्थितियों के बारे में सोचें, जिनसे दूर जाना आपके लिए बेहतर हो सकता है।

आपकी एक प्रमुख ज़िम्मेदारी जीवन का नियंत्रण अपने हाथ में लेना है। नियंत्रण की यह भावना भविष्य में अधिक सुख और सफलता की नींव बन जाती है। सुनिश्चित करें कि यह नींव चट्टान जितनी ठोस हो।

2. कारण और परिणाम का नियम

कारण और परिणाम का नियम बताता है कि आपके जीवन में मौजूद हर परिणाम के पीछे एक निश्चित कारण है। यह इतना महत्वपूर्ण नियम है कि इसे "ब्रह्मांड का फ़ौलादी नियम" भी कहा जाता है। यह बताता है कि हर चीज़ किसी न किसी कारण से होती है, चाहे आप उस कारण को जानते हों या नहीं। दुनिया में संयोग जैसी कोई चीज़ नहीं होती। हम एक व्यवस्थित ब्रह्मांड में रहते हैं, जो हमेशा नियम पर चलता है और इस बात को समझ लेना हर अन्य नियम या सिद्धांत के लिए केंद्रीय है।

कारण और परिणाम के नियम के अनुसार सफलता के निश्चित कारण होते हैं और असफलता के भी। सेहत और बीमारी के निश्चित कारण होते हैं। सुख और दुख के निश्चित कारण होते हैं। अगर आप अपने जीवन में किसी परिणाम को बढ़ाना चाहते हों, तो बस इसके कारणों का पता लगाकर उन्हें बढ़ा लें। अगर आपके जीवन में कोई ऐसा परिणाम है, जिसमें आपको आनंद नहीं आता, तो आपको बस उन कारणों का पता लगाना होगा और उनसे मुक्ति पानी होगी।

यह नियम इतना आसान है कि इससे ज़्यादातर लोग चकरा जाते हैं। वे दुख और कुंठा पैदा करने वाले काम करते जाते हैं (या अच्छे काम नहीं करते हैं) और इसके बाद वे अपनी समस्याओं के लिए किसी अन्य व्यक्ति या पूरे समाज को दोष देते हैं।

पागलपन की एक परिभाषा है, "उन्हीं चीज़ों को उसी तरीक़े से करते जाना और अलग परिणामों की उम्मीद करना।" किसी न किसी हद तक हम सब इसके दोषी होते हैं। हमें डटकर और ईमानदारी से इस प्रवृत्ति का सामना करना चाहिए।

स्कॉटलैंड में एक कहावत है, "अँधेरे को कोसने के बजाय एक छोटी सी मोमबत्ती जलाना बेहतर है।" इसी तरह, अपनी मुश्किलों के बारे में ग़ुस्सा होने या विचलित होने के बजाय यह कहीं बेहतर है कि हम बैठकर उनके कारणों का ग़ौर से विश्लेषण करें।

बुक ऑफ़ प्रोवर्ब्स में यह सूत्रवाक्य दिया गया है, "इंसान जैसा बोता है, वैसा ही काटता है।" कारण और परिणाम के इस संस्करण को बोने और काटने का नियम कहा जाता है। यह नियम बताता है कि आप जो बोते हैं, वही काटते हैं। इसका मतलब है कि आप आज जो काट रहे हैं, वह आपके द्वारा अतीत में बोई गई चीज़ का परिणाम है। अगर आप भविष्य में अपने जीवन के किसी क्षेत्र में अलग क़िस्म की फ़सल काटने की इच्छा रखते हैं, तो आपको आज अलग क़िस्म

के बीज बोने की ज़रूरत है। ज़ाहिर है, इशारा मूलतः मानसिक बीजों की ओर है।

कारण और परिणाम के नियम या बोने और काटने के नियम का सबसे महत्वपूर्ण प्रयोग यह है : "विचार कारण हैं और परिस्थितियाँ परिणाम।"

आपके विचार आपके जीवन की परिस्थितियों के बुनियादी कारण हैं। आपके अनुभव की हर चीज़ आपके या किसी दूसरे के विचार से शुरू हुई है।

आप आज जो भी हैं या भविष्य में जो भी बनेंगे, वह आपके सोचने के तरीक़े का परिणाम होगा। अगर आप अपने सोचने की गुणवत्ता बदल लेते हैं, तो आप अपने जीवन की गुणवत्ता भी बदल लेंगे। जब आपके आंतरिक अनुभव बदल जाएँगे, तो बाहरी अनुभव भी बदल जाएँगे। आपने जो बोया है, आप वही काटेंगे। इस वक़्त भी आप यही कर रहे हैं।

इस अटूट नियम की सुंदरता यह है कि इसे स्वीकार करके आप अपनी सोच, भावनाओं और परिणामों पर पूरा नियंत्रण हासिल कर लेते हैं। कारण और परिणाम का नियम लागू करके आप ख़ुद को नियंत्रण के नियम के तारतम्य में ले आते हैं। इससे आप फ़ौरन अपने बारे में बेहतर और ज़्यादा ख़ुश महसूस करने लगते हैं।

बिज़नेस के हर पहलू की सफलता या असफलता इस मूल नियम से स्पष्ट की जा सकती है। अगर आप सही कारण बोते हैं, तो आप मनचाहे परिणामों की फ़सल काटते हैं। अगर आप ऐसे श्रेष्ठ प्रोडक्ट्स या सेवाएँ देते हैं - जिन्हें ग्राहक चाहते हैं, जिनकी उन्हें ज़रूरत है और जिनके लिए वे पैसे चुकाने को तैयार हैं - फिर उत्साह से उनका प्रचार करने के इच्छुक हैं, तो आप उन्हें बेचने में कामयाब होंगे। अगर आप ऐसा नहीं करते, तो आप कामयाब नहीं होंगे।

अगर आप उच्च गुणवत्ता का काम करते हैं और वे परिणाम हासिल करते हैं, जिनकी ज़रूरत आपकी कंपनी को विकास करने और समृद्ध होने के लिए है, तो आप अपने करियर में सफल और ख़ुश रहेंगे। अगर आप दूसरों के साथ अच्छा व्यवहार करते हैं, तो वे भी आपके साथ अच्छा व्यवहार करेंगे। आपको हमेशा ज़िंदगी से वही मिलेगा, जो आपने इसमें बोया है - और आप क्या बोते हैं, इस बात पर हमेशा आपका पूरा नियंत्रण होता है।

3. विश्वास का नियम

विश्वास का नियम बताता है कि आप प्रबल भावना के साथ जिस भी चीज़ पर

यक़ीन करते हैं, वह आपकी हक़ीक़त बन जाती है। आप जिस चीज़ के साकार होने पर जितनी शिद्दत से यक़ीन करते हैं, उसके साकार होने की संभावना उतनी ही ज़्यादा होती है। अगर आप सचमुच किसी चीज़ के होने पर विश्वास कर रहे हैं, तो आप इसके किसी दूसरे रूप में होने की कल्पना ही नहीं कर सकते। आपके विश्वास आपकी दृष्टि को बहुत सीमित और केंद्रित बनाते हैं। वे अंदर आने वाली हर उस जानकारी को संपादित या ख़ारिज कर देते हैं, जो आपके विश्वास से मेल न खाती हो।

हार्वर्ड के विलियम जेम्स ने कहा था, "विश्वास वास्तविक तथ्य का निर्माण करता है।" बाइबल में कहा गया है, "तुम्हारी आस्था (विश्वास) के अनुरूप ही यह तुम्हारे साथ किया गया।" इसे दूसरे तरीक़े से कहा जाए, तो यह ज़रूरी नहीं है कि आप हर दिखने वाली चीज़ पर विश्वास करें। इसके बजाय सही तो यह है कि आप जिस चीज़ में विश्वास करते हैं, वह आपको अंततः *दिख* ही जाती है।

उदाहरण के लिए, अगर आपको पूरा विश्वास है कि आप अपनी ज़िंदगी में महान सफलता हासिल करेंगे, तो फिर चाहे जो हो जाए, आप अपने लक्ष्यों की ओर लगातार आगे बढ़ते रहेंगे। दुनिया की कोई भी चीज़ आपको नहीं रोक पाएगी।

दूसरी तरफ़, अगर आप विश्वास करते हैं कि सफलता ख़ुशक़िस्मती या संयोग से मिलती है, तो आप प्रतिकूल परिस्थितियों में आसानी से हताश और निराश हो जाएँगे। आपके विश्वास ही आपकी सफलता या असफलता को तय (set) करते हैं।

लोग आम तौर पर दुनिया को दो तरीक़ों में से किसी एक से देखते हैं। पहला है आशावादी वैश्विक दृष्टिकोण। अगर आपके पास *आशावादी* दृष्टिकोण है, तो आम तौर पर आपको विश्वास होता है कि दुनिया रहने के लिए काफ़ी अच्छी जगह है। आपमें लोगों तथा स्थितियों में अच्छाई देखने की प्रवृत्ति होती है। आपमें यह विश्वास करने की प्रवृत्ति होती है कि आपके आस-पास बहुत सारे अवसर हैं और आप उनका लाभ उठा सकते हैं। आपको यक़ीन होता है कि भले ही शायद आप आदर्श व्यक्ति न हों, लेकिन कुल मिलाकर आप काफ़ी अच्छे इंसान हैं। आप भविष्य, स्वयं और दूसरों में विश्वास करते हैं। आप मूलतः आशावादी होते हैं।

दुनिया को देखने का दूसरा तरीक़ा *है निराशावादी* वैश्विक दृष्टिकोण। इस दृष्टिकोण वाला व्यक्ति ख़ुद को और जीवन को नकारात्मक तथा निराशावादी नज़रिए से देखता है। वह आम तौर पर यक़ीन करता है कि "आप सिटी हॉल से नहीं लड़ सकते," कि "अमीर लोग ज़्यादा अमीर बनते जाते हैं और ग़रीब लोग ज़्यादा ग़रीब," और यह भी कि आप चाहे जितनी कड़ी मेहनत करें, जीवन में आगे नहीं पहुँच

सकते, क्योंकि क़िस्मत आपके ख़िलाफ़ है।

इस तरह के व्यक्ति को हर जगह अन्याय, शोषण और दुर्भाग्य ही नज़र आता है। जब उसके सामने प्रतिकूल परिस्थितियाँ आती हैं, जैसा आम तौर पर होता है, तो वह इसका दोष बुरी क़िस्मत या बुरे लोगों पर मढ़ देता है। वह पीड़ित (victim) महसूस करता है। इस नज़रिए के कारण वह ख़ुद को ज़्यादा पसंद नहीं करता और उसमें आत्म-सम्मान की कमी होती है।

यह कहने की ज़रूरत नहीं है कि आशावादी दृष्टिकोण वाले व्यक्तियों में सफल होने और भविष्य का निर्माता बनने की प्रवृत्ति होती है। उनमें सकारात्मक और ख़ुशमिज़ाज रहने की प्रवृत्ति होती है, क्योंकि वे दुनिया को रहने की अच्छी और उज्ज्वल जगह के रूप में देखते हैं। उनके पास आशावादी नज़रिया होता है, जिसकी बदौलत वे रोज़मर्रा की ज़िंदगी के अपरिहार्य उतार-चढ़ावों पर सकारात्मक और सृजनात्मक तरीक़े से प्रतिक्रिया करते हैं। सफलता की ओर आपकी यात्रा का एक प्रमुख हिस्सा इस आशावादी या सकारात्मक वैश्विक दृष्टिकोण का विकास करना और इसे क़ायम रखना है।

आपकी राह में जो सबसे बड़े मानसिक अवरोध आएँगे, शायद वे आत्म-सीमा वाले आपके विश्वास होंगे - ऐसे विश्वास, जो किसी न किसी तरह आपको सीमित कर देते हैं। वे आपको पीछे रोके रखते हैं, क्योंकि वे आपको कोशिश भी नहीं करने देते। उनकी वजह से अक्सर आप ऐसी चीज़ों पर भरोसा कर लेते हैं, जो सच नहीं होतीं।

अगर आपको स्कूल में औसत या सामान्य ग्रेड मिले हैं, तो आपको लग सकता है कि आपकी बुद्धि सीमित है। आप विश्वास कर सकते हैं कि आपकी रचनात्मक क्षमता सीमित है या सीखने और याद करने की आपकी योग्यता सीमित है। या फिर शायद आप महसूस करते हैं कि आप बहुत बहिर्मुखी नहीं हैं या पैसे के मामले में बहुत स्मार्ट नहीं हैं। कुछ लोग महसूस करते हैं कि वे अपना वज़न कम नहीं कर सकते, धूम्रपान नहीं छोड़ सकते या विपरीत लिंग के सदस्यों को आकर्षित नहीं कर सकते।

इस बात से कोई फ़र्क़ नहीं पड़ता कि आपका विश्वास क्या है। अगर आप उसमें गहरा यक़ीन करते हैं, तो वे आपकी हक़ीक़त बन जाता है। आप अपने विश्वासों के अनुरूप ही चलते हैं, दूसरों के साथ बातचीत और व्यवहार करते हैं। भले ही आपके विश्वास सरासर झूठे हों, लेकिन अगर आप उनमें यक़ीन करते हैं, तो वे आपके जीवन में सच हो जाएँगे।

बहुत से लोगों की तरह मैंने भी कई साल तक ख़ुद को पीछे रोके रखा। कारण सिर्फ़ इतना था कि मैं हाई स्कूल की पढ़ाई पूरी नहीं कर पाया था। मैं यूनिवर्सिटी के स्नातकों को श्रद्धा भाव से देखा करता था। मैंने अचेतन में यह मान लिया था कि मेरा भविष्य सीमित है। इस विश्वास के कारण मैंने अपने लिए सीमित लक्ष्य तय किए और जब मैं उन तक नहीं पहुँच पाया, तो मुझे कोई हैरानी नहीं हुई। आख़िर, स्कूल में मेरा प्रदर्शन कमज़ोर था – ऐसे लड़के से आप और क्या उम्मीद कर सकते हैं?

एक दिन मैंने एक छोटे क़स्बे में रहने वाले युवक की सच्ची कहानी पढ़ी, जिसे हाई स्कूल में हर विषय में ए ग्रेड मिला था। उसने अपने राज्य की यूनिवर्सिटी में दाख़िले के लिए आवेदन किया। दाख़िले की प्रक्रिया के हिस्से के रूप में उसे स्कॉलैस्टिक एप्टीट्यूड टेस्ट देना पड़ा, जिस तरह देश भर की यूनिवर्सिटीज़ में देना होता है। कुछ सप्ताह बाद उसे दाख़िला विभाग का एक पत्र मिला, जिसमें बताया गया था कि उसने टेस्ट में 99वें पर्सेन्टाइल में स्कोर किया है और उसे सेमिस्टर में दाख़िला मिल गया है।

दाख़िला मिलने पर वह ख़ुश था, लेकिन एक समस्या थी। वह पर्सेन्टाइल्स के बारे में कुछ नहीं जानता था, इसलिए वह इस ग़लत नतीजे पर पहुँच गया कि 99 उसका आईक्यू स्कोर था। उसे मालूम था कि औसत आईक्यू स्कोर 100 होता है, इसलिए उसे लगा कि वह अपनी "सीमित" बुद्धि से यूनिवर्सिटी स्तर की पढ़ाई कभी पूरी नहीं कर पाएगा।

पूरे सेमिस्टर में वह हर कोर्स में फ़ेल हुआ या होते-होते बचा। आख़िरकार, काउंसलर ने उसे बुलाकर पूछा कि वह इतना कमज़ोर प्रदर्शन क्यों कर रहा है।

उसने जवाब दिया, "देखिए, आप मुझे दोष नहीं दे सकते। मेरा आईक्यू सिर्फ़ 99 है।" काउंसलर के सामने उस विद्यार्थी की फ़ाइल थी। उसने पूछा, "तुम ऐसा क्यों कह रहे हो?"

लड़के ने जवाब दिया, "यह बात यूनिवर्सिटी ने ही दाख़िले के समय पत्र में लिखी थी।"

जब काउंसलर को सच्चाई का एहसास हुआ, तो उसने विद्यार्थी को आईक्यू और पर्सेन्टाइल के बीच का फ़र्क़ समझाया।

"99वें पर्सेन्टाइल का मतलब है कि तुमने इस टेस्ट में अमेरिका के 99 प्रतिशत विद्यार्थियों से अच्छा प्रदर्शन किया था। तुम इस कैंपस के सबसे प्रतिभाशाली बच्चों में से एक हो।"

जब उस युवक को अपनी ग़लती का एहसास हो गया और उसने अपनी बुद्धि के बारे में अपना विश्वास बदल लिया, तो उसकी ज़िंदगी में सब कुछ बदल गया।

वह अपनी क्लासों में जाकर क्षमता और आत्मविश्वास के एक नए एहसास के साथ काम करने लगा। सेमिस्टर के अंत तक वह ऑनर रोल में आ गया और अंततः अपनी क्लास के टॉप टेन में ग्रेजुएट हुआ।

इस कहानी में आपके लिए भी एक महत्वपूर्ण सबक़ है, जैसा कि मेरे लिए था। हम बड़ी आसानी से यह स्वीकार कर लेते हैं कि हम किसी तरह से सीमित हैं। फिर हम अपने विश्वास के विरोध में होने वाले हर प्रमाण को नज़रअंदाज़ कर देते हैं या नकार देते हैं।

एक टीचर ने एक छोटे लड़के से पूछा, "क्या तुम कोई वाद्य यंत्र बजा सकते हो?"

उसने जवाब दिया, "मैं नहीं जानता। मैंने अब तक कोशिश नहीं की है।"

एक तरह से, आप भी इस छोटे बच्चे जैसे ही हैं। आप भी नहीं जानते हैं कि आप दरअसल क्या कर सकते हैं। ख़ुद को सीमित करने में इतनी जल्दबाज़ी न करें। अपनी क्षमता पर सीमाएँ स्वीकार करने से इंकार कर दें। आपने अब तक जैसा प्रदर्शन किया है, शायद आप उससे बहुत बेहतर कर सकते हैं।

ख़ुद को सीमित करने वाले आपके ज़्यादातर विश्वास ज़रा भी सच नहीं हैं। वे उस नकारात्मक जानकारी पर आधारित हैं, जिसे आपने अपने भीतर जगह दे रखी है और जिसे आपने सच मान लिया है। जब आप इसे सच मान लेते हैं, तो आपका विश्वास इसे आपके लिए सच बना देता है। जैसा हेनरी फ़ोर्ड ने कहा था, "अगर आप यक़ीन करते हैं कि आप कोई काम कर सकते हैं, या आप यक़ीन करते हैं कि आप वो काम नहीं कर सकते, तो दोनों ही मामलों में आप सही हैं।"

अध्याय तीन में आप सीखेंगे कि एक सुदृढ़, विश्वासपूर्ण विश्वास तंत्र कैसे बनाया जाए, जो पूरी तरह उस लक्ष्य के तालमेल में हो, जिसे आप अपने जीवन में हासिल करना चाहते हैं। इस दौरान, आपको ख़ुद को सीमित करने वाले विश्वासों को पहचानना होगा, जो आपको पीछे रोके हुए हैं। अक्सर, आपका जीवनसाथी या विश्वसनीय मित्र सीमित करने वाले विचारों और विश्वासों को पहचानने में आपकी मदद कर सकता है, हालाँकि आप उनके बारे में अनजान हैं। याद रखें, अगर आप इनके बारे में नहीं जानते हैं, तब भी वे आपका उतना ही नुक़सान करते हैं, जितना कि जानने पर करते।

4. अपेक्षाओं का नियम

अपेक्षाओं का नियम (law of expectations) बताता है कि आप गहरे विश्वास से जिस भी चीज़ की अपेक्षा करते हैं, वह स्वयं पूरी होने वाली भविष्यवाणी (self-fulfilling prophecy) बन जाती है। दूसरे तरीक़े से कहा जाए, तो आपको ज़िंदगी में वो नहीं मिलता जो आप *चाहते हैं*, बल्कि वह मिलता है, जिसकी आप *अपेक्षा* करते हैं। आपकी अपेक्षाएँ एक सशक्त, अदृश्य असर डालती हैं, जिससे लोग आपकी अपेक्षा के अनुरूप व्यवहार करते हैं और स्थितियाँ वैसी ही बन जाती हैं, जैसी आपको उम्मीद थी।

एक तरह से, आप हमेशा अपने जीवन के ज्योतिषी के रूप में काम कर रहे हैं। आपके जीवन की परिस्थितियाँ कैसी होंगी, इस बारे में आप जैसा सोचते और बोलते हैं, दरअसल वैसा ही होता है। सफल स्त्री-पुरुषों में विश्वासपूर्ण, सकारात्मक आत्म-अपेक्षा का नज़रिया होता है। वे सफल होने की अपेक्षा करते हैं। वे पसंद किए जाने की अपेक्षा करते हैं। वे ख़ुश रहने की अपेक्षा करते हैं और शायद ही कभी निराश होते हैं।

असफल लोगों में नकारात्मक अपेक्षाओं, आलोचना और निराशावाद का नज़रिया होता है। परिणामस्वरूप किसी न किसी तरह स्थितियाँ उनकी अपेक्षा के अनुरूप ही बन जाती हैं।

पिग्मैलियन इन द क्लासरूम पुस्तक में हार्वर्ड यूनिवर्सिटी के डॉ. रॉबर्ट रोज़ेन्थाल वर्णन करते हैं कि किस तरह टीचर्स की अपेक्षाएँ उनके विद्यार्थियों के प्रदर्शन पर ज़बर्दस्त असर डालती हैं। अगर विद्यार्थियों को महसूस होता है कि उनसे अच्छे प्रदर्शन की अपेक्षा की जा रही है, तो वे बेहतर प्रदर्शन करेंगे। अगर उनसे ऐसी अपेक्षा नहीं की जाती, तो उनका प्रदर्शन कमज़ोर होगा।

डॉ. रॉज़ेन्थाल ने 1960 के दशक के अंत में सैन फ्रांसिस्को बे एरिया में एक मशहूर प्रयोग किया। यह प्रयोग एक स्कूल में सत्र की शुरुआत में किया गया। इसके तहत प्रिंसिपल ने तीन टीचर्स को अपने ऑफ़िस में बुलाकर उनसे कहा, "हमने आपकी पढ़ाने की शैलियाँ देखी हैं और हम इस नतीजे पर पहुँचे हैं कि आप तीनों इस स्कूल के सबसे अच्छे टीचर्स हैं। शिक्षण उत्कृष्टता के विशेष पुरस्कार के रूप में हम आपको इस स्कूल के सबसे प्रतिभाशाली बच्चों को पढ़ाने का मौक़ा दे रहे हैं। इन बच्चों को आईक्यू टेस्ट के आधार पर चुना गया है और आने वाले साल में हम उनकी शैक्षणिक उपलब्धि में 20 से 30 प्रतिशत बेहतर प्रदर्शन की अपेक्षा करते हैं। लेकिन एक बात का ध्यान रखें। हम यह नहीं चाहते कि हम पर भेदभाव

का आरोप लगे, इसलिए आप इस बात को गोपनीय रखें। हम उनके माता-पिता को भी नहीं बताएँगे और आप उन विद्यार्थियों को भी यह न बताएँ कि उन्हें ख़ास तौर पर इस एडवांस्ड क्लास के लिए चुना गया है।"

तीनों टीचर्स ख़ुश थे। हर टीचर का सपना होता है कि उसे पढ़ाने के लिए प्रतिभाशाली बच्चों की क्लास मिले। वे नए उत्साह के साथ अपनी क्लासों में गए।

पूरे साल स्कूल में उन क्लासों और टीचर्स पर नज़र रखी गई। वे ज़्यादा समर्पण से पढ़ाते दिखे। वे उन विद्यार्थियों के साथ ज़्यादा धैर्य से पेश आए, जो किसी नए विषय को तत्काल नहीं समझ पाते थे। उन्होंने स्कूल के बाद विद्यार्थियों को पढ़ाने में ज़्यादा समय दिया। जब किसी बच्चे को कोई चीज़ समझने में मुश्किल आई, तो टीचर्स ने मान लिया कि समस्या विद्यार्थी में नहीं, बल्कि उनके ख़ुद के पढ़ाने में है।

उस साल के अंत में वे तीन क्लासें न सिर्फ़ स्कूल में सबसे आगे थीं, बल्कि ग्रेड में पूरे जिले में सबसे आगे थीं। जैसी भविष्यवाणी की गई थी, उन्होंने पिछले साल की तुलना में शैक्षणिक उपलब्धि में 20 से 30 प्रतिशत की ऊँची छलाँग लगा ली थी।

परीक्षा परिणाम आने पर प्रिंसिपल ने टीचर्स को दोबारा अपने ऑफ़िस में बुलाकर बैठाया। उन्होंने उन्हें बधाई दी कि उन्होंने अपने विद्यार्थियों के साथ इतना बेहतरीन प्रदर्शन किया। टीचर्स ने एकमत से प्रिंसिपल को इस बात के लिए धन्यवाद दिया कि उन्होंने उन्हें पढ़ाने के लिए इतने प्रतिभाशाली बच्चे दिए। उन्होंने कहा कि योग्य विद्यार्थियों को पढ़ाना आसान होता है और उन्हें उस साल पढ़ाने में जितना मज़ा आया, उतना पहले कभी नहीं आया था।

प्रिंसिपल ने उन्हें बताया कि यह तो सिर्फ़ एक प्रयोग था। विद्यार्थी बिलकुल भी असाधारण नहीं थे। स्कूल के विद्यार्थियों की सूची में से उनके नाम लॉटरी द्वारा चुने गए थे। उन्हें तीनों टीचर्स की क्लासों में बिना किसी मूल्यांकन के भेजा गया था। दरअसल, वे तो औसत विद्यार्थी थे।

कहने की ज़रूरत नहीं कि यह पता चलने पर टीचर्स हैरान रह गए। तो फिर विद्यार्थियों का प्रदर्शन इतना अच्छा कैसे रहा, जैसी कि भविष्यवाणी की गई थी? फिर उन्हें लगा कि दरअसल उनके उत्कृष्ट शिक्षक होने के कारण ऐसा हुआ होगा। टीचर्स के रूप में वे परिणामों के लिए ज़िम्मेदार होंगे।

इस पर प्रिंसिपल ने उन्हें बताया कि उन्हें भी बिना किसी मूल्यांकन या पैमाने के चुना गया था। स्कूल शुरू होते समय स्कूल के सभी टीचर्स के नाम एक हैट में डाले गए थे और सबसे पहले उन्हीं तीनों के नाम बाहर निकले थे।

इसे डबल-ब्लाइंड एक्सपेरिमेंट कहा जाता है। प्रयोग करने वालों ने अपेक्षाओं के अलावा बाक़ी सभी चीज़ें समान रखीं। प्रिंसिपल की टीचर्स से जो अपेक्षाएँ थीं, वे बिलकुल स्पष्ट थीं। उसने कहा, "आप उत्कृष्ट टीचर्स हैं और हम आपसे इन श्रेष्ठ विद्यार्थियों से उत्कृष्ट परिणाम पाने की अपेक्षा करते हैं।"

टीचर्स ने विद्यार्थियों से जो अपेक्षाएँ की थीं, वे कही या बताई नहीं गई थीं। उन्होंने विद्यार्थियों के साथ इस तरह व्यवहार किया, जैसे वे बहुत बुद्धिमान हों। उन्होंने मिली हुई जानकारी के अनुरूप विद्याथियों से प्रदर्शन करने की अपेक्षा की।

दोनों ही मामलों में अपेक्षाएँ ग़लत जानकारी पर आधारित थीं। बहरहाल, दोनों ही मामलों में अपेक्षाओं का आधार विश्वसनीय स्रोत था, इसलिए वे स्वयं पूरी होने वाली भविष्यवाणियाँ बन गईं।

यह बहुत महत्वपूर्ण है। आपकी अपेक्षाएँ उसी अनुपात में सच होती हैं, जिस अनुपात में आप स्रोत की प्रामाणिकता का सम्मान करते हैं। आप जिस व्यक्ति का जितना ज़्यादा सम्मान करते हैं, वह आपकी अपेक्षाओं पर उतना ही ज़्यादा असर डालेगा।

टीचर्स ने उत्कृष्ट अंदाज़ में पढ़ाया और विद्यार्थियों ने इतनी तेज़ गति से सीखा, जितना पहले कभी नहीं सीखा था। प्रयोग में शामिल एक विद्यार्थी का आई क्यू 90 से 115 तक पहुँच गया, यानी 25 पॉइंट्स की छलाँग। यह सिर्फ़ एक साल में सकारात्मक अपेक्षाओं वाले एक टीचर के प्रभाव की बदौलत हुआ। बहुत से प्रयोगों में यह साबित किया जा चुका है कि जब टीचर्स अपने विद्यार्थियों से अच्छे प्रदर्शन की अपेक्षा करते हैं, तो विद्यार्थी कड़ी मेहनत करते हैं और उनकी अपेक्षाओं पर खरे उतरते हैं।

जो माता-पिता हमारे सेमिनारों में शामिल हुए हैं, उनमें से कई ने अपने बच्चों के शैक्षणिक जीवन का कायाकल्प कर दिया है। उन्होंने टीचर्स से आग्रह किया कि वे उनके बच्चों के साथ इस तरह व्यवहार करें, जैसे वे ख़ास तौर पर बुद्धिमान हों। उन्होंने पाया कि अधिकांश मामलों में टीचर्स ने इस विचार को ख़ुशी-ख़ुशी मान लिया। माता-पिता ने घर पर भी यही किया।

परिणाम आश्चर्यजनक थे। जिन बच्चों को सी और डी ग्रेड मिल रहे थे, वे सिर्फ़ दो महीने में ही उछलकर ए और बी ग्रेड तक पहुँच गए। जो बच्चे अपने ख़राब प्रदर्शन के कारण स्कूल में ज़रा भी प्रेरित नहीं थे और ऊब महसूस करते थे, वे सीखने के मामले में उत्साही और रोमांचित हो गए। कारण सिर्फ़ माता-पिता और टीचर्स का असर था, जिन्होंने पूरे विश्वास के साथ उनसे अच्छे प्रदर्शन की सकारात्मक अपेक्षा की थी।

चार तरह की अपेक्षाएँ

आपके जीवन पर अपेक्षाओं के चार स्रोत ख़ास असर डालते हैं। पहला है आपके माता-पिता की अपेक्षाएँ। हम सभी के मन में यह अचेतन प्रोग्रामिंग होती है कि हम अपने माता-पिता की उन अपेक्षाओं के अनुरूप ऊपर उठें या नीचे गिरें, जो उन्होंने हमारे बड़े होते समय हमारे सामने व्यक्त की थीं। माता-पिता के अनुमोदन (approval) की ज़रूरत उनके मरने के बाद भी महसूस होती है। अगर उन्होंने आपसे अच्छे प्रदर्शन की अपेक्षा की थी और आपको अपना सर्वश्रेष्ठ करने तथा बनने के लिए सकारात्मक रूप से प्रोत्साहित किया था, तो इसका आपके भविष्य पर ज़बर्दस्त असर पड़ेगा। लेकिन जैसा कि कई मामलों में होता है, अगर आपके माता-पिता ने आपसे नकारात्मक अपेक्षाएँ की हैं या कोई अपेक्षा ही नहीं की, तो आप पर अचेतन रूप से उन्हें निराश न करने का बोझ आ जाता है।

एक अध्ययन में मनोवैज्ञानिकों ने क़ैदियों का इंटरव्यू लिया। ९० प्रतिशत क़ैदियों ने बताया कि उनके बड़े होते समय उनके माता-पिता ने उनसे बार-बार कहा था, "किसी न किसी दिन तुम जेल ज़रूर जाओगे।"

आपके व्यवहार को प्रभावित करने वाला अपेक्षाओं का दूसरा स्रोत हैः आपका बॉस, जो आपके प्रदर्शन के बारे में अपेक्षाएँ रखता है। जो लोग सकारात्मक अपेक्षाओं वाले बॉस के अधीन काम करते हैं, वे हमेशा नकारात्मक या आलोचनात्मक बॉस के अधीन काम करने वाले कर्मचारियों से ज़्यादा ख़ुश रहते हैं, बेहतर प्रदर्शन करते हैं और ज़्यादा काम करते हैं। चूँकि आप पर उन लोगों की अपेक्षाओं का बहुत असर पड़ता है, जिन पर आप अपनी आमदनी के लिए निर्भर हैं, इसलिए इस बात की संभावना नहीं है कि नकारात्मक नज़रिए और व्यवहार वाले लोगों के साथ या अधीन काम करके आप कभी ख़ुश या सफल बन पाएँगे।

तीसरा स्रोत वे अपेक्षाएँ हैं, जो आप अपने बच्चों, जीवनसाथी और कर्मचारियों या स्टाफ़ से करते हैं। उन लोगों के व्यक्तित्व, व्यवहार और प्रदर्शन पर आपका बहुत असर पड़ता है, जो मार्गदर्शन और फ़ीडबैक के लिए आपकी ओर देखते हैं। आप किसी के जीवन में जितने ज़्यादा महत्वपूर्ण हैं, आपकी अपेक्षाएँ उसके प्रदर्शन पर उतना ही गहरा असर डालेंगी। शायद आप सबसे असरदार और प्रेरक व्यवहार यह कर सकते हैं कि विश्वासपूर्वक दूसरों से लगातार सर्वश्रेष्ठ की अपेक्षा रखें। लोग हमेशा यह कोशिश करेंगे कि वे आपको निराश न करें।

मैं हमेशा अपने बच्चों से कहता हूँ, "तुम इस देश में सर्वश्रेष्ठ हो; तुम दुनिया के सबसे अच्छे लड़के (या लड़की) हो।" मैं उन्हें बताता हूँ कि मैं उनसे प्यार करता हूँ और मैं सोचता हूँ कि वे अद्भुत बच्चे हैं और ज़िंदगी में महान काम करेंगे।

क्या इससे उनके व्यक्तित्व पर असर पड़ता है? यक़ीनन! ख़ुद आजमाकर देख लें। बहुत से सफल लोग जीवन में अपनी प्रगति का श्रेय किसी ऐसे व्यक्ति के प्रभाव को देते हैं, जिसका वे सम्मान करते थे और जिसने उनकी सफल होने की योग्यता में लगातार विश्वास जताया। शायद आप किसी दूसरे व्यक्ति के लिए जो सबसे दयालुतापूर्ण काम कर सकते हैं, वह यह कहना है, "मुझे आप पर यक़ीन है। मैं जानता हूँ कि आप यह काम कर सकते हैं।"

चौथा स्रोत है ख़ुद से की गई अपेक्षाएँ। अपेक्षाओं के बारे में अद्‌भुत चीज़ यह है कि आप ख़ुद उनका निर्माण कर सकते हैं। आप हर स्थिति में ख़ुद से सर्वश्रेष्ठ की अपेक्षा करके अपनी मानसिकता और दुनिया का सामना करने का दृष्टिकोण तय कर सकते हैं। ख़ुद से की गई आपकी अपेक्षाएँ इतनी शक्तिशाली होती हैं कि वे दूसरे व्यक्तियों की नकारात्मक अपेक्षाओं को सूखे पत्ते की तरह उड़ा देती हैं। आप हर स्थिति से लाभ मिलने की विश्वासपूर्ण अपेक्षा करके अपने चारों ओर सकारात्मक मानसिक ऊर्जा की फ़ोर्स फ़ील्ड बना सकते हैं।

मल्टीमिलियनेअर डब्ल्यू. क्लीमेंट स्टोन विपरीत-मनोरोगी (inverse paranoid) के रूप में मशहूर हैं। विपरीत-मनोरोगी के रूप में काम करने वाले व्यक्ति को यह पक्का यक़ीन होता है कि ब्रह्मांड उसकी भलाई करने के लिए षड्‌यंत्र कर रहा है। विपरीत-मनोरोगी को लगता है कि हर स्थिति को भगवान ने उन्हें कोई लाभ पहुँचाने या सफल होने में सहायक बहुमूल्य सबक़ सिखाने के लिए भेजा है। इस तरह का विपरीत-मनोरोग सकारात्मक मानसिक नज़रिए की नींव है। यह सफल स्त्री-पुरुष को बाहर से पहचानने वाला सबसे स्पष्ट गुण है।

हमारे सेमिनार में हिस्सा लेने वाला एक व्यक्ति उस वक़्त बेरोज़गार था। उसने मुझे बताया कि सेमिनार में हिस्सा लेने के बाद वह हर सुबह ख़ुद से कहने लगा, "मुझे यक़ीन है कि आज मेरे साथ कोई अद्‌भुत घटना होगी।"

उसने यह वाक्य बार-बार दोहराया, जब तक कि उसने आशावादी नज़रिया विकसित नहीं कर लिया। इस आशावादी नज़रिए से वह दिन की हर घटना का उत्सुकता से इंतज़ार करने लगा। आश्चर्यजनक बात तो यह हुई कि उसके साथ अद्‌भुत घटनाएँ होने भी लगीं। वह छह महीने से बेरोज़गार था, लेकिन यह अभ्यास शुरू करने के एक हफ़्ते के भीतर ही उसे दो नौकरियों के प्रस्ताव मिले। उसकी आर्थिक समस्याएँ और क़ानूनी मुश्किलें जैसे जादू से ग़ायब हो गईं। हर मोड़ पर उसके साथ अद्‌भुत चीज़ें होने लगीं।

ज़रा कल्पना करें, अगर आप पूरे दिन यह यक़ीन करें कि आपके साथ कोई अद्‌भुत चीज़ होने वाली है, तो क्या होगा? ज़रा सोचें कि आप कितने ज़्यादा

सकारात्मक, आशावादी और ख़ुशमिज़ाज रहेंगे, अगर आपको पूरा विश्वास हो कि हर चीज़ आपको ख़ुश और सफल बनाने के लिए षड्यंत्र कर रही है।

मैं आपसे यह वादा कर सकता हूँ : अगर आप इस अभ्यास को सिर्फ़ तीन दिन तक आज़मा लें, तो तीसरे दिन के अंत तक आपके साथ इतनी अद्‌भुत चीज़ें हो चुकी होंगी कि आप उनका वर्णन नहीं कर पाएँगे।

आपकी ख़ुद से जो अपेक्षाएँ होती हैं, आप उनसे ऊँचे कभी नहीं उठ सकते। चूँकि वे पूरी तरह आपके नियंत्रण में हैं, इसलिए यह सुनिश्चित करें कि आपकी अपेक्षाएँ उस जीवन के अनुरूप हों, जिसे आप भविष्य में सच होते देखना चाहते हैं। ख़ुद से हमेशा सर्वश्रेष्ठ की अपेक्षा रखें।

जब आप इस मानसिक नियम पर चेतन दृष्टि से काम करना शुरू करते हैं, तो आपके पास भलाई करने की लगभग असीमित शक्ति होती है। सिर्फ़ सकारात्मक अपेक्षाओं की शक्ति ही आपके पूरे व्यक्तित्व को बदल सकती है ... और साथ ही आपकी ज़िंदगी को भी।

5. आकर्षण का नियम

इस नियम के बारे में कई पुस्तकें लिखी जा चुकी हैं और कई लोगों को लगता है कि यह मानवीय स्थिति को समझने का केंद्रीय नियम है। आकर्षण का नियम कहता है कि आप एक *जीते-जागते चुंबक* हैं। आप हमेशा अपने जीवन में उन लोगों और स्थितियों को आकर्षित करते हैं, जो आपके सबसे प्रबल विचारों के अनुरूप होती हैं। समान चीज़ें समान चीज़ों को आकर्षित करती हैं। जैसे एक जाति के पक्षी एक साथ रहते हैं। आपके जीवन में जो भी चीज़ है, उसे आपने अपने व्यक्तित्व - ख़ासकर अपने विचारों - के ज़रिए अपनी ओर आकर्षित किया है।

आपके मित्र, आपका परिवार, आपके परिचित, आपकी नौकरी, आपकी समस्याएँ और आपके अवसर सभी आपके सोचने के आदतन तरीक़े ज़रिए आपकी ओर आकर्षित हुए हैं।

संगीत में इसका एक उदाहरण है, जिसे *सहानुभूतिपूर्ण अनुनाद* (resonance) *का सिद्धांत* कहा जाता है। अगर एक बड़े हॉल में दो पियानो हों और आप एक पियानो पर सी नोट बजाने के बाद हॉल में रखे दूसरे पियानो के पास जाएँ, तो आप पाएँगे कि उसकी सी स्ट्रिंग भी पहले पियानो की सी स्ट्रिंग की दर से ही कंपन कर रही है। इसी सिद्धांत के चलते आपको अपने प्रबल विचारों और भावनाओं के तारतम्य में कंपन करने वाले लोग व स्थितियाँ मिलेंगी।

अपने जीवन के सकारात्मक या नकारात्मक, हर पहलू को देखने पर आप पाएँगे कि अपना पूरा संसार आपने ख़ुद ही बनाया है। आप विचार के साथ जितनी प्रबल भावना जोड़ते हैं, कंपन की दर उतनी ही ज़्यादा होगी और आप उतनी ही तेज़ी से उस विचार के अनुरूप लोगों या स्थितियों को अपने जीवन में आकर्षित करेंगे।

आप इस नियम को अपने चारों ओर सक्रिय देख सकते हैं। आपको किसी दोस्त की याद आती है और तभी उसका फ़ोन आ जाता है। आप कोई काम करने का फ़ैसला करते हैं और आपको फ़ौरन सहयोग व विचार मिलने लगते हैं। आप लोहे के टुकड़ों को आकर्षित करने वाले चुंबक की तरह बन जाते हैं।

कई लोग ख़ुद को पीछे रोके रखते हैं, क्योंकि वे यह नहीं जानते कि वर्तमान स्थिति से मनचाही स्थिति तक कैसे पहुँचा जाए। लेकिन आकर्षण के नियम के चलते यह ज़रूरी नहीं है कि शुरू करने से पहले ही आपके पास सारे जवाब हों। अगर आप इस बारे में स्पष्ट हैं कि आप क्या चाहते हैं और किस तरह के लोगों का साथ चाहते हैं, तो आप उन्हें अपने जीवन में ज़रूर आकर्षित कर लेंगे।

आपके विचार दरअसल ऊर्जा का रूप हैं, जो भावनात्मक गहनता के स्तर द्वारा तय गति से कंपन करती है। आप जितने ज़्यादा रोमांचित या डरे होते हैं, आपका विचार उतनी ही तेज़ी से बाहर निकलता है और समान लोगों तथा स्थितियों को आपके जीवन में आकर्षित कर लेता है।

ख़ुश लोग दूसरे ख़ुश लोगों को आकर्षित करते हैं। समृद्धि की चेतना वाला व्यक्ति पैसे बनाने के विचारों और अवसरों को आकर्षित करता है। आशावादी, उत्साही सेल्समैन ज़्यादा बड़े और बेहतर ग्राहकों को आकर्षित करते हैं। सकारात्मक व्यवसायी उन संसाधनों, ग्राहकों, सप्लायर्स और बैंकर्स को आकर्षित करते हैं, जिनकी ज़रूरत उन्हें सफल बिज़नेस खड़ा करने के लिए होती है। आकर्षण का नियम हर समय, हर जगह लागू होता है।

दूसरे मानसिक नियमों की तरह ही यह नियम भी तटस्थ है। यह आपकी मदद कर सकता है या आपको नुक़सान पहुँचा सकता है। दरअसल इस नियम को कारण और परिणाम के नियम या बोने और काटने के नियम का ही एक रूप समझा जा सकता है। इसीलिए एक दार्शनिक ने कहा है :

विचार बोएँगे, तो आप कर्म की फ़सल काटेंगे;
कर्म बोएँगे, तो आदत की फ़सल काटेंगे;
आदत बोएँगे, तो चरित्र की फ़सल काटेंगे;

चरित्र बोएँगे, तो आप तक़दीर की फ़सल काटेंगे।

आप और बेहतर बन सकते हैं, ज़्यादा पा सकते हैं और ज़्यादा कर सकते हैं, क्योंकि आप ख़ुद को बदल सकते हैं। आप कठोर मानसिक विजय का अभ्यास करके अपने प्रबल विचारों को भी बदल सकते हैं। आप मनचाही चीज़ों पर अपने विचारों को केंद्रित रखकर और अनचाही चीज़ों के बारे में सोचने से इंकार करके ख़ुद को अनुशासित रख सकते हैं।

जो लोग आकर्षण के नियम का सकारात्मक उपयोग करते हैं, उन्हें अक्सर ख़ुशक़िस्मत कहा जाता है। इसका मतलब है कि जिन लोगों के पास स्पष्ट लक्ष्य होते हैं और जो उन्हें हासिल करने के बारे में निरंतर आशावादी रहते हैं, उनके जीवन में तमाम अच्छी चीज़ें और मददगार लोग आकर्षित हो ही जाते हैं।

6. अनुरूपता का नियम

अनुरूपता का नियम (law of correspondence) बहुत महत्वपूर्ण है। कई मायनों में यह संक्षिप्त नियम कई अन्य नियमों को स्पष्ट करता है। यह कहता है, "जैसा भीतर, वैसा बाहर।" यह कहता है कि आपका बाहरी संसार आपके भीतरी संसार का प्रतिबिंब है। यह नियम घोषणा करता है कि बाहर से आपको देखकर ही यह बताया जा सकता है कि आपके भीतर क्या चल रहा है।

बाइबल में यह सिद्धांत इन शब्दों में समझाया गया है, "उनके फलों से तुम उन्हें जान लोगे।" आपके जीवन की हर चीज़ अंदर से बाहर की ओर है। आपका बाहरी संसार विचार और भावना के आपके भीतरी संसार के अनुरूप होता है।

संबंधों का आपका बाहरी स्वरूप आपके सच्चे आंतरिक व्यक्तित्व के अनुरूप होगा। आपकी सेहत का बाहरी संसार आपके मानसिक नज़रियों के अनुरूप होगा। आमदनी और आर्थिक सफलता का आपका बाहरी संसार विचार और तैयारी के आपके भीतरी संसार के अनुरूप होगा। लोग आपसे कैसे व्यवहार और प्रतिक्रिया करते हैं, यह उनके प्रति आपके नज़रिए और व्यवहार का प्रतिबिंब होगा।

आप जो कार चलाते हैं और उसे जिस हालत में रखते हैं, वह इस वक़्त की आपकी मानसिक अवस्था के अनुरूप होगा। अगर आप ख़ुद को सकारात्मक, आत्मविश्वासी और अपने जीवन के नियंत्रण में महसूस कर रहे हैं, तो आपका मकान, कार और ऑफ़िस ज़्यादा व्यवस्थित व कार्यकुशल होंगे। जब आप काम के बोझ तले दबने लगते हैं या कुंठित और दुखी होते हैं, तो आपकी कार, आपका

ऑफ़िस, आपका मकान, यहाँ तक कि आपकी अलमारी भी अव्यवस्था और दुविधा की इस अवस्था को प्रतिबिंबित करेगी। आप अनुरूपता के इस नियम का असर हर जगह देख सकते हैं।

हर चीज़ अंदर से बाहर की ओर होती है। जब मैं छोटा था, तो मैंने बनने के बजाय करने पर ध्यान केंद्रित करने की बहुत बड़ी ग़लती की थी। मुझे लगा कि मैं कुछ निश्चित विधियों और तकनीकों का अभ्यास करके अपनी मनचाही चीज़ें पा सकता था। अंततः मैंने यह सीख लिया कि सही अभ्यास ज़रूरी तो है, लेकिन पर्याप्त नहीं है।

जर्मन दार्शनिक गेटे ने कहा था, "कुछ करने में समर्थ बनने के लिए व्यक्ति को कुछ बनना होगा।" आपको ख़ुद को बदलना होगा। बाहर भिन्न परिणाम देखने से पहले आपको भीतर से अलग इंसान बनना होगा। और आप ज़्यादा समय तक धोखा नहीं दे सकते।

अधिकांश लोग दूसरों को बदलकर अपने जीवन के पहलुओं को बेहतर बनाने की कोशिश करते हैं। जब उन्हें अपनी ज़िंदगी के आईने में दिखने वाला व्यक्ति पसंद नहीं होता, तो वे प्रतिबिंब के स्रोत यानी ख़ुद अपना मूल्यांकन करने के बजाय आईने को चमकाने की मेहनत करते रहते हैं।

इमर्सन ने लिखा था, "आप जो हैं, उसकी बुलंद आवाज़ मुझे आपका कहा एक भी शब्द नहीं सुनने देती है।" आप हमेशा दूसरों के सामने वैसे ही होते हैं, जैसे आप सचमुच हैं। आप शायद ही कभी किसी को मूर्ख बना पाते हैं। और बाहरी चीज़ों को स्थायी रूप से बदलने का एकमात्र तरीक़ा आंतरिक चीज़ों को बदलना है।

विलियम जेम्स ने लिखा था, "मेरी ज़िंदगी की सबसे बड़ी क्रांतिकारी खोज यह थी कि इंसान अपने मानसिक नज़रियों को बदलकर ज़िंदगी के बाहरी पहलुओं को बदल सकता है।"

आप ख़ुद से एक बहुत महत्वपूर्ण सवाल पूछ सकते हैं, "मैं जिस तरह की ज़िंदगी जीना चाहता हूँ और प्रियजनों का सम्मान पाना चाहता हूँ, वैसा व्यक्ति कैसे बनूँ ?"

7. मानसिक समतुल्यता का नियम

मानसिक समतुल्यता (mental equivalency) के नियम को मस्तिष्क का नियम भी कहा जाता है और असल में इसे पहले बताए गए नियमों का दोहराव माना जा

सकता है। मूलभूत रूप से यह नियम कहता है कि विचार वस्तु बन जाते हैं। जब आपके *विचारों की काल्पनिक तस्वीर* स्पष्ट होती है, जब उन्हें दोहराया जाता है और उनमें भावना भरी जाती है, तो वे आपके जीवन में सच हो जाते हैं। आपके पास जीवन में जो भी है, लगभग वह हर अच्छी या बुरी चीज़ अपने विचारों से आपने ही बनाई है।

इसे दूसरे तरीक़े से कहें, तो विचार वस्तु बन जाते हैं। वे ज़िंदा हो जाते हैं। पहले आप उन्हें पालते हैं, फिर वे आपको पालते हैं। आप ज़्यादातर समय जो सोचते हैं, उसी के अनुरूप काम करते हैं। इसलिए आप अंततः वही बन जाते हैं, जो आप सोचते हैं। और अगर आप अपनी सोच को बदल लेते हैं, तो आप अपनी ज़िंदगी को भी बदल लेते हैं।

आपके जीवन में जो भी होता है, वह हर चीज़ सबसे पहले विचार के रूप में शुरू होती है। इसीलिए *विचारशीलता* सफल स्त्री-पुरुषों का प्रमुख गुण है। कुशल चिंतक बनने का मतलब है अपनी मानसिक शक्तियों का इस्तेमाल इस तरीक़े से करना ताकि वे हर समय आपके सर्वश्रेष्ठ हितों की सेवा करें।

• • •

जब आप अपने जीवन के प्रमुख पहलुओं के बारे में सकारात्मक, विश्वासपूर्ण तरीक़े से सोचने लगते हैं, तो आप अपने साथ होने वाली हर चीज़ पर *नियंत्रण* कर लेते हैं। आप अपने जीवन को कारण और परिणाम के अनुरूप बना लेते हैं। आप सकारात्मक कारण बोते हैं और सकारात्मक परिणामों की फ़सल काटते हैं। आप अपनी संभावनाओं पर और ख़ुद पर ज़्यादा शिद्दत से भरोसा करने लगते हैं। आप और ज़्यादा सकारात्मक परिणामों की उम्मीद करते हैं। आप सकारात्मक लोगों और स्थितियों को अपनी ओर *आकर्षित* करते हैं। जल्द ही परिणामों का आपका बाहरी जीवन सृजनात्मक सोच के आपके भीतरी संसार के *अनुरूप* बनने लगेगा।

पूरा कायाकल्प आपके विचारों से शुरू होता है। अपनी सोच को बदलकर आप अपने जीवन को बदल लेंगे। यह तो होना ही है। इसके लिए आपको सबसे पहले बस उस चीज़ का *मानसिक समतुल्य* बनाना होगा, जिसे आप अपने जीवन में देखना चाहते हैं। बाक़ी हर चीज़ उसके बाद ही होगी।

इन विचारों पर अमल करना

अध्याय एक में आपने अपने जीवन के हर प्रमुख क्षेत्र में अपने आदर्श लक्ष्यों और

आकांक्षाओं को परिभाषित किया था। आपने मानसिक मास्टरपीस को पेंट करने का क्रांतिकारी अभ्यास शुरू किया था। अब इन मानसिक नियमों को ध्यान में रखते हुए थोड़ी देर के लिए यह सोचें कि आपके सोचने के आदतन तरीक़ों ने आज आपके जीवन के हर पहलू को कैसा बना दिया है।

पहला, आपके संबंध। आपके नज़रियों, विश्वासों, अपेक्षाओं और व्यवहार में ऐसा क्या है, जो दूसरे लोगों के साथ संबंध बनाने में समस्या पैदा कर रहा है?

दूसरा, आपकी सेहत। आपके वज़न, फ़िटनेस के स्तर, व्यक्तिगत हुलिए, डाइट और आराम के बारे में आपके विचार और विश्वास क्या हैं? ये विश्वास किस तरह आपकी मदद करते हैं या आपको बेहतर होने से रोकते हैं?

तीसरा, आपका करियर। आपके विचार किस तरह आपके पद, प्रगति, काम की गुणवत्ता और काम से मिलने वाली संतुष्टि की मात्रा को प्रभावित करते हैं?

चौथा, आपकी आर्थिक सफलता का स्तर। आप किस चीज़ को बढ़ाना या बेहतर बनाना चाहेंगे? भौतिक संपत्ति के संबंध में आपके विश्वास और अपेक्षाएँ क्या हैं? आप कितना कमाना पसंद करेंगे और क्यों?

पाँचवाँ, आपके आंतरिक जीवन की गुणवत्ता - आपके विचार, भावनाएँ, मानसिक शांति और ख़ुशी। आज कौन से विश्वास, नज़रिए और अपेक्षाएँ आपके संसार को बना रहे हैं? उनमें से किसे बदलने की ज़रूरत है?

अगर आप ख़ुद के साथ ईमानदार रहते हैं, तो आप पाएँगे कि आप इनमें से एक या अधिक क्षेत्रों में आत्म-सीमा वाले तरीक़े से सोच रहे हैं। यह बहुत आम है। ख़ुद के बारे में ईमानदारी से सच्चाई का सामना करना तीव्र आत्म-सुधार का शुरुआती बिंदु है।

अध्याय 3

मास्टर प्रोग्राम

आपके साथ जो कुछ भी होता है, आप जो भी बनते और हासिल करते हैं, वह सब इस बात से तय होता है कि आप किस तरीक़े से अपने मस्तिष्क का इस्तेमाल करते हैं। जब आप अपने मस्तिष्क को बदलना शुरू करते हैं, तो आपकी ज़िंदगी बदल जाती है। लेकिन आप आज जहाँ हैं, वहाँ तक पहुँचे कैसे? किन प्रभावों ने आपको वैसा बनाया है, जैसे आप इस वक़्त हैं? आप जिस तरह से सोचते और महसूस करते हैं, वैसा क्यों करते हैं? और वे कौन से घटक हैं, जो आपको इस वर्तमान स्थिति तक लाए हैं?

इस अध्याय में आप अपने "मास्टर प्रोग्राम" के बारे में सीखेंगे। आप जानेंगे कि आपको बचपन से ही एक ख़ास प्रोग्रामिंग पर कैसे चलाया गया है। आप अपने आंतरिक मार्गदर्शन तंत्र का नियंत्रण अपने हाथ में लेना सीखेंगे। आप अपनी ख़ुशी के साथ हस्तक्षेप करने वाले प्रभावों और बाधाओं को हटाना सीखेंगे, हालाँकि इस वक़्त आपको उनका एहसास भी नहीं है। आप यह भी सीखेंगे कि मनचाहे परिणाम पाने के लिए आप अपने मास्टर प्रोग्राम को कैसे बदल सकते हैं।

मैं बीस साल की उम्र में एक छोटे से अपार्टमेंट में रहता था। मेरे पास कोई नौकरी या काम-धंधा नहीं था। जाड़े का समय था और तापमान शून्य से पैंतीस डिग्री कम था। मैं एक नए शहर में अकेला था और उस जगह से हज़ारों मील दूर था, जहाँ मैं बड़ा हुआ था।

ग्यारह साल बाद, इकतीस साल की उम्र में मैं एक बार फिर एक छोटे से अपार्टमेंट में अकेला था। एक बार फिर, बाहर ठंड थी और तापमान शून्य से पैंतीस डिग्री कम था। मैं बुरी तरह क़र्ज़ में डूबा था, बेरोज़गार था और अपने परिवार व दोस्तों से हज़ारों मील दूर था।

ग्यारह साल की मेहनत के बावजूद ज़्यादा कुछ नहीं बदला था। मैं ज़्यादा बड़ा और समझदार हो गया था, लेकिन मुझे अब भी महसूस होता था कि मैं सिर्फ़ अपने पहिए घुमाने का निरर्थक काम कर रहा था।

मैं कुंठित महसूस कर रहा था। मुझे एहसास हुआ कि मैं बहुत कम प्रगति कर रहा हूँ। मेरे मन में हमेशा यह गोपनीय विश्वास था कि मुझमें अपनी ज़िंदगी में ज़्यादा करने की सामर्थ्य है, लेकिन मुझे ज़रा भी अंदाज़ा नहीं था कि मैं उस सामर्थ्य का दोहन कैसे करूँ।

मैंने सुना था कि आम आदमी ज़िंदगी में अपनी क्षमता का सिर्फ़ 10 या उससे कम प्रतिशत का ही इस्तेमाल कर पाता है। बीसवीं सदी के महान वैज्ञानिक अल्बर्ट आइंस्टीन का अनुमान था कि उन्होंने अपनी सिर्फ़ 15 प्रतिशत क्षमता का इस्तेमाल किया था।

स्टैनफ़ोर्ड यूनिवर्सिटी में हुए शोध का निष्कर्ष था कि आम आदमी अपनी सिर्फ़ 2 प्रतिशत मानसिक क्षमता का इस्तेमाल करता है। यह निष्कर्ष नियोकॉर्टेक्स (इंसान के "सोचने वाले मस्तिष्क") पर हुए अध्ययनों के आधार पर दिया गया था।

इस जानकारी ने मुझे आकर्षित किया। आम आदमी की क्षमता क्या है ? मेरी वास्तविक क्षमता क्या है ? मैं अपनी क्षमता का ज़्यादा उपयोग कैसे कर सकता हूँ ? इन सवालों से मुझे आभास हुआ है कि मैं सही नंबरों के बिना कॉम्बिनेशन लॉक खोलने की कोशिश कर रहा था। इसलिए मैं पढ़ता गया और सोचता गया और अंततः एक-एक करके मुझे जवाब मालूम होते चले गए। मैंने मानवीय क्षमता के दरवाज़े पर लगे ताले का कॉम्बिनेशन धीरे-धीरे सीख लिया। इस कॉम्बिनेशन ने मेरी ज़िंदगी बदल दी। यह आपकी ज़िंदगी भी बदल सकता है।

शुरुआत में तो यह जान लें कि मानव जाति के पूरे इतिहास में आप जैसा व्यक्ति न कभी हुआ था, न होगा। आपके गुणों और लक्षणों के अनूठे तालमेल वाला दूसरा व्यक्ति होने की संभावना 50 बिलियन में से एक है। आपमें अपनी ज़िंदगी में कुछ ख़ास, कुछ असाधारण करने की क्षमता है। ऐसी अनूठी चीज़, जिसे कोई दूसरा नहीं कर सकता। आपको तो सिर्फ़ इस असली सवाल का जवाब देना है : क्या आप इसे करेंगे ?

यह सच है कि कुछ लोगों में जन्मजात असाधारण प्रतिभा होती है, लेकिन हममें से ज़्यादातर तो कमोबेश औसत गुणों और योग्यताओं के साथ ही अपनी जिंदगी शुरू करते हैं। किसी भी क्षेत्र में महान सफलता हासिल करने वाले ज़्यादातर स्त्री-पुरुषों ने वो सफलता कैसे पाई ? उन्होंने अपनी रुचि के किसी ख़ास क्षेत्र में अपने नैसर्गिक गुणों और योग्यताओं को बहुत ज़्यादा बढ़ा लिया, जिसके परिणामस्वरूप

वे सफल हुए। आपके भीतर क्षमता तो मौजूद है, लेकिन उसे बाहर निकालने के लिए आपको उसे पहचानना और विकसित करना होगा।

सरल समीकरण

व्यक्तिगत क्षमता की एक परिभाषा इस समीकरण में है : [IA + AA] x A= IHP पहले दो अक्षर IA *जन्मजात गुण* (Inborn Attributes) हैं। ये पैदाइशी होते हैं : आपकी नैसर्गिक प्रवृत्तियाँ, आपका स्वभाव और आपकी सामान्य मानसिक योग्यता।

अगले दो अक्षर अर्जित गुण (Aquired Attributes) हैं। इनमें वह ज्ञान, योग्यता, प्रतिभा, अनुभव और दक्षता शामिल हैं, जिन्हें आपने बड़े या परिपक्व होते समय हासिल या विकसित किया है।

अगला अक्षर A *नज़रिया* (Aattitude) है यानी आपके जन्मजात और अर्जित गुणों के तालमेल पर आप किस तरह की मानसिक ऊर्जा का इस्तेमाल करते हैं? IHP का मतलब है *व्यक्तिगत मानवीय प्रदर्शन* (Individual Human Performance)। *तो फ़ॉर्मूला है जन्मजात गुण धन अर्जित गुण गुणित आपका नज़रिया बराबर व्यक्तिगत मानवीय प्रदर्शन* (Inborn Attributes plus Aquired Attributes multiplied by your Attitude equals your Individual Human Performance)।

आपके जन्मजात गुण, आपकी नैसर्गिक योग्यताएँ और प्रतिभाएँ, आपके व्यक्तित्व के "आंतरिक पहलू" काफ़ी हद तक जन्म के समय से ही तय होते हैं। ये आपकी आनुवंशिक विरासत हैं। आप इन्हें बदलने के लिए ज़्यादा कुछ नहीं कर सकते।

अर्जित गुण वे योग्यताएँ और निपुणताएँ हैं, जिन्हें आपने अपनी शिक्षा और अनुभव द्वारा नैसर्गिक गुणों का इस्तेमाल करके विकसित किया है। ये आपकी दक्षता और संभावित विजय के क्षेत्र हैं।

आप अध्ययन और अभ्यास से अपने अर्जित गुणों का विकास कर सकते हैं, उन्हें बेहतर बना सकते हैं और बदल सकते हैं, लेकिन इसकी प्रक्रिया धीमी और सचेतन है, जिसमें धैर्य, अनुशासन और काफ़ी कोशिश की ज़रूरत होती है।

समीकरण में इकलौता वाइल्ड कार्ड है A यानी नज़रिया (Attitude)। और इस ज्ञान ने मेरी ज़िंदगी बदल दी।

चूँकि आपके नज़रिए को बिना किसी सीमा के बेहतर बनाया जा सकता है, इसलिए औसत *जन्मजात* और अर्जित गुणों वाला व्यक्ति भी ऊँचे स्तर पर प्रदर्शन कर सकता है, बशर्ते उसके पास बेहद *सकारात्मक मानसिक नज़रिया* हो। महत्त्वपूर्ण बात यह है कि आप अपने नज़रिए को तत्काल और बिना सीमा के सुधार सकते हैं। इसीलिए योग्यता के साथ-साथ आपका नज़रिया भी यह तय करता है कि आप कितना हासिल करेंगे। आपका नज़रिया आपकी इच्छाशक्ति के सीधे नियंत्रण में होता है। यह कैसा रहे, इसका फ़ैसला आप हर पल कर सकते हैं।

अर्ल नाइटिंगेल ने *नज़रिए* को सबसे महत्वपूर्ण शब्द कहा है। हम जानते हैं कि हमें *सकारात्मक* मानसिक नज़रिया रखना चाहिए। हमने बरसों से यह बात सुनी है। लेकिन दरअसल इसका सटीक मतलब क्या है ?

आपका नज़रिया वह तरीक़ा है, जिससे आप जीवन की ओर बढ़ते हैं। यह आपके "आक्रमण का कोण" (angle of attack) है। यह आपका सामान्य मानसिक भाव है। यह आपके विचारों और भावनाओं की बाहरी अभिव्यक्ति है। आम तौर पर सकारात्मक मानसिक नज़रिए का मतलब होता है मिलने वाले लोगों, समस्याओं और घटनाओं का ख़ुशनुमा और आशावादी अंदाज़ में स्वागत करना।

आपका नज़रिया आपके भीतरी व्यक्तित्व का बहुत अच्छा सूचक है। दूसरों के प्रति आपका जो नज़रिया होगा, दूसरे भी आपकी ओर उसे ही प्रतिबिंबित करेंगे। इसीलिए हँसमुख लोग कहीं भी ख़ुश रह सकते हैं।

अपने जीवन और स्वयं के प्रति ऐसा सकारात्मक नज़रिया विकसित करना अपनी पूरी क्षमता का ताला खोलने की दिशा में पहला क़दम है। आपके पास सचमुच कैसा नज़रिया है, यह मालूम करने का इकलौता तरीक़ा यह देखना है कि परिस्थितियों के गड़बड़ होने पर आप कैसी प्रतिक्रिया करते हैं। जैसा एपिक्टेटस ने लिखा था, "परिस्थितियाँ इंसान को बनाती नहीं हैं; वे तो सिर्फ़ उसे प्रकट करती हैं।" दबाव में आपका व्यवहार सबसे अच्छी जानकारी दे सकता है कि आप भीतर से सचमुच कैसे हैं। आपका असली स्वरूप, चाहे वह अच्छा हो या बुरा, बाहर निकल आता है।

लेकिन यह नज़रिया बनता कैसे है ? किस वजह से एक व्यक्ति सकारात्मक बनता है और दूसरा नकारात्मक ? आपका नज़रिया आपकी अपेक्षाओं से तय होता है। अपने जीवन और स्वयं के बारे में आपकी अपेक्षाएँ काफ़ी सशक्त होती हैं। वे आपके व्यक्तित्व पर बहुत ज़्यादा असर डालती हैं।

अगर आप अपने साथ अच्छी चीज़ों के होने की उम्मीद करते हैं, तो आप लोगों और स्थितियों के प्रति सकारात्मक और आशावादी रहेंगे। अगर आप दूसरों

में अच्छाई खोजते हैं, तो संभवतः वह आपको मिल जाएगी। अगर आप अपने साथ आज किसी अच्छी चीज़ के होने की उम्मीद करते हैं, तो वह शायद हो जाएगी।

सकारात्मक अपेक्षाएँ श्रेष्ठ व्यक्तित्व की निशानी हैं। वे आपके भीतर सकारात्मक अपेक्षा का नज़रिया पैदा करती हैं, जो ख़ुशी और आत्मविश्वास के साथ-साथ चलता है। इनसे आपको मानसिक लचीलापन और एक तरह का तटस्थ आशावाद मिलता है, जिससे आप हर दिन सामने आने वाली चुनौतियों पर सृजनात्मक प्रतिक्रिया करने में समर्थ बनते हैं। और जैसा मैंने अध्याय दो में कहा था, आप अपनी अपेक्षाएँ ख़ुद तय करते हैं।

आपकी अपेक्षाएँ कहाँ से आती हैं ? एक-एक करके व्यक्तित्व की परतों के भीतर जाएँ। तभी आप उस मूल कारण तक पहुँच सकते हैं कि आप इस तरह से क्यों सोचते और महसूस करते हैं। यह आपके जीवन और प्रदर्शन में तीव्र व स्थायी बदलाव लाने का एकमात्र उपाय है। हर चीज़ भीतर से बाहर की ओर होती है। आप बाहर जो कर रहे हैं और कह रहे हैं, उसकी जड़ें हमेशा आपके भीतरी जीवन में हैं।

आपकी अपेक्षाएँ आपके *विश्वासों* से तय होती हैं। अपने संसार और अपने बारे में आपके क्या विश्वास हैं, इसी से आपकी अपेक्षाएँ तय होती हैं। आपके जीवन के लोगों, काम-धंधे और जीवन के हर हिस्से के बारे में आपकी अपेक्षाएँ इस बात से पैदा होती हैं कि आप उस क्षेत्र में किसे सच मानकर उस पर विश्वास करते हैं। भले ही आपके विश्वास झूठे या ख़ुद को सीमित करने वाले हों, लेकिन वे आपकी अपेक्षाओं, आपके नज़रियों और अंततः आपके परिणामों में ज़रूर प्रकट होंगे।

विश्वास के नियम के अनुसार, अगर आपके पास आशावादी वैश्विक दृष्टिकोण है, अगर आप विश्वास करते हैं कि दुनिया अच्छी जगह है और आप अच्छे व्यक्ति हैं, तो आप ख़ुद से, दूसरों से और अपने सामने आने वाली परिस्थितियों से सर्वश्रेष्ठ पाने की उम्मीद करते हैं। आपकी सकारात्मक अपेक्षाएँ सकारात्मक मानसिक नज़रिए में अभिव्यक्त होंगी और अनुरूपता के नियम के ज़रिए लोग उनके प्रति आपके नज़रिए को आपकी ओर प्रतिबिंबित करेंगे। आपको वापस वही मिलेगा, जो आप देते हैं।

इसलिए आपके विश्वास ही आपके व्यक्तित्व की गुणवत्ता को तय करते हैं। और आपके विश्वास आते कहाँ से हैं ? यह सवाल हमें मनोविज्ञान के क्षेत्र में बीसवीं सदी में हुई शायद सबसे महान खोज की ओर ले जाता है - "आत्म-अवधारणा" (self-concept) की खोज।

मास्टर प्रोग्राम

आपकी आत्म-अवधारणा आपके विश्वासों का समुच्चय है, जो आपके अपने बारे में, जीवन के बारे में और अपने संसार के हर हिस्से के बारे में होते हैं। यह आपके अवचेतन कंप्यूटर का "मास्टर प्रोग्राम" है। विश्वास का नियम बताता है कि आपके विश्वास ही आपकी वास्तविकता तय करते हैं, क्योंकि आप हमेशा संसार को अपने पूर्वाग्रहों के चश्मे से देखते हैं और पूर्वाग्रह आपके विश्वास तंत्र की देन हैं। आपकी आत्म-अवधारणा और विश्वास तंत्र जीवन के हर क्षेत्र में आपके प्रदर्शन और व्यवहार से पहले आता है और इसकी भविष्यवाणी करता है। आप हमेशा अपनी आत्म-अवधारणा यानी उस विश्वास-समुच्चय के अनुरूप व्यवहार करते हैं, जिन्हें आपने बचपन से लेकर आज तक हासिल किया है।

दूसरे शब्दों में, आप जहाँ हैं और आप जो हैं, अपने विश्वासों के कारण हैं। आप अमीर हों या ग़रीब, ख़ुश हों या दुखी, मोटे हों या दुबले, सफल हों या असफल, आपके विश्वासों ने ही आपको ऐसा बनाया है।

अगर आप अपने जीवन के किसी क्षेत्र में अपने विश्वास बदल लें, तो तत्काल उस क्षेत्र में बदलाव शुरू कर सकते हैं। आपकी अपेक्षाएँ, आपका नज़रिया, आपका व्यवहार, आपके परिणाम - सब कुछ बदल जाता है।

आपका बाहरी संसार आपके भीतरी संसार की अभिव्यक्ति है और इससे परे कुछ हो भी नहीं सकता। "आप वह नहीं हैं, जो आप ख़ुद को मानते हैं, बल्कि आप तो वैसे हैं, जैसा आप *सोचते हैं*।"

हममें से हर एक की प्रोग्रामिंग उस तरह से चलने, बोलने, सोचने और काम करने के लिए की गई है, जैसा हम करते हैं। आप बाहरी दुनिया में इससे अलग तरीक़े से सोच, महसूस या व्यवहार नहीं कर सकते हैं, जब तक कि आप अपने मास्टर प्रोग्राम, अपनी आत्म-अवधारणा को भीतर से न बदल लें। आपकी आत्म-अवधारणा में मौजूद नकारात्मक या ग़लत विचार आपके जीवन और संबंधों में नकारात्मक नज़रियों व ग़लत व्यवहार के रूप में व्यक्त होंगे।

लेकिन आप अपने प्रोग्राम या आत्म-अवधारणा को बदल सकते हैं। आप ख़ुद को सीमित करने वाले विचारों तथा विश्वासों की जगह ख़ुद को मुक्त करने वाले विचार रख सकते हैं। आप जैसे हैं उसके बजाय आप जैसे बनना चाहते हैं, इस बारे में सोचकर इसकी शुरुआत कर सकते हैं। आप अपने जीवन के हर हिस्से को सकारात्मक, रोमांचक और प्रगतिशील बनाने का फ़ैसला कर सकते हैं। आप अपने जीवन को अनुपम कलाकृति या मास्टरपीस में बदल सकते हैं। और जब

आप करेंगे, तो ये नए सृजनात्मक विचार तत्काल ख़ुद को भौतिक वास्तविकता में बदलने लगेंगे।

आपकी आत्म-अवधारणा के पहलू

आप कोई काम कितनी अच्छी तरह करते हैं और उस क्षेत्र में आपकी आत्म-अवधारणा क्या है - इनके बीच में सीधा संबंध होता है। आप उतना ही अच्छा प्रदर्शन करते हैं, जितना आप ख़ुद को सक्षम मानते हैं। आप कोई काम करने में उतने ही असरदार होते हैं, जितना आपको विश्वास होता है। आपको भीतर अपने बारे में जो विश्वास होता है, बाहर आप उससे बेहतर या अलग कभी नहीं बन सकते।

जब भी आप ख़ुद के बारे में अच्छा महसूस करते हैं और अपनी नौकरी, संबंधों या खेल में अच्छा प्रदर्शन करते हैं, तो आप उस क्षेत्र में सकारात्मक आत्म-अवधारणा प्रदर्शित कर रहे होते हैं। जब भी आप हीन या फूहड़ महसूस करते हैं, ख़राब प्रदर्शन करते हैं या किसी स्थिति में बुरा व्यवहार करते हैं, तो अपने बारे में आपके नकारात्मक विश्वास आपके व्यवहार में प्रदर्शित हो रहे होते हैं। जैसा भीतर, वैसा बाहर।

आपके लिए सकारात्मक परिवर्तन करना इसलिए संभव है, क्योंकि आपकी आत्म-अवधारणा काफ़ी हद तक निरपेक्ष न होकर व्यक्तिपरक होती है। ख़ुद के बारे में आपके विश्वास, ख़ासकर आपके सीमित करने वाले विश्वास और शंकाएँ, सच्चाई पर आधारित नहीं होते। अपनी योग्यताओं और ख़ुद के बारे में नकारात्मक विचार आम तौर पर झूठी जानकारियों और प्रभावों पर आधारित होते हैं, जिन्हें आपने ग्रहण किया है और सच मान लिया है।

जैसे ही आप ख़ुद को सीमित करने वाले इन विचारों को अस्वीकार करने लगते हैं, उनकी शक्ति कम होने लगती है। जानते-बूझते हुए अपनी आत्म-अवधारणा को बदलने से आपकी सच्ची संभावना असीमित बन जाती है।

एक बार लगभग पच्चीस साल का एक युवक मेरे सेमिनार में आया। वह इमारत बनाने वाले मज़दूर के रूप में काम कर रहा था। आत्म-अवधारणा के प्रभाव की बातचीत से उसे मानसिक सदमा लगा। अचानक उसके दिमाग़ की बत्ती जल गई। वह स्तब्ध था।

उसने मुझे बताया कि उसके पिता अशिक्षित मज़दूर थे और अपने बच्चों से लगातार कहते रहते थे, "हमारे परिवार ने हमेशा मज़दूरी की है और हम हमेशा मज़दूर ही रहेंगे। यह हमारी क़िस्मत है। यह बस होता रहा है और होता रहेगा।"

जब वह यह सुनते-सुनते बड़ा हुआ, तो उसने इसे सच मान लिया, इस पर विश्वास कर लिया और स्कूल की पढ़ाई पूरी करने के बाद मज़दूर के रूप में काम करने लगा।

सेमिनार में अचानक उसे एहसास हुआ कि उसने बिना सवाल किए ज़िंदगी के बारे में अपने पिता के सीमित नज़रिए पर विश्वास कर लिया था। उसने अपने पिता के विश्वास तंत्र को पूरा का पूरा निगल लिया था। वह ख़ुद को और दुनिया को अपने पिता के दृष्टिकोण से देख रहा था।

सात साल से वह "ख़ून-पसीने की मेहनत" कर रहा है। उसने अनजाने में ही अपने काम और संभावनाओं के संदर्भ में अपनी आत्म-अवधारणा को गढ़ने की अनुमति पिता को दे दी थी। उसने देखा कि उसके विश्वासों ने किस तरह उसकी अपेक्षाओं और नज़रिए को आकार दिया था। उसे एहसास हुआ कि उसने हमेशा सिर्फ़ मज़दूरी के अवसरों को ही आकर्षित किया था। उसने पाया कि उसके विश्वासों ने ही उसके बाहरी संसार - उसके संबंधों और उसकी जीवनशैली - को आकार दिया था।

उसने उसी पल फ़ैसला किया कि वह मज़दूर नहीं बने रहना चाहता। उसे हमेशा लगता था कि वह ज़्यादा कुछ कर सकता है, लेकिन वह ख़ुद को बंधन में महसूस करता था। अब उसे स्वतंत्रता और नियंत्रण का एक नया एहसास हुआ। उसे पहली बार महसूस हुआ कि उसकी सीमाएँ बाहरी नहीं, बल्कि भीतरी थीं।

सेमिनार से जाने के बाद उसने मज़दूरी का काम छोड़कर सेल्स की दुनिया में क़दम रखा। उसने सबसे निचले पायदान से शुरुआत की। उसका प्रदर्शन पहले तो कमज़ोर था, लेकिन वह संकल्पवान था। उसने सेलिंग पर मिलने वाली हर पुस्तक पढ़ी। उसने हर ऑडियो कैसेट सुना। उसने अपने इलाक़े में होने वाले हर सेल्स सेमिनार में हिस्सा लिया और यहाँ तक कि दूसरे शहरों में आयोजित होने वाले सेमिनारों में भी जाने लगा।

हमारा संपर्क बना रहा। एक साल के भीतर उसने अपनी आमदनी दोगुनी कर ली। दो साल बाद उसकी आमदनी चार गुनी हो गई। वह अपनी सेल्स टीम में शिखर पर पहुँच गया और जल्दी ही उसे ज़्यादा पैसे तथा ज़्यादा बड़े अवसर के लिए दूसरे शहर भेजा गया।

पाँच साल के भीतर वह एक लाख डॉलर प्रति वर्ष से ज़्यादा कमाने लगा। उसके पास सुंदर मकान, प्यारी पत्नी, दो बच्चे थे। उसके सामने रोमांचक भविष्य था। वह अपनी तक़दीर का मालिक बन चुका था।

उसके लिए बदलाव का बिंदु वही था, जो मेरे और हज़ारों अन्य लोगों के

लिए था। बदलाव यह सीखने से शुरू हुआ कि किस तरह उसकी *आत्म-अवधारणा* उसके जीवन को नियंत्रित कर रही थी। उसके बाहरी जीवन में बदलाव तब हुआ, जब उसने अपनी आत्म-अवधारणा को बदलने का फ़ैसला कर लिया। बाक़ी हर चीज़ उसके बाद हुई।

आपके पास न सिर्फ़ सकल आत्म-अवधारणा होती है, जो ख़ुद के बारे में आपके विश्वासों का आम संक्षेप होती है, बल्कि आपके पास "छोटी-छोटी आत्म-अवधारणाओं" की शृंखला भी होती है। आपकी आत्म-अवधारणा के ये हिस्से जीवन के हर महत्वपूर्ण क्षेत्र में आपके प्रदर्शन और व्यवहार को नियंत्रित करते हैं।

आपके पास इस बारे में एक *आत्म-अवधारणा* है कि आपका वज़न कितना है, आप कितना खाते हैं, आप कितना व्यायाम करते हैं या आप कितने फ़िट हैं। आपके पास इस बारे में एक आत्म-अवधारणा है कि आप कैसे कपड़े पहनते हैं और दूसरों को कैसे दिखते हैं। आपकी माता-पिता के रूप में एक आत्म-अवधारणा है और संतान के रूप में भी। आपके पास इस बारे में भी एक आत्म-अवधारणा है कि आप अपने ऑफ़िस और दोस्तों में कितने लोकप्रिय हैं।

आपके पास इस बारे में एक आत्म-अवधारणा है कि आप किसी खेल को कितनी अच्छी तरह खेलते हैं और यह भी कि आप उस खेल के हर हिस्से को कितनी अच्छी तरह खेलते हैं। गोल्फ़ के खिलाड़ी की एक आत्म-अवधारणा यह हो सकती है कि वह एक बेहतरीन ड्राइवर है और दूसरी आत्म-अवधारणा यह हो सकती है कि वह एक कमज़ोर पुटर है। यक़ीन मानें, वह अपनी आत्म-अवधारणा के अनुरूप ही खेलेगा।

अगर आप सेल्स लाइन में हैं, तो आपके पास एक सकल आत्म-अवधारणा होगी कि आप कितने अच्छे सेल्समैन हैं। इसी से तय होगा कि आप सेल्समैन के रूप में कितना अच्छा प्रदर्शन करते हैं। आपके पास इस बारे में भी आत्म-अवधारणाएँ होंगी कि आप प्रॉस्पेक्टिंग, आवश्यकताएँ पहचानने, समाधान पेश करने, आपत्तियों का जवाब देने और क्लोज़िंग में कितने अच्छे हैं। इनमें से हर क्षेत्र में आप शांत और सक्षम रहेंगे या तनावपूर्ण और अनिश्चित - यह इस बात पर निर्भर करेगा कि आप उन कामों को करने के बारे में ख़ुद को कितना निपुण मानते हैं।

आपके पास इस बारे में एक आत्म-अवधारणा है कि आप कितने सुव्यवस्थित और कार्यकुशल हैं - व्यक्तिगत जीवन में भी और कार्यजीवन में भी। आप हमेशा अपनी आत्म-अवधारणा के अनुरूप ही व्यवहार करते हैं। आप किसी ऐसे तरीक़े से व्यवहार कर ही नहीं सकते, जो आपकी अवचेतन प्रोग्रामिंग से अलग हो। जिस

तरह कोई कंप्यूटर अपनी प्रोग्रामिंग को नज़रअंदाज़ नहीं कर सकता, ठीक उसी तरह आप भी ऐसा नहीं कर सकते।

आपके पास एक सकल आत्म-अवधारणा है कि *आप अपने क्षेत्र में कितने सक्षम हैं* और यह भी कि आप कितना पैसा कमाने में सक्षम हैं। अपनी योग्यता के बारे में आपकी जो आत्म-अवधारणा है, आप उस स्तर से ज़्यादा ऊँचे कभी नहीं उठ सकते। इसी तरह, आप आमदनी की आत्म-अवधारणा के स्तर से बहुत ज़्यादा या बहुत कम नहीं कमा सकते।

दरअसल, आप ख़ुद को जितना कमाने लायक़ समझते हैं, अगर आप उससे 10 प्रतिशत ज़्यादा या कम कमाने लगें, तो आप बहुत असहज महसूस करेंगे। आप तत्काल इसकी भरपाई करने वाले व्यवहार में जुट जाएँगे। अगर आप 10 प्रतिशत ज़्यादा कमा लेते हैं, तो आप उसे ख़र्च करेंगे, उधार देंगे, ऐसी चीज़ों में निवेश करेंगे, जिनके बारे में आप कुछ नहीं जानते या दान में देंगे या फिर गँवा देंगे। इस तरह का "उड़ाने वाला" व्यवहार वह व्यक्ति करता है, जिसे अचानक उसकी आत्म-अवधारणा से ज़्यादा पैसा मिल जाता है।

ऐसे बहुत से स्त्री-पुरुषों की कहानियाँ हैं, जिन्होंने लॉटरी में बहुत सारा पैसा जीता। ज़्यादातर मामलों में, अगर वे लॉटरी खुलने से पहले मज़दूरी कर रहे थे, तो दो-तीन साल बाद वे दोबारा वही काम करने लगे। उनका पैसा चला गया और उन्हें ज़रा भी पता नहीं था कि वह कहाँ गया।

अगर आप अपनी आमदनी की आत्म-अवधारणा के स्तर से 10 प्रतिशत या उससे कम कमाते हैं, तो आप "जोड़तोड़ वाले" व्यवहार में जुट जाते हैं। आप ज़्यादा रचनात्मक तरीक़े से सोचते हैं, ज़्यादा समय तक और ज़्यादा मेहनत से काम करते हैं, अतिरिक्त आमदनी के मौक़े तलाशते हैं या नौकरियाँ बदलने के बारे में सोचते हैं, ताकि आप अपनी आमदनी को दोबारा अपनी आत्म-अवधारणा के दायरे में पहुँचा सकें।

पैसा, वज़न या किसी भी दूसरी चीज़ के मामले में आप धीरे-धीरे अपने "आरामदेह दायरे" में पहुँच जाते हैं और एक बार वहाँ पहुँचने के बाद वहीं बने रहने की हर संभव कोशिश करते हैं। आप हर तरह के परिवर्तन का प्रतिरोध करते हैं, यहाँ तक कि सकारात्मक परिवर्तन का भी।

आरामदेह दायरा मानवीय क्षमता का बड़ा दुश्मन है। आपके आरामदेह दायरे जीने की ऐसी आदतें बन जाते हैं, जिन्हें तोड़ना मुश्किल होता है। और जब कोई भी आदत कुछ समय तक लगातार चलती है, तो अंततः यह एक दुष्चक्र (rut) बन जाती है। तब आप इस दुष्चक्र को तोड़ने के लिए अपनी बुद्धि का इस्तेमाल

नहीं करते। आप तो अपनी पूरी ऊर्जा का प्रयोग इस सिलसिले को ज़्यादा आरामदेह बनाने के लिए करते हैं। आप अपनी स्थिति को तर्कसंगत साबित करते हैं कि यह आदत क्यों नहीं बदली जा सकती। आप यह कहते और महसूस करते हैं, "मैं कुछ नहीं कर सकता।"

लेकिन आप अपने भविष्य को बदलने के लिए बहुत कुछ कर सकते हैं। आगे के पन्नों में आप सीखेंगे कि अपने आरामदेह दायरों को तोड़कर आगे कैसे निकलना है। आप सीखेंगे कि आप अपने मानसिक कंप्यूटर के कीबोर्ड का इस्तेमाल करके नए विश्वास तंत्र की प्रोग्रामिंग कैसे कर सकते हैं। आप सीखेंगे कि आप अपनी आत्म-अवधारणा को दोबारा कैसे गढ़ सकते हैं, ताकि आपको जीवन में मनचाही चीज़ें ज़्यादा से ज़्यादा मिलें।

आपकी आत्म-अवधारणा के तीन हिस्से

केक की तीन परतों की तरह ही आपकी आत्म-अवधारणा के भी तीन हिस्से होते हैं। इन तीन हिस्सों में से पहला है *आत्म-आदर्श* (self-ideal)। यह उस आदर्श व्यक्ति की छवि है, जिसकी तरह आप बनना चाहते हैं। यह आदर्श छवि आपके व्यवहार और अपने बारे में आपके विचारों पर गहरा असर डालती है।

आपका आत्म-आदर्श उन गुणों और लक्षणों का मिश्रण है, जिन्हें आप दूसरों में सबसे ज़्यादा पसंद करते हैं। यह आपकी प्रबल आकांक्षाओं का योग है। यह आपका सपना है कि आदर्श व्यक्ति कैसा होना चाहिए।

असाधारण स्त्री-पुरुषों के बहुत स्पष्ट आत्म-आदर्श थे, जिनकी ओर वे लगातार बढ़ रहे थे। उन्होंने ख़ुद के लिए ऊँचे मानदंड तय किए और उनके अनुरूप जीने की कोशिश की। आप भी ऐसा ही कर सकते हैं। आप किस तरह के व्यक्ति बनना चाहते हैं, इस बारे में आप जितने स्पष्ट रहेंगे, इस बात की उतनी ही ज़्यादा संभावना है कि दिन-ब-दिन आप वैसे बनते चले जाएँगे। आप अपनी प्रबल आकांक्षाओं के शिखर तक उठेंगे। आप वह बन जाएँगे, जो आप सबसे ज़्यादा बनना चाहते हैं।

दुर्भाग्य से, असफल और दुखी स्त्री-पुरुषों के आदर्श बहुत अस्पष्ट होते हैं या ज़्यादातर मामलों में तो होते ही नहीं हैं। वे कैसे बनना चाहते हैं, इस बारे में ज़रा भी नहीं सोचते। वे उन गुणों पर भी ध्यान नहीं देते, जिन्हें वे ख़ुद में विकसित करना चाहते हैं। उनका विकास धीमा हो जाता है और अंततः ठहर जाता है। वे एक मानसिक दुष्चक्र में फँस जाते हैं और फिर वहीं बने रहते हैं। वे आत्म-सुधार की हर प्रेरणा को गँवा देते हैं।

जब कोई दूसरों में अखंडता, उद्देश्यपूर्णता, साहस और कर्मठता के गुणों का सम्मान करता है, तो वह अपने भीतर भी इन जीवनमूल्यों को आत्मसात करने लगता है।

जैसे-जैसे आप अपने मूलभूत जीवनमूल्यों को स्पष्ट करते हैं और उन्हें अपने हर काम में एकीकृत करने के लिए मेहनत करते हैं, आपका व्यक्तित्व बेहतर होता जाता है। और चूँकि आपका बाहरी जीवन आपके भीतरी जीवन का प्रतिबिंब है, इसलिए आपके काम-काज, आपके संबंध और आपके बाहरी जीवन का हर पहलू भी सुधरता है। इस बारे में हम ज़्यादा विस्तार से बाद में बात करेंगे।

आत्म-अवधारणा का दूसरा हिस्सा है आपकी *आत्म-छवि* (self-image)। आत्म-छवि का मतलब है कि आप हर दिन ख़ुद को किस तरह देखते हैं। आप हर दिन अपने बारे में किस तरह *सोचते हैं*। आपकी आत्म-छवि को अक्सर आपका "आंतरिक दर्पण" कहा जाता है, जिसमें आप यह पता लगाने के लिए देखते हैं कि किसी ख़ास स्थिति में कैसा व्यवहार या प्रदर्शन करना है। आप हमेशा उस तस्वीर के अनुरूप व्यवहार करते हैं, जो आपने अपने बारे में ख़ुद के भीतर स्थापित कर रखी है। इस कारण परिवर्तन आसान हो जाता है। अगर आप हर क्षेत्र में अपने भीतर स्थापित मानसिक तस्वीरों को बदल लें, तो आप अपने प्रदर्शन और व्यवहार को आसानी से बेहतर बना सकते हैं।

आत्म-छवि में परिवर्तन की यह प्रक्रिया आपके प्रदर्शन को सुधारने के सबसे तेज़ और विश्वसनीय तरीक़ों में से एक है। जैसे-जैसे आप ख़ुद को ज़्यादा योग्य और आत्मविश्वासी देखते और सोचते हैं, वैसे-वैसे आपका व्यवहार ज़्यादा केंद्रित और असरदार बन जाता है।

जब आप चेतन रूप से अपनी आत्म-छवि बदलते हैं, जैसा करना आप इस अध्याय में बाद में सीखेंगे, तो आप पहले से ज़्यादा अच्छी तरह चलेंगे, बोलेंगे, काम करेंगे और महसूस करेंगे। आप अपनी मानसिक छवियाँ बदलकर अपने व्यक्तित्व और परिणामों दोनों को बदल लेंगे।

आपकी आत्म-अवधारणा का तीसरा हिस्सा है आपका *आत्मसम्मान* (self-esteem)। आत्मसम्मान का मतलब यह है कि आप ख़ुद के बारे में कैसा *महसूस* करते हैं। यह आपके व्यक्तित्व का भावनात्मक अंग है और यह गुण उच्च प्रदर्शन की बुनियाद है। यह ख़ुशी और व्यक्तिगत प्रभावकारिता की कुंजी है। यह किसी न्यूक्लियर पॉवर प्लांट के रिएक्टर कोर जैसा है। यह ऊर्जा, उत्साह, जीवंतता और आशावाद का स्रोत है। यह आपके व्यक्तित्व को शक्ति देता है और आपको सफल बनाता है।

आपके आत्मसम्मान का स्तर दो बातों से तय होता है, जो एक ही सिक्के के दो पहलू हैं। पहला यह कि आप ख़ुद को कितना मूल्यवान और सार्थक समझते हैं, आप ख़ुद को कितना पसंद करते हैं और ख़ुद को कितना अच्छा मानते हैं। यह आत्मसम्मान का "व्यक्तिगत आकलन" वाला हिस्सा है। यह आपका ख़ुद का मूल्यांकन है, जिसका इस बात से कोई संबंध नहीं है कि उस पल आपकी ज़िंदगी में क्या चल रहा है।

पहला तत्व बाहरी चीज़ों पर निर्भर नहीं है। ऊँचे आत्मसम्मान वाले व्यक्ति के जीवन में असंख्य मुश्किलें और बाधाएँ होने के बावजूद वह अपना ऊँचा और सकारात्मक आकलन कर सकता है। दुर्भाग्य से, बहुत कम लोग विकास की इस अवस्था तक पहुँच पाते हैं, जहाँ वे बाहरी परिस्थितियों के बावजूद भीतरी मूल्य का एहसास क़ायम रख पाएँ।

आपके आत्मसम्मान के स्तर को तय करने वाला दूसरा तत्व है "आत्म-क्षमता" (self-efficacy) की भावना। आत्म-क्षमता का मतलब यह है कि आप जो भी काम करते हैं, उसमें आप ख़ुद को कितना योग्य और सक्षम मानते हैं। यह आत्मसम्मान का "प्रदर्शन पर आधारित" हिस्सा है। यही अधिकांश वास्तविक और स्थाई आत्मविश्वास तथा आत्मसम्मान की बुनियाद है।

आपके आत्मसम्मान के ये दोनों हिस्से एक-दूसरे को बल देते हैं। जब आप ख़ुद के बारे में अच्छा महसूस करते हैं, तो आप बेहतर प्रदर्शन करते हैं। और जब आप अच्छा प्रदर्शन करते हैं, तो आप ख़ुद के बारे में अच्छा महसूस करते हैं। दोनों ही अनिवार्य हैं। एक के बिना दूसरा क़ायम नहीं रह सकता।

आत्मसम्मान को जानने का सबसे अच्छा पैमाना यह है *कि आप ख़ुद को कितना ज़्यादा पसंद करते हैं।* आप ख़ुद को जितना ज़्यादा पसंद करते हैं, आप अपने चुने हुए हर काम को उतना ही बेहतर करते हैं। आप ख़ुद को जितना ज़्यादा पसंद करते हैं, आपमें उतना ही ज़्यादा आत्मविश्वास होता है, आपका नज़रिया उतना ही ज़्यादा सकारात्मक होता है, आप उतने ही ज़्यादा स्वस्थ और ऊर्जावान होते हैं और कुल मिलाकर आप उतने ही ज़्यादा ख़ुश होते हैं।

आप कैसा महसूस करते हैं, यह काफ़ी हद तक इस बात से तय होता है कि आप मन ही मन या ज़ोर से ख़ुद से कैसे बात करते हैं। इसलिए अपने आत्मसम्मान को इच्छानुसार बढ़ाने के लिए उत्साह और विश्वास से बार-बार दोहराएँ, "मैं ख़ुद को पसंद करता हूँ! मैं ख़ुद को पसंद करता हूँ! मैं ख़ुद को पसंद करता हूँ!"

या, आप इससे भी बेहतर वाक्य कह सकते हैं, "मैं ख़ुद से प्यार करता हूँ! मैं ख़ुद से प्यार करता हूँ! मैं ख़ुद से प्यार करता हूँ!" पहली बार सुनने पर यह

थोड़ा अजीब लग सकता है, लेकिन है बहुत दमदार। प्रयोग के रूप में इस पन्ने से ऊपर देखें और ख़ुद से कहें, जैसे आप इसे दिल की गहराई में सच मानते हों, "मैं ख़ुद को पसंद करता हूँ!" कई बार दोहराएँ। इससे भी बेहतर यह रहेगा कि आप आईने में ख़ुद को देखकर कहें, "मैं ख़ुद को पसंद करता हूँ।" इस वाक्य को पाँच-छह बार कहने के बाद ऐसा हो ही नहीं सकता कि आप अपने बारे में सचमुच बेहतर महसूस न करें।

हम यह अपने बच्चों को सिखाते हैं। जब भी वे दुखी होते हैं या गड़बड़ कर देते हैं, तो हम उनसे यह कहलवाते हैं, "मैं ख़ुद को पसंद करता हूँ।" जल्दी ही वे मुस्कुरा देते हैं और ख़ुश हो जाते हैं। ऐसा लगता है कि व्यक्ति इस संदेश के प्रति जितना ज़्यादा खुला और ग्रहणशील होता है, उसके व्यक्तित्व पर इसका उतना ही ज़्यादा असर पड़ता है।

ख़ुद को पसंद करना बड़ी स्वस्थ बात है। दरअसल, यह व्यक्तिगत प्रभावकारिता और दूसरों के साथ सुखद संबंधों की कुंजी है। आप ख़ुद को जितना ज़्यादा पसंद करते हैं और अपना जितना ज़्यादा सम्मान करते हैं, अपने हर काम में आप उतना ही बेहतर प्रदर्शन करते हैं। आप उतने ही ज़्यादा शांत और सकारात्मक रहते हैं। अपनी योग्यताओं के बारे में आपको उतना ही ज़्यादा आत्मविश्वास होता है। आप कम ग़लतियाँ करते हैं। आपमें ज़्यादा ऊर्जा होती है और आप ज़्यादा रचनात्मक होते हैं।

कुछ लोगों को यह विश्वास करना सिखाया गया है कि ख़ुद को पसंद करना घमंड का लक्षण है या बुरी बात है। लेकिन सच्चाई इसके विपरीत है। "सुपीरियॉरिटी कॉम्प्लेक्स" का मतलब है घमंडी या दंभपूर्ण ढंग से व्यवहार करना। "इनफ़ीरियॉरिटी कॉम्प्लेक्स" का मतलब है ख़ुद को दोष देते हुए व्यवहार करना। इन दोनों में ही आत्मसम्मान की कमी झलकती है, क्योंकि इनमें से किसी में भी ख़ुद को ज़्यादा पसंद नहीं किया जाता। वास्तविक आत्मसम्मान वाले लोग लगभग हर व्यक्ति के साथ आसानी से और अच्छी तरह तालमेल बैठा लेते हैं।

आत्मसम्मान के नियम

आत्मसम्मान और ख़ुद को पसंद करने के दो नियम हैं। पहला नियम यह है कि आप ख़ुद को जितना पसंद करते हैं या ख़ुद को जितना प्रेम करते हैं, उतना किसी दूसरे को कभी नहीं कर सकते। *आपके पास* जो है ही नहीं, वह आप किसी को दे भी नहीं सकते।

दूसरा नियम यह है कि आपको यह उम्मीद कभी नहीं करनी चाहिए कि आप ख़ुद को जितना पसंद या प्रेम करते हैं, उतना कोई दूसरा आपको कर सकता है।

ख़ुद को पसंद करने और स्वीकार करने का स्तर आपके मानवीय संबंधों की गुणवत्ता पर लगा कंट्रोल वॉल्व है। यह हर इंसानी स्थिति में समस्या या समाधान है। आप अपने आत्मसम्मान को बढ़ाने और मज़बूत करने के लिए जो करते हैं, उससे आपके जीवन में संतुष्टि और ख़ुशी बढ़ती है।

अगर आपकी आत्म-अवधारणा आपके अवचेतन कंप्यूटर का *मास्टर प्रोग्राम* है, तो यह प्रोग्राम आता कहाँ से है ? यह कैसे बनता है ? यह किन चीज़ों से बनता है ? और सबसे महत्वपूर्ण बात यह है कि आप ख़ुद को बेहतर बनाने या अपने काम को ज़्यादा प्रभावी बनाने के लिए इसकी प्रोग्रामिंग दोबारा कैसे कर सकते हैं ?

आत्म-अवधारणा का निर्माण

आप आत्म-अवधारणा के साथ पैदा नहीं होते। आज आप जो भी चीज़ *जानते हैं* और जिस चीज़ पर भी विश्वास करते हैं, उसे आपने सीखा है। बचपन से आज तक आपके साथ जो हुआ है, उससे आपने सीखा है। हर बच्चा शुद्ध क्षमता, एक ख़ास स्वभाव और निश्चित जन्मजात गुणों के साथ संसार में आता है, लेकिन उसमें आत्म-अवधारणा नहीं होती। आपका हर वर्तमान नज़रिया, व्यवहार, जीवनमूल्य, राय, विश्वास और डर आपने सीखा है। इसलिए, अगर आपकी आत्म-अवधारणा में कुछ ऐसे तत्व हैं, जो आपके उद्देश्यों को पूरा नहीं करते, तो आप उन्हें अनसीखा (unlearn) भी कर सकते हैं।

उदाहरण के लिए, मैंने हाल ही में बत्तीस साल की एक महिला के बारे में पढ़ा, जो कार दुर्घटना का शिकार हो गई और सिर पर चोट लग जाने के कारण उसकी याददाश्त चली गई। दुर्घटना के समय वह शादी-शुदा थी और उसके दो बच्चे थे, जिनकी उम्र आठ और दस साल थी। वह बेहद शर्मीली थी, हकलाती थी और दूसरों के सामने बहुत घबराती थी। उसकी आत्म-अवधारणा कमज़ोर थी और आत्मसम्मान का स्तर कम था। इस समस्या को बढ़ाने वाली बात यह थी कि वह महिला नौकरी नहीं करती थी और उसका सामाजिक दायरा सीमित था।

पूरी याददाश्त चली जाने के कारण जब वह अस्पताल में जागी, तो उसे अपने अतीत के जीवन के बारे में कुछ भी याद नहीं रहा। उसे अपने माता-पिता याद नहीं थे, न ही बच्चे और पति। उसका मस्तिष्क पूरी तरह ख़ाली था।

यह इतना असामान्य था कि बहुत से विशेषज्ञ, न्यूरोसर्जन और मनोवैज्ञानिक

उससे बातचीत करने और उसकी जाँच करने आने लगे।

उसका मामला इतना ख़ास था कि वह काफ़ी मशहूर हो गई। जब वह शारीरिक रूप से ठीक हो गई, तो रेडियो और टेलीविज़न पर उसके इंटरव्यू लिए गए। वह अपनी स्थिति का अध्ययन करने लगी और अंततः उसने अपने अनुभवों पर कई लेख और एक पुस्तक लिखी।

वह मेडिकल और प्रोफ़ेशनल समूहों के सामने लेक्चर देने लगी और यात्राएँ करने लगी। अंततः वह एमनेसिया या पूरी याददाश्त जाने के विषय की विशेषज्ञ बन गई।

चूँकि उसे अपने पुराने अनुभवों, बचपन और लालन-पालन के बारे में कुछ भी याद नहीं था, इसलिए आकर्षण का केंद्र बनने और ख़ुद को बहुत ख़ास व्यक्ति समझने के कारण उसने एक बिलकुल ही नया व्यक्तित्व विकसित कर लिया। वह सकारात्मक, आत्मविश्वासी और बहिर्मुखी बन गई। वह बहुत मिलनसार और दोस्ताना बन गई और उसने उत्कृष्ट हास्यबोध विकसित कर लिया। वह लोकप्रिय हो गई और बिलकुल ही नए सामाजिक दायरे में लोगों से मिलने-जुलने लगी। नतीजा यह हुआ कि उसने एक बिलकुल नई आत्म-अवधारणा विकसित कर ली, जो जीवन में पूर्ण सफलता, ख़ुशी और संतुष्टि के अनुरूप थी। उसने अपने मस्तिष्क में एक मानसिक प्रोग्राम की जगह दूसरा मानसिक प्रोग्राम रख लिया। *आप भी ऐसा ही कर सकते हैं।*

जब आप समझ लेते हैं कि आपकी आत्म-अवधारणा बनती कैसे है, तो आप ऐसे बदलाव कर सकेंगे, जो आपको वैसा व्यक्ति बना देंगे, जिसे आप पसंद करते हैं और जिसके जैसा आप बनना चाहते हैं। आप वैसा व्यक्ति बनने का तरीक़ा सीख लेंगे, जो आपके लिए सबसे ज़्यादा महत्वपूर्ण लक्ष्यों और सपनों को हासिल कर सकता है।

बच्चे इस दुनिया में बिना किसी आत्म-अवधारणा के आते हैं। बच्चों के साथ बचपन में जैसा व्यवहार किया जाता है, उससे वे सीखते हैं कि वे कौन हैं और कितने महत्वपूर्ण या मूल्यवान हैं (या नहीं हैं)। बच्चों को प्रेम और स्पर्श की ज़बर्दस्त ज़रूरत होती है। उनके लिए प्रेम भावनात्मक ऑक्सीजन जैसा होता है। आप बचपन में बच्चों को बहुत ज़्यादा प्रेम और स्नेह दे ही नहीं सकते। बच्चों को प्रेम की उतनी ही ज़रूरत होती है, जितनी गुलाबों को बारिश की। उन्हें प्रेम की लगभग उतनी ही ज़रूरत होती है, जितनी कि खाने-पीने या सुरक्षा की।

व्यक्तित्व की बुनियाद शुरुआती तीन से पाँच वर्षों में पड़ जाती है। किसी वयस्क व्यक्ति की सेहत काफ़ी हद तक अटूट प्रेम की गुणवत्ता और मात्रा से तय

होती है, जो उसे इस दौरान अपने माता-पिता और बाक़ी लोगों से मिलता है।

जो बच्चा प्रचुर प्रेम, स्नेह और प्रोत्साहन के परिवेश में पलता है, वह जल्द ही सकारात्मक और स्थिर व्यक्तित्व विकसित कर लेगा। जो बच्चा आलोचना और सज़ा के माहौल में पलता है, उसमें बड़े होकर डरने, शंकालु होने और अविश्वास करने की प्रवृत्ति होगी। साथ ही उसमें व्यक्तित्व की बहुत सी ऐसी समस्याएँ भी हो सकती हैं, जो बाद के जीवन में सामने आएँगी। कम आत्मसम्मान और नकारात्मक मानसिक नज़रिए वाले वयस्कों को बचपन में वह प्रेम और सुरक्षा नहीं मिली, जिसकी उन्हें ज़रूरत थी।

बच्चों के गुण

बच्चे दो उल्लेखनीय गुणों के साथ पैदा होते हैं। पहला यह कि वे *काफ़ी निडर* होते हैं। वे इस दुनिया में सिर्फ़ दो शारीरिक डरों के साथ आते हैं, तेज़ आवाज़ों का डर और गिरने का डर। बाक़ी सारे डर हम बच्चे को बड़े होते समय सिखाते हैं। हम बार-बार दोहराकर और चेतावनी देकर उसके मन में डर भर देते हैं।

जिसने भी किसी छोटे बच्चे को पाँच-छह साल की उम्र तक पाला है, वह जानता होगा कि बच्चे किसी चीज़ से नहीं डरते हैं। वे सीढ़ियों पर चढ़ जाएँगे, ट्रैफ़िक के बीच में भागने लगेंगे, नुकीले औज़ारों को पकड़ लेंगे और आम तौर पर ऐसे काम करेंगे, जो वयस्कों को आत्मघाती लगेंगे। उनमें तब तक कोई डर नहीं होता, जब तक कि उनके माता-पिता और दूसरे लोग उनमें डर नहीं भर देते।

बच्चों का दूसरा उल्लेखनीय गुण यह होता है कि वे बिलकुल *निस्संकोच* होते हैं। वे हँसते हैं, रोते हैं, अपनी पैंट गीली करते हैं। वे जैसा कहना और करना चाहते हैं, ठीक वैसा ही कहते और करते हैं। उन्हें दूसरों की राय की ज़रा भी परवाह नहीं होती। वे बिलकुल सहज होते हैं और बिना किसी संकोच के अपनी भावनाओं को आसानी से और पूरी स्वाभाविकता के साथ व्यक्त करते हैं। क्या आपने कभी किसी शर्मीले बच्चे को देखा है?

अद्भुत बात यह है कि यह आपकी नैसर्गिक अवस्था है। आप दुनिया में इसी तरीक़े से आते हैं। आप निस्संकोच और निडर होते हैं। बिलकुल निडर। और आप हर स्थिति में खुलकर और आसानी से अपनी बात कहने में समर्थ होते हैं। आप जानते हैं कि यह सच है, क्योंकि बाद के वर्षों में जब भी आप सुरक्षित स्थिति में, विश्वसनीय लोगों के साथ होते हैं, तो अक्सर आप निडरता और निस्संकोचता की उस नैसर्गिक अवस्था में लौट जाते हैं। उस समय आप आरामदेह और शांत

महसूस करते हैं। उस समय आप पूरी तरह अपने असली स्वरूप में रहने के लिए स्वतंत्र महसूस करते हैं। ये आपके जीवन के सर्वश्रेष्ठ पल होते हैं, आपके शिखर-अनुभव, जब आप सचमुच ख़ुश होते हैं। और यह आपकी स्वाभाविक, नैसर्गिक स्थिति है।

बच्चे कैसे सीखते हैं

बच्चे मूलतः दो तरीक़ों से सीखते हैं। पहला, वे अपने एक या दोनों अभिभावकों की नक़ल करके सीखते हैं। आपकी कई वयस्क आदतें, जिनमें आपके जीवनमूल्य, नज़रिए, विश्वास और व्यवहार शामिल हैं, बड़े होते समय अपने माता-पिता को देखकर या उनकी बातें सुनकर सीखी थीं। "जैसा बाप, वैसा बेटा" या "जैसी माँ, वैसी बेटी" जैसी कहावतें यक़ीनन सच हैं। अक्सर बच्चा किसी एक अभिभावक से ज़्यादा निकटता महसूस करेगा और उससे ज़्यादा प्रभावित होगा।

बच्चों के सीखने का दूसरा तरीक़ा यह है कि वे कष्ट से आराम या दर्द से ख़ुशी की ओर बढ़ते हैं। सिगमंड फ़्रॉयड ने इसे "सुख सिद्धांत" (pleasure principle) कहा था। उनका और अधिकांश मनोवैज्ञानिकों का निष्कर्ष यह है कि सुख हासिल करने की कोशिश ही पूरे मानवीय व्यवहार की मूलभूत प्रेरणा है। बच्चे का विकास - टॉयलेट प्रशिक्षण से लेकर उसके खान-पान की आदतों तक उसके सामाजिकीकरण का हर पहलू - व्यक्तिगत सुख की इसी सतत प्रेरणा से संचालित होता है। वह उन चीज़ों के *क़रीब* जाता है, जिनसे उसे सुख मिलता है और उन चीज़ों से दूर भागता है, जो उसे दुख देती हैं।

बच्चो के लिए सबसे दर्दनाक और भयावह डर यह होता है कि अभिभावक उससे प्रेम करना और उसकी प्रशंसा करना छोड़ देंगे। बच्चों को भावनात्मक सुरक्षा, अपने माता-पिता के प्रेम, प्रशंसा और संरक्षण की बहुत ज़रूरत होती है। जब अभिभावक बच्चे को अनुशासित करने, नियंत्रित करने या सज़ा देने के लिए उसे प्रेम करना बंद कर देते हैं, तो बच्चा बहुत कष्ट में और असुरक्षित महसूस करता है। वह डरने लगता है।

बच्चे की अनुभूति ही सब कुछ है। असल बात यह नहीं है कि माता-पिता क्या चाहते हैं या उनका इरादा क्या है। महत्वपूर्ण तो यह है कि बच्चा कैसा महसूस करता है, क्योंकि इसी से उसकी भावनाओं और कामों पर असर पड़ता है। जब बच्चे को एहसास होता है कि उसे प्रेम नहीं किया जा रहा है, तो वह दोबारा अभिभावक से प्रेम और प्रशंसा पाने के लिए तत्काल अपना व्यवहार बदल लेता है। बच्चा उस

डूबते हुए व्यक्ति की तरह महसूस करता है, जो लाइफ़ प्रिज़र्वर की ओर बढ़ रहा हो।

बिना शर्त के सतत और अटूट प्रेम के प्रवाह के अभाव में बच्चे की सुरक्षा ख़तरे में पड़ जाती है। इससे कुंठित होकर बच्चा अपनी निडरता और सहजता को गँवा देता है।

जीवन में व्यक्तित्व की अधिकांश समस्याएँ "रोके या हटाए गए प्रेम" ("love withhold") का नतीजा होती हैं। बचपन के बाद ज़िंदगी में हम जो भी करते हैं, शायद उसमें से ज़्यादातर या तो प्रेम पाने के लिए किया जाता है या फिर प्रेम की कमी की भरपाई करने के लिए। बचपन की हमारी अधिकांश दुखद यादें प्रेम के अभाव से जुड़ी होती हैं। वयस्क संबंधों में हमारी ज़्यादातर समस्याओं की जड़ें प्रेम के अभाव के इन शुरुआती अनुभवों में होती हैं।

माता-पिता बच्चों को पालने में कई ग़लतियाँ करते हैं, ख़ास तौर पर वे विनाशकारी आलोचना और शारीरिक दंड का इस्तेमाल करते हैं। इस कारण बहुत कम उम्र में ही बच्चा अपनी नैसर्गिक निडरता और सहजता खोने लगता है। वह नकारात्मक आदतों का तंत्र बना लेता है। वह ज़िंदगी पर प्रतिक्रिया करने के नकारात्मक तरीक़े सीख लेता है। सारी सकारात्मक और नकारात्मक आदतें उद्दीपन पर कंडीशन्ड प्रतिक्रियाएँ होती हैं। वे बार-बार दोहराव के परिणामस्वरूप सीखी जाती हैं, जब तक कि वे अवचेतन मस्तिष्क में दृढ़ता से जम नहीं जातीं। फिर जब भी कोई बाहरी उद्दीपन उनका ट्रिगर दबाता है, तो वे अपने आप होने लगती हैं।

नकारात्मक आदतें हमारे सामान्य व्यवहार और आत्म-अवधारणा का हिस्सा बन जाती हैं। वे हमारा आरामदेह दायरा बन जाती हैं। जब हमारे भीतर उनकी प्रोग्रामिंग हो जाती है और वे हमारे मनोवैज्ञानिक ढाँचे का हिस्सा बन जाती हैं, तो हम सिर्फ़ तभी आरामदेह महसूस करते हैं, जब हम किसी ख़ास नकारात्मक तरीक़े से व्यवहार या प्रतिक्रिया कर रहे हों। स्वेच्छा से डर हमारा संचालन करने लगता है।

विनाशकारी आलोचना

विनाशकारी आलोचना समूचे मानवीय व्यवहार की सबसे विनाशकारी आदतों में से एक है। यह इंसान का आत्मसम्मान कम करती है, ख़राब आत्म-छवि बनाती है और किसी काम में प्रदर्शन को कमज़ोर बनाती है। विनाशकारी आलोचना इंसान

के आत्मविश्वास को हिला देती है, जिससे वह हीन महसूस करता है, तनावग्रस्त हो जाता है और ग़लतियाँ करता है। जब भी वह कोई ऐसी चीज़ करने की कोशिश करता है, जिसके लिए अतीत में उसकी आलोचना हुई हो, तो वह घबरा जाता है। व्यक्ति उस काम को करने से कतराता है और उसे करने की कोशिश भी छोड़ सकता है।

औसत माता-पिता अपने बच्चों की जितनी प्रशंसा करते हैं, उससे आठ गुना ज़्यादा आलोचना करते हैं। माता-पिता अपने बच्चों का व्यवहार सुधारने के लिए बिना सोचे-विचारे उनकी आलोचना करते हैं। लेकिन होता ठीक उल्टा है। चूँकि विनाशकारी आलोचना बच्चे का आत्मसम्मान कम करती है और उसकी आत्म-अवधारणा को कमज़ोर बनाती है, इसलिए उसकी प्रभावकारिता बढ़ने के बजाय घट जाती है। बच्चे का प्रदर्शन बेहतर नहीं, बदतर हो जाता है।

विनाशकारी आलोचना व्यक्ति को अक्षम और अयोग्य महसूस कराती है। वह नाराज़ और रक्षात्मक महसूस करता है और पलटकर वार करना या पलायन करना चाहता है। प्रदर्शन रसातल में पहुँच जाता है। हर तरह के नकारात्मक परिणाम पैदा होते हैं। ख़ास तौर पर अभिभावक और बच्चे के संबंधों में मधुरता कम हो जाती है।

स्कूल के काम के लिए जिन बच्चों की आलोचना होती है, जल्दी ही वे उसके बारे में नकारात्मक हो जाते हैं। वे उससे नफ़रत करने लगते हैं और जहाँ तक संभव होता है, उससे कतराने लगते हैं। वे स्कूल के काम को दर्द और कुंठा के स्रोत के रूप में देखते हैं। आकर्षण और अनुरूपता के नियमों के कारण वे अपने जैसे नज़रिए वाले दूसरे बच्चों के साथ जुड़ने भी लगते हैं।

अक्सर लोग यह सोचने की ग़लती करते हैं कि वे सिर्फ़ "सृजनात्मक आलोचना" कर रहे हैं, जबकि वे दरअसल सामने वाले की चीर-फाड़ कर रहे होते हैं। इसे "सृजनात्मक" कहना अपने व्यवहार को तर्कसंगत साबित करना है। सच्ची सृजनात्मक आलोचना से सामने वाला बेहतर महसूस करता है और भविष्य में बेहतर काम करने में ज़्यादा सक्षम बनता है। अगर आलोचना सामने वाले के आत्मसम्मान और आत्म-क्षमता की भावनाओं को बढ़ाकर प्रदर्शन को बेहतर नहीं बनाती है, तो फिर यह सृजनात्मक नहीं है। यह तो आत्म-अभिव्यक्ति का विनाशकारी काम है, जो उस छोटे बच्चे के ख़िलाफ़ किया जा रहा है और वो बच्चा इसका प्रतिरोध करने की स्थिति में भी नहीं है।

विनाशकारी आलोचना व्यक्तित्व की कई समस्याओं और लोगों की आपसी शत्रुताओं की जड़ होती है। यह टूटे दिलों, मनोबल की कमी, ग़ुस्से, द्वेष, आत्म-शंका

और बहुत सारी नकारात्मक भावनाओं को अपने पीछे छोड़ जाती है।

जब बच्चों की आलोचना की जाती है, तो वे जल्दी ही अपनी आलोचना करना सीख लेते हैं। वे ख़ुद को नीचा दिखाते हैं, कमतर मानते हैं और अपने अनुभवों का नकारात्मक तरीक़े से विश्लेषण करते हैं। वे लगातार महसूस करते हैं, "मैं पर्याप्त अच्छा नहीं हूँ," भले ही वे कितनी ही कड़ी मेहनत करते हों या कितना ही अच्छा प्रदर्शन करते हों।

अगर आपको आलोचना करनी ही पड़े, तो यह जान लें कि इसका उद्देश्य "प्रदर्शन में सुधार" है। इसके परिणामस्वरूप सामने वाले को बेहतर बनना चाहिए। सृजनात्मक आलोचना प्रतिशोध के लिए नहीं की जाती। यह आपकी नाख़ुशी या क्रोध के इज़हार का साधन नहीं है। इसका उद्देश्य चोट पहुँचाना नहीं, बल्कि मदद करना होना चाहिए, अन्यथा आपको इसके इस्तेमाल से पूरी तरह बचना चाहिए।

यहाँ सात तरीक़े बताए जा रहे हैं, जिन पर अमल करके आप यह सुनिश्चित कर सकते हैं कि आपके द्वारा की जा रही आलोचना विनाशकारी न होकर "सृजनात्मक फ़ीडबैक" हो।

पहली बात, हर क़ीमत पर सामने वाले के आत्मसम्मान की रक्षा करें। उसके साथ गुब्बारे जैसा व्यवहार करें और अपने शब्दों को संभावित सुई मानें। नरमी से पेश आएँ। मैं अपने बच्चों के साथ सुधार की प्रक्रिया हमेशा इन शब्दों से शुरू करता हूँ, "मैं तुम्हें बहुत प्यार करता हूँ," और इसके बाद ही मैं उन्हें बेहतर बनाने के लिए ज़रूरी फ़ीडबैक व मार्गदर्शन देता हूँ।

दूसरी बात, अतीत पर नहीं, भविष्य पर ध्यान केंद्रित करें। नाली में बह चुके दूध पर अफ़सोस न करें। इस बारे में बात करें, "हम आगे क्या करें?" इस तरह के शब्दों का इस्तेमाल करें, "अगली बार तुम यह क्यों नहीं करते..."

तीसरी बात, व्यक्ति पर नहीं, व्यवहार या प्रदर्शन पर ध्यान केंद्रित करें। "तुम" शब्द बोलने के बजाय समस्या का वर्णन करें।

"तुम पर्याप्त नहीं बेच रहे हो," कहने के बजाय यह कहें, "आपके सेल्स के आँकड़े हमारी उम्मीद से कम हैं। हम उन्हें ऊपर उठाने के लिए क्या कर सकते हैं?"

चौथी बात, "मैं" वाले संदेशों का प्रयोग अपनी भावनाओं के स्वामित्व के लिए करें। "तुम मुझे बहुत ग़ुस्सा दिलाते हो," कहने के बजाय यह कहें, "जब आप वह काम करते हैं, तो मुझे बहुत नाराज़गी महसूस होती है," या, "मैं इस स्थिति को लेकर ख़ुश नहीं हूँ और मैं इस बारे में बातचीत करना चाहूँगा कि हम इसे कैसे बदल सकते हैं।"

पाँचवीं बात, स्पष्ट समझौता कर लें कि क्या, कब और कितना बदला जाना है। भविष्य और समाधान पर केंद्रित मामलों के बारे में भी स्पष्ट रहें। इस तरह की बातें कहें, "भविष्य में यह महत्वपूर्ण है कि आप सही नोट्स रखें और शिपमेंट फ़ाइनल करने से पहले दोबारा जाँच कर लें।"

छठी बात, मदद करने का प्रस्ताव रखें। पूछें, "इस स्थिति में तुम्हारी मदद करने के लिए मैं क्या कर सकता हूँ?" सामने वाले को यह दिखाने के लिए तैयार रहें कि क्या करना है और कैसे करना है। माता-पिता या सत्ता के किसी भी पद पर बैठने वाले के रूप में आपका प्रमुख काम शिक्षा देना है। आप सामने वाले से कोई अलग काम करने की अपेक्षा तब तक नहीं कर सकते, जब तक कि आप उसे यह न सिखा दें कि वह काम कैसे किया जाता है।

सातवीं बात, कल्पना करें कि सामने वाला व्यक्ति अच्छा काम करना चाहता है और अगर उसने कोई ख़राब काम या ग़लती की है, तो जान-बूझकर नहीं की है। समस्या सीमित योग्यता, अपूर्ण जानकारी या किसी तरह की ग़लतफ़हमी है।

नाराज़ होने या विनाशकारी बनने के बजाय शांत, समर्थक, संवेदनशील, स्पष्ट और सृजनात्मक बनें। चीर-फाड़कर नीचा दिखाने के बजाय उसे ऊपर उठाएँ। दूसरों के आत्मसम्मान और आत्म-क्षमता को बढ़ाने का शायद इससे ज़्यादा तेज़ तरीक़ा नहीं है कि आप सारी विनाशकारी आलोचना तत्काल बंद कर दें। आपको अपने सभी संबंधों में फ़ौरन फ़र्क़ दिखेगा।

नकारात्मक आदतों के तंत्र

हम सभी बचपन में नकारात्मक आदतों के दो प्रमुख तंत्र सीखते हैं : आगे धकेलने वाले और पीछे रोकने वाले। वे आपके हर विचार, भावना और काम पर असर डालते हैं। वे जीवन में आपकी तक़दीर को नियंत्रित और निर्धारित करते हैं, हालाँकि आप उनके बारे में स्पष्ट रूप से जागरूक नहीं होते। उन्हें *अवरोधक* (inhibitive) और *बाध्यकारी* (compulsive) कहा जाता है। अगर आप अपने लिए संभव पूर्ण सफलता और सुख हासिल करना चाहते हैं, तो यह अनिवार्य है कि आप अपने जीवन पर उनके असर को समझ लें। यही नहीं, आपके लिए यह सीखना भी अनिवार्य है कि अपने व्यवहार पर उनके इस असर को कैसे दूर किया जाए।

अवरोधक नकारात्मक आदत तंत्र तब सीखा जाता है, जब बच्चे से बार-बार कहा जाता है, "मत करो! उससे दूर हटो! वह करना बंद करो! छूना मत! ध्यान

से!" अपने संसार के हर हिस्से को छूना, स्वाद लेना, ख़ुशबू लेना, महसूस करना और टटोलना बच्चे की स्वाभाविक भावना है। जब माता-पिता बच्चे के इस जिज्ञासु व्यवहार पर प्रतिक्रिया करते हुए उस पर चिल्लाते हैं, नाराज़ होते हैं, पीटते हैं या किसी दूसरे तरीक़े से ग़ुस्से का इज़हार करते हैं, तो बच्चा इतना बड़ा तो होता नहीं है कि स्थिति को समझ ले। इसके बजाय, बच्चे के दिल तक यह संदेश जाता है, "हर बार जब मैं कोई नई या अलग चीज़ करने की कोशिश करता हूँ, तो मम्मी या डैडी मुझ पर नाराज़ होते हैं और मुझे प्यार करना बंद कर देते हैं। ऐसा इसलिए होगा, क्योंकि मैं बहुत छोटा हूँ, मैं अयोग्य हूँ, मैं अक्षम हूँ, मैं नहीं कर सकता, मैं नहीं कर सकता, मैं नहीं कर सकता।"

"मैं नहीं कर सकता" की यह भावना जल्दी ही "*असफलता के डर*" में बदल जाती है। और यह डर वयस्क जीवन में सफलता की राह में सबसे बड़ी बाधा बन जाता है। जब भी आप किसी तरह का जोखिम लेने, कोई नया या अलग काम करने के बारे में सोचते हैं, जिसमें समय, पैसे या भावना की क्षति का जोखिम शामिल हो, तो आपके भीतर असफलता का डर उमड़ने लगता है।

मेरा ख़ुद का मामला देखें। स्कूल में ख़राब प्रदर्शन करने की वजह से मुझे डर था कि मैं इतना स्मार्ट नहीं हूँ कि इससे बेहतर प्रदर्शन कर सकूँ। जब मैं अपने आस-पास के लोगों को जोखिम लेते, नौकरियाँ बदलते और व्यावसायिक सौदे करते देखता, तो मैं बस दूसरी तरफ़ नज़रें फेर लेता था। मैंने मान लिया था कि उनमें बुद्धि और साहस है; मुझमें नहीं है।

बचपन में मुझे अपने पिता के कोड़ों से डरना सिखाया गया था, इसलिए मैं खेल के मैदान में सताने वाले लड़कों से डरता था। जब मैं सेलिंग के क्षेत्र में गया, तो मैं कोल्ड कॉल्स (अजनबियों को फ़ोन करने) से डरता था। जब मैं मैनेजमेंट में गया, तो मैं दृढ़तापूर्वक अपनी बात रखने से डरता था। जब मैंने थोड़ा पैसा बना लिया, तो मैं निवेश करने से डरने लगा और जब मुझे मौक़ा मिला, तो मैं अपना ख़ुद का बिज़नेस शुरू करने से घबराता रहा, क्योंकि मुझे डर था कि कहीं मैं असफल न हो जाऊँ और अपनी पूँजी गँवा न बैठूँ।

मेरे माता-पिता काफ़ी डरते थे और उन्होंने मुझे भी डरने वाले बच्चे के रूप में पाला। उन्होंने इस दिशा में बड़ा अच्छा काम किया। काफ़ी समय बाद जाकर मैं सीख पाया कि मेरे डर सिर्फ़ मेरे दिमाग़ में ही थे और दरअसल डरने लायक़ कोई चीज़ थी ही नहीं। तब कहीं जाकर मेरी असल ज़िंदगी शुरू हो पाई।

आप हर नकारात्मक आदत तंत्र को अपने शरीर में अनुभव करते हैं। आप जब किसी नकारात्मक आदत तंत्र की पकड़ में होते हैं, तो ठीक उसी तरह महसूस

करते और प्रतिक्रिया करते हैं, जैसे आपको शारीरिक नुक़सान का जोखिम हो। आप अवरोधक नकारात्मक आदत तंत्र यानी असफलता के डर को अपने शरीर के सामने वाले हिस्से में महसूस करते हैं, जो आपके सोलर प्लेक्सस के आस-पास होता है।

उदाहरण के लिए, अगर आप भाषण देने से डरते हों और आपसे कहा जाए कि आपको एक बड़े श्रोतासमूह के सामने भाषण देने के लिए बुलाया जाएगा, तो आपकी पहली प्रतिक्रिया कमज़ोरी की भावना होगी - आपके शरीर के भावनात्मक केंद्र यानी सोलर प्लेक्सस में डर हिलोरें मारने लगेगा। आप आने वाली घटना के बारे में जितना ज़्यादा सोचेंगे, आपका डर उतना ही ज़्यादा फैलेगा। आपका हृदय उतनी ही तेज़ी से धड़कने लगेगा। आप उतनी ही तेज़ी से साँस लेने लगेंगे और साँसें उखड़ने लगेंगी।

आपका गला सूख सकता है और आपके सिर के सामने वाले हिस्से में दर्द भी शुरू हो सकता है, माइग्रेन की तरह। आपका ब्लैडर भर सकता है और आपकी टॉयलेट जाने की ज़र्बदस्त इच्छा होगी। आप इस तरह प्रतिक्रिया करेंगे, जैसे आपकी पिटाई होने वाली हो। अवरोधक नकारात्मक आदत तंत्र के इन सभी शारीरिक लक्षणों की प्रोग्रामिंग आम तौर पर छह साल की उम्र से पहले ही आपके अवचेतन मस्तिष्क में हो जाती है।

नकारात्मक आदत तंत्र से तनाव और घबराहट की भावनाएँ भी पैदा हो सकती हैं। साथ ही पसीना आना, दिल का तेज़ी से धड़कना, चिड़चिड़ाहट, अधीरता और ग़ुस्से भरे शब्दों जैसी भावनात्मक प्रतिक्रियाएँ भी हो सकती हैं। नकारात्मक आदत तंत्र जितनी गहराई में दफ़न होगा, स्थिति पर आपकी प्रतिक्रिया उतनी ही ज़्यादा अतिरेकपूर्ण होगी।

आप असफलता के डर या अवरोधक तंत्र को तीन अलग-अलग तरीक़ों से सीखते हैं, जो "मैं नहीं कर सकता" शब्दों में प्रकट होता है।

पहला, आप इसे किसी ख़ास घटना के साथ बार-बार जोड़कर सीखते हैं, जब उसके कारण आपको विनाशकारी आलोचना या शारीरिक दंड मिला हो। अगर कोई बच्चा पियानो छूता है और हर बार उसकी पिटाई होती है, तो अंततः उसमें डर की एक स्वतः प्रतिक्रिया आ जाएगी, जो पियानो बजाने के विचार से ही पैदा हो सकती है।

मेरे सेमिनार में आए एक डॉक्टर ने बताया कि बचपन में उनके शराबी पिता उनकी काफ़ी पिटाई करते थे। वे अपनी कुर्सी से बिना किसी चेतावनी के छलाँग लगाते थे और पिटाई शुरू कर देते थे। अब उस घटना के पचास साल बाद भी

अगर डॉक्टर टीवी पर किसी को तेज़ी से छलाँग लगाते देखते हैं, तो उनका पूरा शरीर इस तरह प्रतिक्रिया करता है, जैसे उन पर हमला होने वाला हो। उनका सोलर प्लेक्सस तन जाता है। उनके दिल की धड़कन बढ़ जाती है। उन्हें पसीना आने लगता है। वे काँपने लगते हैं। यह बचपन के सदमे से पैदा होने वाली कंडीशन्ड प्रतिक्रिया है और शायद वे इससे कभी नहीं उबर पाएँगे।

दूसरी बात, आप *सूक्ष्म* नकारात्मक प्रभावों के परिणामस्वरूप नकारात्मक आदत तंत्र सीखते हैं, जिनके बारे में हो सकता है कि आप जागरूक भी न हों। कुछ लोग अपनी आलोचना बिना किसी सवाल के स्वीकार कर लेते हैं, जैसे वह सचमुच सच हो। बाक़ी अपनी जन्मकुंडली में बताए गए नकारात्मक गुणों में यक़ीन कर लेते हैं। कुछ लोग पहली बार कोई काम ख़राब करने के बाद ही इस नतीजे पर पहुँच जाते हैं कि उनमें उस क्षेत्र से संबंधित कोई योग्यता नहीं है।

आपके लिए महत्वपूर्ण काम है ख़ुद से लगातार पूछते रहना, "क्या हो, अगर मुझमें इस क्षेत्र में सचमुच अच्छा बनने की क्षमता हो ?" फिर यह मान लें कि आपमें वह योग्यता है। इसके बाद ख़ुद पर काम करें। आप जब अपने सीमित करने वाले विश्वासों और डरों के बंधन तोड़ने लगेंगे, तो पाएँगे कि आपके सामने बहुत कम बाधाएँ बची हैं। वे तो लगभग हमेशा आपके मस्तिष्क, आपकी स्वचलित प्रतिक्रियाओं में होती हैं।

नकारात्मक आदत तंत्र या डर वाली प्रतिक्रिया सीखने का तीसरा तरीक़ा सदमे भरी कोई दुर्घटना है।

कोई ख़ास तौर पर डरावना अनुभव, जैसे बचपन में डूबते-डूबते बचना या ऊँचाई से गिरना, आपके मन में ज़िंदगी भर के लिए पानी या ऊँचाइयों का "अतार्किक" डर भर सकता है। उस काम को करने के विचार से ही आपको जैसे लक़वा मार जाता है।

कई बार इन डरों को फ़ोबिया कहा जाता है और वे बढ़ सकते हैं। जिस नकारात्मक अनुभव के बारे में लगातार सोचा जाए और बार-बार याद किया जाए, वह एक बड़ा डर बन सकता है, ये आपके ज़्यादातर जीवन को प्रभावित करता है और आपकी ख़ुशी में गंभीरता से बाधा डालता है।

यहाँ पर प्रमुख शब्द "अतार्किक" है। यह स्थिति बेहद तनाव की भावनाएँ पैदा करती है और आप इसके बारे में नाराज़ हो जाते हैं – लेकिन आप नहीं जानते कि ऐसा क्यों होता है। इसका विचार ही आपको विचलित कर देता है और आपके काम या संबंधों में ख़लल डाल देता है।

सकारात्मक व्यक्ति बनने के लिए आपको अपनी मानसिक मेज़ साफ़ करनी

होगी, अपनी अवचेतन ट्यूब्स को ख़ाली करना होगा। इसके लिए अपनी प्रगति में बाधक डरों को पहचानना और उनसे निबटना ज़रूरी है।

किसी अच्छे दोस्त या जीवनसाथी से अपने डरों के बारे में बात करें। दूसरे लोग अक्सर ऐसी चीज़ें देख लेते हैं, जिन्हें आप नहीं देख सकते। अगर ज़रूरी हो, तो किसी मनोवैज्ञानिक या मनोविश्लेषक से परामर्श लें। ज़्यादातर मामलों में प्रोफ़ेशनल थेरेपिस्ट उन मानसिक अवरोधों से मुक्ति दिलाने में आपकी मदद कर सकता है, जिन्होंने बरसों से आपकी प्रगति रोक रखी है।

बच्चे जो नकारात्मक आदत तंत्र सीखते हैं, उसका दूसरा प्रमुख प्रकार बाध्यकारी (compulsive) होता है। बाध्यकारी नकारात्मक आदत तंत्र बच्चा तब सीखता है, जब उससे बार-बार कहा जाता है, "बेहतर होगा कि तुम इसे कर दो, वरना ...।" माता-पिता कहते हैं, "अगर तुम यह नहीं करते हो, या यह करना बंद नहीं करते हो, तो तुम मुश्किल में पड़ जाओगे।" माता-पिता के साथ संबंध में बच्चे के लिए *मुश्किल* का मतलब हमेशा यह होता है कि प्रेम और प्रशंसा मिलनी बंद हो जाएगी।

जब माता-पिता बच्चे के प्रदर्शन या व्यवहार को प्रेम की शर्त बना लेते हैं, तो बच्चा जल्दी ही इस संदेश को आत्मसात कर लेता है, "मुझसे प्रेम नहीं किया जाता और इसलिए मैं तब तक सुरक्षित नहीं हूँ, जब तक मैं वह न करूँ, जिससे मेरे मम्मी-डैडी ख़ुश होते हैं। इसलिए मुझे वह करना होगा, जिससे उन्हें ख़ुशी मिलती है। मुझे वह करना होगा, जिससे वे ख़ुश हों। मुझे वह करना होगा, जो वे चाहते हैं। मुझे करना होगा, मुझे करना होगा, मुझे करना होगा।"

यह बाध्यकारी नकारात्मक आदत तंत्र तब विकसित होता है, जब माता-पिता अपने प्रेम को *बिना शर्त के* देने के बजाय उसमें कोई शर्त जोड़ देते हैं। यह अस्वीकृति के डर में प्रकट होता है। और अस्वीकृति का डर वयस्क जीवन में असफलता और कम उपलब्धि का दूसरा प्रमुख कारण है।

क्या आपको सशर्त प्रेम के साथ पाला गया था ? वयस्क के रूप में आप अपनी भावनाओं पर ग़ौर करके इसका पता लगा सकते हैं। अगर आपको सशर्त प्रेम के साथ पाला गया था, तो आप दूसरों की राय के बारे में ज़रूरत से ज़्यादा चिंतित रहेंगे, ख़ास तौर पर अपने माता-पिता, जीवनसाथी, बॉस या दोस्तों की राय।

शब्द है "ज़रूरत से ज्यादा।" दूसरों के विचारों और भावनाओं के बारे में सोचना सामान्य और स्वाभाविक है। दूसरों की राय के प्रति परवाह और सम्मान ही वह गोंद है, जो समाज को जोड़े रखती है। इसके बिना तो अराजकता फैल जाएगी।

लेकिन अगर इसे अति तक ले जाया जाए, तो सभी डरों की तरह यह डर

भी हमें पंगु बना सकता है। यह इस बिंदु तक पहुँच सकता है, जहाँ लोग ख़ुद कोई निर्णय लेने में अक्षम हो जाएँ, जब तक कि उन्हें किसी दूसरे से सहमति न मिल जाए।

हमें दूसरों के सम्मान की ज़रूरत होती है और हम उसे पाना चाहते हैं, लेकिन आत्म-वास्तविकीकरण वाले श्रेष्ठ स्त्री-पुरुषों में इतना आत्मविश्वास होता है कि वे दूसरों की राय पर विचार करने के बाद ख़ुद वह निर्णय लें, जिसे वे अपने लिए सही मानते हों।

याद रखें, डर सभी को लगता है। ख़ास तौर पर हम आलोचना और अस्वीकृति से डरते हैं। हम उन लोगों की सद्इच्छा और स्वीकृति पाने के लिए बहुत दूर तक जाएँगे, जिनका हम सम्मान करते हैं। हम दूसरों की प्रशंसा पाने के लिए हर तरह के त्याग करेंगे। सैनिक तो दूसरों को बचाने के लिए अपनी जान तक जोखिम में डाल देते हैं।

लेकिन आपको इस हानिकारक प्रभाव के बारे में लगातार जागरूक रहना चाहिए। जैसा फ्रांसिस बेकन ने लिखा था, यह हानिकारक प्रभाव "एक ऐसा इंसान बना सकता है, जो किसी तरह से अपने लक्ष्यों के प्रति सच्चा नहीं हो सकता।"

हर स्थिति में, जिसमें दूसरों की राय शामिल हो, ख़ुद से पूछें, "मैं सचमुच क्या करना चाहता हूँ ? मुझे सबसे ज़्यादा ख़ुशी किससे मिलेगी ?" फिर उस व्यक्ति के लिए अपने निर्णय लें, जिसे उनके परिणामों के साथ रहना है - स्वयं आप।

बाध्यकारी नकारात्मक आदत तंत्र का शारीरिक अनुभव गर्दन और कंधों में तनाव व कमर के निचले हिस्से के दर्द के रूप में होता है। यह आम तौर पर तब प्रकट होता है, जब आप पर बहुत बोझ होता है, आप "गोलाबारी के बीच" होते हैं, या जब आपके पास बहुत ज़्यादा काम और बहुत कम समय होता है। यह शारीरिक दर्द तनाव और ज़्यादा काम का नतीजा होता है। इससे गंभीर मनोदैहिक रोग पैदा हो सकते हैं।

महिलाओं में अस्वीकृति के डर को डिप्रेशन, अलगाव और शारीरिक लक्षणों में प्रकट करने की प्रवृत्ति होती है। पुरुषों में इस बाध्यकारी नकारात्मक आदत तंत्र को "टाइप ए बिहेवियर" में प्रकट करने की प्रवृत्ति होती है। यह व्यवहार आम तौर पर पिता-पुत्र या पिता-पुत्री के आपसी संबंध से पैदा होता है। यह बच्चे की इस भावना से उत्पन्न होता है कि उसे अपने पिता से सही गुणवत्ता या सही मात्रा में प्रेम नहीं मिला।

पुरुषों के लिए अपने पिता से प्रेम पाने की यह अचेतन इच्छा वयस्क जीवन में ऑफ़िस के बॉस में स्थानांतरित हो जाती है। टाइप ए बिहेवियर बॉस की प्रशंसा

पाने की अति-चिंता के रूप में प्रकट होता है। अतिरेक वाले मामलों में इससे व्यक्ति अपने काम के बारे में इस हद तक पगला सकता है कि वह अपनी सेहत और परिवार को खो दे।

मुझे याद है, जब मेरे पिता का देहांत हुआ था, तो मैंने इसे बहुत बुरी तरह लिया था। मुझे महसूस हुआ, जैसे मैं सही व्यक्ति नहीं बन पाया - कि मैंने कभी वे काम नहीं किए, जो पिता से भरपूर प्रेम और प्रशंसा पाने के लिए ज़रूरी थे। उनकी मृत्यु के दो साल बाद तक मैं जब भी उनके बारे में सोचता था, मुझे क्षति और खोखलेपन का भारी एहसास होता था।

फिर एक शाम को मैं अपनी माँ को डिनर पर ले गया और उन्हें अपनी भावनाएँ बताईं। यह सुनकर वे हैरान रह गईं। इसके बाद उन्होंने मुझे बताया कि मुझे दुखी या विचलित नहीं होना चाहिए, क्योंकि मेरे पिता के पास ज़्यादा प्रेम था ही नहीं, जो वे किसी को दे पाते।

अपने बचपन और शुरुआती अनुभवों के कारण वे ख़ुद से बहुत कम प्रेम करते थे, इसलिए वे अपने बच्चों को भी प्रेम नहीं दे सकते थे, जिनमें मैं शामिल था। माँ ने मुझे बताया कि मुझे जितना प्रेम मिला था, उससे ज़्यादा मिलने की कोई गुंजाइश ही नहीं थी। मैं कुछ भी कर लेता, मुझे उससे ज़्यादा नहीं मिल सकता था।

समय के साथ मैंने पाया कि टाइप ए बिहेवियर के शिकार अधिकांश पुरुष अब भी अपने पिता का प्रेम और सम्मान पाने की कोशिश कर रहे हैं। लेकिन मैंने अपने पिता की मौत के बाद यह सीखा कि आपको पिता से जितना प्रेम मिलता है या मिला है, वे उससे ज़्यादा दे ही नहीं सकते। आप चाहे जो कर लेते या आप चाहे जो कर लें, उससे ज़्यादा आपको नहीं मिल सकता। जब आप इस बात को समझ लेते हैं और स्वीकार कर लेते हैं, तो आप चैन से बैठ सकते हैं और ज़िंदगी में आगे बढ़ सकते हैं।

व्यवसाय में आत्म-अवधारणा

लोगों का हर समूह, चाहे वह दंपति हो या बड़ा संगठन, एक आत्म-अवधारणा बनाता है। यह लोगों का सकल व्यक्तित्व होता है, जब वे एक साथ होते हैं, या जब वे ख़ुद को किसी बड़े समूह का हिस्सा मानते हैं। इसे मनोबल या संस्कृति कहा जा सकता है, लेकिन यह उससे बहुत ज़्यादा होता है। यह संगठन का आम

मनोवैज्ञानिक भाव है। सबसे बढ़कर, यह बताना है कि लोग बड़े समूह के हिस्से के रूप में कितने ख़ुश हैं। वे उस बड़े समूह का सदस्य होने पर कितना गर्व और आत्मविश्वास महसूस करते हैं या नहीं करते हैं।

हर विवाहित जोड़े की एक आत्म-अवधारणा होती है। जब पति-पत्नी एक साथ होते हैं, तो वे किस तरह ख़ुद को देखते और महसूस करते हैं। यह उनके एक साथ हँसने या न हँसने की मात्रा से पता चलता है। सकारात्मक आत्म-अवधारणा वाले पति-पत्नी और परिवार एक-दूसरे के साथ रहने को लेकर ख़ुश और उत्साही होते हैं। नकारात्मक आत्म-अवधारणा वाले पति-पत्नी और परिवार हमेशा शिकायत करते रहते हैं, आलोचना और बहस करते रहते हैं।

कॉरपोरेशन्स में भी आत्म-अवधारणाएँ होती हैं, जैसे हर डिवीज़न, डिपार्टमेंट या कॉरपोरेशन के भीतर के समूहों की। और यह सिलसिला उन सफ़ाईकर्मियों के व्यक्तित्व तक चलता है, जो ऑफ़िस के घंटों बाद सफ़ाई करने आते हैं।

बिज़नेस की आत्म-अवधारणा तीन मूलभूत तत्वों से बनती है। पहला है आत्म-आदर्श। यह संगठन की भविष्य-दृष्टि, जीवनमूल्यों, नैतिकता और मिशन का मिश्रण है। जहाँ भी ये स्पष्ट और सकारात्मक होते हैं तथा शीर्ष मैनेजमेंट इनके प्रति समर्पित होता है, कंपनी के कर्मचारी अपने और अपने भविष्य के बारे में ज़्यादा ख़ुश, ज़्यादा सकारात्मक और ज़्यादा आत्मविश्वासी होते हैं।

मैनेजमेंट (या माता-पिता) की एक गहरी और अनिवार्य ज़िम्मेदारी यह है कि वे इस आत्म-आदर्श को स्पष्ट रूप से व्यक्त करें और फिर अपने जीवनमूल्यों को दूसरों के साथ व्यवहार में प्रकट करें। उन्हें अपने शब्दों और कार्यों से बार-बार दूसरों को बताना चाहिए कि उनके जीवनमूल्य क्या हैं और वे किन चीज़ों में यक़ीन करते हैं। उन्हें मिसाल पेश करके नेतृत्व करना चाहिए।

कंपनी की आत्म-अवधारणा का दूसरा तत्व है सामूहिक आत्म-छवि। यह वह तरीक़ा है, जिससे कंपनी का मैनेजमेंट और कर्मचारी ख़ुद को देखते हैं तथा दूसरों के बारे में सोचते हैं। आत्म-छवि काफ़ी हद तक इस बात से तय होती है कि उनकी राय में वे अपना काम कितनी अच्छी तरह से करते हैं। यह ख़ास तौर पर उनके प्रॉडक्ट्स या सेवाओं की गुणवत्ता से प्रभावित होता है। इसके अलावा, यह इस एहसास से भी प्रभावित होता है कि ग्राहक और सप्लायर्स बाज़ार में उन्हें किस तरीक़े से देखते हैं।

जब मैं उन कंपनियों के साथ काम करता हूँ, जिनकी बिक्री बढ़ रही है, मार्केट शेयर बढ़ रहा है और जिनमें कर्मचारियों को सम्मानजनक लाभ मिल रहे हैं, तो हर कर्मचारी ख़ुश, बहिर्मुखी और आत्मविश्वासी नज़र आता है। और जब मैं उन

कंपनियों के साथ काम करता हूँ, जो बाज़ार के या आंतरिक कारणों से अस्तित्व के लिए संघर्ष कर रही हैं, तो कर्मचारी अक्सर उस टीम के सदस्यों की तरह दिखते हैं, जो बहुत ज़्यादा मैच हार रही है। वे अपनी संभावनाओं के बारे में नाख़ुश, अनिश्चित और नकारात्मक होते हैं। वे आलोचना, शिकायत और चुगली करके एक-दूसरे पर अपनी भड़ास निकालते हैं।

एक्ज़ीक्यूटिव या टीम लीडर का एक काम कर्मचारियों की बार-बार प्रशंसा करके उनका मनोबल ऊपर रखना होता है। हर कर्मचारी घटनाओं के विश्लेषण और मार्गदर्शन के लिए ऊपर की ओर देखता है। एक्ज़ीक्यूटिव का काम घटनाओं को संभावित सर्वश्रेष्ठ रोशनी में रखकर उनका मनोबल ऊपर रखना है। उसे इस तरह काम करना चाहिए, ताकि कर्मचारी अतीत की समस्याओं के बजाय भविष्य की संभावनाओं पर ध्यान केंद्रित करें।

संगठन की आत्म-अवधारणा का तीसरा तत्व है आत्मसम्मान। यह कॉरपोरेशन के आदर्शों का महायोग है। यह संगठन के वर्तमान प्रदर्शन की निशानी है। यह हर कर्मचारी की दिली भावना है कि वरिष्ठ अधिकारी और सहकर्मी उसके साथ कितना अच्छा व्यवहार कर रहे हैं। जो मैनेजर अपने कर्मचारियों की लगातार प्रशंसा करते हैं और उन्हें प्रोत्साहित करते हैं, वे उनका आत्मसम्मान बढ़ा देते हैं। यह बढ़ा हुआ आत्मसम्मान आशावाद, ऊर्जा, रचनात्मकता, सहयोग और निष्ठा में ज़ाहिर होता है। इस तत्व को बनाना और क़ायम रखना बहुत मुश्किल है, लेकिन जो कर्मचारी पहले दर्जे की टीम में शामिल होना पसंद करते हैं और अपना सम्मान करते हैं, वे प्रतिस्पर्धी बाज़ार में प्रबल शक्ति बन जाते हैं। वे विजेता बन जाते हैं, जिन्हें बस जीतने के मैदान की तलाश होती है।

सकारात्मक आत्म-अवधारणा वाली कंपनी, संगठन, विभाग, डिवीज़न, कार्य दल या परिवार में लोग ख़ुद के बारे में ज़बर्दस्त महसूस करते हैं। इस तरह का समूह बनाना मैनेजमेंट की सर्वोच्च कला है। यह समाज में व्यक्ति की चरम योग्यता है। नकारात्मक आत्म-अवधारणा वाले लोगों की तुलना में ऊँची, सकारात्मक आत्म-अवधारणा वाले लोग ज़्यादा उत्पादक, ज़्यादा लचीले, ज़्यादा आत्मविश्वासी और ज़्यादा ख़ुश रहते हैं।

इस तरह की टीम या परिवार के साथ आप चमत्कारिक काम कर सकते हैं। आप अपनी तमाम संभावनाओं को पूरा कर सकते हैं और उनकी संभावनाओं को पूरा करने में उनकी मदद करते हैं।

ज़िंदगी का सबसे बड़ा ख़तरा

इंसान के जीवन की सबसे बड़ी समस्या डर है। डर हमसे हमारी ख़ुशी छीन लेता है। डर के कारण ही हम अपनी क्षमता से कम में ही संतुष्ट हो जाते हैं। डर ही हमारी नकारात्मक भावनाओं, दुख और मानवीय संबंधों की समस्याओं का मूल कारण है।

डर के बारे में एकमात्र अच्छी बात, अगर इसमें कोई अच्छी बात हो, तो वो यह है कि चूँकि हर डर को सीखा जाता है, इसलिए उसे भुलाया भी जा सकता है।

असफलता और अस्वीकृति का डर सीखी हुई प्रतिक्रियाएँ हैं। इनकी प्रोग्रामिंग आपमें छह साल की उम्र से पहले ही कर दी गई थी। ये डर आम तौर पर आपके आरामदेह दायरे की ऊपरी और निचली सीमाओं को तय करते हैं। इनके कारण आप बस इतना काम करते हैं कि आपकी निचले स्तर पर आलोचना न हो या अस्वीकृति न मिले। आप अपनी सीमाओं के भीतर रहते हैं, क्योंकि दायरे के ऊपरी स्तर को तोड़ने में जोखिम या असफलता का ख़तरा रहता है। एक बार जब आप अपना आरामदेह दायरा तय कर लेते हैं, तो आप वहीं बने रहते हैं और डर या तनाव की हर भावना से बचने की कोशिश करते हैं। आपके डर आपको अपने लिए संभव अधिकांश चीज़ों से दूर रखते हैं।

डर का विलोम शब्द है प्रेम, जो आत्म-प्रेम या आत्मसम्मान से शुरू होता है। आत्मसम्मान और हर तरह के डरों के बीच विपरीत संबंध होता है। आप ख़ुद को जितना ज़्यादा पसंद करते हैं, असफलता और अस्वीकृति से उतना ही कम डरते हैं। आप ख़ुद को जितना ज़्यादा पसंद करते हैं, आप बाहर निकलने और जोखिम लेने के उतने ही ज़्यादा इच्छुक होते हैं, जिससे आपको सफलता और ख़ुशी मिलेगी। आप ख़ुद को जितना ज़्यादा पसंद करते हैं, ऐसे काम करने के उतने ही ज़्यादा इच्छुक रहते हैं जो आपको अपने आरामदेह दायरे से बाहर धकेलेंगे और आपके असली लक्ष्यों तथा इच्छाओं की ओर ले जाएँगे।

आप अपना आत्मसम्मान बढ़ाने और अपने डर को दूर करने की प्रक्रिया इन शक्तिशाली शब्दों को बार-बार दोहराकर करते हैं, "मैं ख़ुद को पसंद करता हूँ! मैं ख़ुद को पसंद करता हूँ! मैं ख़ुद को पसंद करता हूँ!"

हर सुबह उठते ही पचास या सौ बार "मैं ख़ुद को पसंद करता हूँ!" कहें। इस वाक्य को तब तक दोहराते रहें, जब तक कि ये शब्द आपके अवचेतन मस्तिष्क में घुस न जाएँ। जल्दी ही आप अपने आत्मविश्वास, अपनी योग्यता और दूसरों के साथ अपने संबंधों में फ़र्क़ देखेंगे और महसूस करेंगे। आप ख़ुद के बारे में अद्‌भुत

महसूस करने लगेंगे।

सफलता के लिए अपने मस्तिष्क की प्रोग्रामिंग

आपकी आत्म-अवधारणा के कारण आप वह बन जाते हैं, जिसके बारे में आप ज़्यादातर समय सोचते हैं। आपके प्रबल विचार और आकांक्षाएँ आपकी हक़ीक़त बन जाती हैं। जिन चीज़ों के बारे में आप सोचते हैं और जिस तरीक़े से सोचते हैं, वे आपके जीवन के हर क्षेत्र में दौलत, सेहत और ख़ुशी का स्तर तय करती हैं। आप किसी चीज़ को सचमुच कितना चाहते हैं, यह इस बात से जान सकते हैं कि आप अपनी सोच को अनुशासित करने के कितने इच्छुक हैं। यह इससे पता चलता है कि आप अपने मस्तिष्क को *सिर्फ़* अपनी मनचाही चीज़ों पर ही केंद्रित रखते हैं और अनचाही चीज़ों से परे रखते हैं।

आपने अपने अतीत की सोच से अपने वर्तमान जीवन का निर्माण किया है। आप आज जहाँ हैं और जो हैं, वह अपने ख़ुद के कारण हैं। इसी तरह, आप अपने चेतन मस्तिष्क का नियंत्रण अपने हाथ में लेकर किसी भी वक़्त अपना भविष्य बदल सकते हैं। आप अपनी ज़िंदगी को अद्‌भुत बना सकते हैं - स्वतंत्रता, ख़ुशी, सेहत, सुख और समृद्धि का अनुभव। इसके लिए तो आपको बस इसका फ़ैसला करना होगा और किसी भी विरोधी विचार को अपने मस्तिष्क में नहीं आने देना होगा। यह पूरी तरह आप पर निर्भर करता है।

अपने बहुआयामी मस्तिष्क की प्रकृति के कारण आप अपने मास्टर प्रोग्राम को दोबारा लिख सकते हैं। आप जान-बूझकर अपने दिमाग़ पर संदेशों की बमबारी करके ऐसा कर सकते हैं, जिन्हें अलग-अलग तरीक़ों से बनाया जाए और जो कई दिशाओं से आएँ। अगर आप शारीरिक रूप से फ़िट बनना चाहते हैं, तो आप पूरे शरीर पर असर डालने वाले व्यायाम करते हैं। अगर आप मानसिक रूप से फ़िट, सकारात्मक और स्वस्थ बनना चाहते हैं, तो सुनिश्चित करें कि आपके चेतन मस्तिष्क में आने वाले संदेश आपके मनचाहे आदर्श जीवन के अनुरूप हों।

अपना मनचाहा भविष्य पाने के लिए वर्तमान को बदलना आसान नहीं है। आप आज जहाँ हैं, वहाँ तक पहुँचने में, आपके मस्तिष्क को वर्तमान अवस्था तक लाने में आपने अपनी अब तक की पूरी ज़िंदगी लगा दी है। इसे बदलने के लिए आपको बहुत कोशिश करनी होगी। सौभाग्य से यह काम इतना महत्वपूर्ण है कि कोशिश करना अनिवार्य है। परिणाम इतने तीव्र और ज़्यादा होंगे कि आपको बहुत कम कोशिश में बहुत ज़्यादा लाभ होगा।

होमियोस्टेसिस

अलग तरह के परिणाम हासिल करने के लिए आपको अलग तरह का व्यक्ति बनना होगा। आपको अपने लक्ष्यों और आत्म-छवि को बदलना होगा। आपको एक नई आत्म-छवि विकसित करनी होगी। अनुरूपता के नियम के अनुसार आपका भीतरी संसार आपके भीतरी संसार का प्रतिबिंब होता है। आप बाहर जिस अच्छाई का स्थायी तौर पर अनुभव करना चाहते हैं, उसके लिए आपको भीतर से नया व्यक्ति बनना होगा।

ज़्यादातर लोगों के सामने आने वाली पहली और सबसे मुश्किल बाधा उनके भीतर होती है। अतीत में आपने जो कहा और किया है, उसके अनुरूप रहने की अचेतन कोशिश आपको पीछे रोके रखती है।

यह "होमियोस्टेटिक आवेग" आपके *आरामदेह दायरे* का पर्यायवाची है। आपकी यह अचेतन प्रवृत्ति होती है कि आपने जो हमेशा किया है, वही करने की ओर प्रबलता से आकर्षित होते हैं। अतीत के पंजों से मुक्त होने की यह अक्षमता ही वह मूल कारण है, जिसकी वजह से ज़्यादातर लोग अपनी क्षमता से बहुत कम हासिल कर पाते हैं और अधिकांश जीवन असंतुष्ट और कुंठित बने रहते हैं।

होमियोस्टेसिस अच्छा या बुरा नहीं होता। यह तो एक नैसर्गिक तंत्र है, जिसे आपके भीतर बनाया गया है। यह आपके "सामान्य औज़ार" का हिस्सा है, जो आपको बहुत सारे क्षेत्रों में स्वचलित कार्य करने की क्षमता प्रदान करता है। यह तंत्र आपके शरीर के तापमान को 98.6 फ़ैरेनहाइट पर स्थिर रखता है। यह आपकी कई बिलियन कोशिकाओं में रासायनिक संतुलन क़ायम रखता है और आपके ऑटोनॉमिक नर्वस सिस्टम को नियंत्रित करता है। यह आपके शरीर की उचित शारीरिक कार्यविधि के लिए अनिवार्य है।

जब भी आप अपनी वर्तमान आदतों के विरोध में कोई चीज़ सोचते, कहते या करते हैं, तो आपका होमियोस्टेटिक आवेग आपको कष्ट और परेशानी का एहसास करवाकर आपको आरामदेह दायरे में दोबारा खींचने की कोशिश करता है। चूँकि आप अतीत में हमेशा कष्ट से आराम की ओर चलते रहे हैं, इसलिए आपमें आरामदेह कामों की तरफ़ लौटने और नए व चुनौतीपूर्ण कामों से दूर रहने की प्रवृत्ति होती है।

यह बहुत सामान्य सी बात है। आप जिसके आदी हैं, उससे अलग कुछ करने में आप तनाव और परेशानी महसूस करते हैं। कोई अलग काम करने के बारे में सोचना भी तनावपूर्ण हो सकता है। अपने आरामदेह दायरे से बाहर क़दम रखने

से बहुत संताप हो सकता है। दरअसल, अधिकांश लोग ऐसा तब तक नहीं करते, जब तक कि उन्हें इसके लिए मजबूर न कर दिया जाए।

अगर आप अपने आरामदेह दायरे में ख़ुश नहीं हैं और आपको उससे बाहर जाने के लिए मजबूर कर दिया जाए, तो आपमें पुराने दायरे जैसा ही एक नया आरामदेह दायरा बनाने की नैसर्गिक प्रवृत्ति होती है। दरअसल आप उस स्थिति को दोबारा बनाने के लिए सचमुच काम करेंगे, जिसे आप पसंद ही नहीं करते थे।

कई लोग अपनी नौकरियों को पसंद नहीं करते, लेकिन जब उनकी वह नौकरी छूट जाती है, तो वे दोबारा वैसी ही नौकरी की तलाश में जुट जाते हैं। मुझे याद है कि मैं एक होटल के किचन में बर्तन माँजता था, जो बेहतरीन काम की श्रेणी में नहीं आता। लेकिन जब मेरी वह नौकरी छूट गई, तो उसके बाद मैंने अगले कुछ महीनों तक दूसरे होटलों में बर्तन माँजने की नौकरी के लिए आवेदन दिए।

इस होमियोस्टेटिक तंत्र के बारे में जागरूक रहना बहुत ज़रूरी है। आपको अतीत के अनुरूप बनाए रखने का यह प्रकृति का तरीक़ा है। लेकिन समस्त विकास और प्रगति के लिए यह ज़रूरी है कि आप अपने आरामदेह दायरे से बाहर निकलकर किसी ज़्यादा बड़ी और बेहतर चीज़ की दिशा में जाएँ। ज़्यादा बड़ी सफलता और ख़ुशी आपको सिर्फ़ तभी मिल सकती है, जब आप प्रभावकारिता के नए स्तर पर एक नया आरामदेह दायरा बनाने की प्रक्रिया में अटपटा और कष्टकारी महसूस करने के इच्छुक हों।

पुरानी आदतों और आरामदेह दायरे के लुभावने संगीत से सावधान रहें। ये आपको वहीं रोके रखता है, जहाँ आप इस वक़्त हैं। यह आपको उन सभी महान चीज़ों से वंचित रखता है, जो आपके लिए संभव हैं। जब आप उपलब्धि के ज़्यादा ऊँचे स्तरों की ओर ऊपर उठते हैं, तो आपको चेतन दृष्टि से और जान-बूझकर आरामदेह दायरे के गुरुत्वाकर्षण का प्रतिरोध करना होगा।

साइकोस्केलेरोसिस

परिवर्तन की दूसरी प्रमुख बाधा "नज़रियों का सख़्त होना" (psychosclerosis) है। अधिकांश होमियोस्टेटिक आवेगों की तरह ही इसकी जड़ भी डर में होती है। साइकोस्केलेरोसिस अपने विचारों से प्रेम करने और किसी भी नए विचार के ख़िलाफ़ उनकी प्रबलता से रक्षा करने की नैसर्गिक प्रवृत्ति है।

साइकोस्केलेरोसिस का विपरीत लचीलापन या दूसरे दृष्टिकोणों या विचारों के बारे में सोचने की इच्छा है। लचीलेपन में आप इस सच्ची संभावना को ध्यान में

रखते हैं कि आप ग़लत हो सकते हैं।

मानसिक लचीलापन श्रेष्ठ व्यक्ति की पहचान है। किसी ख़ास स्थिति में सभी विकल्पों पर ग़ौर करने से आप यह देखने में ज़्यादा समर्थ बनते हैं कि आपके लिए क्या संभव है। वैकल्पिक नीतियों में दोष खोजने के लिए अपनी बुद्धि का इस्तेमाल करने के बजाय आप अपनी निर्णयशक्ति को शिथिल कर देते हैं, ताकि आप यह देख सकें कि क्या किसी अलग विचार या काम करने के नए तरीक़े में आपको कोई फ़ायदेमंद चीज़ मिल सकती है।

यह नीति मस्तिष्क को बदलने और बेहतर बनाने की मानसिक प्रोग्रामिंग के लिए अनिवार्य है। लोगों के जीवन में प्रगति करने में असफल होने का एक प्रमुख कारण यह है कि उनके विचार बहुत कठोर और सख़्त हो जाते हैं। उनके अपने बारे में बहुत ही अटल विचार होते हैं और इस बारे में भी कि उनके लिए क्या संभव है। फिर वे उन सभी कारणों पर अटके रहते हैं कि कोई चीज़ उनके लिए काम क्यों नहीं करेगी और वे यह सोचने के लिए भी तैयार नहीं होते हैं कि वह चीज़ उनके लिए काम क्यों कर सकती है। इस तरह वे ख़ुद के ही विरोधी वकील बन जाते हैं, अपने ख़िलाफ़ मुकदमा तैयार करते हैं और आपके ख़िलाफ़ भी, बशर्ते आप उन्हें ऐसा करने दें।

आपकी सोच में बड़ा बदलाव तब आता है, जब आप अपनी भाषा को "क्या" से "कैसे" में बदल लेते हैं। जब आप यह सोचना शुरू करते हैं कि आप अपनी किसी मनचाही चीज़ को *कैसे* हासिल करेंगे और यह सोचने से इंकार कर देते हैं कि यह संभव है या नहीं, तो आपकी पूरी मानसिकता बदलने लगती है। आपको वही मिलता है, जिसके बारे में आप ज़्यादातर समय सोचते हैं। और अगर आप लगातार इस संदर्भ में सोचते हैं कि आप उसे *कैसे* हासिल कर सकते हैं और उसके लिए कौन से क़दम उठा सकते हैं, तो आपके सफल होने की संभावना बहुत ज़्यादा बढ़ जाती है।

प्रेम की शक्ति

आप जो करते हैं, उसका ज़्यादातर हिस्सा या तो प्रेम पाने या प्रेम की कमी की भरपाई करने के लिए किया जाता है। यह सिलसिला बचपन से ही शुरू हो जाता है। प्रेम की भावना हमारे हर चुनाव और निर्णय पर बहुत ज़्यादा प्रभाव डालती है। आपका आत्म-आदर्श, आपकी आत्म-अवधारणा का मार्गदर्शक तंत्र और आपके व्यवहार का नियामक - ये सब आपके ऐसे विचार हैं, जो आपको बताते हैं कि

अपने प्रियजनों का प्रेम और सम्मान पाने के लिए आपको किस तरह का व्यक्ति बनना चाहिए। आपका आत्मसम्मान, जिसे डॉ. नैथेनियल ब्रांडेन "अपनी नज़रों में अपनी छवि" कहते हैं, काफ़ी हद तक इस बात से तय होता है कि आप ख़ुद की सोच में कितने प्रेममय और मूल्यवान नज़र आते हैं।

व्यक्तित्व की कई समस्याओं की जड़ें "प्रेम रोकने" (love withheld) में निहित हैं। आपका वयस्क व्यक्तित्व काफ़ी हद तक बचपन में मिली प्रेम की मात्रा और गुणवत्ता से बनता है। आप आज जो भी करते हैं - जो लक्ष्य तय करते हैं जो सपने देखते हैं, जो समर्पण करते हैं - वह सब आपके जीवन में प्रेम की शक्ति से प्रभावित होता है।

सच तो यह है कि आप जिन लोगों से प्रेम चाहते हैं, हमेशा उनकी ओर आकर्षित होते हैं और उनकी राय से बहुत ज़्यादा प्रभावित होते हैं। जब आप अपने मस्तिष्क की दोबारा प्रोग्रामिंग करने की प्रक्रिया शुरू करते हैं, तो आपका हर काम आत्म-प्रेम और आत्मसम्मान को बढ़ाने वाला होना चाहिए। साथ ही, दूसरों के प्रेम और सम्मान की मात्रा बढ़ाने वाला भी। सिर्फ़ इसी तरह से आप अपनी पूरी संभावना तक पहुँचने के लिए ज़रूरी कोशिश करने को लगातार प्रेरित होंगे।

आपके लिए किन लोगों से प्रेम और सम्मान पाना महत्वपूर्ण है ? आपको क्या करना और बनना होगा, ताकि वे आपको प्रेम और सम्मान दें ? ये सुखी जीवन के लिए मूलभूत सवाल हैं।

सुझाव की शक्ति

आप किस तरह सोचते और महसूस करते हैं, यह तय करने में प्रेम की शक्ति बहुत महत्वपूर्ण है। इसके बाद सुझाव की शक्ति आती है। आपका बहुआयामी मस्तिष्क हर उस चीज़ से प्रभावित होता है, जो आपके चारों तरफ़ और आपके भीतर हो रही है। आपके परिवेश के सुझावों का आपके व्यक्तित्व निर्माण और आपके साथ होने वाली हर चीज़ पर बहुत असर पड़ता है। आपके भौतिक, मानसिक या भावनात्मक परिवेश में होने वाला कोई भी बदलाव चंद पलों में ही आपके सोचने, महसूस करने और काम करने के तरीक़े को बदल सकता है ... और इस तरह आपके परिणामों को भी बदल सकता है।

आप तापमान या शोर के स्तर में होने वाले बदलावों से तत्काल प्रभावित होते हैं। आप दूसरे लोगों के साथ बातचीत या बहस से तत्काल प्रभावित होते हैं। किसी की एक निर्मम टिप्पणी आपको दिनभर परेशान कर सकती है। एक अच्छी

ख़बर आपको घंटों तक ख़ुश और सुखी रख सकती है।

दुर्भाग्य से, आपके परिवेश के ज़्यादातर सुझाव नकारात्मक होते हैं, जब तक कि आप उन्हें सावधानी से नियंत्रित न करें। रेडियो, टेलीविज़न और अख़बार "नकारात्मक सनसनी" से भरे होते हैं। ज़्यादातर बातचीतें आलोचना, शिकायतों और निंदा से भरी होती हैं। ज़्यादातर लोगों ने "क्या यह भयंकर नहीं है" सोचने और बात करने की आदत डाल ली है। उनकी चर्चाएँ नकारात्मक और आलोचनात्मक होती हैं।

आपकी मानसिक प्रोग्रामिंग की कुंजी यह है कि आप अपने सुझाववादी परिवेश पर सुव्यवस्थित और उद्‌देश्यपूर्ण नियंत्रण करें। यह आप पर निर्भर करता है कि आप एक ऐसा मानसिक संसार बनाएँ, जो प्रबलता से सकारात्मक हो। यह संसार उस व्यक्ति के अनुरूप होना चाहिए, जो आप बनना चाहते हैं और उस जीवन के अनुरूप होना चाहिए, जो आप जीना चाहते हैं। अपने सुझाववादी परिवेश को नियंत्रित करने के लिए यह आवश्यक ज़रूरी है कि आप अपनी "मानसिक ख़ुराक" के तत्वों को हमेशा के लिए तय कर लें।

अपने मस्तिष्क की दोबारा असरदार प्रोग्रामिंग करने और अपने भविष्य को बदलने के लिए आपको तीन अतिरिक्त मानसिक नियम समझने होंगे। वे हैं आदत का नियम, अभ्यास का नियम और भावना का नियम। इन नियमों में सफलता और ख़ुशी के सवालों के महत्वपूर्ण जवाब छिपे हैं और वे ऐसे कई समाधानों की ओर इशारा करते हैं, जिन्हें आप खोज रहे हैं।

आदत का नियम

आपका हर काम आदत का परिणाम है। आप जिस तरह से बात करते हैं, काम करते हैं, गाड़ी चलाते हैं, सोचते हैं, दूसरों के साथ व्यवहार करते हैं, पैसे ख़र्च करते हैं और अपने जीवन के महत्वपूर्ण लोगों के साथ पेश आते हैं, वे सब काफ़ी हद तक आदतन होते हैं। जीवन के हर क्षेत्र में बचपन से लेकर आज तक का आपका हर व्यवहार आपके संगृहीत अनुभवों पर आधारित रहा है। शायद आपके 95 प्रतिशत कार्य भौतिक और मानवीय परिवेश पर स्वचलित (automatic), अचेतन प्रतिक्रियाएँ होती हैं।

आपकी आदतें आपके सपनों का व्यक्ति बनने की राह में सबसे बड़ी बाधाएँ हैं। सोचने, महसूस करने, बात करने और व्यवहार करने के आपके आदतन तरीक़े अक्सर ऐसे अवरोधक होते हैं, जो आपको आगे नहीं बढ़ने देते। आप आज जहाँ

हैं और भविष्य में जहाँ पहुँचना चाहते हैं, ये अवरोधक उसके बीच में खड़े होते हैं। ये आपको "उस जगह पहुँचने" से रोकते हैं।

आदत का नियम बेहद महत्वपूर्ण मानसिक नियम है। यह आरामदेह दायरे और सफलता व असफलता को बड़ी अच्छी तरह स्पष्ट करता है। भौतिकी में इसकी मिसाल न्यूटन का गति का पहला नियम है, जो बताता है कि बाहरी बल के प्रयोग के अभाव में गतिहीन चीज़ में गतिहीन बने रहने की प्रवृत्ति होती है और गतिमान चीज़ में गतिमान बने रहने की प्रवृत्ति होती है।

आपकी सोच और व्यवहार भी इसी सिद्धांत पर चलते हैं। बाहरी शक्ति या कुछ अलग करने के निश्चित निर्णय के अभाव में आप शायद अनंत काल तक वही काम करते रहेंगे।

आप वही नौकरी करते रहेंगे, उन्हीं लोगों से मिलते-जुलते रहेंगे, वही भोजन करेंगे, उसी रास्ते से ऑफ़िस जाएँगे, मनोरंजन की उन्हीं गतिविधियों में हिस्सा लेंगे, टीवी पर वही कार्यक्रम देखेंगे, वही पुस्तकें पढ़ेंगे और काफ़ी हद तक उसी तरह की ज़िंदगी जिएँगे।

आदतें तभी अच्छी हैं, जब वे आपकी मदद करती हों और उनके कारण आपका जीवन बेहतर व समृद्ध बने। जब आपकी आदतें आपकी ख़ुशी की राह में बाधाएँ बन जाएँ, तब आपको उन्हें सुधारना या पूरी तरह बदल देना चाहिए।

कुछ लोगों में किसी अपॉइंटमेंट के लिए देर से पहुँचने या अपने काम को देर से पूरा करने की आदत होती है। बहरहाल, सफल लोग हमेशा समय के पाबंद और विश्वसनीय होते हैं। लोग उन पर भरोसा कर सकते हैं। सफल लोग अपने वादे निभाते हैं। वे दूसरों को असुविधा न पहुँचाकर उनके समय का सम्मान करते हैं।

लोगों में "टेलीविज़न" या "अख़बार" की आदत होती है। वे हर दिन टीवी देखने या अख़बार पढ़ने में बहुत ज़्यादा समय बिताते हैं। अक्सर वे दोनों चीज़ें एक साथ करते हैं।

बहरहाल, आप जो सबसे ख़तरनाक आदतें डाल सकते हैं, वे हैं मानसिक आदतें। आप जिस चीज़ के बारे में लगातार सोचते हैं, उसे अपने जीवन में पैदा कर लेते हैं। इस सच्चाई के कारण आपके नकारात्मक या आत्म-सीमा वाले विचार आपको जितना नुक़सान पहुँचाते हैं, उतना कोई दूसरी चीज़ नहीं पहुँचाती।

सोचने के आदतन तरीक़े आपके जीवन की सबसे महत्वपूर्ण चीज़ें हैं। जैसा कि शेक्सपियर ने लिखा था, "कोई भी चीज़ अच्छी या बुरी नहीं होती, बल्कि आपकी सोच ही उसे ऐसा बनाती है।" आप एक मानसिक संसार में जीते हैं। आपके चारों

ओर की किसी भी चीज़ का कोई अर्थ नहीं है, सिवाय उस अर्थ के, जो आप उसे अपने विचारों से देते हैं। अपने सोचने का तरीक़ा बदलकर आप अपनी ज़िंदगी बदल लेते हैं।

सफलता और असफलता, ख़ुशी और दुख काफ़ी हद तक आदतों के परिणाम हैं। आदतों का मतलब है वह स्वचलित प्रतिक्रिया, जो आप अपने चारों तरफ़ होने वाली चीज़ों पर करते हैं। जो आदतें आपके उच्चतर उद्देश्यों के अनुरूप नहीं है, उन्हें बदलना आपके लिए बहुत मुश्किल हो सकता है, लेकिन यह आपके जीवन की गुणवत्ता के लिए बेहद अनिवार्य है। अगर आप पहले से ही उत्कृष्टता या पूर्णता के किसी स्तर पर नहीं पहुँचे हैं, तो आप आज ख़राब आदतों के साथ जी रहे हैं। अगर आप आगे की तरफ़ बढ़ना चाहते हैं, तो आपको उन्हें निकाल बाहर करना होगा। याद रखें, बुरी आदतें डालना आसान है, लेकिन उनके साथ जीना मुश्किल है; अच्छी आदतें डालना *मुश्किल* है, लेकिन उनके साथ जीना आसान है। आपका काम अच्छी आदतें डालना है और उन्हें अपनी मालकिन बनाना है।

अभ्यास का नियम

अच्छी बात यह है कि सभी आदतें सीखी जाती हैं और इसीलिए उन्हें छोड़ा भी जा सकता है। आप आज जो भी हैं, हर दृष्टि से अपनी कंडीशनिंग के परिणाम हैं - प्रयोगशाला के किसी जानवर की तरह। आप आज जैसे हैं, वैसा बनने के लिए आपको प्रशिक्षित किया गया है या आपने ही ख़ुद को प्रशिक्षित किया है। आप आज जीवन में जिस तरह के परिणाम हासिल कर रहे हैं, वह उसी प्रशिक्षण का नतीजा है। आपका यह प्रशिक्षण बचपन में तब शुरू हो गया था, जब आप यह समझने लायक़ भी नहीं थे कि क्या हो रहा है। आपका वर्तमान व्यक्तित्व बरसों तक चले इसी प्रशिक्षण का परिणाम है।

आप बदल सकते हैं, बशर्ते आप बदलना *चाहें*। अभ्यास का नियम बताता है कि आप जिस विचार या काम को पर्याप्त बार दोहराते हैं, वह आदत बन जाता है। आप कोई भी मनचाही आदत डाल सकते हैं। आप उस तरह के व्यक्ति बन सकते हैं, जैसे आप बनना चाहते हैं, बशर्ते आप ख़ुद को अपने नए, उच्च आदर्शों के अनुरूप सोचने और काम करने के लिए अनुशासित कर लें। बहरहाल, नई आदतें डालने के लिए आपको यह काम पर्याप्त समय तक करना होगा। इस तरह आप नए और बेहतर बन जाते हैं।

चूँकि आपका बाहरी संसार आपके भीतरी संसार के अनुरूप ही होता है, इसलिए

जब आप सोचने और व्यवहार करने के ज़्यादा सृजनात्मक तरीक़े विकसित करते हैं, तो आपके आस-पास के लोग और स्थितियाँ भी बदलने लगती हैं। कई बार तो ऐसा बहुत उल्लेखनीय और अप्रत्याशित तरीक़ों से होता है।

मेरा एक दोस्त एक व्यावसायिक मुकदमे में फँसा हुआ था। वह जितना ज़्यादा नाराज़ हुआ, सामने वाला पक्ष और उसके वकील उतने ही ज़्यादा संकल्पवान और प्रतिशोधात्मक बन गए।

आख़िरकार उसने अपनी सोच बदलने का फ़ैसला किया। उसने जान-बूझकर पूरी स्थिति को अपने दिमाग़ से बाहर निकाल दिया। वह अपने विरोधी के बारे में करुणा और उदारता से सोचने लगा। विषय सामने आने पर उसने उसमें शामिल होने या विचलित होने से इंकार कर दिया। उसने इसे छोड़ दिया।

मुकदमे के बारे में उसकी सोच बदलने के कुछ दिनों के भीतर ही सामने वाले व्यक्ति का फ़ोन आया। उसने ग़लतफ़हमी और बुरी भावनाओं के लिए माफ़ी माँगी और तार्किक समाधान का प्रस्ताव रखा। कोर्ट में बरसों तक खिंचने के बजाय वो मामला शांति से सुलझ गया।

तेज़ी से विकास कर रही एक कंपनी के नए प्रेसिडेंट को विश्वास था कि कंपनी का एक एक्ज़ीक्यूटिव राजनीति खेल रहा है और जान-बूझकर लोगों तथा स्थितियों को इस तरह प्रभावित कर रहा है, जिससे वह संगठन में ख़ुद को वास्तविकता से ज़्यादा क़ाबिल और महत्वपूर्ण साबित कर सके।

नया प्रेसिडेंट उस एक्ज़ीक्यूटिव को बाहर निकालने ही वाला था, लेकिन तभी उसने अपनी सोच बदल ली। उसने एक्ज़ीक्यूटिव के व्यवहार का सकारात्मक विश्लेषण करने का फ़ैसला किया। उसने एक्ज़ीक्यूटिव के हर काम की जाँच इस दृष्टिकोण से की कि वह एक वफ़ादार कर्मचारी है और क़ंपनी के सर्वश्रेष्ठ हितों के लिए काम कर रहा है।

उसे यह जानकर थोड़ी हैरानी हुई कि इस दृष्टिकोण से उस एक्ज़ीक्यूटिव का व्यवहार समझना और उसकी क़द्र करना ज़्यादा आसान था। उसने देखा कि एक्ज़ीक्यूटिव दाँव-पेंच की राजनीति नहीं कर रहा था, बल्कि वह बेहद योग्य था और नए प्रेसिडेंट के लिए अनजान क्षेत्रों में बुद्धिमत्तापूर्ण हस्तक्षेप कर रहा था। जब प्रेसिडेंट ने अपनी सोच बदल ली और सामने वाले के सर्वश्रेष्ठ इरादों की कल्पना की, तो दोनों के आपसी संबंध तत्काल बेहतर बन गए।

अपने मस्तिष्क का नियंत्रण करने और मनचाहे परिणाम की ओर ले जाने वाले विचार सोचने की योग्यता उस प्रक्रिया का शुरुआती बिंदु है, जो पूर्ण स्वतंत्रता, ख़ुशी और आत्म-अभिव्यक्ति की ओर लेकर जाती है।

भावना का नियम

आपकी भावनाएँ आपके विचारों के पीछे की ऊर्जावान शक्तियाँ हैं। आप किसी चीज़ को जितनी शिद्दत से *महसूस* करते हैं, उस विचार या परिस्थिति का आपके जीवन पर उतना ही ज़्यादा असर पड़ता है। भावना बिजली के करेंट या आग की तरह है, जो विनाशकारी या सर्जनात्मक हो सकती है, जो इस बात पर निर्भर करता है कि उसका इस्तेमाल कैसे किया जाता है।

भावना का नियम बताता है कि आपके सभी निर्णय और उनके बाद के काम भावना पर आधारित होते हैं। माना जाता है कि कोई व्यक्ति ज़्यादा भावनात्मक होता है और कोई कम। हो सकता है कि आप ख़ुद को ९० प्रतिशत भावनात्मक और 10 प्रतिशत तार्किक मानते हों। लेकिन ऐसा नहीं है। आप *पूरी तरह* भावनात्मक हैं। आप जो भी काम करते हैं, वह किसी न किसी तरह की भावना पर ही आधारित होता है।

इस बिंदु को समझने से पहले मैं सोचता था कि मैं बहुत सी स्थितियों में तार्किक, व्यावहारिक या "समझदारी भरा" काम कर रहा हूँ। भावना के नियम के बारे में सीखने के बाद मुझे एहसास हुआ कि मैं दरअसल अपनी भावनाओं का ग़ुलाम हूँ। यह ख़ास तौर पर तब सच है, जब मैं यह सोचने का समय नहीं निकाल पाता कि किसी ख़ास स्थिति या निर्णय में किन भावनाओं ने विजय पाई है।

यह मुख्य बिंदु है। भावनाओं की सिर्फ़ *दो* मुख्य श्रेणियाँ होती हैं : इच्छा और डर। आप ज़्यादातर जो काम करते हैं या नहीं करते हैं, वे डर या इच्छा के कारण ही तय होते हैं। डर के कारण किए या न किए जाने वाले कामों की संख्या इच्छा के कारण किए या न किए जाने वाले कामों से बहुत ज़्यादा होती है।

ज़्यादातर लोग बहुत से डरों के कारण पंगु बन जाते हैं। वे ग़रीबी या नुक़सान से डरते हैं। वे दूसरों की आलोचना से डरते हैं। इस बात से डरते हैं कि लोग उन्हें नापसंद न करने लगें। वे बीमारी से डरते हैं। वे धोखेबाज़ी से डरते हैं। सबसे बढ़कर, वे असफलता और अस्वीकृति से इस हद तक डरते हैं कि वे डर का सामना करने का जोखिम लेने के बजाय "शांत हताशा की ज़िंदगी जीने" के इच्छुक रहते हैं। ज़्यादातर लोग अपना अधिकांश जीवन इसी तरह गुज़ार देते हैं।

आप किसी चीज़ की जितनी ज़्यादा इच्छा करते हैं या उससे जितना ज़्यादा डरते हैं, आप उसे अपने जीवन में उतना ही ज़्यादा आकर्षित करेंगे। विचार के पीछे अगर भावना की शक्ति नहीं है, तो उसमें आपको प्रभावित करने की शक्ति भी नहीं होगी। अगर भावना के साथ विचार का मार्गदर्शन नहीं है, तो उसका परिणाम

कुंठा और दुख होगा। लेकिन जब आपके पास कोई स्पष्ट सकारात्मक या नकारात्मक विचार हो और उसके साथ डर या इच्छा की प्रबल भावना हो, तो आप विभिन्न मानसिक नियमों को सक्रिय करके उस चीज़ को अपनी ओर खींच सकते हैं।

इसीलिए यह बहुत महत्वपूर्ण है कि आप अपने विचारों को मनचाही चीज़ों पर केंद्रित रखें और उन चीज़ों से दूर रखें, जिनसे आप डरते हों। सुखी और असरदार स्त्री-पुरुष अपने विचारों की शक्ति को पहचानते हैं। वे सकारात्मक और सृजनात्मक बने रहने पर ज़ोर देते हैं। आपका मस्तिष्क इतना शक्तिशाली है कि आपको इसे पूरी दृढ़ता से नियंत्रित करना चाहिए, ताकि यह लगातार उसी दिशा में चले, जिस दिशा में आप जाना चाहते हों, वरना यह आपको आपकी इच्छाओं से बहुत दूर ले जाएगा।

आपकी आत्म-अवधारणा को बदलना आसान नहीं है। यह करना आपके लिए सबसे मुश्किल काम हो सकता है ... और सबसे मूल्यवान भी। लेकिन इसका कोई आसान विकल्प नहीं है। जब आप व्यक्तिगत महानता के अपने आदर्श को हासिल करने के लिए अपने जीवन के साथ कोई महत्वपूर्ण और मूल्यवान चीज़ करने का फ़ैसला कर लेते हैं, तो आपको अपनी मानसिकता बदलने के काम में पूरी तरह जुट जाना चाहिए।

परिवर्तन की तीन अनिवार्य शर्तें

किसी नई आत्म-अवधारणा को विकसित करने के लिए तीन बातें ज़रूरी हैं। ये आपके जीवन की दिशा बदलने की कुंजियाँ हैं। पहली, आपमें बदलने की सच्ची इच्छा होनी *चाहिए*। आपमें ख़ुद के और अपनी संभावनाओं के प्रति पूरी तरह सकारात्मक बनने की सच्ची इच्छा होनी चाहिए। आपमें पहले से ज़्यादा और बेहतर बनने की प्रबल और धधकती हुई इच्छा होनी चाहिए।

अक्सर लोग मुझसे पूछते हैं कि वे *दूसरों* को बदलने के लिए क्या कर सकते हैं। मैं उन्हें याद दिलाता हूँ कि अलग या बेहतर परिणाम हासिल करने के लिए परिवर्तन का शुरुआती बिंदु इच्छा है और इच्छा हमेशा व्यक्तिगत होती है। आप किसी दूसरे में किसी चीज़ की *चाहत* पैदा नहीं कर सकते, जिस तरह आप किसी दूसरे के लिए लक्ष्य भी तय नहीं कर सकते। परिवर्तन तभी संभव है, जब व्यक्ति में ख़ुद बदलने की इच्छा हो, वरना यह नहीं होगा।

यह तो उस सवाल जैसा है, "बिजली का बल्ब बदलने के लिए कितने मनोविश्लेषकों की ज़रूरत होती है ?" जवाब है, "सिर्फ़ एक की, लेकिन उसमें बल्ब

को सचमुच बदलने की इच्छा होनी *चाहिए*।"

एक नया और बेहतर व्यक्ति बनने का आपका शुरुआती बिंदु यह एहसास है कि परिवर्तन वांछनीय या ज़रूरी या दोनों है। परिवर्तन, लक्ष्य और नए व्यक्तित्व की गुणवत्ता आपके जीवनमूल्यों, आपके आदर्शों और आपके मनचाहे व्यक्तित्व के अनुरूप होना चाहिए।

दूसरी बात, आपको बदलने का *इच्छुक* होना होगा। कई लोग ऊपर से तो कह देते हैं कि वे बदलना चाहते हैं, लेकिन भीतर से वे अपने पुराने जीवन को सचमुच नहीं छोड़ना चाहते। वे अपने पुराने संबंधों और अपने साथ होने वाली चीज़ों को छोड़ने के लिए वास्तव में तैयार नहीं होते। हो सकता है, कोई व्यक्ति कहे कि वह सेहतमंद बनना चाहता है, लेकिन सिगरेट नहीं छोड़ना चाहता। इसी तरह हो सकता है कि कोई दूसरा व्यक्ति वित्तीय सफलता पाना चाहे, लेकिन हर रात अपने दोस्तों के साथ मौज-मस्ती छोड़ना न चाहता हो।

नया व्यक्तित्व बनाने के लिए आपको पुराना व्यक्तित्व छोड़ने का इच्छुक होना होगा। नए स्वरूप के अनुरूप नए काम करने के लिए आपको कुछ पुराने काम छोड़ने होंगे, भले ही यह आपके मित्रों को पसंद न आए। आपको *होमियोस्टेसिस* और *साइकोस्केलेरोसिस* की जुड़वाँ बाधाओं यानी आरामदेह दायरे और कठोर सोच के पार जाना होगा।

तीसरी बात, *आपको कोशिश करने का इच्छुक होना होगा*। आपमें प्रगति के प्रमाण के बिना लंबे समय तक जुटे रहने की इच्छा होनी चाहिए। आप अपने जीवन में बुनियादी दीर्घकालीन सुधार का लक्ष्य बना रहे हैं। आप आज जैसे हैं, वैसा बनने में आपको कई साल लग गए। अलग व्यक्तित्व बनाने के लिए आपको बहुत कड़ी मेहनत करने का इच्छुक होना होगा।

इक्कीस दिनों में मानसिक शक्ति

आपकी मानसिक आदतों और आपके जीवन की भावी दिशा को बदलने का एक सशक्त तरीक़ा यह है कि आप इक्कीस दिन तक सकारात्मक मानसिक नज़रिए (Positive Mental Attitude/PMA) की डाइट पर चलें। इक्कीस दिनों तक हर दिन, पूरे समय अपने विचारों, शब्दों और कार्यों को उन लक्ष्यों और व्यक्तित्व के अनुरूप रखें, जिन्हें आप हासिल करना चाहते हैं।

इक्कीस दिनों तक इस डाइट पर रहने की ज़रूरत आपको दो कारणों से है। पहली बात, वयस्क व्यक्तियों को विचार की कोई नई आदत डालने या मस्तिष्क में

एक नया "न्यूरल ग्रूव" बनाने (जैसा गाय चरागाह में बनाती है) में चौदह से इक्कीस दिन का समय लगता है। कई बार परिवर्तन जल्दी हो जाते हैं और परिणाम इससे ज़्यादा तेज़ी से मिल जाते हैं। बहरहाल, आम तौर पर ज़िंदगी भर की आदतों को बदलने या छोड़ने में इतना वक़्त तो लग ही जाता है।

आपको इक्कीस दिनों तक इन विधियों का अभ्यास करने की ज़रूरत इसलिए है, क्योंकि आप धैर्य और लगन सीखते हैं। इक्कीस दिनों की शांति और धैर्य। मुर्गी इक्कीस दिनों तक अंडा सेती है। अगर मुर्गी, जिसके दिमाग़ का आकार मटर के दाने के बराबर है, ख़ुद को अनुशासित कर सकती है कि वह इक्कीस दिनों तक बगैर कोई परिवर्तन देखे अंडे पर बैठी रहे, तो शायद आपसे भी परिवर्तन देखने की उम्मीद किए बिना इतने ही समय तक धैर्य रखने का आग्रह ज़्यादा नहीं होगा। धैर्य ही आत्म-विकास की कुंजी है।

आपकी आत्म-अवधारणा के बारे में अद्भुत बात यह है कि यह विकास की सतत अवस्था में रहती है। आप अपने प्रबल विचारों की दिशा में लगातार विकसित हो रहे हैं और बढ़ रहे हैं। अगर आप अपने बारे में अपने प्रबल विचारों को बदल लेते हैं, तो आपकी आत्म-अवधारणा और विश्वास भी उसी दिशा में बदलने और विकसित होने लगेंगे।

ज़्यादातर लोगों की आत्म-अवधारणा लंबे समय तक नहीं बदल पाती। इसका कारण यह है कि वे लगातार हर दिन, हर साल उन्हीं चीज़ों के बारे में उसी तरीक़े से सोचते रहते हैं। विलियम जेम्स ने लिखा था, "अगर मैं ख़ुद को आज उसी तरह देखता हूँ, जैसा मैं अतीत में था, तो मेरा अतीत ख़ुद को दोहराएगा और मेरा भविष्य बन जाएगा।"

लेकिन जब आप ख़ुद के लिए बड़े, रोमांचक लक्ष्य तय करते हैं और अपने आदर्श व्यक्तित्व की कल्पना करते हैं और फिर उनके बारे में हर दिन सोचते हैं, तो आप अपने मानसिक विकास और जीवन की दिशा का पूरा नियंत्रण अपने हाथ में ले लेते हैं। आप जिसके बारे में सोचते हैं, वही बन जाते हैं।

आपके मानसिक जीवन को नियंत्रित करने के सात तरीक़े

आप जैसा बनना चाहते हैं, वैसा बनने के लिए आपको अपने मस्तिष्क को सकारात्मक प्रभावों से भरना होगा और ख़ुद पर लगातार सकारात्मक सुझावों की गोलाबारी करनी होगी। आप इसके लिए कुछ काम कर सकते हैं।

अनौपचारिक और शांत अंदाज़ में अपने बारे में वैसे व्यक्ति के रूप में सोचें, जैसे आप बनना चाहेंगे ... उन गुणों के साथ, जिन्हें आप अपने भीतर पसंद करेंगे। कल्पना करें कि आपकी *ज़िंदगी* कैसी होगी, आपका *घर* कैसा होगा, आपकी नौकरी कैसी होगी, आपकी सेहत कैसी होगी, आप किस तरह की *जीवनशैली* का आनंद लेंगे। ख़ुद को दिवास्वप्न में फ़ंतासी रचने की अनुमति दें और अपने लक्ष्य हासिल करने की भावना अपने मन में बैठ जाने दें। यह गतिविधि पहला संकेत है कि आपके अवचेतन कंप्यूटर में एक नई दिशा की प्रोग्रामिंग हो रही है।

1. मानसिक तस्वीर देखना

इन कामों में से पहला है मानसिक तस्वीर देखना (visualization)। यह शायद आत्म-छवि बदलने की वो सबसे सशक्त तकनीक है, जो मनुष्य के पास होती है। आपकी स्पष्ट मानसिक तस्वीरें आपकी हक़ीक़त बन जाती हैं। वे आपकी इच्छाओं को मज़बूत करती हैं और आपके विश्वासों को गहरा बनाती हैं। वे आपकी इच्छाशक्ति बढ़ाती हैं और आपमें लगन भरती हैं। वे बेहद शक्तिशाली होती हैं।

मानसिक तस्वीर देखने के चार तत्व होते हैं। इनमें से किसी को भी बढ़ाने से वह दर बढ़ जाएगी, जिससे आप अपने जीवन में उस मानसिक तस्वीर के भौतिक समतुल्य की रचना करते हैं।

इन तत्वों में से पहला है *निरंतरता* (frequency)। आप किसी ख़ास भावी घटना, लक्ष्य या व्यवहार की कितनी बार मानसिक कल्पना करते हैं, इसका आपके सोचने, महसूस करने और काम करने पर गहरा असर पड़ता है। जिन लोगों ने असाधारण काम किए हैं, वे अपने मनचाहे परिणामों की मानसिक तस्वीर लगातार बनाते रहे हैं। वे जो हासिल करना चाहते हैं, उसके बारे में हर वक़्त सोचते रहे हैं। वे अपने भविष्य की आदर्श तस्वीर अपने दिमाग़ की स्क्रीन पर किसी स्लाइड की तरह बार-बार देखते रहे हैं। दरअसल, मानसिक तस्वीर बार-बार देखने से सिर्फ़ यही पता नहीं चलता कि आप उस तस्वीर को कितना ज़्यादा हासिल करना चाहते हैं, बल्कि इससे आपकी इच्छाएँ भी मज़बूत बनती हैं और आपका विश्वास भी, कि इसे हासिल किया जा सकता है।

मानसिक तस्वीर देखने का दूसरा तत्व है *स्पष्टता*। इसका मतलब यह है कि आप अपनी कल्पना में किसी चीज़ को कितने स्पष्ट रूप में देखते हैं। आप अपने इच्छित लक्ष्य या परिणाम को जितने ज़्यादा स्पष्ट रूप में देखते हैं, वह उतनी ही तेज़ी से आपके सामने प्रकट होता है।

आपने अपनी मनचाही चीज़ के बारे में अक्सर सोचा होगा। आपके पहले विचार अस्पष्ट और धुँधले रहे होंगे, लेकिन जब आपने इसके बारे में ज़्यादा सोचा होगा और शायद जानकारी इकट्ठी की, तो आपकी मानसिक तस्वीर ज़्यादा स्पष्ट होती चली गई। आख़िरकार, जब आप अपनी आँखें बंद करके भी इसे स्पष्ट रूप से देख सकते थे, तो यह आपके संसार में भौतिक रूप में साकार हो गई। यही वह तरीक़ा है, जिससे आप ज़्यादातर लक्ष्य हासिल करते हैं।

सफल लोग इस बारे में बहुत स्पष्ट होते हैं कि वे क्या चाहते हैं। और ज़ाहिर है, इसका मतलब यह है कि उनकी मानसिक तस्वीरें बहुत स्पष्ट होती हैं। असफल लोग इस बारे में अनिश्चित होते हैं कि वे क्या बनना और करना चाहते हैं। उनकी मानसिक तस्वीरें इतनी धुँधली और अस्पष्ट होती हैं कि वे उन्हें प्रेरित नहीं कर पातीं और मानसिक नियमों को भी सक्रिय नहीं कर पाती हैं।

मानसिक तस्वीर देखने का तीसरा आयाम है *प्रबलता*। इसका इशारा भावना की उस मात्रा से है, जो आपने मानसिक तस्वीर के साथ जोड़ी है। जब आप शिद्दत से किसी चीज़ की इच्छा करते हैं, जब आप अपने लक्ष्यों के बारे में रोमांचित और उत्साही होते हैं या जब आपमें गहरी आस्था होती है कि आप किसी लक्ष्य को हासिल कर लेंगे, तो तस्वीर जो भी हो, ज़्यादा तेज़ी से साकार होती है। अपनी मानसिक तस्वीरों के साथ जुड़ी भावना की मात्रा बढ़ाना अपनी क्षमता के एक्सीलरेटर को दबाने जैसा है। शायद इसीलिए रैल्फ़ वॉल्डो इमर्सन ने लिखा था, “उत्साह के बिना कोई भी महान चीज़ कभी हासिल नहीं हुई है।”

दूसरी तरफ़, असफल लोग आम तौर पर इस बारे में अप्रेरित और रोमांचहीन होते हैं कि वे क्या कर रहे हैं और कहाँ जा रहे हैं। उनमें निराशावाद का आम नज़रिया होता है, जिसके चलते वे कम ऊर्जा के स्तर पर काम करते हैं और जहाँ हैं, वहीं बने रहते हैं। उनमें निष्क्रिय बनने और चीज़ों को जस का तस स्वीकार करने की प्रवृत्ति होती है, बजाय इसके कि वे इस बारे में रोमांचित हों कि चीज़ें कैसी हो सकती हैं।

मानसिक तस्वीर देखने का चौथा हिस्सा *अवधि* है। इसका संबंध समय की लंबाई से है। आप जो चाहते हैं, उसकी तस्वीर कितने लंबे समय तक अपने दिमाग़ में रख सकते हैं? आप मनचाही भावी घटना की जितनी ज़्यादा लंबे समय तक कल्पना करते हैं, उसके प्रकट होने की उतनी ही ज़्यादा संभावना होती है। अगर संभव हो, तो आपको अपनी मनचाही चीज़ों या स्थितियों की असली तस्वीरें हासिल करके उन्हें बार-बार देखना चाहिए, जब तक कि आपका अवचेतन मन उन्हें आदेश के रूप में स्वीकार न कर ले। इसके बाद आपकी मानसिक तस्वीर के नए आदेशों

को पूरा करने के लिए आपकी आत्म-अवधारणा जल्दी ही बदल जाती है।

क्या आप नई कार चाहते हैं? डीलर के पास जाएँ और कार को टेस्ट ड्राइव पर ले जाएँ। कार के ब्रोशर्स घर लाएँ और उन्हें काटकर कार की तस्वीर वहाँ लगा लें, जहाँ आप उन्हें देख सकते हों। मेरे एक दोस्त ने यह काम तब किया, जब वह दिवालिया था और एक पुरानी कार चला रहा था। वह हर हफ़्ते नई बीएमडब्ल्यू कार को टेस्ट ड्राइव पर ले जाता था। उसने अपनी पुरानी कार के स्टियरिंग व्हील पर अपनी मनचाही कार की तस्वीर भी लगा ली, ताकि कल्पना कर सके कि वह अपने सपनों की ही कार चला रहा है। एक साल के भीतर ही वह एक नया काम करने लगा। उसने नई योग्यताएँ विकसित कर लीं, अपनी आमदनी बढ़ा ली और इसके बाद वह उस नई कार को ख़रीदने में समर्थ हो गया।

जब आप *निरंतरता, स्पष्टता, प्रबलता* और *अवधि* के तत्वों को भविष्य में बनने, पाने या करने की किसी भी मानसिक कल्पना के साथ जोड़ लेते हैं, तो आप ख़ुद को *सुपरचार्ज* कर लेते हैं और उसकी ओर पहुँचने की अपनी *गति* को भी बढ़ा लेते हैं। आप सफल होने के लिए अपनी छिपी शक्तियों को सक्रिय कर देते हैं। आप संसाधनों का दोहन करके ऐसी चीज़ें हासिल करने में समर्थ बनते हैं, जो आपने पहले कभी नहीं पाई थीं।

ज़्यादातर सफल लोगों ने अभ्यास से यह योग्यता विकसित की है। वे स्पष्ट मानसिक तस्वीरें बनाते हैं, जिनमें वे ख़ुद को वैसे व्यक्ति के रूप में देखते हैं, जैसे वे सचमुच बनना चाहते हैं। उन तस्वीरों में वे ख़ुद को वैसे काम करते देखते हैं, जैसे वे सचमुच करना चाहते हैं। और चूँकि आपका बाहरी प्रदर्शन हमेशा आपकी भीतरी छवि या तस्वीर के अनुरूप बन जाता है, इसलिए अगर आप अपनी छवि उत्कृष्ट अभिभावक, जीवनसाथी, एक्ज़ीक्यूटिव या सेल्समैन के रूप में देखते हैं, तो आप उस भूमिका में ख़ुद को ज़्यादा बेफ़िक्र, आत्मविश्वासी और सक्षम *महसूस* करेंगे। अगर आप अपनी मानसिक तस्वीर में ख़ुद को किसी भूमिका में अजीब या फूहड़ रूप में देखते हैं, तो असल ज़िंदगी में भी उस ख़ास स्थिति में तनावपूर्ण और विचलित *महसूस* करेंगे।

एक व्यावहारिक अमल

मिसाल के तौर पर, ज़्यादातर लोग श्रोताओं के सामने खड़े होकर भाषण देने की बात से दहशत में आ जाते हैं। अगर आपको भी यही डर सताता हो, तो मैं बताता हूँ कि आप रचनात्मक मानसिक तस्वीर देखने की मानसिक प्रोग्रामिंग करके इससे

कैसे उबर सकते हैं।

पहली बात, आप यह सोचें कि बेहतरीन भाषण देने की कला सीखने के बाद आपकी ज़िंदगी कितनी अलग होगी। सोचें कि जब आप बढ़िया भाषण देने लगेंगे, तो आप कितना ज़्यादा आत्मविश्वास महसूस करेंगे और दूसरे लोग आपका कितना सम्मान व प्रशंसा करेंगे। फिर यह स्पष्ट मानसिक तस्वीर बनाएँ कि आप श्रोताओं के सामने भाषण दे रहे हैं। उदाहरण के लिए, अपने दोस्तों या परिवारजनों के सामने पार्टी में बोलने की कल्पना करें। तस्वीर में ख़ुद को शांत और ख़ुश देखें। शांति, आत्मविश्वास और गर्व की भावनाएँ महसूस करें, जो सफल तस्वीर में हमेशा होती हैं।

जब भी लोगों के सामने भाषण दें, इस सकारात्मक मानसिक तस्वीर को याद करें। तस्वीर में ख़ुद को शांत, आत्मविश्वासी और नियंत्रण में देखें। साथ ही स्पष्ट कल्पना करें कि श्रोता सकारात्मक और उत्साहवर्धक तरीक़े से प्रतिक्रिया कर रहे हैं।

अपनी आत्म-छवि का तेज़ी से सुधार करने के लिए भाषण देने की कला पर पुस्तकें ख़रीदें। उन्हें पढ़ते समय सोचें कि आप वही कर रहे हैं, जिसका वर्णन लेखक कर रहा है। आप किसी ऑडियो कैसेट को सुनते हैं, जो निर्देश देता है कि आपको भाषण की तैयारी कैसे करनी है और उसे कैसे व्यवस्थित करना है। वह आपको बताता है कि भाषण की शुरुआत कैसे करनी है, बीच का हिस्सा कैसे तैयार करना है और उसे ख़त्म कैसे करना है। सेमिनारों और मीटिंगों में दूसरे वक्ताओं को देखते वक़्त कल्पना करें कि वहाँ पर जनता के सामने भाषण आप दे रहे हैं। समय के साथ धीरे-धीरे आप पाएँगे कि आपका डर कम हो रहा है और भाषण देने की इच्छा बढ़ रही है।

क्या यह प्रक्रिया काम करती है? यक़ीनन करती है! यह 1923 में स्थापित टोस्टमास्टर्स इंटरनेशनल के 30 लाख सदस्यों के लिए काम कर चुकी है।

टोस्टमास्टर्स प्रक्रिया उन स्त्री-पुरुषों के लिए तैयार की गई थी, जिन्हें महसूस होता था कि वे अपने करियर में सिर्फ़ इसलिए तरक्की नहीं कर पा रहे हैं, क्योंकि उन्हें समूह प्रस्तुति देने या मीटिंग में बोलने से डर लगता है।

टोस्टमास्टर्स की हर मीटिंग में हर व्यक्ति को खड़े होकर बोलने का अवसर दिया जाता है, भले ही सिर्फ़ कुछ पल के लिए। श्रोता वे लोग होते हैं, जो ख़ुद बोलना सीखना चाहते हैं। उनका नज़रिया सकारात्मक होता हैं और वे एक-दूसरे का उत्साह बढ़ाते हैं। घर जाते समय लोगों के पास सकारात्मक वक्ता की मानसिक छवि या तस्वीर होती है। और जब भी वह मीटिंग में बोलता है, तो हर बार उसकी

वह तस्वीर ज़्यादा शक्तिशाली हो जाती है।

यहाँ एक उल्लेखनीय खोज बताना चाहूँगा : आपका अवचेतन मन असली अनुभव और स्पष्ट काल्पनिक तस्वीर में फ़र्क़ नहीं कर सकता। जब आप अपने अवचेतन मन में किसी घटना को याद करते हैं और उसका दोबारा अनुभव करते हैं, तो आपका अवचेतन मन उसे स्वीकार कर लेता है और उसे उसी तरह जमा लेता है, जैसे वह घटना सचमुच दोबारा हुई हो।

इसका मतलब है कि अगर आपको अपने जीवन के किसी क्षेत्र में सिर्फ़ एक सकारात्मक अनुभव हुआ हो और आप उसके बारे में बार-बार सोचें, तो आप दरअसल उस काम को दोबारा करने के लिए ख़ुद की प्रोग्रामिंग कर रहे हैं। और अगर आपको अब तक एक भी सकारात्मक अनुभव न हुआ हो, तो आप उसकी कल्पना कर सकते हैं और उस *काल्पनिक तस्वीर* पर बार-बार विचार कर सकते हैं। आपके अवचेतन मन को पता ही नहीं चलता कि यह तस्वीर सच्ची नहीं, झूठी है।

मानसिक तस्वीर बनाने की शक्ति नकारात्मक अनुभवों के मामले में भी इतनी ही अच्छी तरह काम करती है। अगर किसी नकारात्मक अनुभव को दिमाग़ में बार-बार दोहराया जाए, तो यह उस क्षेत्र में आपको प्रेरणाहीन और हताश बना देगा। इसलिए अपने विचारों और मानसिक तस्वीरों का चुनाव सावधानी से करें।

अगर आपको श्रोताओं के सामने अच्छी तरह बोलने का एक भी *सकारात्मक* अनुभव मिला हो, तो आप सार्वजनिक भाषण देने के बारे में सोचते समय उस अनुभव को याद कर सकते हैं और उसे दोबारा मन में जी सकते हैं। दोहराई जाने वाली काल्पनिक तस्वीर की यह प्रक्रिया आपको सचमुच समर्थ बना देती है कि आप भविष्य में पूरे आत्मविश्वास के साथ उत्कृष्ट भाषण देने के लिए अपनी प्रोग्रामिंग कर लें।

मान लें, आपके मन में यह तस्वीर है कि आप फ़िट और स्वस्थ हैं तथा आपका शरीर छरहरा है। आप इस तस्वीर की बार-बार कल्पना करेंगे, तो आपका अवचेतन मन धीरे-धीरे आपकी भूख, आपके चयापचय, व्यायाम करने की आपकी इच्छा तथा स्वस्थ जीवन की आपकी इच्छा में बदलाव करने लगेगा। अतिरिक्त वज़न कम हो जाएगा और कम ही बना रहेगा। आप "छरहरा सोच" रहे होंगे और यह स्थायी रूप से वज़न कम करने का एकमात्र कारगर तरीक़ा लगता है।

अगर आपको किसी स्थिति में अपने आत्मविश्वास की कमी महसूस होती है, तो उस नकारात्मक विचार को रद्द करते हुए बार-बार काल्पनिक तस्वीर देखें कि उस स्थिति में आप शांत और आत्मविश्वासी बने रहते हैं। उस स्थिति को याद

करें, जब दूसरे लोगों के समूह के साथ आपका ज़बर्दस्त समय गुजरा हो। जब भी आप दूसरों के आस-पास घबराहट महसूस करें, तो अपनी मानसिक तस्वीर बदल लें और किसी पुराने अनुभव के बारे में सोचें। अंततः आपका अवचेतन मन उस सकारात्मक स्थिति की भावना को उस स्थिति तक पहुँचा देगा, जो आम तौर पर आपको तनावपूर्ण और विचलित महसूस कराती है। आपके डर धीरे-धीरे कम होते जाएँगे और एक समय आएगा, जब वे ग़ायब हो जाएँगे।

अपने आदर्श जीवन की तस्वीरों को अपने दिमाग़ में लबालब भरने के लिए हर अवसर पर मानसिक तस्वीर देखें। इसका एक तरीक़ा है "ख़ज़ाने का नक़्शा" बनाना। अपनी दीवार पर एक पोस्टर लगाएँ, जिसके केंद्र में या तो आपकी तस्वीर हो या उस लक्ष्य की तस्वीर हो, जिसे आप हासिल करना चाहते हों। फिर मैग्ज़ीनों और अख़बारों से तस्वीरें, हेडलाइन्स और कोटेशन्स काटकर पूरे पोस्टर पर चिपका लें। इस तरह सफलता और उपलब्धि का एक सशक्त प्रतीक बना लें।

हर दिन कुछ समय इस पोस्टर के सामने खड़े होने का समय निकालें। छवियों को अपनी आँखों से पिएँ। उन्हें अपने अवचेतन मन के भीतर उतरने दें। जीवन के हर महत्वपूर्ण क्षेत्र में अपनी सफलता के वास्तविक और काल्पनिक अनुभवों को बार-बार देखते रहें। स्पष्ट रूप से याद करें और दोबारा जिएँ। उदाहरण के लिए, अगर आप सेल्स लाइन में हों और आपने एक सफल बिक्री की हो, तो उस बिक्री को बार-बार याद करें। उसके बारे में पूरे विस्तार से जितनी ज़्यादा बार सोच सकते हों, सोचें। जब आप सफलता के अनुभव को बार-बार याद करते हैं, तो हर बार आपका अवचेतन मन इस तरह रिकॉर्ड करता है, मानो आपको उसी तरह की एक और सफलता मिली हो।

मानसिक कल्पना का प्रयोग करके आप अपने अवचेतन मन को यह विश्वास दिला सकते हैं कि आपको बार-बार सफलता मिल रही है। फिर आपका अवचेतन मन आपके शब्दों, कार्यों और भावनात्मक प्रतिक्रियाओं के अनुरूप ऐसा पैटर्न बना देगा, जो सफलता की उन तस्वीरों के तारतम्य में होगा, जो आपने उसे दी हैं।

ज़्यादातर लोग यह ग़लती करते हैं कि वे अपनी असफलता के अनुभवों पर ध्यान केंद्रित करते हैं। वे स्पष्ट कल्पना करते हैं कि क्या ग़लत हुआ था और उन्होंने कैसे ग़लती की थी। फिर वे हैरान होते हैं कि दोबारा वैसी ही स्थिति आने पर वे तनावपूर्ण और चिंतित महसूस क्यों करते हैं।

आपके जीवन का पूरा सुधार आपकी मानसिक तस्वीरों को सुधारने से शुरू होता है। ये तस्वीरें अपने अनुरूप विचारों, भावनाओं, शब्दों और कामों का बटन दबा देती हैं। मानसिक तस्वीर सभी मानसिक नियमों को सक्रिय कर देती है, जिसमें

आकर्षण का नियम भी शामिल है, जो आपके जीवन में ऐसे लोगों और संसाधनों को खींच लाता है, जिनसे तस्वीर के साकार होने में मदद मिलती है।

2. संकल्प

मानसिक प्रोग्रामिंग की दूसरी तकनीक संकल्पों (affirmations) का इस्तेमाल है। संकल्प तीन "पी" पर आधारित होते हैं। वे हैं *सकारात्मक* (positive), *वर्तमान काल* (present tense) और व्यक्तिगत (personal)। संकल्प यानी वे दृढ़ कथन या आदेश, जो आपके चेतन मन से अवचेतन मन तक पहुँचते हैं। वे पुरानी जानकारी को दबा देते हैं और विचार व व्यवहार की नई, सकारात्मक आदतों को मज़बूत बनाते हैं।

"मैं ख़ुद को पसंद करता हूँ" संकल्प सकारात्मक है, वर्तमान काल में है और व्यक्तिगत है। जब आप इसे बार-बार दोहराते हैं, तो आपका अवचेतन मन इसे अंततः इच्छित वास्तविकता के वैध वर्णन के रूप में स्वीकार कर लेता हैं। फिर आप अपने हर काम में ख़ुद के बारे में सचमुच बेहतर महसूस करने लगते हैं। यह संकल्प जल्दी ही ऊँचे आत्मसम्मान के विपरीत होने वाली सारी पुरानी जानकारी को दबा देता है।

संकल्प के साथ आपकी क्षमता असीमित है। दृढ संकल्प वाले भावनात्मक कथनों को अगर विश्वास के साथ दोहराया जाए, तो अक्सर इससे व्यक्तित्व में तत्काल बदलाव हो जाते हैं। आप अपने मनचाहे व्यक्तित्व के अनुरूप संकल्प दोहराकर अपना उत्साह और साहस बढ़ा सकते हैं, अपनी भावनाओं पर नियंत्रण हासिल कर सकते हैं और अपने आत्मसम्मान को और ऊँचा कर सकते हैं।

आपके अवचेतन मन पर इस चीज़ का सबसे गहरा असर पड़ता है कि आप ख़ुद से क्या कहते हैं और क्या विश्वास करते हैं। "मैं यह कर सकता हूँ!" या "मैं हर साल इतने डॉलर कमाता हूँ" या "मेरा वज़न इतने पौंड है" इस तरह के कथनों से आपकी आत्म-अवधारणा और आपके परिणामों में स्थाई बदलाव आ सकता है।

हर परिवर्तन भीतर से बाहर की ओर होता है। हर परिवर्तन आत्म-अवधारणा में शुरू होता है। आपको भीतर से वह व्यक्ति बनना होगा, जो आप बाहर दिखना चाहते हैं। उसके बाद ही आपको वह व्यक्ति बाहर नज़र आएगा।

आपका अवचेतन मन शब्दों का (literal) पाचन करता है और आदेश जितना सरल होता है, आपकी सोच पर उसका असर उतना ही ज़्यादा होता है। उदाहरण

के लिए, मैं अपने मस्तिष्क की कंडीशनिंग करने के लिए नियमित रूप से यह सशक्त संकल्प करता हूँ, "मैं अपने जीवन की हर स्थिति के आदर्श परिणाम में यक़ीन करता हूँ।"

यह संकल्प आपको किसी भी मुश्किल का सामना करते समय शांत, सकारात्मक और बेफ़िक्र महसूस कराता है। यह चिंता का अद्‌भुत तोड़ है। "मैं अपने जीवन की हर स्थिति के आदर्श परिणाम में यक़ीन करता हूँ।" यह चिंता का उत्कृष्ट तोड़ है।

यह सरल भी है, स्पष्ट भी है और वर्तमान काल में भी है। आपका अवचेतन मन सिर्फ़ इसी तरह के आदेशों, संकल्पों और मानसिक तस्वीरों पर प्रतिक्रिया करता है, जो "अभी" में हों, जैसे वह लक्ष्य या ख़ूबी पहले से ही मौजूद हो।

उदाहरण के लिए, "मैं अब सिगरेट नहीं पिऊँगा" (नकारात्मक है और भविष्य काल में भी है) कहने के बजाय यह कहें, "मैं धूम्रपान से दूर रहता हूँ।"

यह "पहले से ही सच बोलने" का तरीक़ा है। इस तरह आप अपने अवचेतन मन को विश्वास दिला देते हैं कि जिस स्थिति को आप चाहते हैं, वह पहले से ही मौजूद है। इसके बाद आपका अवचेतन मन ज़रूरी परिवर्तन कर देता है, ताकि आपका भीतरी जगत आपकी मनचाही बाहरी वास्तविकता से तालमेल बिठा सके।

हमें धूम्रपान छोड़ने वाले लोगों के साथ बहुत से दिलचस्प अनुभव हुए हैं। हमारे एक प्रतिभागी ने दो महीने तक दिन में कई बार दोहराया, "मैं धूम्रपान से दूर रहता हूँ।" साथ ही, उसने धूम्रपान से दूर रहने वाले व्यक्ति के रूप में अपनी मानसिक तस्वीर देखी। समय के साथ उसने पाया कि उसे सिगरेट की तलब कम लगने लगी। दो महीने बाद वह एक दिन में सिर्फ़ एक सिगरेट पीने लगा और आख़िरकार उसने धूम्रपान छोड़ दिया। इस बात को दो साल हो चुके हैं, लेकिन अब भी उसकी धूम्रपान करने की कोई इच्छा नहीं होती है।

एक और सेमिनार के एक अन्य प्रतिभागी ने भी यही किया। उसने "मैं धूम्रपान से दूर रहता हूँ" बार-बार दोहराया, लेकिन कुछ नहीं हुआ। वह हर दिन दो पैकेट सिगरेट पीता रहा। उसने हर दिन यह संकल्प दोहराया और मानसिक कल्पना की कि वह नॉन-स्मोकर है। उसने धैर्य से विश्वास किया कि मानसिक रिप्रोग्रामिंग की यह प्रक्रिया अंततः काम करेगी।

दो महीने बाद एक सुबह उठने पर उसने जब सिगरेट की तरफ़ हाथ बढ़ाकर उसे सुलगाया, तो उसका दम घुटने लगा। उसने सोचा, जैसे उसने "सड़ी हुई सिगरेट" निगल ली हो। उसने दूसरी सिगरेट सुलगाने की कोशिश की और फिर तीसरी।

एक कश लेने के बाद ही उसे उल्टी आने लगी। उसे अचानक एहसास हुआ कि उसने अपनी प्रोग्रामिंग से ख़ुद को यक़ीन दिला दिया था कि सिगरेट पीना बुरी आदत है। उसने दोबारा कभी सिगरेट को छुआ तक नहीं।

आप रातोंरात अपनी आदतें नहीं बदल सकते। आपको संकल्प करने और मानसिक तस्वीर देखने में धैर्यवान और लगनशील रहना होगा। आपको आत्मविश्वास के साथ यह उम्मीद रखनी होगी कि जब आप सचमुच तैयार होंगे, तभी मनचाहे नतीजे सामने आएँगे; उससे पहले नहीं।

3. शब्दों में प्रकट करना

तीसरी तकनीक शब्दों में प्रकट करना यानी ज़ोर से बोलना है - दूसरों के सामने भी और आईने के सामने खड़े होकर अकेले भी। आईने के सामने खड़े होकर बहुत स्पष्टता और भावना के साथ कहें, “मैं इसे कर सकता हूँ, मैं इसे कर सकता हूँ, मैं इसे कर सकता हूँ!” आने वाली चुनौती के लिए अपने विश्वास को बढ़ाने का यह एक सशक्त तरीक़ा है। आप विश्वास और उत्साह के साथ जो भी बोलते हैं, उसका असर दोगुना हो जाता है। ख़ामोशी में किया गया संकल्प कमज़ोर होता है।

जब आप दूसरों से ज़ोर देकर कहते हैं कि आप कोई चीज़ कर सकते हैं या करेंगे, तो इसका आपकी सोच और बाद के व्यवहार पर गहरा असर पड़ता है। मैच से पहले टीमें ख़ुद को मानसिक रूप से तैयार करने के लिए आपस में शाब्दिक अभिव्यक्ति के इस तरीक़े का प्रयोग करती हैं। मैदान में जाने से पहले वे गोला बनाकर बुदबुदाते हैं और एक-दूसरे का उत्साह बढ़ाते हैं।

दिनभर अपनी बातचीत को उस आदर्श परिणाम के अनुरूप रखें, जिसे आप सचमुच देखना चाहते हों। अपने डरों और आशंकाओं पर बातचीत न करें। हर बात में सकारात्मक और आशावादी रहें। ख़ुश बनें। आप यह देखकर हैरान होंगे कि जब आपकी भाषा आशावाद और सफलता से भरपूर होती है, तो आप कितना बेहतर महसूस करते हैं और कितना ज़्यादा आत्मविश्वासपूर्ण व्यवहार करते हैं।

4. भूमिका निभाना

मानसिक प्रोग्रामिंग की चौथी तकनीक ठीक उसी तरह चलना, बात करना और काम करना है, जैसे आप इसी समय वह व्यक्ति बन चुके हों, जो आप बनना चाहते

हैं। इस तरह व्यवहार करें, जैसे आप इसी समय वे लक्ष्य हासिल कर चुके हों, जिन्हें आपने अपने लिए तय कर रखा है। इस तरह काम करें, जैसे हर व्यक्ति आपको सम्मान देता हो। इस तरह काम करें, जैसे आपके पास बैंक ख़ाते में पहले से ही ढेर सारा पैसा हो। इस तकनीक की शक्ति उलटाव के नियम (law of reversibility) से स्पष्ट होती है।

यह नियम बताता है कि जब आप सकारात्मक और आशावादी महसूस करते हैं, तो आपकी भावनाएँ अपने अनुरूप कार्य और व्यवहार पैदा करेंगी। इसका विपरीत भी सच है। अगर आप सकारात्मक महसूस नहीं करते, लेकिन इसके बावजूद उत्साह या ख़ुशी से काम करते हैं, तो आपका सकारात्मक व्यवहार अपने आप सकारात्मक भावनाएँ पैदा कर देगा। यह ठीक उसी तरह होगा, जिस तरह *आपकी सकारात्मक भावनाएँ सकारात्मक व्यवहार पैदा करती हैं।* आपकी भावनाओं और व्यवहार के क्रम को उल्टा किया जा सकता है।

पाँच-छह मिनट से ज़्यादा समय तक ख़ुश व्यक्ति की "भूमिका निभाने" के बाद यह लगभग असंभव है कि आपको ऐसे "विपरीत प्रवाह" का अनुभव न हो, जिसमें आपके कार्य अपने अनुरूप भावनाएँ उत्पन्न कर दें। इसे कहने का एक और तरीक़ा यह है, "इसका नाटक करो, जब तक कि यह सचमुच न हो जाए।" सकारात्मक और उत्साहपूर्ण तरीक़े से व्यवहार करें; जल्दी ही आप सकारात्मक और उत्साहपूर्ण महसूस करने लगेंगे।

यह तरीक़ा इतना शक्तिशाली इसलिए है, क्योंकि कई बार आप अपनी भावनाओं को नियंत्रित नहीं कर सकते, लेकिन आप अपने कार्यों को हमेशा नियंत्रित कर सकते हैं। और अगर आप अपने कार्यों को नियंत्रित करते हैं, तो उलटाव के इस नियम से आप अपनी मनचाही भावनात्मक अवस्था पा सकते हैं।

इस तकनीक का इस्तेमाल करके आप चेतन रूप से अपने भीतर बेहद सफल व्यक्ति के मानसिक गुण पैदा कर सकते हैं। आप उद्देश्य, साहस, आत्मविश्वास, योग्यता और बुद्धि के साथ काम कर सकते हैं। आप यह नाटक कर सकते हैं कि आपमें पहले से ही ये सभी गुण मौजूद हैं। और आश्चर्यजनक बात यह है कि आप जल्द ही ख़ुद में इन गुणों को महसूस करने लगेंगे। फिर लोग आपको ठीक उसी तरह स्वीकार करते हैं और प्रतिक्रिया करते हैं, मानो आप वही व्यक्ति हों, जैसा आप ख़ुद को देखते हैं।

ये चार तकनीकें अपने आप में इतनी शक्तिशाली हैं कि ये आपकी आत्म-अवधारणा और व्यक्तित्व को पूरी तरह बदल सकती हैं : शुरुआत में ख़ुद के बारे में उस तरह सोचें, जैसे आप आदर्श रूप में बनना चाहेंगे। फिर स्पष्टता से

अपनी विस्तृत मानसिक कल्पना करें, जैसे आप पहले से ही वह व्यक्ति बन चुके हों, जैसा बनने का आपका इरादा है। ख़ुद के सामने संकल्प करें और ज़ोर-ज़ोर से ऐसे सशक्त, सकारात्मक कथन बोलें, जो आपके लक्ष्य के अनुरूप हों। यह करते समय याद रखें कि शब्दों से भावनाएँ उत्पन्न होती हैं और विचार घनीभूत होते हैं। और अंत में, अपने व्यवहार को सफलता, ख़ुशी, समृद्धि और सकारात्मक व्यक्तित्व के अपने नए संदेशों के तारतम्य में रखें।

5. अपने मस्तिष्क को भोजन दें

पीएमए (सकारात्मक मानसिक नज़रिया) डाइट की तकनीक क्रमांक पाँच अपने मस्तिष्क को लगातार शब्दों और तस्वीरों की ऐसी ख़ुराक देना है, जो उस दिशा के अनुरूप हो, जिसमें आप विकास कर रहे हैं। व्यक्तिगत और व्यावसायिक विकास के लिए पुस्तकें और पत्रिकाएँ पढ़ें। हर अवसर पर शैक्षणिक ऑडियो कैसेट सुनें। शैक्षणिक वीडियो कैसेट देखें। सेमिनार और लेक्चर में जाएँ। अतिरिक्त कोर्स करें, जो विचार के नए आदत पैटर्न्स के विकास की गति बढ़ा दें।

आप किसी विषय पर जितना ज़्यादा पढ़ते, सुनते, देखते और सीखते हैं, उस क्षेत्र में आप उतना ही ज़्यादा आत्मविश्वास और क्षमता महसूस करते हैं। अगर आप मैनेजमेंट में हैं और आप लगातार सीखते हैं कि बेहतर और अधिक प्रभावी मैनेजर कैसे बनना है, तो आप अक्सर सोचने लगेंगे कि आप अपने क्षेत्र में उत्कृष्ट बन रहे हैं। अगर आप सेल्स लाइन में हैं और आप लगातार अपने दिमाग़ को बेहतर बनने में मदद करने वाली जानकारी और विचारों की ख़ुराक देते हैं, तो आप प्रदर्शन करने की अपनी योग्यता के बारे में बेहतर महसूस करेंगे और वास्तव में ज़्यादा बिक्री कर पाएँगे। जब आप अपनी भीतरी समझ सुधार लेते हैं, तो बाहरी परिणाम अपने आप सुधर जाते हैं।

6. सकारात्मक लोगों के साथ संबंध रखें

तकनीक क्रमांक छह *सही* लोगों के आस-पास रहना है। विजेताओं के साथ रहें। मुर्गियों के साथ ज़मीन पर चोंच मारने के बजाय बाज़ों के साथ उड़ान भरें। दूसरे लोगों के सुझावों का आप पर बहुत ज़्यादा असर होता है - अच्छा भी और बुरा भी। इसलिए आपको इस बारे में बहुत सावधान रहना होगा कि आप किन लोगों के साथ अपना समय बिताने का चुनाव करते हैं।

पच्चीस साल के शोध के बाद हार्वर्ड के डॉ. डेविड मैकक्लीलैंड ने पाया कि नकारात्मक "संदर्भ समूह" का चुनाव ही किसी व्यक्ति को जीवन में असफलता और कम उपलब्धि की तरफ़ धकेलने के लिए पर्याप्त है। आपका संदर्भ समूह वे लोग हैं, जिनके साथ आप रहते हैं - जिनके साथ आप काम करते हैं, समाज में उठते-बैठते हैं, समुदाय या काम के बाहर की गतिविधियों में शामिल होते हैं। गिरगिट की तरह आप भी अचेतन रूप से उन लोगों के नज़रियों, व्यवहारों और राय को अपना लेते हैं, जिनके साथ आपका सबसे क़रीबी संपर्क होता है।

आप जिन लोगों के साथ समय बिताते हैं, उन्हें चुनते समय बैरन डे रॉथ्सचाइल्ड की सलाह का अनुसरण करें और "कोई अनुपयोगी परिचित न बनाएँ।" नए, सकारात्मक लोगों से मिलने के लिए आपको आम तौर पर अपने पुराने समूह के साथ संबंध तोड़ने होंगे। ख़ास तौर पर नकारात्मक लोगों से दूर चले जाएँ। वे आपके जीवन के अधिकांश दुखों का मूल कारण हैं।

बुरे संबंधों में बने रहना सफलता और ख़ुशी की आपकी पूरी संभावना को ख़त्म करने के लिए पर्याप्त हो सकता है। आस-पास के लोगों के सुझावों का असर जितना शक्तिशाली होता है, उतना और कुछ भी नहीं होता। इसलिए अपने साथियों का चुनाव सावधानी से करें

7. दूसरों को सिखाना

इन विचारों को आत्मसात करने की सातवीं तकनीक यह है कि *आप जो सीख रहे हैं*, उसे दूसरों को सिखाएँ। आप वही बनते हैं, जो आप सिखाते हैं। आप वही सिखाते हैं, जो आप होते हैं। जब आप किसी की मदद करने के लिए उसे कोई नई अवधारणा बताते और समझाते हैं, तो आप स्वयं उसे बेहतर तरीक़े से समझ लेते हैं और ज़्यादा गहरे तक आत्मसात करते हैं। सच तो यह है कि आप किसी चीज़ को उसी हद तक जानते हैं, जिस हद तक आप उसे किसी दूसरे को सिखाते हैं और जीवन में लागू करने में उसकी मदद करते हैं।

विचार और व्यवहार की नई, सकारात्मक आदतों को विकसित करना आसान नहीं है। इसमें हमेशा सतर्क रहने की ज़रूरत होती है। आपको नई आदतों को दृढ़ता से शुरू करना चाहिए। तब तक न रुकें, जब तक कि आपके मस्तिष्क में नई आदत का ताला न लग जाए। जब आप समय-समय पर फिसलें, तो महत्वपूर्ण बात यह है कि उस पर ध्यान केंद्रित न करें। आपका काम दिमाग़ को पूरी ताक़त से उस दिशा में केंद्रित रखना है, जिधर आप जा रहे हैं। आपको अपने प्रमुख लक्ष्यों

और अपने नए व्यक्तित्व पर ध्यान केंद्रित करने की ज़रूरत है।

आप अपने मस्तिष्क में जिसे लगातार क़ायम रख सकते हैं, उसे पा सकते हैं। भूल जाएँ कि आप अतीत में कैसे थे। पुराने लेबल हटा दें। आपका भविष्य इस बात से तय होता है कि आप ख़ुद को कैसे देखते हैं, अपने बारे में कैसे बात करते हैं और *इस वक़्त*, वर्तमान पल में कैसे काम करते हैं।

अगर आप ख़ुद को इसी समय वैसा देखते हैं, जैसा आप बनना चाहते हैं और अपने आदर्श स्वरूप की तरह चलते, बात करते और व्यवहार करते हैं, तो आपके प्रबल विचार और लक्ष्य हक़ीक़त में बदल जाएँगे। जिसके बारे में आप ज़्यादातर समय सोचते हैं, आप वही बन जाएँगे।

कर्म अभ्यास

एक सकारात्मक आदत तंत्र या व्यवहार चुनें, जिसे आप विकसित करना चाहेंगे और अगले इक्कीस दिन तक ख़ुद को अनुशासित करें कि आप इस नई आदत के अनुरूप ही सोचेंगे, मानसिक कल्पना करेंगे, शब्द कहेंगे, संकल्प करेंगे और व्यवहार करेंगे।

आपके लक्ष्य और महत्वाकांक्षाएँ चाहे जो हों, उन्हें हासिल करने के बारे में सोचें और बात करें। अपने लक्ष्य के बारे में पढ़ें, सीखें, मानसिक तस्वीर बनाएँ, संकल्प करें और लगातार सोचें। इस संदर्भ में सोचें कि आप उसे "कैसे" हासिल कर सकते हैं। ऐसे काम करें, जैसे आपकी तस्वीर पहले से ही साकार हो चुकी हो। कम से कम ऐसा व्यवहार तो निश्चित रूप से करें, जैसे आपके लक्ष्य का हासिल होना तय हो।

इन विधियों से अपने लिए काम करवाने की कुंजी यह है कि आप किसी ख़ास क्षेत्र में ख़ुद के सामने प्रदर्शित करें कि आप अपनी चुनी हुई महत्वपूर्ण आदत या नज़रिया विकसित कर सकते हैं। एक बार जब आप ख़ुद के सामने यह साबित कर देते हैं, तो आपमें आत्मविश्वास आ जाएगा और यह विश्वास भी कि आप अपने चुने हुए लक्ष्य को हासिल कर सकते हैं और मनचाहा बदलाव कर सकते हैं। सिर्फ़ इच्छा या आशा करने के बजाय अब आप सचमुच जान जाएँगे कि आपकी संभावनाएँ असीमित हैं।

अध्याय 4

मास्टर माइंड

आपका बाहरी संसार आपके भीतरी संसार के अनुरूप होता है। आपके साथ क्या होता है, यह काफ़ी हद तक इस बात पर निर्भर है कि आपके भीतर क्या हो रहा है। आपके बाहरी अनुभव आपके भीतरी विचार तंत्रों के प्रतिबिंब होते हैं। समय के साथ आप जीवन में अपने बारे में सबसे गहरे विश्वासों का मानसिक समतुल्य बना लेते हैं, जिनमें यह विश्वास भी शामिल होता है कि आपके लिए क्या संभव है।

मशहूर लोगों की जीवनियाँ और आत्मकथाएँ पढ़ने तथा उन पर विचार करने के बाद मैं उनके बीच के उस साझे सूत्र को देख पाया, जिसमें उनकी सफलताओं को पिरोया गया था। उन सभी में बाधाओं को पार करने और शिखर पर पहुँचने की अपनी योग्यता पर अटूट विश्वास था, जो या तो उनमें पहले से था या उसे उन्होंने विकसित किया था।

इस विश्वास से उन्हें ऐसी शक्तियाँ मिलीं, जो आम आदमी में नहीं होतीं। उन्होंने उल्लेखनीय चीज़ें हासिल कीं, अक्सर बहुत विपरीत परिस्थितियों में और आस-पास के लोगों की भविष्यवाणियों के बिलकुल उलट।

जब मैंने हाई स्कूल छोड़ा और एक नौकरी से दूसरी नौकरी की तरफ़ भटकने लगा, तो मेरे मन में कोई केंद्रीय लक्ष्य या उद्देश्य नहीं था, सिवाय इसके कि मैं किसी तरह "दुनिया देखना" चाहता था। अधिकांश लोगों की तरह मैं भी "प्रतिक्रियाशील" बन गया। मैंने रास्ते में आने वाला हर काम किया। मैं हर उस व्यक्ति के साथ रहा, जो उस वक़्त मेरे आस-पास था। अपने जीवन की योजना बनाने के बजाय मैंने बस अपने बाहरी परिवेश और अपनी भावनात्मक व शारीरिक ज़रूरतों पर प्रतिक्रिया की।

मैंने मान लिया कि यही "होता है।" मैं अचेतन रूप से स्वीकार करने लगा

कि मैं जो जानता था और जो मैं कर रहा था, उससे ज़्यादा मेरे लिए संभव ही नहीं था। मैं सबसे अच्छा यह महसूस कर सकता था कि यथासंभव बुद्धिमानी और सृजनात्मक तरीक़े से प्रतिक्रिया करूँ और ज़्यादा ग़लतियाँ करने से बचूँ।

जब मनोविज्ञान, धर्म और रहस्यविज्ञान (metaphysics) के मेरे अध्ययन में अवचेतन मन का ज़िक्र आया, तो मैं उसे बहुत अच्छी तरह समझ नहीं पाया, न ही मैंने अपनी मदद के लिए इसका उपयोग करने की कोई कोशिश की। बहरहाल, मैंने व्यवहार और परिणामों को नियंत्रित करने वाले मानसिक नियमों के बारे में जितना ज़्यादा सीखा, उतना ही ज़्यादा मुझे एहसास हुआ कि उपलब्धि का एक छिपा हुआ आयाम था, जिससे मैं चूक रहा था।

मैंने आत्म-अवधारणा के महत्व को जितना ज़्यादा समझा और सीखा कि हम जो भी काम करते हैं, वह हमारे विश्वास तंत्र द्वारा पहले से तय होता है, उतना ही ज़्यादा मुझे एहसास हुआ कि मैं उस कॉम्बिनेशन के और क़रीब पहुँच रहा हूँ, जिससे सफलता का ताला खुल जाएगा।

फिर मैंने मानवीय क्षमता का अर्थ समझा। अगर आप और मैं प्रभावकारिता व सफलता की अपनी सिर्फ़ 10 प्रतिशत या उससे कम क्षमता का ही इस्तेमाल कर रहे हैं, तो बची हुई 90 प्रतिशत या उससे अधिक मानसिक शक्तियों का तो अब तक हमने दोहन ही नहीं किया है। मैंने निष्कर्ष निकाला कि ख़ुद से सर्वाधिक निकालने के लिए मुझे "एक्सेस कोड्स" की ज़रूरत है, जो मुझे इन ज़बर्दस्त क्षमताओं तक पहुँचने और उनका दोहन करने में समर्थ बनाएँ।

आपका अवचेतन मन बेहद शक्तिशाली होता है। जब आप इसका सही इस्तेमाल करते हैं, तो यह आपकी मदद कर सकता है। इसके सहारे आप अपनी उपलब्धियों और इच्छाओं को हासिल करने की दिशा में इतनी तेज़ी से आगे बढ़ सकते हैं, जितना आपने कभी सपने में भी नहीं सोचा होगा। आप अपने अवचेतन मन का इस्तेमाल सृजन या विनाश, भलाई या बुराई, दोनों के लिए कर सकते हैं। आप राजा या रंक हो सकते हैं, जो इस बात पर निर्भर करता है कि आप अपने अवचेतन मन का इस्तेमाल किस तरह करते हैं। अपनी क्षमता को पूरी तरह बाहर निकालने के लिए आपको सीखना होगा कि इस तक इच्छानुसार कैसे पहुँचना है और बुद्धिमत्तापूर्ण व सृजनात्मक तरीक़े से अपने उद्देश्यों के लिए इसका इस्तेमाल कैसे करना है।

कुछ समय पहले मेरा वकील मुझे अपना ऑफ़िस दिखा रहा था। वह मुझे टाइपिंग पूल में ले गया, जहाँ कई सेक्रेटरीज़ पत्र और क़ानूनी दस्तावेज़ टाइप कर रही थीं। हर सेक्रेटरी के पास एक मिनी कंप्यूटर था। जब हम कमरे से बाहर निकले, तो वकील ने मुझे बताया कि उसने और उसके पार्टनर्स ने दो साल पहले कंप्यूटर

ख़रीदने और इंस्टॉल करने में एक लाख डॉलर ख़र्च किए थे। उसने मुझे बताया कि कंप्यूटर इंस्टॉल करते वक़्त सभी सेक्रेटरीज़ को यह प्रशिक्षण दिया गया था कि वे इस कंप्यूटर का इस्तेमाल करके अपने क़ानूनी काम की गुणवत्ता और मात्रा को कैसे बढ़ा सकती हैं।

उसने कहा, समय के साथ सभी पुरानी सेक्रेटरीज़ दूसरी जगह चली गईं। उनकी जगह एक-एक करके ऐसी सेक्रेटरीज़ आती गईं, जिनके पास कंप्यूटर का कोई प्रशिक्षण नहीं था। उसने कहा, "चूँकि हम बहुत ज़्यादा व्यस्त थे, इसलिए किसी ने भी इन नई सेक्रेटरीज़ को प्रशिक्षित नहीं किया कि हमारे कंप्यूटर सिस्टम से सबसे ज़्यादा मदद कैसे लेनी है। नतीजा यह हुआ कि नई-नई जानकारी और वर्ड प्रोसेसिंग के लिए कंप्यूटर का इस्तेमाल करने के बजाय हमारी सेक्रेटरीज़ इसका इस्तेमाल सिर्फ़ महँगे टाइपराइटर के रूप में करती हैं। वे एक समय में एक पत्र या दस्तावेज़ टाइप करती हैं और उस काम को पूरा करने में घंटों लगा देती हैं, जिसे मिनी कंप्यूटर कुछ ही मिनटों में कर सकता है।"

दुर्भाग्य से, ज़्यादातर लोग इन सेक्रेटरीज़ जैसे ही होते हैं। वे हर दिन अपने दिमाग़ से काम लेते हैं - लेकिन वे अपने सशक्त मानसिक कंप्यूटर का इस्तेमाल सबसे मूलभूत कामों के लिए ही करते हैं और फिर हैरान होते हैं कि उनका काम इतना कठिन क्यों है और वे इतने कम सफल क्यों हो पाते हैं।

जब मैं बर्तन माँजने की नौकरी करता था, तो मुझे यह विश्वास था कि मेरे लिए ज़्यादा पैसा बनाने का इकलौता तरीक़ा यह है कि मैं ज़्यादा घंटे काम करूँ और ज़्यादा बर्तन साफ़ करूँ। मैंने अंततः सीख लिया कि "ज़्यादा घंटे और ज़्यादा कड़ी मेहनत से आप अपनी ज़िंदगी को सुधार सकते हैं" ये विचार बकवास है। यह विश्वास आपको एक अंधी गली में ले जाता है। असल बात है "ज़्यादा स्मार्ट" तरीक़े से काम करना। असल बात है अपने लक्ष्यों को हासिल करने के लिए शारीरिक शक्तियों के बजाय *मानसिक* शक्तियों का इस्तेमाल ज़्यादा करना।

सफल लोग वे हैं, जिन्होंने अपने चेतन और अवचेतन मन के बीच सामंजस्य बिठाना सीख लिया है, जिससे वे अपने मनचाहे कामों को ज़्यादा तेज़ी और कम कोशिश से करने में समर्थ होते हैं। इस खोज ने मेरी कोशिश की दिशा बदल दी और मेरी ज़िंदगी की भी।

एक के भीतर दो दिमाग़

यहाँ पर एक सरल मॉडल दिया जा रहा है, जो आपको बताएगा कि आप अपने

अवचेतन मन की काल्पनिक तस्वीर कैसे देख सकते हैं – यह कैसे काम करता है, आप इसके कार्यों को कैसे नियंत्रित कर सकते हैं और यह आपकी ज़िंदगी में क्या पैदा करता है।

कल्पना करें कि दो गेंदें आपस में गुँथीं हुई हों, एक गोल्फ़ की बॉल और दूसरी बास्केटबॉल, जिसमें गोल्फ़ बॉल ऊपर रखी हो। यह तस्वीर आपके चेतन और अवचेतन मनों की तुलनात्मक शक्ति और क्षमता बताती हैं। बास्केटबॉल आपका अवचेतन मन है। दोनों मस्तिष्क अनिवार्य हैं, लेकिन उनके काम करने के क्षेत्र अलग-अलग हैं।

कंप्यूटर की शब्दावली में आपका चेतन मन प्रोग्रामर है, जो कंप्यूटर ऑपरेटर की तरह डाटा अंदर भेजता है। यह इस बात का फ़ैसला करता है कि आपकी सोच में किन चीज़ों को जाने देना है। आपका अवचेतन मन आपके कंप्यूटर का हार्डवेयर है, वह ढाँचा है, जिसके भीतर वह डाटा काम करता है। आपकी आत्म-अवधारणा वह सॉफ्टवेयर प्रोग्राम है, जो यह तय करता है कि आप अपनी ज़िंदगी में क्या पैदा करते हैं। सभी ज़रूरी और एक-दूसरे पर निर्भर हैं। आपके साथ होने वाली हर चीज़ इस ख़ास कंप्यूटर भाषा की समझ और इसके इस्तेमाल में आपकी कुशलता पर निर्भर होती है।

चेतन मन

आपका चेतन मन आपका निरपेक्ष या सोचने वाला मस्तिष्क है। इसकी कोई याददाश्त नहीं होती और इसमें एक बार में एक विचार ही रह सकता है। इस मन के चार मूलभूत काम हैं।

पहला, यह आने वाली जानकारी को *पहचानता* है। यह जानकारी छह में से कोई एक इंद्रिय लाती है : दृष्टि, ध्वनि, गंध, स्वाद, स्पर्श या भावना।

आपका चेतन मन आपके चारों ओर होने वाली हर चीज़ को लगातार देख रहा है और श्रेणी में रख रहा है। उदाहरण के लिए, कल्पना करें कि आप फ़ुटपाथ पर चल रहे हैं और सड़क पार करने का फ़ैसला करते हैं। आप फ़ुटपाथ से नीचे क़दम रखते हैं। उसी पल आप कार के इंजन की तेज़ आवाज़ सुनते हैं। आप तत्काल मुड़ते हैं और आने वाली कार की दिशा में देखकर पता लगाते हैं कि आवाज़ क्या है और कहाँ से आ रही है। यह पहला काम है।

आपके चेतन मन का दूसरा काम *तुलना करना* है। आपने जो कार देखी है और जिसकी आवाज़ सुनी है, उसकी जानकारी तत्काल आपके अवचेतन मन में पहुँच जाती है। वहाँ, इसकी तुलना चलती कारों से संबंधित आपकी पुरानी संगृहीत

जानकारी और अनुभवों से की जाती है।

उदाहरण के लिए, अगर कार एक ब्लॉक दूर है और तीस मील प्रति घंटे की रफ़्तार से चल रही है, तो आपका अवचेतन स्मृति बैंक बता देगा कि कोई ख़तरा नहीं है और आप आगे बढ़ना जारी रख सकते हैं।

लेकिन यदि कार आपकी ओर साठ मील प्रति घंटे की रफ़्तार से आ रही है और सिर्फ़ सौ गज़ दूर है, तो आपको तत्काल "ख़तरे" का संदेश मिलेगा, जो आपको पीछे हटने के लिए प्रेरित करेगा।

आपके चेतन मन का तीसरा काम विश्लेषण करना है और *विश्लेषण* हमेशा चौथे काम – *फ़ैसला करना* – से पहले आता है।

आपका चेतन मन काफ़ी हद तक एक बाइनरी कंप्यूटर की तरह काम करता है, जो दो कार्य करता है : यह चुनाव करने और निर्णय लेने में डाटा को स्वीकृत या अस्वीकृत करता है। यह एक बार में एक ही विचार से निबट सकता है : सकारात्मक या नकारात्मक, "हाँ" या "नहीं।" यह लगातार तस्वीरों को श्रेणियों में बाँटता है और फ़ैसला करता है कि आपके लिए क्या प्रासंगिक है और क्या नहीं।

आप सड़क पर जाते हैं, चलती हुई कार की तेज़ आवाज़ सुनते हैं और देखते हैं कि वह आपकी तरफ़ तेज़ी से आ रही है। कारों की गति के ज्ञान के कारण आपका विश्लेषण बता देता है कि आप ख़तरे में हैं और किसी निर्णय की ज़रूरत है। आपका पहला सवाल है, "क्या मैं रास्ते से हट जाऊँ ? हाँ या नहीं ?" अगर निर्णय "हाँ" है, तो आपका अगला सवाल है, "क्या मैं आगे कूदूँ ? हाँ या नहीं ?" अगर क्रॉस ट्रैफ़िक के कारण निर्णय "नहीं" है, तो आपका अगला सवाल यह होता है, "क्या मैं पीछे कूदूँ ? हाँ या नहीं ?" अगर आपका निर्णय "हाँ" है, तो यह संदेश तत्काल आपके अवचेतन मन को पहुँचा दिया जाता है और एक पल से भी कम समय में आपका पूरा शरीर रास्ते से पीछे हट जाता है, जिसमें आपको कोई अतिरिक्त विचार नहीं करना पड़ा या निर्णय नहीं लेना पड़ा।

यह सोचने के लिए आपको चेतन मन का इस्तेमाल नहीं करना पड़ा कि आपको अपना दायाँ पैर पहले रखना चाहिए या बायाँ पैर। एक बार जब आपके चेतन मन ने अवचेतन मन को आदेश दे दिया, तो सभी ज़रूरी नसों और मांसपेशियों में तालमेल हो गया और पलक झपकते ही निर्णय का पालन हो गया।

गणितज्ञ पीटर आउसपेंस्की ने अपनी पुस्तक *इन सर्च ऑफ़ द मिरेकुलस* में अनुमान लगाया है कि आपका अवचेतन मन आपके चेतन मन की तुलना में तीस हज़ार गुना ज़्यादा तेज़ गति से काम करता है। आप काम की इस गति का प्रदर्शन अपने हाथ को सामने रखकर और अपनी उँगलियों को हिलाकर देख सकते हैं।

गति के सारे संचालन को अपने अवचेतन के हवाले करके आप यह काम आसानी से कर सकते हैं। इसके बाद चेतन मन का इस्तेमाल करके किसी सुई में धागा डालने की कोशिश करें। यह देखें कि जब आपका अवचेतन मन काम नहीं करता, तो आपको अपने हाथ की छोटी-छोटी गतिविधियाँ करने के लिए भी कितनी मानसिक कोशिश और एकाग्रता की ज़रूरत होती है।

आपका चेतन मन पनडुब्बी के कप्तान की तरह काम करता है और पेरिस्कोप से सतह को देखता है। सिर्फ़ कप्तान ही देख सकता है। सिर्फ़ कप्तान की अनुभूति से ही क्रू को पता चलता है कि सतह पर क्या हो रहा है।

कप्तान जो भी देखता, महसूस करता और निर्णय लेता है, वह तत्काल पूरी पनडुब्बी में प्रसारित कर दिया जाता है और सारे जहाज़ी उसके आदेशों का पालन करने के लिए सक्रिय हो जाते हैं। आप अक्सर अपने हर काम में कमज़ोर महसूस इसलिए करते हैं, क्योंकि आप "नियंत्रण में रहने" के लिए बहुत ज़्यादा संकल्पवान होते हैं। आपको अक्सर विश्वास होता है कि बेहतर या अलग नतीजे पाने का तरीक़ा "ज़्यादा कोशिश करना" है। लेकिन यह सही जवाब क़तई नहीं है।

अपनी ज़िंदगी सचमुच सुधारने का तरीक़ा अपने मास्टर माइंड यानी अपनी अवचेतन शक्तियों का ज़्यादा से ज़्यादा इस्तेमाल करना है। आपको अवचेतन शक्तियों को सक्रिय करने का तरीक़ा मालूम होना चाहिए। इसके लिए यह जानने की ज़रूरत है कि आपका अवचेतन मन कौन-कौन से काम करता है और कैसे करता है।

आपका अवचेतन मन

आपका अवचेतन मन स्मृतियों के विशाल बैंक जैसा है। इसकी क्षमता लगभग असीमित है। यह आपके साथ होने वाली हर घटना को स्थाई रूप से सँभालकर रखता है। इक्कीस साल की उम्र तक आपका अवचेतन मन पूरे *एनसाइक्लोपीडिया ब्रिटैनिका* से सौ गुनी ज़्यादा सामग्री स्थाई रूप से इकट्ठा कर चुका होता है। सम्मोहन के दौरान लोग पचास साल पहले हुई घटनाओं को भी अक्सर पूरी स्पष्टता से याद कर सकते हैं। आपकी अचेतन स्मृति लगभग आदर्श होती है। संदिग्ध तो आपकी चेतन स्मृति होती है।

आपके अवचेतन मन का काम *डाटा इकट्ठा करना और दोबारा निकालना* है। इसका काम यह तय करना है कि आप ठीक उसी तरह प्रतिक्रिया करें, जिस तरह आपकी प्रोग्रामिंग हुई है। आपका अवचेतन मन आपसे हर काम करवाता है और उसे आपकी आत्म-अवधारणा - आपके मास्टर प्रोग्राम - के साँचे में ढालता है।

आपका अवचेतन मन व्यक्तिपरक है। यह स्वतंत्र रूप से नहीं सोचता और तर्क भी नहीं करता। यह तो सिर्फ़ आपके चेतन मन से मिले आदेशों का पालन करता है। आपके चेतन मन को माली के रूप में माना जा सकता है, जो बीज बोता है। इसी तरह आपके अवचेतन मन को वह बगीचा या उपजाऊ मिट्टी माना जा सकता है, जिसमें बीज उगते और बड़े होते हैं।

आपका चेतन मन आदेश देता है और आपका अवचेतन मन उस *आदेश* का पालन करता है। आपका अवचेतन मन ऐसा सेवक है, जो बिना सवाल पूछे दिन-रात काम करता है, ताकि आपका व्यवहार आपके *भावनाबद्ध विचारों*, आशाओं और इच्छाओं के अनुरूप पैटर्न में फ़िट हो। आपका अवचेतन मन आपके जीवन के बगीचे में फूल या काँटे पैदा करता है, जो इस बात पर निर्भर करता है कि आपने किन मानसिक समतुल्यों (mental equivalents) के बीज बोए थे।

आपके अवचेतन मन के पास एक *होमियोस्टेटिक* आवेग होता है। यह आपके शरीर के तापमान को 98.6 डिग्री फ़ैरेनहाइट पर स्थिर रखता है, आपकी साँसों को नियमित रखता है और आपके हृदय को निश्चित दर से धड़काता है। ऑटोनॉमिक नर्वस सिस्टम द्वारा यह आपकी कई बिलियन कोशिकाओं में सैकड़ों रसायनों के बीच संतुलन क़ायम रखता है, ताकि आपके शरीर की पूरी मशीन ज़्यादातर समय पूरे सामंजस्य के साथ काम करती रहे।

अवचेतन मन आपके मानसिक क्षेत्र में भी होमियोस्टेसिस का अभ्यास करता है। यह आपके सोचने और काम करने के उस तरीक़े को क़ायम रखता है, जो अतीत की आपकी बातों और कामों के अनुरूप हो। आपके सोचने और काम करने की सभी आदतें अवचेतन मन में जमा होती हैं। इसे आपके सभी आरामदेह दायरे याद होते हैं और यह आपको उन्हीं में रोके रखने के लिए काम करता है। जब भी आप कोई नई या अलग चीज़ करने की कोशिश करते हैं या अपनी स्थापित आदतों को बदलने की कोशिश करते हैं, तो अवचेतन मन आपको भावनात्मक और शारीरिक रूप से असहज महसूस करा देता है।

आपका अवचेतन मन किसी गायरोस्कोप या होमिंग बीम की तरह काम करता है। यह पहले की हुई प्रोग्रामिंग के डाटा और निर्देशों के आधार पर आपको संतुलन के साथ मार्ग पर बनाए रखता है। जब भी आप कोई नई चीज़ करने की कोशिश करते हैं, तो महसूस होता है कि आपका अवचेतन आपको अपने आरामदेह दायरे की ओर खींच रहा है। आप जो करने के आदी हैं, उससे अलग कुछ करने के बारे में सोचने से भी आप तनावग्रस्त और परेशान महसूस करने लगेंगे।

किसी नई नौकरी के लिए आवेदन देना, कई साल बाद ड्राइविंग लाइसेंस के

लिए दोबारा टेस्ट देना, नए ग्राहकों के सामने सेल्स प्रस्तुति देना, कोई नया चुनौतीपूर्ण काम लेना या विपरीत लिंग के किसी सदस्य से मिलना और नर्वस या अजीब महसूस करना - ये सभी उदाहरण इस बात की निशानी हैं कि आप अपने आरामदेह दायरे से बाहर महसूस कर रहे हैं।

लीडर्स और बाक़ी लोगों के बीच एक बड़ा फ़र्क़ यह है कि श्रेष्ठ स्त्री-पुरुष हमेशा ख़ुद को अपनी सीमाओं से आगे खींचते हैं, अपने आरामदेह दायरों से ख़ुद को बाहर धकेलते हैं। वे इस बारे में बहुत जागरूक होते हैं कि किसी भी क्षेत्र में आरामदेह दायरा कितनी जल्दी दुष्चक्र में बदल सकता है। वे जानते हैं कि घमंड रचनात्मकता और भावी संभावनाओं का बहुत बड़ा दुश्मन है।

विकास करने और अपने आरामदेह दायरे से बाहर निकलने के लिए आपको शुरुआत में अजीब और असहज महसूस करने का इच्छुक रहना होगा। अगर यह काम करने लायक़ है, तो शुरुआत में बुरा लगने से न घबराएँ। कुछ समय बाद आपको इस नई चीज़ की आदत पड़ जाएगी और आप सक्षमता के एक नए और ज़्यादा ऊँचे स्तर पर एक नया आरामदेह दायरा बना लेंगे।

अगर आप सेल्स में, मैनेजमेंट में, खेलों में, व्यक्तिगत संबंधों में शुरुआत में फूहड़ और अक्षम महसूस करने के इच्छुक नहीं होंगे, तो आप उपलब्धि के निचले स्तर पर ही फँसे रहेंगे। आपका सबसे बड़ा संघर्ष लगभग हमेशा ख़ुद अपने साथ होता है। आपकी सबसे बड़ी चुनौती होती है : सोचने और काम करने के पुराने आदतन तरीक़ों से मुक्त होना।

अध्याय दो में मैंने सात मानसिक नियम बताए थे और स्पष्ट किया था कि आपके साथ होने वाली हर चीज़ आपके विचारों से शुरू होती है। अध्याय तीन में मैंने बताया था कि किस तरह आपका मास्टर प्रोग्राम यानी आपकी आत्म-अवधारणा तय करती है कि आप सोचते कैसे हैं, ख़ास तौर पर डर संबंधी विचार। आपके अवचेतन मन में एक हार्ड डिस्क होती है, जहाँ इन नियमों के निर्देश जमा होते हैं। इसके अलावा, तीन अन्य नियम हैं, जो यह स्पष्ट करते हैं कि आप वर्तमान में कैसे हैं और आपके साथ जिस तरह से चीज़ें होती हैं, वैसी क्यों होती हैं।

अवचेतन गतिविधि का नियम

अवचेतन गतिविधि का नियम (law of subconscious activity) यह बताता है कि जिस भी विचार को आप अपने चेतन मन में सच के रूप में स्वीकार करते हैं, उसे आपका अवचेतन मन भी बिना किसी सवाल के स्वीकार कर लेगा। आपका

अवचेतन मन तत्काल उसे हक़ीक़त में बदलने के लिए काम करने लगेगा।

आपका अवचेतन मन आकर्षण के नियम का स्थान है। यह मानसिक कंपनों और वैचारिक ऊर्जा का ब्रॉडकास्टिंग स्टेशन है। जब आप यक़ीन करने लगते हैं कि आपके लिए कोई चीज़ संभव है, तो आपका अवचेतन मन इसकी मानसिक ऊर्जा का प्रसारण करने लगता है और आप अपने नए प्रबल विचारों के अनुरूप लोगों तथा परिस्थितियों को आकर्षित करने लगते हैं।

आपका अवचेतन मन आपके परिवेश से मिलने वाली हर जानकारी का नियमन करता है, यानी आप जो भी देखते हैं, सुनते हैं और जिसके बारे में जागरूक होते हैं। यह आपको हर उस जानकारी के प्रति संवेदनशील बनाएगा, जो आपके हिसाब से महत्वपूर्ण है। और आप किसी चीज़ के बारे में जितने ज़्यादा भावनात्मक होंगे, आपका अवचेतन मन उतनी ही ज़्यादा तेज़ी से ऐसे तरीक़े सुझा देगा, जिनके माध्यम से आप उन चीज़ों को अपनी ज़िंदगी में साकार कर सकते हैं।

मसलन, अगर आप फ़ैसला करते हैं कि आप एक लाल रंग की स्पोर्ट्स कार ख़रीदना चाहते हैं, तो आपको अचानक हर मोड़ पर लाल स्पोर्ट्स कार दिखने लगेंगी। अगर आप विदेश घूमने की योजना बना रहे हैं, तो आप जहाँ भी जाएँगे, वहाँ आपको विदेशी पर्यटक स्थलों के पोस्टर, लेख और जानकारी दिखने लगेगी। आपका अवचेतन मन आपका ध्यान उन चीज़ों की ओर मोड़ देता है, जिनकी मदद से आप अपनी इच्छाओं को साकार कर सकते हैं।

जब आप किसी नए लक्ष्य के बारे में सोचना शुरू करते हैं, तो आपका अवचेतन मन इस नए विचार को आदेश के रूप में लेता है। यह आपके शब्दों और कार्यों को इस अनुरूप बनाता है, ताकि नया लक्ष्य हासिल हो जाए। आप सही समय पर सही काम करने लगते हैं और सही बात कहने लगते हैं। ज़ाहिर है, इससे आपको आगे बढ़ने में काफ़ी मदद मिलती है।

जैसे-जैसे आप अपनी आत्म-अवधारणा और संभावनाओं के बारे में अपने विश्वास को बदलते हैं, वैसे-वैसे आपका अवचेतन मन आपको ज़्यादा आरामदेह, ज़्यादा आत्मविश्वासी बना देता है। आपका नया और बेहतर व्यक्तित्व धीरे-धीरे उभरने लगता है। आप दरअसल व्यक्तिगत प्रदर्शन के बेहतर और ज़्यादा ऊँचे स्तर पर एक नया आरामदेह दायरा बनाते हैं।

एकाग्रता का नियम

एकाग्रता का नियम बताता है कि आप जिस भी चीज़ पर ध्यान केंद्रित करते हैं,

उसमें वृद्धि होती है। आप किसी चीज़ के बारे में जितना ज़्यादा सोचते हैं, वह उतनी ही ज़्यादा आपकी वास्तविकता का हिस्सा बन जाती है।

यह नियम ज़्यादातर सफलताओं और असफलताओं का कारण स्पष्ट करता है। एक तरह से यह कारण और परिणाम यानी बोने और काटने के नियम का ही विस्तृत रूप है। यह नियम बताता है कि आप एक ही विचार सोचकर अलग परिणाम नहीं पा सकते। आप बबूल बोकर आम की फसल नहीं उगा सकते। सफल, ख़ुश लोग वे होते हैं, जिन्होंने एक चीज़ पर एकाग्रता से ध्यान केंद्रित करने और सफलता पाने तक वहीं बने रहने की योग्यता विकसित कर ली है। वे ख़ुद को अपनी मनचाही चीज़ों के बारे में सोचने और बात करने के लिए अनुशासित करते हैं, और अपने दिमाग़ को अनचाही चीज़ों से दूर रखते हैं।

रैल्फ़ वॉल्डो इमर्सन ने लिखा था, "इंसान वही बन जाता है, जिसके बारे में वह ज़्यादातर समय सोचता है।" असरदार लोग अपने मस्तिष्क के दरवाज़े की मेहनत से रक्षा करते हैं। वे उस चीज़ पर केंद्रित रहते हैं, जो उनके लिए सचमुच महत्वपूर्ण है। वे भविष्य की अपनी इच्छाओं पर एकाग्र रहते हैं और डर व शंका को अंदर नहीं आने देते। परिणामस्वरूप वे बहुत कम समय में असाधारण परिणाम हासिल कर लेते हैं, जबकि उस दौरान बेचारा आम आदमी रोज़मर्रा की दिनचर्या में घिसटता रहता है।

जब मैं अपने व्यक्तिगत विकास के बारे में रोमांचित हुआ, तो पढ़ने से मेरा ध्यान उचट गया और मैं बहुत सारी चीज़ों से जुड़ने लगा। मैंने अपनी ऊर्जा को बहुत सारी जगहों में तितर-बितर कर दिया। मैंने अपने फ़ोकस को छितरा लिया। मैं व्यस्त, समर्पित और अति-सक्रिय था। मैं अपनी बहुत सारी संभावनाओं के बारे में सकारात्मक और रोमांचित था, लेकिन दूसरों के बारे में नकारात्मक और आलोचनात्मक था। मैं उस डगमगाती कार की तरह था, जो सड़क के एक सिरे से दूसरे सिरे तक लहराकर चलती है और अक्सर खाई में गिर जाती है।

मैंने अंततः सीखा कि "ज़्यादा ही कम है।" मैंने सीखा कि एकाग्रता का नियम बहुत शक्तिशाली है और मैं बहुत सारी चीज़ों पर एक साथ ध्यान केंद्रित करके किसी एक को बहुत अच्छी तरह नहीं कर सकता।

इसलिए मैंने कटौती की। मैंने सबसे महत्वपूर्ण एक-दो गतिविधियों के अलावा बाक़ी सारे काम छोड़ दिए। सबसे बड़ी बात, मैंने अपनी सोच को अनुशासित किया। मैंने ख़ुद को एकाग्रचित्त बनाया। ख़ुद को अपनी मनचाही चीज़ों के बारे में सोचने और बोलने के लिए समर्पित कर दिया।

यहाँ आपके लिए एक इम्तहान है : एक पूरे दिन यानी चौबीस घंटे तक देखें

कि क्या आप सिर्फ़ उन्हीं चीज़ों के बारे में सोच और बोल सकते हैं, जिन्हें आप चाहते हैं। अपनी बातचीत को हर तरह की नकारात्मकता, शंका, डर या आलोचना से मुक्त रखने का संकल्प करें। ख़ुद को अनुशासित करें कि आप अपने आस-पास के हर व्यक्ति और हर स्थिति के बारे में ख़ुशी और आशा से बोलेंगे।

यह आसान नहीं होगा। हो सकता है कि पहलेपहल यह आपके लिए संभव ही न हो। लेकिन इस अभ्यास से आपको पता चल जाएगा कि आप अपना कितना ज़्यादा समय और ऊर्जा उन चीज़ों के बारे में सोचने और बात करने में बर्बाद कर रहे हैं, जिन्हें आप सचमुच नहीं चाहते। अगर ये अभ्यास बार-बार दोहराया जाए, तो यह आपकी आँखें खोल देगा और आपको आगे आने वाले अध्यायों के विचारों से अधिकतम लाभ पाने के लिए तैयार करेगा।

विस्थापन का नियम

विस्थापन का नियम (law of substitution) बहुत महत्वपूर्ण है। यह नियंत्रण के नियम (law of control) का ही विस्तार है। यह बताता है कि आपका चेतन मन एक समय में सिर्फ़ एक विचार ही रख सकता है और आप एक को हटाकर उसकी जगह पर दूसरा विचार रख सकते हैं। यह "भीड़ कम करने" वाला सिद्धांत आपको अनुमति देता है कि आप सोच-समझकर किसी नकारात्मक विचार की जगह पर सकारात्मक विचार को रख लें। ऐसा करके आप अपने भावनात्मक जीवन का नियंत्रण अपने हाथ में ले लेते हैं। यह नियम आपकी ख़ुशी, सकारात्मक मानसिक नज़रिए और व्यक्तिगत स्वतंत्रता की कुंजी है। यह आपके संबंधों और चर्चाओं को बदल सकता है व आपके मस्तिष्क की प्रबल सामग्री को बदल सकता है। कई लोगों ने मुझे बताया है कि इस नियम ने उनकी ज़िंदगी बदल दी।

आपका चेतन मन कभी ख़ाली नहीं रहता। इसमें हमेशा कोई न कोई विचार चलता रहता है। विस्थापन के नियम का प्रयोग करके आप किसी भी कष्ट पहुँचाने वाले नकारात्मक या डरावने विचार को बाहर निकाल सकते हैं और उसकी जगह पर कोई सकारात्मक विचार को रख सकते हैं।

मानसिक नियंत्रण की इस सशक्त तकनीक से आप अपना दिमाग़ शांत रखते हैं। जब भी आपके सामने कोई विचलित करने वाली स्थिति आती है, तो आप किसी ऊपर उठाने वाली चीज़, जैसे अपने लक्ष्यों के बारे में सोचने का चुनाव करते हैं।

अपने मस्तिष्क को नकारात्मक से सकारात्मक में बदलने के लिए आप विस्थापन

के नियम का इस्तेमाल कर सकते हैं। इसका सबसे तेज़ तरीक़ा यह है कि आप समस्या के बारे में बोलना और सोचना बंद कर दें व समाधान के बारे में बोलना और सोचना शुरू कर दें। अतीत में क्या हुआ था, इसके बजाय अपने मस्तिष्क को इस बात पर केंद्रित करें कि भविष्य में क्या किया जा सकता है।

समाधान के बारे में सोचना अपने आप में एक सकारात्मक चीज़ है। जब आप अतीत की बुरी घटनाओं के बारे में सोचने के बजाय यह सोचते हैं कि आप क्या कर सकते हैं, कौन से काम कर सकते हैं, तो आपका मस्तिष्क एक ही पल में शांत और स्पष्ट हो जाता है। इस नियम का इस्तेमाल करने का एक और तरीक़ा किसी प्रियजन या सैर-सपाटे की अपनी अगली यात्रा के बारे में सोचना है। आपका उद्देश्य नकारात्मक विचारों की जगह सकारात्मक विचार रखकर मस्तिष्क को सकारात्मक बनाए रखने के तरीक़े खोजना है। और आप हमेशा अपने विचार चुनने के लिए स्वतंत्र हैं।

आप अपना आत्मसम्मान बढ़ाने और अपनी पूरी आत्म-अवधारणा को सुधारने के लिए सबसे सशक्त बात यह कह सकते हैं, "मैं ख़ुद को पसंद करता हूँ! मैं ख़ुद को पसंद करता हूँ! मैं ख़ुद को पसंद करता हूँ!"

जब भी चीज़ें गड़बड़ हों या आप किसी कारण से दुखी महसूस करें, तो आप नकारात्मक भावनाओं को इन शब्दों के ज़रिए बाहर निकाल दें, "मैं ख़ुद को पसंद करता हूँ।"

हर बार जब आप कहते हैं, "मैं ख़ुद को पसंद करता हूँ," और ख़ासकर जब आप इसे उत्साह और विश्वास से कहते हैं, तो आपका अवचेतन मन इसे एक आदेश के रूप में स्वीकार कर लेता है। इसके बाद अवचेतन मन आपके दिए हुए उन पुराने संदेशों को रद्द कर देता है, जो उच्च आत्मसम्मान और शिखर प्रदर्शन के अनुरूप नहीं हैं।

हमारे सेमिनार के कई प्रतिभागी अपने व्यक्तित्व का कायाकल्प कर चुके हैं। इसके लिए उन्होंने बस "मैं ख़ुद को पसंद करता हूँ!" वाक्य हर दिन पचास से सौ बार दोहराया था। जब भी आप इसे कहते हैं, आपको ख़ुद के बारे में अच्छा महसूस होगा और जब आप इसे बार-बार दोहराते हैं, तो आपको और बेहतर महसूस होगा।

अवचेतन गतिविधि बढ़ाना

अध्याय तीन में मास्टर प्रोग्राम के बारे में बात करते समय हमने आत्म-अवधारणा

को विकसित करने के कई तरीक़े बताए थे। हमने बताया था कि आप अपने व्यक्तिगत विकास का नियंत्रण अपने हाथ में कैसे ले सकते हैं। इसके लिए आपको अपने दिमाग़ को उन संदेशों और सामग्री से लबालब भरना है, जो आपके आदर्श व्यक्तित्व की तस्वीर के अनुरूप हों।

मानसिक तस्वीर बनाने, संकल्प करने, शब्दों में व्यक्त करने, भूमिका निभाने, सही लोगों के साथ रहने और अपने मस्तिष्क को उचित पुस्तकों, टेप्स और लेखों का आहार देने की ये विधियाँ आज़माई हुई हैं। ये आपके और आपकी संभावनाओं के बारे में आपकी सोच बदल देंगी। ये हमेशा और यक़ीनन काम करती हैं। ये आपके लिए साँस लेने और छोड़ने जितनी ही स्वाभाविक होनी चाहिए।

मानसिक प्रोग्रामिंग की ये तकनीकें कंप्यूटर को दिए जाने वाले आदेशों जैसी हैं। ये सीधी और प्रभावी हैं व इनसे आपको बाक़ी किसी भी तरीक़े से ज़्यादा तेज़ी से परिणाम मिलते हैं। ये आपके व्यक्तिगत और व्यावसायिक विकास के लिए अनिवार्य हैं।

लेकिन ये पर्याप्त नहीं हैं। ये "मूलभूत फ़ॉर्मूले" हैं। इनसे भी ज़्यादा तेज़ तरीक़े हैं। जिस तरह कंप्यूटर प्रोग्राम्स में "पॉवर कमांड्स" होती हैं, जो आउटपुट पैदा करने की प्रक्रिया की गति बढ़ा देती हैं, उसी तरह आप भी कुछ ख़ास तकनीकों का इस्तेमाल करके अवचेतन मन की दोबारा प्रोग्रामिंग की गति को बहुत ज़्यादा बढ़ा सकते हैं। ये तकनीकें आपकी आत्म-अवधारणा और मानसिक नज़रिए को इतनी तेज़ी से बदल देंगी कि आप हैरान रह जाएँगे। और चूँकि आपका बाहरी संसार आपके नए भीतरी संसार को बहुत जल्दी प्रतिबिंबित करता है, इसलिए आपको तत्काल अपनी बाहरी वास्तविकता में भी परिवर्तन दिखने लगेगा।

अतीत में इनमें से कई सिद्धांत और तकनीकें गोपनीय थीं और सिर्फ़ कुछ चुनिंदा लोगों को ही बताई जाती थीं। तीव्र रिप्रोग्रामिंग की इनमें से कुछ विधियाँ तो पिछले कुछ सालों में ही विकसित की गई हैं। इन सभी में एक चीज़ समान है। ये सभी कारगर और आज़माई हुई हैं। इन्होंने हर युग में असंख्य लोगों के लिए काम किया है और ये व्यक्तिगत कायाकल्प के द्वार के ताले की कुंजियाँ हैं।

इन तकनीकों का अधिकतम लाभ लेने के लिए आपमें व्यक्तिगत विकास की गहरी, ज्वलंत इच्छा होनी चाहिए। आपको इन पर और ख़ुद पर विश्वास होना चाहिए। आपको धैर्य और विश्वास से जुटे रहने की ज़रूरत है। आपको यह जानने की ज़रूरत है कि आपकी सभी कोशिशों का एक सकल परिणाम होता है और आप अंततः मनचाही दौलत और पुरस्कार हासिल कर लेंगे।

अवचेतन की खोज

व्यक्तिगत कायाकल्प के क्षेत्र में पहला विशाल क़दम 1895 में जेनेवा के डॉक्टर एमिल कूए ने रखा। उनके क्लीनिक में स्वास्थ्य लाभ की दर यूरोप के किसी भी अन्य अस्पताल या क्लीनिक की तुलना में पाँच गुना ज़्यादा तेज़ थी। उनकी तकनीक इतनी सरल थी कि काफ़ी समय तक न तो इस पर यक़ीन किया गया, न ही इसे स्वीकार किया गया। वे बस अपने हर मरीज़ को यह कहना सिखाते थे, "हर दिन हर तरीक़े से मैं बेहतर और बेहतर महसूस कर रहा हूँ।"

उनके क्लीनिक में डॉक्टर और नर्स यह कहकर हर मरीज़ का अभिवादन करते थे, "हर दिन और हर तरीक़े से आप बेहतर और बेहतर दिख रहे हैं।" हालाँकि यह बहुत सरल लगता है, लेकिन इसने चमत्कार कर दिया और छोटी-बड़ी सभी तरह की बीमारियों से ठीक होने की गति को चमत्कारिक बना दिया।

डॉ. कूए की सफलता को एक जर्मन डॉक्टर जोहान्स शुल्ज़ ने आगे बढ़ाया और तेज़ स्वास्थ्य लाभ के तरीक़े खोजे। डॉ. शुल्ज़ एक मनोवैज्ञानिक थे और वे ऐसे तरीक़ों की खोज कर रहे थे, जिनकी मदद से लोग ख़ुशी छीनने वाले डिप्रेशन, न्यूरॉसिस, तनाव और अन्य मानसिक स्थितियों से उबर जाएँ। उन्होंने खोजा कि व्यक्ति ख़ुद से बात करते समय जितनी शांति से यह कहता था, "हर दिन और हर तरीक़े से मैं बेहतर और बेहतर महसूस कर रहा हूँ," उतनी ही जल्दी वह स्वस्थ होता है।

डॉ. शुल्ज़ ने अंततः "ऑटोजेनिक कंडीशनिंग" की प्रक्रिया विकसित की। उन्होंने पाया कि अगर आप रोगी को शांत करने की एक क्रमबद्ध प्रक्रिया का इस्तेमाल करते हैं और फिर उसे प्रोत्साहित करते हैं कि वह सकारात्मक, सृजनात्मक संदेशों की मानसिक तस्वीर बनाए और उनका संकल्प करे, तो नई जानकारी सीधे अवचेतन मन तक पहुँच जाती है। और जब एक बार अवचेतन मन इसे स्वीकार कर लेता है, तो शारीरिक और मानसिक सेहत में तीव्र व उल्लेखनीय सुधार देखा जा सकता है।

ऑटोजेनिक कंडीशनिंग बरसों तक यूरोप में विकसित हुई और आज यह अधिकांश यूरोपीय देशों में बेहद लोकप्रिय है। आज यह इतने ऊँचे स्तर पर पहुँच गई है कि इसका इस्तेमाल कई चीज़ों को बेहतर बनाने के लिए किया जा रहा है, जिनमें सभी तरह के मानसिक रोगों के अलावा सेल्स प्रभावकारिता, सार्वजनिक संभाषण और खिलाड़ियों का प्रशिक्षण शामिल है।

पूर्वी जर्मनी में ऑटोजेनिक कंडीशनिंग को दुनिया के किसी अन्य देश से ज़्यादा

ऊँचे स्तर तक विकसित किया गया। उनकी तकनीकें इतनी उन्नत थीं कि उन्हें राष्ट्रीय रहस्यों की तरह गोपनीय रखा जाता था। इन तकनीकों का इस्तेमाल करके पूर्वी जर्मनी ने ऑलंपिक में दुनिया के किसी भी देश से ज़्यादा स्वर्ण पदक जीते (प्रति व्यक्ति)। ऑटोजेनिक कंडीशनिंग की मदद से उन्होंने अपने खिलाड़ियों की प्रोग्रामिंग करके उनसे असाधारण स्तरों पर प्रदर्शन करवाया।

ऑटोजेनिक कंडीशनिंग इतनी अच्छी तरह क्यों काम करती है ? इसका एक कारण यह है कि यह एक बेहद महत्वपूर्ण मानसिक नियम, शिथिलता के नियम (law of relaxation) का इस्तेमाल करती है। यह नियम बताता है कि "मस्तिष्क के हर काम में कोशिश की हार होती है।"

यह तरीक़ा भौतिक संसार में चीज़ों के काम करने से बिलकुल विपरीत है। अगर आप भौतिक जगत में पटिए में कील ठोंकना चाहते हैं, तो आप कील पर जितनी ज़्यादा ज़ोर से हथौड़ा मारेंगे, वह उतनी ही ज़्यादा तेज़ी से और गहराई तक पटिए में जाएगी।

बहरहाल, अगर आप विचार का नया पैटर्न विकसित करना चाहते हैं, तो इसका उल्टा सच होगा। आप जितने ज़्यादा शांत रहते हैं या "कोशिश नहीं करते हैं", उतनी ही ज़्यादा तेज़ी से आपका अवचेतन मन उस विचार को स्वीकार करता है और उसका भौतिक परिणाम उतनी ही तेज़ी से आपके संसार में प्रकट होता है।

यहाँ एक तकनीक का उदाहरण दिया जा रहा है, जिसका मेरे और कई अन्य लोगों के जीवन पर अविश्वसनीय प्रभाव पड़ा। यह तकनीक ऑटोजेनिक कंडीशनिंग और शिथिलता के सिद्धांतों पर आधारित है। यह इतनी सशक्त है कि इसे हर एक को सिखाया जाना चाहिए। यह लगभग अचूक है और आपको अपने लक्ष्य हासिल करने में समर्थ बनाती है। इसकी मदद से आप चिंता और डर को जीत लेंगे। यह आपको अपने भीतर शांति, आत्मविश्वास और आत्म-नियंत्रण की भावनाएँ पैदा करने में भी समर्थ बना देगी।

यह तकनीक उलटाव के नियम के एक और प्रयोग पर आधारित है। इस नियम का पहला प्रयोग याद करें। यह बताता है कि जिस तरह भावनाएँ कामों को पैदा करती हैं, उसी तरह काम भी भावनाओं को पैदा करते हैं। आप काम करके भावना जगा सकते हैं और फिर भावना इसके अनुरूप काम पैदा कर देगी। कोई भी एक चीज़ दूसरी को पैदा कर सकती है। यह आपके मास्टर माइंड तक पहुँचने और अपनी क्षमता का ताला खोलने का एक अनिवार्य पहलू है।

उलटाव के नियम का दूसरा प्रयोग यह है कि जिस तरह वस्तुपरक अवस्था (objective state) में किसी तरह की सफलता या उपलब्धि व्यक्तिपरक अवस्था

(subjective state) पैदा करती है, जैसे ख़ुशी और उपलब्धि की भावना, उसी तरह व्यक्तिपरक अवस्था भी वस्तुपरक अवस्था पैदा करती है।

इसे दूसरे तरीक़े से कहें, तो अगर आप उस भावना को पैदा कर सकें और क़ायम रख सकें, जो आप लक्ष्य हासिल करने या समस्या के सुलझने पर महसूस करेंगे, तो वह भावना आपके भौतिक जगत में अपने अनुरूप पैदा कर देगी - वह नतीजा, जो घटित होने पर उस भावना को पैदा करता।

फ़िल्म का अंत

यहाँ एक उदाहरण दिया जा रहा है। कल्पना करें कि आप एक रोमांचक एडवेंचर मूवी देखने के लिए किसी सिनेमा हॉल में जाते हैं। आप वहाँ जल्दी पहुँच जाते हैं, जबकि पुराना शो ख़त्म होने में अभी दस मिनट बाक़ी हैं। बहरहाल, लॉबी में बैठकर इंतज़ार करने के बजाय आप सिनेमा हॉल के अंदर घुस जाते हैं और आख़िरी दस मिनट की फ़िल्म देख लेते हैं।

आप देख लेते हैं कि किस तरह पूरा प्लॉट सुलझता है और हर प्रमुख पात्र का क्या अंजाम होता है। आप समस्याओं को सुलझते देखते हैं और यह भी कि फ़िल्म ख़त्म होते समय हर पात्र के साथ क्या होता है।

जब अगला शो शुरू होता है, तो आप पूरी फ़िल्म शुरू से देखते हैं। लेकिन अब आप प्लॉट के सस्पेंस और नाटक में शामिल हुए बिना निरपेक्षता और आराम से फ़िल्म देखते हैं। आप सिनेमेटोग्राफ़ी, संवाद, दृश्यों के जुड़ाव और प्लॉट के प्रकट होने व विकसित होने जैसी चीज़ों की तरफ़ ध्यान देने का समय निकालते हैं। आप शांत और आरामदेह रहते हैं। अगर आपने आख़िरी दस मिनट की फ़िल्म नहीं देखी होती, तो आप और भावुक रहते। लेकिन अब आप कम तनावपूर्ण और भावुक हैं। कारण ? आप पहले से ही जानते हैं कि फ़िल्म कैसे ख़त्म होगी।

प्रक्रिया की गति बढ़ा लें

यही वो तरीक़ा है, जिसका प्रयोग आप अपनी नई आत्म-अवधारणा और लक्ष्यों की प्रोग्रामिंग में करते हैं। आप इसे अपने अवचेतन मन के ज़्यादा गहरे स्तरों पर करते हैं, जहाँ वे "तालाबंद" हो जाते हैं और खुद शक्तिशाली बन जाते हैं। भावनात्मक घटक अनिवार्य है। आपके अवचेतन को सक्रिय करने और तीव्र परिवर्तन करने

के लिए शांत, आत्मविश्वासी, आशावादी, सकारात्मक भावना की ज़रूरत होती है, जिसके साथ शिथिलता जुड़ी हो। आप इस मानसिक अवस्था को स्वयं प्रेरित करते हैं और यह बहुत जल्दी, कई बार तो तत्काल ही, आपकी मनचाही चीज़ को आपके संसार में ले आती है।

यहाँ पाँच क़दमों की प्रक्रिया बताई जा रही है, जिसका इस्तेमाल आप इस विधि से मनचाहे मानसिक, भावनात्मक या शारीरिक परिणाम पाने के लिए कर सकते हैं।

पहला क़दम, अपने इच्छित परिणाम को शब्दों में बताएँ और उसका संकल्प करें। उदाहरण के लिए, अगर आप किसी व्यक्ति से संबंधित समस्या के साथ कुश्ती लड़ रहे हों, तो आप शांति और विश्वास से कह सकते हैं, "यह स्थिति इस तरह सुलझ रही है, जिससे हर संबंधित व्यक्ति का भला होता है।" आपका कथन इच्छित परिणाम या अंतिम अवस्था का स्पष्ट वर्णन होना चाहिए। विवरण में न उलझे रहें। प्रक्रिया के बारे में चिंता न करें।

दूसरा क़दम, आप उस स्थिति में जो परिणाम चाहते हैं, उसकी मानसिक तस्वीर बनाएँ और उसे स्पष्ट रूप में देखें। ख़ुद को और हर शामिल व्यक्ति को परिणाम के साथ ख़ुश देखें। इसमें कोशिश और एकाग्रता की ज़रूरत होगी।

तीसरा क़दम, अपने संकल्प और मानसिक तस्वीर को भावनात्मक बनाएँ। वह "भावना" पैदा करें, जो आप सुखद परिणाम पाने पर सचमुच महसूस करेंगे। कल्पना करें कि आप सफल हो चुके हैं और लक्ष्य हासिल हो चुका है।

चौथा क़दम प्रक्रिया का उत्प्रेरक है और यह है स्थिति को पूरी तरह मुक्त कर देना। इसे उस तरह छोड़ दें, जैसे आपके किसी विश्वसनीय व्यक्ति ने आपको ये आश्वासन दे दिया हो कि वह इसे सँभाल लेगा और आपको इसके बारे में दोबारा सोचने की ज़रूरत नहीं है।

पाँचवाँ क़दम है प्राप्ति यानी समाधान का आपके बाहरी जगत में प्रकट होना। आपकी इच्छा की प्राप्ति या प्रकटीकरण उसी अनुपात में होता है, जिस हद तक आप परिणाम की चिंता छोड़ चुके हैं और अपना मस्तिष्क दूसरी चीज़ों की तरफ़ मोड़ चुके हैं। "आपकी आस्था के अनुसार ही आपके लिए किया जाता है।"

एक बार फिर, उलटाव के नियम को सक्रिय बनाने वाले पाँच क़दमों पर ग़ौर करें। (1) शब्दों में कहना; इच्छित परिणाम को शब्दों में कहें। (2) मानसिक तस्वीर बनाना; परिणाम कैसा दिखेगा, इसकी एक स्पष्ट मानसिक तस्वीर बना लें; (3) भावनाकरण; ख़ुद में संतुष्टि की वह भावना उत्पन्न कर लें, जो स्थिति सुलझने पर मिलेगी; (4) चिंता छोड़कर अपने दिमाग़ को दूसरी चीज़ों की तरफ़ मोड़ना;

और आख़िरकार, (5) प्राप्ति; समाधान का प्रकट होना या आपके लक्ष्य का हासिल होना।

सब कुछ सही होगा, इस बात का चिंतामुक्त या आत्मविश्वास से पूर्ण अपेक्षा का नज़रिया उच्चतर चेतना का अनुभव है। धार्मिक लोग अक्सर इसे प्रार्थना कहते हैं। प्रार्थना को संकल्प का सर्वोच्च रूप माना जाता है। रैल्फ़ वाल्डो ट्राइन कहते हैं कि प्रार्थना में चेतना "असीमित के संपर्क" में आ जाती है। इससे कोई फ़र्क़ नहीं पड़ता कि आप इसे क्या कहते हैं। फ़र्क़ तो इस बात से पड़ता है कि यह अविश्वसनीय विश्वसनीयता से काम करती है। इसका कारण यह है कि यह आपके अतिचेतन मस्तिष्क (superconscious mind) को सक्रिय कर देती है, जिसका वर्णन हमने अध्याय छह में विस्तार से किया है।

परिवर्तन की प्रक्रिया को तेज़ करना

भीतरी परिवर्तन और बाहरी प्रकटीकरण की प्रक्रिया को तेज़ करने और अपने मास्टर माइंड को सक्रिय करने के लिए आप कई अन्य मानसिक तकनीकों का भी इस्तेमाल कर सकते हैं। इनमें से हर तकनीक अध्याय तीन में बताई गई मानसिक प्रोग्रामिंग तकनीकों का मिश्रण है, जिनके द्वारा आप अपनी आत्म-अवधारणा बदलते हैं।

इनमें से हर तकनीक बहुत असरदार है और जब आप इनका अकेले या एक साथ नियमित रूप से इस्तेमाल करते हैं, तो ये आपके जीवन का और आपका कायाकल्प कर सकती हैं।

लिखित संकल्प तकनीक

तीव्र परिवर्तन की पहली तकनीक है, "लिखित संकल्प तकनीक।" इस तकनीक का इस्तेमाल करने के लिए आप एक काग़ज़ या नोटबुक लेकर बैठ जाएँ। हो सके तो यह काम सुबह-सुबह करें। वर्तमान काल (present tense) में अपने प्रमुख निश्चित लक्ष्य या उद्देश्य का स्पष्ट वर्णन लिखें, ठीक वैसा ही जैसा आप उसे हक़ीक़त में देखना चाहते हों। आप इस वर्णन को जितना लंबा या छोटा रखना चाहें, रख सकते हैं। यह संक्षिप्त भी हो सकता है और विस्तृत भी। आप वर्तमान काल में यह विस्तृत विवरण लिख सकते हैं कि आप दिन की घटनाओं को किस तरह सुलझते देखना चाहते हैं या आप यह वर्णन कर सकते हैं कि आप अपने

व्यक्तित्व के नए गुणों में कैसा महसूस करते हैं या कैसे दिखते हैं।

अपने लक्ष्य लिखने के बाद अपना पेन नीचे रख दें, अपनी आँखें बंद कर लें, गहरी साँस लें और अपने लक्ष्य की मानसिक तस्वीर इस तरह बनाएँ, जैसे यह हासिल हो चुका हो या दिन की घटनाओं के संतुष्टि से सुलझने की मानसिक तस्वीर देखें। मानसिक तस्वीर देखते वक़्त वह भावना पैदा करें, जो सफलता के बाद मिलती है। लक्ष्यों की उपलब्धि पर मिलने वाली ख़ुशी का मुस्कुराते हुए आनंद लें। फिर इसे पूरी तरह मुक्त कर दें, छोड़ दें, अपनी आँखें खोल लें और अपना दिन शुरू करें।

लिखना अवचेतन मन पर अपने लक्ष्यों की छाप छोड़ने का एक सशक्त तरीक़ा है। कई लोगों ने इस तकनीक का इस्तेमाल सीखने के बाद अविश्वसनीय परिणाम हासिल किए हैं। उन्होंने पहली जनवरी को सालभर के लक्ष्यों की सूची बनाई और साल के अंत में जब उन्होंने वो सूची पढ़ी, तो वे यह देखकर दंग रह गए कि उनमें से ज़्यादातर लक्ष्य हासिल हो चुके थे।

आप अपने लक्ष्यों को जितनी ज़्यादा बार लिखते हैं, वे उतनी ही ज़्यादा तेज़ी से हासिल होते हैं। एक स्पाइरल नोटबुक लें और उसमें हर दिन अपने लक्ष्य लिखें। इसमें सिर्फ़ कुछ मिनट का समय लगता है, लेकिन इससे आपकी प्रोग्रामिंग कई घंटे आगे तक की हो जाती है। अपने लक्ष्यों को बार-बार लिखने से आपको पहले से ज़्यादा विश्वास होने लगता है कि उन्हें हासिल किया जा सकता है। जब आपका विश्वास गहरा होता है और आत्मविश्वास बढ़ता है, तो आप अपने लक्ष्यों को साकार करने के अवसरों के बारे में ज़्यादा सतर्क और जागरूक हो जाते हैं। आप आकर्षण और अनुरूपता के नियमों को सक्रिय कर देते हैं और इसके बाद लक्ष्य आपके जीवन में साकार होने लगते हैं। हमारे सेमिनार के कई प्रतिभागियों को यह देखकर बहुत हैरानी हुई कि इस तकनीक पर अमल करने के बाद उनकी ज़िंदगी कितनी तेज़ी से बेहतर बन गई।

मानक संकल्प तकनीक

आप जिस दूसरी मानसिक प्रोग्रामिंग तकनीक का इस्तेमाल कर सकते हैं, वह है "मानक संकल्प तकनीक" (standard affirmation technique)। इसमें आप अपने लक्ष्यों को तीन से पाँच इंच के इंडेक्स कार्ड पर बड़े-बड़े अक्षरों में लिख लेते हैं। आप जिन चीज़ों को चाहते हैं, उन्हें संकल्प के रूप में लिखते हैं, वर्तमान काल में लिखते हैं और स्पष्ट शब्दों में लिखते हैं।

इस विधि से सबसे ज़्यादा फ़ायदा पाने के लिए आपको इसका इस्तेमाल दिन में दो बार करना चाहिए : सुबह और रात। कोई ऐसी जगह खोजें, जहाँ आप कुछ मिनटों के लिए अकेले और शांत रह सकें। शरीर को शिथिल करने और मस्तिष्क को तैयार करने के लिए गहरी साँसें लें और धीरे-धीरे छोड़ें। अपने कार्ड गोद में रखकर आराम से बैठ जाएँ। फिर अपना पहला लक्ष्य पढ़ें। आँखें बंद करके इसे पाँच बार दोहराएँ। लक्ष्य की मानसिक तस्वीर इस तरह देखें, जैसे वह पहले ही हासिल हो चुका हो। कल्पना करें कि अगर वह लक्ष्य इस समय हासिल हो चुका होता, तो आप कैसे चलते, बात करते और काम करते। लक्ष्य की अपनी इस तस्वीर में भावना भरें और ख़ुशी या सुख की वह भावना पैदा करें, जो आपको इच्छा पूरी होने पर मिलेगी।

फिर एक और गहरी साँस लेकर छोड़ें और लक्ष्य को आत्मविश्वास से मुक्त करें। अपने हर लक्ष्य के साथ ऐसा ही करें। आपका अवचेतन मन इस तरीक़े से एक बार में दस-पंद्रह लक्ष्यों पर सफलतापूर्वक काम कर सकता है। (आप अध्याय पाँच *विजयी योग्यता* में लक्ष्यों को तय करने के एक ज़्यादा उन्नत तंत्र के बारे में सीखेंगे।)

इस पूरे अभ्यास में हर लक्ष्य पर सिर्फ़ तीस से साठ सेकंड का समय लगता है, यानी पंद्रह लक्ष्यों के लिए अधिकतम पंद्रह मिनट। सुबह बाहर निकलने से पहले यह काम करके आप अपने अवचेतन मन को प्रबल संकेत भेजते हैं। परिणामस्वरूप आपका अवचेतन मन आकर्षण का नियम सक्रिय कर देता है और दिनभर के लिए आपकी जागरूकता बढ़ा देता है, जिससे आप अपने आस-पास हो रही घटनाओं को देखकर एक या अधिक लक्ष्य पूरे करने के अवसर ताड़ लें। इसी तरह से रात को सोने से ठीक पहले अपने लक्ष्यों की समीक्षा करें। इस रात्रिकालीन अभ्यास से आप अपने अवचेतन मन को रात में लक्ष्यों पर काम करने का निर्देश देते हैं। अक्सर सुबह जागने पर आपका अवचेतन मन आपको सही विचार और समाधान सुझा देगा।

फटाफट संकल्प तकनीक

तीसरी तीव्र विधि को "फटाफट संकल्प तकनीक" (quick affirmation technique) कहा जाता है। आप इस तकनीक का इस्तेमाल किसी महत्वपूर्ण घटना के पहले कर सकते हैं, जैसे सेल्स कॉल या बॉस के साथ मीटिंग। मानसिक प्रोग्रामिंग की इस विधि का इस्तेमाल प्रोफ़ेशनल वक्ता, अभिनेता, कलाकार और शीर्षस्थ बिज़नेसमैन करते हैं। इससे वे आने वाली महत्वपूर्ण घटनाओं के लिए ख़ुद को

तैयार कर लेते हैं, जब उनके सर्वश्रेष्ठ रूप में रहना उनके लिए महत्वपूर्ण होता है।

फटाफट संकल्प तकनीक में मानसिक तैयारी के पहले बताए गए क़दमों की टेलीस्कोपिंग शामिल है। यह एक तरह से मानसिक वार्मअप है। आप इसे तीस सेकंड से भी कम समय में कर सकते हैं। आप अपनी कार, लिफ़्ट या वॉशरूम में भी इस तकनीक का प्रयोग कर सकते हैं।

इस तकनीक का इस्तेमाल काफ़ी आसान है। आप अकेले होते हैं, अपनी आँखें बंद करते हैं, आदर्श परिणाम का संकल्प करते हैं, उसकी मानसिक तस्वीर देखते हैं, उसमें भावना भरते हैं और फिर उसे मुक्त कर देते हैं। देखें और महसूस करें कि वह घटना सफलता से हो गई है। फिर उस मीटिंग (या जो भी चीज़ हो) में शांति और आत्मविश्वास से जाएँ।

अगर आपको कुछ दिनों में कोई महत्वपूर्ण प्रस्तुति देनी हो या इंटरव्यू में जाना हो, तो उस बारे में सोचते समय आपको हर बार इस तकनीक का इस्तेमाल करना चाहिए। घबराहट और तनाव के साथ इसे देखने के बजाय विस्थापन के नियम और फटाफट संकल्प तकनीक का इस्तेमाल करें। जैसे-जैसे आप घटना वाले दिन और घंटे के ज़्यादा क़रीब पहुँचते हैं, आपको अपना आत्मविश्वास बढ़ता महसूस होगा। जब तक वास्तविक घटना का समय आएगा, आप सर्वश्रेष्ठ प्रदर्शन के लिए मानसिक रूप से तैयार हो चुके होंगे।

ऑटोजेनिक कंडीशनिंग विधि

चौथी तीव्र करने वाली तकनीक है "ऑटोजेनिक कंडीशनिंग" की पूरी प्रक्रिया, जिसका वर्णन हम पहले ही कर चुके हैं। यह ज़्यादा बड़ा अभ्यास है, जिसमें आप संकल्प लेने, मानसिक तस्वीर देखने, भावना भरने और तस्वीर को मुक्त करने से पहले अपने पूरे शरीर को क्रमशः शिथिल करते हैं।

ऑटोजेनिक कंडीशनिंग से सबसे ज़्यादा लाभ तब मिलता है, जब आप आरामदेह स्थिति में यानी आरामदेह कुर्सी पर बैठे हों या बिस्तर पर लेटे हों। आप अपनी आँखें बंद करते हैं, गहरी साँस लेते हैं और अपने शरीर के छह हिस्सों से बातचीत करते हैं - आपका बायाँ हाथ, आपका दायाँ हाथ, आपका बायाँ पैर, आपका दायाँ पैर, आपका सीना और आपका सिर।

शिथिलता लाने के लिए ये शब्द सबसे अच्छी तरह काम करते हैं। इन शब्दों को छह बार दोहराएँ और हर बार दोहराते समय साँस लें, "मेरा बायाँ हाथ भारी

और गर्म *हो रहा* है।" फिर छह बार दोहराएँ, "मेरा बायाँ हाथ *अब* भारी और गर्म है।" आख़िर में छह बार कहें, "मेरा बायाँ हाथ पूरी तरह भारी और गर्म है।"

हर बार साँस लेते और छोड़ते समय आप एक आदेश बोलते हैं। इस प्रक्रिया को अपने शरीर के अन्य पाँच हिस्सों पर भी दोहराएँ, बाएँ हाथ से दाएँ हाथ पर जाएँ, फिर बाएँ पैर से दाएँ पैर पर, फिर सीने की तरफ़ और अंत में सिर और गर्दन की तरफ़।

इसके ज़रिए दस मिनट से भी कम समय में आप अपने पूरे शरीर को गहरी शिथिल अवस्था में ले आते हैं। आपका मस्तिष्क अल्फ़ा अवस्था में आ जाता है और आप गहरी प्रोग्रामिंग के लिए तैयार हो जाते हैं।

इस तकनीक को आत्म-सम्मोहन या आत्मसुझाव भी कहा जाता है और यह दो क्षेत्रों में बहुत प्रभावी है। पहला, आप इसका इस्तेमाल अपने संबंधों, कार्यस्थल, वित्तीय जीवन, सेहत और अन्य गतिविधियों में डरों से उबरने और आत्मविश्वास बढ़ाने के लिए कर सकते हैं। इससे कई अन्य समस्याएँ भी सुलझ सकती हैं, जैसे सेल्समैनों में कॉल पर जाने की अनिच्छा, सार्वजनिक भाषण देने का डर और दैनिक जीवन की किसी भी चुनौती से निबटने में घबराहट। दूसरी बात, आप इसका प्रयोग कई क्षेत्रों में, मोटर स्किल्स और खेल क्षमता को बढ़ाने के लिए भी कर सकते हैं, जैसे टेनिस, गोल्फ़, स्कीइंग, हॉकी, फ़िगर स्केटिंग, फ़ुटबॉल, बास्केटबॉल।

यह मानसिक रिहर्सल का ही एक रूप है। आप अपनी कल्पना में बार-बार गतिविधियों का अभ्यास करते हैं। आप हर बार आदर्श प्रदर्शन की *मानसिक तस्वीर* देखते हैं। इस तरह आप अपने अवचेतन मन पर उत्कृष्टता की छवि की प्रोग्रामिंग कर लेते हैं।

आपका अवचेतन मन असली अनुभव और स्पष्ट काल्पनिक अनुभव में फ़र्क़ नहीं कर सकता, ख़ासकर शिथिल अवस्था में किए गए स्पष्ट काल्पनिक अनुभव में। आपका अवचेतन मन सिर्फ़ मानसिक तस्वीर को भावी कर्म के मार्गदर्शन के आदेश के रूप में स्वीकार करता है। अगली बार जब आप सचमुच वह काम करेंगे, तो ज़्यादा आरामदेह और आत्मविश्वासी होंगे। आप पहले से कहीं बेहतर होंगे।

ओलंपिक में स्वर्ण पदक जीतने वाले अधिकांश खिलाड़ी इसी या इससे मिलती-जुलती तकनीक का प्रयोग करते हैं। सफल बिज़नेसमैन इसका इस्तेमाल किसी मीटिंग, सौदेबाज़ी या मुलाक़ात में मनोवैज्ञानिक लाभ पाने के लिए करते हैं। और आप इसका जितना ज़्यादा अभ्यास करते हैं, यह उतने ही बेहतर तरीक़े से काम करती है।

हेटरोजेनिक कंडीशनिंग

तीव्र मानसिक कायाकल्प की पाँचवीं तकनीक को "हेटरोजेनिक कंडीशनिंग" कहा जाता है। यह आपके बजाय किसी दूसरे द्वारा की गई कंडीशनिंग या प्रोग्रामिंग है।

आपकी आत्म-अवधारणा काफ़ी हद तक सुझाव के दो मूल रूपों का परिणाम है : *आत्म-सुझाव*, आपकी ख़ुद से कही गई वे चीज़ें, जिन पर आपने यक़ीन कर लिया है; और *बाहरी-सुझाव*, दूसरों द्वारा आपसे कही गई वे चीज़ें, जिन पर आप यक़ीन कर चुके हैं। आप आज जिस चीज़ को भी अपने बारे में सच मानते हैं, वह हर चीज़ इनमें से किसी न किसी प्रभाव का परिणाम है, ख़ास तौर पर बाहरी-सुझाव का।

बाहरी-सुझावों की कंडीशनिंग के कुछ उदाहरणों के बारे में आप पहले ही जान चुके हैं। ये वे चीज़ें हैं, जो माता-पिता, रिश्तेदारों, टीचर्स और कई अन्य सम्मानित लोगों ने आपके बारे में आपको बताई हैं। बाहरी-सुझाव के अन्य उदाहरण वे लेक्चर्स या ऑडियोकैसेट प्रोग्राम्स हैं, जिनमें वक्ता हर सलाह देते समय "आप" शब्द का प्रयोग करता है।

जब भी आप किसी संदेश के साथ "आप" शब्द जुड़ा सुनते हैं, तो यह आपके अवचेतन मन को प्रभावित करता है। इसीलिए आपको कभी भी किसी को ऐसी कोई बात कहने की इजाज़त नहीं देनी चाहिए, जिसे आप सचमुच न देखना चाहते हों। आप एक बहुत ही सशक्त सिद्धांत के साथ काम कर रहे हैं और आपको इसका इस्तेमाल सकारात्मक और सृजनात्मक तरीक़े से करना चाहिए।

लोज़ानोव प्रयोग

1950 और 1960 के दशक में बुल्गारिया के मनोवैज्ञानिक लोज़ानोव ने लोगों के सीखने और स्थाई जानकारी दर्ज करने की प्रक्रिया पर गहन शोध किया। वे दुनियाभर से मिलने वाले "उच्च-पांडित्य" (super learning) के उदाहरणों से हैरान थे, जैसे मुस्लिम विद्यार्थी किसी भी मुस्लिम विश्वविद्यालय में दाख़िल होने से पहले पूरा कुरान कंठस्थ कर लेते हैं और उसे दोहरा सकते हैं। यह बड़ी आश्चर्यजनक बात है, क्योंकि कुरान न्यू टेस्टामेंट के आकार का ग्रंथ है।

लोज़ानोव ने पाया कि भारत के कई धर्मों में लिखित धर्मग्रंथ या सामग्री नहीं है। इन धर्मों के गुरु और अनुयायी अपना ज्ञान एक पीढ़ी से दूसरी पीढ़ी तक *मौखिक* रूप से पहुँचाते हैं। वे ऐसे लोगों से मिले, जो बिना काग़ज़ देखे घंटों तक धार्मिक

उपदेशों को दोहरा सकते थे।

जब लोज़ानोव का शोध आगे बढ़ा, तो उनकी दिलचस्पी इस विचार में हुई कि हममें से हर किसी के पास दरअसल *दो* मस्तिष्क होते हैं, एक दायाँ और एक बायाँ गोलार्ध (hemisphere) और वे दोनों अलग-अलग काम करते हैं।

उदाहरण के लिए दायाँ मस्तिष्क तार्किक, रेखीय, व्यावहारिक मस्तिष्क है। यह तर्कशक्ति, विश्लेषण और गणना के लिए उत्तरदायी है। यह मस्तिष्क का गणितीय, शाब्दिक, क्रमिक, व्यावहारिक और संदेहवादी हिस्सा है। यह भाषा और तथ्यों की प्रोसेसिंग के लिए ज़िम्मेदार है। यह स्पष्ट और सीधा है। यह "कोई बकवास नहीं" या मस्तिष्क का इंजीनियरिंग पहलू है।

मस्तिष्क का दायाँ गोलार्ध बहुत अलग है। यह तस्वीरों और कहानियों के संदर्भ में सोचता है। यह संपूर्णतावादी है और किसी विचार या स्थिति के सभी पहलुओं से एक साथ संबंध रखता है। दायाँ गोलार्ध अतींद्रिय, संगीतमय और रचनात्मक है। यह मस्तिष्क का कलात्मक, अमूर्त और कल्पनाशील हिस्सा है।

बायाँ मस्तिष्क गहन, तार्किक जानकारी से प्रेरित होता है। दायाँ मस्तिष्क शिथिल अवस्था में जानकारी को सबसे अच्छी तरह प्रोसेस करता है। लोज़ानोव ने पाया कि जब दोनों मस्तिष्क सामंजस्य में काम करते थे, तो सीखने की गति तेज़ हो जाती थी।

लोज़ानोव ने ब्रेनवेव गतिविधि के विविध स्तरों *बीटा, अल्फ़ा,* थीटा और डेल्टा - पर अग्रणी शोध किया। उन्होंने पाया कि हमारी सामान्य जाग्रत अवस्था यानी बीटा में मस्तिष्क चौदह वेव्ज़ प्रति सेकंड या इससे भी ज़्यादा तेज़ गति से काम करता है। अल्फ़ा या शिथिल या साधना की अवस्था बीटा के ठीक नीचे थी, जिसमें मस्तिष्क आठ से तेरह वेव्ज़ प्रति सेकंड की गति से काम करता है। यह सीखने के लिए आदर्श ब्रेन वेव स्तर है।

मस्तिष्क की वेव गतिविधि का तीसरा स्तर है थीटा यानी पाँच से सात वेव प्रति सेकंड और चौथा है डेल्टा यानी गहरी नींद की अवस्था, जहाँ ब्रेन वेव्ज़ धीमी होकर आधी से चार वेव्ज़ प्रति सेकंड रह जाती हैं।

लोज़ानोव की दिलचस्पी मस्तिष्क द्वारा नई जानकारी ग्रहण करने और उसका संग्रह करने की गति बढ़ाने में थी। उन्होंने अपनी सारी खोजों को मिलाकर एक ऐसी तकनीक ईजाद की, जिससे किसी भी तरह की जानकारी सीखी और संगृहीत की जा सकती थी। इसे आज "तीवग्रामी सीखना" (accelerated learning) कहा जाता है।

लोज़ानोव ने पाया कि अगर आप किसी व्यक्ति को शिथिलता की गहरी अवस्था

यानी अल्फ़ा में रखकर नई जानकारी देते हैं और पृष्ठभूमि में धीमा शास्त्रीय संगीत बज रहा हो, तो दाएँ व बाएँ मस्तिष्क सामंजस्य में आ जाएँगे और सीखने की गति तेज़ हो जाएगी।

उन्होंने अपने प्रयोगों के दौरान वयस्कों को क्लासों में गहरी शिथिलता में बैठाया, जिनकी आँखें बंद थीं और कमरे में मंद-मंद संगीत बज रहा था। इसके बाद प्रशिक्षक ने विदेशी भाषा में शब्दों की सूचियाँ पढ़ीं और उन्हें अलग-अलग तरीक़ों से दोहराया।

फिर विद्यार्थियों को जाग्रत अवस्था में लाकर उनकी स्मृति की जाँच की गई। इस विधि से विद्यार्थियों ने उल्लेखनीय दर से सीखा। उन्हें सीखी हुई 98 प्रतिशत बातें याद थीं।

1969 में लोज़ानोव तीन घंटे के सत्र में विद्यार्थियों को 150 नए शब्द सिखाने में समर्थ हो गए, जो पारंपरिक भाषा विद्यालय में सीखने की गति से तीन से पाँच गुना ज़्यादा था। बाद में उन्होंने सीखने की दर बढ़ाकर एक दिन में 500 शब्द कर ली और फिर एक दिन में 1,000 शब्द। तकनीक वही थी। बस उन्होंने शिथिलता, संगीत और दोहराव के अधिक उन्नत सम्मिश्रणों का प्रयोग किया था।

1974 में विद्यार्थियों की एक ख़ास कक्षा में लोज़ानोव ने सीखने की गति बहुत ज़्यादा बढ़ा ली। इस कक्षा के विद्यार्थियों ने एक दिन में विदेशी भाषा के 1,800 नए शब्द सीखे। अब भी उनकी ग्रहण शक्ति 98 प्रतिशत ही रही।

1979 में लोज़ानोव एक विशेष कक्षा को 3,000 नए शब्द सिखाने में समर्थ हो गए, वह भी सिर्फ़ एक ही दिन में। इतने शब्दों में तो किसी विदेशी भाषा को धाराप्रवाह बोला जा सकता है। छह महीने बाद भी विद्यार्थियों को सीखी हुई 60 प्रतिशत बातें याद थीं, जबकि अमेरिकी यूनिवर्सिटी में याददाश्त की औसत दर सिर्फ़ 10 प्रतिशत है। लोज़ानोव के काम से साबित हुआ कि तीव्र गति से सीखना संभव है - न सिर्फ़ तथ्यों और जानकारी के लिए, बल्कि नए व्यवहारों एवं नई मानसिक आदतों के लिए भी।

टेप के संगीतमय संकल्प

लोज़ानोव की खोज के साथ संकल्पों, संगीत और शिथिलता का मिश्रण करके आप अपने लक्ष्य हासिल करने और व्यक्तित्व के मनचाहे गुण विकसित करने की गति बहुत ज़्यादा बढ़ा सकते हैं। इस तरह की हेटरोजेनिक कंडीशनिंग में *टेप किए गए संगीतमय संकल्पों* का प्रयोग किया जाता है।

आप इस ख़ास विधि का प्रयोग दो तरीक़ों से कर सकते हैं। पहला तरीक़ा है सबलिमिनल (अवचेतन) टेप्स सुनना, जिसकी मैं सलाह नहीं देता हूँ। आपको पता ही *नहीं* चलता कि टेप में क्या संदेश है। बाज़ार में बिकने वाले कुछ महँगे सबलिमिनल टेप्स की जाँच में उनमें कोई भी संदेश नहीं पाया गया।

टेप के संगीतमय संकल्पों की दूसरी विधि को "क्रमशः शिथिलीकरण" कहा जाता है। इस विधि में धीमे शास्त्रीय संगीत की पृष्ठभूमि में एक स्पष्ट आवाज़ आपको गहरी शिथिल अवस्था में लाती है। शब्दों और संगीत का मिश्रण आपके दाएँ मस्तिष्क को सक्रिय कर देता है और आपको अल्फ़ा अवस्था में पहुँचा देता है। जब आप शिथिल जागरूकता की इस अवस्था में होते हैं, तो संगीत के साथ जुड़े सकारात्मक संदेश आपके आलोचनात्मक, चेतन मस्तिष्क के पार निकलकर सीधे आपके अवचेतन मन तक पहुँच जाते हैं, जहाँ वे व्यक्तित्व में तीव्र परिवर्तन कर देते हैं।

संगीतमय संकल्प वाले टेप सुनने की नीति स्वस्थ है और ताज़गी देने वाली भी। सकारात्मक संदेशों की शृंखला के अंत में टेप की आवाज़ आपको पूर्ण जाग्रत अवस्था में ले आती है। जब आप अपनी आँखें खोलते हैं, तो तरोताज़ा और ख़ुश महसूस करते हैं।

टेप वाले संकल्प प्रयासहीन और आसान हैं। इस संकल्प प्रक्रिया में सिर्फ़ बीस मिनट का समय लगता है। यह सक्रिय साधना है। अगर आप दिन में दो बार यानी सुबह-शाम इसका अभ्यास करते हैं, तो आप ज़्यादा सकारात्मक, ज़्यादा शांत, ज़्यादा रचनात्मक होंगे और आपका अपनी भावनाओं पर बेहतर नियंत्रण होगा। आपकी कई छुटपुट बीमारियाँ ख़त्म हो जाएँगी। मुझे ऐसे मामलों की जानकारी भी है, जिनमें इस तकनीक के इस्तेमाल से कई लोगों की बड़ी बीमारियाँ भी ग़ायब हो गईं।

आप संकल्प वाले टेप ख़ुद बना सकते हैं और उनमें अपने लक्ष्य भर सकते हैं। एक टेप में आप अपने संकल्प को रिकॉर्ड कर लें, जबकि पृष्ठभूमि में दूसरे टेप में शांत करने वाला संगीत बज रहा हो। इसमें कोई ग़लती होना बहुत मुश्किल है और घर पर बना कैसेट भी आपके लक्ष्यों को हासिल करने की प्रोग्रामिंग में बहुत असरदार साबित हो सकता है।

विभिन्न विधियों को मिलाना

कई बार लोग मुझसे पूछते हैं कि उन्हें इनमें से किन विधियों का इस्तेमाल करना

चाहिए। मेरा जवाब है कि आपको जितनी विधियाँ उस वक़्त सबसे आरामदेह लगें, उनका इस्तेमाल करें। आदर्श स्थिति में तो आपका पूरा दिन लगातार संकल्प से भरा होना चाहिए। आपको ख़ुश और सकारात्मक अंदाज़ में चलना, बोलना और व्यवहार करना चाहिए। आपको मानसिक तस्वीर देखनी चाहिए और अपने हर काम के बारे में उत्साह महसूस करना चाहिए।

जब आपकी मानसिक फ़िल्में भावनाओं के साथ जुड़ जाती हैं, तो वे आपके जीवन के आगामी आकर्षणों का प्रिव्यू बन जाती हैं। आपका इकलौता सबसे बड़ा काम है आत्म-नियंत्रण, आत्म-विजय और आत्म-अनुशासन रखना, ताकि आप अपने शब्दों, विचारों और तस्वीरों से अनचाही चीज़ों को दूर रखें और सिर्फ़ मनचाही चीज़ों पर केंद्रित रहें। इसके साथ विश्वास से भरी अपेक्षाएँ भी शामिल कर लेंगे, तो आप सकारात्मक मानसिक नज़रिए, सुखी और संतुष्टिदायक जीवन की राह पर पहुँच जाएँगे।

इन तकनीकों का इस्तेमाल करना

अपने जीवन की किसी ऐसी विशिष्ट स्थिति, आने वाली घटना या चीज़ को लें, जो आपको चिंतित कर रही हो और तनाव पैदा कर रही हो। हर बार जब आप उस स्थिति के बारे में सोचें, फटाफट संकल्प तकनीक पर अमल करें और उसे मुक्त कर दें। ऐसा तब तक करते रहें, जब तक कि घटना सफलतापूर्वक पूरी न हो जाए या स्थिति संतोषजनक ढंग से सुलझ न जाए।

इसके बाद तीन बाई पाँच इंच के इंडेक्स कार्ड का पैकेट ख़रीद लाएँ। ऐसे पैकेट उपलब्ध हैं, जिनमें स्पाइरल बाइंडिंग होती है, जिससे आप अपनी ख़ुद की संकल्प पुस्तिका बना सकते हैं। अपने लक्ष्य लिख लें : एक कार्ड पर एक; स्पष्ट, वर्तमान काल की भाषा में। मानक संकल्प तकनीक पर चलते हुए दिन में दो बार उन लक्ष्यों की समीक्षा करें, जब तक कि आप अपने आस-पास लक्ष्यों को साकार होते न देख लें।

अपना शांतिदायक संगीतमय टेप बनाएँ और इसे नियमित रूप से सुनते रहें, जब तक कि संदेश दृढ़ता से आपके अवचेतन मन की गहराई में न उतर जाए और आप परिणामों को अपने आस-पास की दुनिया में देखने न लगें।

यह करते समय ऐसे व्यवहार करें, जैसे आप उस तरह के व्यक्ति बन चुके हैं, जो आप बनना चाहते हैं और वे लक्ष्य हासिल कर चुके हैं, जिन्हें आप हासिल करने की ख़्वाहिश रखते हैं।

"फ़िल्म के अंत" वाली भावना महसूस करें और बस शांत रहें। शांत आत्मविश्वास महसूस करें और सफलता व ख़ुशी की सकारात्मक भावनाओं के साथ काम करते हुए यह विश्वास रखें कि अगर आप अपनी मनचाही चीज़ को दिमाग़ में रखते हैं, तो वह आपको मिल सकती है। और वह मिलेगी।

एक पुरानी नीति कथा

सदियों पहले प्राचीन यूनान में एक यात्री ने सड़क पर एक बूढ़े व्यक्ति से पूछा कि माउंट ऑलंपस कैसे पहुँचा जाए। बूढ़ा आदमी और कोई नहीं, सुकरात था। उन्होंने यह कहकर जवाब दिया, "अगर आप सचमुच माउंट ऑलंपस जाना चाहते हैं, तो बस यह सुनिश्चित कर लें कि आपका हर क़दम उसी दिशा में हो।"

इस नीति कथा का सबक़ सरल है। अगर आप सफल और ख़ुश बनना चाहते हैं, तो बस यह सुनिश्चित कर लें कि आपका हर विचार और कार्य आपको उसी दिशा में ले जा रहा हो।

सर आइजैक न्यूटन को आम तौर पर दुनिया का सर्वकालिक महान वैज्ञानिक माना जाता है। गणित और भौतिकी में उनकी खोजों ने आधुनिक युग की नींव डाली। बाद के वर्षों में उनसे पूछा गया कि किस तरह उन्होंने - एक इंसान ने - विज्ञान की दुनिया को इतने महत्वपूर्ण योगदान देने में सफलता पाई। उनका जवाब था : "किसी दूसरी चीज़ के बारे में न सोचकर।"

सरल भाषा में सफलता का सिलसिला तब शुरू होता है जब आप अपने चुनाव की शक्ति का प्रयोग करते हुए अपने चेतन मस्तिष्क के विचारों पर क्रमबद्ध, उद्‌देश्यपूर्ण नियंत्रण कर लेते हैं। ख़ुद को प्रबलता से अनुशासित करके, सिर्फ़ मनचाही चीज़ों के बारे में सोचकर और बोलकर, अनचाही चीज़ों पर से ध्यान हटाकर ही आप सितारों की ओर अपनी यात्रा शुरू करते हैं।

आपके अवचेतन मन की शक्ति

विचारशीलता की *गुणवत्ता* चारित्रिक विकास और व्यक्तिगत प्रभावकारिता के विकास के साथ-साथ चलती है। जिन मानसिक नियमों पर हमने अब तक चर्चा की है, वे सोचने के औज़ार हैं। वे आपको इस बारे में ज़्यादा जागरूक बनाते हैं कि आप कौन हैं, आप इस तरह के कैसे बने और इससे भी ज़्यादा महत्वपूर्ण बात यह कि

आप भविष्य में जहाँ पहुँचना चाहते हैं, वहाँ कैसे पहुँच सकते हैं।

ज़्यादातर लोग अपनी ज़िंदगी एक तरह से नींद में गुज़ार देते हैं। वे अपने दैनिक कामकाज में व्यस्त हो जाते हैं और अव्यवस्थित विचारों की सतत धारा में बहते रहते हैं। आपको भी ऐसा ही अनुभव हुआ होगा, जब आप कार से ऑफ़िस या कहीं और गए होंगे, लेकिन विचारों में खोए रहने के कारण आपको उस यात्रा के बारे में ज़रा भी याद नहीं होगा।

आपकी दिनचर्या की कई आदतन चीज़ें और बातचीतें जागरूकता के कम स्तर पर होती हैं, जैसे आप मानसिक कोहरे में हों और आपको घटनाओं के उस ख़ास प्रवाह की याद बहुत कम हो या बिलकुल भी न हो।

कई बार, यह व्यस्तता जान-बूझकर ओढ़ ली जाती है। इसका इस्तेमाल आप अपने जीवन के उन हिस्सों के बारे में सोचने से बचने के लिए करते हैं, जिनका आप सामना नहीं करना चाहते। कई बार यह स्वचलित होती है। आप इतने लंबे समय तक वह काम करते रहे हैं कि आपकी विचार प्रक्रियाएँ स्वचलित हो जाती हैं।

आप अस्थायी तौर पर इस नींद से तब जागते हैं, जब आपको कोई सदमा लगता है या आप बुरी तरह हैरान होते हैं, जैसे जब कोई ट्रैफ़िक में कट मार देता है या आप डरे होते हैं या जब आप पर अचानक हमला होता है। लेकिन जैसे ही आप होश सँभालते हैं, दोबारा जाग्रत नींद की गर्म, नरम धारा में फिसल जाते हैं और आपके विचार भावनाओं तथा तस्वीरों के निरंतर कोलाज के बीच से गुज़र जाते हैं।

आप जो बन सकते हैं, वह बनने के लिए आपको ज़्यादा *चेतन* रूप से जीना होगा। आपको ज़्यादा सतर्क, ज़्यादा जागरूक बनना होगा। आपको अपनी विचार प्रक्रियाओं पर ज़्यादा नियंत्रण करना होगा, ताकि विभिन्न मानसिक नियमों की सम्मिलित शक्ति आपको अपनी चुनी हुई दिशा में ही ले जाए और आप अंधों की तरह ऑटोपायलट पर कार न चलाएँ।

नींद से जागना

जागने की यह प्रक्रिया तब शुरू होती है, जब आप अपने जीवन के हिस्सों - अतीत, वर्तमान और भविष्य - के बारे में विचार करते हैं। जागरूकता के अभ्यास के लिए यह कल्पना करें कि आपके पैदा होने से पहले ब्रह्मांड के दूसरे हिस्से में कहीं आप कई ज़िंदगियों में विकसित हुए हैं, तब कहीं जाकर आप इस ख़ास तरह के व्यक्ति

बने हैं, जिसमें गुणों, रुचियों, प्रतिभाओं और योग्यताओं का ख़ास मिश्रण है। इससे कोई फ़र्क़ नहीं पड़ता कि आप पुनर्जन्म के बारे में क्या सोचते हैं। यह अभ्यास सिर्फ़ यही है : एक अभ्यास, जिसका एक ख़ास सबक़ है, जो कुछ समय में आपके सामने स्पष्ट हो जाएगा।

इस विचार को जारी रखते हुए कल्पना करें कि आपने अपने माता-पिता और उस स्थिति को चुना, जिसमें आप पैदा और बड़े हुए। आपने ऐसा इसलिए किया, क्योंकि व्यक्तिगत विकास की उस अवस्था में आपको अपने बारे में, ज़िंदगी के बारे में और दूसरे लोगों के बारे में कुछ ख़ास सबक़ सीखने थे और उन्हें आप किसी दूसरे तरीक़े से नहीं सीख सकते थे।

यह भी कल्पना करें कि आप आज जैसे हैं, ख़ासकर आपने जो अच्छे गुण विकसित किए हैं, वे कमोबेश उन मुश्किल अनुभवों और समस्याओं का परिणाम हैं, जो आपने बड़े होते समय महसूस की थीं, जिनमें माता-पिता के साथ आई समस्याएँ भी शामिल हैं।

यहाँ एक महत्वपूर्ण सवाल है : अगर आप जानते कि आपने अपने अभिभावकों को जान-बूझकर चुना है और आप जैसे हैं, वह आपके चुनाव का सीधा परिणाम है, तो यह जानकारी आपके अभिभावकों और अपने बचपन के अनुभवों के प्रति आपके नज़रिए को किस तरह बदलती ? क्या आप ज़्यादा सकारात्मक बनते और उन्हें ज़्यादा स्वीकार करते ? क्या आप ख़ुद को और अपने अतीत के अनुभवों को अलग रोशनी में देखते ? क्या आप अपनी ज़िंदगी के मुश्किल लगने वाले पलों के बारे में ज़्यादा दार्शनिक और तटस्थ होते ?

जब आप अपने अभिभावकों को जान-बूझकर चुनने के इस दृष्टिकोण से सोचना शुरू करते हैं, तो आपको वो संभावनाएँ दिखने लगती हैं, जिन्हें आपने अब तक पूरी तरह नज़रअंदाज़ कर रखा था। ख़ुद को निष्क्रिय एजेंट या नियंत्रण से बाहर की परिस्थितियों में जकड़े शिकार के रूप में देखने के बजाय आप ख़ुद को अपने विकास में सक्रिय प्रतिभागी के रूप में देखने लगते हैं।

इस अभ्यास को थोड़ा और आगे तक ले जाएँ। कल्पना करें कि आप इस धरती पर अपने जीवन में कोई अद्‌भुत काम करने आए हैं, असाधारण व्यक्ति बनने आए हैं और दुनिया में महत्वपूर्ण योगदान देने आए हैं। कल्पना करें कि यह सब एक महान मास्टर प्लान का हिस्सा है, जिसे आपके सर्वश्रेष्ठ हितों को ध्यान में रखते हुए सावधानी से तैयार किया गया है और आपके जीवन की हर घटना व स्थिति एक बड़ी जिगसॉ पज़ल का अनिवार्य हिस्सा है। इसकी रूपरेखा आप सिर्फ़ तभी देख सकते हैं, जब आप पीछे हटकर अपने जीवन को ज़्यादा ऊँचाई से देखें।

सामान्य नियम के रूप में यह मान लें कि आपकी वर्तमान स्थिति या मुश्किलों से ही आप वे सीख सकते हैं, जो आपको अपनी प्रगति यात्रा जारी रखने के लिए ज़रूरी है। इस दृष्टिकोण से देखने पर हर अनुभव सकारात्मक लगता है, क्योंकि आप इसे विकास और आत्म-विजय के अवसर के रूप में देखते हैं।

अब पीछे की ओर जाएँ और शांति, स्पष्टता तथा सकारात्मक मानसिक नज़रिए के साथ सोचें। हो सकता है कि आपकी ज़िंदगी का हर पिछला अनुभव और स्थिति आपकी ओर सही समय पर भेजी गई हो, ताकि आप उससे कोई ऐसी चीज़ सीख सकें, जिसे सीखे बिना आप अद्‌भुत जीवन की ओर आगे नहीं बढ़ सकते।

कल्पना करें कि आपके जीवन की घटनाएँ जैसी हुई हैं, उससे अलग नहीं हो सकती थीं, ख़ासकर तब जब आप ज़्यादातर समय ऑटोपायलट सिस्टम पर चल रहे थे। जब आप पीछे हटकर अविश्वसनीय जटिलता से आपस में गुंथी घटनाओं का महत्व समझते हैं, जो आपको ज़िंदगी में वर्तमान मुक़ाम तक लाई हैं, तो आपमें दार्शनिक या श्रेष्ठ बुद्धि का दृष्टिकोण विकसित होने लगेगा। आपको अपने अनुभवों में "संबद्धता का एहसास" होने लगेगा। आपमें यह नज़रिया और भावना आ जाएगी कि आपका जीवन आपसे ज़्यादा बड़ी चीज़ का हिस्सा है और हर चीज़ एक पैटर्न में फ़िट होती है और किसी न किसी कारण से होती है।

जब आप अपनी ज़िंदगी को घटनाओं और अनुभवों की ऐसी शृँखला मानते हैं, जो मिलकर आपको किसी महान लक्ष्य हासिल करने या दुनिया में कोई महान योगदान देने की ओर ले जा रही है, तो आपको "तक़दीर का एहसास" होता है - इंसान की संभावित महानता की छाप।

नियमों का इस्तेमाल करना

ये मानसिक अभ्यास आपको अपने अवचेतन मन की शक्तियों का ताला खोलने में समर्थ बनाते हैं। वे आपको समर्थ बनाते हैं कि आप इन नियमों को चेतन मानसिकता और क्रमबद्ध तरीक़े से काम पर लगाएँ।

चेतन रूप से खुद को अपने जीवन के सक्रिय रचनात्मक नियंत्रण में देखकर आप *नियंत्रण का नियम* सक्रिय कर देते हैं। जब आप मानसिक नियंत्रण में होते हैं, तो आप अपनी तक़दीर के स्टियरिंग व्हील पर दृढ़ता से हाथ रख देते हैं। आप अपने भविष्य के आर्किटेक्ट बन जाते हैं।

जब आप अपने जीवन के दिशा-निर्देशन में अपने विचारों की भूमिका के बारे में जागरूक बन जाते हैं, तो आप ख़ुद को *संयोग के नियम* से मुक्त कर देते हैं।

जब आप अपने रोज़मर्रा के जीवन से पीछे हटकर उन असंख्य संयोगों पर विचार करते हैं, जिन्होंने आपको वर्तमान स्वरूप में पहुँचाया है, तब आप *कारण और परिणाम के नियम* को सक्रिय कर देते हैं। तब आप जान जाते हैं कि संयोग जैसी कोई चीज़ नहीं होती। तब आपको एहसास होता है कि हर चीज़ अटूट नियम के कारण होती है और हो रही है - भले ही आप इस पल स्पष्टता से नहीं देख सकते कि आपकी ज़िंदगी कहाँ जा रही है।

जब आप स्वीकार करते हैं कि आपका जीवन और अनुभव आपको किसी महत्वपूर्ण चीज़ की उपलब्धि की ओर ले जा रहे हैं, तब आप *विश्वास का नियम* सक्रिय कर देते हैं। आप इसे जितना अपरिहार्य मानते हैं, इस बात की उतनी ही ज़्यादा संभावना बन जाती है कि यह साकार हो जाएगी। आपके विश्वास आपकी वास्तविकता बन जाते हैं।

आप *अपेक्षाओं के नियम* को लागू करते हैं, जब आप अपने साथ होने वाली हर घटना से अमूल्य नहीं, तो कम से कम कोई सार्थक चीज़ पाने की अपेक्षा करते हैं। विश्वासपूर्ण आत्म-अपेक्षा का यह नज़रिया आपके जीवन को रोमांचकारी बना देता है, जिसमें अप्रत्याशित लेकिन सुखद घटनाएँ होंगी, जो आपको किसी सकारात्मक परिणाम की ओर आगे ले जाएँगी। आप ज़्यादा आशावादी और ख़ुश, शांत और निश्चिंत बनते हैं। आपकी अपेक्षाएँ ख़ुद पूरी होने वाली भविष्यवाणियाँ बन जाती हैं।

आपकी सकारात्मक और भविष्य-केंद्रित सोच *आकर्षण का नियम* सक्रिय कर देती है। आप अपने जीवन में उन लोगों और परिस्थितियों को आकर्षित करने लगते हैं, जो आपकी आशा, आशावाद और विश्वास के प्रबल विचारों के सामंजस्य में होते हैं। आप अपने जीवन और स्वयं को जितना अनूठा, ख़ुशनसीब और महत्वपूर्ण मानते हैं, अपनी ओर उन विचारों, अवसरों और लोगों को उतना ही ज़्यादा आकर्षित करेंगे, जो आपके सपनों को सच कर देंगे।

अनुरूपता के नियम के अनुसार आप ख़ुद को एक ख़ास व्यक्ति के रूप में देखते हैं, जिसे इस धरती पर एक ख़ास मकसद से भेजा गया है। इससे संबंधों, सेहत, काम व भौतिक उपलब्धियों का आपका बाहरी संसार मस्तिष्क के आंतरिक नज़रियों को प्रतिबिंबित करने लगता है।

जब आप इन विचार बीजों को अपने चेतन मन में लगातार रखकर अपने अवचेतन मन में बोते हैं, तो *अवचेतन गतिविधि के नियम* के ज़रिए अवचेतन मन आपके सारे शब्दों, भावनाओं, कार्यों, यहाँ तक कि आपकी बॉडी लैंग्वेज को भी ऐसे पैटर्न में फ़िट करने लगता है, जो आपकी नई आत्म-अवधारणा और नए लक्ष्यों के अनुरूप होगा।

आप *विस्थापन के नियम* का लगातार अभ्यास करते हैं और जानते हैं कि इस प्रक्रिया में आपकी प्रमुख ज़िम्मेदारी डर, क्रोध और आत्म-शंका के नकारात्मक विचारों को दिमाग़ से बाहर निकालना है। उनके स्थान पर आप मन में आस्था, आशा और प्रेम के विचार रखते हैं, जब तक कि ये नए विचार कसकर जड़ें नहीं जमा लेते और अपने जीवन व शक्ति से ख़ुद विकसित नहीं होने लगते।

आप साहस और विश्वास, आशा और प्रेम के विचार लगातार सोचकर तथा अद्‌भुत भावी जीवन की कल्पना करके *एकाग्रता का नियम* लागू करते हैं। आप हर दिन बैठकर सकारात्मक और ऊपर उठाने वाले विचारों में अपने दिमाग़ को डुबकी लगवाते हैं। आपको यह यक़ीन होता है कि आप जिस भी चीज़ पर लंबे समय तक और एकाग्रता से ध्यान केंद्रित करेंगे, वह चीज़ अंततः आपके आस-पास प्रकट हो जाएगी।

आप इसे कर सकते हैं

आपकी सबसे बड़ी ज़रूरत है शांत, धैर्यवान और विश्वास करने वाला बनना। ये मानसिक नियम आज तक खोजी गई सबसे प्रबल शक्तियाँ हैं। आप अपने लक्ष्य को तभी हासिल कर पाएँगे, जब आप और आपका मस्तिष्क इसके लिए पूरी तरह तैयार होंगे। आप जिसे चाहते हैं, वह आपको चाहता है। आप जिसकी इच्छा रखते हैं, वह इस समय आपकी ओर बढ़ रहा है, जिस तरह आप उसकी ओर आगे बढ़ रहे हैं। आपका प्राथमिक काम यह ठीक-ठीक फ़ैसला करना है कि आप क्या चाहते हैं (जिस पर हम अध्याय 5 में चर्चा करेंगे) और फिर अपने रास्ते से हट जाना है (जिस पर हम अध्याय 7 में चर्चा करेंगे)।

अपने जीवन को सकारात्मक, सृजनात्मक तरीक़े से देखने का नज़रिया विकसित करने के लिए विचारशीलता की ज़रूरत होती है। सोचने का श्रेष्ठ तरीक़ा विकसित करने के लिए ज़्यादा चौकस, जागरूक और जाग्रत बनना ज़रूरी है। अपने जीवन को हर तरह से बेहतर बनाने के लिए इन सभी मानसिक नियमों को सामंजस्य में लाने के लिए अपनी संभावनाओं और ख़ुद की ओर नए नज़रिए से देखना अनिवार्य है।

यह पहले-पहल मुश्किल हो सकता है, लेकिन इससे आपको बहुत लाभ होगा। आपको आत्म-नियंत्रण और आत्म-विजय का ऊँचा एहसास होगा, ज़्यादा सकारात्मक मानसिक नज़रिया मिलेगा और अपने जीवन के हर हिस्से में सशक्तीकरण की ज़बर्दस्त भावना भी मिलेगी।

कर्म समर्पण

एक काग़ज़ लेकर उन सभी चीज़ों की सूची बनाएँ, जिन्हें आप अपने जीवन में देखना चाहते हैं। हर वह चीज़ लिख लें, जिसके बारे में आप सोच सकते हों। ख़ुशी, सेहत, अच्छे दोस्त, सैर-सपाटा, दौलत, वित्तीय सफलता, लोकप्रियता, प्रतिष्ठा, सम्मान ... अपनी कल्पना के घोड़ों को सरपट दौड़ने दें।

मुश्किल हिस्सा यह है : अगले चौबीस घंटों तक सिर्फ़ उन्हीं चीज़ों के बारे में सोचें और बात करें, जो आपकी सूची में हैं। देखें कि क्या आप एक दिन भी ऐसे रह सकते हैं, जब आप आलोचना, निंदा या शिकायत न करें, जब आप किसी चीज़ के बारे में नाराज़, विचलित या चिंतित न हों। देखें कि क्या आपमें इतनी इच्छाशक्ति और चारित्रिक शक्ति है कि आप एक दिन तक सिर्फ़ अपनी मनचाही चीज़ों के बारे में सोच सकें।

यह अभ्यास आपको इस बात का वास्तविक ज्ञान देगा कि आप अपने विकास में किस मुक़ाम पर हैं। और इससे यह भी पता चलेगा कि आपको कितनी दूर जाना है। अगले अध्याय में आप सफलता की विजयी योग्यता सीखेंगे और यह भी कि आप अपने लिए जो लक्ष्य तय करते हैं, उन्हें कैसे पाया जा सकता है।

अध्याय 5

विजयी योग्यता

अपने लक्ष्य तय करने और उन तक पहुँचने की योजना बनाने की योग्यता सफलता की विजयी योग्यता (master skill) है। इसे विकसित करने से आपकी सफलता जितनी सुनिश्चित होगी, उतनी शायद किसी दूसरे काम से नहीं होगी। पच्चीस साल के अध्ययन और अनुभव के बाद मैं इस नतीजे पर पहुँचा हूँ कि *सफलता लक्ष्यों को हासिल करना है और बाक़ी सब कमेंट्री है।* गहन लक्ष्यों की दिशा में जुटना हर क्षेत्र में ऊँची सफलता पाने वालों का अनिवार्य गुण है। आपकी क्षमता के छोटे से अंश का दोहन करना भी तब तक संभव नहीं है, जब तक कि आप यह न सीख लें कि किस तरह लक्ष्य उतने ही सहज और स्वाभाविक तरीक़े से बनाए और हासिल किए जाते हैं, जिस तरह आप सुबह उठकर ब्रश करते हैं या अपने बाल काढ़ते हैं।

अब तक हमने इस पुस्तक में जितनी भी चीज़ों के बारे में बातें की हैं, वे सब लक्ष्यों वाले इस अध्याय तक लाने के इरादे से की हैं। यह आपके लिए ज़रूरी तैयारी का हिस्सा है, ताकि आप इस *विजयी योग्यता* का इस्तेमाल अपने जीवन के हर हिस्से में करें। अपने मस्तिष्क को साफ़ करने और अपनी संभावनाओं व स्वयं के प्रति शांत, आशावादी नज़रिया विकसित करने से संबंधित सारी सामग्री अनिवार्य है। आपका मस्तिष्क काम कैसे करता है और आपकी सोच के तत्व किस तरह आपके अतीत के अनुभवों पर आधारित होते हैं, यह जानने से आपके व्यवहार और वर्तमान परिणामों पर असर पड़ सकता है जिनकी नींव पर आने वाला कल खड़ा होगा।

मैंने तेईस साल की उम्र में लक्ष्यों के बारे में पहली बार सीखा। हालाँकि मैं यह बात जानता था कि खेल जगत में टीमों के लक्ष्य होते हैं, लेकिन लक्ष्यों और योजनाओं का प्रयोग करके ज़िंदगी का नक़्शा बनाने का ख़याल मेरे मन में कभी

आया ही नहीं था।

ऐसी बात नहीं थी कि मेरे पास लक्ष्य नहीं थे या मैंने कोई लक्ष्य हासिल नहीं किए थे। मैं तब तक दुनिया के तीन चौथाई हिस्सों की सैर कर चुका था, जिनमें अमेरिका के पूर्वी किनारे से केपटाउन, साउथ अफ़्रीका - जल और थल यात्रा द्वारा जाना शामिल है। इसी तरह मैं लंदन से सिंगापुर तक घूम चुका था।

बस मैंने लक्ष्य हासिल करने की प्रक्रिया की तरफ़ कभी ज़रा भी ध्यान नहीं दिया था। मुझे कभी एहसास ही नहीं हुआ था कि यह इतनी ख़ास प्रक्रिया है कि इसका प्रयोग करके मैं आश्चर्यजनक चीज़ें हासिल कर सकता हूँ। अधिकांश लोगों की ही तरह मैं भी ध्यान केंद्रित करने और एकाग्रचित्त होने के बजाय ज़िंदगी में भटक रहा था और प्रतिक्रिया कर रहा था। जैसा प्रेरक वक्ता ज़िग ज़िग्लर कहते हैं, मैं "अर्थपूर्ण विशिष्ट चीज़ के बजाय औसत भटकाव" को जी रहा था।

फिर मुझे लक्ष्य मिल गए और मैं दोबारा पहले जैसा नहीं रहा। ये विजयी योग्यता सीखने के बाद मेरी पूरी ज़िंदगी बदल गई ... और आपकी भी बदल जाएगी।

लक्ष्य ईंधन हैं

लक्ष्य उपलब्धि की अँगीठी के ईंधन हैं। लक्ष्यों के बिना इंसान बिना रडर (rudder) वाले जहाज़ की तरह है, जो बिना मंज़िल के यूँ ही भटकता रहता है और जिसके चट्टानों से टकराने का ख़तरा हमेशा बना रहता है। लक्ष्यों वाला व्यक्ति रडर वाले जहाज़ की तरह होता है, जिसे कप्तान का मार्गदर्शन मिलता है, जिसके पास नक़्शा, कम्पास और मंज़िल होती है, जो अपने चुने हुए बंदरगाह की तरफ़ सीधे यात्रा करता है। थॉमस कार्लायल ने लिखा था कि "आधी इच्छा वाला व्यक्ति आगे-पीछे होता रहता है और सबसे समतल सड़क पर भी कोई प्रगति नहीं कर पाता, जबकि पूरी इच्छा वाला व्यक्ति लगातार आगे बढ़ता है, चाहे रास्ता कितना ही मुश्किल क्यों न हो।"

सभी लोग जिसमें आप और मैं भी शामिल हैं, लक्ष्य केंद्रित होते हैं। हम उद्‌देश्यपरक हैं, क्योंकि हम उद्‌देश्यों और इच्छित अंत की अवस्थाओं से प्रेरित होते हैं। हमें मानसिक तौर पर एक से दूसरे लक्ष्य की ओर प्रगतिशील तरीक़े से बढ़ने के लिए बनाया गया है और हम तब तक कभी सचमुच ख़ुश नहीं होते, जब तक कि हम कोई ऐसी चीज़ पाने की दिशा में न बढ़ रहे हों, जो हमारे लिए महत्त्वपूर्ण है।

आपके मस्तिष्क के भीतर लक्ष्य खोजने वाला एक तंत्र है। यह बिना किसी ग़लती के आपके उद्‌देश्यों की उपलब्धि की दिशा में संकेत करता है और मार्गदर्शन

देता है। यह साइबरनेटिक हिस्सा मिसाइल के निर्देशन तंत्र जैसा है। यह लगातार लक्ष्य से फ़ीडबैक लेता रहता है और ख़ुद ही आपकी दिशा में सुधार करता रहता है। मस्तिष्क के इस तंत्र के कारण आप लगभग हर वह लक्ष्य हासिल कर सकते हैं, जिसे आप अपने लिए तय करते हैं, बशर्ते लक्ष्य स्पष्ट हो और आप पर्याप्त लंबे समय तक जुटे रहें। आपके लक्ष्यों को हासिल करने की प्रक्रिया लगभग स्वचलित होती है। अधिकांश लोगों को तो लक्ष्य निर्धारण में ही समस्या आती है।

यह एक सामान्य उक्ति है कि हममें से हर व्यक्ति वह लक्ष्य हासिल कर रहा है, जिसे उसने तय किया है। आप जहाँ हैं और जो हैं, इसलिए हैं क्योंकि आपने यहाँ रहने या वैसा बनने का फ़ैसला किया है। आपके विचार, कार्य और व्यवहार आपको जीवन में वर्तमान स्थिति तक लाए हैं और अगर आप सही तरीक़े से सोचते, तो वे आपको किसी दूसरी जगह पर भी पहुँचा सकते थे।

अगर आपका लक्ष्य ऑफ़िस का काम पूरा करके घर जाकर टीवी देखना है, तो आप इसे हासिल कर सकते हैं। अगर आपका लक्ष्य फ़िट और स्वस्थ रहना व लंबा जीवन जीना है, तो आप उसे भी हासिल कर सकते हैं। और अगर आपका लक्ष्य आर्थिक दृष्टि से स्वतंत्र बनना या दौलतमंद बनना है, तो ऐसी कोई चीज़ नहीं, जो आपको देर-सबेर वहाँ पहुँचने से रोक सके, बशर्ते यह सचमुच आपका लक्ष्य हो। आपकी एकमात्र सीमा आपकी इच्छा है : आप इसे कितनी शिद्दत से चाहते हैं ?

आपका सफलता का तंत्र

आपके भीतर "सफलता का तंत्र" और "असफलता का तंत्र" दोनों हैं। आपका असफलता का तंत्र न्यूनतम प्रतिरोध के मार्ग पर चलने की आपकी स्वाभाविक प्रवृत्ति है – तात्कालिक संतुष्टि की ओर बढ़ने का आवेग और अपने कार्यों के दीर्घकालीन परिणामों की ज़रा भी चिंता न करना या बहुत कम चिंता करना। आपका असफलता का यह तंत्र हर दिन चौबीस घंटे अपने आप काम करता है। यह हर घंटे, हर मिनट काम करता रहता है और इसी के कारण ज़्यादातर लोग मज़ेदार, आसान व आरामदेह काम करना चाहते हैं।

बहरहाल, आपके भीतर सफलता का तंत्र भी रहता है। आपका *सफलता का तंत्र* आपके असफलता तंत्र पर हावी हो सकता है। आपका यह सफलता तंत्र किसी लक्ष्य द्वारा प्रेरित होता है। आपका लक्ष्य जितना बड़ा होगा और आप इसे जितनी प्रबलता से चाहेंगे, इस बात की उतनी ही ज़्यादा संभावना है कि आप

आत्म-अनुशासन और इच्छाशक्ति की अपनी शक्तियों का प्रयोग करेंगे और अपनी मनचाही मंज़िल तक पहुँचने के लिए आवश्यक काम करने में सक्षम होंगे।

पचास साल के करियर के दौरान एल्मर लेटरमैन ने व्यक्तिगत रूप से बीस हज़ार से भी ज़्यादा सेल्समैनों के साथ काम किया और उन्हें प्रशिक्षण दिया। इसके बाद उनका यह निष्कर्ष था कि सफलता की सबसे ज़्यादा भविष्यवाणी करने वाला गुण है : "उद्‌देश्य की गहनता।" समान स्तर की बुद्धि, पृष्ठभूमि, शिक्षा और अनुभव वाले दो लोगों को लें; ज़्यादा गहन उद्‌देश्य वाला व्यक्ति हमेशा दूसरे से जीत जाएगा।

सफलता की दो ज़रूरतें

मशहूर ऑइल बिलियनेअर एच.एल. हंट अरकान्सस में कपास उगाने में दिवालिया हो गए, लेकिन उन्होंने दोबारा कई बिलियन डॉलर की दौलत बनाई और दुनिया के सबसे मशहूर व्यक्तियों में से एक बन गए। उनसे एक बार सफलता का फ़ॉर्मूला पूछा गया।

उनका कहना था कि अमेरिका में सफल होने के लिए आपको सिर्फ़ दो ही चीज़ों की ज़रूरत है। उनके शब्द थे, "पहली चीज़, ठीक-ठीक तय करें कि आप चाहते क्या हैं। ज़्यादातर लोग ऐसा कभी नहीं करते। दूसरी बात, उसे पाने के लिए आप जो क़ीमत चुकाने वाले हैं, उसे तय करें। और फिर उस क़ीमत को चुकाने का संकल्प करें।"

अधिकांश लोगों की कमज़ोरी यह है कि उन्हें बस हल्का-हल्का अंदाज़ा होता है कि वे क्या चाहते हैं, लेकिन उन्होंने कभी बैठकर अच्छी तरह विचार नहीं किया होता कि इसे पाने के लिए क्या क़ीमत चुकानी पड़ेगी और क्या वे वह क़ीमत चुकाना चाहते हैं।

हम सफलता की क़ीमत के बारे में निश्चित रूप से दो चीज़ें जानते हैं। पहली, आपको अपनी मनचाही चीज़ पाने के लिए, चाहे वह जो भी हो, पूरी क़ीमत चुकानी होगी। आपको फ़सल काटने से पहले बोना होगा। और फ़सल काटने से पहले आपको लंबे समय तक काम भी करना पड़ सकता है। यह कारण और परिणाम का अटूट नियम है, जिसे फ़ौलादी नियम भी कहा जाता है। लक्ष्य निर्धारण में अधिकांश कुंठा इस शाश्वत सिद्धांत की अवहेलना से पैदा होती है।

दूसरी बात, आपको *पूरी* क़ीमत पहले चुकानी होगी। सफलता किसी रेस्तराँ में जाने की तरह नहीं है, जहाँ आप डिनर का आनंद लेने के बाद बिल चुका सकते हैं। अगर आप सफलता चाहते हैं, तो आपको हर बार पहले पूरी क़ीमत चुकाने

की ज़रूरत होती है।

और आपको यह कैसे पता चलेगा कि आपने सफलता की पूरी क़ीमत चुका दी है? यह आसान है। जब आप पूरी क़ीमत चुका देते हैं, तो सफलता आपके सामने खड़ी होगी और सबको दिख जाएगी। यह संयोग से नहीं, नियम से होगा। जब आप बो देंगे, तो आप फ़सल भी काट लेंगे; कारण और परिणाम, क्रिया और प्रतिक्रिया। आज आप जिस ज़िंदगी का आनंद ले रहे हैं, वह आपके द्वारा अब तक चुकाई गई क़ीमत का प्रतिबिंब है। आप भविष्य में जिस जीवन का आनंद लेंगे, वह उस क़ीमत का प्रतिबिंब होगा, जो आप इस समय से लेकर तब तक चुकाएँगे।

लक्ष्य आपके लिए नियमों को कारगर बनाते हैं

मैंने शुरुआती अध्यायों में कई मानसिक नियमों का वर्णन किया है। आपको इसमें थोड़ी उलझन हो सकती है कि आप इन सारे नियमों का इस्तेमाल करना याद कैसे रखेंगे। सौभाग्य से आपको ऐसा करने की ज़रूरत ही नहीं है। जब आपके पास स्पष्ट और निश्चित लक्ष्य होता है, जिसकी ओर आप हर दिन काम करते हैं, तो ये सारे नियम अपने आप आपके उद्देश्यों के सामंजस्य में काम करने लगते हैं। आप ब्रह्मांड की शक्तियों के साथ ख़ुद को दिशाबद्ध कर लेते हैं। आप अपने भीतर छिपी क्षमता के अविश्वसनीय भंडारों का ताला खोल लेते हैं। जब आप अपने पूरे जीवन को इन शाश्वत सिद्धांतों के अनुरूप व्यवस्थित कर लेते हैं, तो आप वो चीज़ें हासिल करने लगते हैं, जो आपको कभी सपने में भी संभव नहीं लगी होंगी और वह भी इतनी कम कोशिशों से, जो आपको ज़रूरत से बहुत कम लगी होंगी।

ज़्यादा बड़ी सफलता और उपलब्धि पाने की आपकी क्षमता का सबसे बड़ा दुश्मन है आपका आरामदेह दायरा, दिनचर्या के दुष्चक्र में फँसे रहने की आपकी प्रवृत्ति, हर परिवर्तन यहाँ तक कि सकारात्मक परिवर्तन का भी प्रतिरोध करने की आदत।

हर व्यक्ति स्वाभाविक रूप से परिवर्तन से डरता और बचता है। हम चाहते हैं कि चीज़ें वैसी ही बनी रहें, लेकिन साथ ही बेहतर भी बनें। बहरहाल, समस्त विकास, समस्त प्रगति, समस्त उन्नति के लिए परिवर्तन ज़रूरी है। और ये अपरिहार्य भी है। आप चाहे जो कर लें, ज़िंदगी ज़्यादा लंबे समय तक एक जैसी नहीं चलती। यह हमेशा एक या दूसरी दिशा में बदलती रहती है। चीज़ें आपके लिए या तो बेहतर या फिर बदतर बनती हैं, लेकिन वे कभी एक जैसी नहीं बनी रहतीं।

जैसा आपको याद होगा, नियंत्रण का नियम बताता है कि आप जिस हद तक ख़ुद को अपने जीवन के नियंत्रण में महसूस करते हैं, उसी हद तक अपने बारे में सकारात्मक महसूस करते हैं। लक्ष्य तय करने का पहला लाभ यह है कि लक्ष्य आपके जीवन में *परिवर्तन की दिशा को नियंत्रित* करने की अनुमति देते हैं और यह सुनिश्चित करते हैं कि परिवर्तन मूलतः सकारात्मक और आत्म-निर्धारित हो। कोई भी स्थिति को बेहतर बनाने वाले परिवर्तन से नहीं डरता। जब लक्ष्य स्पष्ट हों और उनके साथ कर्म की विस्तृत योजनाएँ हों, तो आने वाले परिवर्तन यक़ीनन आपका जीवन बेहतर बनाएँगे। इस तरह आप डर और असुरक्षा के एक प्रमुख कारण को ख़त्म कर लेते हैं।

कारण और परिणाम का नियम बताता है कि आपके जीवन के हर परिणाम के पीछे एक कारण होता है। लक्ष्य कारण हैं : सेहत, ख़ुशी, स्वतंत्रता और समृद्धि परिणाम हैं। आप लक्ष्य बनाते हैं और परिणाम की फ़सल काटते हैं। लक्ष्य विचारों या कारणों के रूप में शुरू होते हैं और स्वयं को स्थितियों या परिणामों के रूप में प्रकट करते हैं। जीवन में सफलता का बुनियादी कारण लक्ष्य तय करने और उन्हें हासिल करने की योग्यता है।

यही कारण है कि जिन लोगों के पास लक्ष्य नहीं होते, वे हमेशा लक्ष्य वाले लोगों के अधीन काम करने के लिए अभिशप्त होते हैं। या तो आप अपने लक्ष्य हासिल करने के लिए काम करते हैं या फिर किसी दूसरे के लक्ष्य हासिल करने के लिए। सबसे अच्छा काम वह है, जिसमें आप दूसरों के लक्ष्य पाने में उनकी मदद करके अपने लक्ष्य हासिल कर रहे हों।

आप अपने प्रबल विश्वास और उसके अनुरूप कर्म करके विश्वास का नियम सक्रिय कर देते हैं कि आप अपने लक्ष्य हासिल कर लेंगे। यही आस्था और आत्मविश्वास की बुनियाद है।

जब आप विश्वास के साथ अपेक्षा करते हैं कि आपके साथ जो भी सकारात्मक या नकारात्मक चीज़ हो रही है, वह आपको लक्ष्यों की प्राप्ति की ओर आगे बढ़ा रही है, तो आप अपेक्षाओं का नियम सक्रिय कर देते हैं। आप हर घटना में कोई लाभकारी चीज़, कोई बहुमूल्य सबक़, कोई ऐसी चीज़ देखते हैं, जिसका आप फ़ायदा उठा सकते हैं।

आप अपने लक्ष्यों के बारे में लगातार सोचकर आकर्षण का नियम सक्रिय कर देते हैं। जब आपके लक्ष्य आपके प्रबल विचार बन जाते हैं, तो आप हमेशा अपने जीवन में उन लक्ष्यों के सामंजस्य वाले लोगों और परिस्थितियों को आकर्षित करने लगते हैं। आप ऐसे विचारों, अवसरों और संसाधनों को आकर्षित करते हैं,

जो लक्ष्य हासिल करने में आपकी मदद कर सकते हैं।

अनुरूपता का नियम बताता है कि आपका बाहरी संसार आपके भीतरी संसार के अनुरूप होगा। जब आपका भीतरी संसार महत्वपूर्ण चीज़ें हासिल करने के विचारों, लक्ष्यों और योजनाओं से भरा होगा, तो प्रकटीकरण और परिणाम का बाहरी संसार भी जल्द ही आपकी भीतरी आशाओं व आकांक्षाओं को प्रतिबिंबित कर देगा।

अवचेतन गतिविधि का नियम बताता है कि आप अपने चेतन मन में जो भी विचार रखते हैं, आपका अवचेतन मन उन्हें साकार करने में जुट जाता है। अवचेतन मन आपके शब्दों और कार्यों को उस लक्ष्य की प्राप्ति के अनुरूप बनाता है, जिसे आप सचमुच हासिल करना चाहते हैं।

एकाग्रता का नियम बताता है कि आप जिस भी चीज़ पर ध्यान केंद्रित करते हैं, वह बढ़ती है। आप किस चीज़ पर ध्यान केंद्रित करते हैं? अपने लक्ष्यों पर! आप अपनी मनचाही चीज़ों और उन्हें पाने के तरीक़ों पर जितना ज़्यादा ध्यान केंद्रित करेंगे, जितना ज़्यादा चिंतन-मनन करेंगे और सोचेंगे, उन्हें हासिल करने के अवसरों के प्रति उतने ही ज़्यादा संवेदनशील व जागरूक बन जाएँगे।

विस्थापन का नियम बताता है कि आप किसी नकारात्मक विचार की जगह सकारात्मक विचार रख सकते हैं। नकारात्मक विचारों या अनुभवों की जगह आप कौन सा सकारात्मक विचार रखें? अपने लक्ष्य! जब भी कुछ गड़बड़ हो, तो अपने लक्ष्यों के बारे में *सोचें*। जब भी दिन बुरा गुज़रे, तो अपने लक्ष्यों के बारे में सोचें। सिर्फ़ लक्ष्य का *विचार*, कोई ऐसी चीज़ जिसे आप भविष्य में हासिल करना चाहते हैं, अपने आप में सकारात्मक और प्रेरक है। आशावादी और बेहद प्रेरित बने बिना अपने लक्ष्यों के बारे में लगातार सोचना असंभव है।

जब आपके पास एक स्पष्ट और निश्चित लक्ष्य होता है, तो आप उसके प्रति समर्पित हो जाते हैं। जब आप ऐसे लक्ष्य को पाने के लिए इन सभी मानसिक नियमों का प्रयोग करने लगते हैं, तो आप मानसिक और शारीरिक ऊर्जा का पावरहाउस बन जाते हैं, जिसे रोका नहीं जा सकता। स्पष्ट, विशिष्ट लक्ष्यों के साथ आप अपनी मानसिक शक्तियों का विकास और पूरा उपयोग करते हैं। इस तरह आप चंद सालों में इतना कुछ हासिल कर सकते हैं, जितना अधिकांश लोग पूरी ज़िंदगी में भी नहीं कर पाते।

लक्ष्य तय करने के इतने फ़ायदे सुनने के बाद आप सोचते होंगे कि हर व्यक्ति यह कर रहा होगा। शायद आपको बरसों से बताया गया होगा कि आपके पास लक्ष्य होने चाहिए और आपको नियमित रूप से उनकी दिशा में काम करना चाहिए। आप जानते हैं कि आप किसी ऐसे टारगेट पर निशाना नहीं लगा सकते, जिसे

आप देख न सकते हों।

बहरहाल, दुखद तथ्य यह है कि बहुत कम लोगों के पास सच्चे लक्ष्य होते हैं। 3 प्रतिशत से भी कम लोगों के पास लिखित लक्ष्य होते हैं। 1 प्रतिशत से भी कम लोग अपने लक्ष्यों को नियमित रूप से पढ़ते हैं और उनकी समीक्षा करते हैं। ज़्यादातर लोगों को ज़रा भी अंदाज़ा नहीं है कि लक्ष्य कितने महत्वपूर्ण होते हैं।

कई लोगों ने लक्ष्य तय करने से जुड़े सेमिनारों में भाग लिया है, पुस्तकें पढ़ी हैं और टेप सुने हैं। बहरहाल, अगर आप उनसे पूछें कि क्या उनके पास स्पष्ट लिखित लक्ष्य और उन्हें हासिल करने की योजनाएँ हैं, तो वे झेंपकर इंकार कर देंगे। वे जानते हैं कि उनके पास लक्ष्य होने चाहिए और उनका इरादा जल्द ही कुछ लक्ष्य बनाने का होता है, लेकिन वे यह काम कभी कर ही नहीं पाते।

जब मैंने लक्ष्य तय करने के इन सिद्धांतों का अध्ययन और अमल शुरू किया, तो मुझे इतने असाधारण परिणाम मिले कि मैं उत्साह से ये विचार हर उस व्यक्ति को बताने लगा, जो सुनने को तैयार था। इस तरह मैंने लोगों के सामने बोलना और सेमिनार आयोजित करना शुरू किया।

बहरहाल, मैं हमेशा इस बात पर हैरान होता था कि हालाँकि लोग बहुत जल्दी मेरी बात मान लेते थे, लेकिन इसके बावजूद कुछ करते नहीं थे। मैं सवाल पूछकर यह पता लगाने की कोशिश करने लगा कि लोग आख़िर लक्ष्य तय क्यों नहीं करते। आख़िरकार मैं इस नतीजे पर पहुँचा कि मूलतः सात कारणों के चलते लोग लक्ष्य नहीं बना पाते हैं। इन कारणों को जानना बहुत महत्वपूर्ण है। यह देखना भी महत्वपूर्ण है कि क्या वे आपकी स्थिति पर लागू होते हैं। अज्ञान में कोई आनंद नहीं है। इन मानसिक बाधाओं के बारे में न जानना और उन्हें दूर करने के तरीक़े न सीखना आपकी भावी संभावनाओं के लिए घातक हो सकता है।

लोग लक्ष्य तय क्यों नहीं करते?

लोगों के लक्ष्य तय नहीं करने का पहला कारण यह है कि वे दरअसल गंभीर ही नहीं होते हैं। वे करने वालों के बजाय बोलने वाले होते हैं। वे ज़्यादा सफल तो होना चाहते हैं, वे अपनी ज़िंदगी को बेहतर तो बनाना चाहते हैं, लेकिन वे इसके लिए ज़रूरी मेहनत नहीं करना चाहते। उनके “सीने में वो आग” नहीं होती, जो ख़ुद को कुछ बनाने की प्रबल इच्छा में रूपांतरित हो, ताकि वे अपनी ज़िंदगी को ज़्यादा बड़ी, बेहतर और रोमांचक बना सकें।

किसी व्यक्ति को *सचमुच* विश्वास है या नहीं, यह जानने का इकलौता तरीक़ा उसके शब्द नहीं, बल्कि काम हैं। यह महत्वपूर्ण नहीं है कि आप क्या कहते हैं या आपका क्या इरादा है या आप क्या चाहते हैं या आप क्या आशा करते हैं या आप किस चीज़ के लिए प्रार्थना करते हैं। महत्वपूर्ण तो सिर्फ़ वह है, जो आप करते हैं। आपके सच्चे जीवनमूल्य और विश्वास हमेशा सिर्फ़ आपके व्यवहार में व्यक्त होते हैं। कर्मशील व्यक्ति उन दस कुशल वक्ताओं के बराबर है, जो कुछ नहीं करते।

मुझे सभी तरह के अनगिनत लोगों के फ़ोन, पत्र और प्रस्ताव मिलते हैं, जिनके मन में साल भर में सभी तरह के विचार आते हैं। लेकिन सिर्फ़ उन्हीं के विचार मुझे या किसी और को प्रभावित करते हैं, जो सचमुच कुछ करते हैं। याद रखें, सिर्फ़ कर्म ही सम्राट है और बाक़ी कोई चीज़ ज़्यादा महत्वपूर्ण नहीं है। लोगों को यह मत बताइए कि आप क्या करने जा रहे हैं, उन्हें करके *दिखाएँ*। गंभीर बनें!

लोगों के लक्ष्य तय नहीं करने का *दूसरा* कारण यह है कि उन्होंने अब तक अपनी ज़िंदगी की ज़िम्मेदारी स्वीकार नहीं की है। मैं सोचता था कि लक्ष्य सफलता का शुरुआती बिंदु हैं, लेकिन फिर मुझे एहसास हुआ कि जब तक लोग यह स्वीकार नहीं करते कि वे अपनी ज़िंदगी और अपने साथ होने वाली हर चीज़ के लिए पूरी तरह ज़िम्मेदार हैं, तब तक वे लक्ष्य बनाने की दिशा में पहला क़दम भी नहीं उठाएँगे।

ग़ैर-ज़िम्मेदार व्यक्ति वह है, जो अब भी असल ज़िंदगी के शुरू होने का इंतज़ार कर रहा है। इस तरह का व्यक्ति अपनी सारी रचनात्मक ऊर्जा का इस्तेमाल अपनी असफलता को छिपाने के विस्तृत बहाने बनाने में करता है। प्रगति करने के लिए वह लॉटरी टिकट ख़रीदता है और घर जाकर टीवी देखता है। हम इस बारे में अध्याय सात में विस्तार से बात करेंगे।

लोगों के लक्ष्य नहीं बनाने का *तीसरा* कारण अपराधबोध और अक्षमता की गहरी भावनाएँ हैं। जो व्यक्ति मानसिक और भावनात्मक रूप से इतना नीचे है कि उसे "तली देखने के लिए भी ऊपर देखना" पड़ता है, वह आत्मविश्वास और आशावादी नज़रिए से महीनों या बरसों के लक्ष्य तय नहीं करेगा। जो व्यक्ति नकारात्मक माहौल में पला हो, जिससे उसके मन में "क्या फ़र्क़ पड़ता है?" और "मैं उतना लायक़ नहीं हूँ" जैसे नज़रिए व अक्षमता की भावनाएँ आ जाती हैं, उसमें गंभीर लक्ष्य बनाने की क्षमता ही नहीं होती।

लोगों के लक्ष्य तय नहीं करने का *चौथा* कारण यह है कि उन्हें लक्ष्यों के महत्व का एहसास ही नहीं होता। अगर आप ऐसे परिवार में बड़े हुए हों, जिसमें आपके माता-पिता के पास लक्ष्य न हों, लक्ष्यों को तय करना व हासिल करना

पारिवारिक चर्चा का नियमित विषय न हो, तो आप वयस्क बनने तक यह कभी जान ही नहीं पाएँगे कि खेल जगत से बाहर भी लक्ष्य जैसी कोई चीज़ होती है।

अगर आप ऐसे सामाजिक दायरे में रहते हैं, जिसमें लोगों के पास स्पष्ट और निश्चित लक्ष्य न हों, तो आपके लिए यह मानना स्वाभाविक होगा कि लक्ष्य ज़िंदगी का महत्वपूर्ण हिस्सा नहीं हैं। चूँकि आपके आस-पास के ८० प्रतिशत लोग कहीं भी नहीं जा रहे हैं, इसलिए अगर आप सावधान नहीं रहे, तो आप भी अंत में भीड़ के साथ भटकते रहेंगे, अनुयायियों का अनुसरण करते रहेंगे और उन्हीं की तरह किसी मंज़िल पर नहीं पहुँच पाएँगे।

अगर लोगों को पता होता कि उनकी सभी आशाएँ, सपने, योजनाएँ, आकांक्षाएँ और महत्वाकांक्षाएँ लक्ष्य तय करने की उनकी योग्यता और इच्छा पर निर्भर हैं - अगर लोगों को एहसास होता कि लक्ष्य सुखी और सफल जीवन के लिए कितने महत्वपूर्ण हैं - तो मुझे लगता है कि आज ज़्यादातर लोगों के पास लक्ष्य होते।

लोगों के लक्ष्य तय नहीं करने का *पाँचवाँ* कारण यह है कि वे यह जानते ही नहीं हैं कि ऐसा कैसे किया जाता है। अगर आप हमारे समाज में यूनिवर्सिटी डिग्री लेते हैं, तो इसका मतलब यह है कि आपने पंद्रह से सोलह साल तक की शिक्षा ली है। बहरहाल, इस दौरान लक्ष्य निर्धारण के विषय पर आपको कभी एक घंटे का भी मार्गदर्शन नहीं मिला, हालाँकि लक्ष्य निर्धारण आपकी दीर्घकालीन ख़ुशी के लिए किसी भी दूसरे विषय से ज़्यादा महत्वपूर्ण है। लोग एक और बड़ी ग़लती कर बैठते हैं। वे यह मान लेते हैं कि उन्हें *पहले से ही* पता है कि लक्ष्य कैसे तय करना है। जिस व्यक्ति की समझ बहुत शुरुआती स्तर की हो, लेकिन वह ख़ुद को बहुत योग्य समझने लगे, तो जीवन में असफलता का बहुत बड़ा ख़तरा पैदा हो जाता है।

मैं बीस साल से ज़्यादा समय से लक्ष्य निर्धारण तकनीकों का अध्ययन और अभ्यास कर रहा हूँ। मैं लाखों लोगों को सिखा चुका हूँ कि वे अपने जीवन के लिए लक्ष्य कैसे तय करें। इसके अलावा मैं बिलियन डॉलर कंपनियों के लिए रणनीतिक नियोजन और लक्ष्य निर्धारण कर चुका हूँ। बहुत कम लोगों ने इस विषय पर मेरे जितना अध्ययन और अमल किया है, लेकिन मैं अब भी महसूस करता हूँ कि मुझे बहुत कुछ सीखना है। अगर कोई सचमुच लक्ष्य तय करने की कला जानता है, तो वह शायद बहुत अमीर या बहुत ख़ुश या फिर दोनों है।

लोगों के लक्ष्य तय नहीं करने का *छठा* कारण अस्वीकृति या *आलोचना का* डर है। बचपन से ही दूसरों की आलोचना या हँसी हमारे दिली सपनों और आशाओं को तमाचे जैसी लगी है। शायद हमारे माता-पिता यह नहीं चाहते थे कि हम ज़्यादा ऊँची आशाएँ रखें या निराश हों, इसलिए उन्होंने जल्दी ही हमें वे सारे कारण बता

दिए कि हम अपने लक्ष्य क्यों हासिल नहीं कर पाएँगे। हमारे भाई-बहन और दोस्त यह सोचने के लिए हमारी हँसी उड़ाते थे कि हम ऐसे व्यक्ति बन सकते हैं या ऐसे काम कर सकते हैं, जिनकी वे स्वयं के लिए कल्पना भी नहीं कर सकते। ये प्रभाव ख़ुद के और लक्ष्य निर्धारण के प्रति आपके नज़रिए को बरसों तक प्रभावित कर सकते हैं।

बच्चे मूर्ख नहीं होते। वे जल्दी ही सीख जाते हैं कि "अगर आप साथ रहना चाहते हैं, तो आपको साथ चलना होता है।" जब किसी बच्चे को नए विचार, सपने या लक्ष्य बताने पर लगातार आलोचना या हताशा मिलती है, तो वह उनके बारे में सोचना बंद कर देता है। वह सुरक्षित खेल खेलने, ख़ुद को सस्ते में बेचने और जीवन में कम उपलब्धि हासिल करने की आजीवन प्रक्रिया शुरू कर देता है। यही नहीं, वह इसे अवश्यंभावी मानता है, जिससे बचा नहीं जा सकता।

आलोचना या मूर्ख दिखने के इस डर का समाधान आसान है : *अपने लक्ष्य गोपनीय रखें।* किसी को भी न बताएँ। सभी सफल लक्ष्य निर्धारक अंततः अपने लक्ष्य ख़ुद तक सीमित रखना सीख लेते हैं। अगर किसी को यह पता ही नहीं है कि आपके लक्ष्य क्या हैं, तो वह आप पर हँस नहीं सकता या आपकी आलोचना नहीं कर सकता।

गोपनीयता के इस अभ्यास के दो अपवाद हैं। पहला, वे लोग, जिनकी मदद की ज़रूरत आपको अपने लक्ष्य हासिल करने के लिए होगी, जैसे आपका बॉस या जीवनसाथी।

दूसरा अपवाद यह कि आप दूसरे लक्ष्य-केंद्रित लोगों को अपने लक्ष्य बता सकते हैं, जो आपको उस दिशा में जाने के लिए प्रोत्साहित करेंगे, जहाँ आप जाना चाहते हैं। आपको यह नीति भी बना लेनी चाहिए कि आप हर उस व्यक्ति को प्रोत्साहित करेंगे, जिसके पास कोई लक्ष्य हो। उसे बताएँ कि वह "दिलोजान से उसे साकार करने की कोशिश करे!" उसे बताएँ, "आप यह काम कर सकते हैं।" दूसरों को प्रोत्साहित करने से आप भी प्रेरित होंगे। यह बोने और फ़सल काटने के नियम के सबसे अच्छे उदाहरणों में से एक है। अगर आप चाहते हैं कि दूसरे आपको प्रोत्साहित करें, तो हर अवसर पर उन्हें भी प्रोत्साहित करें।

लोगों के लक्ष्य तय नहीं करने का *सातवाँ* और सबसे प्रबल कारण है असफलता का डर। मैं बता नहीं सकता कि *कितनी बार असफलता का डर व्यक्ति की सफलता की राह में सबसे बड़ी बाधा होता है।* यह लोगों को उनके आरामदेह दायरों में क़ैद रखता है। इसी कारण वे साल दर साल सिर झुकाकर काम करते हैं और सुरक्षित खेलते रहते हैं।

असफलता का डर इस तरह के नज़रिए में व्यक्त होता है, "मैं नहीं कर सकता, मैं नहीं कर सकता, मैं नहीं कर सकता।" यह बचपन में ही सीख लिया जाता है। जब आपके गड़बड़ कामों की वजह से माता-पिता आपकी विनाशकारी आलोचना करते थे और सज़ा देते थे, तभी से यह डर आपके दिमाग़ में बैठ जाता है। एक बार आपके अवचेतन मन में जड़ें जमा लेने के बाद यह डर आशा को पंगु बनाने और महत्वाकांक्षा का गला घोंटने के लिए जितना कुछ करता है, उतना कोई और भावना नहीं करती।

असफलता के डर की प्रमुख वजह यह है कि ज़्यादातर लोग सफलता पाने में असफलता की भूमिका को ही नहीं समझते। नियम सिर्फ़ यह है : *बिना असफल हुए सफल होना असंभव है।* असफलता सफलता की पूर्व-शर्त है। मानवीय इतिहास के सबसे सफल लोग सबसे असफल भी रहे हैं। जिस साल बेब रूथ बेसबॉल के होम रन किंग बने, उसी साल उन्होंने बाक़ी किसी भी खिलाड़ी से ज़्यादा गेंदें छोड़ीं।

सफलता आँकड़ों का खेल है। आप कितनी चीज़ों की कोशिश करते हैं, उसका इस बात से सीधा संबंध होता है कि अंततः सफल होने की आपकी कितनी संभावना है। भले ही आप बेसबॉल के सबसे बुरे खिलाड़ी हों, लेकिन अगर आप पूरे दिल से प्लेट पर आने वाली हर बॉल पर बैट घुमाते हैं, तो अंततः आप बॉल हिट कर ही देंगे, और अगर आप बल्ला घुमाते रहेंगे, तो आख़िरकार आपको होम रन मिल ही जाएगा। महत्वपूर्ण बात पूरी ताक़त से बल्ला घुमाना और घुमाते रहना है और कभी-कभार बॉल छूटने की चिंता नहीं करनी है।

थॉमस एडिसन आधुनिक युग के सबसे सफल आविष्कारक थे। उन्हें 1,093 आविष्कारों के पेटेंट मिले थे, जिनमें से 1,052 का उनके जीवनकाल में ही व्यावसायिक उत्पादन शुरू हो गया था। लेकिन आविष्कारक के रूप में वे अपने युग के सबसे असफल व्यक्ति भी थे। वे जितनी बार, जितने प्रयोगों में, जितने प्रोडक्ट्स विकसित करने के प्रयास में असफल हुए, उतना कोई अन्य वैज्ञानिक या बिज़नेसमैन नहीं हुआ। उन्हें 11,000 से अधिक प्रयोग करने पड़े, तब कहीं जाकर वे आख़िरकार कार्बन-इम्प्रेगनेटेड फ़िलामेंट को खोज पाए, जिससे बिजली के पहले बल्ब का उत्पादन संभव हुआ।

एक कहानी है कि एडिसन जब 5,000 से ज़्यादा प्रयोग कर चुके थे, तो एक युवा पत्रकार ने उनसे पूछा कि 5,000 बार असफल होने के बाद भी वे इन प्रयोगों में क्यों जुटे हुए हैं। एडिसन ने जवाब दिया था, "यंग मैन, तुम समझते नहीं हो कि दुनिया कैसे काम करती है। मैं पूरी तरह असफल नहीं हुआ हूँ। मैंने ऐसे 5,000 तरीक़े सफलतापूर्वक जान लिए हैं, जो कारगर नहीं हैं। इस तरह मैं कारगर तरीक़े

के 5,000 गुना ज़्यादा क़रीब पहुँच चुका हूँ।"

नेपोलियन हिल ने कहा था, "हर विपत्ति के भीतर उसके समान या उससे बड़े अवसर या लाभ का बीज छिपा होता है।" अस्थायी असफलता से निबटने का तरीक़ा हर विपत्ति के भीतर छिपा मूल्यवान सबक़ खोजना है। हर मुश्किल के पास इस तरह जाएँ, जैसे उसे उस पल आपको कोई न कोई बात सिखाने के लिए भेजा गया हो, जिसकी ज़रूरत आपको प्रगति करने के लिए होगी।

"विपरीत-मनोरोगी" बनें। ख़ुद को बताएँ कि हर घटना आपको लक्ष्य हासिल करने की ओर बढ़ा रही है, भले ही अल्पकालीन असफलताएँ आपको उनसे दूर ले जाती दिख रही हों। अच्छाई की तलाश करें। महान सफलताएँ लगभग हमेशा ही बहुत सी असफलताओं के बाद मिलती हैं। असफलताओं से जो सबक़ सीखे जाते हैं, अंततः उन्हीं से सफलता संभव होती है।

पहले से ही तय कर लें कि आप हर विपत्ति को ज़्यादा मेहनत करने की प्रेरणा मानेंगे, ख़ासकर बिज़नेस और सेल्स में। इसके साथ ही यह भी मानें कि आप असफलता के हर अनुभव के बाद सफलता के ज़्यादा क़रीब पहुँच रहे हैं।

अस्थायी पराजय को साइनपोस्ट की तरह देखें, जिस पर लिखा है, "ठहरो, इसके बजाय इस मार्ग से जाओ।" लीडर्स का एक गुण यह होता है कि वे कभी *असफलता* या *पराजय* जैसे शब्दों का प्रयोग नहीं करते। इसके बजाय वे "सीखने के मूल्यवान अनुभव" या "अस्थायी झटके" जैसे शब्दों का प्रयोग करते हैं।

महान फ़ुटबॉल कोच विन्स लॉम्बार्डी में भी यही भावना थी। एक मैच में ग्रीन बे पैकर्स की टीम हार गई। उसके बाद एक रिपोर्टर ने लॉम्बार्डी से पूछा कि उन्हें हारने को लेकर कैसा महसूस हो रहा है। लॉम्बार्डी ने जवाब दिया, "हम हारे नहीं हैं, हमारे पास तो समय ख़त्म हो गया था।"

आप असफलता के डर से उबरना सीख सकते हैं। इसका तरीक़ा यह है कि आप अपने लक्ष्यों को पूरी तरह स्पष्ट कर लें और यह स्वीकार कर लें कि अस्थायी झटके और बाधाएँ वह अनिवार्य क़ीमत है, जो आप जीवन में किसी भी महान सफलता को पाने के लिए चुकाते हैं।

लक्ष्य निर्धारण के सिद्धांत

लक्ष्य तय करना एक सशक्त और जीवन बदलने वाला अनुभव हो सकता है, बशर्ते आप इसे सही तरीक़े से करें। लक्ष्य तय करने के पाँच मूलभूत सिद्धांत हैं, जो

अधिकतम उपलब्धि के लिए अनिवार्य हैं।

पहला है *सामंजस्य* (congruency) का सिद्धांत। सर्वश्रेष्ठ प्रदर्शन के लिए आपके लक्ष्य और आपके जीवनमूल्य आपस में इस तरह फ़िट होने चाहिए, जिस तरह दस्ताने में हाथ फ़िट होता है। आपके जीवनमूल्यों का मतलब है इस बारे में आपके गहनतम विश्वास कि आपके लिए क्या सही है और क्या ग़लत, क्या अच्छा है और क्या बुरा और क्या महत्वपूर्ण तथा सार्थक है। उच्च प्रदर्शन और उच्च आत्मसम्मान तभी संभव होता है, जब आपके लक्ष्य और जीवनमूल्य एक-दूसरे के पूरे सामंजस्य में होते हैं।

लक्ष्य तय करने का दूसरा सिद्धांत आपकी *उत्कृष्टता का क्षेत्र* है। हर व्यक्ति में किसी न किसी क्षेत्र में उत्कृष्ट बनने की क्षमता होती है - शायद कई क्षेत्रों में। आप अपनी पूरी क्षमता तक सिर्फ़ तभी पहुँच सकते हैं, जब आप अपनी उत्कृष्टता का क्षेत्र खोज लें और फिर पूरे दिल से उस क्षेत्र में अपने गुणों को विकसित करने में जुट जाएँ।

आप तब तक कभी ख़ुश या संतुष्ट नहीं होंगे, जब तक आप अपने दिल की इच्छा नहीं खोज लेते और उसके प्रति अपना जीवन समर्पित नहीं कर देते। यह एक ऐसी चीज़ है, जिसे आप उत्कृष्ट तरीक़े से कर सकते हैं, क्योंकि यह आपकी उत्कृष्टता का क्षेत्र है। अगर आपने इसे अब तक नहीं पहचाना है, तो पहचान लें।

उत्कृष्टता का आपका क्षेत्र आपके करियर के विकास के साथ बदल सकता है, लेकिन सचमुच सफल लोग हमेशा अपनी उत्कृष्टता के क्षेत्र को खोज लेते हैं और फिर उसी में काम करते हैं। आपका उत्कृष्टता का क्षेत्र हमेशा वह काम होता है, जिसमें आपको सबसे ज़्यादा आनंद आता है और जिसे आप बहुत अच्छी तरह करते हैं।

लक्ष्य तय करने का तीसरा सिद्धांत *एकर्स ऑफ़ डायमंड्स* अवधारणा है। *एकर्स ऑफ़ डायमंड्स (हीरों की खान)* रसेल कॉनवेल नामक पादरी के भाषण का शीर्षक था। यह भाषण इतना लोकप्रिय हो गया कि उनसे इसे शब्दशः पाँच हज़ार बार से ज़्यादा देने का आग्रह किया गया।

कहानी में एक बूढ़ा अफ़्रीकी किसान एक दिन यह सुनकर बहुत रोमांचित हो गया कि अफ़्रीका जाने वाले एक व्यापारी ने वहाँ हीरों की खानें खोज लीं और बेहद दौलतमंद बन गया। वह किसान भी बहुत दौलतमंद बनना चाहता था, इसलिए उसने अपने खेत बेच दिए, कारवाँ इकट्ठा किया और हीरे खोजने के लिए अफ़्रीका के जंगलों की तरफ़ चल दिया।

कई सालों तक वह अफ़्रीका में हीरों की खोज में जुटा रहा। अंततः उसका

सारा पैसा ख़त्म हो गया और उसके सारे संगी-साथी उसे छोड़कर चले गए। आख़िरकार ज़िंदगी से हताश होकर उसने समुद्र में कूदकर अपनी जान दे दी।

इस दौरान उसने जो खेत बेचा था, वहाँ एक नया किसान एक दिन एक गधे को खेत से होकर गुज़रने वाली जलधारा में पानी पिला रहा था। उसे एक अजीब सा पत्थर मिला, जो बहुत चमक रहा था। वह उसे घर ले आया, लेकिन उसने उस पत्थर के बारे में कुछ नहीं सोचा। कुछ महीनों बाद अफ़्रीका से लौटा वो व्यापारी रात को उस खेत पर रुका। उस पत्थर को देखकर वह बहुत रोमांचित हो गया और उसने नए किसान से पूछा कि क्या बूढ़ा किसान आख़िरकार लौट आया है। उसे बताया गया, नहीं, बूढ़ा किसान नहीं लौटा, लेकिन वह इतना रोमांचित क्यों है ?

व्यापारी ने पत्थर उठाकर कहा, "यह बेशक़ीमती हीरा है।" नए किसान को विश्वास नहीं हुआ, लेकिन व्यापारी ने नए किसान से वह जगह दिखाने को कहा, जहाँ उसे वह हीरा मिला था। वे खेत से बहती जलधारा के पास पहुँचे और जब उन्होंने आस-पास तलाश की, तो उन्हें एक और हीरा मिल गया, फिर एक और, फिर एक और। बाद में यह पता चला कि पूरे खेत में हीरे ही हीरे दबे हुए थे। बूढ़ा किसान अपने पैरों तले देखे बिना ही हीरों की खोज में अफ़्रीका चला गया था।

इस कहानी का सबक़ यह है कि बूढ़े किसान को यह एहसास ही नहीं था कि हीरे अनगढ़ रूप में हीरों जैसे नहीं दिखते। वे अप्रशिक्षित आदमी को पत्थर जैसे दिखते हैं। हीरे के पत्थर को काटना, तराशना और चमकाना पड़ता है, तब कहीं जाकर वह उस हीरे जैसा दिखता है, जो आपको आभूषणों की दुकान में मिलता है।

इसी तरह आपके हीरों का खेत भी शायद आपके पैरों तले हो। लेकिन आम तौर पर हीरों की खान कड़ी मेहनत के रूप में आती है। "अवसर मज़दूरों के कपड़ों के रूप में आते हैं।"

आपकी हीरों की खान शायद आपकी प्रतिभाओं, आपकी रुचियों, आपकी शिक्षा, आपकी पृष्ठभूमि और अनुभव, आपके उद्योग, आपके शहर, आपके संबंधों में हो। आपकी हीरों की खान शायद आपके क़दमों तले ही हो, बशर्ते आप उसे पहचानने का समय निकालें और फिर उस पर मेहनत करें।

मैंने पहले थियोडोर रूज़वेल्ट का जो कथन बताया था, उसे याद रखें, "आपके पास जो भी है, आप जहाँ भी हैं, उसके साथ वह करें, जो आप कर सकते हैं।" आपको देश के दूसरे सिरे तक जाने या अपने जीवन में कोई बड़ी उथल-पुथल करने की ज़रूरत नहीं है। ज़्यादातर मामलों में आप जिस चीज़ की खोज कर रहे हैं, वह आपके क़रीब ही है। लेकिन वह सतह पर अवसर जैसी नहीं दिखती। ज़्यादातर मामलों में आपको महान अवसर बस मेहनत, कड़ी मेहनत जैसा दिखेगा।

लक्ष्य तय करने में सफलता पाने का चौथा सिद्धांत है संतुलन का सिद्धांत। यह सिद्धांत बताता है कि आपको अपना सर्वश्रेष्ठ प्रदर्शन करने के लिए जीवन के छह महत्वपूर्ण क्षेत्रों में कई लक्ष्य बनाने की ज़रूरत है। जिस तरह कार के पहिए को सही चलने के लिए संतुलन की ज़रूरत होती है, उसी तरह आपकी ज़िंदगी के सही चलने के लिए भी लक्ष्यों में संतुलन की ज़रूरत होती है।

आपको पारिवारिक और व्यक्तिगत लक्ष्यों की ज़रूरत है। आपको शारीरिक और स्वास्थ्य संबंधी लक्ष्यों की ज़रूरत है। आपको मानसिक और बौद्धिक लक्ष्यों की ज़रूरत है और अध्ययन व व्यक्तिगत विकास के लक्ष्यों की भी। आपको करियर और काम संबंधी लक्ष्यों की ज़रूरत है। आपको आर्थिक व भौतिक लक्ष्यों की ज़रूरत है। अंततः आपको आध्यात्मिक लक्ष्यों की ज़रूरत है, जिनका उद्देश्य आंतरिक विकास और आध्यात्मिक ज्ञान हो।

उचित संतुलन क़ायम रखने के लिए आपको हर क्षेत्र में दो-तीन लक्ष्यों की ज़रूरत होती है, यानी कुल मिलाकर बारह से अठारह लक्ष्यों की। ये संतुलन आपको लगातार उस चीज़ पर काम करने में समर्थ बनाएगा, जो आपके लिए महत्वपूर्ण है। आप जब अपनी नौकरी के लक्ष्यों पर काम न कर रहे हों, तो अपने पारिवारिक लक्ष्यों पर काम कर सकते हैं। आप जब शारीरिक फ़िटनेस पर काम न कर रहे हों, तो व्यक्तिगत और व्यावसायिक विकास पर काम कर सकते हैं। आप जब साधना, मनन और अन्य आंतरिक विकास कार्य न कर रहे हों, तो अपने भौतिक लक्ष्यों पर काम कर सकते हैं। आपका लक्ष्य अपने जीवन को प्रगति और उपलब्धि का सतत प्रवाह बनाना होना चाहिए।

लक्ष्य तय करने का पाँचवाँ सिद्धांत है जीवन में अपना प्रमुख उद्देश्य तय करना। आपका *प्रमुख उद्देश्य* आपका नंबर वन लक्ष्य है - वह लक्ष्य जो इस वक़्त आपके लिए किसी भी दूसरे लक्ष्य की प्राप्ति से ज़्यादा महत्वपूर्ण है। आपके पास लक्ष्य तो बहुत सारे हो सकते हैं, लेकिन प्रमुख केंद्रीय उद्देश्य सिर्फ़ एक ही हो सकता है। एक सबसे प्रमुख, सबसे महत्वपूर्ण लक्ष्य चुनने की असफलता ही वह मूल कारण है, जिससे कोशिशें बँट जाती हैं, समय बर्बाद होता है और व्यक्ति कुछ हासिल नहीं कर पाता।

आप अपना सबसे प्रमुख लक्ष्य कैसे चुनें? इसका तरीक़ा यह है कि आप अपने सभी लक्ष्यों का विश्लेषण करके पूछें, “वह कौन सा लक्ष्य है, जिसे हासिल करने के बाद मुझे अपने बाक़ी सभी लक्ष्यों को हासिल करने में सबसे ज़्यादा मदद मिलेगी?”

आम तौर पर यह आर्थिक या व्यावसायिक लक्ष्य होता है, लेकिन कई बार

यह स्वास्थ्य या संबंधों से जुड़ा लक्ष्य भी हो सकता है। आपके प्रमुख उद्देश्य का चुनाव ही समस्त महान सफलता और उपलब्धि का शुरुआती बिंदु है। यह लक्ष्य आपका "मिशन", आपकी बाक़ी सारी गतिविधियों का व्यवस्थापक सिद्धांत बन जाता है। आपका प्रमुख उद्देश्य वह उत्प्रेरक बन जाता है, जो विश्वास, आकर्षण और अनुरूपता के नियमों को सक्रिय कर देता है। आप जब किसी प्रमुख स्पष्ट लक्ष्य को हासिल करने के बारे में रोमांचित होते हैं, तो तमाम बाधाओं और सीमाओं के बावजूद तेज़ी से आगे बढ़ने लगते हैं। मानसिक ब्रह्मांड की सारी शक्तियाँ आपके पक्ष में काम करने लगती हैं। आप प्रकृति की सबसे प्रबल शक्ति बन जाते हैं। आप ऐसे इंसान बन जाते हैं, जिसे रोका नहीं जा सकता।

लक्ष्य निर्धारण के नियम

प्रभावी लक्ष्य निर्धारण के लिए कई महत्वपूर्ण नियम हैं।

पहली बात, आपके लक्ष्य एक-दूसरे के विरोध में नहीं, बल्कि *सामंजस्य* में होने चाहिए। आपका लक्ष्य अगर आर्थिक दृष्टि से सफल होना या अपना सफल बिज़नेस बनाना है, तो उसके साथ ही आप गोल्फ़ कोर्स या समुद्र तट पर अपना आधा दिन बिताने का लक्ष्य नहीं रख सकते। आपके लक्ष्यों को एक-दूसरे को सहारा और बल देना होगा।

दूसरी बात, आपके लक्ष्यों को *चुनौतीपूर्ण* होना चाहिए। वे असंभव नहीं होने चाहिए, लेकिन इतने मुश्किल ज़रूर होने चाहिए ताकि आपको थोड़ी ज़्यादा कोशिश करनी पड़े। जब आप शुरुआत में लक्ष्य तय करते हैं, तो उनमें सफलता की 50 प्रतिशत या उससे बेहतर संभावना होनी चाहिए। संभावना का यह स्तर प्रेरणा के लिए आदर्श है, लेकिन इतना मुश्किल भी नहीं है कि आप जल्दी ही हताश हो जाएँ। जब आप लक्ष्य तय करने और उन्हें हासिल करने की थोड़ी-बहुत योग्यता विकसित कर लें, तो आप ज़्यादा विश्वास से ऐसे लक्ष्य तय कर सकते हैं, जिनमें सफलता की सिर्फ़ 40 प्रतिशत या 30 प्रतिशत या 20 प्रतिशत संभावना हो। ये लक्ष्य ज़्यादा चुनौतीपूर्ण होंगे, लेकिन पुराने अनुभव की बदौलत आप उन्हें हासिल करने की कोशिश करते समय प्रेरित और रोमांचित रहेंगे।

तीसरी बात, आपके पास मूर्त और अमूर्त दोनों तरह के लक्ष्य होने चाहिए, *संख्यावाचक* भी और *गुणात्मक* भी। आपके पास मूर्त लक्ष्य होने चाहिए, जिन्हें आप *नाप* सकें और जिनका आप *निष्पक्षता* से मूल्यांकन कर सकें। साथ ही, आपके पास अपने आंतरिक जीवन और संबंधों के लिए गुणात्मक लक्ष्य भी होने चाहिए।

अपने परिवार के लिए ज़्यादा बड़ा मकान एक संख्यावाचक लक्ष्य हो सकता है। अपने परिवार के लिए गुणात्मक लक्ष्य अधिक धैर्यवान और प्रेमपूर्ण व्यक्ति बनना हो सकता है। ये दोनों लक्ष्य एक साथ अच्छी तरह फ़िट हो जाते हैं। ये भीतरी और बाहरी दोनों पहलुओं को संतुलित करते हैं।

चौथी बात, आपको *अल्पकालीन* और *दीर्घकालीन* दोनों तरह के लक्ष्यों की ज़रूरत होती है। आपको आज के लिए लक्ष्यों की ज़रूरत है ... और आज से पाँच, दस और बीस साल बाद के लिए भी।

बिज़नेस, करियर और व्यक्तिगत नियोजन के लिए आदर्श अल्पकालीन लक्ष्य लगभग नब्बे दिनों का होता है। इन्हीं क्षेत्रों में आदर्श दीर्घकालीन अवधि दो से तीन साल है। ये अवधियाँ सतत प्रेरणा के लिए आदर्श लगती हैं।

सबसे प्रमुख लक्ष्य या उद्देश्य संख्यात्मक तथा चुनौतीपूर्ण होता है और इसकी अवधि दो से तीन साल होती है। फिर आप इसे नब्बे दिन के टुकड़ों में विभाजित कर सकते हैं और इसके बाद महीने, सप्ताह और हर दिन के उप-लक्ष्यों में बदल सकते हैं, ताकि आप अपनी प्रगति का मूल्यांकन कर सकें और उसे नाप सकें।

आदर्श जीवन केंद्रित, उद्देश्यपूर्ण, सकारात्मक और व्यवस्थित होता है, ताकि आप अपने महत्वपूर्ण लक्ष्यों की तरफ़ हर दिन, हर घंटे बढ़ते रहें। आप हमेशा जानते हैं कि आप क्या और क्यों कर रहे हैं। आपमें आगे बढ़ने की गति का सतत एहसास होता है। आप अधिकांश समय "विजेता" जैसा महसूस करते हैं।

लक्ष्य निर्धारित करने वाले, लक्ष्य हासिल करने वाले, भविष्य केंद्रित व्यक्ति बनने का निर्णय आपको नियंत्रण का ज़बर्दस्त एहसास देता है। आप ख़ुद के बारे में अद्भुत महसूस करते हैं। आप ख़ुद को अपनी तक़दीर का मालिक मानने लगते हैं।

अपने लक्ष्यों की ओर प्रगति करने से आपका आत्मसम्मान बढ़ता है। आप ख़ुद को ज़्यादा पसंद करते हैं और अपना ज़्यादा सम्मान करते हैं। आपका व्यक्तित्व बेहतर बनता है और आप ज़्यादा सकारात्मक तथा आत्मविश्वासी बन जाते हैं। आप ख़ुश होते हैं और जीवन के बारे में रोमांचित महसूस करते हैं। आप अपनी क्षमता के बाँध के दरवाज़े खोल देते हैं और तेज़ी से आगे बढ़ने लगते हैं - वह बनने के लिए, जो आप बनना चाहते हैं।

अपने लक्ष्यों को कैसे पहचानें

यहाँ लक्ष्य तय करने के सात सवाल दिए जा रहे हैं, जो आपको ख़ुद से बार-बार

पूछने चाहिए और उनका जवाब भी देना चाहिए। मेरा सुझाव है कि आप एक पैड उठाकर अपनी प्रतिक्रियाएँ लिख लें।

पहला सवाल :

जीवन में आपके लिए सबसे महत्वपूर्ण पाँच जीवनमूल्य (values) कौन से हैं ?

इस सवाल का इरादा यह स्पष्ट करना है कि आपके लिए कौन सी चीज़ें सचमुच महत्वपूर्ण हैं। इससे आपको यह भी पता चल जाएगा कि कौन सी चीज़ें आपके लिए कम महत्वपूर्ण या महत्वहीन हैं।

जीवन में अपने लिए पाँच सबसे महत्वपूर्ण चीज़ों को पहचानने के बाद उन्हें प्राथमिकता के क्रम में व्यवस्थित कर लें। सबसे ऊपर यानी पहले नंबर पर सबसे महत्वपूर्ण चीज़ लिखें और इसी तरह पाँचवें नंबर तक लिखते चलें।

अपने जीवनमूल्यों को चुनना और उन्हें महत्व के क्रम में ज़माना लक्ष्य तय करने से पहले होता है। चूँकि आप अंदर से बाहर की ओर जीते हैं और आपके जीवनमूल्य आपके व्यक्तित्व के मूल घटक हैं, इसलिए उनके बारे में स्पष्टता ज़रूरी है। तभी आप ऐसे लक्ष्य चुन सकते हैं, जो आपके लिए सबसे अच्छे साबित होंगे।

दूसरा सवाल :

इस वक़्त जीवन में आपके तीन सबसे महत्वपूर्ण लक्ष्य क्या हैं ?

इस सवाल का जवाब तीस सेकंड में लिख दें।

इसे "फटाफट सूची" विधि कहा जाता है। जब आपके पास अपने तीन सबसे महत्वपूर्ण लक्ष्यों को लिखने के लिए सिर्फ़ तीस सेकंड का समय होता है, तो आपका अवचेतन मन आपके कई लक्ष्यों को फ़ौरन क्रम में जमा देता है। आपके तीन सबसे बड़े लक्ष्य आपके चेतन मन में फ़ौरन आ जाएँगे। सिर्फ़ तीस सेकंड में भी आप उतने ही सटीक होंगे, जितने कि तीस मिनट में हो सकते हैं।

तीसरा सवाल :

अगर आपको आज मालूम हो जाए कि आप सिर्फ़ छह महीने जीवित रहेंगे, तो आप किस तरह समय बिताएँगे और क्या करेंगे ?

यह जीवनमूल्य संबंधी एक और सवाल है। इससे यह स्पष्ट होने में मदद मिलती है कि आपके लिए सचमुच महत्वपूर्ण क्या है। जब आपका समय सीमित होता है, भले ही यह कल्पना में हो, तो आप इस बारे में बहुत जागरूक बन जाते हैं कि आप सचमुच किस व्यक्ति और वस्तु की परवाह करते हैं। जैसा एक डॉक्टर ने कहा था, "मैं कभी किसी ऐसे बिज़नेसमैन से नहीं मिला, जिसने अपनी मृत्युशैया

पर कहा हो, 'काश मैंने ऑफ़िस में ज़्यादा समय बिताया होता।'"

किसी ने एक बार कहा था कि आप तब तक जीने के लिए तैयार नहीं होते, जब तक कि आप यह नहीं जान लेते कि धरती पर अपने आख़िरी घंटे में आप क्या करेंगे। आप क्या करेंगे ?

चौथा सवाल :

आप क्या करेंगे, अगर लॉटरी में कल के दिन आप दस लाख करमुक्त डॉलर जीत जाएँ ?

इससे आपकी ज़िंदगी किस तरह बदलेगी ? आप क्या ख़रीदेंगे ? आप क्या करना शुरू करेंगे और क्या करना छोड़ देंगे ? कल्पना करें कि आपके पास अपना जवाब लिखने के लिए सिर्फ़ दो मिनट का समय है और इसके बाद आप उस लिखी हुई चीज़ को हासिल कर लेंगे।

यह सचमुच बेहतरीन सवाल है, जो यह फ़ैसला करने में आपकी मदद करता है कि अगर आपके पास अपनी ज़रूरत का सारा समय और पैसा हो, अगर आपको असफलता का कोई डर न हो, तो आप क्या करेंगे। इस सवाल के सबसे अद्भुत जवाब तब हैं, जब आपको एहसास होता है कि अगर आपके पास चुनने की योग्यता हो, तो आप कितनी सारी चीज़ें अलग तरीक़े से करना चाहेंगे।

पाँचवाँ सवाल :

आप हमेशा से कौन सा काम करना चाहते हैं, लेकिन उसकी कोशिश करने से घबराते हैं ?

यह सवाल इस चीज़ को ज़्यादा स्पष्टता से देखने में आपकी मदद करेगा कि आपके डर आपको अपना मनचाहा काम करने से कहाँ रोक रहे हैं।

छठा सवाल :

आपको क्या करने में सबसे ज़्यादा आनंद आता है ? आपको आत्मसम्मान और व्यक्तिगत संतुष्टि की सबसे महान भावना किस चीज़ से मिलती है ?

यह जीवनमूल्य संबंधी एक और सवाल है, जो यह बता सकता है कि आपको अपने "हृदय की इच्छा" कहाँ खोजनी चाहिए। आप हमेशा उस काम को करते समय सबसे ख़ुश रहेंगे, जिससे आपको सबसे ज़्यादा प्रेम होगा और आपको हमेशा उस काम से सबसे ज़्यादा प्रेम होता है, जो आपको सबसे ज़्यादा जीवंत और संतुष्ट महसूस कराता है। अमेरिका के सबसे सफल लोग हमेशा वही काम करते हैं, जिसमें उन्हें सचमुच मज़ा आता है ... ज़्यादातर समय।

सातवाँ सवाल और शायद सबसे महत्वपूर्ण सवाल :

अगर आपको मालूम हो कि आप असफल नहीं हो सकते, तो वह कौन सी एक बड़ी चीज़ है, जिसका सपना देखने की आप हिम्मत कर सकते हैं ?

कल्पना करें कि एक जिन्न आता है और आपकी एक इच्छा पूरी करने का वादा करता है। जिन्न गारंटी देता है कि आप उस एक चीज़ को करने में पूरी तरह सफल होंगे, चाहे वह छोटी हो या बड़ी, अल्पकालीन हो या दीर्घकालीन। अगर आपको छोटी या बड़ी किसी एक चीज़ में सफलता की पक्की गारंटी हो, तो वह कौन सा रोमांचक लक्ष्य है जो आप अपने लिए तय करेंगे ?

इन सवालों के जवाब में आपने क्या लिखा ? और आख़िरी सवाल "अगर आपको मालूम हो कि आप असफल नहीं हो सकते, तो वह कौन सी एक बड़ी चीज़ है, *जिसका सपना देखने की आप हिम्मत कर सकते हैं ?*" के जवाब में ? आपने चाहे जो लिखा हो, आप वह बन सकते हैं, पा सकते हैं या कर सकते हैं। आपने इसे लिख लिया है, इसका मतलब है कि आप इसे हासिल भी कर सकते हैं। जब आपने यह पहचान लिया है कि आप क्या चाहते हैं, तो आपको ख़ुद से अगला सवाल यह पूछना होगा, "क्या मैं इसे पूरे दिल से चाहता हूँ और क्या मैं क़ीमत चुकाने का इच्छुक हूँ ?"

कुछ मिनट का समय लें और इन सातों सवालों के जवाब लिख लें। एक बार जब आपके जवाब काग़ज़ पर आ जाएँ, तो उन पर नज़र डालें और इस वक़्त जीवन में सिर्फ़ एक को अपने प्रमुख निश्चित उद्देश्य के रूप में चुन लें।

आप सचमुच क्या चाहते हैं, ये तय करने का यह सरल तरीक़ा है। इसे लिखकर आपने ख़ुद को शीर्षस्थ 3 प्रतिशत लोगों में शामिल कर लिया है। आपने वह काम कर दिया है, जो बहुत कम लोग कर पाते हैं। आपने ख़ुद के लिए लिखित लक्ष्य तय कर लिए हैं। अब आप आगे की तरफ़ लंबी छलाँग लगाने के लिए तैयार हैं।

सतत लक्ष्य निर्धारण

अपनी सफलता और ख़ुशी में आप जो सबसे महत्वपूर्ण योगदान दे सकते हैं, वह है सतत लक्ष्य निर्धारण की आदत डालना। ये आदत विकसित करने की कुंजी यह सीखना है कि सोचते-समझते हुए किस तरह एक स्पष्ट, चुनौतीपूर्ण लक्ष्य तय और हासिल किया जाए। जब आप एक विशिष्ट लक्ष्य तय करते हैं और फिर अपनी योजना के अनुसार उसे हासिल करते हैं, तो आप *सकारात्मक सोच* के नज़रिए से आगे बढ़कर *सकारात्मक ज्ञान* के नज़रिए पर पहुँच जाते हैं। आपको अपने मस्तिष्क

में उस बिंदु तक पहुँचना होगा, जहाँ आप बिना किसी शंका के जान जाएँ कि आप अपने लिए जो भी लक्ष्य तय करेंगे, उसे हासिल कर लेंगे। इसके बाद आप एक बिलकुल अलग इंसान बन जाते हैं। आप अपनी तक़दीर के मालिक बन जाते हैं।

उपलब्धि का रोमांच, विपत्ति से उबरने और मुश्किलों के बावजूद जीतने की भावना से आपको ख़ुशी और रोमांच का ऐसा एहसास होता है, जो किसी और स्रोत से नहीं मिल सकता। सतत लक्ष्य निर्धारण की आदत, जिसमें आप अपनी सभी मानसिक शक्तियों का इस्तेमाल करते हैं, जल्दी ही एक सकारात्मक लत बन जाती है। आप उस बिंदु पर पहुँच जाते हैं, जहाँ आप सुबह उठने के लिए बेकरार रहते हैं और रात को बिस्तर पर जाने से चिढ़ते हैं। आप इतने सकारात्मक और आत्मविश्वासी बन जाते हैं कि आपके दोस्त भी आपको आसानी से पहचान नहीं पाते।

आपको जिस सबसे मुश्किल मानसिक बाधा को जीतना है, वह है अकर्मण्यता (inertia), अपने आरामदेह दायरे में दोबारा फिसल जाने और प्रगति करना छोड़कर एक ही जगह पर स्थिर हो जाने की प्रवृत्ति। इसीलिए *चरित्र* की शायद सबसे अच्छी परिभाषा है, "किसी संकल्प को तब भी पूरा करने की योग्यता, जब संकल्प करने वाला मूड गुज़र चुका हो।"

लक्ष्य कोई भी तय कर सकता है और बहुत से लोग करते भी हैं। शायद दुनिया के आधे लोग हर साल 1 जनवरी को बहुत सारे संकल्प करते हैं। लेकिन यह पर्याप्त नहीं है। लक्ष्य किस तरीक़े से तय किए जाते हैं और उन्हें हासिल करने के लिए कैसी योजनाएँ बनाई जाती हैं, उसी से तय होता है कि बाद में क्या होगा। लक्ष्य हासिल करने की अपनी योग्यता को अधिकतम बनाने के लिए आपको एक विधि की ज़रूरत है। एक आज़माई हुई प्रक्रिया की ज़रूरत है, जिसका आप किसी भी लक्ष्य में, किसी भी स्थिति में बार-बार प्रयोग कर सकें, ताकि आपके मस्तिष्क में मनचाही चीज़ हासिल करने के लिए ज़रूरी सभी शक्तियाँ हों।

बारह क़दमों का सिस्टम

आप बारह क़दमों का जो सिस्टम सीखने जा रहे हैं, वह शायद लक्ष्य हासिल करने की प्रक्रिया का आज तक विकसित हुआ सबसे प्रभावी तरीक़ा है। इसका इस्तेमाल करके दुनिया भर के लाखों लोगों ने अपने जीवन में क्रांतिकारी परिवर्तन कर लिया है। इसका इस्तेमाल करके कंपनियों ने ख़ुद को दोबारा संगठित कर लिया है और अपनी सेल्स व लाभ बढ़ा लिया है। यह सरल है, जिस तरह सभी सच्ची चीज़ें

होती हैं, लेकिन यह इतने आश्चर्यजनक रूप से असरदार है कि यह बहुत संदेहवादी लोगों को भी हैरान कर देता है।

इस लक्ष्य-प्राप्ति तंत्र का उद्देश्य आपको उस चीज़ का मानसिक समतुल्य बनाने में समर्थ करना है, जिसे आप अपने बाहरी संसार में हासिल करना चाहते हैं। मस्तिष्क का नियम बताता है कि आपके विचार आपकी वास्तविकता में मूर्त रूप में प्रकट हो जाते हैं। आप जिसके बारे में सोचते हैं, वह बन जाते हैं और हासिल कर लेते हैं। अगर आप किसी चीज़ के बारे में ज़बर्दस्त स्पष्टता और गहनता से सोचते हैं, तो आप इसे जितनी तेज़ी और निश्चितता से पाएँगे, उतना किसी दूसरे तरीक़े से संभव नहीं होगा।

आप अपने मस्तिष्क में जितनी ज़्यादा स्पष्टता से अपना लक्ष्य हासिल हो चुका देखेंगे, वह उतनी ही तेज़ी से बाहर प्रकट होगा। लक्ष्य स्पष्ट देखने और उसके बाहर प्रकट होने के बीच सीधा संबंध है। बारह क़दमों वाला यह तंत्र आपको अमूर्त धुँधलेपन से पूर्ण स्पष्टता तक ले आता है। यह आपको एक ऐसा रनिंग ट्रैक देता है, जिस पर चलकर आप वर्तमान स्थिति से अपनी मनचाही भावी स्थिति तक पहुँच सकते हैं।

पहला क़दम : इच्छा विकसित करें - गहन, ज्वलंत इच्छा। यह प्रेरक शक्ति आपको डर और अकर्मण्यता से उबरने में समर्थ बनाती है, जो ज़्यादातर लोगों को पीछे रोके रखती हैं। लक्ष्य तय करने और उन्हें हासिल करने की राह में सबसे बड़ी बाधा डर है। डर की वजह से ही आप ख़ुद को सस्ते में बेच देते हैं और अपनी क्षमता से कम में संतुष्ट हो जाते हैं। आप जो भी निर्णय लेते हैं, भावना - डर या इच्छा - के आधार पर लेते हैं। इनमें से ज़्यादा प्रबल भावना हमेशा कमज़ोर पर भारी पड़ेगी। एकाग्रता का नियम बताता है कि आप जिस चीज़ पर भी ध्यान केंद्रित करते हैं, वह बढ़ती है। अगर आप अपनी इच्छाओं पर ध्यान केंद्रित करते हैं, अगर आप उनके बारे में सोचते हैं, उनके बारे में लिखते हैं और उन्हें हासिल करने के लिए लगातार योजनाएँ बनाते हैं, तो आपकी इच्छाएँ अंततः इतनी शक्तिशाली बन जाएँगी कि वे आपके डरों पर भारी पड़ेंगी और उन्हें दूर हटा देंगी। कोई ख़ास लक्ष्य पाने की गहन, ज्वलंत इच्छा आपको डर से ऊपर उठने और हर बाधा को पार करके आगे बढ़ने में समर्थ बना देती है।

इच्छा हमेशा *व्यक्तिगत* होती है। आपकी इच्छा इस बात पर निर्भर नहीं होती कि कोई दूसरा आपके लिए क्या चाहता है। आप सिर्फ़ अपने लिए ही किसी चीज़ की इच्छा कर सकते हैं। अपने लक्ष्य, ख़ास तौर पर अपने प्रमुख निश्चित उद्देश्य, को तय करते वक़्त आपको पूरी तरह स्वार्थी होना चाहिए। यह आपका अपना

लक्ष्य होना चाहिए। आपको इस बारे में बिलकुल स्पष्ट होना चाहिए कि आप क्या बनना, पाना या करना चाहते हैं।

आपका प्रमुख निश्चित उद्देश्य क्या है ? आपका सबसे महत्वपूर्ण लक्ष्य क्या है ? अगर आपको किसी एक क्षेत्र में सफलता की गारंटी दे दी जाए, तो आप क्या हासिल करना चाहेंगे ? लक्ष्य-निर्धारण के सात सवालों की समीक्षा करें, जब तक कि आपके सामने यह पूरी तरह स्पष्ट न हो जाए कि आपको सबसे ज़्यादा ख़ुशी किस चीज़ से मिलेगी। आप सचमुच क्या चाहते हैं, यह तय करना हर महान उपलब्धि का शुरुआती बिंदु है।

दूसरा क़दम : विश्वास बढ़ाएँ। अपने अवचेतन मन को सक्रिय करने और जैसा आप सीखेंगे, अपनी अतिचेतन क्षमताओं को विकसित करने के लिए आपके मन में पक्का विश्वास होना चाहिए कि आपके लिए लक्ष्य हासिल करना संभव है। आपको पूरी आस्था होनी चाहिए कि आप उस लक्ष्य के हक़दार हैं और जब आप पूरी तरह तैयार हो जाएँगे तो वह चीज़ आपके पास ज़रूर आएगी। आपको अपनी आस्था और विश्वास का तब तक पोषण करना होगा, जब तक कि वे गहरे होकर इस पूर्ण विश्वास में न बदल जाएँ कि आपका लक्ष्य हासिल हो जाएगा।

विश्वास ही वह उत्प्रेरक है, जो आपकी मानसिक शक्तियों को प्रेरित करता है, इसलिए यह महत्वपूर्ण है कि आपके लक्ष्य यथार्थवादी हों, ख़ास तौर पर शुरुआत में। अगर आपका लक्ष्य ज़्यादा पैसे कमाना है, तो आपको अगले बारह महीनों में अपनी आमदनी 10 या 20 या 30 प्रतिशत बढ़ाने का लक्ष्य बनाना चाहिए। यह विश्वसनीय लक्ष्य है, जिस पर आप ध्यान केंद्रित कर सकते हैं। यह यथार्थवादी है, इसलिए आपको प्रेरित कर सकता है।

आपने अतीत में जो भी हासिल किया है, अगर आपका लक्ष्य उससे बहुत ज़्यादा है, तो आपकी प्रेरणा ख़त्म हो जाती है। चूँकि यह बहुत दूर होना है, इसलिए आपको लगता है कि आप इसकी ओर बहुत कम या ज़रा भी प्रगति नहीं कर रहे हैं। आप आसानी से हताश हो जाते हैं और जल्दी ही आप यह विश्वास करना छोड़ देते हैं कि उसे पाना आपके लिए संभव है।

मेरे मामले को ही लें। जब मैंने पहले-पहल लक्ष्य निर्धारण की इस प्रक्रिया का प्रयोग किया, उस वक़्त मैं 40,000 डॉलर प्रति वर्ष कमा रहा था। मैं सचमुच रोमांचित हो गया और मैंने अगले साल अपनी आमदनी दस गुना बढ़ाकर 4,00,000 डॉलर कमाने का लक्ष्य तय कर लिया।

इसके बाद कुछ नहीं हुआ। मेरी आमदनी में कोई ख़ास बढ़ोतरी नहीं हुई।

4,00,000 डॉलर का लक्ष्य मेरे अब तक के अनुभव के हिसाब से इतना ज़्यादा बड़ा था कि मैं उस पर यक़ीन नहीं कर सकता था, इसलिए मेरे अवचेतन मन ने इस संभावना को स्वीकार करने से ही इंकार कर दिया। उसने मेरे आदेशों को नज़रअंदाज़ कर दिया, क्योंकि लक्ष्य में मेरी सच्ची आस्था नहीं थी। जब मुझे अपनी ग़लती का एहसास हुआ, तो मैंने अपने लक्ष्य को घटाकर 60,000 डॉलर कर लिया, जो पिछले साल से 50 प्रतिशत ज़्यादा था। छह महीने बाद जब मैंने नौकरी बदली, तो वह लक्ष्य हासिल हो गया।

नेपोलियन हिल ने लिखा था, "इंसान का मस्तिष्क जिसके बारे में भी सोच सकता है और यक़ीन कर सकता है, उसे हासिल भी कर सकता है।" बहरहाल, बिलकुल अयथार्थवादी लक्ष्य बनाना ख़ुद को धोखा देना और आप लक्ष्य हासिल करने में ख़ुद को धोखा नहीं दे सकते। इसके लिए तो उन सिद्धांतों के सामंजस्य में कड़ी, व्यावहारिक, क्रमबद्ध मेहनत की ज़रूरत होती है, जिसके बारे में हम बातचीत कर रहे हैं।

अगर आप अपना वज़न कम करना चाहते हैं, तो तीस, चालीस या पचास पौंड कम करने का लक्ष्य तय न करें। इसके बजाय अगले एक-दो महीनों में पाँच पौंड वज़न कम करने का लक्ष्य बनाएँ। जब आप पाँच पौंड घटा लें, तो इसके बाद पाँच पौंड कम करने का नया लक्ष्य तय करें और ऐसा तब तक करते रहें, जब तक कि आप अपना आदर्श वज़न हासिल न कर लें। पाँच पौंड वज़न कम करना विश्वसनीय है, जबकि एक बार में तीस पौंड वज़न कम करना आपकी वर्तमान आत्म-अवधारणा से इतना ज़्यादा बड़ा है कि अवचेतन मन आपकी बात को गंभीरता से लेगा ही नहीं।

आप अपने बच्चों के लिए जो सबसे अच्छे और सहायक काम कर सकते हैं, उनमें से एक है यथार्थवादी और विश्वसनीय लक्ष्य तय करने में उनकी मदद करना। उनमें लक्ष्य तय करने और हासिल करने की आदत डालें। ज़रूरी नहीं है कि वे लक्ष्य बड़े हों। पुरानी कहावत है कि अगर आप सिक्के बचाते हैं, तो नोट अपनी परवाह ख़ुद कर लेंगे। अगर बच्चे छोटे-छोटे लक्ष्य तय करने और हासिल करने की आदत डाल लेते हैं, तो वे बाद में मध्यम आकार के लक्ष्यों की ओर बढ़ेंगे और फिर किसी भी आकार के लक्ष्य हासिल कर सकेंगे।

बड़े लक्ष्य को हासिल करने के लिए बड़ी कोशिशें ज़रूरी हैं। कई बार तो आपको हफ़्तों, महीनों, यहाँ तक कि बरसों की कड़ी मेहनत और तैयारी की ज़रूरत होगी, तब कहीं जाकर आप सचमुच बड़ी चीज़ें हासिल करने के लिए तैयार होंगे। हर क्षेत्र में क़ीमत पहले चुकाएँ। जब तक आप असाधारण प्रतिभाशाली या गुणी

न हों, तब तक ख़ुद के साथ ईमानदार रहें और स्वीकार करें कि अगर कोई लक्ष्य हासिल करने लायक़ है, तो वह धैर्य और लगन से मेहनत करने लायक़ भी है।

कई लोग ऐसे लक्ष्य तय कर लेते हैं, जो उनकी क्षमता से बहुत परे होते हैं। वे उन पर कुछ समय तक मेहनत करते हैं और फिर कोशिश करना छोड़ देते हैं। हताश हो जाते हैं और इस नतीजे पर पहुँचते हैं कि लक्ष्य निर्धारण की तकनीक कारगर नहीं है, कम से कम उनके लिए तो हर्गिज़ नहीं। ऐसा होने का मूलभूत कारण यह है कि उन्होंने बहुत जल्दी, बहुत ज़्यादा करने की कोशिश की।

आपकी ज़िम्मेदारी यह है कि आप एक सकारात्मक मानसिक नज़रिया बनाएँ और उसे क़ायम रखें। विश्वासपूर्वक अपेक्षा रखें कि अगर आप सही तरीक़े से सही काम करते रहेंगे, तो अंततः आप ऐसे लोगों और संसाधनों को अपनी ओर आकर्षित कर लेंगे, जिनके माध्यम से आप निश्चित अवधि में अपने लक्ष्य तक पहुँच सकेंगे।

तीसरा क़दम : लक्ष्य लिख लें। जो लक्ष्य लिखे नहीं जाते, वे लक्ष्य नहीं होते। वे तो सिर्फ़ इच्छाएँ या फंतासियाँ होती हैं। इच्छा एक ऐसा लक्ष्य है, जिसके पीछे कोई ऊर्जा नहीं होती। जब आप लक्ष्य को किसी काग़ज़ पर लिख लेते हैं, तो आप उसे मूर्त रूप में ले आते हैं। आप उसे दिखने वाला बना देते हैं। आप उसे ऐसा बना देते हैं, जिसे आप उठा सकें, देख सकें, स्पर्श कर सकें, पकड़ सकें और महसूस कर सकें। आप उसे अपनी कल्पना से बाहर ऐसे रूप में ले आए हैं, जिसके साथ आप कुछ कर सकते हैं।

लक्ष्य को आपके अवचेतन मन में बोने की एक बेहद सशक्त विधि यह है कि आप इसे स्पष्टता और विस्तार से लिख दें, ठीक वैसा ही जैसा आप इसे वास्तविकता में देखना चाहते हों। क्या संभव है, यह तय करने से पहले यह तय कर लें कि क्या सही है। अपने लक्ष्य के वर्णन को हर दृष्टि से आदर्श बना लें। आपने अध्याय एक में जो आदर्श तस्वीरें बनाई थीं, उन्हें मूर्त रूप में लाएँ। इस वक़्त इस बारे में ज़रा भी चिंता न करें कि आपका लक्ष्य कैसे हासिल होगा। शुरुआत में आपका प्रमुख काम यह पक्का करना है कि आप चाहते क्या हैं। आपको इसे हासिल करने की प्रक्रिया के बारे में ज़रा भी चिंता करने की ज़रूरत नहीं है।

कुछ साल पहले मंदी के दौर में मेरी पत्नी और मुझे नक़द पैसों का इंतज़ाम करने और बिलों का भुगतान करने के लिए अपना मकान बेचना पड़ा। हम कुछ समय के लिए एक किराए के मकान में रहने लगे और दो साल तक वहीं रहे। इस दौरान हमने अपने सपनों के मकान के बारे में गंभीर होने का फ़ैसला किया। हालाँकि हमारे सामने आर्थिक मुश्किलें थीं, लेकिन हमने सुंदर घरों की तस्वीरों और वर्णन

वाली बहुत सी पत्रिकाओं की सदस्यता ले ली।

सप्ताह में एक बार बारबरा और मैं बैठकर इन पत्रिकाओं के पन्ने पलटते थे और उन विशेषताओं के बारे में बातचीत करते थे, जिन्हें हम अपने आदर्श मकान में देखना चाहेंगे। हमने क़ीमत, जगह और डाउन पेमेंट जैसे सभी विचारों को कुछ समय के लिए अपने दिमाग़ से बाहर निकाल दिया था। हमने अंततः बयालीस विशेषताओं की सूची बनाई, जो हम अपने मकान में चाहते थे। फिर हमने उस सूची को उठाकर अलग रख दिया और काम करने लगे।

तीन साल गुज़र गए और इस दौरान हज़ारों चीज़ें हुईं। हमने एक सुंदर मकान ख़रीदा और किराए का मकान छोड़कर उसमें रहने लगे। इसके बाद सभी तरह की अप्रत्याशित और अकल्पनीय घटनाएँ होने लगीं। और फिर जब आख़िरकार धूल छँटी, तो हमने एक बार फिर मकान बदल लिया और सैन डिएगो, कैलिफ़ोर्निया में पाँच हज़ार वर्ग फ़ुट के सुंदर मकान में रहने लगे।

अपना सामान खोलते समय हमें वह सूची मिली, जो हमने तीन साल पहले बनाई थी। हम अभी-अभी जिस मकान में रहने आए थे, उसमें उन बयालीस में से इकतालीस विशेषताएँ थीं। उसमें बस एक चीज़ - बिल्ट-इन वैक्यूम क्लीनर सिस्टम - की कमी थी, जो शायद सबसे कम महत्वपूर्ण थी।

हम जानते थे कि मकान कैलिफ़ोर्निया में ही होगा। यह हमारी सूची के "स्थान" वाले कॉलम में था। बारबरा ने एक ऐसे मकान की तस्वीर सँजोई थी, जिसके पिछले अहाते में कोई फ़ेंस न हो। वह "बिना बाधाओं वाला अटूट प्राकृतिक दृश्य" देखना चाहती थी। मैंने उसे बताया कि सुरक्षा के कारणों से कैलिफ़ोर्निया के लगभग सभी मकानों के चारों तरफ़ फ़ेंस होती है। कुछ इलाक़ों में तो गेट भी होते हैं, और सुरक्षा गार्ड व कँटीले तार भी। लेकिन वह टस से मस नहीं हुई। उसने पूरी तरह खुला पिछला आँगन देखा, जो उतनी दूर तक खुला था, जितनी दूर तक आँखें देख सकती थीं।

जैसा बाद में पता चला, हमारे सपनों का घर एक सुंदर घाटी के पास था, जिसमें एक प्यारा गोल्फ़ कोर्स और दो झीलें थीं। हमारे मकान के पीछे के लंबे ढाल, घाटी और झीलों के कारण वहाँ पर्याप्त सुरक्षा थी, इसलिए फ़ेंस की कोई ज़रूरत ही नहीं थी। मानसिक तस्वीर सच हो गई थी।

मैं आपको इसी तरह के सैकड़ों उदाहरण दे सकता हूँ कि लक्ष्यों को स्पष्टता से लिखने और उनके बारे में हर समय सोचने के परिणाम कितने अद्‌भुत होते हैं। उन्हें लिखने से वे आपके दिमाग़ में स्पष्ट हो जाते हैं। इसके अलावा एक बहुत महत्वपूर्ण कारण यह भी है कि उन्हें लिखने भर से ही आपकी इच्छा मज़बूत हो

जाती है और आपका विश्वास गहरा हो जाता है कि वे हासिल हो सकते हैं।

बहुत सारे लोग अपने लक्ष्य काग़ज़ पर इसलिए नहीं लिखते, क्योंकि दिल की गहराई में वे यह नहीं सोचते कि वे उन लक्ष्यों को हासिल कर सकते हैं। उन्हें यह नहीं लगता कि लक्ष्य लिखने से कोई मदद मिलेगी। वे ख़ुद को निराशा से बचाने की कोशिश करते हैं। और ऐसा करके वे सिर्फ़ यह सुनिश्चित करते हैं कि ज़िंदगी भर उन्हें ज़्यादा निराशा और कम सफलता मिले। लेकिन जब आप ख़ुद को अनुशासित करके अपने लक्ष्य लिख लेते हैं, तो यह काम आपके असफलता तंत्र पर हावी हो जाता है और आपके सफलता तंत्र की समूची शक्ति को प्रेरित कर देता है।

चौथा क़दम : उन सभी लाभों की सूची बनाएँ, जो आपको अपने लक्ष्य हासिल करने से मिलेंगे। जिस तरह लक्ष्य सफलता की अँगीठी में ईंधन हैं, उसी तरह "क्यों" यानी उन्हें पाने के कारण वे शक्तियाँ हैं, जो आपकी इच्छा को मज़बूत बनाती हैं और आपको आगे की ओर धकेलती हैं। आपकी प्रेरणा आपके इरादों पर निर्भर करती है - उन कारणों पर, कि आप वह काम क्यों कर रहे हैं। आपके पास जितने ज़्यादा कारण होंगे, आप उतने ही ज़्यादा प्रेरित होंगे।

जर्मन दार्शनिक नीत्शे ने लिखा था, "कोई इंसान किसी भी 'क्या' को झेल सकता है, बशर्ते उसके पास पर्याप्त बड़ा 'क्यों' हो।" आप ख़ुद को बड़ी चीज़ें हासिल करने के लिए तभी प्रेरित कर सकते हैं, जब आपके पास कोई बड़ा रोमांचक सपना हो। आपके कारण यानी "क्यों" ऊपर उठाने वाले और प्रेरक होने चाहिए। वे इतने बड़े होने चाहिए कि आपको आगे ले जा सकें।

जब आपके पास अपना प्रमुख लक्ष्य हासिल करने के लिए बड़े कारण होते हैं, तो आप "उद्देश्य की गहनता" विकसित करते हैं, जो आपको अजेय बना देती है। अगर आपके कारण पर्याप्त बड़े हैं, आपका विश्वास पर्याप्त ठोस है और आपकी इच्छा पर्याप्त मज़बूत है, तो आपको कोई भी चीज़ नहीं रोक सकती।

आपके कारण आपको आगे धकेलेंगे

एक बार एक युवक ने सुकरात के पास आकर पूछा कि वह बुद्धिमानी कैसे हासिल कर सकता है। सुकरात युवक को पास की एक झील तक ले गए और उससे पानी के भीतर चलने को कहा। जब पानी चार फ़ुट गहरा हो गया, तो सुकरात ने अचानक उसका सिर पकड़कर पानी में डुबा दिया। और कुछ देर उसे वहीं रखा। पहले तो युवक ने सोचा कि यह मज़ाक़ है, इसलिए उसने कोई प्रतिरोध नहीं किया। लेकिन जब थोड़ी देर तक सिर बाहर नहीं निकाला गया, तो वह बेचैन हो गया। जब

ऑक्सीजन की कमी के कारण उसके फेफड़ों में जलन होने लगी, तो वह आज़ाद होने के लिए बुरी तरह छटपटाने लगा। आख़िरकार जब वह हवा के लिए बुरी तरह व्याकुल होने लगा और उसका दम घुटने लगा, तो सुकरात ने उसका सिर पानी से बाहर निकाला। इसके बाद सुकरात ने कहा, "जब तुम बुद्धिमानी की इच्छा इतनी ही प्रबलता से करोगे, जितनी हवा के लिए कर रहे थे, तो कोई भी चीज़ तुम्हें उसे पाने से रोक नहीं पाएगी।" यही आपके लक्ष्यों के साथ होता है।

आपका एक काम अपनी इच्छा को ज्वलंत बनाए रखना है। इसके लिए आपको लक्ष्य हासिल होने पर मिलने वाले सभी लाभों, संतुष्टियों और पुरस्कारों के बारे में लगातार सोचना होगा। हर व्यक्ति अलग-अलग चीज़ों से रोमांचित और प्रेरित होता है। उदाहरण के लिए, ब्रिटिश उपन्यासकार ई.एम. फ़ॉर्स्टर ने कहा था, "मैं उन व्यक्तियों से सम्मान पाने के लिए लिखता हूँ, जिनका मैं सम्मान करता हूँ।" कुछ लोग पैसे कमाने या बड़े मकान में रहने या सुंदर कार चलाने की संभावना से प्रेरित होते हैं। कुछ लोगों को प्रतिष्ठा, ओहदे और लोकप्रियता से प्रेरणा मिलती है, तो कुछ को दूसरों की प्रशंसा पाने के विचार से।

उन सभी मूर्त और अमूर्त लाभों की सूची बनाएँ, जिनका आनंद आप अपने लक्ष्य हासिल करने पर ले सकते हैं। यह सूची जितनी ज़्यादा लंबी होगी, आप उतने ही ज़्यादा प्रेरित और संकल्पवान होंगे। अगर आपके पास कोई लक्ष्य हासिल करने के सिर्फ़ एक-दो कारण होंगे, तो आपकी प्रेरणा का स्तर बहुत कमज़ोर होगा। जब परिस्थितियाँ प्रतिकूल होंगी, जैसी कि वे निश्चित रूप से होंगी, तो आप आसानी से हताश हो जाएँगे। अगर आपके पास अपने लक्ष्य हासिल करने के बीस-तीस कारण होंगे, तो कोई चीज़ आपको रोक नहीं पाएगी। कोई चीज़ आपको आगे बढ़ने से हताश नहीं कर पाएगी या डिगा नहीं पाएगी, जब तक कि आप वह हासिल नहीं कर लेते, जिसका आपने फ़ैसला किया है।

पाँचवाँ क़दम : अपनी वर्तमान स्थिति, अपने शुरुआती बिंदु का विश्लेषण करें। अगर आप वज़न कम करने का फ़ैसला करते हैं, तो आप पहला काम यह करते हैं कि अपना वर्तमान वज़न देखते हैं। अगर आप निश्चित नेट वर्थ (संपत्ति) हासिल करना चाहते हैं, तो आपको पहला काम यह करना चाहिए कि बैठकर अपना फ़ाइनैंशियल स्टेटमेंट बनाएँ और यह पता लगाएँ कि आज आपकी नेट वर्थ क्या है।

शुरुआती बिंदु तय करने से आपको एक बेसलाइन भी मिलती है, जहाँ से आप अपनी प्रगति माप सकते हैं। मैं एक बार फिर ज़ोर देकर कहना चाहूँगा कि आप इस बारे में जितने ज़्यादा स्पष्ट होते हैं कि आप कहाँ से आ रहे हैं और कहाँ

जा रहे हैं, तो अंत में मंज़िल तक पहुँच पाने की आपकी संभावना उतनी ही ज़्यादा होगी।

छठा क़दम : डेडलाइन या समयसीमा तय कर लें। आमदनी या नेट वर्थ में वृद्धि, निश्चित पौंड वज़न कम करना या निश्चित मील दौड़ना जैसे सभी मूर्त, मापे जा सकने वाले लक्ष्यों की समयसीमा तय कर लें। लेकिन अमूर्त लक्ष्यों - जैसे धैर्य, दयालुता, करुणा, अनुशासन या अन्य व्यक्तिगत गुणों के विकास - के लिए समयसीमा तय न करें।

जब आप किसी मूर्त लक्ष्य के लिए समयसीमा तय करते हैं, तो आप अपने दिमाग़ में इसकी प्रोग्रामिंग कर देते हैं और अपने अवचेतन "फ़ोर्सिंग तंत्र" को सक्रिय कर देते हैं, जो यह सुनिश्चित करता है कि आप उस लक्ष्य को उस तारीख़ तक या उससे पहले हासिल कर लें। जब आप किसी व्यक्तिगत गुण के विकास के लिए समयसीमा तय करते हैं, तो यही फ़ोर्सिंग तंत्र सुनिश्चित करता है कि आपकी समयसीमा उस चुने हुए गुण के सचमुच प्रदर्शित होने का पहला दिन हो।

अक्सर लोग इस डर से समयसीमा तय करने का प्रतिरोध करते हैं कि वे अपने लक्ष्य निर्धारित समय में हासिल नहीं कर पाएँगे। वे हताशा की भावनाओं से बचने के लिए हर संभव काम करते हैं, जिसमें समयसीमा को अस्पष्ट रखना भी शामिल है।

अगर आप एक लक्ष्य और उसकी समयसीमा तय कर लें, लेकिन समयसीमा में उसे हासिल न कर पाएँ, तो क्या करें। जवाब सरल है : दूसरी समयसीमा तय कर लें। इसका सिर्फ़ यह मतलब है कि आप अब तक तैयार नहीं हैं। आपका अंदाज़ा ग़लत था। आप ज़रूरत से ज़्यादा आशावादी थे। और अगर आप अपनी दूसरी समयसीमा में भी लक्ष्य हासिल न कर पाएँ, तो तीसरी डेडलाइन तय कर लें। ऐसा तब तक करते जाएँ, जब तक कि आप अंततः लक्ष्य हासिल न कर लें। जैसा मेरे मित्र और सेल्स ट्रेनर डॉन हटसन कहते हैं, "कोई भी लक्ष्य अयथार्थवादी नहीं होता है; सिर्फ़ समयसीमा अयथार्थवादी होती है।"

अगर आपके लक्ष्य पर्याप्त यथार्थवादी हैं, आपकी योजनाएँ पर्याप्त विस्तृत हैं और आप अपनी योजनाओं पर पूरे विश्वास के साथ काम करते हैं, तो शायद ८० प्रतिशत मामलों में आप समयसीमा के भीतर लक्ष्य हासिल कर लेंगे।

अगर आपका प्रमुख निश्चित उद्देश्य दो या तीन या पाँच साल की समयसीमा है, तो आपका अगला क़दम यह होना चाहिए कि इस बड़े लक्ष्य को नब्बे दिनों के उप-लक्ष्यों में बाँट लें। फिर इन नब्बे दिनों के लक्ष्यों को तीस दिनों में बाँट लें।

आपका दीर्घकालीन लक्ष्य माउंट ऑलंपस जितना बड़ा है, लेकिन आप इसे छोटे और मध्यम आकार के यथार्थवादी लक्ष्यों में बाँट सकते हैं, जिनके द्वारा आप हर दिन अपनी प्रगति की निरंतर जाँच कर सकें।

भविष्य से पीछे आने वाली सोच

अपनी सोच लक्ष्य की ऐसी मानसिक तस्वीर से शुरू करें, जैसे वह पहले ही हासिल हो चुकी हो और फिर वर्तमान तक पीछे आएँ। ख़ुद को अपने मस्तिष्क में अपने पूर्ण लक्ष्य तक धकेल लें और फिर पलटकर देखें कि आप आज कहाँ हैं। उन क़दमों की कल्पना करें, जो आपकी वर्तमान स्थिति से आपकी भावी मनचाही स्थिति तक पहुँचने के लिए ज़रूरी होंगे। लक्ष्यों की वास्तविक उपलब्धि से पीछे की तरफ़ योजना बनाने की इस प्रक्रिया से एक विशेष दृष्टिकोण मिलता है कि आपको उसे हासिल करने के लिए वास्तव में क्या करना होगा। "आगे की तरफ़ बढ़ो, पीछे की तरफ़ देखो" एक सशक्त तकनीक है, जिसकी मदद से आप उन संभावनाओं और बाधाओं को देख सकते हैं, जो आपको इसके बिना नहीं दिख सकतीं। यह आपकी अनुभूतियों को पैना बनाती है और ऐसी अंतर्दृष्टि देती है, जो किसी दूसरे तरीक़े से नहीं मिल सकती।

सातवाँ क़दम : उन सभी बाधाओं की सूची बना लें, जो आपके लक्ष्य की उपलब्धि और आपके बीच खड़ी हुई हैं। जहाँ भी बड़ी सफलता संभव होती है, वहाँ बड़ी बाधाएँ मौजूद होती हैं। दरअसल, बाधाएँ सफलता और उपलब्धि का दूसरा पहलू हैं। अगर आपके और लक्ष्य के बीच कोई बाधा नहीं है, तो शायद वह लक्ष्य ही नहीं है; वह तो सिर्फ़ एक गतिविधि है।

हर संभावित बाधा की सूची बनाने के बाद बाधाओं को महत्व के क्रम में लिख लें। आपके और लक्ष्य के बीच की सबसे बड़ी बाधा कौन सी है ? यह आपकी "चट्टान" है। सफलता की राह पर किसी भी सार्थक चीज़ की उपलब्धि में आपको बहुत सारी बाधाओं, मोड़ों और अवरोधों का अनुभव होगा। लेकिन लगभग हमेशा एक बड़ी चट्टान या बड़ी बाधा होती है, जो बीच राह में आपका विकास रोक देती है। छोटी-छोटी बाधाओं और समस्याओं से जूझने के चक्कर में राह से भटकने के बजाय आपको अपना ध्यान ये बड़ी चट्टान हटाने पर केंद्रित करना चाहिए।

आपकी मुख्य बाधा या चट्टान भीतरी भी हो सकती है और बाहरी भी। यह आपके भीतर भी हो सकती है और स्थिति के भीतर भी। अगर यह भीतरी है, तो

हो सकता है कि आपमें अपना लक्ष्य हासिल करने के लिए आवश्यक किसी ख़ास योग्यता, कुशलता या गुण की कमी हो। आपको पूरी ईमानदारी से ख़ुद से पूछना चाहिए, "क्या मुझे लक्ष्य हासिल करने के लिए ख़ुद में कोई बदलाव करना होगा या कोई नई योग्यता विकसित करनी होगी ?"

आपकी प्रमुख बाधा बाहरी भी हो सकती है। हो सकता है कि आप ग़लत नौकरी, ग़लत कंपनी या ग़लत संबंधों के जाल में फँसे हों। आपको लग सकता है कि अगर आपका लक्ष्य हासिल हो जाता है, तो आपको दोबारा शुरू करने, कोई दूसरी चीज़ करने, किसी दूसरी जगह काम करने की ज़रूरत होगी। आपकी व्यक्तिगत "चट्टान" क्या है ?

आपको कौन सी चीज़ रोके हुए है, इसका पता लगाने के लिए आपको ख़ुद से दूसरा सवाल यह पूछना चाहिए, "मेरा सीमित करने वाला क़दम क्या है ?" आप इस वक़्त जहाँ हैं, वहाँ से लक्ष्य-प्राप्ति तक ले जाने वाली प्रक्रिया का कौन सा हिस्सा वहाँ तक पहुँचने की गति तय करता है ? अगर आप सेल्स लाइन में हैं और आपका लक्ष्य ऊँची आमदनी है, तो आपका सीमित करने वाला क़दम आपकी बिक्री का आकार और संख्या है। बिक्री बढ़ाने के लिए आपको नए संभावित ग्राहकों की संख्या बढ़ाने की ज़रूरत होगी। यह ऑर्डर माँगने की आपकी योग्यता भी हो सकती है।

लगभग हर मामले में एक सीमित करने वाला क़दम होता है। यही बाधा तय करती है कि आप कितनी तेज़ी से अपने लक्ष्य की ओर बढ़ते हैं। आपका काम आपको सीमित करने वाले क़दम को पहचानना और फिर उसे सही करने की हर संभव कोशिश करना है। कई बार तो किसी छोटी सी बाधा को दूर करने से ही आपका काम बन जाता है।

आठवाँ क़दम : उस अतिरिक्त ज्ञान को पहचानें, जिसकी ज़रूरत आपको अपने लक्ष्य तक पहुँचने के लिए होगी।

हम ज्ञान-आधारित समाज में रहते हैं और इसमें सबसे सफल लोग वे होते हैं, जिनके पास बाक़ी लोगों से ज़्यादा आधारभूत जानकारी होती है। आप अपनी आर्थिक ज़िंदगी और करियर में जो ग़लतियाँ करते हैं, वे सभी अपर्याप्त या ग़लत जानकारी का नतीजा होती हैं। आपकी एक ज़िम्मेदारी यह पता लगाना है कि आपको अपनी मनचाही चीज़ हासिल करने के लिए क्या जानने की ज़रूरत है।

अगर आपके पास ज़रूरी ज्ञान या जानकारी नहीं है, तो आप उसे कहाँ से पा सकते हैं ? क्या यह कोई मूलभूत निपुणता या योग्यता है, जिसे अध्ययन और अभ्यास से आपको ख़ुद विकसित करने की ज़रूरत है ? या फिर क्या आप उस

क्षेत्र के किसी योग्य व्यक्ति को नौकरी पर रख सकते हैं? क्या आप उस ज्ञान वाले किसी परामर्शदाता या विशेषज्ञ की सेवाएँ ले सकते हैं? आपके चुने हुए क्षेत्र में किसने सफलता हासिल की है और क्या आप सलाह लेने के लिए उसके पास जा सकते हैं?

उन सभी जानकारियों, प्रतिभाओं, योग्यताओं, निपुणताओं और अनुभवों की सूची बनाएँ, जिनकी आपको ज़रूरत होगी। इसके बाद उस जानकारी या योग्यता को सीखने, ख़रीदने, किराए पर लेने या उधार लेने की योजना जल्द से जल्द बना लें। यह तय करें कि आपमें किस सबसे महत्वपूर्ण जानकारी की कमी है। चूँकि किसी भी क्षेत्र में जानकारी का 80 प्रतिशत मूल्य 20 प्रतिशत उपलब्ध जानकारी में होगा (80/20 का नियम), इसलिए वह सबसे महत्वपूर्ण जानकारी या योग्यता क्या है, जिसकी ज़रूरत आपको अपना लक्ष्य हासिल करने के लिए होगी?

नवाँ क़दम : उन सभी लोगों की सूची बनाएँ, जिनकी मदद की आपको ज़रूरत होगी। इसमें आपका परिवार, बॉस, ग्राहक, बैंकर, बिज़नेस पार्टनर या पूँजी के स्रोत और आपके मित्र भी शामिल हो सकते हैं। कोई भी सार्थक चीज़ हासिल करने के लिए आपको कई लोगों की मदद की ज़रूरत होगी। इस सूची को प्राथमिकता के क्रम में जमा लें। किसकी मदद सबसे महत्वपूर्ण है? किसकी मदद या सहयोग महत्व के क्रम में दूसरे स्थान पर है?

क्षतिपूर्ति का नियम

क्षतिपूर्ति का नियम (law of compensation) बोने और काटने के नियम का ही एक ख़ास रूप है। यह कारण और परिणाम के नियम को दोहराता है। इसके अनुरूप भौतिकी में एक नियम है, जो बताता है कि हर क्रिया की समान और विपरीत प्रतिक्रिया होती है। यह बताता है कि आप जो भी करते हैं, आपको उसी तरह का भुगतान मिलेगा। आप जो भीतर डालेंगे, वही आपको बाहर मिलेगा।

यह नियम ये भी बताता है कि दूसरे लोग लक्ष्य हासिल करने में आपकी मदद तभी करेंगे, जब उन्हें महसूस होगा कि उन्हें अपनी मेहनत के बदले में किसी न किसी तरह का भुगतान मिल रहा है। कोई भी मुफ़्त में काम नहीं करता। हर एक की अपनी व्यक्तिगत प्रेरणा होती है। दूसरों का सहयोग हासिल करने की प्रक्रिया में यह आपका शुरुआती बिंदु होना चाहिए। ख़ुद से यह सवाल पूछें, "उनकी मदद पाने के लिए मैं उनके लिए क्या करूँ?"

आदान-प्रदान का नियम

आपको हर व्यक्ति के प्रिय रेडियो स्टेशन *डब्ल्यूआईआईएफ़एम,* "इसमें मेरे लिए क्या है ?"(What's In It For Me?) को बार-बार सुनना होगा। अमेरिका में सामाजिक और व्यावसायिक संबंध, आदान-प्रदान के नियम पर आधारित हैं। आदान-प्रदान का नियम बताता है कि लोग भीतरी रूप से हिसाब बराबर करने या आदान-प्रदान के लिए प्रेरित होते हैं। अगर आप उनके लिए कुछ करते हैं, तो वे भी आपके लिए कुछ करेंगे। वे आपके लक्ष्य हासिल करने में आपकी मदद करने के तभी इच्छुक होंगे, जब आपने उनके लक्ष्य हासिल करने की दिशा में उनकी मदद करने की इच्छा ज़ाहिर की हो।

हर क्षेत्र में हमारे समाज के सबसे सफल लोग वे हैं, जिन्होंने मनचाही चीज़ें पाने में सबसे ज़्यादा संख्या में दूसरे लोगों की मदद की है। वे सद्भावना का भंडार बना लेते हैं और दूसरों में अपनी मदद करने की चाहत पैदा करते हैं। चूँकि अतीत में उन्होंने मदद की थी, इसलिए आदान-प्रदान के नियम के ज़रिए अब उन्हें मदद मिलेगी।

अति-क्षतिपूर्ति का नियम इस बात से प्रेरित होता है कि आपको जितना भुगतान मिलता है, आपमें हमेशा उससे ज़्यादा काम करने की आदत हो। सफल लोग और सफल कंपनियाँ वे होती हैं, जो हमेशा अपेक्षाओं से ज़्यादा होती हैं, जो हमेशा उम्मीद से ज़्यादा करती हैं। आप क्षतिपूर्ति और आदान-प्रदान के समीकरण के सिर्फ़ एक ही हिस्से को नियंत्रित कर सकते हैं। वह हिस्सा यह है कि आप दूसरों के लिए कितना करते हैं या इसमें कितनी मात्रा भीतर डाल सकते हैं। आपको जो मात्रा मिलेगी, वह आप ही तय करते हैं। चूँकि यह बोने और फ़सल काटने के नियम का हिस्सा है, इसलिए अगर आप दूसरों की मदद करने के हर अवसर का लाभ उठाते हैं, तो अंततः दूसरे लोग आपकी वह मदद कर देंगे, जिसकी आपको ज़रूरत है।

जीवन में आपको मिलने वाले लाभ दूसरों के प्रति आपके व्यक्तिगत योगदान का परिणाम होते हैं। अगर आप कड़ी मेहनत, मदद और ईमानदारी का योगदान देते हैं, तो आपको बदले में दौलत, पुरस्कार और सम्मान मिलेगा।

अगर आप ख़ुद को मिलने वाले पुरस्कार या लाभ की मात्रा और गुणवत्ता बढ़ाना चाहते हैं, तो आपको बस अपनी सेवा की मात्रा और गुणवत्ता बढ़ाने की ज़रूरत है। आपको जितना भुगतान मिले, हमेशा उससे ज़्यादा करें। ऐसा करने पर आपको भविष्य में वर्तमान से ज़्यादा मिलेगा। ज़्यादा भीतर डालेंगे, तो ज़्यादा बाहर आएगा। "अधिक योगदान" की नीति पर चलेंगे, तो "अधिक भुगतान" भी मिलेगा।

संगठित प्रयास का सिद्धांत यानी साझे सहमत लक्ष्यों के प्रति दूसरों के साथ सामंजस्य में काम करना समस्त महान सफलता की बुनियाद है। दूसरों के साथ प्रभावी ढंग से सहयोग करने की आपकी इच्छा और योग्यता बहुत महत्वपूर्ण है। आप उनके लक्ष्य हासिल करने में उनकी मदद करते हैं, ताकि वे आपके लक्ष्य हासिल करने में आपकी मदद करें। यह आपकी भावी सफलता के लिए अनिवार्य है।

दसवाँ क़दम : योजना बनाएँ। पूरे विस्तार से लिख लें कि आप दरअसल *क्या* चाहते हैं, *कब* तक चाहते हैं, क्यों चाहते हैं और कहाँ से काम शुरू कर रहे हैं। उन बाधाओं की सूची बनाएँ, जिनसे आपको उबरना होगा; वह जानकारी जिसकी आपको ज़रूरत होगी; और वे लोग, जिनकी मदद की आपको ज़रूरत होगी। पहले क़दम से लेकर नवें क़दम के जवाब अगर मौजूद है, तो आपके पास कोई भी लक्ष्य पाने के मास्टर प्लान के सारे तत्व हैं।

आपका मास्टर प्लान

किसी भी योजना में समय और प्राथमिकता के आधार पर व्यवस्थित कार्यसूची होती है। समय के आधार पर व्यवस्थित सूची उस पहली चीज़ से शुरू होती है, जो आपको सबसे पहले करनी है। इसके बाद यह सूची आगे बढ़ते-बढ़ते आख़िरी काम तक पहुँच जाती है, जिसे पूरा करने के बाद ही लक्ष्य हासिल होगा। कई काम साथ-साथ किए जा सकते हैं। बाक़ी कामों को क्रम में यानी एक के बाद एक करने की ज़रूरत होती है। कुछ कामों को शुरू से अंत तक लगातार करना होता है।

व्यवस्थित योजना में कामों की सूची को महत्व के क्रम में प्राथमिकता के आधार पर रखा जाता है। वह *सबसे महत्वपूर्ण* काम कौन सा है, जो आपको करना है? *दूसरा* सबसे महत्वपूर्ण काम कौन सा है? इसी तरह से तब तक सवाल पूछते रहें, जब तक कि आप महत्व के आधार पर हर काम की सूची न बना लें।

कुछ साल पहले मैं एक बड़ी कंपनी में काम कर रहा था। उसके चेयरमैन ने मेरे सामने एक प्रस्ताव रखा। एक जापानी ऑटोमोबाइल कंपनी ने उनसे संपर्क किया था और एक बड़े भौगोलिक क्षेत्र में अपने वाहनों की डिस्ट्रिब्यूटरशिप देने का प्रस्ताव रखा था। चेयरमैन ने मुझसे पूछा कि क्या मैं डिस्ट्रिब्यूटरशिप लेने के संदर्भ में मार्केटिंग स्टडी करना चाहूँगा। इसमें कई डीलरशिप्स बनाना और उनके माध्यम से वाहनों का आयात-निर्यात करना भी शामिल होगा।

बिना किसी सोच-विचार के मैंने तत्काल हाँ कर दी। सिर्फ़ एक समस्या थी।

मुझे ज़रा भी अंदाज़ा नहीं था कि कहाँ से शुरू करना है या आख़िर करना क्या है। मगर मैं हाथ पर हाथ धरकर नहीं बैठा मैंने दो महीने तक जापानी ऑटोमोबाइल्स के आयात और वितरण पर गहन शोध किया। मैं उस तरह की कार बेचने वाले हर डीलर के पास गया। मैंने हर उस व्यक्ति से पूछा, जिसकी मदद और सलाह मेरे लिए उपयोगी हो सकती थी। और मैं ख़ुशक़िस्मत रहा। मैंने एक परामर्शदाता से बात की, जिससे चार साल पहले एक बड़े कॉरपोरेशन ने जापान से कार आयात के बाज़ार का पूर्ण अध्ययन करने को कहा था। उसके अध्ययन से कोई लाभ नहीं हुआ, लेकिन उसके पास अब भी नोट्स थे।

मैंने उससे नोट्स दिखाने का आग्रह किया। उसने मुझे वो नोट्स दिखा दिए। उसके नोट्स में मैंने पैंतालीस कामों की सूची देखी, जो किसी कंपनी को डीलर्स के नेटवर्क द्वारा जापानी वाहनों के आयात और वितरण के लिए करने थे। यह बिज़नेस का ब्लूप्रिंट था।

मैंने सूची की नक़ल की और उसका इस्तेमाल अपने नक़्शे के रूप में किया। मैंने उसे दिन-रात अपने साथ रखा। मैंने पहले काम से शुरू किया। तीन महीनों के भीतर मैंने सूची का हर काम पूरा कर लिया और जापान से पहले वाहन आने लगे। हमने पैंसठ डीलर बनाए और 25 मिलियन डॉलर के वाहन बेचे। इस डिवीज़न ने कंपनी के लिए कई मिलियन डॉलर कमाए।

यह आसान नहीं था। इसके लिए सेल्स, सर्विस, पार्ट्स, प्रमोशन, कर्मचारियों, फ़ाइनैंसिंग और ज़बर्दस्त प्रशासनिक योग्यता व मेहनत की ज़रूरत थी। लेकिन शुरुआती बिंदु हर उस काम की विस्तृत सूची थी, जिन्हें शुरू से लेकर आख़िर तक करने की ज़रूरत थी।

एक अच्छी सूची आपको एक ट्रैक देती है, जिस पर आप दौड़ सकते है। यह लक्ष्य हासिल करने की संभावना को नाटकीय ढंग से बढ़ा देती है। यह समस्त व्यक्तिगत नियोजन और व्यक्तिगत प्रभावकारिता का सार है। और इसे शुरू करने के लिए बस एक काग़ज़, पेन, लक्ष्य और *आप* की ज़रूरत होती है।

रास्ते में योजना को बेहतर बनाएँ

कर्म की विस्तृत योजना बनाने के बाद काम शुरू कर दें। यह मानकर चलें कि आपकी योजना में दोष होंगे। यह पहली बार में ही आदर्श नहीं बन पाएगी। लेकिन इसकी चिंता न करें। "आदर्श" बनने के प्रलोभन से बचें। अगर हर संभावित बाधा को पहले से ही सुलझाना ज़रूरी मान लिया जाए, तो कोई चीज़ कभी हो ही नहीं

पाएगी।

श्रेष्ठ लोगों का एक गुण यह होता है कि वे फ़ीडबैक स्वीकार करते हैं और चलते-चलते बीच रास्ते में अपनी दिशा में सुधार कर सकते हैं। उन्हें इस बात की ज़्यादा चिंता नहीं होती कि कौन सही है। उन्हें तो इस बात की चिंता होती है कि क्या सही है। अपनी योजना पर काम करते रहें, जब तक कि आप सारे खुरदुरे तत्वों को बाहर न निकाल दें। जब भी आपके सामने अवरोध या बाधा आए, तो अपनी योजना की समीक्षा करके ज़रूरी बदलाव कर लें। अंततः आपके पास एक ऐसी योजना होगी, जो तेल लगी मशीन की तरह सुचारु ढंग से काम करेगी।

आपकी योजनाएँ जितनी ज़्यादा विस्तृत और व्यवस्थित होंगी, इस बात की उतनी ही ज़्यादा संभावना है कि आप तय समय पर अपना लक्ष्य ठीक उसी तरह हासिल कर लेंगे, जिस तरह आपने उसे परिभाषित किया है।

इंक. मैग्ज़ीन ने कुछ समय पहले पचास से ज़्यादा कॉरपोरेशन्स के प्रेसिडेंट्स के इंटरव्यू छापे। उन्होंने पाया कि विस्तृत व्यावसायिक योजना का उनकी कंपनी की व्यावसायिक सफलता के स्तर से सीधा संबंध था।

लेकिन लगभग हर मामले में विकसित बिज़नेस मूल योजना से अलग था। अध्ययन के अनुसार योजना की प्रक्रिया यानी हर चीज़ को पूरे विस्तार से सोचने की वजह से अंततः चरम सफलता मिली। योजना अच्छी तरह बनाई गई और बाज़ार से मिले फ़ीडबैक के अनुसार उसमें फेरबदल किया गया। इसी कारण उनकी बिक्री और लाभ में वृद्धि हुई।

विस्तृत, लचीली और अच्छी तरह से तराशी हुई व्यक्तिगत योजना बनाना आपके प्रमुख लक्ष्यों को हासिल करने के लिए अनिवार्य है।

ग्यारहवाँ क़दम : मानसिक तस्वीर का इस्तेमाल करें। अपने लक्ष्य की स्पष्ट मानसिक तस्वीर बना लें, जैसे यह हासिल हो चुका हो। अपने दिमाग़ के पर्दे पर यह तस्वीर बार-बार देखें। आप जब-जब अपने लक्ष्य की साकार हो चुकी तस्वीर देखते हैं, तब-तब अपनी इच्छा को बढ़ा लेते हैं और अपने इस विश्वास को गहरा बना लेते हैं कि आप वह लक्ष्य हासिल कर सकते हैं। और आप जो देखते हैं, *वही पाते हैं।*

आपका अवचेतन मन तस्वीरों से प्रेरित होता है। लक्ष्य निर्धारण और योजना ने आपको एक स्पष्ट विस्तृत तस्वीर दे दी है, जिसे आप बार-बार अपने अवचेतन मन तक पहुँचा सकते हैं। ये स्पष्ट मानसिक तस्वीरें आपकी मानसिक शक्तियों को घनीभूत कर देती हैं और आकर्षण का नियम सक्रिय कर देती हैं। जिस तरह चुंबक

लोहे को आकर्षित करता है, उसी तरह आप भी अपना लक्ष्य हासिल करने के लिए ज़रूरी लोगों, विचारों और अवसरों को तत्काल आकर्षित करने लगते हैं।

बाहरवाँ क़दम : शुरुआत में ही यह फ़ैसला कर लें कि आप कभी भी मैदान नहीं छोड़ेंगे। अपने लक्ष्यों और योजनाओं का समर्थन लगन और संकल्प से करें। कभी भी असफलता की आशंका मन में लाएँ। कभी भी मैदान छोड़ने के बारे में न सोचें। चाहे जो हो जाए, डटे रहने का फ़ैसला करें। और अगर आप मैदान नहीं छोड़ेंगे, तो अंततः सफल हो ही जाएँगे।

आपके सामने जो अपरिहार्य बाधाएँ और मुश्किलें आती हैं, उनका सामना करते वक़्त लगन से जुटे रहने की योग्यता विकसित करें। कई बार, सबसे मुश्किल बाधाओं से उबरने के लिए लगातार जुटे रहने की योग्यता ही सबसे ज़रूरी होती है। लक्ष्य निर्धारण इच्छा से शुरू होता है और लगन से पूरा होता है। आप जितने लंबे समय तक जुटे रहते हैं, आपका विश्वास उतना ही बढ़ता है और आप उतने ही ज़्यादा संकल्पवान बन जाते हैं। अंततः आप उस बिंदु पर पहुँच जाते हैं, जहाँ कोई चीज़ आपको नहीं रोक सकती। और कोई चीज़ रोकेगी भी नहीं।

लगन और संकल्प पर कई कविताएँ हैं, लेकिन मैं आपको यह बेहतरीन कविता पढ़वाना चाहूँगा :

मैदान मत छोड़ो

जब परिस्थितियाँ गड़बड़ हों, जैसी कि वे कई बार होंगी,
जब आपकी राह में चढ़ाई ही चढ़ाई नज़र आए,
जब पैसे कम हों और क़र्ज़ ज़्यादा,
आप मुस्कुराना चाहते हों, लेकिन आह निकलती हो,
जब चिंता आपको दबाए जा रही हो
तब ज़रूरत हो तो आराम करो, लेकिन मैदान मत छोड़ो।
ज़िंदगी अजीब है, इसमें कई घुमाव हैं,
जैसा हममें से हर व्यक्ति कई बार सीखता है,
और बहुत से लोग मैदान छोड़ने की वजह से असफल हो जाते हैं,
जबकि अगर वे डटे रहते, तो जीत सकते थे,
सफलता बस असफलता का दूसरा पहलू है,
शंका के बादलों की सुनहरी किनारी।
और आप कभी नहीं जान सकते कि आप कितने क़रीब हैं,

जब सफलता बहुत दूर दिखती है, तो वह बहुत क़रीब हो सकती है।
इसलिए संघर्ष में तब भी डटे रहें, जब आपको सबसे सख़्त प्रहार झेलना पड़े,
जब परिस्थितियाँ सबसे बुरी दिखें, तब भी आपको कभी मैदान नहीं छोड़ना चाहिए!

–अज्ञात

सतत कर्म तकनीक

जब आप अपने लक्ष्य और योजनाएँ स्पष्टता से तय कर लें और यह निर्णय ले लें कि उन्हें हासिल करने तक मैदान नहीं छोड़ेंगे, तो आप लक्ष्यों की दिशा में अपनी गति बरकरार रखने के लिए सतत कर्म तकनीक का इस्तेमाल शुरू कर देते हैं।

सतत कर्म तकनीक आपको लक्ष्य की दिशा में बनाए रखती है। यह आइजैक न्यूटन के निष्क्रियता और गति के भौतिकी के सिद्धांतों पर आधारित है। नियम यह है कि गतिमान वस्तु तब तक गतिमान बनी रहती है, जब तक कि उस पर बाहरी बल का इस्तेमाल न किया जाए। नियम यह भी है कि हालाँकि किसी वस्तु को निष्क्रिय अवस्था से गतिमान बनाने के लिए बहुत ज़्यादा ऊर्जा की ज़रूरत होती है, लेकिन उसे उसी गति में क़ायम रखने के लिए कम ऊर्जा की ज़रूरत होती है। यह महान सफलता के सबसे महत्वपूर्ण सिद्धांतों में से एक है।

गति के सिद्धांत के भावनात्मक और आध्यात्मिक पहलू भी हैं। आप इसे प्रेरणा और रोमांच के एहसास के तौर पर महसूस करते हैं। जब आप किसी चीज़ को पाने की दिशा में बढ़ते हैं, तो आपमें ज़्यादा ऊर्जा और उत्साह आ जाता है। आप ज़्यादा तेज़ी से अपने लक्ष्य की ओर बढ़ते हैं और यह ज़्यादा तेज़ी से आपकी तरफ़ बढ़ता नज़र आता है।

कई लोग ख़ुद को किसी लक्ष्य की दिशा में तेज़ी से झोंक देते हैं और फिर सुस्त पड़ जाते हैं या रुक जाते हैं। रुकने के बाद उन्हें अक्सर महसूस होता है कि दोबारा आगे बढ़ना उनके लिए इतना मुश्किल है कि वे यह काम नहीं कर सकते। आप अपने साथ ऐसा न होने दें। एक बार शुरू करने के बाद गति क़ायम रखें। यह महान सफलता और उपलब्धि के लिए अनिवार्य है।

आप लक्ष्य प्राप्ति की दिशा में सतत कर्म करके आगे की ओर अपनी गति क़ायम रखते हैं। आप दबाव बनाए रखते हैं। आप अपने लक्ष्य को उन कामों के संदर्भ में परिभाषित करते हैं, जिन्हें करने पर ही वह लक्ष्य हासिल होगा। और

फिर आप वो काम करने के लिए ख़ुद को अनुशासित करते हैं। आप अपने प्रमुख लक्ष्यों की दिशा में आगे बढ़ने के लिए हर दिन कुछ न कुछ करते हैं।

"कोई भी चीज़ सफलता की तरह सफल नहीं होती।" आपको हर दिन कोई ऐसा करके सफलता की आदत डालनी होगी, जो आपको अपने लक्ष्यों की दिशा में आगे बढ़ाए। हर सुबह अपने लक्ष्यों की समीक्षा करें और दिनभर उनके बारे में सोचें। हमेशा किसी ऐसी चीज़ की तलाश करें, जिससे आप अपने लक्ष्य हासिल कर सकते हों।

अपनी गति क़ायम रखने और ख़ुद को सकारात्मक व प्रेरित बनाए रखने के लिए आपको लगातार ऐसे छोटे-बड़े काम करने होंगे, जो आपके लक्ष्यों के अनुरूप हों।

रोज़ाना तब तक सतत कर्म तकनीक का प्रयोग करें, जब तक कि आप सतत गति, लक्ष्य निर्धारण और लक्ष्य हासिल करने वाले व्यक्ति न बन जाएँ। यह सुनिश्चित करें कि आप हर दिन किसी न किसी तरह की उपलब्धि हासिल करें और यह दिन में जितनी जल्दी संभव हो, उतना ही बेहतर है। याद रखें, तेज़ गति सफलता के लिए अनिवार्य है। आप जितनी ज़्यादा चीज़ें करने की कोशिश करते हैं और जितनी तेज़ी से उन्हें करते हैं, आपमें ऊर्जा व उत्साह उतना ही ज़्यादा होगा और आप उतना ही ज़्यादा हासिल भी कर पाएँगे।

सच्ची कहानी

यहाँ एक उदाहरण के माध्यम से बताया जा रहा है कि लक्ष्य हासिल करने का यह सिस्टम कितना असरदार बन सकता है। मैं आठ सौ लोगों के सामने भाषण दे रहा था। विषय था लक्ष्य तय करने का महत्व। तभी एक व्यक्ति सामने आया, जो मेरे पुराने सेमिनार में भाग ले चुका था। वो श्रोताओं के बीच से उठा और आगे आकर उसने पूछा कि क्या वह माइक्रोफ़ोन पर कुछ बोल सकता है। उसने कहा कि उसे बताना है कि इस सिस्टम पर अमल करने के बाद उसके साथ क्या हुआ।

माइक्रोफ़ोन पर आकर उसने श्रोताओं को बताया कि उसने अपनी गर्लफ्रेंड के साथ लगभग छह हफ़्ते पहले हमारे सेमिनार में हिस्सा लिया था। वह एक इंश्योरेंस एक्ज़ीक्यूटिव था और वह चौदह साल तक बीमा उद्योग में सक्रिय रहने के दौरान व्यक्तिगत तथा व्यावसायिक विकास के कई सेमिनारों में शिरकत कर चुका था। उसने और उसकी गर्लफ्रेंड ने योजना बनाई थी कि वे दो दिन के सेमिनार में पहली सुबह आएँगे और फिर सेमिनार अधूरा छोड़कर शॉपिंग करने चले जाएँगे। उसे

यक़ीन था कि उसने पहले से ही इतने सारे कोर्स कर लिए हैं कि यहाँ भी उसे सीखने के लिए कुछ नया नहीं मिलेगा।

मगर अंत में उन्हें सेमिनार में पूरे दो दिन रुकना पड़ा। जाते वक़्त वे बहुत रोमांचित थे कि उन्होंने सेमिनार में कितना कुछ सीखा। वे इसमें सीखी बातों पर अमल करने के लिए बेकरार थे, ख़ास तौर पर लक्ष्य तय करने को लेकर। बाद में उसने श्रोताओं को बताया कि उसने अगले दिन की छुट्टी ले ली, ताकि वह और उसकी गर्लफ्रेंड दिन भर बैठकर अपने जीवन के अगले कुछ सालों के लक्ष्य तय करें और योजना बनाएँ। पूरी योजना बनाने में उन्हें बस दस घंटे का समय लगा।

वे दो साल से डेटिंग कर रहे थे और उन्होंने शादी के बारे में छुटपुट बातचीत की थी, लेकिन कोई निर्णय या वादा नहीं किया था। अब उन्होंने फ़ैसला कर लिया कि उनका एक लक्ष्य शादी करना है और अपनी सीखी हुई बातों पर अमल करते हुए उन्होंने शादी की एक निश्चित *समयसीमा* लिख ली।

फिर उन्होंने शादी से संबंधित तीन उप-लक्ष्य तय किए। पहला यह कि वे शादी करने से पहले अपने सपनों का मकान ख़रीदेंगे। यह अक्टूबर के अंत की बात थी और उन्होंने सितंबर के बीच में सेमिनार में हिस्सा लिया था। शादी की तारीख़ अगले साल की चार फरवरी तय की गई। इसलिए यही उनके मकान की समयसीमा भी बन गई।

उनका दूसरा उप-लक्ष्य यह था कि उनकी शादी गार्डन ग्रव, कैलिफ़ोर्निया के क्रिस्टल कैथेड्रल में हो और डॉ. रॉबर्ट शुलर उनकी शादी कराएँ।

उनका तीसरा लक्ष्य था लॉंग बीच, कैलिफ़ोर्निया में "लव बोट" पर शादी का रिसेप्शन देना।

इन लक्ष्यों को विस्तार से लिखने के बाद वे फ़ौरन काम में जुट गए। अगले कुछ दिनों में वे शाम को मकान खोजते रहे और आख़िरकार उन्हें ठीक वैसा ही मकान मिल गया, जैसा वे चाहते थे। मकान मालिक 2,20,000 डॉलर माँग रहा था, लेकिन उन्हें पता चला कि 1,80,000 डॉलर नक़द में मकान मिल सकता था। समस्या यह थी कि उनके पास बचत के नाम पर कुछ नहीं था। उन्हें इतना सारा पैसा पाने या कमाने की ज़रूरत थी, इसलिए उन्होंने यह नया लक्ष्य बनाया कि वे नब्बे दिन में 1,80,000 डॉलर कमाएँगे।

चार फरवरी को अपनी शादी की व्यवस्था के लिए उन्होंने क्रिस्टल कैथेड्रल में डॉ. शुलर के ऑफ़िस फ़ोन किया। बहरहाल, उन्हें बताया गया कि अब डॉ. शुलर शादी नहीं करवाते हैं। यह असंभव था। इसका सवाल ही नहीं उठता था। लेकिन वे लगनशील थे। उन्होंने पूछा कि क्या कोई ऐसा तरीक़ा है, जिससे डॉ.

शुलर अपना मन बदल लें। सेक्रेटरी ने बताया कि वे काफ़ी व्यस्त हैं और इस बारे में कुछ भी नहीं किया जा सकता।

एक बार फिर, वे लगन से जुटे रहे। क्या कोई ऐसा तरीक़ा है, जिससे वे उनसे व्यक्तिगत रूप से आग्रह कर सकें? सेक्रेटरी ने बातचीत ख़त्म करते हुए उन्हें बताया कि वे उन्हें व्यक्तिगत पत्र लिखकर आग्रह कर सकते हैं, लेकिन उन्हें ज़्यादा उम्मीद नहीं रखनी चाहिए।

उन्होंने फ़ौरन डॉ. शुलर को चिट्ठी लिखी और स्पष्ट किया कि वे "संभावनापूर्ण चिंतन" (possibility thinking) में बहुत यक़ीन करते हैं। उन्होंने यह भी बताया कि डॉ. शुलर से शादी करवाना उनके लिए कितना महत्वपूर्ण है और इससे उनकी ज़िंदगी में कितना फ़र्क़ पड़ेगा। उन्होंने चिट्ठी भेज दी और अपने दूसरे लक्ष्य यानी लव बोट में रिसेप्शन की ओर बढ़े।

यहाँ भी बाधा सामने आ गई। जब उन्होंने लव बोट बुक करवाने के लिए एजेंट को फ़ोन किया, तो उसने बताया कि उस दिन लव बोट समुद्र में रहेगी। नाव शाम चार बजे लौटेगी और रात को 8 बजे वापस लौट जाएगी। उस दिन नाव पर रिसेप्शन देना संभव नहीं था।

लेकिन वे संकल्पवान और अविश्वसनीय रूप से आशावादी थे। उनका नज़रिया यह था कि उनके पास खोने के लिए कुछ नहीं है। उन्होंने ट्रैवल बिज़नेस में काम करने वाली अपनी एक दोस्त को फ़ोन करके पूछा कि क्या वह अपने संपर्कों का इस्तेमाल करके कुछ कर सकती है। उसने बाद में वही जवाब दिया। यह संभव नहीं है।

इस जोड़े का अनुभव असाधारण नहीं था। उन्होंने अपने लिए तीन बड़े लक्ष्य तय किए थे और उनमें से हर एक की राह में एक अवरोध आया। ऐसा ही आपके साथ होगा। याद रखें, राह में अगर कोई बाधा नहीं है, तो शायद वह लक्ष्य है ही नहीं; वह तो सिर्फ़ एक गतिविधि है।

जब भी आप अपने लिए कोई ऐसा लक्ष्य तय करें, जो आपके अतीत के हर काम से बड़ा हो, तो आपका सामना तत्काल ऐसी कुंठाओं और मुश्किलों से होगा, जिनकी आपने कभी उम्मीद भी नहीं की होगी। ख़ास तौर पर आप हज़ारों तरीक़ों से "ना" सुनेंगे।

लेकिन एक बार फिर, चिंता न करें और हौसला न छोड़ें। आपको जो नकारात्मक अनुभव मिलते हैं, वे "लगन के इम्तहान" का हिस्सा हैं। वे इस इलाक़े के स्थाई बाशिंदे हैं। वे यह तय करते हैं कि आप उस चीज़ को, चाहे वह जो भी हो, सचमुच कितनी शिद्दत से चाहते हैं। और अगर वह संघर्ष करने लायक़ नहीं है, तो शायद

पाने लायक़ भी नहीं है।

यह जोड़ा रुकने के लिए तैयार नहीं था। उन्होंने एक और चिट्ठी लिखी। उन्होंने इस बार लव बोट के शिपिंग एजेंट को चिट्ठी लिखकर अपनी स्थिति बताई। उन्होंने आग्रह किया कि 4 फरवरी की दोपहर को उनके रिसेप्शन के लिए एक स्टेट रूम बुक कर दे।

सपनों का मकान ख़रीदने की राह में सबसे बड़ी बाधा पर्याप्त पैसे इकट्ठे करने की थी। यही नहीं, किसी और के वह मकान ख़रीदने से पहले उन्हें पैसों का इंतजाम करना था। लेकिन विश्वासपूर्वक काम करते हुए उन्होंने दो महीने बाद की तारीख़ तक मोहलत माँगते हुए एक हज़ार डॉलर का बयाना दे दिया।

फिर तो आश्चर्यजनक चीज़ें होने लगीं। यह एक्ज़ीक्यूटिव एक बड़ी कॉरपोरेट पॉलिसी पर छह महीनों से काम कर रहा था, जिसमें कंपनी के हर पहलू - सेहत, पेंशन, जीवन और जायदाद - का बीमा होना था। आख़िरकार उस कंपनी ने बीमा पॉलिसी के लिए हाँ कर दी। कंपनी के प्रेसिडेंट ने उससे कहा कि बोर्ड ने इसे मंजूर कर लिया है और वे उस साल के अंत तक बीमा करवाकर पैसे देना चाहते हैं। जब सौदा पूरा हुआ, तो मल्टीईयर पॉलिसी पर एक्ज़ीक्यूटिव कमीशन ९०,००० डॉलर से ज़्यादा था। इतना बड़ा कमीशन उसे आज तक कभी नहीं मिला था।

लेकिन मामला यहीं ख़त्म नहीं हुआ। एक हफ़्ते बाद उस ग्राहक कंपनी के प्रेसिडेंट ने उसे बुलाकर कहा कि वह अपने एक मित्र को अपने बीमा कवरेज के बारे में बता रहा था, जो उतनी ही बड़ी कंपनी का मालिक था। उसका दोस्त भी अपनी कंपनी के लिए वैसी ही पॉलिसी लेना चाहता है। क्या वह मदद कर सकता था?

क्या वह मदद कर सकता था? आप शर्त लगा लें कि वह कर सकता था! दो हफ़्तों के भीतर ही उसने नए ग्राहक को भी लगभग वैसा ही पैकेज दे दिया। मकान ख़रीदने की डेडलाइन से पहले ही उसे दूसरी पॉलिसी का कमीशन भी मिल गया - एक बार फिर ९०,००० डॉलर!

यह तो सिर्फ़ शुरुआत थी। कुछ दिनों बाद डॉ. शुलर के ऑफ़िस से फ़ोन आया। फ़ोन उसी सेक्रेटरी का था, जिससे उन्होंने दो सप्ताह पहले बात की थी।

वह सेक्रेटरी बोली, "मैं नहीं जानती कि आपने अपनी चिट्ठी में क्या लिखा था, लेकिन डॉ. शुलर कुछ मिनट पहले आपका पत्र हाथ में लेकर अपने ऑफ़िस से आए और बोले, 'मैं यह शादी करवाऊँगा।' अगर आप चार फरवरी को यहाँ आ जाएँ, तो वे 2 बजे आपका विवाह करवा सकते हैं।"

अब जैसे यही पर्याप्त न हो, एक हफ़्ते बाद शिपिंग कंपनी से भी उनके पास

फ़ोन आया। उन्होंने अभी-अभी नए साल के लिए नया शेड्यूल बनाया था। अब नाव 4 फरवरी को शाम 4 बजे आने के बजाय दोपहर को ही आ जाएगी और शाम 8 बजे रवाना होगी। अगर वे नाव पर रिसेप्शन रखना चाहते हों, तो यह शाम 4 बजे से 6 बजे तक उन्हें मिल सकती है।

उस आदमी ने अपनी कहानी इन शब्दों से ख़त्म की, "मुझे महसूस होता है कि इन विचारों का इस्तेमाल करके मैंने पिछले छह हफ़्तों में जितना हासिल किया है, उतना पिछले पाँच सालों में नहीं किया। मैं सोचता था कि मैं लक्ष्य बनाने के बारे में जानता हूँ, लेकिन मुझे ज़रा भी अंदाज़ा नहीं था कि इसमें कितनी शक्ति है, जब तक कि मैं व्यवस्थित तरीक़े से इसे नहीं करने लगा।"

दोबारा बारह क़दमों पर

ग़ौर करें कि बारह क़दमों पर चलकर इन दोनों लोगों ने अपने लक्ष्यों में कितनी अविश्वसनीय शक्ति भरी। उन्होंने सारे मानसिक नियमों को सक्रिय कर दिया और एक बड़े निश्चित उद्देश्य को पूरा करने के लिए उन्हें सामंजस्य में ला दिया।

पहला क़दम : इच्छा। वे ठीक-ठीक जानते थे कि वे क्या चाहते हैं। यह बेहद व्यक्तिगत था। वे इसके बारे में बहुत प्रबलता से महसूस करते थे।

दूसरा क़दम : विश्वास। उन्हें पूरा विश्वास था कि उनकी शादी ठीक उसी तरह हो सकती है, जिस तरह उन्होंने इसका सपना देखा था। वे मुश्किलें आने के बावजूद विश्वास करते रहे और आशावादी बने रहे। उन्हें पूरा विश्वास था कि उनके लिए हर चीज़ सही हो जाएगी।

शायद सबसे महत्वपूर्ण बात यह थी कि उन्होंने अपने लक्ष्य हासिल करने के लिए निश्चित काम करके अपनी आस्था जताई, हालाँकि उन्हें यह बता दिया गया था कि कुछ नहीं किया जा सकता।

तीसरा क़दम : लक्ष्य लिख लें। उन्होंने अपनी आशाओं और सपनों को काग़ज़ पर उतार लिया था और इस तरह ख़ुद को उनके प्रति समर्पित कर दिया था। विस्तार से लिखकर उन्होंने अपनी इच्छाओं को बल दिया और उन्हें हासिल करने की अपनी योग्यता पर विश्वास को गहरा किया।

चौथा क़दम : तय करें कि लक्ष्य हासिल करने से आपको कैसा लाभ होगा। वे बहुत स्पष्ट थे कि उनके विवाह का हर हिस्सा और उनके सपनों का घर आगे आने वाले सालों में उनकी ख़ुशी की बुनियाद बनाने में किस तरह योगदान देगा।

पाँचवाँ क़दम : अपने शुरुआती बिंदु की समीक्षा करें। उन्होंने बैठकर अपनी ज़िंदगी पर गंभीर नज़र डाली। उन्होंने आंकलन किया कि जहाँ वे सचमुच पहुँचना चाहते हैं, उसकी तुलना में वे इस वक़्त कहाँ थे। फिर उन्होंने कुछ स्पष्ट निर्णय लिए। इसके बाद बाक़ी सभी चीज़ें होती चली गईं।

छठा क़दम : समयसीमा तय करें। उन्होंने अपनी शादी के लिए एक ख़ास तारीख़ चुनी और फिर उससे पीछे की तरफ़ काम किया। जब उनके सामने मुश्किलें आईं, तब भी उन्होंने तारीख़ बदलने से इंकार कर दिया। गोलाबारी होने पर उन्होंने खुदाई की, जैसा कि सैनिक करते हैं। उन्होंने अपने सामने आने वाले शुरुआती प्रतिरोध से हार नहीं मानी।

सातवाँ क़दम : अपनी राह में खड़ी बाधाओं को पहचानें। उन्होंने पहले ही तय कर लिया था कि वे एक मकान ख़रीदना चाहते हैं, जिसमें वे अपना विवाहित जीवन शुरू करेंगे। उनकी मुख्य बाधा यह थी कि उनके पास मकान ख़रीदने के पैसे नहीं थे। उन्होंने इसी के साथ शुरू किया। मकान ख़रीदने के लिए पैसा उनकी "चट्टान," उनका सीमित करने वाला क़दम था।

आठवाँ क़दम : उस अतिरिक्त ज्ञान या जानकारी को पहचानें, जिसकी आपको ज़रूरत होगी। वे यह पता लगाने लगे कि उन्हें क्या जानने की ज़रूरत है। उन्होंने सवाल पूछे। उन्होंने पत्र लिखे। उन्होंने काम किया।

नवाँ क़दम : उन लोगों को पहचानें, जिनके सहयोग की आपको ज़रूरत होगी। उन्होंने उन सभी लोगों की सूची बनाई, जो उनके लक्ष्यों को निश्चित तारीख़ तक हासिल करने में उनकी मदद कर सकते हैं। वह एक्ज़ीक्यूटिव अपने संभावित ग्राहकों को बीमा पॉलिसी बेचने में जुट गया और उन्होंने मिलकर विवाह के विस्तृत विवरण पर काम किया।

दसवाँ क़दम : योजना बनाएँ। पहले नौ क़दम पूरे करने के बाद उनके पास योजना के सभी तत्व इकट्ठा हो गए, जिस तरह किसी रेसिपी के होते हैं। फिर पूरी योजना को इकट्ठा करना तुलनात्मक रूप से सरल था। उनके पास काम करने की पूरी सूची तैयार थी। इसलिए अगले चार महीनों के लिए यह एक एकीकृत शक्ति थी, जो उन्हें एक साथ लाई और उनके लक्ष्यों को पूरा किया।

ग्यारहवाँ क़दम : मानसिक तस्वीर देखना। उनके पास अपनी इच्छाओं की स्पष्ट मानसिक तस्वीर थी। वे अपने सपनों के मकान के हर कमरे में घूमे थे। उनके पास क्रिस्टल कैथेड्रल की तस्वीरों वाले ब्रोशर्स थे। उन्होंने संडे टेलीविज़न पर विवाहों को आयोजित होते देखा था। उन्होंने लव बोट की तस्वीरें देखी थीं और उसे टीवी पर भी देखा था। दिनभर और जब भी वे एक साथ होते थे, तो वे अपने आदर्श

विवाह और अपने आदर्श मकान के बारे में कल्पना करते और सपने देखते थे।

बारहवाँ क़दम : लगन। उनके मन में कभी असफलता की आशंका आई ही नहीं। वे अपने सपनों के प्रति ईमानदार बने रहे। वे अपनी बाधाओं को पार करने के तरीक़े तलाशते रहे। अगर एक चीज़ काम नहीं करती थी, तो वे दूसरी चीज़ को आज़माते थे। वे तब तक जुटे रहे, जब तक कि आख़िरकार सफल नहीं हो गए।

और फिर, जब सब कुछ हो गया, तो उनके आस-पास के हर व्यक्ति ने उन्हें बताया कि वे कितने ख़ुशक़िस्मत हैं!

सोने का पीछा करना

आप कितना हासिल कर सकते हैं, इसकी कोई सीमा नहीं है। ज़्यादातर सीमाएँ तो आप ख़ुद बना लेते हैं। डर और शंका आपको कोशिश करने से रोकते हैं। आप ख़ुद को सीमित करने वाले इन विश्वासों से उबर सकते हैं, बशर्ते अपने प्रमुख उद्‌देश्य के अनुरूप कर्म करें। आप जिस सफलता और ख़ुशी का सपना देखते हैं, वह लक्ष्य निर्धारण के इस सिस्टम से शुरू होता है, जिसमें आप यह निश्चित फ़ैसला करते हैं कि आप क्या चाहते हैं और फिर उसे हासिल करने के लिए हर संभव काम करते हैं।

इस अध्याय में जिस प्रक्रिया और सिस्टम का वर्णन किया गया है, वह सिर्फ़ उपलब्धि को अधिक व्यवस्थित बनाने का यांत्रिकीय साधन ही नहीं है। वह आपकी असीमित क्षमता का ताला खोलने का कॉम्बिनेशन भी है। ये क़दम न सिर्फ़ आपके सकारात्मक मस्तिष्क को सक्रिय करेंगे और आपकी रचनात्मकता को मुक्त करेंगे, बल्कि सारे मानसिक नियमों को सामंजस्य में लाकर आपके प्रमुख लक्ष्यों को साकार भी कर देंगे।

सबसे महत्वपूर्ण बात यह है कि लक्ष्य हासिल करने के लिए इन सिद्धांतों और नियमों का अभ्यास आपके *अतिचेतन मस्तिष्क* की शक्तियों का ताला खोल देता है। यह तकनीक आपको ऐसे संसाधन उपलब्ध कराती है, जिनका इस्तेमाल करके आप उन तरीक़ों से अपनी ज़िंदगी बदल सकते हैं, जिनकी आप कल्पना भी नहीं कर सकते।

आपके अतिचेतन मस्तिष्क का उचित सक्रियकरण और इस्तेमाल ही वह सबसे महत्वपूर्ण खोज है, जो आप कर सकते हैं। यह ख़ुशी, सेहत, दौलत और पूर्ण आत्म-अभिव्यक्ति की कुंजी है। अतिचेतन मस्तिष्क ही समस्त व्यक्तिगत महानता और उच्च उपलब्धि की नींव है, जैसा कि आप अगले अध्याय में देखेंगे।

अध्याय 6

विजयी शक्ति

प्राचीन यूनान की एक कहानी है। संसार बनाते वक़्त माउंट ऑलंपस पर बहुत से देवता बैठे थे। उन्होंने धरती और इंसान को बना दिया था, पक्षियों और जानवरों, समुद्री जीवों, पौधों और फूलों व सारे प्राणियों को भी बना दिया था। सिर्फ़ एक चीज़ बची थी और वह थी जीवन के रहस्य को किसी ऐसी जगह छिपाना, जहाँ इसका पता तब तक न चल पाए, जब तक कि व्यक्ति अपनी चेतना का विकास और विस्तार न कर ले यानी जब तक कि वह उसके लिए तैयार न हो जाए।

देवताओं के बीच काफ़ी बहस हुई कि जीवन का रहस्य कहाँ छिपाना चाहिए। एक ने कहा, "चलो, हम इसे सबसे ऊँचे पर्वत पर छिपा देते हैं। मनुष्य इसे वहाँ कभी नहीं खोज पाएगा।" लेकिन दूसरे देवता ने जवाब दिया, "हमने मनुष्य में असीम जिज्ञासा और महत्वाकांक्षा भरी है; वह अंततः सबसे ऊँचे पर्वत पर भी पहुँच जाएगा।"

फिर एक ने सुझाव दिया कि जीवन के रहस्य को सबसे गहरे समुद्र की तलहटी में छिपाना चाहिए। इस पर एक और देवता ने कहा, "हमने मनुष्य में असीमित कल्पना और अपना जगत खोजने-समझने की ज्वलंत इच्छा भरी है। देर-सबेर मनुष्य सबसे गहरे समुद्र की तलहटी तक भी पहुँच जाएगा।"

आख़िर एक देवता ने समाधान देते हुए कहा, "चलो हम जीवन के रहस्य को उस आख़िरी जगह छिपाते हैं, जहाँ इंसान इसकी तलाश करेगा - एक ऐसी जगह, जहाँ वह सिर्फ़ तभी पहुँचेगा, जब वह बाक़ी सारी संभावनाओं की तलाश कर लेगा और आख़िरकार इसके लिए तैयार होगा।"

बाक़ी देवताओं ने पूछा, "वह जगह कौन सी है?" इस पर पहले देवता ने जवाब दिया, "हम इसे इंसान के हृदय की गहराई में छिपाएँगे।" और उन्होंने ऐसा

ही किया।

पाँच हज़ार सालों के इतिहास में हर सभ्यता के कुछ सबसे समझदार लोगों ने युगों-युगों के रहस्य की कुंजी खोजने की कोशिश की है, जिससे वे हर इंसान के भीतर गहराई में छिपे क्षमता के विशाल ख़ज़ाने का ताला खोल सकें। उन्होंने संस्थाएँ बनाईं, गोपनीय समूह बनाए और निजी समुदाय बनाए, जो आख़िरी और सबसे पहली सरहद खोजने के प्रति समर्पित थे : मानवीय मस्तिष्क की आंतरिक शक्तियाँ।

कई स्त्री-पुरुषों ने अपनी पूरी ज़िंदगी धार्मिक समुदाय, मठ और रहस्यमयी संस्थाएँ बनाने में लगा दी, जिनमें विस्तृत कर्मकांड और दीक्षाएँ थीं, जहाँ महान रहस्य के दृश्य उनके सामने प्रकट होते थे।

प्रगति का अभियान

ये रहस्य खोजने में पिछले सौ सालों में जितनी ज़्यादा प्रगति हुई है, उतनी बाक़ी सदियों को मिलाकर भी नहीं हुई। हर व्यक्ति के लिए सेहत, ख़ुशी और दौलत की कुंजी उस चीज़ में पाई जाती है, जिसे *अतिचेतन मन* (superconscious mind) कहते हैं। यही सदियों पुराना रहस्य है।

अपने अतिचेतन मन का सही इस्तेमाल करने पर आप किसी भी समस्या को सुलझा सकते हैं, किसी भी बाधा को पार कर सकते हैं और कोई भी लक्ष्य हासिल कर सकते हैं, बशर्ते आपके भीतर सच्ची इच्छा हो। इस पर समस्त व्यक्तिगत महानता और व्यक्तिगत उपलब्धि आधारित है। दरअसल, हमने अब तक जिन चीज़ों पर भी बात की है, वे सभी आपको अपने अतिचेतन मन की शक्तियों के इस्तेमाल के लिए तैयार कर रही थीं। इससे आपके जीवन की गुणवत्ता का कायाकल्प हो जाएगा।

इस दुनिया के कई महानतम चिंतक इस शक्ति से अचंभित हैं और उन्होंने इसके बारे में लिखते समय इसे कई नाम दिए हैं। रूसी थियोसॉफ़िस्ट मैडम ब्लावैट्स्की ने इसे "गोपनीय सिद्धांत" कहा था। कवि और दार्शनिक रैल्फ़ वाल्डो इमर्सन ने इसे "ओवरसोल" नाम देते हुए कहा था, "हम एक असीम बुद्धि की गोद में हैं, जो हमारी हर ज़रूरत पर प्रतिक्रिया करती है।" इमर्सन ने इस बुद्धि की तुलना एक महासागर से की थी। उनका कहना था कि जब हम इससे ज्ञान प्राप्त करते हैं, तो हम पहचान लेते हैं कि यह किसी अदृश्य स्रोत से आ रहा है और हमारे सीमित मस्तिष्क के पार से आ रहा है।

नेपोलियन हिल ने इस शक्ति को "असीम प्रज्ञा" नाम देते हुए इसे ज्ञान का ब्रह्मांडीय भंडार और समस्त कल्पनाशीलता व रचनात्मकता का स्रोत कहा था। उनका

दावा था कि इस बुद्धि तक पहुँचने की योग्यता उन सैकड़ों दौलतमंद लोगों की महान सफलता का केंद्रीय हिस्सा थी, जिनसे उन्होंने बरसों तक बातचीत की थी।

स्विस मनोविश्लेषक कार्ल युंग ने इसे "अधि-चेतन मस्तिष्क" (supra-conscious mind) नाम देते हुए कहा था कि इसमें मानवीय प्रजाति की अतीत, वर्तमान और भविष्य की समस्त बुद्धिमत्ता है। इसे "शाश्वत अवचेतन मन" भी कहा गया है। इसे "सामूहिक अचेतन" और "शाश्वत मस्तिष्क" जैसे नाम भी दिए गए हैं। कई लोगों ने इसे "ईश्वरीय मस्तिष्क" या "रचनात्मक अवचेतन" भी कहा है।

आप इसे चाहे जो भी कहें, जब आप इसका दोहन करते हैं, इसका इस्तेमाल करते हैं और इसे नियमित रूप से अपना इस्तेमाल करने देते हैं, तो आप इतना कुछ हासिल कर सकते हैं, जिसकी कोई सीमा नहीं है।

अगर आप पहले से ही न जानते हों, तो आपके सामने यह स्पष्ट करना बहुत मुश्किल होगा कि आपका अतिचेतन मन कैसे काम करता है। पूरे जीवन में आपने कई बार इसका अव्यवस्थित और बेतरतीब इस्तेमाल किया है। दरअसल, आपने आज तक जितना भी हासिल किया है, उसके ज़्यादातर हिस्से का श्रेय आपके इस शक्ति के संयोगवश इस्तेमाल को दिया जा सकता है। इस अध्याय में मेरा उद्‌देश्य आपको यह दिखाना है कि इसका इस्तेमाल क्रमबद्ध तरीक़े से किया जाए, ताकि आप अपने लिए संभव सेहत, ख़ुशी और दौलत की मात्रा को नाटकीय रूप से बढ़ा सकें।

रचनात्मकता का स्रोत

अतिचेतन मन समस्त शुद्ध रचनात्मकता का स्रोत है। सारी महान कला, संगीत और साहित्य की जड़ें अतिचेतन मन में ही होती हैं। इमर्सन ने स्वीकार किया था कि उनके निबंध "अपने आप लिखे जाते हैं।" वे अपनी डेस्क पर बैठते थे और शब्द अपने आप उनके भीतर से आकर काग़ज़ पर उतर आते थे। उनके निबंध अँग्रेज़ी भाषा के सबसे सुंदर और प्रेरक साहित्य में गिने जाते हैं।

मोज़ार्ट बहुत कम उम्र से ही संगीत की रचना कर रहे थे। वे अपने मस्तिष्क में संगीत को देख और सुन सकते थे। वे काग़ज़ पर पेन रखकर पहली बार में ही संगीत को बिलकुल आदर्श रूप में लिख सकते थे। मोज़ार्ट की संगीत पांडुलिपियाँ इतनी स्पष्ट थीं कि *अमेड्यूस* फ़िल्म में कोर्ट कंपोज़र सेलिअरी ने उनके बारे में कहा था, "वे दुनिया का सबसे सुंदर संगीत इस तरह लिखते हैं, जैसे डिक्टेशन ले रहे हों।"

बीथोवन, बाख़, ब्राह्म्स और स्ट्राविंस्की ने भी अपना महानतम संगीत लिखते

समय अतिचेतन मन की मदद ली। जब भी आप कोई ऐसा संगीत सुनते हैं, कलाकृति देखते हैं या पुस्तक पढ़ते हैं, जो अजेय लगता है और आपके दिल को छू लेता है, तो दरअसल आपने एक अतिचेतन कृति का आनंद लिया है।

आविष्कार

नए आविष्कारों और वैज्ञानिक क्रांतियों का श्रेय भी अतिचेतन मन करे जाता है। एडिसन ने नियमित रूप से अपने अतिचेतन मन का दोहन करके सैकड़ों सफल अविष्कार किए। निकोला टेस्ला, जो शायद अपने युग की महानतम विद्युत प्रतिभा थे, अपने दिमाग़ में ही इलेक्ट्रिक मोटर्स के मॉडल बना सकते थे, उन्हें अलग-अलग करके दोबारा बना सकते थे और उनमें तब तक सुधार कर सकते थे, जब तक कि वे आदर्श न बन जाएँ। इसके बाद वे वर्कशॉप में जाकर एक बिलकुल नई मशीन या मोटर तैयार कर देते थे, जो पहली बार में ही आदर्श तरीक़े से काम करती थी।

प्रेरणा

अतिचेतन मन समस्त प्रेरणा और रोमांच का स्रोत है, जिसे आप किसी नए विचार या संभावना के आने पर अनुभव करते हैं। यह अतींद्रिय ज्ञान, आभासों और ज्ञान की कौंध के रूप में आपके सामने प्रकट होती है। यह आपके भीतर की "धीमी आवाज़" का स्रोत है। जब भी आप किसी समस्या से जूझते हैं और अचानक आपके मन में कोई बेहतरीन विचार आता है, जो आदर्श समाधान साबित होता है, तो उस वक़्त आप अपने अतिचेतन मन का दोहन कर रहे होते हैं। जब भी आप अपने सामने आने वाली चुनौती के बारे में कोई नया अंतर्ज्ञान अनुभव करते हैं, इसका मतलब है कि आपका अतिचेतन मन काम कर रहा है।

समस्त संगृहीत जानकारी तक पहुँच

जब आपका अतिचेतन मन किसी समस्या या लक्ष्य पर काम करता है, तो यह आपके अवचेतन मन में दर्ज सारी जानकारी तक पहुँच सकता है। यह आपके द्वारा अब तक सीखी या अनुभव की गई हर चीज़ का लाभ उठा सकता है।

इसमें सच और झूठ में फ़र्क़ करने की क्षमता होती है। हर व्यक्ति ने अपने

स्मृति कोष में बहुत सी ऐसी जानकारियाँ भर रखी हैं, जो सच नहीं हैं। इनमें से कुछ महत्वहीन हैं, जैसे माउंट एवरेस्ट की वास्तविक ऊँचाई या संसार में शेरों की संख्या। दूसरी ओर, कुछ जानकारियाँ बहुत महत्वपूर्ण हैं, जैसे आपकी व्यक्तिगत दौलत को प्रभावित करने वाले अत्यावश्यक तथ्य। लेकिन सभी मामलों में अतिचेतन मन सिर्फ़ उसी संगृहीत जानकारी का प्रयोग करता है, जो सच्ची है। यह आपको ऐसे जवाब या समाधान सुझाता है, जो आपकी स्थिति के लिए उपयुक्त और सही होते हैं।

कई बार आपके मन में ऐसा विचार आएगा, जिसके बारे में आपको लगेगा कि वह सच नहीं है। बाद में पता चलेगा कि आपका *ज्ञान* अधूरा था या ग़लत जानकारी पर आधारित था। आपका विरोधाभासी दिखने वाला विचार या समाधान अंत में सही साबित होता है। यही वह जवाब है, जिसकी आपको ज़रूरत है।

मस्तिष्क के बाहर की जानकारी तक पहुँच

अतिचेतन मन की पहुँच आपके व्यक्तिगत ज्ञान और अनुभव के बाहर भी होती है। यह दूसरों के ज्ञान तथा जानकारी तक पहुँच सकता है। यह दरअसल आपके मस्तिष्क - चेतन और अवचेतन मन - के *बाहर* रहता है।

अँग्रेज माइकल फ़ैरेडे को वैज्ञानिक बनने का कोई प्रशिक्षण नहीं मिला था। अचानक एक दिन वे आधी रात को जागे और उनके दिमाग़ में वैज्ञानिक फ़ॉर्मूले आ गए। उन्होंने बैठकर कई पेज गणितीय फ़ॉर्मूले और वैज्ञानिक गणनाएँ लिखीं, जो ऊर्जा के प्रवाह की तरह उनके भीतर से तेज़ी से निकल रही थीं। उन्हें पूरा लिखने के बाद वे थककर दोबारा सो गए।

जब वे बाद में अपने नोट्स इंग्लैंड के सबसे ज्ञानी वैज्ञानिकों में से एक के पास ले गए, तो पता चला कि उन्होंने ऐसा ज्ञान पैदा कर दिया था, जो इससे पहले अस्तित्व में ही नहीं था। माइकल फ़ैरेडे के काम ने ली डे फ़ॉरेस्ट द्वारा वैक्यूम ट्यूब के विकास को प्रेरित किया और उस पूरे इलेक्ट्रॉनिक युग की नींव रखी, जिसमें हम इस वक़्त रहते हैं।

शाश्वत मस्तिष्क

आप चारों तरफ़ से एक शाश्वत मस्तिष्क से घिरे हैं, जिसमें अब तक मौजूद सारी

बुद्धि, विचार और ज्ञान भरा हुआ है, जो कभी रहा था या रहेगा। इस कारण दुनिया के अलग-अलग हिस्सों में रहने वाले लोग अक्सर एक समय में ही एक ही विचार सोचते हैं और इस ऊर्जा का दोहन करते हैं।

हमारे सेमिनार में हिस्सा लेने वाला एक व्यक्ति कनाडा की एटॉमिक एनर्जी रिसर्च काउंसिल की एक टीम में काम कर चुका है। इस टीम ने गामा रे बैकफ़्लैश मेज़रिंग डिवाइस विकसित किया था। इस मशीन को आदर्श बनाने में उन्हें दो साल का समय लगा, लेकिन कुंजी ज्ञान की सिर्फ़ एक कौंध थी, जो उसे प्रोजेक्ट पर काम करते समय मिली।

कुछ महीनों बाद एक अंतर्राष्ट्रीय सिम्पोज़ियम में, जिसमें सोवियत संघ के वैज्ञानिकों ने भी शिरकत की, उन्होंने पाया कि एक सोवियत वैज्ञानिक को भी लगभग उसी समय उसी तरह के ज्ञान की कौंध मिली थी, जिससे सोवियत संघ ने भी लगभग वही मशीन ठीक उसी तरह से बना ली थी। चूँकि दोनों ही प्रोजेक्ट अति गोपनीय थे, इसलिए उन्हें सार्वजनिक नहीं किया गया था और इस बात की कोई आशंका नहीं थी कि अतिचेतन मन के अलावा किसी अन्य माध्यम से रचनात्मक ज्ञान का आदान-प्रदान हुआ होगा।

आपके वर्तमान अनुभव के पार के विचार

जब आप क्रमबद्ध तरीक़े से अपनी अतिचेतन क्षमताओं का इस्तेमाल शुरू कर देते हैं, तो आपको अपने विचार हवा में से भी मिलने लगेंगे। लगभग हर व्यक्ति के मन में किसी नए प्रोडक्ट या सेवा का एक बेहतरीन विचार आया होगा, जिसे उसने यह सोचकर नज़रअंदाज़ कर दिया होगा कि उसे इस क्षेत्र में कोई अनुभव नहीं है। लेकिन फिर उसने दो साल बाद किसी कंपनी को उसी प्रोडक्ट या सेवा के साथ आते हुए और दौलत कमाते हुए देखा होगा। यह अतिचेतन मन के कार्य करने का उदाहरण है।

विचार को नज़रअंदाज़ करने वाले व्यक्ति और विचार को लपकने वाले व्यक्ति के बीच फ़र्क़ सिर्फ़ इतना था कि उस पर काम करने वाले व्यक्ति को ख़ुद पर बहुत भरोसा था। उसे अपनी योग्यता पर भरोसा था कि वह उस विचार को हक़ीक़त में बदल सकता है। बचपन की कंडीशनिंग के कारण हममें अपने विचारों को नज़रअंदाज़ करने की प्रवृत्ति होती है और हम यह मान लेते हैं कि वे बहुत ज़्यादा मूल्यवान नहीं हो सकते, जबकि सच तो यह है कि वे हमारी पूरी ज़िंदगी बदल सकते हैं। जब आप अपनी अतिचेतना के ज्ञान का महत्व स्वीकार कर लेते हैं, तो आप अपने

मन में आने वाले विचारों को देखकर हैरान रह जाएँगे। यही नहीं, इसके बाद जब अगली बार आपके मन में कोई विचार आएगा, तो आप उसके बारे में कुछ न कुछ करेंगे।

सतत कार्य

आपका अतिचेतन मन अचेतन स्तर पर साल में 365 दिन, हर दिन 24 घंटे काम करता है। एक बार जब आप अपने अवचेतन मन में किसी लक्ष्य या समस्या की प्रोग्रामिंग कर देते हैं और फिर उसे मुक्त कर देते हैं, तो यह आपके अतिचेतन मन तक पहुँच जाती है और वह इस पर काम करने लगता है। फिर आप अपनी दैनिक ज़िंदगी के सामान्य काम करते रहते हैं, जबकि आपकी चेतन और अवचेतन ऊर्जा सामने के काम पर केंद्रित रहती है। इस दौरान आपका अतिचेतन मन उन चीज़ों को आपके क़रीब लाता रहता है, जो लक्ष्य हासिल करने के लिए ज़रूरी हैं।

याद रखें, चेतन मन के कार्य हैं पहचानना, तुलना करना, विश्लेषण करना और फ़ैसला करना। अवचेतन मन जानकारी का संग्रह करता है, उसे खोजकर निकालता है और चेतन मन के आदेशों का पालन करता है। अतिचेतन मन इन दोनों के बाहर और परे काम करता है, लेकिन इन दोनों के माध्यम से इस तक पहुँचा जा सकता है।

लक्ष्य-केंद्रित प्रेरणा

आपका अतिचेतन मन लक्ष्य - केंद्रित प्रेरणा में सक्षम होता है। यह उस उत्साह और रोमांच का स्रोत है, जिसे आप लक्ष्य तय करते समय और हासिल करने की ओर आगे बढ़ते समय महसूस करते हैं। बहरहाल, प्रेरणा पैदा करने के लिए आपके अतिचेतन मन को *स्पष्ट, विशिष्ट लक्ष्यों* की ज़रूरत होती है, जिनके प्रति आप पूरी तरह समर्पित हों। फिर यह लक्ष्य हासिल करने के लिए विचार और ऊर्जा को मुक्त कर देता है।

अतिचेतन मन "मुक्त ऊर्जा" का स्रोत है। यह एक ऐसा चमत्कार है, जिसे आप कई बार अनुभव कर चुके होंगे। यह वो मानसिक और शारीरिक ऊर्जा है, जो अति रोमांच, तीव्र इच्छा या बड़े जोखिम के दौरान आपमें प्रवाहित होती है। जब आप अपने किसी महत्वपूर्ण लक्ष्य की दिशा में काम कर रहे होते हैं, तो अक्सर अपने भीतर ऊर्जा का असीम प्रवाह अनुभव करते हैं। आपको बहुत कम नींद की

ज़रूरत होती है और आप दिन-रात लगातार काम करने में समर्थ होते हैं। आम तौर पर इसे "नर्वस एनर्जी" कहा जाता है, लेकिन ज़ाहिर है, हम जानते हैं कि नर्व्ज़ में अपनी कोई ऊर्जा नहीं होती।

क्या आपने कभी अनुभव किया है कि किसी आपातकालीन स्थिति में आप आधी रात को जागे हों? एक ही पल में आप ख़ुद को पूरी तरह जाग्रत, चौकन्ना और प्रभावी ढंग से काम करते हुए पाते हैं, जबकि कुछ समय पहले आप बहुत थके - हारे और गहरी नींद में थे। यह आपके अतिचेतन मन की "मुक्त ऊर्जा" के दोहन की ही मिसाल है।

इस "मुक्त ऊर्जा" का एक और उदाहरण उन लोगों के चमत्कारी प्रमाण हैं, जिन्होंने जान जोखिम वाली स्थितियों में अति-मानवीय कार्य किए हैं। फ़्लोरिडा में कुछ साल पहले सड़सठ साल की एक कमज़ोर दादी मिसेज़ लॉरा शुल्ज़ अपने किचन में काम कर रही थीं, जबकि उनका चालीस साल का बेटा ड्राइववे में एक कार के नीचे घुसकर उसकी मरम्मत कर रहा था। अचानक जैक फिसल गया और कार बेटे के सीने पर गिर गई, जिससे वह दब गया और उसकी जान जोखिम में आ गई।

उसकी दर्द भरी चीख़ें सुनकर बूढ़ी माँ भागती हुई मकान से बाहर निकलीं। उन्होंने देखा कि क्या हुआ और तत्काल काम में जुट गईं। वे तेज़ी से आगे भागीं, बम्पर उठाया और अपने बेटे के सीने से दो हज़ार पौंड भारी कार उठाकर उसकी जान बचा ली।

दो पड़ोसियों ने उन्हें ऐसा करते देखा। लेकिन बाद में रिपोर्टर्स को दिए गए इंटरव्यू में उस महिला ने इस घटना से इंकार कर दिया। उन्होंने इस अनुभव को अपने दिमाग़ से पूरी तरह मिटा दिया, क्योंकि यह उससे बहुत परे था, जिसे वे अपनी शक्ति के बारे में सच "मानती" थीं।

जब आप अपने अतिचेतन मन के पूर्ण सामंजस्य में होते हैं, तो आपको सेहत, ऊर्जा और शक्ति के ऐसे सतत प्रवाह का अनुभव होगा, जिसकी बदौलत आप कुछ घंटों में ही इतना कुछ कर सकते हैं, जिसे करने में आम आदमी को एक हफ़्ता लग जाता है। आप "प्रवाह" (flow) की ऐसी अवस्था में दाख़िल होंगे, जहाँ दुनिया धीमी और आपका मस्तिष्क तेज़ नज़र आता है। इस दौरान आपमें उच्च गुणवत्ता के बहुत सारे काम बहुत कम समय में करने की सरल योग्यता नज़र आती है। आपको बहुत अच्छा और अद्‌भुत एहसास होता है। आपका मस्तिष्क विचारों से लबालब होता है, जो आपकी ओर ठीक उसी समय प्रवाहित होते हैं, जब आपको उनकी ज़रूरत होती है।

स्पष्ट आदेश

आपका अतिचेतन मन स्पष्ट, आधिकारिक आदेशों या जिन्हें हम "सकारात्मक संकल्प" कहते हैं, पर सबसे अच्छी प्रतिक्रिया करता है। जब आप अपने चेतन मन से अवचेतन मन तक किसी लक्ष्य या इच्छा का संकल्प करते हैं, तो हर बार आप अतिचेतन मन को उन विचारों और ऊर्जा को मुक्त करने के लिए सक्रिय कर देते हैं, जिनकी ज़रूरत आपको अपनी इच्छा साकार करने के लिए होती है।

इसीलिए *निर्णायकता* सफल स्त्री-पुरुषों का इतना महत्वपूर्ण गुण होता है। चूँकि वे ठीक-ठीक जानते हैं कि वे क्या चाहते हैं, इसलिए उनकी अतिचेतन शक्तियाँ उनके लिए लगातार काम करती हैं। आप यह भी पाएँगे कि जब आप टालमटोल करना छोड़ देते हैं और एक दृढ़, स्पष्ट निर्णय ले लेते हैं कि आप कुछ करने जा रहे हैं, क़ीमत चाहे जो हो, तो अचानक हर चीज़ आपके पक्ष में काम करने लगती है।

जब आप संकल्प करते हैं, "मैं ख़ुद को पसंद करता हूँ" या "मैं यह काम कर सकता हूँ," या "मैं हर साल XXX डॉलर कमाता हूँ," तो आप अपनी सभी मानसिक शक्तियों का मास्टर स्विच चालू कर देते हैं। आप सबसे सशक्त संभव तरीक़े से इसका दोहन करने लगते हैं।

मैंने पहले ज़िक्र किया था कि अपनी पूर्ण क्षमता तक न पहुँच पाने का बुनियादी कारण यह होता है कि लोग गंभीर नहीं होते। *गंभीर नहीं* होने से मेरा मतलब यह है कि वे ज़िंदगी को बेहतर करने वाले उन निर्णयों को ही नहीं लेते, जो उन्हें लेने ही चाहिए।

आप यह देखकर हैरान रह जाएँगे कि जब आप दृढ़ निर्णय ले लेते हैं और अपने पीछे के सारे मानसिक पुल जला देते हैं, तो आप कितने ज़्यादा प्रभावी बन जाएँगे। मैदान छोड़ने या पीछे हटने या कुछ और करने के सारे विचारों को बाहर निकाल दें। निर्णय लें कि आप वह काम करने जा रहे हैं, जिसकी ज़रूरत आपको लक्ष्य तक पहुँचने के लिए है। यह सोचें कि कोई भी चीज़ आपको नहीं रोक सकती। ऐसा होने पर औसत योग्यताओं वाला व्यक्ति भी असाधारण सफलता पा लेता है।

हर समस्या का समाधान

आपका अतिचेतन मन आपके लक्ष्य की राह में आने वाली हर समस्या को अपने आप और लगातार सुलझाता चला जाता है, बशर्ते आपका लक्ष्य स्पष्ट हो। अगर आपका लक्ष्य बहुत सा पैसा बनाना है और आप इस बारे में बिलकुल स्पष्ट हों कि

आप कितना पैसा कमाना और जोड़ना चाहते हैं, तो आप अंततः इसे यक़ीनन हासिल कर लेंगे।

मानव जाति का इतिहास उन लोगों की कहानियों से ही लिखा गया है, जिन्होंने ख़ुद के लिए बड़े रोमांचक लक्ष्य तय किए और जो बिना हार माने जुटे रहे, कई बार तो बरसों तक, जब तक कि वे आख़िरकार उस लक्ष्य तक नहीं पहुँच गए। प्रसिद्ध मैनेजमेंट विशेषज्ञ और *द इफ़ेक्टिव एक्ज़ीक्यूटिव* के लेखक पीटर ड्रकर कहते हैं, "जब भी आप कहीं भी कोई बेहतरीन काम देखते हैं, तो उसके पीछे आप एकल उद्‌देश्य वाले किसी एकाग्रचित्त व्यक्ति को पाएँगे।" जब भी आप कोई महान उपलब्धि देखते हैं, तो उसके पीछे आप ऐसा व्यक्ति देखेंगे, जो इस बारे में बिलकुल स्पष्ट था कि वह क्या करना चाहता है और जो उसे हासिल करने के लिए हर ज़रूरी काम करने का इच्छुक था, चाहे उसमें जितना भी समय लगे।

आपका मुख्य काम अपने विचारों को लक्ष्य पर केंद्रित रखना है। आपका अतिचेतन मन अपने आप और लगातार आपके लक्ष्य की राह में आने वाली हर समस्या सुलझा देगा। आप इस अतिचेतन शक्ति पर पक्का भरोसा कर सकते हैं। शर्त सिर्फ़ इतनी है कि आपका लक्ष्य स्पष्ट होना चाहिए।

उचित मानसिक जलवायु

आपका अतिचेतन मन आस्था और स्वीकृति की मानसिक जलवायु में सबसे अच्छी तरह काम करता है। *विश्वास* के साथ *अपेक्षा* का यह नज़रिया भी होना चाहिए कि आपकी समस्याएँ सुलझ जाएँगी, बाधाएँ हट जाएँगी और लक्ष्य पूरे हो जाएँगे। यह नज़रिया ही वह मानसिक अवस्था है, जो विचार की कंपन दर बढ़ा देती है। इससे आपका अतिचेतन मन अपने सर्वश्रेष्ठ स्तर पर कार्य करने लगता है।

हालाँकि शुरुआत में यह मुश्किल होता है, लेकिन जब आप किसी स्थिति के परिणाम को लेकर पूरी तरह शिथिल हो जाते हैं, तब स्थिति अपने आप सुलझ जाती है और कई बार तो बहुत ही अप्रत्याशित तरीक़े से। बहरहाल, परिणामस्वरूप आपको हमेशा माँगी हुई चीज़ मिल जाएगी, और कई बार तो उससे भी ज़्यादा मिलेगा। ऐसा लगता है कि आप "प्रयास" में जितनी कम मेहनत करते हैं, आपका अतिचेतन मन आपकी मनचाही चीज़ों को आप तक पहुँचाने के लिए उतना ही बेहतर काम करता है।

सभी महान स्त्री-पुरुष आस्थावान थे। वे "चिंता" नहीं करते थे। उन्होंने ब्रह्मांड की अच्छाई में विश्वास करने की बच्चों जैसी योग्यता विकसित कर ली थी - यह

सरल आस्था कि हर चीज़ अपने निर्धारित समय पर उसी तरह हो रही है, जैसी होनी चाहिए। उनमें शांति और आत्मविश्वास का नज़रिया था। उन्हें पूरा विश्वास था कि उनसे बड़ी कोई शक्ति उनकी मदद कर रही है।

किसी भी तरह की नकारात्मकता, क्रोध, चिंता या अधीरता आपके अतिचेतन मन को बंद कर देती है। यह आपकी शक्तियाँ कम कर देती है। यह आपकी सोच को धुँधला कर देती है। यह उन संदेशों को दुविधापूर्ण बना देती है, जिन्हें आप अपने चेतन से अवचेतन मन की ओर भेजते हैं। किसी भी तरह की विनाशकारी भावनाएँ उस शांत, सकारात्मक नज़रिए के साथ हस्तक्षेप करती हैं, जिसकी ज़रूरत आपके अतिचेतन को आदर्श कार्य करने के लिए होती है।

यह आपकी ओर वे अनुभव लाता है, जिनकी आपको ज़रूरत है

आपका अतिचेतन मन आपके जीवन में ऐसे अनुभव लाता है, जिनकी ज़रूरत आपको सफलता पाने के लिए होती है। चूँकि आप कभी भी स्थाई तौर पर बाहर ऐसी कोई चीज़ हासिल नहीं कर सकते, जिसके लिए आप भीतर से पूरी तरह तैयार न हों, इसलिए जब भी आप किसी तरह का कोई लक्ष्य तय करते हैं, तो आपको उस बिंदु तक विकास करना होगा, जहाँ आप उसे हासिल करने के लिए तैयार हो जाएँ। आपका अतिचेतन मन ऐसे अनुभवों से आपका मार्गदर्शन करेगा, जिनकी आपको ज़रूरत है। यह आपको ऐसे सबक़ सिखाएगा, जिन्हें आपको सीखना ही होगा, ताकि जब आप आख़िरकार अपनी मंज़िल पर पहुँचें, तो यह लगभग एंटी-क्लाइमैक्स की तरह लगे। तब तक आप अपनी मनचाही बाहरी वास्तविकता के अनुरूप मानसिक समतुल्य बना चुके होंगे।

यह बहुत महत्वपूर्ण बिंदु है : अगर आप कोई ऐसी चीज़ हासिल कर लेते हैं, जिसके लिए आपने ख़ुद को मानसिक रूप से तैयार न किया हो, तो आप उसे क़ायम नहीं रख पाएँगे। अगर आप अप्रत्याशित रूप से बहुत सा पैसा कमा लें और आपकी आत्म-अवधारणा उसके अनुरूप न हो, तो अवचेतन रूप से आप उस पैसे से छुटकारा पाने वाले व्यवहार में जुट जाएँगे। इसीलिए यह कहावत है, "आसानी से आता है, आसानी से जाता है।"

बहरहाल, अगर आप धीरे-धीरे कामयाबी हासिल करते हैं, इंसान के रूप में अंदर से विकास करते हैं, बाहर अपनी उत्पादन क्षमता बढ़ाते हैं, तो आप तैयार हो जाते हैं। तैयार होने के बाद जब आप आख़िरकार जीवन में अपनी मनचाही

स्थिति तक पहुँचते हैं, तो आप उसे अनंत काल तक क़ायम रख सकते हैं।

आप अगर अपनी ज़िंदगी को पलटकर देखें, तो पाएँगे कि आपको लगभग हर सार्थक चीज़ हासिल करने से पहले मुश्किलें, निराशाएँ और अस्थायी असफलताएँ नज़र आई थीं। अक्सर आपको डर, तनाव और चिंता के भावनात्मक झूले पर सवारी करनी पड़ी थी। बहरहाल, पुनरावलोकन में आप देख सकते हैं कि वे सभी मुश्किल अनुभव आपके लिए अनिवार्य थे, ताकि आप अपनी भीतरी दुनिया को बदल लें और अपना अंतिम लक्ष्य हासिल कर लें।

यह एक बहुत महत्वपूर्ण बिंदु है। आपका अतिचेतन मन बाधाओं या सीखने के अनुभवों की शृँखला बनाता है, ताकि यह ठीक वही सिखा सके, जिसे सीखने की आपको ज़रूरत है। आपका अतिचेतन मन बहुत धैर्यवान भी है। अगर आप सबक़ नहीं सीखते, चाहे यह संबंधों के क्षेत्र में हो या बिज़नेस के, पैसे के क्षेत्र में हो या सेहत के, तो अतिचेतन मन आपकी ओर सीखने के वही अनुभव बार-बार भेजेगा, जब तक कि अंततः आप वो नहीं सीख नहीं जाते, जिसे सीखने की आपको ज़रूरत है। तभी, और सिर्फ़ तभी, आपको अपने विकास के अगले पायदान पर पहुँचने की अनुमति मिलती है।

नेपोलियन हिल ने जब दौलतमंद व्यक्तियों से बातचीत और सवाल-जवाब किए, तो उन्हें एक अजीब चीज़ का पता चला। सभी दौलतमंद व्यक्तियों को उनकी सबसे बड़ी सफलता तब मिली, जब वे अपनी सबसे बड़ी असफलता से एक क़दम आगे निकल गए। जब हर बाहरी परिस्थिति यह सुझाव दे रही थी कि अब उन्हें वह काम छोड़ देना चाहिए और हार मान लेनी चाहिए, तब वे अपने लक्ष्यों तक पहुँचने के सबसे क़रीब थे।

ऐसा लगता है, जैसे मंज़िल पर पहुँचने से ठीक पहले आपका अतिचेतन मन आख़िरी इम्तहान लेता है। जब आप सीखने के अपने सबसे मुश्किल अनुभवों से गुज़रेंगे, तो आपको मस्तिष्क पर नियंत्रण करने की अपनी योग्यता का इस्तेमाल करना होगा। तब आपको यह विश्वास रखना होगा कि आप जिस मुश्किल का सामना कर रहे हैं, वह तो बस उस प्रक्रिया का हिस्सा है, जो अंततः आपको लक्ष्य तक पहुँचा देगी।

सफल स्त्री-पुरुषों का एक गुण यह है कि वे कभी "असफलता" शब्द का प्रयोग नहीं करते। वे अस्थायी पराजयों और विपत्तियों को कुछ सिखाने वाला अनुभव मानते हैं, जो उन्हें इस बारे में सबक़ देती हैं कि सफल कैसे होना है। वे हर बाधा या निराशा के भीतर समान या ज़्यादा बड़े लाभ का बीज देखते हैं। वे हर अनुभव से सीखते हैं। वे विचलित होने से इंकार कर देते हैं। वे अपने मस्तिष्क को शांत,

सकारात्मक और अपने लक्ष्यों पर केंद्रित रखते हैं। परिणामस्वरूप, उनकी अतिचेतन क्षमताएँ सक्रिय बनी रहती हैं।

इस्तेमाल करें या गँवा दें

जब आप अपने अतिचेतन मन का इस्तेमाल करते हैं और उस पर भरोसा करते हैं, तो उसकी क्षमता बढ़ जाती है। लोग महान चीज़ें तभी हासिल कर पाते हैं, जब वे अपने चारों ओर व्याप्त इस रहस्यमयी शक्ति पर पूरी तरह से भरोसा करने लगते हैं। "इस्तेमाल का नियम" कहता है, "अगर आप इसका इस्तेमाल नहीं करते, तो आप इसे गँवा देते हैं।" यह बताता है कि आप जिन मानसिक या शारीरिक क्षमताओं का इस्तेमाल करते हैं, वे आपके आदेशों के प्रति ज़्यादा प्रतिक्रियाशील और ज़्यादा शक्तिशाली बन जाती हैं। जब आप अपने अतिचेतन मन से बार-बार कहते हैं कि वो आपको मार्गदर्शन दे, प्रेरित करे, ज्ञान दे और राह में आने वाली हर समस्या को सुलझाए, तो आप इसकी आदत डाल लेते हैं और इसके बाद यह हर दिन ज़्यादा तेज़ी और कार्यकुशलता से काम करेगा।

यह आपको अचूक मार्गदर्शन देता है

अतिचेतन मन आपके सभी शब्दों और कामों व उनके प्रभावों को इस तरह से बनाता है, *ताकि वे आपकी आत्म-अवधारणा* और प्रमुख लक्ष्यों के सामंजस्य में हों। आप जब अपने अतिचेतन के निकट संपर्क में रहेंगे, तो हमेशा, हर स्थिति में सही चीज़ कहने और करने के लिए प्रेरित होंगे।

कई बार आपके मुँह से ऐसे शब्द अपने आप निकल पड़ेंगे, जो बाद में सही साबित होंगे। कई बार आपमें कोई पुस्तक या टेप ख़रीदने, किसी को फ़ोन करने या किसी से मिलने जाने, कोई चिट्ठी लिखने या कोई ऐसा निर्णय लेने की इच्छा जागेगी, जिसके बारे में बाद में पता चलेगा कि आपको उस वक़्त ठीक वही चीज़ करनी चाहिए थी। आप किसी पुस्तक या पत्रिका को उठाएँगे, जो ठीक उसी पेज पर खुलेगी, जिसमें वह जवाब होगा, जिसकी आपको ज़रूरत है। इस महान शक्ति पर आप जितना ज़्यादा भरोसा करेंगे, ऐसी घटनाएँ उतनी ही ज़्यादा होंगी।

समकालिकता

समकालिकता (synchronicity) का मतलब यह है कि दो भिन्न दिखने वाली घटनाएँ एक ही समय में होती हैं और ये दोनों ही घटनाएँ लक्ष्य तक पहुँचने में आपकी मदद करती हैं। उदाहरण के लिए सुबह ऑफ़िस जाने से पहले आप हवाई में सैर-सपाटा करने के बारे में सोचते हैं और दोपहर में ही आपको हवाई में एक हफ़्ते तक रहने का स्पेशल ऑफ़र मिल जाता है और वह भी काफ़ी कम दामों में। या फिर हो सकता है कि आपने वीकएंड में फ़ैसला किया हो कि आपको ज़्यादा पैसा कमाने की ज़रूरत है और सोमवार को आपका बॉस आपको प्रमोशन देने का प्रस्ताव रख दे, जिसमें आपकी ज़िम्मेदारियाँ बढ़ जाएँगी और आपकी तनख़्वाह भी। इन समकालिक घटनाओं के बीच इकलौती कड़ी आपके विचारों और लक्ष्यों द्वारा घटनाओं पर लादा गया अर्थ है। यह अतिचेतन गतिविधि का एक और उदाहरण है।

इस तरह के संयोग का वर्णन करने के लिए अक्सर एक और शब्द का प्रयोग किया जाता है और वह है "सेरेंडिपिटी।" सेरेंडिपिटी सुखद खोज करने की योग्यता है। जो लोग सेरेंडिपिटी का अनुभव करते हैं, उन सभी में एक चीज़ समान नज़र आती है : वे किसी चीज़ को सक्रियता से खोजते हैं। ऐसा लगता है कि उनके पास बहुत स्पष्ट लक्ष्य हैं और उन्हें जो उल्लेखनीय चीज़ें मिलती हैं, वे सभी उस चीज़ से जुड़ी होती हैं, जिसे वे हासिल करना चाहते हैं।

अतिचेतन मन का इस्तेमाल शुरू करने के बाद लोग हमेशा मुझे बताते हैं, "आप यक़ीन नहीं करेंगे कि मेरे साथ क्या हुआ!" मैं यह वाक्य हज़ार बार सुन चुका हूँ : "आप यक़ीन नहीं करेंगे कि मेरे साथ क्या हुआ!" लोगों के साथ जब संयोग से उल्लेखनीय घटनाएँ होती हैं, तो वे इसे "क़िस्मत" का नाम देकर नज़रअंदाज़ कर देते हैं या कहते हैं कि ऐसा बस संयोग से हुआ है। लेकिन अब आप सच्चाई जानते हैं।

हम एक ऐसे ब्रह्मांड में रहते हैं, जो नियमों के हिसाब से चलता है। कोई भी चीज़ संयोग से नहीं होती। हर चीज़ निश्चित नियमों और सिद्धांतों के कारण होती है, भले ही आप इस बारे में जानते हों या नहीं।

द्वितीय विश्व युद्ध के सबसे स्याह दिनों में 1941 में इंग्लैंड के प्रधानमंत्री विंस्टन चर्चिल से मंत्रिमंडल के सदस्यों ने आग्रह किया कि वे हिटलर के साथ किसी तरह की शांतिपूर्ण सुलह या समझौता कर लें। चर्चिल ने इंकार कर दिया। उन्होंने कहा कि अमेरिका को युद्ध में खींचने वाली कोई चीज़ होगी और उससे पूरा समीकरण बदल जाएगा। जब इस मुद्दे पर चर्चिल पर दबाव डाला गया और पूछा गया कि

उन्हें इस बात पर यक़ीन क्यों है, तो उन्होंने जवाब दिया, "क्योंकि मैंने इतिहास का अध्ययन किया है और इतिहास बताता है कि अगर आप पर्याप्त लंबे समय तक इंतज़ार करें, तो कोई न कोई चीज़ हमेशा होती है।"

इस बातचीत के कुछ हफ़्तों बाद ही 7 दिसंबर 1941 को जापान ने पर्ल हार्बर पर बमबारी कर दी। जब हिटलर ने यह सुना, तो उसने तत्काल अमेरिका के साथ युद्ध की घोषणा कर दी। रातोंरात हर चीज़ बदल गई और अमेरिका की औद्योगिक शक्ति ब्रिटेन के पक्ष में आ गई। विश्व के दूसरे हिस्से में जापान की एकतरफ़ा कार्रवाई ने घटनाओं की ऐसी शृँखला शुरू कर दी, जिससे चर्चिल नाज़ी जर्मनी से इंग्लैंड को बचाने का अपना लक्ष्य हासिल कर पाए।

शांत, विश्वासपूर्ण अपेक्षा की इस मानसिक अवस्था को क़ायम रखना ज़रूरी है, तब भी जब आप ज़िंदगी के तूफ़ान के थपेड़े झेल रहे हों। आप इस अवस्था को जितना ज़्यादा क़ायम रखेंगे, आपको समकालिकता और सेरेंडिपिटी का उतना ही ज़्यादा अनुभव होगा। ये आनंददायक अनुभव आपको ख़ुशी और रोमांच की भावना से भर देंगे।

दो कार्यकारी स्थितियाँ

आपका अतिचेतन मन दो स्थितियों में सबसे अच्छी तरह काम करता है। पहला तब, जब आपका चेतन मन किसी विशेष समस्या या लक्ष्य पर शत-प्रतिशत ध्यान केंद्रित कर रहा हो। दूसरा तब, जब आपका चेतन मन कोई बिलकुल ही अलग काम करने में व्यस्त हो। अपनी मनचाही चीज़ हासिल करने के लिए आपको ये दोनों ही तरीक़े आज़माने चाहिए।

यहाँ पाँच क़दमों की एक सरल प्रक्रिया बताई जा रही है, जिसका इस्तेमाल करके आप अपने अतिचेतन मन की सभी शक्तियों को किसी एक मुद्दे पर केंद्रित कर सकते हैं।

पहला क़दम : समस्या या लक्ष्य को स्पष्ट रूप से परिभाषित कर लें। उसे विस्तार से लिखना ज़्यादा अच्छा रहेगा। लिखें कि आप ठीक-ठीक क्या हासिल करना चाहते हैं, या आप जिस समस्या को सुलझाना चाहते हैं, वह क्या है ?

दूसरा क़दम : ज़्यादा से ज़्यादा जानकारी हासिल करने की कोशिश करें। पढ़ें, खोजें, सवाल पूछें और सक्रियता से वे जवाब खोजें, जिनकी आपको ज़रूरत है।

तीसरा क़दम : सारी एकत्रित जानकारी की समीक्षा करके चेतन तौर पर समस्या को सुलझाने की कोशिश करें।

चौथा क़दम : अगर आप चेतन तौर पर समस्या न सुलझा पाएँ, तो उसे अपने *अतिचेतन मन* के हवाले कर दें। उसे विश्वास के साथ मुक्त करें, जिस तरह आप किसी गुब्बारे के साथ करते हैं और फिर उसे तैरकर दूर जाने दें।

पाँचवाँ क़दम : अपने चेतन मन को किसी दूसरे काम में व्यस्त कर दें। अपना ध्यान हटा लें और अपने अतिचेतन मन को इसकी परवाह करने दें!

इस वक़्त आप जिस समस्या से जूझ रहे हों, उसके साथ यह विधि आज़माकर देखें। परिणामों से आप हैरान रह जाएँगे।

यह सारे ज़रूरी जवाब लाता है

अतिचेतन मन आपको हमेशा सही समय पर सही जवाब लाकर देगा। जब जवाब आता है, तो आपको उस पर तत्काल काम करना होगा। यह "समय की सटीकता" वाला मामला है। अगर आपके मन में किसी को फ़ोन करने या कुछ कहने या कुछ करने की इच्छा जागे और यह बिलकुल ठीक महसूस हो रही हो, तो विश्वास से काम करें और अपनी इच्छा पूरी करें। यह हमेशा बाद में सही साबित होगी।

अगर आपको किसी दूसरे व्यक्ति के साथ समस्या आ रही है और आपके मन में स्पष्ट विचार आता है कि आपको क्या करना या कहना चाहिए, भले ही इसमें किसी तरह का टकराव या अप्रियता शामिल हो, तो अपने सहज बोध का अनुसरण करें और उस पर काम करें। नतीजा आपकी उम्मीद के अनुरूप या उससे बेहतर होगा।

प्रोफ़ेशनल वक्ता के रूप में मैं कई बार यह निश्चय नहीं कर पाता कि मुझे किसी भाषण या सेमिनार को किस तरह बनाना या शुरू करना चाहिए। जब मैं इसे अपने अतिचेतन मन के हवाले कर देता हूँ, तो एक अजीब चीज़ होती है। एक निश्चित बिंदु पर, अक्सर जब मैं पोडियम पर चलकर जा रहा होता हूँ, पूरा भाषण मेरे मस्तिष्क में साफ़ तौर पर प्रकट हो जाता है और बाद में पता चलता है कि वही सही भाषण था।

कुछ समय पहले मुझसे 90 के दशक में प्रोफ़ेशनल सेलिंग की चुनौतियों पर कॉरपोरेट श्रोताओं को संबोधित करने को कहा गया। मैंने इस भाषण की तैयारी की और मैं इस विषय पर बोलने के लिए तैयार था। लेकिन जब मेरा परिचय दिया

गया, तो मेरे मन में यह प्रबल इच्छा जागी कि इसके बजाय मैं दीर्घकालीन लक्ष्यों और रणनीतियों के महत्व पर बोलूँ और पुरानी दिशाओं को छोड़कर नई दिशाओं में जाने का साहस दिखाऊँ। मैंने ऐसा कर दिया। भाषण के अंत में सभी ने खड़े होकर तालियाँ बजाईं।

बाद में कंपनी के प्रेसिडेंट ने मुझे बताया कि मेरे भाषण से पहले उनकी दो दिन की मीटिंग हुई थी, जिसमें उन्होंने कंपनी की भावी दिशा के बारे में बातचीत और बहस की थी। मेरे भाषण ने उन मुद्दों को स्पष्ट कर दिया, जिनसे वे जूझ रहे थे। इसमें उन्हें अपनी कुछ सबसे चुनौतीपूर्ण समस्याओं को सुलझाने की कुंजियाँ भी मिलीं। अंत में यह स्पष्ट हुआ कि मेरा अतिचेतन मन वहीं बातें कहने के लिए मेरा मार्गदर्शन कर रहा था, जिन्हें सीखने के लिए उनका अतिचेतन मन उन्हें मार्गदर्शन दे रहा था।

आपकी मानसिक अलार्म घड़ी

अतिचेतन मन आपको अपनी प्रोग्रामिंग करने में समर्थ बनाता है, ताकि आप भविष्य में किसी निश्चित समय पर कोई काम करना याद रख सकें। उदाहरण के लिए, आप अपने दिमाग़ की प्रोग्रामिंग कर सकते हैं कि यह आपको दिन या रात में किसी निश्चित समय पर जगा दे। कई लोग, जिनमें मैं भी शामिल हूँ, कभी अलार्म घड़ी का इस्तेमाल नहीं करते हैं, लेकिन इसके बावजूद सही समय पर उठ जाते हैं। आपको तो बस यह तय करने की ज़रूरत है कि आप सुबह कितने बजे उठना चाहते हैं। फिर इसके बारे में भूल जाएँ। और ठीक उसी समय या उससे कुछ मिनट पहले आपकी नींद पूरी तरह खुल जाएगी।

मैं बहुत से देशों की यात्राएँ करता हूँ और इस दौरान टाइम ज़ोन्स बदलते हैं। मुझे अलग-अलग समय पर सोना पड़ता है, लेकिन मेरा अतिचेतन मन मुझे हमेशा सही वक़्त पर जगा देता है। मैं कभी देर से नहीं उठा हूँ। यह अलार्म घड़ी से बेहतर है।

आप ख़ुद को निश्चित समय पर फ़ोन करने या घर जाते वक़्त कोई चीज़ ख़रीदने की याद दिला सकते हैं। प्रोग्रामिंग वाला विचार सही समय या जगह पर आपके मन में आ जाएगा। और आप इस शक्ति का इस्तेमाल बस इसका फ़ैसला करके कर सकते हैं।

आप अंततः ऐसे बिंदु पर पहुँच सकते हैं, जहाँ आपको घड़ी की ज़रूरत ही नहीं होगी। आपको हमेशा पता होगा कि समय क्या है।

पार्किंग की जगह खोजना

बाक़ी चीज़ों के अलावा आप पार्किंग की जगह खोजने के लिए भी अपने अतिचेतन मन का इस्तेमाल कर सकते हैं। इसके लिए आपको उस जगह पर पार्किंग की किसी ख़ाली जगह की स्पष्ट मानसिक तस्वीर देखनी होगी - भीड़ भरी सड़क या पार्किंग लॉट में भी। बाद में जब आप सचमुच वहाँ पहुँचेंगे, तो पार्किंग की जगह आपका इंतज़ार कर रही होगी। अगर इलाक़ा बहुत व्यस्त है, तो कोई उस जगह को आपके पहुँचने तक रोके रहेगा। जब आप वहाँ पहुँचेंगे, तो ठीक उसी समय दूसरी कार बाहर निकलकर आपकी कार के लिए जगह ख़ाली कर देगी। मेरी पत्नी बारबरा ने इस क्षमता को इतना बढ़ा लिया है कि वह बहुत सारे काम करने की योजना बना लेती है और मनचाहे स्टोर या ऑफ़िस के ठीक पास पार्किंग की जगह खोज लेती है।

इंजीनियरों और अकाउंटेंट्स जैसे टेक्निकल लोगों के लिए इस पर यक़ीन करना मुश्किल होता है। लेकिन मैं देश भर में ऐसे लोगों से मिलता हूँ, जो मुझे बताते हैं कि मेरे सेमिनार में शिरकत करने के बाद उन्हें पार्किंग की जगह खोजने में ज़रा भी मुश्किल नहीं हुई।

हाल ही में हमने सैन डिएगो में एक सेमिनार किया। हमने उसमें प्रतिभागियों को शनिवार दोपहर की छुट्टी दी। दो समूहों ने दोपहर में सैन डिएगो चिड़ियाघर जाने का फ़ैसला किया। पहले समूह में चार युवा उद्यमी थे। वे सकारात्मक, आशावादी और पूरी तरह विश्वासपूर्ण थे कि पार्किंग की जगह खोजने का यह तरीक़ा सफल होगा। दूसरे समूह में तीन इंजीनियर थे। उनके दिमाग़ में बिलकुल स्पष्ट था कि मानसिक तस्वीर और अतिचेतन का इस्तेमाल करके पार्किंग की जगह खोजना संभव ही नहीं है।

दोनों समूह अलग-अलग सैन डिएगो चिड़ियाघर गए। युवा उद्यमियों से भरी कार सीधे सामने के प्रवेश द्वार के पास वाली पार्किंग तक गई, हालाँकि जहाँ तक आँखें देख सकती थीं, पार्किंग खचाखच भरी थी। जैसे ही वे सामने वाले प्रवेश द्वार तक पहुँचे, पहला पार्किंग स्टॉल खुल गया। उसके भीतर की कार बाहर निकल आई। वे हँसते हुए अंदर गए और चिड़ियाघर के भीतर चले गए।

दूसरी तरफ़, जिन इंजीनियरों को यह यक़ीन नहीं था कि यह तकनीक सफल होगी, वे कुछ समय तक चारों ओर घूमे और फिर अपनी कार को पार्किंग के दूर वाले हिस्से में पार्क किया, जहाँ से प्रवेश द्वार तक पहुँचने के लिए उन्हें दो ब्लॉक पैदल चलना पड़ा।

हालाँकि यह एक बहुत प्रबल शक्ति का बहुत सामान्य इस्तेमाल है, लेकिन इसे ख़ुद आज़माकर नतीजा देख लें। याद रखें, असल बात आपका नज़रिया है। अगर आपको पूरी तरह से विश्वास है कि आप पार्किंग की जगह खोज लेंगे, तो आप यक़ीनन ऐसा कर लेंगे। लेकिन ज़रा सी भी शंका या संदेह प्रक्रिया में शॉर्ट सर्किट कर देगा और उसे असफल करा देगा।

अतिचेतन गतिविधि का नियम

इस पुस्तक के सभी नियमों में यह सबसे महत्वपूर्ण है। यह वो सार है, जो बाक़ी सभी को एक सूत्र में बाँधता है। अतिचेतन गतिविधि का नियम कहता है, "जिस भी विचार, योजना, लक्ष्य या चीज़ को - चाहे वह सकारात्मक हो या नकारात्मक - आप अपने चेतन मन में लगातार रखते हैं, उसे आपका अतिचेतन मन हक़ीक़त में बदल देगा।"

अगर आप किसी भी विचार, योजना, लक्ष्य या चीज़ को विश्वास के साथ लगातार अपने चेतन में रखते हैं, तो इससे कोई फ़र्क़ नहीं पड़ता कि वह सकारात्मक है या नकारात्मक। आपका अतिचेतन मन अंततः उसे हक़ीक़त में बदल देगा। यह नियम स्पष्ट करता है कि आप कैसे उन विचारों से अपना संसार बनाते हैं, जिन्हें आप अपनी सोच पर हावी होने की अनुमति देते हैं। अगर आप अपने मस्तिष्क को मनचाही चीज़ों पर केंद्रित और अनचाही चीज़ों से दूर रखते हैं, तो आपके लक्ष्य, चाहे वे जो भी हों, अंततः पूरे होंगे और साकार हो जाएँगे।

सभी नियमों की तरह यह नियम भी तटस्थ है। यह भेदभाव नहीं करता। यह कारण और परिणाम के सिद्धांत का सर्वोच्च प्रकटीकरण है। अगर आप इसकी शक्ति का इस्तेमाल अच्छाई के लिए करते हैं, तो आपके जीवन में सिर्फ़ अच्छाई ही आएगी। अगर आप इसकी शक्ति का नकारात्मक इस्तेमाल करते हैं, तो इससे बीमारी, दुख और वित्तीय कुंठा आएगी। ये चुनाव हमेशा आपका है। आप उस तरह का संसार चुनने के लिए हमेशा स्वतंत्र हैं, जिसमें आप रहना चाहते हैं। और आप इसे हर दिन अपने विचारों से चुनते हैं।

सफल जीवन सफल दिनों, घंटों और मिनटों की शृँखला है - वे मिनट, जिनमें आप अपने लक्ष्यों और इच्छाओं, सेहत, ख़ुशी और दौलत के बारे में सोचते हैं और हर उस चीज़ पर ध्यान देने से इंकार कर देते हैं, जिसे आप अपने आस-पास प्रकट नहीं देखना चाहते।

अतिचेतन गतिविधि को प्रेरित करना

अतिचेतन गतिविधि को प्रेरित करने के कई तरीक़े हैं। पहला और सबसे विश्वसनीय तरीक़ा है हर वक़्त अपने लक्ष्यों के बारे में सोचना। सिर्फ़ इसी से आप ख़ुश और एकाग्रचित्त बने रहेंगे। इससे आपके भीतर विचारों और प्रेरणा के रूप में अतिचेतन ऊर्जा प्रवाहित होगी, जो आपको लक्ष्य हासिल करने की ओर ले जाएगी।

अपने अतिचेतन मन को प्रेरित करने का दूसरा तरीक़ा एकांत "ख़ामोशी में जाने" का अभ्यास है। लोग जब ख़ुद के साथ अकेले रहने का समय निकालने लगते हैं, तो वे महान बनने लगते हैं। एकांत एक अद्‌भुत टॉनिक है, जो किसी विचार को संतुलित और स्पष्ट बनाता है। इससे आपको इस बारे में सोचने का अवसर मिलता है कि आप कौन हैं और आपके लिए क्या महत्वपूर्ण है। सबसे बढ़कर, एकांत शांति का मानसिक माध्यम प्रदान करता है, जिसके कारण अचेतन समाधान पूर्णतः विकसित होकर आपके मस्तिष्क में उभर आते हैं।

अगर आपने कभी एकांत को नहीं आज़माया हो, तो इसका अभ्यास करने का सबसे सरल तरीक़ा यह है कि आप कहीं जाकर एक घंटे तक बिलकुल शांति से, बिना हिले-डुले बैठें। कॉफ़ी न पिएँ, नोट्‌स न बनाएँ, सिगरेट न पिएँ, संगीत न सुनें या कोई दूसरा काम न करें। बस शांति से एक घंटे तक बैठे रहें।

ज़्यादातर लोग कभी जान-बूझकर अकेले नहीं बैठे हैं। अगर यह एकांत का आपका पहला अनुभव है, तो यह आपको बहुत ही मुश्किल लगेगा। पहले पच्चीस-तीस मिनट तक आपके मन में उठकर टहलने की ज़बर्दस्त इच्छा होगी। चुपचाप बैठे रहना आपको असंभव लगेगा। लेकिन अगर आपमें तीस मिनट तक बिना हिले बैठने का आत्म-नियंत्रण हो, तो इसके बाद एक उल्लेखनीय चीज़ होगी। आप शांति महसूस करने लगेंगे, ख़ुद के साथ आरामदेह होने लगेंगे। आप ख़ुश और दुनिया के सामंजस्य में महसूस करने लगेंगे।

फिर एक निश्चित बिंदु पर आप अपने भीतर रचनात्मक ऊर्जा की नदी बहती महसूस करेंगे। आपके मन में ऐसे विचार और बातें आने लगेंगी, जिन पर अमल करके आप फ़ौरन ज़्यादा ख़ुश और असरदार बन सकते हैं। सही पल आते ही आपके मस्तिष्क में वह विचार आ जाएगा, जिसकी ज़रूरत आपको अपनी सबसे मुश्किल समस्या सुलझाने के लिए होगी। आप उसे तत्काल पहचान लेंगे। जब आप एकांत के इस अभ्यास से उठकर जाते हैं और मन में आने वाले समाधान पर अमल करते हैं, तो आप पाएँगे कि वही सही काम था। ऐसा लगता है, जैसे वह आदर्श जवाब किसी बाहरी शक्ति ने दिया है। ज़ाहिर है, यह सच है।

अतिचेतन गतिविधि को प्रेरित करने का तीसरा तरीक़ा है अपने लक्ष्य की ऐसी मानसिक तस्वीर बनाना, जैसे वह हासिल हो चुका है। आप अपने लक्ष्य या परिणाम को जिस भी रूप में चाहते हों, उसकी स्पष्ट मानसिक तस्वीर बनाएँ। इस तस्वीर को बार-बार देखें, जब तक कि आपका अवचेतन मन इसे आदेश के रूप में स्वीकार न कर ले और इसे साकार करने के लिए आपके अतिचेतन मन के हवाले न कर दे।

अतिचेतन गतिविधि आम तौर पर तब होती है, जब आप न्यूनतम कोशिश करते हैं। अपनी समस्या या लक्ष्य को पूरी तरह मुक्त छोड़ने से अक्सर ज़बर्दस्त मूल्यवान विचार प्रेरित होते हैं। पूरे विश्वास से इसे छोड़ना और अपने मस्तिष्क को किसी दूसरे काम में व्यस्त करना ही अक्सर वह कुंजी है, जो आपकी छिपी शक्तियों का ताला खोल देता है।

कई लोग यह पाते हैं कि दिवास्वप्न देखने या पार्क की बेंच पर आराम करने से अतिचेतन गतिविधि का ट्रिगर दब जाता है। अकेले में या अपने प्रियजनों के साथ शास्त्रीय संगीत सुनने से भी अक्सर आपके दिमाग़ में अद्‌भुत विचार घुमड़ने लगेंगे।

शायद अतिचेतन शक्तियों को प्रेरित करने का एक बहुत ही आनंददायक तरीक़ा प्राकृतिक परिवेश में घूमना या प्रकृति के साथ किसी तरह का संपर्क करना है। समुद्र तट की आवाज़ों का अतिचेतन पर ज़बर्दस्त पड़ता है, जैसा किसी भी तरह के बहते पानी या प्राकृतिक सौंदर्य का पड़ता है। किसी भी तरह के गहरे विश्राम या साधना से भी आपका अतिचेतन मन प्रेरित हो जाता है।

एक अच्छा अतिचेतन विचार आपकी कई महीनों, यहाँ तक कि कई सालों की कड़ी मेहनत बचा सकता है। इसके लिए आपको बस इतना करना होगा कि अपने सामने की सबसे तनावपूर्ण समस्याओं पर इन विधियों का इस्तेमाल करें। इस दिशा में टालमटोल करने के प्रलोभन से बचें। जब आप बहुत ज़्यादा व्यस्त होते हैं, उसी वक़्त आपको अपनी भीतरी आवाज़ सुनने की सबसे ज़्यादा ज़रूरत होती है।

अतिचेतन समाधान

अतिचेतन समाधान तीन में से किसी एक स्रोत से आपकी ओर आएगा। पहला और सबसे आम स्रोत है अतींद्रिय बोध। कई बार यह भीतरी आवाज़ इतनी तेज़ होगी कि आप किसी दूसरी चीज़ के बारे में सोच ही नहीं पाएँगे। जवाब इतना

स्पष्ट होगा कि आप जान जाएँगे कि यही सही काम है। यह न सिर्फ़ सही होगा, बल्कि सही लगेगा भी।

हमेशा अपने अतींद्रिय बोध पर भरोसा करें। कभी भी इसके ख़िलाफ़ न जाएँ। आपका अतींद्रिय बोध या इंट्यूशन आपके अतिचेतन मन और असीमित प्रज्ञा के बीच की सीधी पाइपलाइन है। सभी सफल और सुखी लोग हर स्थिति में अपने अतींद्रिय बोध और आभासों को महत्व देते हैं। आप पाएँगे कि आपके सामने मौजूद अधिकांश समस्याएँ और ज़िंदगी में अब तक हुई ज़्यादातर ग़लतियाँ अपनी "अंदर की भावनाओं" को नज़रअंदाज़ करने का परिणाम हैं।

अतिचेतन समाधानों का दूसरा स्रोत दूसरे लोगों या जानकारी का संयोगवश मिलना है। अगर आपके पास एक स्पष्ट लक्ष्य हो या अपने लक्ष्य की राह में सुलझाने के लिए समस्या हो, तो आपको अप्रत्याशित रूप से ऐसे लोग मिल जाएँगे, जो आपकी मदद कर सकते हैं। अक्सर वे अजनबी होंगे, जिनसे आप यात्रा करते समय या सामाजिक स्थितियों में मिलेंगे। आपको अपने सामने ऐसी पुस्तकें, पत्रिकाएँ और लेख भी मिलेंगे, जिनमें ठीक वही जानकारी होगी, जिसकी आपको ज़रूरत है। आप जिस समाधान की तलाश कर रहे हैं, वह आपको ऑडियो टेप में सुनाई दे जाएगा। जानकारी ठीक उसी रूप में आपके पास पहुँचेगी, जिसकी आपको उस वक़्त ज़रूरत है।

मेरा एक दोस्त मशहूर फ़ोटोग्राफ़र है। वह एक शाम घर पर एक व्यक्तिगत समस्या से जूझ रहा था। तभी उसके मन में लिविंग रूम की शेल्फ़ से एक किताब उठाने की इच्छा हुई। जब वह पुस्तक की ओर बढ़ा, तो वह शेल्फ़ से गिरकर ज़मीन पर आ गिरी। अब पुस्तक खुल गई थी, हालाँकि उसके कवर ऊपर की तरफ़ थे। जब उसने झुककर पुस्तक उठाई, तो पहले पैरेग्राफ़ में ठीक वही जवाब था, जिसकी उसे तलाश थी। वह उसी वक़्त हमारे सेमिनार में हिस्सा लेकर लौटा था, इसलिए वह तत्काल समझ गया कि उसे एक अतिचेतन का अनुभव हुआ था। उसने अगली सुबह इस पर अमल किया और वह बाद में सही काम साबित हुआ।

पहले मैंने आपको प्रोत्साहित किया था कि आप हर सुबह यह कहें, "मैं यक़ीन करता हूँ कि आज मेरे साथ कुछ अद्‌भुत होने वाला है।" अगर आप दिन में इस यक़ीन के साथ जाते हैं कि आपके साथ कुछ अद्‌भुत होने वाला है, तो आपको ऐसे लोग और जानकारियाँ मिलेंगी, जिनकी मदद से आपकी अपेक्षा हक़ीक़त में बदल जाएगी। आप बेहद आश्चर्यजनक तरीक़ों से अपनी समस्याओं के अतिचेतन समाधान पाएँगे।

अतिचेतन समाधानों का तीसरा स्रोत अप्रत्याशित घटनाएँ हैं। पीटर ड्रकर

अपनी पुस्तक *इनोवशन एंड एंटरप्रेन्योरशिप* में लिखते हैं कि बिज़नेस में नवाचार का मूल स्रोत अप्रत्याशित सफलता या अप्रत्याशित असफलता है। अक्सर बिलकुल अप्रत्याशित घटना में ही वह अतिचेतन समाधान होता है, जिसकी आप तलाश कर रहे हैं। अप्रत्याशित घटना में वह जवाब छिपा हो सकता है, जिसकी आपको ज़रूरत है। यह न भूलें कि आपकी सहायता करने वाली यह अप्रत्याशित घटना अक्सर बड़ी असफलता के रूप में भी प्रकट हो सकती है।

सर अलैक्ज़ेंडर फ़्लेमिंग लंदन में अपनी प्रयोगशाला में बैक्टीरिया पर प्रयोग कर रहे थे। तभी उनके कल्चर डिशेस पर फफूँद गिर गई, जिससे प्रयोग ख़राब हो गया। जब वे कल्चर मीडियम को फेंककर दोबारा शुरू करने वाले थे, तो उन्होंने उस फफूँद को देखा, जिसने बैक्टीरिया को मार डाला था। उन्होंने बहुत ग़ौर से उस फफूँद की जाँच की। नतीजा पेनिसिलिन की खोज था, जिसकी वजह से उन्हें चिकित्सा के क्षेत्र में नोबल पुरस्कार मिला और द्वितीय विश्व युद्ध में लाखों लोगों की जान भी बची।

नॉर्मन विन्सेंट पील कहते हैं कि जब भी ईश्वर आपको कोई तोहफ़ा भेजना चाहता है, तो वह उसे समस्या के बीच रखकर भेजता है। समस्या जितनी ज़्यादा बड़ी होती है, तोहफ़ा भी उतना ही ज़्यादा बड़ा होता है। गिलास आधा ख़ाली है या आधा भरा हुआ है ? सफल, ख़ुश लोगों की यह आदत होती है कि वे मुश्किल से मुश्किल परिस्थिति में भी सकारात्मक चीज़ देख सकते हैं, जिससे वे सीख सकते हैं या लाभ उठा सकते हैं। और यह नज़रिया अक्सर समस्या के अतिचेतन समाधान को प्रेरित कर देता है।

अतिचेतन समाधान के लक्षण

अतिचेतन समाधान के तीन लक्षण होते हैं। पहला ? जब यह आता है, तो शत-प्रतिशत पूर्ण होता है और समस्या के हर पहलू को सुलझा देता है। यह हमेशा उस वक़्त मौजूद आपके संसाधनों और क्षमताओं के भीतर होता है। यह हमेशा सरल होता है और इस पर अमल करना भी आसान होता है।

दूसरा, यह कौंध के रूप में प्रकट होता है। यह इतना सरल और स्पष्ट लगता है कि आपको अक्सर "आहा" अनुभव होता है। आप सोचते हैं कि आपने इसके बारे में पहले क्यों नहीं सोचा। ज़ाहिर है, आपने पहले इसके बारे में इसलिए नहीं सोचा होगा, क्योंकि तब आप तैयार नहीं होंगे या उस काम के लिए समय सही नहीं होगा।

तीसरा तरीक़ा, जिससे आप किसी अतिचेतन समाधान को पहचान सकते हैं, यह है कि यह हमेशा ख़ुशी और ऊर्जा के झोंके के साथ आता है - उल्लास की भावना, जिसमें आप तत्काल क़दम उठाना चाहते हैं।

अगर आधी रात को आपके मन में अतिचेतन समाधान आता है, तो आप तब तक नहीं सो पाएँगे, जब तक कि आप उठकर उसे लिख न लें या उसके बारे में कुछ कर न लें।

आर्कमिडीज़ के बारे में मशहूर क़िस्सा है कि नहाते समय अचानक उनके मन में वह अतिचेतन समाधान आया, जिससे वे यह तय कर पाए कि सम्राट के मुकुट में सोने और चाँदी का क्या अनुपात है। वे इतने रोमांचित हो गए कि सिरेकस की सड़कों पर नंगे भागने लगे और चिल्लाने लगे, "यूरेका! यूरेका!" ("मुझे मिल गया, मुझे मिल गया!")

लंबी अवधि की मानसिक और शारीरिक मेहनत के बावजूद जब कोई अतिचेतन समाधान आपके मन में आता है, तब भी आपमें रोमांच, ख़ुशी और उत्साह की भावना जाग जाएगी। आपको "मुक्त ऊर्जा" के उफान का अनुभव होगा। आप तत्काल उस समाधान पर अमल करना चाहेंगे। आप ख़ुश और आत्मविश्वासी महसूस करेंगे और आपको यक़ीन होगा कि यह कारगर है।

जब आपके पास स्पष्ट लक्ष्य और विस्तृत योजनाएँ होती हैं, जब आपके पास सकारात्मक मानसिक नज़रिया और सफलता की शांत, विश्वास से भरी अपेक्षा होती है, तो आप अपना अतिचेतन मन सक्रिय कर देते हैं कि यह आपको जीवन में मनचाही चीज़ की ओर ले जाए। अगर आप सकारात्मकता से संकल्प करते हैं, स्पष्टता से मानसिक तस्वीर देखते हैं और पूरा विश्वास करते हैं, तो आपको हर स्थिति में सही समय पर सही चीज़ कहने और करने की प्रबल प्रेरणा मिल जाएगी। आप सेहत, ख़ुशी और दौलत की अपनी पूरी क्षमता का ताला खोल लेते हैं। आप ख़ुद को ब्रह्मांड की सबसे बड़ी शक्ति के पूर्ण सामंजस्य में ले आते हैं।

कर्म अभ्यास

आप एकांत का एक घंटा तय करें और इस दौरान एकदम स्थिर बैठें। इस काम के लिए ख़ुद को जल्दी से जल्दी अनुशासित कर लें। ख़ामोशी की इस अवधि में हर चीज़ को अपने दिमाग़ से बाहर निकाल दें। अपनी समस्याओं को भी दरकिनार कर दें। अपने मस्तिष्क को खुलकर विचरण करने दें। दिवास्वप्न देखें। कोई ख़ास चीज़ सोचने की कोशिश न करें। अपनी कार्यालयीन और व्यक्तिगत ज़िंदगी से

बाहर निकल जाएँ। हर चीज़ अपने अतिचेतन मन के हवाले कर दें और सारी चिंताओं को भूल जाएँ।

इस एक घंटे के दौरान किसी समय आपका मस्तिष्क शांत और स्पष्ट हो जाएगा। आप बेफ़िक्र और सुखी महसूस करेंगे। और बिना किसी कोशिश के वह जवाब आपके सामने आ जाएगा, जिसकी आपको उस पल ज़रूरत है।

उस घंटे के ख़त्म होने पर उठें और अपनी अतींद्रिय कौंध पर अमल करें। वही काम करें, जिसे करने का मार्गदर्शन आपके अतिचेतन मन ने दिया है। इस बारे में चिंता न करें कि कोई दूसरा उसकी प्रशंसा करता है या नहीं, कोई दूसरा उससे सहमत होता है या नहीं। जवाब हमेशा सही होगा और शायद भविष्य में आपसे कभी कोई ग़लती नहीं होगी।

अध्याय 7

विजयी निर्णय

इस पुस्तक में हमने अब तक जितनी भी बातें की हैं, उनमें से हर एक की सफलता या असफलता इस बात पर निर्भर होगी कि आपमें उसे अपने जीवन में उतारने की योग्यता है या नहीं। विजयी निर्णय ही व्यक्तिगत स्वतंत्रता, ख़ुशी और ऊँची उपलब्धि की कुंजी है।

व्यक्तिगत स्वतंत्रता का शुरुआती बिंदु यह है कि आप अपनी वर्तमान और भावी स्थिति की पूरी ज़िम्मेदारी स्वीकार करें। आपको बिना किसी संकोच के स्वीकार करना होगा कि आप आज जहाँ भी हैं और जो भी हैं, ख़ुद की वजह से हैं। अगर आप परिस्थितियों को बदलना चाहते हैं, तो पहले ख़ुद को बदलना होगा। आपकी सोच ही आपका नज़रिया और व्यवहार तय करती है और इसी से जीवन में आपकी सफलता या असफलता काफ़ी हद तक तय होती है। चूँकि आप अपने चेतन मन की सामग्री चुनने के लिए हमेशा स्वतंत्र हैं, इसलिए आप अपने विचारों के परिणामों के लिए भी हमेशा पूरी तरह ज़िम्मेदार हैं।

आप बड़े सपने देख सकते हैं, अपने चेतन और अवचेतन मन पर नियंत्रण रखना सीख सकते हैं और अपनी आत्म-अवधारणा व प्रदर्शन को सुधार भी सकते हैं। लेकिन इनमें से किसी भी कोशिश से आपको स्थाई लाभ तब तक नहीं होगा, जब तक कि आप व्यक्तिगत ज़िम्मेदारी स्वीकार न करें।

बीस साल की उम्र तक मैं हाई स्कूल में फ़ेल हो चुका था, एक छोटे कमरे वाले अपार्टमेंट में रह रहा था और जाड़े में इमारतें बनाने वाले मज़दूर के रूप में काम कर रहा था। मेरे पास पैसे नहीं थे। मैं घर से बहुत दूर था और लौटकर जाने की मेरी कोई योजना नहीं थी। एक रात मैं अपनी छोटी सी किचन टेबल पर अकेला बैठा था, तभी अचानक मेरे दिमाग़ में यह बात आई कि मैं भविष्य में क्या

बनूँगा, यह मुझ पर निर्भर करता है। कोई दूसरा मेरे लिए कुछ नहीं करने वाला। किसी ने कहा था, "सच्ची परिपक्वता तब आती है, जब आपको आख़िरकार एहसास हो जाता है कि कोई दूसरा आपको बचाने के लिए नहीं आ रहा है।" इस ज्ञान ने अचानक मेरी आँखें खोल दीं। मैं फ़िर पहले जैसा नहीं रहा।

आपको बचपन से ही प्रोग्रामिंग द्वारा यह यक़ीन दिलाया जाता है कि आपके जीवन की ज़्यादातर चीज़ों के लिए कोई दूसरा व्यक्ति या वस्तु ज़िम्मेदार है। बचपन में ख़ुशक़िस्मत होने पर आपके माता-पिता हर चीज़ का ध्यान रखते हैं। वे आपको भोजन, कपड़े, घर, शैक्षणिक अवसर, मनोरंजन, पैसे, चिकित्सा सुविधाएँ और ज़रूरत की हर चीज़ देते हैं। यानी दूसरे लोग आपकी ज़रूरतों का पूरा ध्यान रखते हैं। आप इस पूरी प्रक्रिया में एक निष्क्रिय खिलाड़ी होते हैं।

यह स्वाभाविक है कि माता-पिता बचपन और किशोरावस्था में हमारी ज़रूरतें पूरी करें। समस्याएँ तब शुरू होती हैं, जब लोग वयस्क होने के बाद भी यह अचेतन विचार रखते हैं कि कहीं पर, किसी न किसी तरह, कोई दूसरा उनके और उनकी परिस्थिति के लिए अब भी ज़िम्मेदार है। लेकिन अठारह साल की उम्र के बाद और कई बार तो उससे पहले ही आप ड्राइवर की सीट पर बैठ जाते हैं। आप अपनी तक़दीर के निर्माता ख़ुद बन जाते हैं। चाहे आपके माता-पिता आपको पूरी तरह आत्मनिर्भर बनाने में सफल हुए हों या नहीं, उस पल के बाद पीछे लौटने का कोई सवाल ही नहीं रह जाता। उसके बाद आप जो भी बनते हैं, वह सिर्फ़ आप पर ही निर्भर होता है।

टॉल्स्टॉय ने एक छोटी सी कहानी में बच्चों के एक समूह के बारे में लिखा था, जिन्हें बताया गया कि ख़ुशी का रहस्य उनके घर के पीछे आँगन में छिपा है। वे इसे खोज सकते हैं, बशर्ते रहस्य खोजते समय वे सफ़ेद ख़रगोश के बारे में न सोचें। जब बच्चे रहस्य की खोज में जाते थे, तो वे हर बार ख़रगोश के बारे में न सोचने की कोशिश करते थे और वे जितनी ज़्यादा कोशिश करते थे, उतना ही ज़्यादा सफ़ेद ख़रगोश के बारे में सोचने लगते थे। ज़ाहिर है, वे ख़ुशी का रहस्य कभी नहीं खोज पाए।

ख़रगोश को खोजना

हर एक के पास एक "सफ़ेद ख़रगोश" होता है और कई बार तो ऐसे बहुत से सफ़ेद ख़रगोश होते हैं। ये वे बहाने हैं, जिनका इस्तेमाल आप स्पष्ट लक्ष्य तय करने और अपनी मनचाही चीज़ों के प्रति पूरी तरह समर्पित होने से बचने के लिए

करते हैं। चूँकि आपकी सोच की गुणवत्ता से ही आपके जीवन की गुणवत्ता भी तय होती है, इसलिए अगर आप अपनी संभावनाओं को सचमुच साकार करना चाहते हैं, तो आपको कुशल चिंतक बनना होगा। कुशल चिंतक बनने में निष्पक्षता से उन मानसिक अवरोधों या बहानों का विश्लेषण करना शामिल है, जिनका इस्तेमाल आप आगे न बढ़ने के कारणों के रूप में करते रहे हैं।

कुछ सबसे लोकप्रिय "सफ़ेद ख़रगोश" वे हैं, जिनका इस्तेमाल लोग बहानों के रूप में करते हैं। ये ख़ुद को सीमित करने वाले विचार होते हैं, जैसे "मेरी उम्र अभी बहुत कम है" या "मेरी उम्र बहुत ज़्यादा है" या "मेरे पास पैसे नहीं हैं," या "मेरे पास पर्याप्त शिक्षा नहीं है" या "मेरे ख़र्च बहुत ज़्यादा हैं" या "मैं अभी तैयार नहीं हूँ" या "मैं अपने बॉस, अपने बच्चों, अपने माता-पिता के कारण यह नहीं कर सकता" या कोई और कारण।

आपके "सफ़ेद ख़रगोश" कौन से हैं? अब अगर आप अपने लक्ष्यों को हासिल करने और अपने सपने पूरे करने जा रहे हैं, तो आपको कौन से परिवर्तन करने होंगे और उन्हें न करने के आपके प्रिय बहाने क्या हैं? अपने जीवन में "ख़रगोशों की खोज" करें। उन्हें बाहर निकालें और पकड़ लें। सावधानी से उनका विश्लेषण करके देखें कि क्या वे तर्कसंगत हैं।

यहाँ आपके बहानों की जाँच करने का एक सरल तरीक़ा बताया जा रहा है। ख़ुद से पूछें, "क्या कहीं पर, कोई ऐसा व्यक्ति है, जिसने मेरे जैसी समस्या या सीमा के बावजूद सफलता हासिल की है?"

अगर जवाब "हाँ" है, तो आप जानते हैं कि आपका बहाना तर्कसंगत नहीं है। यह प्रगति न करने का वैध कारण नहीं है। एक व्यक्ति ने जो किया है, दूसरा भी उसे उतनी ही अच्छी तरह कर सकता है। "बहानासाइटिस" की बीमारी, बहाने बनाने वाली ग्रंथि की सूजन, सफलता के लिए हमेशा घातक होती है। अगर यह आपमें है, तो इसे तत्काल दूर करने का संकल्प लें, वरना यह बड़ी सफलता की आपकी सारी आशाओं को मिट्टी में मिला देगी।

बाहर का रास्ता

पूरी ज़िम्मेदारी लेना या अपने सभी बहाने छोड़ना आसान नहीं है। यह आपके सबसे मुश्किल कामों में से एक होगा। इसीलिए ज़्यादातर लोग इसे कभी नहीं करते। यह पहली बार पैराशूट से कूदने की तरह होता है। यह डरावना भी होता है और आनंददायक भी। जब आप अपने बहानों से मुक्त हो जाते हैं, जिस तरह जब आप

हवाई जहाज़ से छलाँग लगाते हैं, तो अचानक आप बिलकुल अकेले, बिलकुल असुरक्षित महसूस करते हैं। बहरहाल, कुछ ही पलों में आप रोमांच का उबाल महसूस करने लगते हैं, आपका दिल ज़्यादा तेज़ी से धड़कने लगता है और आप बेहद ख़ुश और स्वतंत्र महसूस करने लगते हैं।

आप अपनी ज़िम्मेदारी कभी किसी दूसरे को नहीं दे सकते। आप जो इकलौती चीज़ दे सकते हैं, वह है नियंत्रण। और नियंत्रण के नियम से आप जानते हैं कि आप उसी हद तक ख़ुद के बारे में अच्छा महसूस कर सकते हैं, जिस हद तक आप अपने जीवन के नियंत्रण में महसूस करते हों। अगर आप किसी दूसरे व्यक्ति या वस्तु को ज़िम्मेदार बनाने की कोशिश करते हैं, तो अंततः आप उन्हें अपनी भावनाओं पर नियंत्रण सौंप रहे हैं। आप अब भी पूरी तरह ज़िम्मेदार हैं, लेकिन नियंत्रण किसी दूसरे को सौंपने की वजह से आपने अपनी मानसिक शांति खो दी है।

आत्म-उत्तरदायित्व पूर्णतः परिपक्व, पूर्णतः सक्रिय, आत्म-वास्तविकीकरण कर रहे व्यक्ति का मूल गुण है। श्रेष्ठ लोग अपने साथ होने वाली हर चीज़ का श्रेय और दोष लेते हैं। असफल लोग अपनी सफलताओं का श्रेय तो ले लेते हैं, लेकिन अपनी समस्याओं का दोष बदक़िस्मती, दूसरे लोगों या नियंत्रण से परे होने वाली परिस्थितियों को दे देते हैं। सफल लोगों में आंतरिक जवाबदेही का दृढ़ एहसास होता है, जो उनके काम और उनके सभी संबंधों में दिखता है। असफल लोग हर मोड़ पर जवाबदेही से बचने की कोशिश करते हैं।

अपने सेमिनार में हिस्सा लेने वाले लोगों से मैं कई बार यह सवाल पूछता हूँ, "आपमें से कितने ख़ुद के लिए काम करते हैं?" आम तौर पर 20 प्रतिशत लोग अपना हाथ उठा देते हैं। फिर मैं उन्हें बताता हूँ कि यह सवाल चालाकी से पूछा गया था। मैं उन्हें बताता हूँ कि इंसान की सबसे बड़ी ग़लती यह सोचना है कि वह ख़ुद के अलावा किसी दूसरे के लिए काम करता है। हम सभी ख़ुद के लिए काम करते हैं, भले ही हमारी तनख़्वाह के चेक पर किसी दूसरे के हस्ताक्षर हों। आप व्यक्तिगत सेवाओं के कॉरपोरेशन के प्रेसिडेंट हैं। आप सीईओ हैं।

हर क्षेत्र के शीर्षस्थ 3 प्रतिशत लोग अपनी कंपनी में इस तरह काम करते हैं, जैसे वह उन्हीं की हो। वे ख़ुद को सेल्फ़-एम्प्लॉयड मानते हैं। वे इस तरह काम करते हैं, जैसे वे उस जगह के मालिक हों। अपनी कंपनी का ज़िक्र करते समय वे हमेशा "हम", "हमारी" और "मेरी" शब्दों का प्रयोग करते हैं। दूसरी ओर, आम कर्मचारी हमेशा कंपनी का ज़िक्र इस तरह करता है, जैसे वह उससे अलग कोई चीज़ है, जैसे वह सिर्फ़ नौकरी है, जिसका कोई अन्य अर्थ या महत्त्व न हो।

आप परिणामों के लिए कितनी ज़्यादा ज़िम्मेदारी स्वीकार करते हैं और आप

किसी महत्वपूर्ण संगठन में कितना ऊँचा उठते हैं – इन दोनों के बीच सीधा संबंध है। आपकी आमदनी, ओहदे, पद, प्रतिष्ठा के स्तर और मिलने वाले सम्मान का सीधा संबंध आपके संगठन के लक्ष्य और उद्देश्य हासिल करने की आपकी ज़िम्मेदारी से होता है, जिसे आप बिना बहाने बनाए स्वीकार करने के इच्छुक होते हैं।

यहाँ एक आसान सवाल दिया जा रहा है : मान लें कि आप नियोक्ता हैं और आपके लिए दो कर्मचारी काम कर रहे हैं। उनमें से एक कंपनी को अपनी मानता है और दूसरा इसे सिर्फ़ नौ से पाँच की नौकरी समझता है। आप उन दोनों में से किसे प्रमोशन देंगे ? आप किसमें निवेश करना चाहेंगे ? आप किसे अतिरिक्त प्रशिक्षण देना चाहेंगे ? आप इन दोनों में से किसे प्रगति के अवसर देना चाहेंगे ? मुझे लगता है कि जवाब स्पष्ट है।

अपने बारे में आपका कथन

आत्म-उत्तरदायित्व के प्रति आपका नज़रिया उन सबसे महत्वपूर्ण कथनों में से एक है, जो आप ख़ुद के बारे में बना सकते हैं। हर व्यक्ति पूरी ज़िम्मेदारी स्वीकार करने से लेकर ग़ैर-ज़िम्मेदारी के बीच के पैमाने पर कहीं न कहीं होता है।

बेहद ज़िम्मेदार व्यक्ति में सकारात्मक, आशावादी, आत्मविश्वासी, आत्मनिर्भर और आत्मनियंत्रित बनने की प्रवृत्ति होती है। इस पैमाने में निचले स्तर वाला व्यक्ति, जिसमें ग़ैर-ज़िम्मेदारी का नज़रिया होता है, नकारात्मक, निराशावादी, पराजयवादी और आलोचनात्मक होगा। साथ ही वह लक्ष्यहीन, डरा हुआ, अनिश्चित और अक्सर न्यूरॉटिक या मानसिक रूप से अस्थिर होगा।

विवादास्पद मनोविश्लेषक थॉमस साज़ कहते हैं, "मानसिक बीमारी जैसी कोई चीज़ नहीं होती; सिर्फ़ ग़ैर-ज़िम्मेदारी के अंश होते हैं।"

आत्म-उत्तरदायित्व वाले लोगों में सकारात्मक और मानसिक रूप से स्वस्थ होने की प्रवृत्ति होती है। दूसरी ओर, ग़ैर-ज़िम्मेदार व्यक्तियों में नकारात्मक और मानसिक रूप से बीमार होने की प्रवृत्ति होती है। यह अवलोकन हमें मानव विज्ञान और व्यक्तिगत प्रदर्शन के इतिहास में एक बहुत महत्वपूर्ण खोज की ओर लाता है।

आप अपने जीवन के किसी क्षेत्र में कितनी ज़्यादा ज़िम्मेदारी स्वीकार करते हैं और आप उस क्षेत्र में कितना ज़्यादा नियंत्रण महसूस करते हैं – इन दोनों के बीच सीधा संबंध है। इसके अलावा, आप किसी क्षेत्र में कितना ज़्यादा नियंत्रण महसूस करते हैं और उस क्षेत्र में कितनी ज़्यादा स्वतंत्रता का अनुभव करते हैं –

इन दोनों के बीच भी एक सीधा संबंध है। ज़िम्मेदारी, नियंत्रण और स्वतंत्रता, ये तीनों एहसास साथ-साथ चलते हैं। समीकरण कुछ इस तरह दिखता है :

ज़िम्मेदारी = नियंत्रण = स्वतंत्रता

ज़िम्मेदारी, नियंत्रण और स्वतंत्रता का सीधा संबंध आपको महसूस होने वाली सकारात्मक भावनाओं से भी होता है। दूसरे शब्दों में आप ज़िम्मेदारी का जो स्तर स्वीकार करते हैं, उसका सीधा संबंध इस बात से होता है कि आप कुल मिलाकर कितने सकारात्मक और ख़ुश हैं। आत्म-उत्तरदायित्व और मानसिक सेहत एक साथ चलते हैं। ये हमेशा संतुलन में होते हैं। यहाँ समीकरण संक्षेप में बताया जा रहा है :

ज़िम्मेदारी = सकारात्मक भावनाएँ

पैमाने के निचले सिरे पर ग़ैर-ज़िम्मेदाराना नज़रिए वाले लोग होते हैं, जो महसूस करते हैं कि वे अपने जीवन और अपने साथ होने वाली घटनाओं के लिए ज़िम्मेदार नहीं हैं। वे यह भी महसूस करते हैं कि उनके पास बहुत कम नियंत्रण है या है ही नहीं। वे महसूस करते हैं कि उनमें अपने जीवन को बदलने की क्षमता बहुत कम है या बिलकुल भी नहीं है। ग़ैर-ज़िम्मेदार लोग महसूस करते हैं कि बाहरी शक्तियाँ और दूसरे लोग उन्हें नियंत्रित कर रहे हैं।

नियंत्रण में न होने की यह भावना उन्हें स्वतंत्रता की कमी या फँसे रहने का एहसास दिलाती है। ग़ैर-ज़िम्मेदारी का नज़रिया, नियंत्रण से बाहर रहने की भावना और फँसे होने का एहसास दुख, क्रोध और कुंठा जैसी नकारात्मक भावनाओं को प्रेरित करता है। ऊपर बताए गए समीकरण का विपरीत समीकरण यह है :

ग़ैर-ज़िम्मेदारी = नियंत्रण का अभाव = स्वतंत्रता का अभाव

संक्षेप में यह समीकरण इस तरह दिखता है :

ग़ैर-ज़िम्मेदारी = नकारात्मक भावनाएँ

"डाकू" भावनाएँ

नकारात्मक भावनाएँ ज़िंदगी की "डाकू" भावनाएँ हैं। ये कम उपलब्धि और असफलता की मूल कारण हैं। ये लोगों को शारीरिक और मानसिक रूप से बीमार बनाती हैं, संबंधों को बर्बाद करती हैं और करियर तबाह करती हैं। ये इंसान की हर कोशिश पर अपनी काली परछाईं डाल देती हैं। नकारात्मक भावनाएँ किसी उपलब्धि से मिलने वाली हर ख़ुशी को कम कर देती हैं। ये ख़ुशी की जानी दुश्मन और पूरी तरह हानिकारक होती हैं।

नकारात्मक भावनाएँ ख़त्म करना हर उस व्यक्ति के लिए पहला काम होना चाहिए, जो महान सफलता और उपलब्धि पाना चाहता है। इससे ज़्यादा महत्वपूर्ण कुछ भी नहीं है। मानसिक शांति सर्वोच्च मानवीय हित है और यह सिर्फ़ तभी मौजूद रहती है जब नकारात्मक भावनाएँ न हों। आप एक साथ नकारात्मक और शांत नहीं रह सकते। एक चीज़ दूसरी को बाहर निकाल देती है।

जब मैंने कुछ साल पहले इस विषय का अध्ययन शुरू किया, तो मुझे जानकर हैरानी हुई कि जीवन में हमारे सामने जो समस्याएँ आती हैं, किसी न किसी तरह उन सभी की जड़ें नकारात्मक भावनाओं में होती हैं। मेरे सामने यह स्पष्ट हो गया कि अगर आप नकारात्मक भावनाएँ ख़त्म करने का कोई तरीक़ा खोज सकें, तो जीवन अद्भुत बन जाएगा। जिन मानसिक नियमों के बारे में पहले बताया गया है, वे सभी आपके पक्ष में काम करने लगेंगे। आम आदमी बरसों में जितना हासिल कर पाता है, आप कुछ ही समय में उससे ज़्यादा हासिल कर लेंगे।

दूसरी तरफ़, नकारात्मक भावनाओं को ख़त्म करने की असफलता आपकी सभी कोशिशों को नकार देगी और आपकी हासिल की गई अधिकांश ख़ुशी और सुख को कम कर देगी। नकारात्मक भावनाओं के कारण मानसिक नियम आपके ख़िलाफ़ काम करने लगते हैं। विनाशकारी भावनाएँ जितने कम समय में जितना ज़्यादा दुख दे सकती हैं, उतनी कोई दूसरी चीज़ नहीं दे सकती।

मैंने स्पष्ट रूप से जान लिया कि नकारात्मक भावनाओं को बाहर निकालना स्थाई सेहत, ख़ुशी, स्वतंत्रता और समृद्धि हासिल करने के लिए केंद्रीय है।

जिस ज्ञान ने मेरी ज़िंदगी बदल दी, वह इस खोज से हासिल हुआ कि नकारात्मक भावनाएँ इंसान के जीवन में पूरी तरह अनावश्यक और अस्वाभाविक होती हैं। उनकी कोई ज़रूरत ही नहीं होती। उनसे किसी का भला नहीं होता। वे सिर्फ़ विनाशकारी होती हैं। उन्हीं की वजह से लोग चेतना और चरित्र के ज़्यादा ऊँचे स्तरों तक विकास करने में असफल होते हैं। और अगर आप चेतन तौर पर उनसे

मुक्ति पाने का चुनाव करते हैं, तो आपको उन्हें बर्दाश्त करने की कोई ज़रूरत ही नहीं है।

उस वक़्त तक मैं हमेशा सोचता था कि नकारात्मक भावनाएँ इंसान के जीवन का सामान्य और स्वाभाविक हिस्सा होती हैं। मैं यही सोचता था कि इंसान में जिस तरह सकारात्मक भावनाएँ होती हैं, उसी तरह नकारात्मक भावनाएँ भी होती हैं। मैं मानता था कि वे इंसान के स्वभाव का हिस्सा हैं और उन्हें बारिश या धूप की तरह ही अपरिहार्य माना जाना चाहिए।

फिर मैंने सीखा कि कोई भी व्यक्ति नकारात्मक भावनाओं के साथ पैदा नहीं होता है। क्या आपने कभी किसी नकारात्मक शिशु को देखा है? वयस्क के रूप में हम जो नकारात्मक भावनाएँ अनुभव करते हैं, वह हर भावना हमने सीखी है। और यह सब बचपन से शुरू हुआ था; नक़ल, अभ्यास, दोहराव और प्रबलीकरण की प्रक्रिया के ज़रिए। चूँकि ज़्यादातर चीज़ों की तरह ही नकारात्मक भावनाएँ भी सीखी जाती हैं, इसलिए उनसे छुटकारा पाया जा सकता है और आप उनसे मुक्त हो सकते हैं।

कई लोगों को इसमें बहुत मुश्किल आती है। वे इतने लंबे समय से नकारात्मक होते हैं कि उन्हें यह स्वीकार करने में दिक़्क़त होती है कि नकारात्मक भावनाएँ पूरी तरह अनावश्यक हैं। वे इस विचार का प्रतिरोध करते हैं कि उनसे मुक्ति भी पाई जा सकती है। ज़ाहिर है, विश्वास का नियम बताता है कि आप भावना के साथ जिस भी चीज़ पर विश्वास करते हैं, वह आपकी वास्तविकता बन जाती है। अगर आप पूरी तरह यक़ीन कर लें कि नकारात्मक भावनाएँ आपके जीवन का ज़रूरी हिस्सा हैं, तो वे निश्चित रूप से होंगी और ऐसी ही बनी रहेंगी। बहरहाल, यह साबित करना आसान है कि नकारात्मक भावनाएँ किसी का भला नहीं करती हैं और कोई उपयोगी भूमिका नहीं निभाती हैं। इस बात का एहसास उनसे मुक्ति पाने की दिशा में पहला क़दम है।

सबसे आम नकारात्मक भावनाएँ

सबसे आम और सबसे आसानी से पहचानी जाने वाली नकारात्मक भावनाएँ हैं : *शंका* और डर। *अपराधबोध* और *द्वेष* की भावनाएँ भी हैं, जो आम तौर पर जुड़वाँ बहनों की तरह एक साथ रहती हैं। फिर ईर्ष्या है, जो समाजवाद, साम्यवाद और ज़्यादातर राजनीतिक भाषणबाजी की जड़ में मौजूद नकारात्मक भावना है। इसके बाद *जलन* है, जो ख़ुशी और संबंधों को बुरी तरह नष्ट कर देती है।

अब तक पचास से ज़्यादा नकारात्मक भावनाओं को पहचाना जा चुका है। लेकिन अंततः वे सभी *क्रोध* की मूल नकारात्मक भावना तक आती हैं और उसी से अभिव्यक्त होती हैं। क्रोध शायद सबसे बुरी, सबसे शक्तिशाली और सबसे विनाशकारी नकारात्मक भावना है। एक बार पैदा होने पर क्रोध हमेशा अंदर या बाहर व्यक्त होता है।

अगर इसे अंदर की ओर व्यक्त किया जाता है, जैसे जब आप ग़ुस्से की भावनाओं का दमन करते हैं या उन्हें दबाते हैं, तो आप बीमार पड़ जाते हैं। अगर आप अपना क्रोध बाहर की ओर व्यक्त करते हैं, तो आप दूसरों के साथ अपने संबंध बिगाड़ लेते हैं। आप उन्हें दुखी कर देते हैं और अधिकांश मामलों में बीमार भी।

क्रोध में आप कैसा महसूस करते हैं ? किस तरह सोचते या तर्क करते हैं ? आप दूसरों के साथ किस तरह व्यवहार करते हैं ? आपकी नींद या पाचन शक्ति की क्या स्थिति रहती है ? जब आप ग़ुस्सा होते हैं, तो क्या यह महसूस नहीं होता, जैसे दिमाग़ पर काले बादल छा गए हों ? क्या आपको नहीं लगता कि आप ध्यान केंद्रित नहीं कर पाते या सही तरीक़े से सोच नहीं पाते ? क्या आपका मस्तिष्क ग़ुस्से से पूरी तरह भरा नहीं होता ? क्या आप उस वक़्त आवेश में नहीं होते, जब आप मन ही मन उस घटना को दोहराते रहते हैं कि क्या हुआ था, किस तरह आपके साथ ग़लत काम या व्यवहार किया गया था और आप हिसाब बराबर करने के लिए क्या करना चाहेंगे ?

आपका ग़ुस्सा जितनी ज़्यादा देर तक चलता है, यह उतना ही ज़्यादा हावी होता जाता है, उसी तरह जैसे खेतों में लगी आग बेक़ाबू हो जाती है। यह आपको नींद, दोस्तों और नौकरी से महरूम कर सकता है। इसकी वजह से आप अतार्किक व्यवहार कर सकते हैं और ऐसे काम कर सकते हैं, जिन पर आप बाद में शर्मिंदा महसूस करें।

क्या क्रोध या किसी दूसरी नकारात्मक भावना से किसी का भला हुआ है ? जवाब है बिलकुल *नहीं*। नकारात्मक भावनाएँ, जिनकी जड़ ग़ैर-ज़िम्मेदारी में होती है, कभी कोई उपयोगी काम नहीं करतीं। फिर ऐसा क्यों है कि लोग इतनी सारी नकारात्मक भावनाओं का अनुभव करते हैं ? आइए इसका जवाब देने से पहले हम नकारात्मक भावनाओं के मुख्य कारणों से शुरुआत करें।

नकारात्मक भावनाएँ किस वजह से पैदा होती हैं

नकारात्मक भावनाओं के चार प्रमुख कारण होते हैं। पहला कारण है तर्कसंगति (justification)। यह तब होती है, जब आप अपने और दूसरों के सामने यह स्पष्ट करने और तर्कसंगत साबित करने की कोशिश करते हैं कि आपको यह नकारात्मक भावना क्यों महसूस करनी चाहिए या आपको नाराज़ होने या विचलित महसूस करने का हक़ क्यों हैं। ख़ुद को तर्कसंगत या सही साबित करना एक ही प्रक्रिया के दो पहलू हैं और एक से दूसरे को बल मिलता है।

जब भी आप किसी कारण ऐसा महसूस करते हैं कि आपके साथ बुरा या ग़लत किया गया है, तो आपकी पहली प्रतिक्रिया यह होगी कि आप नाराज़ हो जाएँगे। आपकी दूसरी प्रतिक्रिया यह होगी कि क्रोध को उचित प्रतिक्रिया ठहराने के सारे तर्क खोज लेंगे। आपको यह कहने की ज़रूरत होगी, "मुझे नाराज़ होने का पूरा हक़ है।" फिर आप ऐसे लोगों की तलाश करते हैं, जो आपकी तार्किकता और भावनाओं सहमत हों। आप उन्हें पूरे विस्तार से स्थिति बताते हैं, ताकि उन्हें स्पष्टता से दिख जाए कि आपके साथ सचमुच ग़लत व्यवहार हुआ है। दरअसल, ख़ुद को और अपने क्रोध को तर्कसंगत साबित किए बिना आप क्रोध को क़ायम नहीं रख सकते।

आप नकारात्मक भावनाओं को तर्कसंगत साबित करने से इंकार करके उनके ख़ात्मे की प्रक्रिया शुरू कर सकते हैं। नाराज़ होने या बुरा लगने के कारण ख़ुद को खोजने या गिनाने ही न दें। किसी दूसरे व्यक्ति को दोष देने या उसका मूल्यांकन करने से इंकार कर दें। आप पाएँगे कि दूसरों का मूल्यांकन अंततः निंदा के किसी न किसी रूप की ओर ले जाता है और उस निंदा के साथ असंयम और क्रोध की नकारात्मक भावनाएँ भी जुड़ जाती हैं। जब आप दूसरों का मूल्यांकन करने से बचते हैं, जो मानसिक नियंत्रण का काम है, तो क्रोध की नकारात्मक भावना को रोकने के लिए अक्सर यही काफ़ी होता है।

जब कोई व्यक्ति ग़ुस्सा दिलाने वाली चीज़ कहता या करता है, तो अपनी भावनाओं पर क़ाबू रखते हुए सामने वाले की तरफ़ से कोई बहाना बना दें। मैं अपनी भावनाओं को नियंत्रित करने के लिए कुछ इस तरह की बात कहता हूँ, "ईश्वर उस पर कृपा करे; शायद आज उसका दिन बुरा गुज़रा होगा।"

एक उदाहरण देखें। आप कार चलाकर जा रहे हैं और किसी दूसरे ड्राइवर ने आपको कट मार दिया? क्या आपने कभी ग़ौर किया है कि आप किस तरह फ़ौरन भड़क जाते हैं? भले ही आपने उस ड्राइवर को पहले कभी न देखा हो और

उसने आपको पहले कभी न देखा हो, लेकिन आप ठीक उसी तरह प्रतिक्रिया करते हैं, जैसे ड्राइवर ने सावधानी से कट मारने की योजना बनाई हो और वह मोड़ पर आपका इंतज़ार कर रहा हो। लेकिन जिस पल आप ख़ुद को यह बताना बंद करते हैं कि वह कितना बुरा ड्राइवर है और इस बात पर हँस देते हैं, तो आपका ग़ुस्सा जल्दी ही काफ़ूर हो जाता है। ख़ुद को जज और ज्यूरी बनाने से इंकार करके आप क्रोध शुरू करने वाले ट्रिगर को हटा देते हैं। इस तरह आप शांत रहते हैं और अपनी भावनाओं का नियंत्रण अपने हाथ में ले लेते हैं।

नकारात्मक भावनाओं का दूसरा मुख्य कारण, तादात्म्य (identification) या चीज़ों को व्यक्तिगत रूप से लेना है। आप किसी चीज़ के बारे में सिर्फ़ उसी हद तक नाराज़ हो सकते हैं, जिस हद तक आप व्यक्तिगत रूप से उसके साथ जुड़े हों और उसे किसी तरह से ख़ुद को प्रभावित करते या नुक़सान पहुँचाते देख रहे हों।

जिस पल आप चीज़ों को व्यक्तिगत मानना बंद कर देते हैं, उसी पल आप दोबारा भावनाओं को अपने नियंत्रण में ले आते हैं। ऐसा करने का तरीक़ा अलगाव का अभ्यास करना है। स्थिति से दूर हटकर खड़े हो जाएँ और निष्पक्ष तरीक़े से उसकी तरफ़ देखने के लिए ख़ुद को मजबूर करें। दार्शनिक बनें। दूसरे व्यक्ति के दृष्टिकोण से इसे देखने की कोशिश करें। जो हुआ है, उससे "अलग हटने" की योग्यता आपको ज़्यादा शांति और स्पष्टता प्रदान करती है। इससे आप समस्या को ज़्यादा प्रभावी ढंग से निबटा लेते हैं, चाहे वह जो भी हो।

मुश्किलों से निबटने में अलगाव और निष्पक्षता की इस ज़रूरत के कारण ही कहा जाता है, "जो व्यक्ति ख़ुद अपने वकील की तरह काम करता है, उसका ग्राहक मूर्ख होता है।" शायद सीनियर एक्ज़ीक्यूटिव का सबसे मूल्यवान गुण संकट में अच्छी तरह काम करने की उसकी योग्यता है। यह योग्यता सिर्फ़ उस पल की भावनात्मकता से बचने का परिणाम होती है।

नकारात्मक भावनाओं का तीसरा प्रमुख कारण *है सम्मान* या *महत्व का अभाव*। जब आप महसूस करते हैं कि लोग आपके साथ उचित व्यवहार नहीं कर रहे या उतने सम्मान से पेश नहीं आ रहे हैं, जितने के आप हक़दार हैं, तो आप नाराज़ हो जाते हैं। अगर कोई आपसे बदतमीज़ी से बोलता है या आपको नीचा दिखाता है या किसी सामाजिक स्थिति में आपको उचित मान्यता नहीं देता, तो आपके अहं को चोट पहुँचती है और आप आहत, नाराज़ तथा रक्षात्मक महसूस करने लगते हैं। इसीलिए किसी समझदार आदमी ने एक बार कहा था, "आपको इस बारे में ज़्यादा चिंता नहीं करनी चाहिए कि दूसरे लोग आपके बारे में क्या सोचते हैं, क्योंकि

अगर आप यह जान जाएँ कि वे ऐसा कितना कम करते हैं, तो शायद आप कभी अपमानित महसूस नहीं करेंगे।"

आपको अपनी नकारात्मक भावनाओं को भूखा मार देना चाहिए। आपको उन्हें तर्कसंगत साबित करने से इंकार करना चाहिए। आपको उनके साथ जुड़ने या तादात्म्य रखने से इंकार करना चाहिए और दूसरे लोगों के व्यवहार को अपनी चमड़ी के नीचे नहीं पहुँचने देना चाहिए। इस तरह आप उनकी सारी ऊर्जा ख़त्म कर देंगे। लेकिन नकारात्मक भावनाएँ ख़त्म करने का सबसे तेज़ तरीक़ा उनकी जड़ तक पहुँचना और फिर उन्हें काट देना है और यह एक पल में किया जा सकता है।

दोष देना नकारात्मक भावनाओं का चौथा और अंतिम कारण है। यह लगभग सभी नकारात्मक भावनाओं की जड़ में होता है। शायद आपकी 99 प्रतिशत नकारात्मक भावनाएँ इसी कारण हैं, क्योंकि आप अपने दुख के लिए किसी व्यक्ति या वस्तु को दोष दे रहे हैं। जिस पल आप दोष देना बंद कर देते हैं, जिस पल आप किसी चीज़ के लिए किसी दूसरे व्यक्ति या वस्तु को दोष देने से इंकार कर देते हैं, आपकी नकारात्मक भावनाएँ थम जाती हैं, जैसे उन्हें शक्ति देने वाली बिजली काट दी गई हो, ठीक उसी तरह जिस तरह क्रिसमस ट्री का स्विच बंद कर देने पर सारी बत्तियाँ फ़ौरन बुझ हो जाती हैं।

दोबारा विस्थापन का नियम

किसी नकारात्मक भावना को शॉर्ट सर्किट करने का तरीक़ा विस्थापन के नियम में समझाया गया है। यह नियम बताता है कि चेतन मन अपने भीतर एक समय में सिर्फ़ एक ही विचार रख सकता है - सकारात्मक या नकारात्मक और आप उस विचार को ख़ुद चुन सकते हैं। आप किसी नकारात्मक, विनाशकारी विचार की जगह सकारात्मक, सृजनात्मक विचार रख सकते हैं और ऐसा करके नकारात्मक विचार को अपने दिमाग़ से बाहर निकाल सकते हैं।

जब भी आप किसी कारण नकारात्मक या नाराज़ महसूस करें, तो आप दृढ़ता से यह कहकर नकारात्मक भावना पैदा करने वाले उस विचार को तत्काल रद्द कर सकते हैं, *"मैं ज़िम्मेदार हूँ।"*

यह मानसिक नियंत्रण का सबसे शक्तिशाली संकल्प है। ये शब्द आपको भावनात्मक ड्राइवर की सीट पर दोबारा बैठा देते हैं। "मैं ज़िम्मेदार हूँ!" ये शब्द आपके मस्तिष्क को तत्काल सकारात्मक बना देते हैं। इनसे आपको शांति मिलती है और आप ज़्यादा स्पष्ट तरीक़े से स्थिति को देखने में समर्थ बनाते हैं। "मैं ज़िम्मेदार

हूँ" शब्द आपको अपने बेहतर नियंत्रण में लाते हैं और ज़्यादा प्रभावी ढंग से स्थिति से निबटने में समर्थ बनाते हैं।

आप अपनी नकारात्मक भावनाएँ क़ायम रखते हुए उससे आगे प्रगति नहीं कर सकते, जितनी आपने इस पल तक की है। यह आपके लिए संभव ही नहीं है कि आप समझ और प्रभावकारिता के ज़्यादा ऊँचे स्तरों तक पहुँच पाएँ। आप उसी हद तक विकास कर सकते हैं, जिस हद तक आप नकारात्मक भावनाओं से मुक्त होते हैं। आपकी नकारात्मक भावनाएँ मानसिक गुरुत्वाकर्षण शक्तियों जैसी हैं, जो आपको अपनी वर्तमान वास्तविकता में रोके हुए हैं। आपको उन्हें पीछे छोड़ना होगा।

वैकल्पिक नहीं, अनिवार्य

ज़िम्मेदारी लेना और नकारात्मक भावनाएँ ख़त्म करना वैकल्पिक नहीं है। यह तो अनिवार्य है। यह आपकी सेहत, ख़ुशी और व्यक्तिगत प्रभावकारिता के लिए केंद्रीय है। अपने जीवन और स्वयं के प्रति सकारात्मक मानसिक नज़रिया नकारात्मक भावनाओं को ख़त्म करने से आता है। अगर आप उच्चतर मानसिक शक्तियाँ विकसित करना चाहते हैं, तो सकारात्मक मानसिक नज़रिया अनिवार्य है। सकारात्मक, सृजनात्मक भावनाएँ हर ख़ुशी, उपलब्धि और लंबे जीवन की नींव हैं।

अपना मस्तिष्क स्पष्ट करने की प्रक्रिया शुरू करने के लिए एक पल ठहरें और अपने पूरे जीवन - अतीत और वर्तमान - के बारे में सोचें। नकारात्मक महसूस कराने वाली हर स्मृति या स्थिति का विश्लेषण इस तरह करें, जैसे आप उसे रोशनी के सामने रखकर देख रहे हों। फिर उससे जुड़ी किसी भी नकारात्मकता को ख़त्म करने के लिए बार-बार बस यह कहें, "मैं ज़िम्मेदार हूँ।"

यह सच है कि आप ही ज़िम्मेदार हैं। चाहे आपकी मुश्किल या समस्या जो भी हो, आपने शायद ख़ुद ही उसमें क़दम रखा है। आप चुनाव करने के लिए स्वतंत्र थे। और आप अब भी स्वतंत्र हैं। आप शायद उस वक़्त जानते थे कि आपको यह नहीं करना चाहिए, लेकिन फिर भी आपने वह काम किया। आप अपनी स्थिति के लिए - अपने निर्णयों के परिणामों के लिए - पूरी तरह, शत-प्रतिशत ज़िम्मेदार हैं।

अक्सर लोग पूछते हैं, "क्या ज़िम्मेदारी स्वीकार करना दोष स्वीकार करना नहीं है?" इसका जवाब यह है कि ज़िम्मेदारी हमेशा आगे की ओर, भविष्य की तरफ़ देखती है। दोष हमेशा पीछे की ओर, अतीत की ओर देखता है, किसी ऐसे व्यक्ति या वस्तु की तरफ़ जो दोषी हो।

ज़िम्मेदारी कहती है, "अगली बार" या "भविष्य में" या "मैं यहाँ से क्या करूँगा ?" दोष हमेशा कहता है, "उसने किया" या "अगर ऐसा होता या नहीं होता तो ..." ज़िम्मेदारी आपको नियंत्रण, आत्मनिर्भरता, प्रोएक्टिविटी का एहसास दिलाती है। दोष आपमें क्रोध, कुंठा और प्रतिशोध की भावनाएँ जगाता है।

कोई ट्रैफ़िक सिग्नल पर आपकी कार को टक्कर मार देता है। क़ानून की दृष्टि से इसमें आपकी कोई ग़लती नहीं है। लेकिन आप उस तरीक़े के लिए ज़िम्मेदार हैं, जिस तरीक़े से आप इस स्थिति पर प्रतिक्रिया करते हैं। आप अपने व्यवहार के लिए ज़िम्मेदार हैं। आप या तो ग़ुस्सा, विचलित और भावुक होकर प्रतिक्रिया कर सकते हैं या फिर परिपक्व, शांत और नियंत्रित होकर। चुनाव आपका है। आप कैसा महसूस करते हैं, यह स्थिति से नहीं बल्कि इस बात से तय होता है कि आप कैसी प्रतिक्रिया करने का फ़ैसला करते हैं। ज़िम्मेदारी या ग़ैर-ज़िम्मेदारी - चुनाव आपका है और यह हमेशा आपका ही रहा है।

ब्रेक से पैर हटा लें

आम तौर पर जब आप इन संदर्भों में ज़िम्मेदारी के बारे में सोचते हैं, तो आप फ़ैसला करते हैं कि आगे से आप अपनी ज़िंदगी की पूरी ज़िम्मेदारी स्वीकार करेंगे। बहरहाल, लगभग हर व्यक्ति अब भी कम से कम एक ऐसा नकारात्मक अनुभव लादे हुए है, जिसके लिए वह किसी तरीक़े से ज़िम्मेदारी स्वीकार नहीं करने वाला। हर व्यक्ति की एक प्रिय नकारात्मक भावना होती है, जिससे वह अपनी भावनाओं या घटनाओं की ज़िम्मेदारी स्वीकार करके जुदा नहीं होगा।

आप कहते हैं, "अगर आपको पता होता कि उस आदमी ने मेरे साथ क्या किया है, तो आप मुझसे ज़िम्मेदारी स्वीकार करने के लिए कभी नहीं कहते" लेकिन यहाँ एक ख़ास बताना चाहूँगा। आपके चेतन या अवचेतन मन में एक भी नकारात्मक भावना का लगातार क़ायम रहना ख़ुशी की सारी संभावना को नष्ट करने के लिए काफ़ी है। दोष या क्रोध की एक भी नकारात्मक भावना आपकी मानसिक शांति में अनंत काल तक हस्तक्षेप कर सकती है।

ये महत्वपूर्ण बिंदु रेखांकित करते हुए कल्पना करें कि आपने अभी-अभी एक बिलकुल नई मर्सिडीज़ 600 एसईएल कार फ़ैक्ट्री से ख़रीदी है। कार सुंदर है और मशीनरी हर तरह से बेहतरीन है। इस कार के साथ सिर्फ़ एक ही समस्या है। ब्रेकिंग सिस्टम की असेम्बलिंग के समय एक ग़लती हो जाने से अगले पहिए का ब्रेक लॉक हो गया है। पहिया नहीं घूमेगा। अब मान लेते हैं कि आप इस सुंदर

कार को चलाने का फ़ैसला करते हैं। आप भीतर घुसते हैं, इंजन चालू करते हैं, गियर डालते हैं और एक्सीलरेटर दबाते हैं। अगर कार में सामने वाले पहिए के ब्रेक के सिवाय बाक़ी सब कुछ आदर्श है, तो एक्सीलरेटर दबाने से क्या होगा?

जवाब है कि आप उस लॉक पहिए के आस-पास घूमने लगेंगे। कार गोल-गोल घूमने लगेगी। चाहे आप एक्सीलरेटर को कितना भी दबा लें या पहिए को कितना भी घुमा लें, आप गोल-गोल ही घूमते रहेंगे।

आपकी दुनिया उस नई कार जैसे लोगों से भरी है। आप भी उनमें से एक हो सकते हैं। वे बुद्धिमान, आकर्षक और शिक्षित हैं। ऐसा लग सकता है कि उनके साथ हर चीज़ अच्छी तरह हो रही है, लेकिन उनकी ज़िंदगी बस गोल-गोल घूम रही है। लगभग हमेशा इसका कारण यह है कि वे अतीत के कम से कम एक ऐसे प्रमुख अनुभव पर ब्रेक लगाए बैठे हैं, जिसके लिए वे ज़िम्मेदारी लेने से इंकार कर रहे हैं। वे अब भी अपनी चोट के लिए किसी दूसरे व्यक्ति या वस्तु को दोष दे रहे हैं।

मैंने पचास साल की उम्र के स्त्री-पुरुषों से बात की है, जो अपने बचपन की किसी बात को लेकर नाराज़ और द्वेषपूर्ण थे। यह अनसुलझी कटुता उनके जीवनसाथियों, बच्चों, सहकर्मियों और दोस्तों के साथ उनके संबंधों पर असर डालती है। यह कई मनोदैहिक रोगों का कारण बनती है और गंभीर मामलों में मृत्यु की ओर भी ले जा सकती है।

मनोविज्ञान का क्षेत्र लोगों को क्रोध, अपराधबोध और द्वेष की अनसुलझी भावनाओं से निबटने में मदद करने के इर्द-गिर्द ही बना है। मरीज़ का इलाज हो सकता है, जब वह पहचान ले कि कौन सी चीज़ उसे पीछे रोके हुए है। जब वह ईमानदारी से उसका सामना कर लेता है और उसे जाने देता है, तो वह ठीक हो जाता है। आप यही काम अपने मन में कर सकते हैं। किसी के प्रति नकारात्मक की भावनाएँ पहचानें, स्थिति के लिए ज़िम्मेदारी स्वीकार करें और फिर इसे छोड़ दें। जैसे ही आप यह करते हैं, आप पाएँगे कि आप ठीक हो गए हैं।

इसे दूसरों को सिखाएँ

आप वही बनते हैं, जो आप सिखाते हैं। एक बार जब आप अपने जीवन के हर हिस्से के लिए ज़िम्मेदारी स्वीकार करना शुरू कर लें, तो इसके बाद अपने मित्रों और सहयोगियों को भी ऐसा ही करने के लिए प्रोत्साहित करें। जब लोग आपको अपनी समस्याएँ और कुंठाएँ बताएँ, तो उनके साथ परानुभूति रखें और फिर उन्हें

याद दिलाएँ, "आप ज़िम्मेदार हैं।"

शायद किसी सच्चे दोस्त के लिए आप सबसे अच्छा काम यह कर सकते हैं कि उसे यह याद दिलाकर होश में ला दें कि वही ज़िम्मेदार है। जब भी कोई शिकायत करे, तो प्रतिक्रिया में यह कहें, "आप ज़िम्मेदार हैं। आप इस बारे में क्या करने जा रहे हैं?" सलाह देने की कोशिश न करें। सलाह शायद कोई नहीं सुनना चाहता और वैसे भी उसे नज़रअंदाज़ कर दिया जाएगा। सिर्फ़ सुनें। सहानुभूति रखें। फिर उस व्यक्ति को ज़िम्मेदारी स्वीकार करने के लिए प्रोत्साहित करें और स्थिति को लेकर कुछ करने में व्यस्त हो जाएँ।

एक वक़्त था जब मेरी पत्नी बारबरा एक मार्गदर्शक परामर्शदाता बनना चाहती थी। उसका अंतिम लक्ष्य मनोवैज्ञानिक या मनोविश्लेषक बनना था। वह लोगों की समस्याएँ सुलझाने में उनकी मदद करना चाहती थी। वह घंटों तक अपनी सहेलियों की समस्याएँ सुनने का अभ्यास करती थी और फिर उन्हें अपनी तरफ़ से सबसे अच्छा रास्ता सुझाती थी। उनकी मुश्किलों को दूर करने के लिए वह उन्हें अपनी तरफ़ से सबसे अच्छा मार्गदर्शन और सलाह देती थी।

जब भी मैं इन "परामर्श सत्रों" में शामिल होता था, ख़ासकर उसकी सहेलियों और सहकर्मियों के साथ, तो मैं घंटों तक समस्या की चीरफाड़ करने से बचता था और यह कहकर सीधे मामले की तह तक पहुँच जाता था, "आप ज़िम्मेदार हैं। आप इसके बारे में क्या करने जा रही हैं?"

बारबरा को लगता था कि यह बहुत सतही तरीक़ा है। उसने मुझे बताया कि मैं उन स्थितियों की जटिलताओं पर पर्याप्त ध्यान नहीं दे रहा हूँ, जिनका लोग सामना कर रहे हैं। फिर उसे यह देखकर हैरानी हुई कि उसकी कई सहेलियाँ, जो अनंत परामर्श सत्रों के बावजूद बेहतर नहीं हुई थीं, इस एक सवाल की वजह से स्थिति से बाहर निकल आईं और उन्होंने ख़ुद को सँभाल लिया। जब उन्हें साफ़-साफ़ बता दिया गया कि अपनी स्थिति के लिए वे ख़ुद ज़िम्मेदार हैं और इसके लिए कुछ करने का दायित्व उनका ही है, तो इसके बाद उन्होंने सही क़दम उठा लिया।

बारबरा और मेरे बीच एक स्थायी मज़ाक़ चलता है। जब भी बारबरा किसी समस्याग्रस्त या मुश्किल में फँसी सहेली के साथ लंच करती है, तो मैं उससे पूछता हूँ कि उसने उसे क्या करने की सलाह दी। वह यह कहकर जवाब देती है, "मैंने उसे बस 'वही सलाह' दी।"

यह हर संबंधित व्यक्ति के लिए ज़्यादा आसान, बेहतर और सरल है। सलाह यह है, "आप ज़िम्मेदार हैं। आप इसके बारे में क्या करने वाले हैं?"

"मैं ज़िम्मेदार हूँ, मैं ज़िम्मेदार हूँ, मैं ज़िम्मेदार हूँ," बार-बार मन ही मन यह

दोहराकर ख़ुद अपने मनोविश्लेषक बन जाएँ। फिर दूसरे समस्याग्रस्त लोगों को भी "यही सलाह" दें। बस कहें, "आप ज़िम्मेदार हैं। आप इसके बारे में क्या करने वाले हैं?" उन्हें अपनी बाक़ी ज़िंदगी अपने रास्ते जाने दें, ताकि आप अपने रास्ते जा सकें।

कर्म अभ्यास

एक काग़ज़ उठाकर नीचे की तरफ़ बीच में एक रेखा खींच लें। बाईं तरफ़ हर व्यक्ति या स्थिति की सूची बनाएँ, जिसके बारे में आपके मन में कोई नकारात्मक भावना है। हर एक पर क्रम संख्या डाल दें।

पेज के दाएँ हिस्से में इस तरह के वाक्य लिखें, "मैं इसके लिए ज़िम्मेदार हूँ, क्योंकि...." और फिर वाक्य पूरा कर दें। हर चीज़ के साथ ऐसा ही करें और ख़ुद पर पूरी सख़्ती बरतें। पूरी तरह ईमानदार और सच्चे रहें। जो हुआ, आप उसके लिए ज़िम्मेदार क्यों हो सकते हैं, इसका हर कारण लिखें। अपने अतीत या वर्तमान की हर नकारात्मक स्थिति के मामले में यही करें।

यह अभ्यास पूरा करने के बाद आप इस बात पर हैरान हो जाएँगे कि आप कितने ज़्यादा सकारात्मक और नियंत्रण में महसूस करते हैं। आप उन मानसिक बोझों से मुक्त हो जाएँगे, जिन्हें आप इतने लंबे समय से लादे हुए हैं।

ख़ुद के रास्ते से हटना

ख़ास तौर पर दूसरों के साथ संबंधों में आंतरिक शांति और बाहरी सफलता की स्वर्णिम कुंजी आपके और अपने आस-पास की दुनिया पर आपकी प्रतिक्रियाओं के भीतर मौजूद है। उच्चतर चेतना के विकास और सभी मानसिक शक्तियों के पूर्ण उपयोग के लिए एक सिद्धांत अनिवार्य है। यह आपको सभी तरह की नकारात्मक भावनाएँ को काफ़ी हद तक ख़त्म करने और अपने हर काम की पूरी ज़िम्मेदारी लेने में समर्थ बनाएगा। यह सिद्धांत अतीत की असंख्य समस्याओं के बोझ से आपको मुक्त कर देगा, जिनकी जड़ें आपके बचपन तक जाती हैं। यह आपमें एक उदात्त और श्रेष्ठ चरित्र विकसित करेगा और उस क़िस्म का व्यक्ति बनाएगा, जिसके आस-पास लोग रहना पसंद करें। हमारे सेमिनार के हज़ारों प्रतिभागियों ने हमें बताया है कि इस सिद्धांत के अभ्यास ने उनके जीवन में क्रांति कर दी है। ऐसा ही आपके साथ भी होगा। आप इस अध्याय में यह सिद्धांत सीखेंगे।

आप आज जो भी हैं, अपनी सोच के आदतन तरीक़ों का नतीजा हैं। जैसा अनुरूपता का नियम बताता है, आपका बाहरी संसार आपके भीतरी संसार का भौतिक प्रकटीकरण है। आप अपने आस-पास जो भी चीज़ें देखते हैं - आपकी सेहत, आपके रिश्ते, आपका करियर, आपका परिवार और आपकी सांसारिक उपलब्धियाँ - वे सभी आपके मानसिक विचारों या कार्यों की अभिव्यक्ति हैं।

व्यवहार, नज़रिए, जीवनमूल्य और विचार की आदतें आपने सीखी हैं। जब आप इस दुनिया में आए थे, तब ये चीज़ें आपके पास नहीं थीं। बरसों तक इनपुट और दोहराव की प्रक्रिया से आपने इन्हें सीखा है। और चूँकि उन्हें सीखा गया है, इसलिए उन्हें भुलाया भी जा सकता है। आप विचार की उन सीखी हुई आदतों को त्याग सकते हैं, जो उस व्यक्ति के अनुरूप नहीं हैं, जैसा आप बनना चाहते हैं या उन लक्ष्यों के अनुरूप नहीं हैं, जिन्हें आप हासिल करना चाहते हैं।

आशावाद की भावना सफलता और ख़ुशी की पूर्व-शर्त है। बहरहाल, हममें से ज़्यादातर लोग हर तरह की नकारात्मक भावनाओं की वजह से कष्ट उठा रहे हैं, ख़ास तौर पर क्रोध, डर, शंका, ईर्ष्या, द्वेष, चिढ़, अधीरता, असहिष्णुता और जलन। हमारे सर्वश्रेष्ठ इरादों के बावजूद ये नकारात्मक भावनाएँ अप्रत्याशित रूप से चली आती हैं, अक्सर सबसे बुरे संभावित पलों में और हमसे ऐसे काम कराती हैं, जिन पर बाद में हमें अफ़सोस होता है।

नकारात्मक भावनाएँ वे प्रतिक्रियाएँ हैं, जो हमने आदतों की तरह ही सीखी हैं। उन्हें भी भुलाया जा सकता है, बशर्ते आपके पास उस ताले को खोलने की कुंजी हो, जहाँ वे रहती हैं। बहरहाल, उन्हें भुलाने के लिए आपको मनोवैज्ञानिक तत्वों को समझना होगा, जो नकारात्मक भावनाओं के लिए उर्वर भूमि बनाते हैं।

सौभाग्य से, आपके अवचेतन मन में नकारात्मक भावनाओं के लिए कोई स्थाई जगह नहीं है। यदि नकारात्मक भावनाएँ स्थाई बन जातीं, तो कोशिशों से अपने स्वभाव या व्यक्तित्व को सुधारने की कोई उम्मीद ही नहीं होती। बहरहाल, ये तो *ख़ानाबदोश* भावनाएँ हैं, जिन्हें सही तरीक़े से दूर भगाया जा सकता है।

उर्वर भूमि

जिस तरह आप बिना किसी आत्म-अवधारणा के पैदा हुए हैं, उसी तरह आप नकारात्मक भावनाओं के बिना भी पैदा हुए हैं। बड़े होते समय आपको नकारात्मक भावनाएँ सिखाई गई हैं। आप आम तौर पर अपने परिवार की सबसे ज़्यादा लोकप्रिय नकारात्मक भावनाएँ सीखते हैं। आप अपने माता-पिता की नकारात्मक भावनाओं

और प्रतिक्रियाओं की नक़ल करते हैं। आप उन लोगों की नकारात्मक भावनाओं की नक़ल करते हैं, जिनके साथ आप जुड़ाव महसूस करते हैं। अगर कोई आपको यह सुझाव देता है कि आपके काम करने का तरीक़ा अनुचित है, तो आप उनकी इस बात को यह कहकर नकार देते हैं, "मैं ऐसा ही हूँ।"

अक्सर, आपके भीतर कुछ नकारात्मक विचार इतने लंबे समय से होंगे कि आपको मालूम ही नहीं होगा कि वे मूलतः कहाँ से आए। लेकिन आप एक चीज़ पर भरोसा कर सकते हैं : आप उनके साथ पैदा नहीं हुए थे। वे स्थाई नहीं हैं। अगर आप चाहें, तो उनसे आज़ाद हो सकते हैं।

नकारात्मकता की जड़ें

नकारात्मक भावनाओं के प्रति आपका झुकाव दो अनुभवों की वजह से हो जाता है और ये दोनों अनुभव आपको बचपन में जल्द ही हो जाते हैं। इनमें से पहला अनुभव है विनाशकारी आलोचना। इस दुनिया में जितने ज़्यादा लोग विनाशकारी आलोचना के कारण तबाह हुए हैं, उतने इतिहास के सभी युद्धों को मिलाकर भी नहीं हुए हैं। फ़र्क़ यह है कि युद्ध में लोगों के शरीर मरते हैं, जबकि विनाशकारी आलोचना में भीतरी व्यक्तित्व नष्ट होता है, जबकि शरीर छूट जाते हैं। आपको अपने और बाक़ी लोगों के साथ जो समस्याएँ आ रही हैं, उनमें से लगभग हर समस्या किसी ऐसी घटना के परिप्रेक्ष्य में देखी जा सकती है, जिसमें आपकी आलोचना करके आपके महत्व और योग्यता को चुनौती दी गई थी या उस पर हमला किया गया था।

छह साल की उम्र तक बच्चे अपने जीवन के महत्वपूर्ण लोगों के प्रभावों के प्रति खुले और असुरक्षित होते हैं। उनमें सच्चे और झूठे मूल्यांकनों तथा आलोचनाओं के बीच भेद करने की कोई क्षमता नहीं होती है। बच्चे का दिमाग़ गीली मिट्टी की तरह होता है, जिस पर उसके माता-पिता और भाई-बहन लिखते हैं और छाप छोड़ जाते हैं। भावना जितनी गहन होती है, छाप भी उतनी ही ज़्यादा गहरी होती है।

जब आप थोड़े बड़े होते हैं और भेद करने की शक्तियाँ विकसित करते हैं, तो आप नकारात्मक इनपुट के "स्रोत पर विचार" कर सकते हैं। अगर कोई आपकी आलोचना करता है या आपसे असहमत होता है, तो आप पीछे हटकर मूल्यांकन कर सकते हैं कि वह आकलन वैध और सही है या नहीं। आप सहायक बातों को स्वीकार करने का चुनाव कर सकते हैं और बाक़ी को अस्वीकार कर सकते हैं।

बहरहाल, बचपन में आपमें ऐसी कोई योग्यता नहीं होती है। चूँकि आप अब भी यह सीखने की प्रक्रिया में हैं कि आप कौन हैं, इसलिए आप छोटे स्पंज जैसे होते हैं। आप अपने आस-पास के महत्वपूर्ण लोगों के मूल्यांकन को इस तरह सोख लेते हैं, जैसे वे आपको पूरी सच्चाई बता रहे हों, जैसे वे सचमुच आपके सच्चे चरित्र और क्षमताओं को जानते हों। आप उनके प्रेम और सम्मान को जितना ज़्यादा महत्व देते हैं, इस बात की उतनी ही ज़्यादा संभावना है कि आप अपने बारे में उनकी बात को अपने चरित्र और मूल्य के सही आंकलन के रूप में स्वीकार करेंगे। और जब आप अपने बारे में किसी चीज़ को सच मान लेते हैं, तो आप भी उस विश्वास की रोशनी में ख़ुद को देखने लगते हैं।

आपका मस्तिष्क इस बात की पुष्टि करके आपकी सेवा करने की कोशिश करता है कि आपने अपने बारे में जो फ़ैसला किया है, वह सही है। यह आपकी अनुभूतियों को क्रमबद्ध करता है। यह ऐसे उदाहरण खोज लाता है, जिनसे आपके विश्वास "सही साबित" होते हैं। साथ ही यह उन अनुभवों को अनदेखा करवा देता है, जो आपके विश्वास के विरोध में होते हैं।

अगर आपसे कहा जाता है कि "आप गंदे लड़के हैं" या "आप पर भरोसा नहीं किया जा सकता," या "आप झूठे हैं" (सभी बच्चे झूठ बोलते हैं; यह तो बाक़ी लोगों के साथ व्यवहार करना सीखने का हिस्सा है), तो आप विश्वास करने लगते हैं कि आपके मूलभूत व्यक्तित्व की ये आलोचनाएँ अटल सत्य हैं। अगर आप उन्हें चेतन रूप से स्वीकार कर लेते हैं, तो फिर आपका अवचेतन मन भी उन्हें सच मान लेता है, जहाँ वे भावी व्यवहार के निर्देशों के रूप में दर्ज हो जाती हैं।

बड़े होते वक़्त मुझे बताया गया कि मैं कभी ज़्यादा कुछ नहीं बन पाऊँगा और मेरे माता-पिता मुझसे बहुत निराश हैं। ऐसा जान-बूझकर तो नहीं किया गया, लेकिन उन्होंने मेरा मूल्यांकन बहुत ऊँचे पैमाने से किया गया था। वे यह नहीं समझते थे कि बच्चे छोटे होते हैं और सीखने की प्रक्रिया में लगातार ग़लतियाँ करते हैं। मुझसे - उनके पहले बच्चे से - वयस्क जितने अच्छे व्यवहार की उम्मीद की गई, जो मैं कर ही नहीं सकता था।

जब मेरे बच्चे हुए, तो मैंने संकल्प किया कि मैं उनके साथ वो नहीं करूँगा, जो मेरे साथ हुआ। मैं उन्हें हर दिन बताता हूँ कि मैं उनसे प्रेम करता हूँ और मेरे हिसाब से वे दुनिया के सबसे अच्छे बच्चे हैं। जब हम कार में एक साथ जाते हैं, तो मैं बारबरा से इस तरह बात करता हूँ, जैसे बच्चे पिछली सीट पर न बैठे हों और उसे बताता हूँ कि हम कितने ख़ुशक़िस्मत हैं कि हमारे इतने अच्छे बच्चे हैं। निजी तौर पर मैं उनमें से हर एक से फुसफुसाकर कहता हूँ, "तुम दुनिया के सबसे

अच्छे बच्चे हो!"

जब मैं उन्हें डाँटता हूँ, तब भी मैं यह कहकर शुरू करता हूँ, "मैं तुमसे बहुत ज़्यादा प्यार करता हूँ, लेकिन तुम्हें यह नहीं करना चाहिए, क्योंकि तुम्हें चोट पहुँच सकती है," या जो भी ज़रूरी हो।

माता-पिता बच्चे की मदद करने, उसका प्रदर्शन बेहतर बनाने के इरादे से उसकी आलोचना करते हैं। लेकिन विनाशकारी आलोचना की वजह से बच्चे का आत्मसम्मान कम हो जाता है और आत्म-अवधारणा कमज़ोर हो जाती है, जिससे बच्चे का सकल प्रदर्शन दरअसल कमज़ोर हो जाता है। उसका आत्मविश्वास घट जाता है और उससे ग़लतियाँ होने की आशंका भी बढ़ जाती है। अगर बच्चे की आलोचना ज़्यादा होती है या अगर वह आलोचना को बहुत भावुकता से लेता है, तो वह चिंतित और भयभीत हो जाएगा और उन चीज़ों को करने से कतराने लगेगा।

सबसे बुरे मामले में बच्चा *अति संवेदनशील* और असुरक्षित बन जाएगा और किसी नई चीज़ की कोशिश करने से डरने लगेगा। बड़े होते समय बच्चा हर तरह की आलोचना के बारे में बहुत भावुक बन जाएगा और जीवनसाथी, बॉस, मित्र या सहकर्मी की किसी भी तरह की नापसंदगी पर क्रोध और रक्षात्मक ढंग से प्रतिक्रिया करेगा।

हर एक के जीवन में अति संवेदनशील क्षेत्र होते हैं, आमतौर पर जीवन के उन हिस्सों में जहाँ उनका सबसे बड़ा भावनात्मक निवेश होता है, जैसे परिवार या करियर। आप अपने के लिए जो सबसे महत्वपूर्ण काम कर सकते हैं, उनमें से एक यह है कि इन प्रमुख क्षेत्रों में आलोचना के प्रति तटस्थता या अलगाव विकसित करें। पीछे हटकर खड़े होना और बिना किसी भावना के दूसरों की राय का मूल्यांकन करना सीखें। यह आसान नहीं है, लेकिन इससे बहुत से तनाव और दबाव से बच जाते हैं। दूसरों की आलोचना से बहुत ज़्यादा प्रभावित होने से बचने की यह योग्यता आत्म-वास्तविकीकरण वाले व्यक्ति का प्रमुख गुण है।

ख़ुशी का विनाशक

नकारात्मक भावनाओं की ओर आपको ले जाने वाला दूसरा तत्व है : प्रेम का अभाव। किसी बच्चे के लिए जो सबसे सदमे भरा अनुभव हो सकता है, वह है एक या दोनों अभिभावकों से मिलने वाले प्रेम का ख़त्म हो जाना। जब माता-पिता नाराज़गी और नापसंदगी की प्रतिक्रिया करते हैं, तो बच्चा दहशत में आ जाता है। वह तनाव ग्रस्त हो जाता है, डरने लगता है और मन ही मन काँपने लगता है। चूँकि बच्चे

को अभिभावकों के प्रेम की बहुत ज़्यादा ज़रूरत होती है, इसलिए जब किसी कारण प्रेम रोक लिया जाता है, तो वह भीतर से कुम्हलाने लगता है। अगर प्रेम अनिश्चित काल के लिए रोक दिया जाए या अप्रत्याशित रूप से दिया जाए, तो इससे व्यक्तित्व की गंभीर समस्याएँ पैदा हो सकती हैं, जिनसे वयस्क जीवन में क्रोध और नकारात्मकता का विस्फोट हो सकता है।

अगर आपको बचपन में प्रेम की पर्याप्त गुणवत्ता और मात्रा नहीं मिली (और ज़्यादातर लोगों के साथ ऐसा ही होता है), तो आप इसे ज़िंदगी भर खोजते हैं। आप लगातार भावनात्मक कमी महसूस करेंगे - एक हसरत, एक असुरक्षा, जिसकी आप संतुष्टि या भरपाई करने की कोशिश करेंगे। आप अपने संबंधों में बिना शर्त प्रेम की खोज करेंगे और जब प्रेम में बाधा आएगी या आपको प्यार नहीं मिलेगा, तो आप तनाव और कष्ट महसूस करेंगे। जिस तरह कैल्शियम की कमी से बच्चों में रिकेट्स की बीमारी हो जाती है, जो वयस्क में झुके पैर के रूप में दिखती है, उसी तरह बचपन में प्रेम की कमी वयस्क जीवन में नकारात्मक भावनाओं के रूप में प्रकट होती है।

तीन शर्तें

बच्चे के रूप में पूरा प्रेम महसूस करने के लिए तीन शर्तें मौजूद होनी चाहिए। इनमें से किसी एक की कमी भी किशोरावस्था और वयस्कता में असुरक्षा, नकारात्मक भावनाओं और विनाशकारी व्यवहार के रूप में नज़र आएगी।

स्वस्थ भावनात्मक विकास की पहली शर्त यह है कि आपके माता-पिता को ख़ुद से प्रेम होना चाहिए। आपके *माता-पिता आपको उससे ज़्यादा प्रेम नहीं दे सकते*, जितना वे ख़ुद से करते हैं। अगर माता-पिता ख़ुद को बहुत ज़्यादा पसंद नहीं करते, तो उनके पास आपको देने के लिए बहुत कम प्रेम होगा। नियम यह है कि उच्च आत्म-अवधारणा वाले माता-पिता उच्च आत्म-अवधारणा वाले बच्चे पालते हैं, जबकि निम्न आत्म-अवधारणा वाले माता-पिता निम्न आत्म-अवधारणा वाले बच्चों को पालते हैं। जैसा भीतर, वैसा बाहर। बच्चों की आत्म-अवधारणाएँ उनके माता-पिता की आत्म-अवधारणाओं का आईना होती हैं।

आपके माता-पिता ने आपको वह सारा प्रेम दिया, जो वे दे सकते थे। उन्होंने कोई प्रेम रोककर नहीं रखा। उनके पास देने के लिए उससे ज़्यादा था ही नहीं। आपको जितना प्रेम मिला, उससे ज़्यादा पाने के लिए आप कुछ नहीं कर सकते थे। आपको जितना मिला है, उनके पास बस उतना ही उपलब्ध था।

बच्चे को प्रेम में पूर्ण संतुष्टि महसूस कराने के लिए दूसरी शर्त यह है कि उसके *माता-पिता को एक-दूसरे से प्रेम करना चाहिए*। बच्चे प्रेम को सीधे महसूस करके और अपने परिवार में देखकर उसके बारे में सीखते हैं। यह कहा गया है कि कोई आदमी अपने बच्चों के लिए जो सबसे अच्छा काम कर सकता है, वह है उनकी माँ से प्रेम करना ... और इसका उलट भी सच है। जब बच्चे बड़े होते समय देखते और अनुभव करते हैं कि उनके माता-पिता में प्रेम है, तो इस बात की काफ़ी संभावना है कि वे सुरक्षा और आत्मविश्वास की भावनाओं के साथ बड़े होंगे।

आप अपने परिवार के संबंधों को देखकर सीखते हैं कि विपरीत लिंग के किसी सदस्य के साथ अपना वयस्क संबंध कैसे बनाएँ। अगर आप ऐसे परिवार में बड़े हुए हैं जिसमें आपको इसका अनुभव नहीं हुआ, तो आप अपने वयस्क जीवन के पहले कुछ वर्षो में ग़लतियाँ करके सीखते हैं कि दूसरे व्यक्ति के साथ कैसे रहा जाए। आजकल कई लोगों का पहला विवाह "अभ्यास विवाह" होता है, जिनमें वे सीखते हैं कि विवाहित जीवन में कैसे रहना है। वे सीखते हैं कि वे वैवाहिक साझेदार में क्या चाहते हैं या क्या नहीं चाहते और किस तरह संबंध को सफल बनाया जाए।

बच्चे को पूरी तरह प्रेम का एहसास मिले, इसकी तीसरी शर्त यह है कि अभिभावकों को उससे प्रेम करना चाहिए। यह उन सबसे संवेदनशील विषयों में से एक है, जिनसे किसी वयस्क का पाला पड़ता है। सच्चाई यह है कि बहुत से *माता-पिताओं ने हमसे प्यार किया ही नहीं*। वे करना तो चाहते थे, उनका ऐसा इरादा तो था और उनकी ऐसी योजना तो थी, लेकिन वे दरअसल इसे कभी नहीं कर पाए। शायद उनके पास समय, भावनात्मक ऊर्जा या दिलचस्पी नहीं थी या शायद उनके माता-पिता या जीवनसाथी के साथ उनके अनसुलझे संघर्ष थे, जिसकी वजह से उनके लिए हमें प्रेम करना संभव नहीं हुआ।

कई माता-पिता अपने बच्चों को बहुत ज़्यादा पसंद नहीं करते। कई बार ऐसा इसलिए होता है, क्योंकि उन्हें लगता है कि बच्चे की भूमिका उनकी अपेक्षाओं को पूरा करना है। अगर बच्चे का अपना कोई व्यक्तित्व है, तो माता-पिता अक्सर इसे व्यक्तिगत निरादर मान लेते हैं। प्रतिक्रिया में वे बच्चे की आलोचना करते हैं या अपना प्रेम हटा लेते हैं। अगर वे लंबे समय तक ऐसा करते हैं, तो अंततः इसकी आदत पड़ जाती है। माता-पिता बच्चों से प्रेम करने और उनकी तारीफ़ करने के बजाय उनकी आलोचना करने और बर्दाश्त करने की आदत डाल लेते हैं।

आपके लिए यह जानना महत्वपूर्ण है कि आपके माता-पिता ने आपसे प्रेम किया हो या न किया हो, आप मूल्यवान और योग्य व्यक्ति हैं। आपके माता-पिता

के प्रेम या उसकी कमी से आपकी निहित संभावनाओं के बारे में कुछ भी पता नहीं चलता। माता-पिता जैसे थे, वैसे थे। वे जितना कर सकते थे, उन्होंने किया। कम से कम वे आपको इस दुनिया में लाए और आपको जीने का मौक़ा दिया। आपके माता-पिता में से एक या दोनों ने आपसे ज़रा भी या पर्याप्त प्रेम नहीं किया, यह स्वीकार करना पूर्ण परिपक्वता की दिशा में एक महत्वपूर्ण क़दम है।

ज़्यादातर वयस्कों को बचपन में ऐसे घर में पाला गया था, जिसमें वे विनाशकारी आलोचना और प्रेम की कमी के शिकार हुए थे। अगर आपके साथ भी यही हुआ था, तो उस वक़्त आप इतने छोटे थे कि जानते ही नहीं थे कि यह क्यों हो रहा है। आप सिर्फ़ उसकी प्रतिक्रिया में यह भीतरी संदेश बना सकते हैं, "किसी वजह से मेरे मम्मी-डैडी मेरी आलोचना करते हैं और मुझसे प्रेम नहीं करते। चूँकि वे मुझे सबसे अच्छी तरह जानते हैं, इसलिए ऐसा मेरे किसी ग़लत काम के कारण ही होगा।"

विनाशकारी आलोचना और प्रेम की कमी के तालमेल से अपराधबोध (guilt) की नकारात्मक भावना पैदा होती है। *अपराधबोध* बीसवीं सदी की प्रमुख भावनात्मक समस्या है। यह अधिकांश मानसिक रोगों, दुख और लगभग सभी नकारात्मक भावनाओं की जड़ है। अपराधबोध से ग्रस्त बच्चा महसूस करता है कि वह ज़्यादा लायक़ नहीं है या बिलकुल बेकार है। विनाशकारी आलोचना ओर प्रेम की कमी बच्चे के अवचेतन मन में *अक्षमता* की भावना भर देती है।

अपराधबोध का इस्तेमाल लोग जानते-बूझते हुए दो कारणों से करते हैं : सज़ा और नियंत्रण। किसी दूसरे व्यक्ति को भावनात्मक सज़ा देने के लिए अपराधबोध का इस्तेमाल करना बहुत असरदार होता है। यह नकारात्मक धार्मिक शिक्षा का अनिवार्य हिस्सा है। कई माता-पिता इसका इस्तेमाल अपने बच्चों को बुरा महसूस कराने, उन्हें अक्षम और महत्वहीन अनुभव कराने के लिए करते हैं।

अपराधबोध का इस्तेमाल *नियंत्रण* या *शोषण* (manipulation) के साधन के रूप में भी किया जाता है। किसी व्यक्ति को अपराधी महसूस कराकर आप उसकी भावनाएँ और व्यवहार नियंत्रित कर सकते हैं। अगर आप उसे पर्याप्त अपराधी महसूस करा सकें, तो आप उससे अपने लिए ऐसे काम करवा सकते हैं, जो वह अपराधबोध की भावनाओं के बिना कभी नहीं करता।

माताएँ अक्सर अपराधबोध के इस्तेमाल में महिर होती हैं। मेरी माँ तो अपराधबोध के प्रयोग में ब्लैक बेल्ट थीं और वे स्थानीय वायएमसीए में कोर्स सिखाती थीं। मेरी माँ ने व्यवहार के साधन के रूप में अपराधबोध का इस्तेमाल अपनी माँ से सीखा था, जो उन्होंने उनकी माँ से सीखा था और इस तरह यह कार्यक्रम कई पीढ़ियों से चला आ रहा था। पिता भी अपराधबोध का इस्तेमाल करने में अक्सर

माहिर होते हैं।

अपराधबोध के वयस्क प्रकटीकरण

अगर आपको ऐसे माता-पिता ने पाला है, जिन्होंने आपमें अपराधबोध की भावना पैदा की है, तो आप कई अलग-अलग तरीक़ों से इसे महसूस करेंगे।

अपराधबोध का पहला और सबसे आम प्रकटीकरण है *हीनता, अक्षमता* और *नाक़ाबिलियत* की भावनाएँ। आप महसूस करते हैं कि आप अच्छी चीज़ें पाने के हक़दार नहीं हैं या इस लायक़ नहीं हैं कि आपके साथ अच्छी चीज़ें हों। दरअसल, अगर आपके साथ लगातार कई अच्छी चीज़ें हो जाती हैं, तो आप बहुत बेचैन हो जाएँगे। आप अपनी अयोग्यता के आरामदेह दायरे से बाहर महसूस करेंगे और आप शायद ख़ुद को नीचे गिराने वाले काम करने लगेंगे, ताकि अच्छी चीज़ों का सिलसिला थम जाए।

जब आप अपने मन को अपनी मनचाही चीज़ पर केंद्रित और अनचाही चीज़ से दूर रखते हैं, तो आपके पास बहुत सी अच्छी चीजें आती हैं और आप वाक़ई उनके हक़दार होते हैं।

हीनता, अक्षमता और नाक़ाबिलियत की भावनाएँ अक्सर "मैं पर्याप्त अच्छा नहीं हूँ" शब्दों में व्यक्त होती हैं। कई मनोवैज्ञानिक इसका ज़िक्र अक्सर *"सफलता के डर"* के रूप में करते हैं। सफलता का डर सिर्फ़ यह कहने का एक और तरीक़ा है कि नाक़ाबिलियत की गहरी भावनाओं के कारण कोई भी सफलता आपको परेशान कर देती है। चूँकि हर तरह की उपलब्धि आपके आत्म-सीमित करने वाले विश्वासों के विरोध में होती है, इसलिए आप परेशान हो जाते हैं।

बहुत बार, लोग मनचाही सफलता पाने के लिए कड़ी मेहनत करेंगे। वे घंटों तक काम करेंगे और बहुत त्याग करेंगे। बहरहाल, लक्ष्य के बहुत क़रीब पहुँचने पर कोई चीज़ गड़बड़ हो जाएगी। वे चेतन या अचेतन रूप से लात मारकर अपने पैरों के नीचे की कुर्सी हटा देंगे।

ज़िंदगी का सबसे बड़ा सौदा करने जा रहे सेल्समैन की कार का एक्सीडेंट हो जाएगा। किसी बड़े कॉन्ट्रैक्ट पर साइन करवाने जा रहा वकील अपना ब्रीफ़केस टैक्सी में छोड़ आएगा, जिसमें कॉन्ट्रैक्ट की इकलौती प्रति ताले में बंद होगी। कई लोग अपनी अयोग्यता की भीतरी भावनाओं के बावजूद जब सफलता पा लेते हैं, तो वे असहजता से मुक्ति पाने के लिए शराब, नशे या विवाहेतर संबंधों की ओर मुड़ जाते हैं।

वयस्कों में अपराधबोध का दूसरा प्रकटीकरण विनाशकारी आत्म-आलोचना और ख़ुद को पराजित कराने वाला व्यवहार है। अगर बचपन से ही किसी की आलोचना होती है, तो वह जल्दी ही ख़ुद की आलोचना करना सीख लेता है और जीवनभर ऐसा करता रहता है। आप अक्सर लोगों के मुँह से इस तरह की बातें सुनते हैं, "मैं हमेशा लेट हो जाता हूँ," या "मेरा गणित बहुत ख़राब है," या "मैं इसमें बहुत अच्छा नहीं हूँ।" वे लगातार नकारात्मक विचारों को बलवान बना रहे हैं, हालाँकि हो सकता है कि वे सच न हों और निराधार हों। वे सिर्फ़ सुनी-सुनाई बातें दोहरा रहे हैं और ऐसा करके वे उन्हें अपने लिए सच बना रहे हैं।

जिस भी बात को आप अपने बारे में सच मानकर कहते हैं, उसे आपका अवचेतन मन स्वीकार कर लेता है। जब आप लगातार अपनी आलोचना करते हैं, तो आपका अवचेतन मन आपके शब्दों को आदेश के रूप में स्वीकार कर लेता है। इसके बाद आपके शब्द और काम आपकी आत्म-आलोचना के पैटर्न में फ़िट होंगे। आप मन ही मन ख़ुद से जिस तरह बात करते हैं, बाहरी तौर पर भी वैसा ही व्यवहार करेंगे।

आप अपराधबोध की भावनाओं के साथ बड़े हुए हैं, इसे दर्शाने का तीसरा तरीक़ा यह है कि अपराधबोध के माध्यम से आपसे आसानी से काम करवाया जा सकता है। दूसरे लोग आपसे अपना मनचाहा व्यवहार कराने के लिए आपको चिढ़ाते हैं या अधीर बना देते हैं और आप आसान निशाना साबित होते हैं। आपको न जानने वाले लोग भी आपके "अपराधबोध की डोरियाँ" खींच सकते हैं और आपको असहज महसूस करा सकते हैं या अपने इशारों पर नचा सकते हैं। आप कठपुतली बन जाते हैं और अपराधबोध का एहसास दिलाने वाला बाज़ीगर बन जाता है।

लगभग सभी परोपकारी आग्रह अपराधबोध के चतुर इस्तेमाल पर आधारित होते हैं, ताकि वे आपकी भावनाओं का दोहन करें, ताकि वे आपको महसूस कराएँ कि आप अपने जीवन स्तर और उपलब्धियों के हक़दार नहीं हैं।

टैक्सी ड्राइवर्स, वेटर्स और फ़्लाइट अटेंडेंट्स भी आपके व्यवहार को नियंत्रित करने के लिए अपराधबोध का इस्तेमाल करते हैं। मिसाल के तौर पर, मैं जानता हूँ कि हवाई यात्रा के दौरान डिहाइड्रेशन से एक घंटे में एक पिंट पानी कम हो जाता है। इसलिए मैं हवाई यात्रा में बहुत पानी पीता हूँ। मैं बार-बार अपना पानी का गिलास भरवाता हूँ।

ज़्यादातर एयर होस्टेस इस बात से चिढ़ जाती हैं। वे डिहाइड्रेशन के बारे में सब कुछ जानती हैं और उन्हें सिखाया गया है कि हवाई यात्रा के दौरान लगातार पानी पीते रहना चाहिए। लेकिन वे आपका पानी का गिलास दोबारा भरने का

अतिरिक्त काम नहीं करना चाहतीं। इसलिए "क्या मैं आपके लिए कुछ और ला सकती हूँ?" पूछने के बजाय वे पूछती हैं, "क्या इतना काफ़ी है?"

अगर आप ज़्यादा पानी माँगते हैं, तो वे गहरी साँस लेती हैं, जैसे आपने उनसे पचास किलो का सूटकेस उठाने को कह दिया हो और इसके बाद वे उसे लेने जाती हैं। जब वे उसे लेकर लौटती हैं, तो वे चिड़चिड़ी होती हैं और उनके चेहरे पर अप्रसन्नता का भाव रहता है, जैसे इससे आप उनके सामने समर्पण कर देंगे, ताकि वे वापस अपनी जगह लौटकर पत्रिकाएँ पढ़ सकें।

आपको यह जानने की ज़रूरत है कि आपको प्रभावित करने के लिए अपराध बोध का इस्तेमाल बहुत बार किया जाता है। अगर आप ग़ौर करेंगे, तो यह आपको हर जगह दिख जाएगा।

कवि डब्ल्यू. एच. ऑडन ने लिखा था, "जिनके साथ बुरा होता है, वे बदले में बुरा करते हैं।"

अपराधबोध का चौथा प्रकटीकरण इसका इस्तेमाल करके दूसरों को दोष देना है। अगर बचपन में आप अपराधबोध के शिकार हुए थे, आपकी लगातार आलोचना हुई थी, आपको लगातार दोष दिया गया था, तो बड़े होकर आप अपराधबोध को दूसरों के साथ संप्रेषण का तरीक़ा बना लेंगे। कई माता-पिता अपने बच्चों से मनचाहे काम कराने के लिए अपराधबोध का अच्छा-ख़ासा इस्तेमाल करते हैं। कई बॉस भी अपराधबोध को नियंत्रण का बुनियादी तरीक़ा बना लेते हैं।

अपराधबोध का पाँचवाँ और शायद सबसे आम प्रकटीकरण है "पीड़ित ग्रंथि" का विकास। व्यक्ति पीड़ित (victim) महसूस करता है पीड़ितों की तरह बात करता है। अपराधबोध की गहरी भावनाओं वाला व्यक्ति हमेशा बहाने बनाता रहता है या माफ़ी माँगता रहता है। वह हमेशा "आई एम सॉरी" कहता रहता है। इसके अलावा, वह "पीड़ितों की भाषा" का इस्तेमाल करता है और "मैंने कुछ नहीं किया" की शैली में बोलता है।

शायद पीड़ितों की भाषा का सबसे आम उदाहरण इस तरह के वाक्य हैं, "मैं नहीं कर सकता" या "मुझे करना पड़ेगा," या "मुझे करना पड़ेगा, लेकिन मैं नहीं कर सकता" या "मैं नहीं कर सकता, लेकिन मुझे करना पड़ेगा।"

पीड़ितों की भाषा का एक और रूप "कोशिश" शब्द है। जब लोग कहते हैं, "मैं कोशिश करूँगा," तो वे पहले से ही असफलता के लिए माफ़ी माँग रहे हैं। वे अपने इस विश्वास को ज़ाहिर कर रहे हैं कि वे जिस काम की कोशिश करने जा रहे हैं, उसमें वे असफल होंगे। और आप मन ही मन जान जाते हैं कि ये शब्द आने वाली असफलता का संकेत हैं।

मान लीजिए, आप किसी वकील के पास जाते हैं और उससे किसी मुकदमे में ख़ुद को बचाने का आग्रह करते हैं। अगर वह आपके मामले की जाँच करने के बाद जवाब में कहता है, "ठीक है, मैं कोशिश करूँगा," तो आप कैसा महसूस करेंगे?

अगर आप किसी घातक बीमारी की वजह से किसी डॉक्टर के पास जाते हैं और उससे कहते हैं, "मुझे पूरी उम्मीद है कि आप मेरी मदद कर सकते हैं," और अगर डॉक्टर कहता है, "देखिए, मैं कोशिश करूँगा," तो आपको फ़ौरन किसी दूसरे डॉक्टर से सलाह लेनी चाहिए।

"मैं कोशिश करूँगा" का मतलब है, "मैं इस काम में असफल होने वाला हूँ और मैं चाहता हूँ कि आप पहले से ही यह बात जान लें, ताकि बाद में लौटकर यह न कहें कि मैंने आपको कोई चेतावनी नहीं दी थी। अगर आप लौटकर आते हैं, तो मैं आपको याद दिला सकता हूँ कि मैंने तो सिर्फ़ यह कहा था कि मैं कोशिश करूँगा।"

हमारे बिज़नेस में जब भी कोई सप्लायर कहता है कि वह सप्ताह के अंत तक कोई चीज़ करने की कोशिश करेगा या निश्चित तिथि पर प्रोजेक्ट पूरा करने की कोशिश करेगा, तो हमारी अलार्म घड़ी बजने लगती है। हम तत्काल समझ जाते हैं कि वह व्यक्ति शायद असफल होने की योजना बना रहा है। हम दोबारा इस बात पर ज़ोर देते हैं कि वह "कोशिश" के बजाय पक्का वादा करे। आप "मैं कोशिश करूँगा" सिर्फ़ तभी स्वीकार करते हैं, जब वह शेड्यूल या परिणाम आपके लिए ज़्यादा महत्वपूर्ण न हो।

पीड़ितों की भाषा का एक और रूप "काश" से शुरू होने वाले वाक्य हैं। जब भी आप किसी लक्ष्य या महत्वाकांक्षा के पहले "काश" शब्द बोलते हैं, तो आप अपने अवचेतन मन को संकेत दे रहे हैं कि आपको इस पर सचमुच यक़ीन नहीं है। अगर आप कहते हैं, "काश मैं धूम्रपान छोड़ सकता," या "काश मैं वज़न कम कर सकता," या "काश मैं पैसे बचा सकता," तो आप दरअसल यह कह रहे हैं, "लेकिन मुझे विश्वास नहीं है कि यह मेरे लिए संभव है।"

जब आप पीड़ितों की भाषा का इस्तेमाल करते हैं – "मैं नहीं कर सकता," या "मुझे करना पड़ेगा," या "मैं कोशिश करूँगा," या "काश," या "आई एम सॉरी," या "मुझे दोष न दें," या "इसमें मेरी कोई ग़लती नहीं है" – तो हर बार आप अपराधबोध की नकारात्मक भावना को बलवान बना रहे हैं और उसे अपने अवचेतन मन की गहराई में पहुँचा रहे हैं।

इसी वक़्त निर्णय लें कि आप अपनी बातचीत में पीड़ितों की भाषा का इस्तेमाल बंद कर देंगे। इसके बजाय दृढ़ता और विश्वास से बोलें। "मैं करूँगा" या "मैं नहीं

करूँगा" बोलें। "मुझे करना पड़ेगा," के बजाय बोलें, " मैं करना चाहता हूँ।" ख़ास तौर पर "मैं नहीं कर सकता" या "काश" के बजाय "मैं कर सकता हूँ" या "मैं करूँगा" बोलें।

खुद को अपराधबोध से मुक्त करें

आप अपनी ख़ुशी में बाधा डालने वाली अपराधबोध की इन भावनाओं से मुक्ति कैसे पा सकते हैं? इसके लिए आप पाँच चीज़ें कर सकते हैं।

पहली : अपने विचारों और बातचीत से विनाशकारी आत्म-आलोचना को बाहर निकाल दें। ख़ुद को नीचा दिखाने वाली कोई भी बात कहने से इंकार करें। ख़ुद के बारे में कोई भी ऐसी चीज़ कहने से इंकार करें, जिसे आप हक़ीक़त में बदलते न देखना चाहते हों। साथ ही किसी दूसरे को भी ख़ुद से नकारात्मक अंदाज़ में बोलने की अनुमति न दें। अगर कोई आपकी आलोचना करता है, तो बस यह कहें, "मैं चाहूँगा कि आप मुझसे इस तरह न बोलें, क्योंकि यह सच नहीं है।"

याद रखें कि आपका अवचेतन मन लगातार जानकारी ग्रहण कर रहा है और उसे आपकी आत्म-अवधारणा का हिस्सा बना रहा है। अगर आप किसी को भी अपने बारे में नकारात्मक बातें बोलने की अनुमति देते हैं और कोई प्रतिक्रिया नहीं करते हैं, तो आपका अवचेतन उस बात को आपका सही वर्णन मान लेगा और उसे फ़ाइल करके रख देगा, जिससे आपकी अपराधबोध और हीनता की भावनाएँ बढ़ जाएँगी। आपके या दूसरे लोगों के नकारात्मक कथनों को अगर काटा न जाए या चुनौती न दी जाए, तो वे आपकी भावी असफलता की प्रोग्रामिंग कर देते हैं।

दूसरी बात, किसी चीज़ के लिए किसी को दोष न दें। अपनी ज़िंदगी और इसकी हर चीज़ के लिए पूरी ज़िम्मेदारी स्वीकार करें और यह मानें कि उसके बारे में आप कुछ कर सकते हैं। आलोचना करने, निंदा करने या शिकायत करने से कोई फ़ायदा नहीं होगा। दूसरों की आलोचना करने और दोष देने से दरअसल आपका आत्मसम्मान कम होता है और अपराधबोध तथा हीनता की भावनाएँ बलवान होती हैं। जब आप किसी से नाराज़ हों, तो विस्थापन के नियम का इस्तेमाल करें और सिर्फ़ यह कहें, "कोई दूसरा अपराधी नहीं है; मैं ज़िम्मेदार हूँ।"

तीसरी बात, दूसरों के अपराधबोध बढ़ाने वाले व्यवहार के वशीभूत होने से इंकार कर दें। जब भी कोई अपनी बातों या कामों से आपको अपराधबोध कराता है और आप उसकी माँगें मान लेते हैं, तो आप अपराधी भावनाओं को बलवान बना लेते हैं और इस बात को आसान बना देते हैं कि लोग भविष्य में भी आपसे

अपना मनचाहा काम कराएँ। आपके मन में दूसरों की भावनाओं और ज़रूरतों के लिए शिष्ट सम्मान होना चाहिए, लेकिन इसका यह मतलब नहीं है कि आप उनके लिए अपनी भावनात्मक अखंडता की कुर्बानी दे दें।

शायद आपके जीवन में कम से कम एक व्यक्ति होगा, जो आपके साथ इस तरह व्यवहार करने का आदी है, जिससे आप अपराधी महसूस करें। यह माता, पिता, जीवनसाथी, बॉस या सहकर्मी कोई भी हो सकता है। आपके किसी संबंध में अपराधबोध मूलभूत कार्यकारी सिद्धांत हो सकता है। चाहे जो हो, आप उस संबंध को बदलने के लिए ज़िम्मेदार हैं।

दो तकनीकों के इस्तेमाल से आप उस व्यक्ति की आदत सुधार सकते हैं, जो अपराधबोध के ज़रिए आपको नियंत्रित करता है या अपना मतलब निकालता है। पहला और सबसे आसान तकनीक है *मौन* का इस्तेमाल। ताली बजाने के लिए दो हाथों की ज़रूरत होती है। अगर आप प्रतिक्रिया करने से इंकार कर देते हैं, तो खेल रुक जाता है।

अगली बार जब कोई आप पर अपराधबोध का इस्तेमाल करने की कोशिश करे, तो बिलकुल ख़ामोश हो जाएँ। कुछ न कहें। जवाब देने से इंकार कर दें। ख़ुद को उत्तेजित न होने दें। याद रखें, आपकी कंडीशनिंग इस तरह से हुई है कि आप अपराधबोध पर रक्षात्मक होकर या माफ़ी माँगकर स्वतः प्रतिक्रिया करें। जब आप मानसिक नियंत्रण करते हैं और प्रतिक्रिया करने से इंकार करते हैं, तो आप ज़्यादा दृढ़ बनते हैं और उस व्यक्ति तथा स्थिति से निबटने में ज़्यादा सक्षम भी।

जब सामने वाला व्यक्ति पूछता है कि आपको क्या कहना है, तो जवाब दें, “मैं इस पर कोई प्रतिक्रिया नहीं करूँगा।”

विनम्र, दोस्ताना और शिष्ट रहें। नम्रता से मुस्कुराएँ, भले ही आप फ़ोन पर बात कर रहे हों। सफ़ाई देने के प्रलोभन से बचें। आपको कुछ कहने की ज़रूरत नहीं है और आपको अपने बारे में किसी को सफ़ाई देने की ज़रूरत भी नहीं है। आप नियंत्रण में हैं। आपको प्रतिक्रिया करनी है, यह भावना भी अपराधबोध के उस प्रतिक्रिया तंत्र पर आधारित है, जो अतीत में निर्धारित किया गया था।

अपराधबोध की भावनाओं को उछालना और पकड़ना टेनिस की तरह है। यह तभी तक चलता है, जब तक आप बॉल को मारकर नेट के पार पहुँचाना चाहते हों। आप ख़ामोश रहकर और ख़ामोशी क़ायम रखकर इसके खेल को बीच में ही रोक देते हैं।

जो लोग अपराधबोध का इस्तेमाल करके आपसे अपना मनचाहा काम कराने के आदी हैं, उन्हें यह पसंद नहीं आएगा। जब आप इस खेल को रोकने की कोशिश

करेंगे, तो वे तत्काल ग़ुस्से से प्रतिक्रिया करेंगे। उनकी माँग बढ़ जाएगी और वे सख़्ती पर उतर आएँगे। वे तत्काल भाँप लेंगे कि आप पर उनका नियंत्रण ख़त्म हो रहा है और वे आपको पुराने ढर्रे पर चलाने के लिए अपने तरकश के हर तीर का इस्तेमाल करेंगे। वे आप पर अपनी शक्ति कम होती देखकर बुरी तरह विचलित हो जाएँगे और इसका भरपूर प्रतिरोध करेंगे। इसके लिए तैयार रहें और झुकने से इंकार कर दें।

आप चाहते हैं कि सामने वाले व्यक्ति से आपके संबंध या तो स्वस्थ रहें या फिर न रहें। इसे हासिल करने के लिए संबंध बदलने के इच्छुक रहें। दूसरे व्यक्ति की नकारात्मक प्रतिक्रियाओं को अनदेखा करने के इच्छुक रहें, जब तक कि उसे यह एहसास नहीं हो जाता कि अपराधबोध और शोषण के दाँव-पेंच अब असरदार नहीं हैं। वह किसी दूसरी चीज़ को आज़माने के लिए मजबूर होगा और वह चीज़ निश्चित रूप से इससे तो बेहतर ही होगी।

एक दूसरा तरीक़ा भी है, जिससे आप किसी दूसरे के अपराधबोध के इस्तेमाल की आदत को तोड़ सकते हैं। इसे निश्चयात्मक (assertive) तकनीक कहा जाता है, जिसे "रिकॉर्ड की सुई अटकना" कहते हैं। यह सरल भी है और असरदार भी। इसमें पहले तो साहस और इच्छाशक्ति की ज़रूरत होती है, लेकिन फिर यह तकनीक बेहतर काम करती है।

जब सामने वाला व्यक्ति अपराधबोध का इस्तेमाल करके आपका शोषण करने की कोशिश करता है, तो आप यह कहकर प्रतिक्रिया करते हैं, "क्या आप मुझे अपराधी महसूस कराने की कोशिश कर रहे हैं?" आप यह सवाल बिना आक्रामकता के धीमे से पूछते हैं, भले ही साथ में असल हैरानी और जिज्ञासा का पुट हो, जैसे आप इस संभावना पर हैरान हों।

जब बारबरा और मेरी नई-नई शादी हुई, तो हमने पाया कि हम अपने व्यवहार में अपराधबोध का इस्तेमाल नियमित रूप से कर रहे हैं। हम दोनों ही ऐसे परिवारों में बड़े हुए थे, जहाँ अपराधबोध नियंत्रण की आम भाषा थी। और हमने यह भाषा बहुत अच्छी तरह सीखी थी। हम इस हल्के से सुझाव पर दुख ज़ाहिर करने लगते थे कि हम जो चाहते हैं और जब चाहते हैं, वह हमें उस वक़्त नहीं मिलेगा।

सौभाग्य से हमने इसे पहचान लिया और "रिकॉर्ड की अटकी हुई सुई" वाली तकनीक का इस्तेमाल करने का फ़ैसला किया, ताकि हम इससे छुटकारा पा सकें और इसे अपने वैवाहिक जीवन से बाहर निकाल सकें।

इसने बहुत सरलता से काम किया। जब भी हममें से कोई महसूस करता था कि सामने वाला किसी वजह से अपराधबोध का इस्तेमाल कर रहा है, तो वह रुककर

पूछ लेता था, "क्या तुम मुझे अपराधी महसूस कराने की कोशिश कर रहे हैं?"

इंसान का दिमाग़ जानता है कि अपराधबोध बुरी चीज़ है। कोई भी जान-बूझकर किसी दूसरे पर अपराधबोध का इस्तेमाल करने का संकल्प नहीं करता। यह तो बस एक ऐसी आदत है, जो हम बचपन में सीखते हैं और वयस्क जीवन में भी इसका बरबस इस्तेमाल करने लगते हैं। जो भी चीज़ दूसरों के साथ हमारे संबंधों में काम आती है, हम उसे करना सीख लेते हैं और जब तक सामने वाला तैयार हो, अपराधबोध के इस्तेमाल से हम उससे अपना मनचाहा काम कराने में सक्षम हो जाते हैं।

अगर मैं बारबरा से पूछता था, "क्या तुम मुझे अपराधी महसूस कराने की कोशिश कर रही हो?" तो वह फ़ौरन जवाब देती थी, "नहीं, ज़ाहिर है नहीं।"

मैं कहता था, "अच्छी बात है, क्योंकि एक पल के लिए तो मुझे लगा था कि तुम मुझ पर अपराधबोध का इस्तेमाल कर रही थीं और यह अच्छी बात नहीं है।"

कुछ समय बाद वह दोबारा अपराधबोध का इस्तेमाल करने की कोशिश करती। और एक बार फिर मैं पूछता था, "क्या तुम मुझे अपराधी महसूस कराने की कोशिश कर रही हो?"

एक बार फिर वह इंकार कर देती। एक बार फिर मैं कहता था, "यह अच्छा है, क्योंकि अपराधबोध से कोई रिश्ता नहीं चल सकता।"

यह आदान-प्रदान तब तक चलता था, जब तक कि वह चिढ़कर मेरे सवाल के जवाब में यह नहीं कह देती थी, "हाँ, मैं ऐसी कोशिश कर रही हूँ।!"

तब मैं विजयी अंदाज़ में कहता था, "देखो, इससे काम नहीं बनेगा!" और वह हमारा पहचानने का पल होता था। यह हमारा संकेत होता था कि हम अपराधबोध का इस्तेमाल करना छोड़ दें और उस मुद्दे पर खुली, ईमानदार बातचीत की ओर लौट जाएँ। अपराधबोध छोड़ने के बाद हमारे पास परिपक्व वयस्कों की तरह बैठकर बातचीत करने के अलावा कोई विकल्प ही नहीं बचता था।

आप अपराधबोध का इस्तेमाल करने के लिए दूसरे व्यक्ति को अपराधी महसूस कराने की कोशिश नहीं कर रहे हैं। आप ख़ुद को बुरा महसूस कराने के लिए उसे सज़ा देने की कोशिश नहीं कर रहे हैं। ख़ामोशी या अटके हुए रिकॉर्ड की तकनीक का इस्तेमाल करने के पीछे आपका एकमात्र मकसद है उसके व्यवहार को जागरूकता के ज़्यादा ऊँचे स्तर तक लाना। उसी स्तर पर आप अपराधबोध से निबट सकते हैं और उसे अपने रिश्ते से बाहर निकाल सकते हैं। आप दोनों ही ऐसे भाव से आज़ाद हो जाएँगे, जो इस्तेमाल करने वाले के लिए भी उतना ही विनाशकारी है, जितना कि यह शिकार के लिए है।

ख़ुद को इससे मुक्त करने का चौथा तरीक़ा दूसरों के अपराधबोध पर बातचीत करने से इंकार करना है। दूसरे लोगों के बारे में आलोचना भरी गपशप या "गंदी अफ़वाहों" का आदान-प्रदान करने से इंकार करें। "देखो कितनी बुरी बात है" जैसी बातचीतों में शामिल न हों। अपनी बातचीत से बुरी बातों और पीठ पीछे की आलोचना को ख़त्म कर लें। याद रखें, आप जिस भी चीज़ के बारे में बात करते और सोचते हैं, उसका आपके अवचेतन मन और व्यक्तित्व पर असर पड़ता है। यह सुनिश्चित करें कि आप दूसरों के बारे में जो कह रहे हों, उसे अपने बारे में भी सच देखना चाहते हों। दूसरों के बारे में इस तरह की बातें बोलें, जैसे वे मौजूद हों और आप उन्हें अच्छा महसूस कराना चाहते हों।

क्षमा का नियम

अपराधी भावनाएँ और प्रतिक्रियाएँ ख़त्म करने का पाँचवाँ तरीक़ा सबसे असरदार है। यह लोगों के साथ अद्‌भुत संबंध बनाने और ख़ुशी, सेहत, दौलत पाने के लिए सिखाया गया शायद सबसे शक्तिशाली और व्यावहारिक सिद्धांत है। इसका ज़िक्र मैंने पहले भी किया था। यह क्षमा का नियम है।

यह नियम बताता है कि आप मानसिक रूप से उसी हद तक स्वस्थ हैं, जिस हद तक आप अपने ख़िलाफ़ हुए ग़लत कामों को खुलकर माफ़ करते और भूल जाते हैं।

क्षमा करने की अक्षमता अपराधबोध, द्वेष और अधिकांश अन्य नकारात्मक भावनाओं की जड़ है। अगर आपको लगता है कि किसी ने आपको चोट पहुँचाई है, तो आप अपने मन में उसके प्रति मनमुटाव और ग़ुस्सा पाल लेते हैं। यह मनोदैहिक रोगों का प्रमुख कारण है। माफ़ी करने की अक्षमता से कई रोग पैदा होते हैं, जिनमें सामान्य सिर दर्द से लेकर हार्ट अटैक और कैंसर तक शामिल हैं।

अपनी संभावनाओं तक पहुँचने के लिए, अपनी संपूर्ण मानसिक क्षमताएँ विकसित करने के लिए और अपनी भावनात्मक तथा आध्यात्मिक ऊर्जाओं को मुक्त करने के लिए आपको हर उस व्यक्ति को पूरी तरह क्षमा कर देना चाहिए, जिसने आपको कभी कोई चोट पहुँचाई है। आपको "छोड़ देना" चाहिए और अपने ग़ुस्से तथा द्वेष को छोड़कर दूर चल देना चाहिए। आपको उस दुर्भाग्यशाली अनुभव की क़ीमत बार-बार चुकाने से इंकार कर देना चाहिए। आपमें महान जीवन जीने, अच्छा चरित्र विकसित करने और उत्कृष्ट व्यक्ति बनने की आकांक्षा होनी चाहिए, जो हर नकारात्मक भावना से ऊँचा हो और जो किसी के प्रति द्वेष या ग़ुस्सा न रखता

हो।

चूँकि आपका बाहरी संसार आपके सच्चे भीतरी संसार को प्रतिबिंबित करता है, चूँकि आप अपने प्रबल विचारों के अनुरूप लोगों और परिस्थितियों को आकर्षित करते हैं, चूँकि आप वही बन जाते हैं, जिसके बारे में आप सोचते हैं, इसलिए सचमुच ख़ुश, स्वस्थ और पूरी तरह स्वतंत्र होने के लिए क्षमा एक अनिवार्य गुण बन जाती है, जिसे आपको अभ्यास करके विकसित करना होगा।

क्षमा का अभ्यास

अपराधबोध, हीनता, अक्षमता, नाक़ाबिलियत, द्वेष और क्रोध की नकारात्मक भावनाओं से मुक्त होने के लिए आपको अपने जीवन में ख़ास तौर पर *तीन* लोगों को क्षमा करने की ज़रूरत है। जब आप इन लोगों को क्षमा कर देते हैं, तो आप मुक्ति और ख़ुशी की भावना अनुभव करेंगे और आपका जीवन अद्भुत तरीक़ों से संभावनाओं के प्रति खुलने लगेगा।

सबसे पहले तो आपको अपने *माता-पिता* को क्षमा करना होगा। चाहे वे जीवित हों या न हों, आपको आज ही उन्हें हर उस चीज़ के लिए खुलकर क्षमा कर देना चाहिए, जिससे उन्होंने आपको कभी चोट पहुँचाई हो। हर अन्याय, क्रूरता या असहिष्णुता के काम के लिए उन्हें क्षमा कर दें, जो आपके हिसाब से उन्होंने आपके साथ किया है। आपको बचपन की चोटों से ऊपर उठना होगा और उन्हें मुक्त करना होगा। आपको यह स्वीकार करना होगा कि आपके माता-पिता आपके साथ जितना अच्छे से अच्छा कर सकते थे, उन्होंने किया।

लगभग हर व्यक्ति इस बात पर विचलित और ग़ुस्सा होता है कि उसके एक या दोनों अभिभावकों ने बचपन से लेकर बड़े होने तक उसके साथ कितना ग़लत व्यवहार किया। चालीस-पचास साल के लोग अब भी भावनात्मक रूप से दुखी हैं, क्योंकि उन्होंने अपने माता-पिता को क्षमा नहीं किया है। जीवन भर द्वेष पालना उस चीज़ की बहुत ज़्यादा क़ीमत चुकाना है, जिसके बारे में कुछ नहीं किया जा सकता।

कई मामलों में तो माता-पिता को पता ही नहीं होता कि उन्होंने ऐसा कोई काम किया है, जिसके बारे में आप अब भी विचलित हैं। आम तौर पर उन्हें उसकी कोई याद ही नहीं होती है। अगर आप उन्हें अपनी नाराज़ी का कारण बताएँ, तो वे अक्सर हैरान होंगे, क्योंकि उन्हें तो वह घटना याद ही नहीं होगी।

आप अपने माता-पिता को तीन तरीक़ों से क्षमा कर सकते हैं। पहला और

सबसे महत्वपूर्ण तरीक़ा है उन्हें अपने दिल में क्षमा करना। जब भी आप उनसे मिली चोट के बारे में सोचें, तो विस्थापन के नियम का इस्तेमाल करें और उस विचार की जगह दूसरे विचार को रखकर कहें, "मैं उन्हें हर चीज़ के लिए क्षमा करता हूँ, मैं उन्हें हर चीज़ के लिए क्षमा करता हूँ।"

हर बार जब आपको वह चोट वाला अनुभव याद आए, तो तत्काल यह कहकर उसे ख़त्म कर दें, "मैं उन्हें हर चीज़ के लिए क्षमा करता हूँ।" अगर आप घटना याद आने पर उन्हें हर बार क्षमा करते रहेंगे, तो कुछ समय बाद आप उस अनुभव के बारे में बग़ैर किसी नकारात्मक भावना के सोच सकेंगे। आख़िरकार आप उसे पूरी तरह भूल जाएँगे। आप मुक्त हो जाएँगे।

अपने माता-पिता को क्षमा करने का दूसरा तरीक़ा उनसे मिलना या उन्हें फ़ोन करना है। हमारे सेमिनारों में आने वाले कई लोग जाकर अपने माता-पिता से मिलते हैं और बातचीत करते हैं कि उन्होंने *क्या* किया था और वे अब भी *क्यों* ग़ुस्सा हैं। फिर वे अपने माता-पिता से कहते थे, "मैं बस आपको बताना चाहता हूँ कि मैं आपको हर उस ग़लती के लिए क्षमा करता हूँ, जो आपने मुझे पालते समय की थी... और मैं आपसे प्यार करता हूँ।" उन्हें क्षमा करके आप उन्हें आज़ाद कर देते हैं और ख़ुद को भी आज़ाद कर लेते हैं।

अपने माता-पिता को क्षमा करने का तीसरा तरीक़ा उन्हें चिट्ठी लिखना है। इस चिट्ठी में आप उनकी हर ग़लती के लिए उन्हें क्षमा करें। इसे आप जितने विस्तार से चाहें, लिख सकते हैं। कम आत्मसम्मान वाले कई माता-पिता उम्मीद करते हैं कि किसी दिन उनके बच्चे उन्हें उन ग़लतियों के लिए क्षमा कर देंगे, जिन्हें स्वीकारने की उनमें शक्ति नहीं है।

जब आप अपने माता-पिता को पूरी तरह क्षमा कर देते हैं, तभी आप सचमुच और पूरी तरह वयस्क बन पाते हैं। तब तक आप भीतर से बच्चे बने रहते हैं। तब तक आप भावनात्मक रूप से उन पर निर्भर बने रहते हैं। जब आप बचपन के अप्रिय अनुभवों को छोड़ देते हैं, तब कहीं जाकर आप अपने माता-पिता से परिपक्व संबंध बना सकते हैं। ज़्यादातर लोगों का अपने माता-पिता के साथ सर्वश्रेष्ठ समय उस दिन शुरू होता है, जब वे बचपन की नकारात्मक बातों को पीछे छोड़ देते हैं और अपने माता-पिता को क्षमा कर देते हैं।

दूसरा व्यक्ति जिसे आपको क्षमा करना होगा, वह है अन्य *कोई भी व्यक्ति*। आपको बिना शर्त अपने जीवन के हर व्यक्ति को क्षमा करना होगा, जिसने आपको किसी भी तरीक़े से कोई भी चोट पहुँचाई है। आपको हर बुरी, मूर्खतापूर्ण, आलोचनात्मक और क्रूर बात को क्षमा करना होगा, जो किसी ने आपके बारे में

कभी कही या की है। इस बारे में एक भी अपवाद नहीं होना चाहिए। अगर आप एक भी व्यक्ति को क्षमा करने से इंकार कर देते हैं, तो यह आपकी भावी ख़ुशी को कम करने के लिए या शायद नष्ट करने के लिए काफ़ी है।

आपको उस व्यक्ति को *पसंद* करने की ज़रूरत नहीं है। आपको तो बस उसे क्षमा करने की ज़रूरत है। क्षमा पूर्णतः स्वार्थपूर्ण काम है। इसका दूसरे व्यक्ति से कोई लेना-देना नहीं है। इसका लेना-देना तो आपकी मानसिक शांति, आपकी ख़ुशी, आपकी सफलता और आपके भविष्य से है। शायद दुनिया में आपका सबसे मूर्खतापूर्ण काम यह होता है कि आप किसी ऐसे व्यक्ति के प्रति ग़ुस्सा या द्वेष रखते हैं, जिसे आपकी ज़रा भी परवाह नहीं है। जैसा किसी ने कहा है, "मैं कोई द्वेष नहीं पालता, क्योंकि जब आप द्वेष पालते हैं, तो वे नाचते-गाते हैं।"

स्थिति चाहे जो हो, आप शायद किसी न किसी तरह से उसके लिए ज़िम्मेदार हैं। चाहे वह कोई व्यवसाय संबंधी सौदा हो, निवेश हो, नौकरी हो या संबंध हो, आपने विकल्प चुने और निर्णय लिए, तभी यह संभव हुआ। आपकी सक्रिय सहभागिता के बिना यह शायद हो ही नहीं सकता था, इसलिए आप इसे रोक सकते थे। आप ज़िम्मेदार थे। आप विकल्प चुनने के लिए स्वतंत्र थे और दुर्भाग्य से आपने ग़लत चुनाव किया। अब, इसे जाने दें।

भले ही आप इस बारे में कुछ नहीं कर सकते थे, भले ही आपकी कोई ग़लती नहीं थी, भले ही आप पूरी तरह निष्क्रिय थे, लेकिन फिर भी आप इस बात के लिए तो ज़िम्मेदार हैं कि आप किस तरह प्रतिक्रिया करते हैं। आप अपने और अपनी भावनाओं के प्रभारी हैं। आप यह फ़ैसला करने के लिए स्वतंत्र हैं कि आप इस पल के बाद क्या करते हैं। सबसे अच्छी नीति क्षमा करना है।

पत्र

अगर आप बुरे संबंध या बुरे वैवाहिक जीवन का दुखद अनुभव झेल चुके हों, और अब तक उससे न उबर पाए हों, तो इस तकनीक का इस्तेमाल करके आप मुक्त हो सकते हैं। इसे "पत्र" विधि कहा जाता है। इसे अब कई जगहों पर सिखाया जाने लगा है और यह अविश्वसनीय रूप से शक्तिशाली तथा मुक्तिदायक है।

आप सामने वाले को एक पत्र लिखते हैं। पत्र के तीन हिस्से होते हैं, जिन्हें आप जितना लंबा या छोटा रखना चाहें, रख सकते हैं। पहले हिस्से में आप कहते हैं, "मैं हमारे संबंध के लिए पूरी ज़िम्मेदारी स्वीकार करता हूँ। मैंने यह संबंध ख़ुद चुना था और मैं कोई बहाना नहीं बनाना चाहता।" आप यह ज़िक्र नहीं करते कि

आप कितने मासूम और दुखी हैं, जैसा शायद आपने अतीत में किया हो।

पत्र के दूसरे हिस्से में आप लिखते हैं, "मैं आपको हर उस चीज़ के लिए क्षमा करता हूँ, जो आपने मुझे चोट पहुँचाने के लिए की है।" कई बार यह एक अच्छा विचार होता है कि आप उन सभी चीज़ों को स्पष्टता से गिना दें, जिनके लिए आपने सामने वाले को क्षमा किया है। मैं एक महिला को जानता हूँ, जिसने इस तकनीक का इस्तेमाल करते हुए अपने पूर्व-पति को क्षमा करने के लिए आठ पन्नों की सूची बनाई।

पत्र के आख़िरी हिस्से में आप अंत में यह कहते हैं, "मैं उम्मीद करता हूँ कि आपका कल्याण हो।" फिर आप पत्र को लिफ़ाफ़े में डालकर पता लिखते हैं, टिकट चिपकाते हैं और डाक के डिब्बे में डाल देते हैं।

जिस पल आप लिफ़ाफ़ा डाक के डिब्बे में छोड़ते हैं, उसी पल आपको मुक्ति और आनंद का ऐसा ज़बर्दस्त एहसास होगा, जिसकी आप इस वक़्त कल्पना भी नहीं कर सकते। उस पल संबंध ख़त्म हो जाएगा और आप नया भावनात्मक जीवन जीने के लिए तैयार होंगे। बहरहाल, उस पल तक आप अनसुलझे क्रोध और द्वेष के दलदल में फँसे हुए थे, जिसके रूमानी संबंध के साथ जुड़ जाने पर अंजाम तबाही के सिवाय कुछ नहीं होता।

हमारे सेमिनार में आने वाले बिज़नेसमैन ने "पत्र" और क्षमा के बारे में मुझे एक उल्लेखनीय आपबीती घटना बताई। वह विवाहित था और उसके चार बच्चे थे। उसने और उसके पार्टनर ने दस साल की मेहनत के बाद सफल बिज़नेस खड़ा किया था। एक दिन उसका पार्टनर ऑफ़िस नहीं आया। उस रात जब वह घर पहुँचा, तो उसने देखा कि उसकी पत्नी भी ग़ायब है। उसे बाद में पता चला कि उसकी पत्नी और उसके पार्टनर के बीच कुछ समय से विवाहेतर प्रेम-प्रसंग चल रहा था। वे दोनों मिलकर यह साज़िश कर रहे थे कि कंपनी से लाखों डॉलर का गबन करके एक साथ कहीं भाग जाएँ। और अब वे भाग गए थे। बेचारे बिज़नेसमैन को लगा कि उसकी पूरी ज़िंदगी तबाह हो गई है। अब उसके पास चार बच्चे बचे थे ... और ग़ुस्से तथा धोखाधड़ी का अविश्वसनीय एहसास भी।

चार साल तक वह कटुता और द्वेष से पगलाता रहा। उसकी पत्नी और पार्टनर दूसरे देश में जाकर रहने लगे थे और क़ानूनी रूप से उन्हें सज़ा दिलवाना बहुत महँगा काम था। उसने अपना पूरा ध्यान दिवालिएपन से बचने पर केंद्रित कर लिया। बच्चों के साथ उसके संबंध ख़राब होते चले गए। दिन-रात वह इसी बारे में सोचता था कि उसके साथ कितना बुरा, अन्यायपूर्ण और धोखाधड़ी भरा सलूक किया गया है।

हमारे सेमिनार के पहले दिन जब हमने क्षमा की अवधारणा स्पष्ट की, तो वह बिलकुल ख़ामोश बैठा रहा। शाम को वह एक भी शब्द बोले बिना उठकर चला गया। बहरहाल, अगले दिन जब वह कमरे में वापस लौटा, तो एक अलग ही इंसान लग रहा था। वह शांत था और मुस्कुरा रहा था। उसने बाक़ी लोगों का अभिवादन किया और अपना परिचय दिया। उसने मुझे अकेले में बताया कि उसने पिछली रात तीन घंटे तक बैठकर पत्र लिखा। फिर वह उसे लेटर बॉक्स में डालने के लिए कई ब्लॉक दूर गया। उसने कहा कि इसका वही असर हुआ, जिसका वर्णन मैंने अपने सेमिनार में किया था। जिस पल उसने वह पत्र लेटर बॉक्स में डाला, उसे महसूस हुआ कि वह पूरी तरह अलग व्यक्ति बन गया है।

सेमिनार के बाद वह चार साल में पहली बार डेटिंग पर गया – एक महिला के साथ, जिससे वह क्लास में मिला था। बाद में उसने मुझे बताया कि बच्चों के साथ उसके संबंधों का भी कायाकल्प हो गया है। उन सभी ने माँ को छोड़कर जाने के लिए क्षमा कर दिया और यह संकल्प किया कि वे बाक़ी ज़िंदगी मिलकर गुज़ारेंगे। वे बरसों बाद पहली बार ख़ुश थे।

तीसरा व्यक्ति जिसे आपको क्षमा करना होगा, *वो हैं आप ख़ुद*। आपको हर मूर्खतापूर्ण या चोट पहुँचाने वाली चीज़ के लिए ख़ुद को क्षमा करना होगा, जो आपने कभी कही या की है।

याद रखें, आप आदर्श नहीं हैं, ग़लतियाँ करते हैं। बड़े होते समय और परिपक्व होते समय आप बहुत सारी मूर्खतापूर्ण बातें कहते और करते हैं। अगर आपको दोबारा वही काम करने का अवसर मिले, तो आप उसे अलग तरीक़े से करेंगे। लेकिन पुरानी ग़लतियों पर पश्चाताप और अफ़सोस करने से कोई फ़ायदा नहीं होता। यह कमज़ोर चरित्र की निशानी है। पश्चाताप का इस्तेमाल अक्सर आगे न बढ़ने के बहाने के रूप में किया जाता है। सभी समझदार और परिपक्व लोगों ने मूर्खतापूर्ण ग़लतियाँ की हैं। इसी तरह वे समझदार और परिपक्व बने हैं। और अब आपको हर ग़लती के लिए ख़ुद को क्षमा करना होगा।

क्षमा मानसिक और आध्यात्मिक विकास के साम्राज्य की कुंजी है। जब आप पूर्ण क्षमावान व्यक्ति बनने का अभ्यास करते हैं, तो आप इस धरती पर रहने वाले महानतम लोगों के चारित्रिक गुणों का अनुसरण कर रहे होते हैं। आप ख़ुद को देवदूतों की जमात में शामिल कर रहे हैं। क्षमा आपके अवचेतन मन में नकारात्मक भावनाएँ पैदा करने वाले अपराधबोध, क्रोध और द्वेष के संगृहीत अवशेष को धो डालने की प्रक्रिया शुरू करती है। हर चीज़ के लिए हर एक को उदारता से क्षमा करने का नियमित अभ्यास आपको ज़्यादा शांत, दयालु, करुण और आशावादी

बना देगा।

आत्मा के लिए अच्छा

आख़िरकार, अगर आपने किसी दूसरे को चोट पहुँचाने के लिए कुछ किया हो और आपको इसके बारे में अफ़सोस हो, तो जाकर क्षमा माँग लें। कहें, "मुझे अफ़सोस है।" प्रायश्चित आत्मा के लिए अच्छा होता है। इससे अपराधबोध और नाक़ाबिलियत की भावनाओं से छुटकारा मिलता है, जो अवश्यंभावी हैं, क्योंकि आपने एक ऐसी चीज़ की है, जो आपके सर्वोच्च आदर्शों के सामंजस्य में नहीं है।

इससे कोई फ़र्क़ नहीं पड़ता कि सामने वाला कैसे प्रतिक्रिया करता है। फ़र्क़ तो इससे पड़ता है कि आपमें अपने कार्यों की ज़िम्मेदारी लेने, क्षमा माँगने और अफ़सोस करने का चारित्रिक बल तथा साहस है। फिर आप ज़िंदगी में आगे बढ़ सकते हैं और सामने वाले व्यक्ति को उसकी ज़िंदगी में आगे बढ़ने दे सकते हैं।

सिद्धांत को अभ्यास में बदलना

यहाँ एक अभ्यास है : पहली बात, एक काग़ज़ उठाकर हर उस व्यक्ति की सूची बनाएँ, जिसके बारे में आप सोचते हैं कि उसने आपको किसी तरीक़े से चोट पहुँचाई है। दूसरी बात, सूची को पढ़ें, नाम पढ़े, सोचें और याद करें कि क्या हुआ था और फिर कहें, "मैं उसे हर चीज़ के लिए क्षमा करता हूँ; मैं अब इसे जाने देता हूँ।" अपनी सूची के हर व्यक्ति के लिए इन शब्दों को दो-तीन बार दोहराएँ। फिर उस सूची को दूर रख दें। इसके बाद जब भी आप उस व्यक्ति या स्थिति के बारे में सोचें, तो तत्काल उससे जुड़े नकारात्मक भाव को यह कहकर रद्द कर लें, "मैं उसे हर चीज़ के लिए क्षमा करता हूँ, मैं उसे हर चीज़ के लिए क्षमा करता हूँ," और अपने दिमाग़ को किसी दूसरी जगह व्यस्त कर लें।

जब आप आख़िरकार क्षमा कर देते हैं और छोड़ देते हैं, तो आपको मुक्ति का एहसास होता है। क्षमा ही मन की शांति के साम्राज्य की कुंजी है। क्षमा आपके द्वारा किया जाने वाला सबसे मुश्किल काम है ... और सबसे महत्वपूर्ण भी।

अध्याय 8

विजयी लक्ष्य

रोज़मर्रा के तनावों के प्रबंधन की योग्यता आपकी ख़ुशी और सफलता के लिए अनिवार्य है। अपना सर्वश्रेष्ठ प्रदर्शन करने के लिए आपको शांति, स्पष्टता और ख़ुद के व अपने काम के बारे में निष्पक्षता क़ायम रखने की योग्यता ज़रूरी है। इस अध्याय में आप अपना मनोविश्लेषण करना सीखेंगे। आप अपनी विचार प्रक्रिया को नियंत्रित करना सीखेंगे, ताकि अपने तनाव को न्यूनतम कर सकें और अपनी ऊर्जा व आशावाद को अधिकतम कर सकें। आप सीखेंगे कि ख़ुश और प्रभावी कैसे बनना है, भले ही आपके चारों ओर कुछ भी हो रहा हो। विजयी लक्ष्य मानसिक शांति हासिल करना है। यह आपकी सभी कोशिशों का चरम लक्ष्य है।

सर्वोच्च मानवीय हित

मानसिक शांति सर्वोच्च मानवीय हित है। इसे हासिल करने और क़ायम रखने की योग्यता शायद यह पता लगाने का इकलौता सबसे अच्छा पैमाना है कि आप व्यक्ति के रूप में कितना अच्छा प्रदर्शन कर रहे हैं। मानसिक शांति ख़ुशी की अनिवार्य पूर्व-शर्त है। यह अपने काम और व्यक्तिगत जीवन से अधिकतम ख़ुशी व आनंद पाने की भी अनिवार्य पूर्व-शर्त है। जब आप मानसिक शांति को अपना सर्वोच्च लक्ष्य बना लेते हैं और अपनी सारी गतिविधियों, निर्णयों व व्यवहार को इसके इर्द-गिर्द व्यवस्थित कर लेते हैं, तो आप अपने जीवन तथा करियर में ज़्यादा ख़ुश और असरदार हो जाते हैं।

मन की शांति का विलोम शब्द है नकारात्मकता। नकारात्मक भावनाएँ जीवन में दुख का मूल कारण हैं। नकारात्मक भावनाएँ "डाकू" भावनाएँ हैं। वे आपकी

शांति, ख़ुशी और आनंद लूट लेती हैं। वे आपको बीमार बना देती हैं, आपकी ज़िंदगी कम कर देती हैं। सारा तनाव, दबाव और चिंताएँ अंततः किसी न किसी तरह के नकारात्मक भावों में प्रकट होती हैं। एक बार जाग जाने पर नकारात्मक भावनाएँ हमेशा अभिव्यक्त होती हैं, या तो भीतर की तरफ़ या फिर बाहर की तरफ। आप या तो ख़ुद को बीमार बनाते हैं या दूसरों के साथ अपने संबंधों में ज़हर घोल लेते हैं।

अपने जीवन की योजना बनाने में आपका एक प्रमुख लक्ष्य होना चाहिए : नकारात्मक भावनाओं को ख़त्म करना और सचमुच ख़ुश, सेहतमंद व्यक्ति बनना। लेकिन नकारात्मक भावनाएँ ख़त्म कैसे की जाएँ? सबसे पहले इनके मूल कारणों को समझकर और फिर, उन्हें इच्छानुसार बेअसर करने का तरीक़ा सीखकर।

साहस और ईमानदारी

अपना मनोविश्लेषक बनने के लिए आपको साहस की ज़रूरत है। आपको ज़बर्दस्त ईमानदारी की ज़रूरत है। अगर आप तनाव या नकारात्मकता महसूस कर रहे हैं, तो आपको उसका असली कारण जानने के लिए अपने दिल की गहराई में झाँककर देखना होगा। आपको अपनी भीतरी और बाहरी दोनों तरह की ज़िंदगी के लिए पूरी ज़िम्मेदारी स्वीकार करनी होगी, और इस बारे में भी कि आप इसे लेकर कैसा महसूस करते हैं। इसमें ज़बर्दस्त चारित्रिक शक्ति की ज़रूरत होती है, लेकिन इससे बहुत लाभ भी होता है, क्योंकि तब आप वह सर्वश्रेष्ठ जीवन जी सकते हैं, जो आप अपने लिए चाहते हैं।

तनाव प्रबंधन के अग्रणी विशेषज्ञ हैंस सेल्ये ने तनाव की परिभाषा इस तरह दी है, "भीतरी या बाहरी उत्प्रेरक पर कोई अस्पष्ट प्रतिक्रिया (non-specific response)।" इस परिभाषा में प्रमुख शब्द "प्रतिक्रिया" है। तनाव बाहरी घटनाओं से नहीं होता। अपने आप में तनावपूर्ण स्थिति जैसी कोई चीज़ नहीं होती; सिर्फ़ तनावपूर्ण प्रतिक्रियाएँ होती हैं। तनाव इस बात से पैदा नहीं होता कि आपके साथ क्या होता है। वह तो घटना पर आपकी प्रतिक्रिया के कारण पैदा होता है। आप तनावपूर्ण या तनावरहित दोनों तरीक़ों से प्रतिक्रिया करने का चुनाव कर सकते हैं। ये चुनाव आपके हाथ में है।

तनाव प्रबंधन और मन की शांति हासिल करने का शुरुआती बिंदु यह है कि आप अपनी प्रतिक्रियाओं के लिए ज़िम्मेदारी स्वीकार करें। आपकी प्रतिक्रिया आपके साथ होने वाली घटना से नहीं, बल्कि उसके बारे में आपकी सोच से पैदा होती है :

सकारात्मक या नकारात्मक, तनावपूर्ण या तनावरहित। यह आपका निर्णय है, आपका चुनाव है, आपकी ज़िम्मेदारी है।

मिसाल के तौर पर, किसी दिन दो लोग ऑफ़िस जाते समय रास्ते में ट्रैफ़िक में फँस जाते हैं। उनमें से एक अधीर और नाराज़ होगा, जबकि दूसरा शांत और चिंतारहित।

यहाँ स्थिति समान है, लेकिन उस पर प्रतिक्रिया करने के दो तरीक़े हैं। तो तनाव स्थिति से नहीं, बल्कि प्रतिक्रिया से होता है।

या फिर ऐसा भी हो सकता है। कोई व्यक्ति सोमवार को ऑफ़िस जाते समय ट्रैफ़िक में फँसने पर काफ़ी विचलित और नाराज़ हो जाता है। लेकिन जब बुधवार को ऑफ़िस जाते समय वह ट्रैफ़िक में फँस जाता है, तो काफ़ी शांत रहता है। यहाँ व्यक्ति वही है, स्थिति भी वही है, लेकिन प्रतिक्रियाएँ अलग-अलग हैं। चुनाव हमेशा व्यक्ति का होता है।

ऊँची क़ीमत

आप ख़राब तनाव प्रबंधन और मन की शांति खोने की बहुत ज़्यादा क़ीमत चुकाते हैं। ८० प्रतिशत, यहाँ तक कि शायद ९५ प्रतिशत शारीरिक बीमारियों की जड़ मनोवैज्ञानिक होती है। आधुनिक चिकित्सा विज्ञान ने ज़्यादातर बड़ी बीमारियों को ख़त्म कर दिया है, जैसे टाइफ़ॉइड, टाइफ़स, कॉलरा, स्मॉल पॉक्स, यलो फ़ीवर, पोलियो और कई अन्य बीमारियाँ, जो सामान्य जीवन अवधि को छोटा करती थीं। बहरहाल, इसके बावजूद आज अमेरिका में जितने बीमार लोग हैं और जीएनपी का जितना ज़्यादा हिस्सा चिकित्सा सुविधाओं पर ख़र्च हो रहा है, उतना इतिहास में पहले कभी नहीं हुआ। काफ़ी हद तक इसका कारण यही है कि हमारे प्रगतिशील और तेज़ गति वाले आधुनिक समाज में आम आदमी रोज़मर्रा के तनावों और दबावों का प्रबंधन करने में असमर्थ है।

अमेरिका में मृत्यु का एक प्रमुख कारण हृदय रोग है, जो हर साल पाँच लाख पुरुषों और स्त्रियों की जान ले लेता है। बहरहाल, डलास के कूपर क्लीनिक के डॉ. केनेथ कूपर जैसे विशेषज्ञों का निष्कर्ष है कि उच्च दबाव या टाइप ए व्यक्ति की अनुपस्थिति में सत्तर साल से पहले हृदय रोग से मृत्यु की आशंका बहुत कम होती है। बहुत अधिक तनाव कैंसर, स्ट्रोक, अल्सर, कोलाइटिस, हाइपरथॉइरॉइडिज़्म, चर्म रोग, माइग्रेन, आर्थ्राइटिस और अन्य कई जानलेवा तथा ह्रासकारी बीमारियों से क़रीबी रूप से जुड़ा है।

तनाव से मुक्त हुआ जा सकता है

अगर तनाव के बारे में कोई अच्छी बात है, तो यह है कि कोई भी तनाव के साथ पैदा नहीं होता। क्या आपने कभी किसी तनावपूर्ण शिशु को देखा है ? सभी तनावपूर्ण प्रतिक्रियाएँ हम अपनी ज़िंदगी में सीखते हैं। ये हमारे अनुभव और कंडीशनिंग का परिणाम हैं। और अगर आपने ख़ास स्थितियों पर तनावपूर्ण प्रतिक्रिया करना सीखा है, तो आप उन पर ज़्यादा सकारात्मक और सृजनात्मक तरीक़े से प्रतिक्रिया करना भी सीख सकते हैं।

चाहे जो हो, तनाव हमेशा बुरा नहीं होता। जो लोग पूरी तरह तनावमुक्त हैं, वे इस वक़्त क़ब्र में आराम कर रहे हैं। तनाव जीवन का अनिवार्य हिस्सा है, जिससे बचा नहीं जा सकता। तनाव दो तरह का होता है। अच्छा तनाव, जिसे डॉ. अब्राहम मास्लो ने "यूस्ट्रेस" कहा है और बुरा तनाव, जो आपकी सेहत को नुक़सान पहुँचाता है। अच्छा तनाव अपने प्रिय काम के बारे में ऊर्जा, उत्साह और रोमांच प्रदान करता है। बुरा तनाव आपको थका हुआ, चिड़चिड़ा और दुखी बना देता है। यह अक्सर आपको काम के बोझ का मारा बना देता है।

नियंत्रण का मामला

तनाव प्रबंधन में मुख्य मुद्दा नियंत्रण या "लोकस ऑफ़ कंट्रोल" है। आप अपने और अपने जीवन के बारे में उसी हद तक *सकारात्मक* महसूस करते हैं, जिस हद तक आप घटनाओं के नियंत्रण में महसूस करते हैं। आप अपने जीवन और स्वयं के बारे में उस हद तक *नकारात्मक* महसूस करते हैं, जिस हद तक आप महसूस करते हैं कि आप नियंत्रण में नहीं हैं या आपको बाहरी तत्व नियंत्रित कर रहे हैं, जैसे आपका बॉस, आपके बिल, आपके संबंध, आपकी सेहत या आपकी अन्य समस्याएँ। (हमने इस बारे में अध्याय दो में बात की है।)

आप अगर अपने व्यक्तिगत और पेशेवर जीवन के बारे में सोचें, तो पाएँगे कि आपको उन्हीं क्षेत्रों में सबसे ज़्यादा मानसिक शांति और संतुष्टि का एहसास होता है, जिनमें आप यह महसूस करते हैं कि घटनाओं पर सबसे ज़्यादा नियंत्रण आपका है या आपमें उन्हें प्रभावित करने की योग्यता है। आपको यह भी पता चलेगा कि आप उन क्षेत्रों में सबसे ज़्यादा दुखी या सबसे ज़्यादा तनाव अनुभव करते हैं, जिनमें आप महसूस करते हैं कि आप नियंत्रण में नहीं हैं या जिनमें आप महसूस करते हैं कि आप समस्या को सुलझाने या चिढ़ को दूर करने के लिए ज़्यादा

कुछ नहीं कर सकते।

मेरी राय में तनाव प्रबंधन का सबसे प्रभावी तरीक़ा है "संज्ञानात्मक नियंत्रण विधि" (cognitive control method)। एक तरह से हम पूरी पुस्तक में इस विधि के बारे में अप्रत्यक्ष रूप से बात कर रहे हैं। "संज्ञानात्मक नियंत्रण" का मतलब है कि आप मुश्किल स्थितियों में अपनी भावनाओं और प्रतिक्रियाओं को नियंत्रित करने के लिए अपने दिमाग़ का इस्तेमाल करते हैं। आप अपनी सोचने, विकल्प चुनने और निर्णय लेने की योग्यता का इस्तेमाल करते हैं। संज्ञानात्मक नियंत्रण विधि का इस्तेमाल करके आप अपने मनोविश्लेषक बन जाते हैं और भीतरी शांति सुखद संबंधों के आजीवन सिलसिले को सुनिश्चित करते हैं।

तनाव के सात स्रोत

तनाव और नकारात्मक भावनाओं के सात प्रमुख स्रोत होते हैं। इन सात स्रोतों से ही शायद 95 या 99 प्रतिशत दुख पैदा होता है। एक बार जब आप सीख लेते हैं कि उन्हें कैसे पहचानें और उनसे कैसे निबटें, तो आप अपने हर काम में ज़्यादा सकारात्मक, ज़्यादा आशावादी और ज़्यादा ख़ुश महसूस करेंगे। आप महसूस करेंगे कि आप अपने भीतरी और बाहरी जीवन के नियंत्रण में लौट आए हैं।

चिंता आपको थका देती है

तनाव का पहला प्रमुख कारण चिंता है। चिंता डर का एक सतत रूप है। यह अनिर्णय के कारण होती है। लोग अक्सर अपने किसी अभिभावक से चिंता करना सीख लेते हैं और फिर बार-बार चिंता करके दीर्घकालीन चिंता करने वाले बन जाते हैं। वे लगभग - हर समय, लगभग हर चीज़ के बारे में चिंता करते हैं। लेकिन जान लें, किसी भी तरह की चिंता आपके शरीर का प्रतिरक्षण तंत्र कमज़ोर कर देती है। इससे सभी तरह की बीमारियों की आशंका बढ़ जाती है, जिनमें सर्दी-बुखार से लेकर जानलेवा बीमारियाँ और संक्रमण भी शामिल हैं। चिंता से मुक्ति पाने की आपकी योग्यता ख़ुशी, सेहत और अच्छी तरह संतुलित मानसिक नज़रिए का शुरुआती बिंदु है, जिसकी ज़रूरत आपको अपने हर काम में ख़ुशी पाने के लिए होती है।

जब लोगों से पूछा जाता है कि वे किस बारे में चिंता करते हैं, तो उनके जवाबों का प्रतिशत आम तौर पर ये होता है : 40 प्रतिशत चीज़ें वे हैं, जो कभी

हुई ही नहीं; 30 प्रतिशत अतीत में हुई हैं और उन्हें बदला नहीं जा सकता; 12 प्रतिशत सेहत के बारे में अनावश्यक चिंताएँ हैं और 10 प्रतिशत महत्वहीन मामलों के बारे में छोटी-छोटी चिंताएँ हैं।

अब सिर्फ़ 8 प्रतिशत चिंताएँ बचती हैं, जिनमें से 4 प्रतिशत ऐसी चीज़ें होती हैं, जिनके बारे में कुछ नहीं किया जा सकता। ज़्यादातर लोग जिन चीज़ों के बारे में चिंता करते हैं, उनमें से सिर्फ़ 4 प्रतिशत को बदला जा सकता है। आपकी चिंताएँ किस श्रेणी में आती हैं ?

एक बार में एक दिन जिएँ

चिंता छोड़ने का एक बहुत अच्छा तरीक़ा "डे-टाइट कंपार्टमेंट्स" में जीना है। एक बार में एक दिन जिएँ। बाइबल में कहा गया है, "दिन के लिए दिन की चिंताएँ ही काफ़ी हैं।" आपका ज़्यादातर तनाव भावी चीज़ों के बारे में चिंता करने का नतीजा है, जिनमें से ज़्यादातर तो कभी होंगी ही नहीं। यथासंभव पुल को तभी पार करने की कोशिश करें, जब आप उस तक पहुँचें; उससे पहले नहीं। और बार-बार नहीं।

"चिंता विस्फोटक"

शायद चिंता से निबटने का सबसे अच्छा तरीक़ा "चिंता विस्फोटक" विधि है। यह चार क़दमों की सरल प्रक्रिया है। इसने नियंत्रण हासिल करने और चिंता दूर करने में जितने लोगों की मदद की है, उतनी किसी दूसरे तरीक़े ने नहीं की है।

सबसे पहले, आप जिस स्थिति के बारे में चिंतित हैं, उसे स्पष्टता से परिभाषित करते हुए लिख लें। जब आप समस्या को विस्तार से लिख देते हैं, तो कई बार आपको अपने आप स्पष्ट समाधान दिख जाता है।

दूसरा क़दम, उस स्थिति के कारण हो सकने वाली सबसे बुरी चीज़ सोच लें। अक्सर आप पाएँगे कि सबसे बुरा संभावित परिणाम भी ज़्यादा बुरा नहीं है। सिर्फ़ इसे स्पष्टता से परिभाषित करने और इसकी संभावना पर विचार करने से ही अक्सर समस्या से जुड़ा तनाव और चिंता कम हो जाती है।

तीसरा क़दम, जब आप सबसे बुरी संभावित चीज़ तय कर लें, तो समय आने पर इसे स्वीकार करने का संकल्प करें। जब आप तय कर लेते हैं कि "अगर यह होती है, तो कोई बात नहीं," तो आपके पास चिंता करने के लिए कुछ बचता

ही नहीं है।

और चौथी बात, तत्काल सबसे बुरे संभावित परिणाम को सुधारने की कोशिश में जुट जाएँ। हर वह काम करें, जो आप सबसे बुरे संभावित परिणाम को बेहतर बनाने के लिए कर सकते हों। बिज़नेस में इसे "मिनी-मैक्स" समाधान कहा जाता है। इसमें आप किसी निर्णय के अधिकतम सबसे बुरे संभावित परिणामों को न्यूनतम करते हैं।

जॉन पॉल गेटी किसी ज़माने में दुनिया के सबसे अमीर व्यक्ति थे। उन्होंने अपनी सफलता का एक रहस्य यह बताया था : हर व्यावसायिक सौदे में हो सकने वाली सबसे बुरी चीज़ का पता लगाओ, और फिर यह पक्का कर लो कि वह न हो।

चिंता का इकलौता वास्तविक तोड़ उद्देश्यपूर्ण कर्म है। आप जब ये निर्णय कर लें कि अपनी स्थिति को सुलझाने के लिए क्या कर सकते हैं, तो उस *समाधान* पर काम करने में जुट जाएँ, ताकि आपको *समस्या* के बारे में सोचने का समय ही न मिले।

विस्थापन का नियम बताता है कि आप चिंता के विचारों की जगह सकारात्मक कर्म के विचार रखकर चिंता को अपने दिमाग़ से बाहर खदेड़ सकते हैं। समस्या से निबटने की कुंजी व्यस्त होना है। जैसा शेक्सपियर ने अपने मशहूर नाटक *हैमलेट* में कहा है, "मुश्किलों के समुद्र के ख़िलाफ़ हथियार उठाना और उनका विरोध करके उन्हें ख़त्म कर देना।" जैसा टेनीसन ने अपने सबसे अच्छे मित्र आर्थर हल्लाम की मृत्यु के बाद कहा था, "मुझे कर्म में डूबना होगा, वरना मैं निराशा से कुम्हला जाऊँगा।"

अर्थ और उद्देश्य

तनाव और नकारात्मकता का दूसरा प्रमुख कारण जीवन में किसी स्पष्ट अर्थ या उद्देश्य का न होना है। इसका मतलब है ऐसे स्पष्ट लक्ष्य न होना, जिनके प्रति आप समर्पित हों। बिज़नेस में तनाव का प्रमुख कारण ख़राब समय प्रबंधन है, जो लगभग हमेशा लक्ष्यों और प्राथमिकताओं के बारे में स्पष्टता की कमी से पैदा होता है। अगर आपको यही पता नहीं है कि आप क्या हासिल करने की कोशिश कर रहे हैं, तो आप अपने समय का असरदार और कुशल प्रबंधन नहीं कर सकते और योजना नहीं बना सकते।

आप जिन दुखद समस्याओं का अनुभव करते हैं, उनमें से 80 प्रतिशत इसलिए पैदा होती हैं, क्योंकि आप इस बारे में स्पष्ट नहीं होते कि आप कहाँ जा रहे हैं और क्या हासिल करना चाहते हैं। प्रायः एक प्रमुख निश्चित उद्देश्य चुनने का

काम और उसे हासिल करने की योजना बनाना ही आपको नकारात्मकता की उस भावना से बाहर खींचने के लिए काफ़ी होता है, जिसका अनुभव आप लक्ष्य की ग़ैर-मौजूदगी में करते हैं।

एक पुरानी कहावत है, जो विचित्र लेकिन सत्य है : "उत्साहहीन महसूस कर रहे हैं ? तो सूची बनाएँ!" दस ऐसी चीज़ों की सूची बनाएँ, जिन्हें आप एक साल में हासिल करना चाहेंगे। बस इसी काम से आप रोमांचित हो जाएँगे। आपके ब्लड प्रेशर और आपके दिल की धड़कन तेज़ हो जाएगी। आप ज़्यादा चौकस और जागरूक बन जाएँगे। आप ज़्यादा ख़ुश हो जाएँगे। आपके मस्तिष्क को इस तरह से बनाया गया है कि आप सिर्फ़ तभी ख़ुद के बारे में अच्छा महसूस करते हैं, जब आप किसी महत्वपूर्ण चीज़ को हासिल करने के लिए काम कर रहे हों।

"अपूर्ण कर्म"

तनाव और नकारात्मकता का तीसरा प्रमुख स्रोत है "अपूर्ण कर्म।" हम सभी के भीतर "अंत का आवेग" या "पूर्णता की आकांक्षा" होती है। हम तभी ख़ुश और संतुष्ट महसूस करते हैं, जब हम कोई काम पूरा कर लेते हैं या लक्ष्य हासिल कर लेते हैं। दूसरी ओर, जब हम कोई चीज़ अधूरी छोड़ते, तो हम दुखी और तनावपूर्ण महसूस करते हैं। काम अधूरा छोड़ने या उसे सिर्फ़ थोड़ा-बहुत करने से आपकी ज़िंदगी में ज़बर्दस्त तनाव पैदा होता है। किसी को काम अधूरा छोड़ते देखना भी तनावपूर्ण होता है।

एक प्रसंग पर ग़ौर करें। एक मशहूर कोर्टरूम वकील को पता चलता है कि उसके मुवक्किल को दोषी क़रार दिया जाएगा और सज़ा दी जाएगी। वह फ़ैसले के दिन बड़े सिगार के साथ आता है। जब सरकारी वकील जूरी के सामने आरोप-पक्ष की दलीलों का सारांश बताता है, तो अभियुक्त का वकील अपना सिगार धौंकने लगता है और राख बढ़ने लगती है। जब राख बिना गिरे बढ़ने लगती है, तो जूरी के सदस्यों का ध्यान राख पर केंद्रित होने लगता है। फिर वकील उस सिगार वाले हाथ को हिलाकर आपत्तियाँ करने लगता है, ताकि सिगार हवा में हिलता रहे।

थोड़ी ही देर में पूरी जूरी की आँखें उस बढ़ती हुई राख पर जम जाती हैं और वे सब सरकारी वकील की बात पर ध्यान देना छोड़ देते हैं। जब सरकारी वकील की बात पूरी हो जाती है, तो वकील अपना सिगार एशट्रे में रख देता है और फिर जूरी के सामने बचाव पक्ष का सारांश प्रस्तुत करता है। इसके बाद कई मामलों में जूरी अभियुक्त को निर्दोष क़रार देती है।

जूरी के कोर्टरूम से जाने के बाद वकील सिगार के बीच लगा लंबा, पतला तार हटा देता है, जिसे उसी ने वहाँ पर लगाया था। इस तार ने तीन इंच राख को पकड़ रखा था। इस बात में कोई शक नहीं कि उस तार ने उसके कई मुवक्किलों को सज़ा से बचाया था। राख को देखने का तनाव जूरी के सदस्यों के लिए इतना ज़्यादा था कि वे सरकारी वकील के पेश किए हुए आरोपों का सारांश सुनने में असमर्थ थे।

इसी तरह किसी अपूर्ण कार्य के तनाव से आपका ध्यान बुरी तरह भटक सकता है। इसकी वजह से आप ज़्यादा लंबे समय तक किसी चीज़ पर ध्यान केंद्रित करने में अक्षम हो सकते हैं। आप लगातार उस अधूरे काम या स्थिति के बारे में ही सोचते रहते हैं।

टालमटोल अपूर्ण कार्य का सबसे आम उदाहरण है। जब भी आप टालमटोल करते हैं, ख़ासकर महत्त्वपूर्ण कामों में, तो आपको तनाव महसूस होता है। और काम या ज़िम्मेदारी जितनी ज़्यादा महत्त्वपूर्ण होती है, तनाव उतना ही ज़्यादा होता है और आपकी मानसिक शांति उतनी ही ज़्यादा भंग होती है। यह तनाव शरीर में अंततः अनिद्रा, नकारात्मकता और चिढ़ जैसी प्रतिक्रियाओं में प्रकट होता है।

अपूर्ण काम का समाधान है किसी काम को शुरू करने के बाद उसे तब तक करते रहना, जब तक कि वह पूरा न हो जाए। इसमें प्रबल आत्म-अनुशासन की ज़रूरत होती है। किसी काम को पूरा करने का पुरस्कार यह है कि आपकी ऊर्जा, उत्साह और आत्मसम्मान फ़ौरन बढ़ जाता है। काम पूरा होने से आप बेहतर और ज़्यादा सकारात्मक महसूस करते हैं। इससे उस दबाव में फ़ौरन राहत मिलती है, जिसे आप तब अनुभव कर रहे थे, जब अपूर्ण काम आपके सिर के ऊपर तलवार की तरह लटक रहा था।

अधूरा संबंध

अपूर्ण कार्य का एक और रूप "अधूरा संबंध" है। अधूरा संबंध वह व्यक्तिगत या व्यावसायिक संबंध है, जो अब भी आपके सिर के ऊपर तलवार की तरह झूल रहा हो। यह ऐसी चीज़ है, जिसे आपने छोड़ा नहीं है या ख़त्म नहीं किया है। यह अभी पूरा नहीं हुआ है। अधूरा संबंध अक्सर तब पैदा होता है, जब आप उसके ख़त्म होने के बावजूद उसे जकड़े रहते हैं, बजाय इसके कि आप किसी दूसरी चीज़ की दिशा में चल दें।

अधूरा संबंध कई बार क्षमा करने और भूलने की अनिच्छा के कारण पैदा

होता है। यह हिसाब बराबर करने की इच्छा से भी पैदा हो सकता है। अक्सर इसके साथ कटुता और क्रोध भी होता है। पैसा भी शामिल हो सकता है या उस चीज़ को पाने की इच्छा, जिस पर आप अपना हक़ समझते हैं। अधूरा संबंध तब भी होता है, जब आप अब भी किसी व्यक्ति का प्रेम या सम्मान चाहते हों। आप भावनात्मक रूप से जुड़े हुए हैं और आप महसूस करते हैं कि उसके आंकलन से आपका आत्मसम्मान जुड़ा है। अधूरा संबंध आपको अतीत से बाँधे रखता है और आपके व्यावसायिक तथा व्यक्तिगत संबंधों पर नकारात्मक असर डालता है।

एक महिला को एक कंपनी से निकाल दिया गया, जहाँ वह कई साल से एक्ज़ीक्यूटिव के पद पर काम कर रही थी। वह बहुत नाराज़ थी। उसने मुझे बताया कि वह अपने वकील से मिली है और ग़लत तरीक़े से निकाले जाने के लिए दावा ठोंकने वाली है। उसमें कड़वाहट भरी थी और वह उस न्याय को पाने के लिए कृतसंकल्प थी, जिसकी वह हक़दार थी।

मैंने उससे पूछा कि यह प्रक्रिया कितनी लंबी चलेगी? उसने जवाब दिया कि कोर्ट में दो साल तक का समय लग सकता है।

मुकदमा जीतने की उसकी कितनी संभावना है? उसके वकील के अनुसार, इसकी संभावना 50 प्रतिशत से ज़्यादा है।

वह इस दौरान क्या करेगी? उसने मुझे बताया कि सच कहा जाए तो अगर वह कोई और नौकरी करती है, तो इससे उसका मुकदमा कमज़ोर पड़ जाएगा और मुआवज़े का दावा भी।

हम इस नतीजे पर पहुँचे कि अगर वह क़ानूनी कार्रवाई करती है, तो वह दो साल तक व्यावसायिक और भावनात्मक रूप से बँधी रह सकती है और उसके बाद हो सकता है कि वह कोर्ट में केस हार जाए और उसे कुछ न मिले। लेकिन इस दौरान वह मुकदमे के चक्कर में अपने दो साल गँवा देगी; पैसा ख़र्च होगा सो अलग।

आप उसे क्या सलाह देंगे? आप इस स्थिति में ख़ुद को क्या सलाह देंगे? आप अपने जीवन में क्या करेंगे, अगर आप महसूस करें कि आपके साथ किसी ने अन्यायपूर्ण व्यवहार किया है?

मैंने उसे सुझाव दिया कि वह पूरे मामले को भूल जाए और अपने करियर तथा जीवन में आगे बढ़ जाए। उसकी ख़ुशी और मानसिक शांति इतनी ज़्यादा महत्वपूर्ण हैं कि उसे दो साल तक बंधक बनकर नहीं रहना चाहिए। वह "अधर में लटकने" की भावनात्मक अवस्था में रहेगी और इतने समय तक कष्ट उठाने के बदले में मुआवज़े की कोई भी रक़म काफ़ी नहीं है।

वह स्मार्ट भी थी और समझदार भी। उसने मुझसे कहा कि वह इस बारे में

सोचेगी। बाद में मैंने सुना कि उसने क़ानूनी कार्रवाई छोड़ दी। उसके कुछ समय बाद मैंने अख़बार में पढ़ा कि किसी दूसरी कंपनी में एक वरिष्ठ पद पर उसकी नियुक्ति हो गई है। जब मैंने कुछ सप्ताह बाद उसे देखा, तो वह ख़ुश थी।

क्रिसमस पर मुझे उसका कार्ड मिला, जिस पर उसने हाथ से लिखा था, "मुझे मिली अब तक की सबसे अच्छी सलाह के लिए धन्यवाद।"

आपकी भावनाओं पर किसी का भी नियंत्रण तब तक नहीं हो सकता, जब तक कि आप उस व्यक्ति से कोई चीज़ न चाहते हों। कोई व्यक्ति आपको दुखी या नाराज़ महसूस नहीं करा सकता, जब तक कि आप उससे कुछ न चाहते हों, चाहे यह प्रेम, सम्मान, पैसा या बच्चों की सुपुर्दगी हो। जिस पल आप फ़ैसला करते हैं कि आप सामने वाले व्यक्ति से कुछ भी नहीं चाहते, उसी पल आप "संबंध" ख़त्म कर देते हैं। आप दोबारा आज़ाद हो जाते हैं।

असफलता का डर

तनाव और नकारात्मकता का चौथा प्रमुख कारण असफलता का डर है। यह डर आम तौर पर अनिर्णय, तनाव और चिंता में ज़ाहिर होता है। इसमें "मैं नहीं कर सकता" की भावना जुड़ी होती है, जो सोलर प्लेक्सस में बैठ जाती है, आपकी पाचन शक्ति ख़राब कर देती है और आपको भयभीत व असुरक्षित महसूस कराती है। यह आपकी महत्वाकांक्षा को नष्ट कर सकती है और आपके संकल्प को कमज़ोर कर सकती है। अपनी पूर्ण क्षमता तक पहुँचने की कोशिश करने के बजाय आप असफल न होने की चिंता करने लगते हैं। आप सिर्फ़ सुरक्षित तरीक़े से खेलने के बारे में चिंता करते हैं।

असफलता का डर बचपन में सीखी गई कंडीशन्ड प्रतिक्रिया है। हर किसी में यह डर थोड़ा-बहुत होता है। कुछ मात्रा में होने पर यह अच्छी बात है, क्योंकि यह डर आपको सतर्क कर देता है। बहरहाल, जब असफलता का डर बहुत बढ़ जाता है, तो यह आपकी सफलता और ख़ुशी की राह में एक बड़ी बाधा बन सकता है।

हर एक को किसी न किसी तरह का डर होता है। साहसी व्यक्ति वह नहीं है, जिसे डर नहीं लगता। साहसी तो वह है, जो अपने डर के बावजूद काम करता है। जब आप अपने डरों का सामना करते हैं और उनकी तरफ़ क़दम बढ़ाते हैं, तो वे छोटे होने लगते हैं। लेकिन जब आप उस व्यक्ति या स्थिति से पीछे हटने लगते हैं, जिससे आप डरते हैं, तो यह समस्या बढ़ने लगती है और कुछ समय बाद तो यह आपके पूरे जीवन पर हावी हो जाती है।

यहाँ डर से निबटने का एक सरल लेकिन असरदार तरीक़ा बताया जा रहा

है : पहले, ऊर्जा और विश्वास के साथ संकल्प करें, "मैं यह कर सकता हूँ! मैं यह कर सकता हूँ! मैं यह कर सकता हूँ!" यह संकल्प आपकी "मैं नहीं कर सकता! मैं नहीं कर सकता! मैं नहीं कर सकता!" की भावना में शॉर्ट सर्किट करके उसे ख़त्म कर देता है। यह विस्थापन के नियम का तेज़ी से काम करने वाला शक्तिशाली इस्तेमाल है।

फिर जिस चीज़ से डर लगता हो, उसे कर डालें। अपने डर से मुक़ाबला करें। उसकी ओर आगे बढ़ें। डर को चुनौती के रूप में लें और उससे पीछे हटने या बचने के बजाय सीधे तनकर उसका सामना करें।

अपनी अद्‌भुत पुस्तक *वेक अप एंड लिव* में डोरोथिया ब्रांड ने उस तकनीक के बारे में लिखा है, जिसने उनकी ज़िंदगी बदल दी। उन्होंने अपना बाक़ी का करियर हज़ारों लोगों को यह रहस्य बताने में लगाया : "फ़ैसला करें कि आप ठीक-ठीक क्या करना चाहते हैं और फिर इस तरह काम करें, *जैसे असफल होना असंभव है।*" इसने बहुत से लोगों की ज़िंदगी बदल दी।

इस तरह काम करें, जैसे डर का अस्तित्व ही न हो। नाटक करें। ख़ुद से पूछें, "अगर मैं इस स्थिति में बिलकुल भी नहीं घबराता, अगर मेरे मन में कोई डर नहीं होता, तो मैं किस तरह व्यवहार करता ?"

और फिर उसी तरह व्यवहार करें। साहसी और निडर बनने का नाटक करके आप इन भावनाओं को महसूस कर सकते हैं। अगर आप नाटक करते हैं कि आप बहादुर और साहसी हैं, तो आप वैसा महसूस भी करने लगेंगे। अपने कामों को नियंत्रित करके आप अपनी भावनाओं का नियंत्रण अपने हाथ में ले लेते हैं।

हमेशा ख़ुद से पूछें, "आगे बढ़ने पर मेरे साथ सबसे बुरी चीज़ क्या हो सकती है ?" फिर पूछें, "अगर मैं सफल हो जाता हूँ, तो सबसे अच्छी चीज़ क्या हो सकती है ?" आप अक्सर पाएँगे कि संभावित सबसे बुरी चीज़ बहुत छोटी है और संभावित सबसे अच्छी चीज़ बहुत महत्वपूर्ण है। अक्सर सिर्फ़ इसी अभ्यास से आपको सफलता की दिशा में अपना सबसे महत्वपूर्ण पहला क़दम उठाने की प्रेरणा मिल सकती है।

असफलता महान शिक्षक है

आईबीएम के संस्थापक थॉमस जे. वाटसन, सीनियर ने इसे इस तरह कहा था : "क्या आप सफल होना चाहते हैं ? तो फिर *अपनी असफलता की दर दोगुनी कर दें।* सफलता असफलता के दूर वाले सिरे पर रहती है।"

याद रखें, असफलता कभी अंतिम नहीं होती। असफलता तो बस वे सबक़

सीखने का तरीक़ा है, जिनकी ज़रूरत आपको सफल होने के लिए होती है। असफलता का डर जीवन में सिर्फ़ एक चीज़ सुनिश्चित कर सकता है और वह है असफलता। सभी महान स्त्री-पुरुषों ने असफलता के डर से जूझने और अपने डर के बावजूद काम करने की आदत डाली, जब तक कि यह साहसिक आदत उनके चरित्र का हिस्सा नहीं बन गई।

आप अपने सपनों की दिशा में विश्वास से आगे बढ़कर असफलता के डर से उबर सकते हैं। इसके लिए ऐसे काम करें, जैसे असफल होना असंभव हो। जैसा हेनरी फ़ोर्ड ने कहा था, "असफलता और कुछ नहीं, बस ज़्यादा समझदारी से दोबारा शुरू करने का अवसर है।"

अस्वीकृति का डर

तनाव और नकारात्मकता का पाँचवाँ प्रमुख कारण अस्वीकृति का डर है। यह डर दूसरों की स्वीकृति की *अति-चिंता* में ज़ाहिर होता है। अस्वीकृति का डर आम तौर पर बचपन में ही सीख लिया जाता है, जब अभिभावक बच्चे को "शर्त वाला प्रेम" देते हैं।

कई माता-पिता अपने बच्चों को सिर्फ़ तभी प्रेम और स्वीकृति देने की ग़लती करते हैं, जब उनके बच्चे उनका मनचाहा काम करते हैं। जो बच्चा इस तरह के "शर्त वाले प्रेम" के साथ बड़ा होता है, वह ज़िंदगी भर दूसरों से बिना शर्त स्वीकृति माँगता रहता है। जब वह बच्चा वयस्क हो जाता है, तो स्वीकृति की उसकी यह आवश्यकता ऑफ़िस तक पहुँच जाती है और वह अपने बॉस से स्वीकृति चाहता है। बॉस दरअसल एक तरह का वैकल्पिक पिता बन जाता है। वयस्क कर्मचारी बॉस की राय के बारे में चिंतित रहता है।

टाइप ए व्यवहार

सैन फ्रांसिस्को के दो हृदय रोग विशेषज्ञों डॉ. रोज़ेनमैन और फ्रीडमैन ने कार्य-प्रदर्शन की इस दीवानगी को "टाइप ए व्यवहार" के रूप में परिभाषित किया है। उनका अनुमान है कि शायद 60 प्रतिशत पुरुष और 10 प्रतिशत महिलाएँ (इनकी संख्या बढ़ रही है) टाइप ए की हैं। यह व्यवहार संयमित भी हो सकता है और अतिरेक भरा भी। "सच्चे टाइप ए" वाले लोग काम में सफल होने के लिए ख़ुद पर इतना ज़्यादा दबाव डालते हैं कि वे ख़ुद को थका डालते हैं और अक्सर पचपन साल की

उम्र से पहले ही हार्ट अटैक से मर जाते हैं। शायद यह अमेरिकी ऑफ़िसों में तनाव संबंधी सबसे गंभीर लक्षण है।

सच्चे टाइप ए वाले व्यक्ति के कई ख़ास नज़रिए और व्यवहार होते हैं। इन लक्षणों से अपने व्यवहार की तुलना करके देखें कि कहीं इनमें से कोई आप पर तो लागू नहीं होता है।

सच्चे टाइप ए का सबसे स्पष्ट संकेत "समय की कमी और जल्दबाज़ी का दमघोंटू एहसास" है। टाइप ए वाला व्यक्ति महसूस करता है कि वह "चूहादौड़" में हिस्सा ले रहा है। उसे लगता है, जैसे वह ट्रेडमिल पर भाग रहा हो और उससे उतर न सकता हो। वह हमेशा जल्दबाज़ी और दबाव महसूस करता है। "समय की कमी और जल्दबाज़ी" अक्सर इसलिए होती है, क्योंकि वह हमेशा अपने बॉस की स्वीकृति जीतने के लिए स्वेच्छा से ज़्यादा से ज़्यादा काम माँगता है। वह अपने बॉस से वह स्वीकृति चाहता है, जो उसे अपने पिता से कभी नहीं मिली।

कंपनियाँ टाइप ए प्रोफ़ाइल वाले लोगों को जान-बूझकर नौकरी पर रखती हैं। उन्हें पता होता है कि ये लोग ज़बर्दस्त गहनता के साथ काम करेंगे और आम व्यक्ति की तुलना में बहुत ज़्यादा काम करेंगे - कम से कम तब तक, जब तक कि वे थक न जाएँ। उनके थकान के शिकार होने के बाद कंपनियाँ उन्हें बाहर निकाल देंगी या उनका डिमोशन कर देंगी और उनके पद पर टाइप ए वाले नए लोगों को रख लेंगी।

टाइप ए वाले व्यक्ति प्रदर्शन या उपलब्धि के दीवाने होते हैं और उनका मानदंड बहुत ऊँचा लेकिन अस्पष्ट होता है। चाहे वे कितना ही ज़्यादा हासिल कर लें, उन्हें वह कभी पर्याप्त नहीं लगता है। चूँकि उन्होंने अपने लिए कभी कोई मापने योग्य पैमाना नहीं बनाया है, जिस तक पहुँचने के बाद वे आराम कर सकें और अपनी सफलताओं का आनंद ले सकें, इसलिए वे ख़ुद को हमेशा ज़्यादा तेज़ी से आगे धकेलते जाते हैं।

टाइप ए वाले व्यक्ति चाहे जितने सफल बन जाएँ, वे स्टेटस के मामले में ज़बर्दस्त असुरक्षा महसूस करते हैं। उन्हें कभी महसूस नहीं होता कि उन्होंने जो हासिल कर लिया है, वह पर्याप्त है। अगर वे 31 दिसंबर को साल के सर्वश्रेष्ठ सेल्समैन या सर्वश्रेष्ठ मैनेजर का पुरस्कार जीत लेते हैं, तो उसके बाद वे सोचते हैं कि उन्हें 1 जनवरी से दोबारा शुरुआत करनी होगी। वे कभी चैन से नहीं बैठते या अपनी जीत के बाद आराम नहीं करते।

टाइप ए वाले व्यक्तियों को लोगों के बजाय *चीज़ों* से ज़्यादा सरोकार होता है। वे बहुत सारी उपलब्धियाँ बटोरने के लिए कड़ी, बहुत कड़ी मेहनत करते हैं -

ज़्यादा ऊँची तनख़्वाह, ज़्यादा बिक्री, ज़्यादा और बड़े सामान, ज़्यादा संख्या में रिसर्च पेपर्स प्रकाशित करवाना। वे मानते हैं कि "जीत उसी की होती है, जिसके पास मौत के वक़्त सबसे ज़्यादा खिलौने हों!"

अपने प्रदर्शन का मूल्यांकन करने के लिए सच्चे ए टाइप वाला व्यक्ति उन चीज़ों को पैमाना बना लेता है, जिन्हें गिना जा सकता है। टाइप ए वाले लोग हर वक़्त अपनी मिल्कियत के सामानों, उपलब्धियों की संख्या या आमदनी के स्तर की बात करते रहते हैं। वे लगातार दूसरों के साथ अपनी तुलना करते हैं, ख़ास तौर पर उन लोगों के साथ, जो उनसे बेहतर प्रदर्शन करते नज़र आते हैं। वे उनसे आगे निकलने के लिए संकल्पवान दिखते हैं।

टाइप ए वाले व्यक्ति ऑफ़िस का काम घर लाते हैं। ये लोग हमेशा अपने *बॉस* के बारे में बात करते रहते हैं। वे इस बारे में सोचते रहते हैं कि बॉस ने यह किया था, बॉस ने यह कहा था या बॉस के शब्दों का यह मतलब था। वे अपने बॉस की राय और विचारों के दीवाने होते हैं। टाइप ए के व्यक्तियों को बॉस की प्रशंसा से जितनी ख़ुशी मिलती है, उतनी किसी दूसरी चीज़ से नहीं मिलती। ऐसा व्यक्ति बॉस की अप्रसन्नता से जितना विचलित होता है, उतना किसी दूसरे कारण से नहीं होता।

शायद टाइप ए व्यक्ति की सबसे महत्वपूर्ण पहचान है *आक्रामकता और शत्रुता* की भावना, ख़ास तौर पर उन सहकर्मियों के प्रति, जिन्हें वह हमेशा प्रतिस्पर्धी मानता है।

टाइप ए वाले लोग *ग़ुस्सैल, अधीर और चिड़चिड़े* होते हैं। बहुत कड़ी मेहनत करने के बावजूद इन लोगों को अपने काम या उपलब्धियों से बहुत कम संतुष्टि मिलती है। उन्हें निराशा महसूस होती है, जिसके बारे में वे कुछ कर नहीं कर सकते। वे नियंत्रण से बाहर महसूस करते हैं। वे लगातार कहते हैं, "मुझे यह करना पड़ेगा" या "मुझे वह करना पड़ेगा।" वे महसूस करते हैं कि वे एक भी पल आराम नहीं कर सकते और चैन से नहीं बैठ सकते। आख़िरकार वे अपने अवचेतन मन को संदेश भेजते हैं : "मुझे इससे बाहर निकालो!" और इसके कुछ समय बाद ही हृदय रोग या अन्य बीमारियों के लक्षण उभर आते हैं।

नियंत्रण लेना

अगर आपको लगता है कि आपमें टाइप ए व्यक्ति के लक्षण हैं, ख़ास तौर पर शत्रुता की भावना, समय की कमी, जल्दबाज़ी का दमघोंटू एहसास या समय का

दबाव, तो आप इनसे उबरने के लिए कुछ क़दम उठा सकते हैं।

पहला क़दम सरल है। *इसे स्वीकार करें।* स्वीकार करें कि आपका व्यक्तित्व टाइप ए का है। कई टाइप ए वाले व्यक्ति यह मानना ही नहीं चाहते कि उनका कामकाज उन्हें पूरी तरह नियंत्रित कर रहा है। वे कहते हैं कि वे अपने कामकाज को पूरी तरह नियंत्रित कर रहे हैं। अगर आप उन पर टाइप ए व्यवहार प्रदर्शित करने का आरोप लगाएँगे, तो वे अपनी शत्रुता और आक्रामकता का रुख़ आपकी ओर मोड़ देंगे और इससे साफ़ इंकार कर देंगे। जब उनका जीवनसाथी उन्हें धीमा करने की कोशिश करेगा, तो वे उस पर चढ़ाई कर देंगे। जब उनके व्यवहार की ओर उनका ध्यान आकर्षित किया जाता है, तो वे रक्षात्मक और नाराज़ हो जाते हैं।

टाइप ए व्यवहार (जो आम तौर पर घातक होता है) से उबरने के लिए आपको ये महसूस करना होगा कि आपको अपनी उपलब्धियों से कभी शांति या ख़ुशी नहीं मिल सकती। आपको शांति सिर्फ़ भीतर से मिल सकती है। अगर आपके पिता ने आपको बिना शर्त का प्रेम या प्रशंसा कभी नहीं दी, जिसकी आपको ज़रूरत थी, तो आपको यह स्वीकार कर लेना चाहिए कि उनके पास जितना था, वे जितना दे सकते थे, उन्होंने उतना दिया और अपनी तरफ़ से सबसे अच्छा किया।

आपको अपने पिता का प्रेम और प्रशंसा ज़्यादा इसलिए नहीं मिली, क्योंकि उनके पास देने के लिए ये सब था ही नहीं। इसकी भरपाई के लिए हमेशा अपने बॉस की प्रशंसा की तलाश करने का कोई तुक नहीं है। इससे सिर्फ़ आपकी ज़िंदगी की डोर छोटी हो सकती है।

टाइप ए व्यवहार से उबरने के लिए आप जो दूसरा क़दम उठा सकते हैं, *वह है बदलने का निर्णय लेना।* यह निर्णय लें कि आप अब इस तरह नहीं जीना चाहते। निर्णय लें कि आप ज़्यादा शांत, ज़्यादा सफल और ज़्यादा आनंददायक व्यक्ति, माता-पिता या जीवनसाथी बनना चाहते हैं।

कई लोग यह मान लेंगे कि वे टाइप ए हैं, लेकिन फिर वे आगे कहेंगे कि उन्हें इस बात पर गर्व है। इस जाल में न फँसें। कड़ी मेहनत करके बीस साल जल्दी मर जाना कोई ऐसी चीज़ नहीं है, जिस पर गर्व किया जाए। यह तो सरासर मूर्खता है।

टाइप ए व्यवहार से उबरने का तीसरा क़दम शांत रहना सीखना है। और शांत रहने का सबसे अच्छा तरीक़ा बस रुक जाना है। दिन में दो बार बीस मिनट तक पूर्ण शांति या साधना का अभ्यास करें।

लंच के समय पार्क में टहलना तनाव का अद्‌भुत इलाज है। जब आपको लगता है कि आपके पास दम लेने की ज़रा सी भी फुर्सत नहीं है, तभी आपको

इसकी सबसे ज़्यादा ज़रूरत होती है। आपको ख़ुद को अनुशासित करके यह करना चाहिए। जब आपको महसूस होता है कि आपके पास अपनी देखभाल करने के लिए सबसे कम समय है, तभी आप टूटने के बिंदु के सबसे क़रीब होते हैं।

टाइप ए व्यक्ति और वर्केहोलिक के बीच फ़र्क़ करना

टाइप ए व्यक्ति और "वर्केहोलिक" के बीच एक मूलभूत फ़र्क़ है। दोनों बिलकुल अलग हैं। सच्चा टाइप ए व्यक्ति काम के बारे में सोचे या बोले बिना छुट्टियाँ नहीं मना सकता। सच्चा टाइप ए व्यक्ति डींगें हाँकता है कि वह बरसों से कहीं सैर-सपाटा करने नहीं गया। सच्चा टाइप ए व्यक्ति काम से भरा ब्रीफ़केस लेकर वीकएंड पर घर लौटता है। भले ही वह परिवार के साथ मन मसोसकर छुट्टियाँ मनाने चला जाए, लेकिन काम का बोझ भी उसके साथ जाता है और वह हर वक़्त ऑफ़िस फ़ोन करके काम-धंधे की बातें करता रहता है। टाइप ए वाले व्यक्ति की एक निशानी यह होती है कि वह छुट्टियाँ मनाने में अक्षम होता है।

टाइप ए वाले व्यक्ति का दूसरा लक्षण यह है कि उसका नियंत्रण *बाहरी* व्यक्ति या वस्तु के हाथ में होता है। आप अक्सर इन लोगों को बार-बार ये शब्द दोहराते सुनेंगे, "मुझे करना होगा, मुझे करना होगा, मुझे करना होगा।" उन्हें कभी लगता ही नहीं कि उनका अपने काम पर कोई नियंत्रण नहीं है। वे हमेशा कोई चीज़ इसलिए करते हैं, क्योंकि कोई दूसरा इसे चाहता है या उम्मीद करता है।

वर्केहोलिक बिलकुल अलग होते हैं। उनका नियंत्रण उनके ही हाथों में होता है। अपने तय लक्ष्यों और उद्देश्यों की दिशा में काम करते हैं। उन्हें अपने काम से संतुष्टि और ख़ुशी की ज़बर्दस्त भावना मिलती है। वर्केहोलिक दिन में दस, बारह या चौदह घंटे तक लगातार कड़ी मेहनत कर सकते हैं और हफ़्ते में पाँच, छह या सातों दिन काम कर सकते हैं। बहरहाल, सच्चे टाइप ए व्यक्तियों के विपरीत वर्केहोलिक एक दिन या एक हफ़्ते की छुट्टियाँ चैन से मना सकते हैं और इस दौरान वे कामकाज के बारे में न तो बिलकुल सोचते हैं, न ही चिंता करते हैं।

वर्केहोलिक्स में सकारात्मक होने की प्रवृत्ति होती है और वे महत्वपूर्ण काम करके अपनी पूर्ण संभावना तक पहुँचते हैं। वर्केहोलिक्स में कोई शत्रुता, क्रोध या द्वेष नहीं होता। वे अपने काम के बारे में उत्साह और रोमांच से भरे होते हैं। वर्केहोलिक्स आम तौर पर वो काम करते हैं, जो करना उन्हें बहुत अच्छा लगता है और जिसका वे सचमुच आनंद लेते हैं।

यह वर्केहालिक और टाइप ए व्यक्ति के बीच का प्रमुख फ़र्क़ है : काम से

मिलने वाली ख़ुशी की मात्रा। अब ईमानदारी से बताएँ, आप इनमें से क्या हैं? टाइप ए व्यक्ति या वर्केहोलिक? यह आपके लिए ज़िंदगी और मौत का सवाल हो सकता है। इसलिए जवाब सोच-समझकर दें।

तथ्यों का सामना करना

तनाव, नकारात्मकता और खोई हुई भीतरी शांति का छठा प्रमुख कारण "इंकार" (denial) है। इंकार तनाव, दुख और मनोदैहिक बीमारियों की जड़ होता है।

इंकार किसी व्यक्ति का ऐसा व्यवहार है, *जो अप्रिय सच्चाई का सामना करने से इंकार कर देता है।* जब आप यह स्वीकार नहीं करना चाहते कि आपकी ज़िंदगी का कोई हिस्सा ठीक नहीं है, तो इंकार की सारी अप्रिय स्थितियाँ पैदा हो जाती हैं। आप इंकार में फिसल जाते हैं और यह नाटक करते हैं कि कुछ गड़बड़ नहीं है; सब कुछ सही है। बहरहाल, जो मस्तिष्क में होता है, वह शरीर में प्रकट होता है। जब आप इंकार वाले व्यवहार में जुटे रहते हैं, तो समय के साथ यह शारीरिक रूप से प्रकट होने लगता है। इंकार से अनिद्रा, सिर दर्द, पाचन संबंधी समस्याएँ, डिप्रेशन, क्रोध के विस्फोट और अक्सर जुनून जैसी गतिविधियाँ प्रेरित होती हैं।

इंकार का व्यवहार तब होता है, जब आपके जीवन का कोई हिस्सा सही काम न कर रहा हो और आप उसे स्वीकार न करना चाहते हों। इसमें हमेशा शर्मिंदा होने या नीचा देखने का डर होता है। इंकार का व्यवहार तब होता है, जब आप ख़ुद के या किसी दूसरे के सामने यह स्वीकार नहीं करते कि आप वैसे नहीं हैं, जैसे नज़र आते हैं। आप इंकार में जुटे रहते हैं, जब आप यह नहीं मानना चाहते कि आपने अपना मन बदल लिया है। आप इंकार में फिसल जाते हैं, जब आप अतीत जैसा महसूस नहीं करते। आप इंकार का इस्तेमाल अपनी ग़लती को ढँकने के लिए भी करते हैं।

सामना करने वाले और बचने वाले

व्यक्तित्व दो तरह के होते हैं : स्वस्थ और अस्वस्थ। ये तनाव और इंकार के प्रति अलग-अलग प्रतिक्रियाएँ दर्शाते हैं। पहले व्यक्तित्व वाले लोग होते हैं: "सामना करने वाले।" और दूसरे व्यक्तित्व वाले होते हैं : "बचने वाले।" एक अग्रणी विश्वविद्यालय में इन दोनों पर्सनैलिटी प्रोफ़ाइल्स में आने वाले विद्यार्थियों की जाँच की गई। फिर उनके व्यक्तित्व के हिसाब से उन्हें दो समूहों में बाँट दिया गया। एक

समूह में थे "सामना करने वाले" (confronters) और दूसरे समूह में थे "बचने वाले" (evaders)।

पहला समूह बचने वालों का था। उन्हें एक कमरे में भेजकर हर एक के शरीर पर एक इलेक्ट्रोड लगा दिया गया, जो हर साठ सेकंड बाद बिजली का हल्का झटका देता था। विद्यार्थी दीवार पर लगी घड़ी को देख सकते थे। जब भी सेकंड का काँटा बारह पर पहुँचता था, उनकी उँगलियों पर बिजली का झटका लगता था।

जब सेकंड का काँटा बारह की तरफ़ बढ़ रहा होता था, तो वे अपना ध्यान भटकाने के लिए कई तरह की हरकतें करते थे। शोधकर्ताओं ने घड़ी में एक वीडियो कैमरा लगा दिया था, ताकि वे उस दृष्टिकोण से विद्यार्थियों के चेहरों और आँखों को देख सकें। जब सेकंड के काँटे के बारह के क़रीब आने से यह संकेत मिलता था कि झटका लगने वाला है, तो बचने वालों का सबसे उल्लेखनीय व्यवहार यह था कि वे घड़ी की ओर देखने से इंकार कर देते थे। इसके बजाय वे दूर देखने लगते थे। वे अपने तनाव और असहजता के प्रतीक का सामना करने से बचते थे।

इस प्रयोग के अंत में विद्यार्थियों की शारीरिक जाँच की गई। तनाव के सभी सूचकों को नापा गया। उनकी हृदय गति, उनकी साँस लेने की दर और उनका ब्लड प्रेशर अभ्यास से पहले की तुलना में 30 से 40 प्रतिशत ज़्यादा पाया गया।

फिर "सामना करने वाले" विद्यार्थियों के समूह को कमरे में लाया गया। उनके शरीर पर भी इलेक्ट्रोड लगा दिए गए और उन्हें बता दिया गया कि जब भी सेकंड का काँटा बारह पर आएगा, उन्हें बिजली का हल्का सा झटका लगेगा।

शोधकर्ताओं ने छिपे कैमरे से सामना करने वालों को देखा। इनमें और बचने वालों के बीच सबसे उल्लेखनीय फ़र्क़ यह था कि हालाँकि सामना करने वाले भी आने वाले झटके से अपने दिमाग़ को हटाने के लिए ध्यान भटकाने वाला व्यवहार करते रहे, लेकिन जब सेकंड का काँटा बारह के क़रीब आने लगता था, तो वे सभी सीधे घड़ी की तरफ़ देखते रहते थे और मानसिक रूप से उँगलियों में लगने वाले झटके के लिए तैयार रहते थे।

इस प्रयोग के अंत में सामना करने वालों का ब्लड प्रेशर और हृदय गति लगभग उतनी ही रही, जितनी कि अभ्यास से पहले थी।

जो लोग अपनी समस्याओं और मुश्किलों का सामना करते हैं, वे बचने वालों की तुलना में कहीं ज़्यादा स्वस्थ होते हैं। वे उन लोगों से कहीं ज़्यादा ख़ुश होते हैं, जो आशा करते हैं कि समस्याएँ अपने आप सुलझ जाएँगी और दूर चली जाएँगी। आप अपने सामने मौजूद मुश्किलों और चुनौतियों का ईमानदारी से सामना करने के जितने ज़्यादा इच्छुक होंगे, उतने ही ज़्यादा ख़ुश और स्वस्थ रहेंगे।

भीतरी शक्ति की कुंजी

अपनी समस्याओं का ईमानदारी और तटस्थता से लगातार सामना करके आप ज़्यादा आत्मविश्वासी और सक्षम बन जाते हैं। आप ज़्यादा सशक्त और आत्म-निर्भर बन जाते हैं। आप अपने ऑफ़िस या व्यक्तिगत जीवन में अप्रिय स्थितियों से डरना छोड़ देते हैं। आप जीवन का सामना उसी तरह से करते हैं, जैसा वह है; उस तरह नहीं, जैसा आप उसे देखना चाहते हैं।

जब भी आप किसी कारण दुखी या परेशान महसूस करें, तो अपने मनोविश्लेषक बनने, भीतरी शांति और बाह्य प्रभावकारिता हासिल करने के लिए आप ख़ुद से एक छोटा सा सवाल पूछ सकते हैं। सबसे पहले तो यह मान लें कि आपकी असंतुष्टि का कारण आपके भीतर है। फिर अपने भीतर झाँककर यह प्रमुख सवाल पूछें, "मेरे जीवन में ऐसा क्या है, जिसका मैं सामना नहीं कर रहा हूँ?"

यह एक मुश्किल सवाल है, जो आपको अपने साथ पूरी तरह ईमानदार होने के लिए विवश करता है। यह आपको मजबूर करता है कि आप यह नाटक करके ख़ुद को मूर्ख न बनाएँ कि सब कुछ अच्छा चल रहा है। "मेरे जीवन में ऐसा क्या है, जिसका मैं सामना नहीं कर रहा हूँ?"

हो सकता है, आप ग़लत नौकरी में हों। हो सकता है, आप ग़लत संबंध में हों। हो सकता है, आप यह महसूस कर रहे हों कि आपके चुने हुए पेशे में कोई दूसरा आपसे बेहतर है। पुरुषों के साथ इंकार आम तौर पर उनके कामकाज से संबंधित होता है। महिलाओं के साथ इंकार का सबसे ज़्यादा ताल्लुक़ उनके संबंधों की समस्याओं से होता है। हर व्यक्ति ऐसे क्षेत्रों के प्रति ख़ास तौर पर संवेदनशील होता है, जिनसे उसका आत्मसम्मान सबसे ज़्यादा जुड़ा होता है। आप अक्सर अपने जीवन के उन हिस्सों में इंकार का अभ्यास करते हैं, जिनमें परिवर्तन को अवश्यंभावी और भयावह माना जाता है।

चाहे आपके दुख का कारण जो भी हो, आपको ख़ुद से यह पूछना चाहिए, "मेरे जीवन में ऐसा क्या है, जिसका मैं सामना नहीं कर रहा हूँ?"

फिर आप पूछते हैं, "सबसे *बुरी* संभावित चीज़ क्या हो सकती है?"

मैंने जब पहलेपहल इस तकनीक का इस्तेमाल शुरू किया, तो पाया कि मेरे जीवन की सबसे बुरी संभावित चीज़ मेरे वैवाहिक जीवन में गड़बड़ी है। इससे मुझे सबसे ज़्यादा शर्म और भावनात्मक उलझन होगी। फिर मैं ख़ुद से पूछता था, "क्या मैं अपने वैवाहिक जीवन में ख़ुश हूँ?"

मैं ख़ुद को ईमानदारी से इस सवाल का जवाब देने के लिए मज़बूर करता

था। बहरहाल, इस मामले में मेरा जवाब हमेशा "हाँ" ही रहा।

एक बार जब यह ख़ास संभावना या आशंका रास्ते से हट गई, तो फिर मैं ख़ुद से पूछ सकता था कि क्या इसका संबंध मेरे कामकाज से है। अगर नहीं, तो फिर मेरी ज़िंदगी का और कौन सा क्षेत्र हो सकता है? अंततः मैं तनाव का कारण खोज लेता था और उससे निबटने के लिए क़दम भी उठा लेता था।

आम तौर पर सच का सामना करना दर्दनाक होता है, इसलिए लोग ख़ुद को धोखा देने की कोशिश करते हैं। वे कहेंगे कि वे इस कारण दुखी हैं, क्योंकि उन्हें पार्किंग टिकट मिल गया है या उनकी कोई चीज़ ग़ुम गई है। यह असली मुद्दे से बचने का तरीक़ा है, एक बहाना है।

जब भी आप किसी तरह के शारीरिक या मानसिक दर्द से कष्ट उठाएँ, तो आम तौर पर इसका मतलब यह है कि आप किसी ऐसी चीज़ का सामना करने से इंकार कर रहे हैं, जो आपके *अहं* से जुड़ी है। आपको किसी जासूस की तरह वो चीज़ खोजने की ज़रूरत है, ताकि आप सीधे-सीधे उसका सामना कर सकें। अपने मस्तिष्क के सभी कमरों में जाएँ, जैसे आप फ़्लैशलाइट लेकर किसी अँधेरे मकान में जा रहे हों और अपनी हर समस्या पर ईमानदार मुठभेड़ की रोशनी फेंकें।

दुख से मुक्ति पाने की हमेशा कोई न कोई क़ीमत होती है, जिसे आप चुका सकते हैं। हमेशा कुछ न कुछ होता है, जिसे आप करना शुरू कर सकते हैं या छोड़ सकते हैं। और आप हमेशा जानते हैं कि वह क़ीमत क्या है। आपको तो सिर्फ़ इस एक सवाल का जवाब देना चाहिए, "क्या मैं क़ीमत चुकाने का इच्छुक हूँ?"

क़ीमत चुका दें

नियम यह है : क़ीमत चाहे जो भी हो, *उसे चुका दें!* आपको देर-सबेर तो यह क़ीमत चुकानी ही है, इसलिए आप उसे जितनी जल्दी चुका देते हैं, उतनी ही जल्दी आप उस चीज़ से मुक्त हो जाएँगे, जो आपको सता रही है।

किसी चीज़ के लिए अपनी मानसिक शांति से समझौता न करें। मानसिक शांति को अपना सर्वोच्च लक्ष्य बनाएँ और अपने जीवन के हर हिस्से को इसके इर्द-गिर्द व्यवस्थित करें। अगर आप कभी मानसिक शांति की अदला-बदली किसी अन्य चीज़ से करते हैं, तो आपको दोनों में से कुछ नहीं मिलता। अगर आप मानसिक शांति की जगह नौकरी को चुनते हैं, तो अंत में आपके पास न तो शांति रहेगी, न ही नौकरी। अगर आप मानसिक शांति की जगह किसी संबंध को चुनते हैं, तो अंत में आपके पास न तो संबंध रहेगा, न ही मानसिक शांति।

ऐसा लगता है कि प्रकृति में ऐसा कुछ है, जो माँग करता है कि आप भीतरी शांति के अपने एहसास के प्रति ईमानदार रहें। अगर आप अपने भीतरी पैमानों के प्रति बेईमानी करते हैं, तो नतीजे हमेशा कष्ट देंगे। आप हमेशा अंत में क़ीमत चुकाएँगे और यह क़ीमत हमेशा किसी भी तात्कालिक लाभ से भारी होगी।

ख़ुशी का विनाशक

तनाव और नकारात्मकता का सातवाँ स्रोत क्रोध है। *क्रोध* शायद सबसे विनाशकारी नकारात्मक भावना है। क्रोध के उबाल से हार्ट अटैक, स्ट्रोक, धमनियों का फटना, अल्सर, माइग्रेन, अस्थमा और चर्मरोग हो सकते हैं। अनियंत्रित क्रोध विवाहों और संबंधों को बर्बाद कर देता है, बच्चों का व्यक्तित्व तहस-नहस कर देता है, नौकरियों व करियर को तबाह कर देता है और इतना ज़्यादा नुक़सान करता है, जितना कोई अन्य भावना नहीं करती।

क्रोध के बारे में उल्लेखनीय बात यह है कि यह काफ़ी हद तक ग़ैर-ज़रूरी है। इसके ज़रिए कभी कोई अच्छी चीज़ नहीं हुई है। यह शुद्ध रूप से विनाशकारी नकारात्मक भावना है, जिसे आप काफ़ी हद तक ख़त्म कर सकते हैं, बशर्ते आप इसका फ़ैसला करें।

क्रोध बाहर से नहीं, भीतर से आता है। यह लोगों की कही बातों या किए कामों से नहीं आता, बल्कि उस तरह का व्यक्ति होने से आता है, जो आप हैं। कोई भी आपको नाराज़ नहीं कर सकता। कोई चीज़ आपको क्रोध महसूस करने के लिए मजबूर नहीं कर सकती। क्रोध वह प्रतिक्रिया है, जिसे आप किसी ख़ास स्थिति में *चुनते हैं*। आप मुश्किलों पर प्रतिक्रिया करने के लिए या तो शांत, सकारात्मक अंदाज़ को चुनने का फ़ैसला कर सकते हैं या फिर ग़ुस्से से प्रतिक्रिया करने का। आप हमेशा चुनाव करने के लिए स्वतंत्र हैं।

कौन सी चीज़ आपको नाराज़ करती है?

क्रोध दर्द या इस अनुभूति से जागता है कि कोई आप पर हमला कर रहा है या आपका अनुचित लाभ उठा रहा है। क्रोध अक्सर कुंठित अपेक्षाओं से पैदा होता है। यह प्रतिक्रिया आपमें तब होती है, जब चीज़ें ठीक से नहीं होतीं या जब लोग आपकी उम्मीद के मुताबिक़ व्यवहार नहीं करते। क्रोध किसी तरह के नुक़सान के डर से भी प्रेरित हो सकता है। अगर आप महसूस करते हैं कि आपको शिकार

बनाया जा रहा है या फिर आपके साथ अनुचित या अन्यायपूर्ण व्यवहार किया जा रहा है, तो अक्सर आप ग़ुस्सा हो जाते हैं।

हर मामले में आपकी अनुभूति ही क्रोध की भावना का ट्रिगर दबाती है। आप जिस तरीक़े से घटना का विश्लेषण करते हैं, वह तरीक़ा ही इसके लिए उत्तरदायी होता है। जब आप ख़ुद को शिकार के रूप में देखते हैं, तो आपकी स्वाभाविक प्रतिक्रिया नाराज़गी की होगी। आप अपनी रक्षा करने या हिसाब बराबर करने के लिए शाब्दिक या शारीरिक पलटवार भी कर सकते हैं।

जब आप महसूस करते हैं कि आप किसी तरह की आक्रामकता के शिकार हैं, तो आप अपने ऑटोनॉमिक नर्वस सिस्टम को ख़तरे का संकेत भेजते हैं। यह सिस्टम फ़ौरन आपके एड्रीनल कॉर्टेक्स को एक संदेश भेजता है और आपके रक्त में एड्रीनलिन प्रवाहित हो जाती है। यह एड्रीनलिन फ़ौरन आपकी हृदय गति और साँस लेने की गति को बढ़ा देती है और आपका ब्लड प्रेशर भी बढ़ा देती है। आपका पूरा सिस्टम "रेड अलर्ट" घोषित कर देता है और रक्षा करने तथा मुक़ाबला करने के लिए तैयार हो जाता है।

आपका पूरा शरीर या तो *लड़ने या भागने* के लिए तैयार हो जाता है। अगर आप बार-बार ग़ुस्सा होते हैं, तो क्रोध के प्रति आपका प्रतिरोध कमज़ोर होता जाता है। आप ज़्यादा जल्दी ग़ुस्सा होने लगते हैं। अंततः आपके पास प्रतिरोध बचता ही नहीं है। परिवेश में किसी भी समस्या का लक्षण दिखते ही ग़ुस्सा आपकी स्वतः प्रतिक्रिया बन जाता है। कुछ लोग हर वक़्त ग़ुस्सा रहते हैं। हर चीज़ और हर व्यक्ति उन्हें नाराज़ कर देता है, क्योंकि उन्हें हर समय यह अनुभूति होती है कि वे शिकार हैं और शत्रुतापूर्ण संसार उन पर हमला कर रहा है।

लड़ना या भागना?

हाई ब्लड प्रेशर मूलतः क्रोधपूर्ण प्रतिक्रियाओं के पैटर्न से पैदा होता है। आप नाराज़ हो जाते हैं, जिससे आपका ब्लड प्रेशर बढ़ जाता है। आपका शरीर लड़ने या भागने की तैयारी कर लेता है, लेकिन स्थिति गुज़र जाने के बाद ब्लड प्रेशर नीचे आ जाता है। हर बार जब आप नाराज़ होते हैं, तो आपका ब्लड प्रेशर बढ़ जाता है और फिर यह दोबारा नीचे आ जाता है। अगर यह बार-बार होता है, तो अंततः आपका ब्लड प्रेशर ऊपर ही ठहर जाता है।

हाई ब्लड प्रेशर का समाधान आम तौर पर दवाएँ बदलना नहीं, बल्कि रोज़मर्रा के जीवन के अपरिहार्य उतार-चढ़ावों के प्रति नज़रिया बदलना है।

क्रोध का विस्फोट कमज़ोरी की निशानी हैं। ये अपरिपक्वता और नियंत्रण की कमी दर्शाता है। जो हर वक़्त नाराज़ होता रहता है, वह किसी बच्चे की तरह प्रतिक्रिया कर रहा है, जिसमें कोई आत्म-अनुशासन या आत्म-संयम नहीं होता।

दो निर्णय लें : पहला, अपने ग़ुस्से को क़ाबू में रखें और दूसरा, जिन चीज़ों को आप पसंद नहीं करते, उन पर प्रतिक्रिया करने के लिए ग़ुस्से का इस्तेमाल करना बंद कर दें। ज़्यादा धैर्यवान बनने का संकल्प करें और तब तक कोई राय न बनाएँ, जब तक कि आप स्थिति का अध्ययन न कर लें और ख़ुद को धीमा करने के लिए कुछ सवाल न पूछ लें।

क्रोध इकट्ठा क्यों होता है

एक बार जब आप नाराज़ हो जाते हैं, तो आपका पूरा शरीर लड़ने के लिए तैयार हो जाता है। बहरहाल, सभ्य समाज में तीन कारणों से लड़ाई को आम तौर पर प्रोत्साहित नहीं किया जाता।

पहला, हो सकता है कि लड़ाई करना या पलटकर हमला करना संभव ही न हो। अगर कोई ट्रैफ़िक में आपको कट मार देता है या आपके शॉपिंग करते समय आपकी कार में टक्कर मारकर निशान बना देता है, तो आप ग़ुस्सा तो हो सकते हैं, लेकिन ज़्यादा कुछ नहीं कर सकते। सामने वाला काफ़ी देर पहले ही वहाँ से जा चुका है। ग़ुस्सा आपके भीतर बढ़ता रहता है, लेकिन बाहर नहीं निकल पाता।

दूसरी बात, जवाबी हमला आम तौर पर स्वीकार्य नहीं होता। अगर किसी ने आपसे बदतमीज़ी की है या आपके बॉस ने आपको कच्चा चबा लिया है, तो यह आपके लिए अच्छा नहीं होगा कि आप चिल्लाकर जवाब दें या उस पर शारीरिक हमला कर दें। आप ग़ुस्सा तो हो सकते हैं, लेकिन अंत में आप ग़ुस्से को अपने भीतर रोके रखते हैं, जहाँ यह इकट्ठा होता रहता है।

तीसरी बात, जवाबी हमला करना या बदला लेना अक्सर समझदारीपूर्ण नहीं होता। अगर 350 पौंड का पूर्व फ़ुटबॉल खिलाड़ी बार या रेस्तराँ में आपसे टकरा जाता है, तो आप मन ही मन नाराज़ तो हो सकते हैं, लेकिन उस पर पलटकर वार करना मूर्खतापूर्ण होगा। अगर आप अपनी कार के पास आते हैं और देखते हैं कि आवारा लड़कों का गैंग उस पर बैठा है, तो समझदारी इसी में होगी कि आप अपने ग़ुस्से को भीतर ही दबा लें। इसलिए आप इसे दबा लेते हैं।

जब भी आप ग़ुस्सा होते हैं और इस ग़ुस्से को अपने सिस्टम से बाहर निकालने के लिए कुछ नहीं करते, तो यह बढ़ता चला जाता है और अंततः आपके शरीर में

ज़हर फैला देता है। सतत क्रोध दरअसल आपके रक्त की रासायनिक संरचना को बदल देता है। अंततः यह चर्म रोगों, अल्सर, माइग्रेन, सिर दर्द या इससे ज़्यादा बुरी बीमारियों में बाहर निकल सकता है। आप अपने संगृहीत क्रोध को अपने परिवार के सदस्यों पर निकाल सकते हैं या उन लोगों पर, जो अपनी रक्षा नहीं कर सकते, जैसे दूसरी कंपनियों के कर्मचारी या स्टाफ़।

इसे शुरू में ही रोक दें

क्रोध से निबटने का सबसे अच्छा तरीक़ा यह है कि नाराज़ होने से बचें। पहले से ही संकल्प कर लें कि आप विचलित नहीं होंगे। दोष देने या पलटकर वार करने की अपनी प्रवृत्ति को क़ाबू में रखने के लिए बार-बार दोहराएँ, "मैं ज़िम्मेदार हूँ, मैं ज़िम्मेदार हूँ, मैं ज़िम्मेदार हूँ।"

हो सकता है, ट्रैफ़िक में किसी दूसरे के कट मारने के लिए आप ज़िम्मेदार न हों, लेकिन आप निश्चित रूप से अपनी प्रतिक्रिया के तरीक़े के लिए तो ज़िम्मेदार हैं। अगर आप शांति से और सृजनात्मक तरीक़े से प्रतिक्रिया करेंगे, तो आप बहुत ज़्यादा असरदार होंगे। और ज़्यादा बेहतर भी महसूस करेंगे।

ग्रॉस फ़िज़िकल इम्पेक्ट एक्टिवटी

बहरहाल, अगर आप पहले से ही ग़ुस्सा हो चुके हैं, तो आप संपर्क के ज़रिए अपने ग़ुस्से को बाहर निकाल सकते हैं। डॉ. हैंस सेल्ये ने इसे "ग्रॉस फ़िज़िकल इम्पेक्ट एक्टिवटी" कहा है। उन्होंने अपने तनाव संबंधी शोध में पाया कि किसी तरह के शरीरिक संपर्क से ग़ुस्से में राहत मिलती है। ग़ुस्सा आपके शरीर से उस चीज़ में चला जाता है, जिससे आप संपर्क कर रहे हैं।

सेल्ये ने पाया कि आप चार में से किसी एक माध्यम से ग़ुस्से को निकाल सकते हैं : आपके हाथ, आपके पैर, आपके दाँत या आपकी आवाज। ग़ुस्से से मुक्ति पाने के लिए आप मार सकते हैं, लात चला सकते हैं, दाँतों से काट सकते हैं या चीख़ सकते हैं।

जिस भी खेल में हाथों से किसी चीज़ को मारने की ज़रूरत होती है, उससे ग़ुस्सा बाहर निकल जाता है। रैकेटबॉल, हैंडबॉल, वॉलीबॉल, बेसबॉल और बास्केटबॉल शरीर से बॉल में ग़ुस्सा पहुँचाने के उत्कृष्ट तरीक़े हैं। ड्राइविंग रेंज पर गोल्फ़ बॉल

की बकेट को लात मारना नर्व्ज़ के लिए असली टॉनिक है। ज़्यादा तनाव भरे काम करने वाले लोग अक्सर इन खेलों के प्रति आकर्षित होते हैं, क्योंकि एक घंटे तक बॉल को मारने के बाद वे ज़्यादा बेहतर महसूस करते हैं। उनका सारा ग़ुस्सा बॉल या वस्तु में निकल जाता है।

किशोरों में मुँहासों और वयस्कों में चर्मरोगों की ज़्यादातर समस्याएँ दबे हुए ग़ुस्से की वजह से पैदा होती हैं। इसे ग्रॉस फ़िज़िकल इम्पेक्ट एक्टिवटी से बाहर निकाला जा सकता है।

एक चिंतित पिता, जिसका बेटा मुँहासों से परेशान था, लकड़ी का एक बड़ा लट्टा ख़रीदकर लाया और कीलों का डिब्बा भी। उसने लड़के को हथौड़ा देकर उससे कहा कि वह हर दिन दस-बीस मिनट तक उन बड़ी कीलों को लकड़ी के ब्लॉक में ठोंके। दो हफ़्ते से भी कम समय में लड़के के मुँहासे साफ़ हो गए।

एक और पिता ने अपने बेटे को लकड़ी का गट्ठर और कुल्हाड़ी ख़रीदकर दी और उससे कहा कि वह स्कूल से लौटने के बाद हर शाम को लकड़ी काटे। इस ग्रॉस फ़िज़िकल इम्पेक्ट एक्टिवटी के कारण लड़के के मुँहासे कुछ ही दिनों में पूरी तरह साफ़ हो गए।

किसी भी तरह का खेल, जिसमें *लात मारना* शामिल हो, जैसे फ़ुटबॉल या सॉकर, क्रोध बाहर निकालने के लिए उत्कृष्ट है। किसी चीज़ को लात मारने का काम ही निकासी का ज़रिया बन जाता है। आप अक्सर देखते हैं कि नाराज़ लोग भड़ास निकालने के लिए पैर पटकते हैं, जो ग़ुस्से की दबी हुई भावनाओं से मुक्ति पाने की अचेतन कोशिश है।

बहरहाल, व्यायाम के कई तरीक़ों, जैसे दौड़ने, तैरने या साइकल चलाने से ग़ुस्सा बाहर नहीं निकलता है, क्योंकि उनमें बहुत कम संपर्क होता है या होता ही नहीं है। इससे तनाव या वज़न तो कम हो सकता है, लेकिन ग़ुस्सा कम नहीं हो सकता।

आप ऐसी चीज़ खाकर भी क्रोध को बाहर निकालते हैं, जिसमें चबाने या चूसने की ज़्यादा ज़रूरत होती है। अक्सर जब आपके मन में स्टिक की इच्छा होती है, तो ऐसा इसलिए होता है, क्योंकि आप कुंठित या नाराज़ महसूस कर रहे होते हैं और स्टिक चबाने से ग़ुस्सा आपके शरीर से उस स्टिक में पहुँच जाता है। अच्छे, भारी डिनर के बाद आप ज़्यादा शांत महसूस करते हैं, क्योंकि आपका ज़्यादातर ग़ुस्सा चला जाता है।

चीख़ने के माध्यम से भी लोग, वयस्क और बच्चे भी, अपने ग़ुस्से को बाहर निकालते हैं। यह मुक्ति का आम रूप है। बच्चे छोटे और असहाय महसूस करने

की वजह से ग़ुस्सा हो जाते हैं। वे अपनी भड़ास निकालने के लिए चीख़ते हैं। कई वयस्क भी ऐसा ही करते हैं।

"प्राइमल" नामक एक साइकोथेरेपी है। इस उपचार में मरीज़ों को किसी प्रशिक्षित साइकोथेरेपिस्ट की उपस्थिति में चीखने के लिए प्रोत्साहित किया जाता है। उन्हें सिखाया जाता है कि वे बचपन से संगृहीत दबे हुए ग़ुस्से को मुक्त कर दें। यह अक्सर बहुत असरदार तरीक़ा होता है और इससे लोग अपनी भावनाओं को क़ाबू में रखने लगते हैं। यह निश्चित रूप से ग़ुस्से को दबाने और अपने प्रियजनों पर चीखने से तो बेहतर तरीक़ा है।

दो बेहद नाराज़ लोगों के बीच जमकर लड़ाई हो, तो वे एक-दूसरे को हाथ *मारेंगे, लात मारेंगे, चीख़ेंगे और काटेंगे।* ये प्रतिक्रियाएँ क्रोध को बाहर निकालने के तरीक़े हैं। अक्सर किसी लंबे झगड़े या शारीरिक लड़ाई के बाद दोनों लड़ने वाले लोग प्रेमी या अच्छे दोस्त बन जाते हैं। सारा ग़ुस्सा चला जाता है; सिर्फ़ अच्छी भावनाएँ रह जाती हैं।

संज्ञानात्मक नियंत्रण विधि

आपका लक्ष्य *कम तनाव और उच्च प्रदर्शन वाला* व्यक्तित्व पाना है। इसे हासिल करने के लिए आपको "संज्ञानात्मक नियंत्रण विधि" (cognitive control method) का इस्तेमाल करना होगा, जिसका ज़िक्र इस पुस्तक में पहले किया जा चुका है। अपना सर्वश्रेष्ठ प्रदर्शन करने के लिए यह ज़रूरी है कि आप अपनी भावनात्मक प्रतिक्रियाओं के बारे में सोचने और नियंत्रण करने की योग्यता का इस्तेमाल करें। *विस्थापन के नियम* का अभ्यास करें। जान-बूझकर सकारात्मक विचार सोचें। आशावादी तरीक़े से सोचें। सृजनात्मक तरीक़े से सोचें। अगर आप जान-बूझकर कोई सकारात्मक विचार चुनते हैं, तो उस वक़्त नकारात्मक या तनावपूर्ण विचार नहीं सोच सकते। आप नकारात्मक की जगह सकारात्मक को रख देते हैं।

अपने आप से बार-बार कहें, "मैं ख़ुद को पसंद करता हूँ," या "मैं ज़िम्मेदार हूँ।" अपना मस्तिष्क अपने लक्ष्य पर केंद्रित रखें। चूँकि लक्ष्य अपने आप में सकारात्मक होते हैं, इसलिए जब आप लगातार अपने लक्ष्यों के बारे में सोचते हैं, तो आप ज़्यादातर समय अपना मस्तिष्क सकारात्मक और आशावादी बनाए रखते हैं।

अगर कोई दूसरा व्यक्ति आपको ग़ुस्सा दिलाता है, तो *क्षमा के नियम* पर अमल करें। क्रोध या द्वेष की भावनाओं को छोड़ दें। याद रखें, क्षमा पूरी तरह

स्वार्थ भरा काम है। आपका काम, आपकी ज़िम्मेदारी ख़ुद को शांत और सकारात्मक बनाए रखना है। बाहरी चीज़ों से ग़ुस्सा या विचलित होना आपका काम नहीं है। अगर मन में किसी के प्रति मौजूद नकारात्मक भावनाओं को बाहर निकालने की ज़रूरत हो, तो ऐसा कर डालें! यह ख़ुशी, मानसिक शांति और दीर्घायु की कुंजी है।

मानसिक शांति को अपना सर्वोच्च लक्ष्य बनाएँ

आप यह फ़ैसला करके अपने भीतरी जीवन के पूर्ण प्रभारी बनते हैं कि आप मानसिक शांति को अपना सर्वोच्च लक्ष्य बनाने जा रहे हैं। अपने जीवन को इस लक्ष्य के इर्द-गिर्द व्यवस्थित करें। मनोवैज्ञानिक जासूस बनें और ऐसे विचारों, सलाहों, नज़रियों या प्रतिक्रियाओं की सतर्कता से जाँच करें, जो आपको किसी तरह का तनाव देते हैं। जब आप जानते-बूझते हुए मानसिक शांति को अपना सर्वोच्च सिद्धांत बना लेते हैं, तो आप ज़्यादा सकारात्मक बन जाते हैं। ज़्यादा शांत और लोकप्रिय बन जाते हैं। आप बेहतर सेहत का आनंद लेते हैं और पहले से ज़्यादा हासिल करते हैं।

कर्म अभ्यास

अपने जीवन की जाँच करके उस क्षेत्र का पता लगाएँ, जिसमें आपको तनाव या चिंता का अनुभव होता है। तनावपूर्ण स्थिति की स्पष्ट परिभाषा लिखें। इस स्थिति को कम करने के लिए आप जो चीज़ें तत्काल कर सकते हों, उन सभी की सूची बना लें। इसका सीधे सामना करने के संदर्भ में सोचें और इसे सुलझाने के लिए कोई सकारात्मक क़दम उठाएँ। निष्क्रिय के बजाय सक्रिय बनें।

आपके जीवन में ऐसा क्या है, जिसका आप सामना नहीं कर रहे? बुरे से बुरा क्या हो सकता है? अपने जीवन के हर क्षेत्र को ग़ौर से देखें और उसे ठीक करें। अपने दिन के हर हिस्से को तनाव और चिंता का कारण बनाने के बजाय ख़ुशी और संतुष्टि का स्रोत बनाएँ। मानसिक शांति को अपने सर्वोच्च लक्ष्य बना लेंगे, तो शायद आपसे भविष्य में कोई भी ग़लती नहीं होगी।

अध्याय 9

मानवीय संबंधों में महारत हासिल करना

सामाजिक बुद्धिमत्ता अमेरिका में आज बुद्धिमत्ता का सबसे महत्वपूर्ण रूप है और इसे ही सबसे ज़्यादा भुगतान मिलता है। सामाजिक बुद्धिमत्ता (social intelligence) का मतलब है दूसरे लोगों को साथ लेकर चलने की योग्यता। जीवन में 85 प्रतिशत सफलता आपकी सामाजिक योग्यताओं से तय होती है। यह दूसरों के साथ सकारात्मक और असरदार व्यवहार करने और अपने लक्ष्य हासिल करने में उनका सहयोग लेने की योग्यताओं से तय होती है।

श्रेष्ठ मानवीय संबंध कैसे बनाए और क़ायम रखे जाएँ, यह सीखने से आपके करियर और व्यक्तिगत जीवन में जितनी प्रगति हो सकती है, उतनी शायद कोई दूसरी चीज़ सीखने से नहीं हो सकती।

बुरी ख़बर यह है कि दूसरों को साथ लेकर चलने की अयोग्यता व्यक्तिगत और कार्यालयीन जीवन में असफलता, कुंठा और दुख का मूलभूत कारण बन जाती है। एक अध्ययन के अनुसार दस साल की अवधि में नौकरी से निकाले गए कर्मचारियों में से 95 प्रतिशत को क्षमता या तकनीकी योग्यता की कमी के कारण नहीं, बल्कि उनकी *सामाजिक योग्यताएँ कमज़ोर होने की वजह से निकाला गया।*

मनोवैज्ञानिक सिडनी जूरार्ड के अनुसार जीवन में आपको अधिकांश ख़ुशी दूसरों के साथ सुखद संबंधों से मिलती है और ज़्यादातर समस्याएँ दूसरों के साथ दुखद संबंधों से पैदा होती हैं। जीवन में आपकी अधिकांश *समस्याएँ लोगों से संबंधित होती हैं।*

सौभाग्य से आप दूसरों को साथ लेकर चलने में बहुत निपुण बन सकते हैं और इस अध्याय में आप सीखेंगे कि ऐसा कैसे किया जा सकता है। आप ऐसे कई आज़माए हुए तरीक़े सीखेंगे, जिनसे लगभग किसी भी तरह की परिस्थितियों में,

लगभग किसी के भी साथ आप अपने संबंधों को तत्काल सुधार सकते हैं।

स्वस्थ व्यक्तित्व की परिभाषा

हम सभी या तो ये *मानते हैं* कि हमारे पास "स्वस्थ व्यक्तित्व" है या फिर हम इसे पाना चाहते हैं। "स्वस्थ व्यक्तित्व" की कई परिभाषाएँ हैं और यहाँ तीन सबसे मददग़ार परिभाषाएँ बताई जा रही हैं।

पहली, आपका व्यक्तित्व उसी अंश तक स्वस्थ है, जिस हद तक आप हर व्यक्ति और स्थिति में जान-बूझकर *अच्छाई* की तलाश करते हैं। आपका व्यक्तित्व उसी अंश तक *अस्वस्थ* है, जिस हद तक आप लोगों और परिस्थितियों में *बुराई* की तलाश करते हैं। तो क्या आप दूसरों में भलाई की तलाश करते हैं, या फिर आप उनकी आलोचना और शिकायत करते हैं ? यह पहला पैमाना है।

दूसरी परिभाषा, आपका व्यक्तित्व उसी अंश तक स्वस्थ है, जिस हद तक आप उन लोगों को खुलकर *क्षमा* करते हैं, जिन्होंने आपको कोई चोट पहुँचाई हो। ज़्यादातर दुख और मनोदैहिक बीमारियाँ क्षमा करने की अक्षमता के कारण पैदा हुई हैं। घटना के काफ़ी समय बाद भी द्वेष रखने से कई तरह के रोग हो जाते हैं। क्षमा करने का आपके व्यक्तित्व पर मुक्तिदायक असर पड़ता है। जो लोग सचमुच स्वस्थ होते हैं वे नफ़रत नहीं करते, न ही अतीत की घटनाओं पर क्रोध और द्वेष पालते हैं। वे अपने मस्तिष्क से पुरानी समस्याओं को हटाकर साफ़ कर देते हैं। उन्हें जाने देते हैं। यह दूसरा पैमाना है।

तीसरी परिभाषा, आपका व्यक्तित्व उसी अंश तक स्वस्थ है, जिस हद तक आप अलग-अलग तरह के लोगों के साथ *आसानी से व्यवहार* कर सकते हैं। *कुछ लोगों* के साथ तो कोई भी अच्छा व्यवहार कर सकता है। आप हमेशा अपने जैसे लोगों के साथ अच्छा व्यवहार कर सकते हैं, चाहे वे सकारात्मक हों या नकारात्मक। लेकिन असल में स्वस्थ व्यक्तित्व का स्वामी वह होता है, जिसमें अलग-अलग स्वभावों, व्यक्तित्वों, नज़रियों, जीवनमूल्यों और विचारधाराओं के व्यक्तियों को साथ लेकर चलने की योग्यता होती है। यह असली पैमाना है; असली इम्तहान।

आत्मसम्मान के आपके स्तर और आपके व्यक्तित्व की सेहत के बीच सीधा संबंध होता है। आप ख़ुद को जितना ज़्यादा *पसंद* करते हैं और अपना जितना ज़्यादा *सम्मान* करते हैं, दूसरों को भी उतना ही ज़्यादा पसंद करेंगे और उनका उतना ही ज़्यादा सम्मान करेंगे। आप ख़ुद को जितना मूल्यवान और महत्वपूर्ण मानते हैं, दूसरों को भी उतना ही मूल्यवान और महत्वपूर्ण मानते हैं। आप जैसे हैं, ख़ुद

को उस रूप में जितना ज़्यादा स्वीकार करते हैं, *दूसरों* को भी उनके स्वाभाविक रूप में उतना ही ज़्यादा स्वीकार करते हैं।

जब आपका आत्मसम्मान बेहतर बनता है, तो आप अलग-अलग तरह के लोगों को लंबे समय तक साथ लेकर चलने के मामले में बेहतर बनते चले जाते हैं। आपका जीवन ज़्यादा सुखद और संतुष्टिदायक बन जाता है। ऊँचे आत्मसम्मान वाले स्त्री-पुरुष लगभग किसी भी स्थिति में, कहीं पर भी और किसी के साथ भी आसानी से चल सकते हैं।

कम आत्म-सम्मान वाले स्त्री-पुरुष सिर्फ़ कुछ ही लोगों के साथ अच्छा व्यवहार कर सकते हैं और वह भी ज़्यादा लंबे समय तक नहीं। उनके आत्मसम्मान की कमी, क्रोध, अधीरता, आलोचना, बुराई और बहस में प्रकट होती है। वे ख़ुद को पसंद नहीं करते, इसलिए वे दूसरों को भी सचमुच पसंद नहीं करते। नतीजा यह होता है कि लोग भी उन्हें भी ज़्यादा पसंद नहीं करते।

अप्रत्यक्ष प्रयास का नियम

अप्रत्यक्ष प्रयास का नियम बताता है कि आप दूसरों के साथ अपने संबंधों में लगभग हर चीज़ पा सकते हैं, बशर्ते आप प्रत्यक्ष के बजाय अप्रत्यक्ष तरीक़े से उनके पास जाएँ।

उदाहरण के लिए, अगर आप लोगों को *प्रभावित* करना चाहते हैं, तो इसका प्रत्यक्ष तरीक़ा यह है कि आप उनके सामने अपने प्रशंसनीय गुणों और उपलब्धियों का बखान करें। लेकिन अपनी शान झाड़कर सामने वाले को प्रभावित करने की कोशिश में आम तौर पर आप थोड़े मूर्ख लगते हैं और कई बार आपको संकोच भी होता है।

बहरहाल, दूसरे व्यक्ति को प्रभावित करने का अप्रत्यक्ष तरीक़ा यह है कि आप सामने वाले से प्रभावित हो जाएँ। आप सामने वाले के व्यक्तित्व और उपलब्धियों से जितने ज़्यादा प्रभावित होते हैं, इस बात की उतनी ही ज़्यादा संभावना है कि सामने वाला भी आपसे प्रभावित हो जाएगा।

अगर आप चाहते हैं कि कोई आपमें *दिलचस्पी* ले, तो प्रत्यक्ष तरीक़ा उसे अपने बारे में सब कुछ बताना है। लेकिन अप्रत्यक्ष तरीक़ा ज़्यादा अच्छी तरह से काम करता है। यह आसान भी है : आप सामने वाले में दिलचस्पी लें। आप उसमें जितनी दिलचस्पी लेते हैं, इस बात की उतनी ही ज़्यादा संभावना है कि वह भी आपमें दिलचस्पी लेने लगेगा।

अगर आप *ख़ुश* होना चाहते हैं, तो प्रत्यक्ष तरीक़ा यह है कि आप वे सारे काम करें, जिनसे आपको ख़ुशी मिलती हो। बहरहाल, सबसे अच्छी और स्थाई ख़ुशी किसी दूसरे को ख़ुश करने से मिलती है। अप्रत्यक्ष प्रयास के नियम के ज़रिए जब भी आप किसी दूसरे को सुखी बनाने के लिए कुछ कहते या करते हैं, तो आप ख़ुद भर ख़ुश महसूस करते हैं। आप अपनी भावनाओं, अपने आत्मसम्मान को बलवान बनाते हैं।

सामने वाले का *सम्मान* कैसे पाएँ? सबसे अच्छा तरीक़ा है उसका सम्मान करना। जब आप किसी व्यक्ति के प्रति सम्मान या प्रशंसा का इज़हार करते हैं, तो वह भी आपके प्रति सम्मान और प्रशंसा महसूस करता है। मानवीय संबंधों में इसे आदान-प्रदान का सिद्धांत कहा जाता है। जब भी आप किसी के लिए कोई अच्छा काम करते हैं, तो सामने वाला भी बदले में आपके लिए कोई अच्छी चीज़ करना चाहेगा। दुनिया के ज़्यादातर रोमांस और मित्रताएँ इसी सिद्धांत पर आधारित हैं।

अप्रत्यक्ष प्रयास के नियम की मदद से आप किसी व्यक्ति को ख़ुद पर *यक़ीन* कैसे दिलाएँ? जवाब है उसमें यक़ीन करना। जब भी आप किसी दूसरे व्यक्ति पर विश्वास दिखाएँगे, तो वह भी आप पर विश्वास करने लगेगा। आप जो देते हैं, वही आपको मिलता है। आप जो बाहर भेजते हैं, वही आपको वापस मिलता है।

अप्रत्यक्ष प्रयास के नियम का सबसे महत्वपूर्ण अमल *अपने आपमें* स्वस्थ व्यक्तित्व विकसित करने से संबंधित है। आपको इस तरीक़े से बनाया गया है कि आप दूसरों के साथ जो भी करते हैं, आप पर उसका समान प्रभाव पड़ता है। आप किसी दूसरे का आत्मसम्मान बढ़ाने के लिए जो काम करते हैं, उससे उसी समय और उसी अनुपात में आपका भी आत्मसम्मान बढ़ता है। चूँकि आत्मसम्मान स्वस्थ व्यक्तित्व का लक्षण है, इसलिए *आप दूसरों के व्यक्तित्व की सेहत बेहतर बनाने के हर मौक़े का लाभ उठाकर दरअसल अपने व्यक्तित्व की सेहत बेहतर बना सकते हैं।* आप दूसरों के जीवन में जो बोते हैं, उसे अपने जीवन में काटते हैं।

आप जिससे भी मिलते हैं, वह एक भारी बोझ उठा रहा है। यह आत्मसम्मान और आत्मविश्वास के क्षेत्र में सबसे ज़्यादा सच है। हर व्यक्ति हीनता की भावना के साथ बड़ा होता है और अपने ज़्यादातर जीवन में हमें दूसरों की प्रशंसा और मान्यता की ज़रूरत होती है। चाहे लोग कितने ही सफल क्यों न बन जाएँ या शिखर पर क्यों न पहुँच जाएँ, इसके बावजूद उन्हें अपनी आत्म-छवि प्रबल बनाने की ज़रूरत होती है। उन्हें इस बात की ज़रूरत होती है कि लोग उनका आत्मसम्मान बढ़ाने वाली बातें कहें और उन्हें ज़्यादा मूल्यवान व महत्वपूर्ण महसूस कराएँ।

एक पंक्ति है, "मैं तुम्हें पसंद करता हूँ, क्योंकि तुम्हारे साथ होने पर मैं अपने

बारे में कुछ ख़ास महसूस करता हूँ।" इसमें उत्कृष्ट मानवीय संबंधों की कुंजी छिपी है। सबसे सफल और ख़ुश लोग वे हैं, जो अपने आस-पास के लोगों को ख़ास महसूस कराते हैं। जब आप ज़िंदगी में दूसरों का आत्मसम्मान बढ़ाते हैं, तो आपके सामने अवसर खुल जाएँगे और लोग ऐसे तरीक़ों से आपकी मदद करेंगे, जिनकी आप इस वक़्त कल्पना भी नहीं कर सकते।

अप्रत्यक्ष प्रयास के नियम का अभ्यास करें। हर मौक़े पर ऐसी चीज़ें कहें और करें, जिनसे लोग ख़ुद को ज़्यादा मूल्यवान महसूस करें। जब भी आप किसी के प्रति दयालुता व्यक्त करते हैं, तो हर बार आपका अपना आत्मसम्मान बेहतर बन जाता है। आपका व्यक्तित्व ज़्यादा सकारात्मक और स्वस्थ बन जाता है। आप दूसरों के लिए जो व्यक्त करते हैं, उसकी छाप अपने मस्तिष्क पर भी छोड़ते हैं।

दूसरों को महत्वपूर्ण महसूस कराएँ

अप्रत्यक्ष प्रयास के नियम का इस्तेमाल करके दूसरों का आत्मसम्मान बढ़ाने की कुंजी *उन्हें महत्वपूर्ण महसूस कराना है।* आप किसी दूसरे को ज़्यादा महत्वपूर्ण महसूस कराने के लिए जो भी कहते या करते हैं, उससे उसका आत्मसम्मान बढ़ता है और उसी अनुपात में आपका आत्मसम्मान भी बढ़ता है।

जब आप हर समय दूसरों को महत्वपूर्ण महसूस कराने के तरीक़े खोजने लगेंगे, तो आप हर जगह लोकप्रिय होंगे और हर जगह आपका स्वागत होगा। आप ज़्यादा सेहतमंद और ख़ुश होंगे और आपको दूसरों की तुलना में जीवन से ज़्यादा वास्तविक संतुष्टि मिलेगी। आपका तनाव कम होगा और ऊर्जा बढ़ जाएगी। सबसे बढ़कर, आप ख़ुद को सचमुच ज़्यादा पसंद करेंगे, अपना ज़्यादा सम्मान करने लगेंगे और ज़्यादा मानसिक शांति का अनुभव करेंगे।

दूसरों का आत्मसम्मान बढ़ाना

दूसरों का आत्मसम्मान बढ़ाने का शुरुआती बिंदु इसकी चीर-फाड़ करना छोड़ना है। तत्काल ऐसी चीज़ कहना या करना बंद कर दें, जिससे सामने वाले का आत्मसम्मान कम होता हो। कम से कम तटस्थ रहें। ख़ामोश रहें। कुछ न बोलें।

किसी भी तरह की विनाशकारी आलोचना से आत्मसम्मान जितनी तेज़ी से कम होता है, उतना किसी दूसरी चीज़ से नहीं होता। विनाशकारी आलोचना से

जितने संबंध और व्यक्तित्व बर्बाद या नष्ट हुए हैं, उतने बाक़ी सभी नकारात्मक प्रभावों को मिलाकर भी नहीं हुए हैं।

विनाशकारी आलोचना इंसान के व्यक्तित्व की जड़ पर हमला करती है। यह अपराधबोध, हीनता और नाक़ाबिलियत की भावनाओं का ट्रिगर दबा देती है। जब किसी की आलोचना होती है, चाहे यह तथाकथित "सृजनात्मक आलोचना" ही क्यों न हो, तो वह तत्काल नाराज़ और रक्षात्मक महसूस करने लगता है। वह अपनी रक्षा करना चाहता है और पलटकर आप पर हमला करना चाहता है। आदान-प्रदान के नियम के अनुसार जब भी आप दूसरों को चोट पहुँचाने वाली कोई चीज़ कहते या करते हैं, ख़ासकर जब यह उनके आत्मसम्मान पर हमला करती है, तो आप उन्हें मजबूर कर देते हैं कि वे पलटकर वार करें या हिसाब बराबर करें।

बचपन से ही हमारी कंडीशनिंग ऐसी हुई है कि हम किसी भी कारण से हुई आलोचना या अप्रसन्नता की अभिव्यक्ति के प्रति बहुत संवेदनशील होते हैं। जब हमारी आलोचना होती है, तो हमारा प्रतिक्रिया तंत्र सक्रिय हो जाता है। आत्मसम्मान रसातल में पहुँच जाता है। आलोचक के प्रति हमारी भावनाएँ या नज़रिए तत्काल नकारात्मक हो जाते हैं।

शायद जीवन में आप जो सबसे अच्छा निर्णय ले सकते हैं, वह है दूसरों की आलोचना बंद कर देना। अपनी शब्दावली और बातचीत से हर तरह की विनाशकारी आलोचना को ख़त्म कर दें। लोगों की चीर-फाड़ करना छोड़ दें। सकारात्मक बनें और दूसरों का आत्मसम्मान बढ़ाने वाली बातें ही कहें।

आप जितने लोगों से मिलते हैं, उनमें से ज़्यादातर मौजूदा परिस्थितियों में वह सबसे अच्छा काम कर रहे हैं, जो वे कर सकते हैं। बहुत कम लोग जान-बूझकर ग़लतियाँ करते हैं। बहुत कम लोग जान-बूझकर ख़राब प्रदर्शन करने का विकल्प चुनते हैं। दरअसल, इंसान का मस्तिष्क इस तरह से बनाया गया है कि अगर वह किसी काम को करने का सही तरीक़ा जानता है, तो उसके लिए उस काम को जान-बूझकर ग़लत करना लगभग असंभव होता है। किसी भी तरह की ग़लती इंसान को अयोग्य महसूस कराती है। आत्मसम्मान घट जाता है। आत्म-छवि कमज़ोर होती है। वह ख़ुद को उतना पसंद नहीं करता या अपना उतना सम्मान नहीं करता है। कोई भी अपने साथ जान-बूझकर ऐसा नहीं करता।

दूसरों की ज़्यादातर आलोचना मूल्यांकन करने और दोष देने से पैदा होती है। यह किसी न किसी तरह ख़ुद को बाक़ियों से श्रेष्ठ समझने का नतीजा होती है। बहरहाल, दूसरों का मूल्यांकन करने से बोने और काटने का नियम सक्रिय हो जाता है। इससे दूसरे लोग ज़्यादा आलोचनात्मक तरीक़े से आपका मूल्यांकन करने लगते

हैं। इससे आपके मस्तिष्क में भी नकारात्मक परिणाम पैदा हो जाते हैं। आप दूसरों की आलोचना करेंगे, तो दूसरे आपकी आलोचना करेंगे।

लगभग सभी नकारात्मक भावनाएँ दूसरों का मूल्यांकन करने और दोष देने से शुरू होती हैं। दूसरों की आलोचना से बचना शुद्ध रूप से स्वार्थ भरा काम है। दूसरों के प्रति सकारात्मक और सहयोगी बनने या कम से कम तटस्थ बनने से आप ख़ुद सकारात्मक और ख़ुश बनते हैं। आलोचना छोड़ने से आप भावनात्मक रूप से जुड़ने के बजाय विरक्त बने रहने में कामयाब होते हैं।

आलोचना करने और दोष खोजने की आदत डालना आसान है। कई लोगों की बातचीत दूसरों की बुराई और आलोचना से ही शुरू होती है और वहीं पर ख़त्म होती है। बहरहाल, अगर आप सचमुच वैसा व्यक्तित्व विकसित करने के लिए संकल्पवान हैं, जिसकी ज़रूरत आपको शिखर पर पहुँचने के लिए है, तो आपको यह आदत छोड़नी होगी।

आपको किसी भी कारण लोगों को नीचा दिखाना या उनके बारे में नकारात्मक बोलना छोड़ना होगा। चाहे किसी ने जो भी किया हो या चाहे आपके हिसाब वह कितना ही ग़लत हो, अपने विचार अपने मन में ही रखें। आलोचना या निंदा न करने के कारण खोजने का खेल खेलें। सामने वाले के लिए बहाने बनाएँ, उसका भला सोचें और उचित होने पर उसे क्षमा कर दें और उस बात को भूल जाएँ।

वक्ता और श्रोता दोनों के आत्मसम्मान को कम करने वाला दूसरा व्यवहार है : शिकायत करने की आदत। कई लोग शिकायत करने की आदत डाल लेते हैं और "कितनी बुरी बात है" का खेल खेलने लगते हैं। वे इस तरह की बातें कहते हैं, "कितनी बुरी बात है कि उसने ऐसा-ऐसा किया?" या "कितनी बुरी बात है कि महँगाई इतनी बढ़ गई है?" या "कितनी बुरी बात है कि बिज़नेस की हालत इतनी ख़राब है?" फिर वे एक-दूसरे से और ज़्यादा नकारात्मक बातें करने लगते हैं।

हेनरी फ़ोर्ड ने इस बारे में बहुत अच्छी बात कही थी : "कभी शिकायत मत करो, कभी सफ़ाई मत दो।" शिकायत करने के लिए चीज़ें खोजने की आदत से शिकायतें करने वाले लोग ही आपके जीवन और सामाजिक दायरे में आकर्षित होते हैं। एकाग्रता का नियम बताता है कि आप जिस चीज़ पर ध्यान केंद्रित करते हैं, वही आपके जीवन में बढ़ती है, इसलिए आप जितनी ज़्यादा शिकायत करेंगे, शिकायत करने के लिए आपको उतनी ही ज़्यादा चीज़ें मिलेंगी और उतने ही ज़्यादा लोग मिलेंगे, जिनसे आप शिकायत कर सकते हैं।

महान लोग कभी शिकायत नहीं करते। अगर उनके पास कोई समस्या होती है और वे उसके बारे में कुछ कर सकते हैं, तो वे काम करने में जुट जाते हैं।

अगर वे उसके बारे में कुछ नहीं कर सकते, तो वे बस कहते हैं, “जिसका इलाज नहीं हो सकता, उसे सहन करना चाहिए।” फिर वे उस काम को करने में व्यस्त हो जाते हैं, जिसे वे कर सकते हैं, लेकिन वे कभी, कभी भी शिकायत नहीं करते।

सच तो यह है कि आपकी शिकायतों में वैसे भी किसी की सच्ची दिलचस्पी नहीं होती। लोगों के पास अपनी ख़ुद की समस्याएँ हैं और उनकी कई समस्याएँ आपसे बहुत बुरी हैं। आप जिनसे अपनी शिकायतों का रोना रोते हैं, शायद उनमें से ८० प्रतिशत लोग तो उन पर ज़्यादा ध्यान नहीं देते और बाक़ी के २० प्रतिशत एक तरह से ख़ुश होते हैं कि आपके जीवन में समस्याएँ हैं। एम्ब्रॉस बियर्स ने “ख़ुशी” को परिभाषित करते हुए कहा था, “वह भाव, जो किसी मित्र के दुर्भाग्य पर अनुभव होता है।” यह एकदम सच है।

संकल्प करें कि आप हर तरह की आलोचना, निंदा और शिकायत करना छोड़ देंगे। जैसा एक गीत में कहा गया है, “मेरी सलाह है कि अगर आप कोई अच्छी बात नहीं बोल सकते, तो कुछ भी न बोलें।” अगर आप अपनी बातचीत से हर तरह की नकारात्मकता को ख़त्म कर दें, तो इसी से आपके संबंधों पर ज़बर्दस्त सकारात्मक असर पड़ेगा। आप अपने बारे में बेहतर महसूस करने लगेंगे और दूसरे भी।

संबंध सुधारने की सात कुंजियाँ

दूसरों के साथ अपने संबंध सुधारने के लिए आप सात सकारात्मक, सृजनात्मक और मनोवैज्ञानिक दृष्टि से सुदृढ़ प्रोएक्टिव व्यवहारों का अभ्यास कर सकते हैं। इनमें से हर एक महत्वपूर्ण, सम्मानित और मूल्यवान महसूस करने की दूसरों की गहरी अवचेतन ज़रूरतों से संबंधित है। ये अवचेतन ज़रूरतें बचपन में ही पैदा हो जाती हैं और आप इस बात पर हैरान रह जाएँगे कि उन्हें संतुष्ट करने से कितने ज़्यादा लोग आपको पसंद करने लगेंगे। अप्रत्यक्ष प्रयास के नियम के ज़रिए आप भी ख़ुद को ज़्यादा पसंद करने लगेंगे।

रुचिकर बनें

पहला व्यवहार बस रुचिकर (agreeable) बनना है। लोग रुचिकर व्यक्तियों के आस-पास रहना पसंद करते हैं, जिनके साथ वे खुलकर और आसानी से बहुत से विषयों पर बातचीत कर सकें। जब किसी के बोलते समय आप सिर हिलाते हैं, मुस्कुराते हैं और सहमति दर्शाते हैं, तो सामने वाला ज़्यादा मूल्यवान और सम्मानित

महसूस करता है। उसे यह एहसास होता है कि उसकी बातें महत्वपूर्ण हैं और इसलिए वह ख़ुद भी महत्वपूर्ण है।

रुचिकर व्यवहार दूसरों का आत्मसम्मान बढ़ा देता है। असहमति इसे कम कर देती है। जब भी आप लोगों से असहमत होते हैं या बहस करते हैं, तो आप उनके ज्ञान और बुद्धि को चुनौती दे रहे हैं। आप उनसे कह रहे हैं कि वे ग़लत हैं, कि उनके विवेक और अनुभव का ज़्यादा मूल्य नहीं है। इसलिए इसका यह मतलब निकलता है कि वे भी ज़्यादा मूल्यवान नहीं हैं।

इंसान की फ़ितरत है कि हमें ग़लत होने से नफ़रत होती है और ऐसा तब सबसे ज़्यादा होता है, जब यह स्पष्ट होता है कि हम ग़लत हैं। किसी मुद्दे पर ग़लत साबित होना एक ऐसी बात है, जिससे हम यह महसूस करते हैं कि हम ख़ुद किसी तरह से गड़बड़ हैं। हमारा आत्मसम्मान आहत हो जाता है। हम बौने और अयोग्य महसूस करते हैं। ख़ुद को कमतर या अक्षम समझने लगते हैं।

जब आप किसी व्यक्ति को बताते हैं कि वह ग़लत है, तो उसकी तात्कालिक प्रतिक्रिया यह होगी कि वह रक्षात्मक बन जाएगा, बहस करने लगेगा और अपनी बात पर पहले से ज़्यादा अड़ जाएगा। हमारा आत्मसम्मान आम तौर पर बहुत नाज़ुक होता है और जब हमसे कहा जाता है कि हम ग़लत हैं, तो हम फ़ौरन प्रतिक्रिया करते हुए रक्षात्मक हो जाते हैं और हर क़ीमत पर अपने आत्मसम्मान की रक्षा करते हैं।

रुचिकर बनें। दूसरों के साथ आसानी से सहमत होने वाले व्यक्ति बनें। इन शब्दों को याद रखें, "अपने शत्रु के साथ जल्दी सहमत हो जाएँ।" अगर आप रुचिकर और आरामदेह व्यक्ति हैं, जिसके साथ सुखद बातचीत की जा सकती है, तो आप अपनी मदद करने वाले या अपने साथ व्यवहार करने वाले लोगों में बहुत कम प्रतिरोध पैदा करेंगे। भले ही आप तथ्यों के ज्ञान के आधार पर यह जानते हों कि सामने वाला स्पष्ट रूप से ग़लत है, लेकिन आपको ख़ुद से ये सवाल पूछना चाहिए, "यह मामला कितना महत्वपूर्ण है कि सच्चाई बताई जाए?" अगर वह मामला महत्वपूर्ण नहीं है, तो असहमत होने के बजाए उसे जाने दें।

बहस करना छोड़ दें

बड़े होते समय मैं बहुत बहस करता था। मैं पलक झपकते ही किसी भी व्यक्ति से किसी भी चीज़ के बारे में बहस करने लगता था। अक्सर मैं किसी विषय पर जानकारी हासिल करने में बहुत समय लगाता था, ताकि मैं सामने वाले से ज़्यादा जान जाऊँ। ज़्यादा जानकारी होने का नतीजा यह होता था कि मैं लगभग हमेशा जीत जाता

था। मैं सामने वाले की हर बात और हर तर्क को काट सकता था।

बहरहाल, जल्दी ही मैंने पाया कि मैं अपना ज़्यादातर समय अकेले गुज़ार रहा हूँ। लोग जान-बूझकर मुझसे कतराने लगे थे। लोग मेरे साथ ऑफ़िस में ज़्यादा समय नहीं रहना चाहते थे, न ही वे ऑफ़िस के बाद मुझसे सामाजिक संपर्क रखना चाहते थे। मैं हर बहस जीत रहा था, लेकिन सभी दोस्तों को गँवा रहा था।

कहा जाता है कि "जबरन मनवाने के बावजूद व्यक्ति की राय नहीं बदलती है।" मैं लोगों से जबरन अपनी बात मनवा रहा था, तथ्यों के बेहतर ज्ञान की बदौलत उनसे जीत रहा था, लेकिन ज़्यादा महत्वपूर्ण अर्थों में मैं हार रहा था। मैं ख़ुद से यह पूछना भूल गया था, "यहाँ महत्वपूर्ण क्या है ?"

और इस सवाल का जवाब यह था कि मेरे लिए दूसरे लोगों के साथ मिलकर चलना महत्वपूर्ण था। बहस में सही होना या जीतना महत्वपूर्ण नहीं था; संबंध महत्वपूर्ण थे। आपको भी इस पैमाने का इस्तेमाल करना चाहिए। हमेशा ख़ुद से पूछें, "मैं सही होना चाहता हूँ या फिर मैं ख़ुश रहना चाहता हूँ ?" ख़ुशी को चुनें!

जब भी कोई ऐसी बात कहता है जो आपको ग़लत लगती है, तो सर्वश्रेष्ठ नीति उसे जाने देना है। लेकिन अगर किसी कारण से मामला इतना महत्वपूर्ण है कि आप उसे यूँ ही नहीं जाने दे सकते, तो आप "तीसरे पक्ष की असहमति" का इस्तेमाल करके रुचिकर बने रह सकते हैं।

इस विधि में आप अपने शब्दों को किसी काल्पनिक या वहाँ अनुपस्थित तीसरे व्यक्ति के मुँह में रख देते हैं। आप कहते हैं, "बिल, यह बड़ी रोचक बात है, लेकिन अगर कोई आपसे यह सवाल पूछे, तो आप इसका क्या जवाब देंगे ?" फिर उस सवाल को किसी दूसरे के मुँह में रख दें।

आप पूछ सकते हैं, "अगर हमारे ग्राहकों को पता चल जाए कि हम यह कह रहे हैं, तो आपके हिसाब से वे क्या कहेंगे ?" या आप पूछ सकते हैं, "आप क्या सोचते हैं, हमारे बैंकर इस तरह के क़दम पर क्या प्रतिक्रिया करेंगे ?" आप अपने दिमाग़ में आने वाले सवालों को उठा देते हैं, लेकिन इसके बावजूद हर मामले में आप आरामदेह और रुचिकर बने रहते हैं। बस अपने शब्दों को किसी दूसरे के मुँह में रख दें।

इस विधि का यह लाभ है कि अगर सामने वाले के पास अच्छा जवाब है, तो आप अरुचिकर बने बिना उसके साथ चल सकते हैं। अगर सामने वाला आपके सवाल का जवाब नहीं दे सकता, तो वह अपनी राय बदल लेगा और उसे शर्मिंदा भी नहीं होना पड़ेगा, क्योंकि "वह सवाल" पूछने वाला व्यक्ति उपस्थित नहीं है और इससे सामने वाले के अहं को चोट नहीं पहुँचेगी।

रुचिकर और आरामदेह व्यक्ति बनने का फ़ैसला आपका तनाव कम कर देगा

और अपनी मदद के लिए दूसरों को प्रभावित करने की आपकी योग्यता बढ़ा देगा। आप दूसरों का आत्मसम्मान बढ़ा देंगे और अपने बारे में भी बेहतर महसूस करेंगे।

स्वीकृति का अभ्यास करें

आत्मसम्मान बढ़ाने वाला दूसरा व्यवहार, जिसका आप अभ्यास कर सकते हैं, वह "स्वीकृति।" हममें से हर एक की कंडीशनिंग इस तरह हुई है कि हम दूसरे लोगों की स्वीकृति (acceptance) चाहते हैं। बच्चा अपने माता-पिता के हाव-भाव देखकर यह पता लगाने की कोशिश करता है कि उससे प्यार किया जा रहा है या नहीं, उसका सम्मान किया जा रहा है या नहीं, उसे चाहा जा रहा है या नहीं। वह यह पता लगाने की कोशिश करता है कि वह महत्वपूर्ण, मज़ेदार, बुद्धिमान है या नहीं। जब हम बड़े होते हैं, तो हम दूसरों के हाव-भाव से यह पता लगाने की कोशिश करते हैं कि हम कैसा कर रहे हैं। हमारे मन में दूसरे लोगों द्वारा स्वीकार किए जाने की गहरी ज़रूरत होती है, उन लोगों द्वारा भी जिनसे हमारी कोई जान-पहचान तक नहीं है।

उदाहरण के लिए, जब दो लोग पहली बार मिलते हैं, तो सबसे पहले वे स्वीकृति के आपसी स्तर स्थापित करते हैं। हम यह पता लगाने के लिए सामने वाले की आँखों में झाँकते हैं, उसकी मुस्कान, चेहरे और बॉडी लैंग्वेज को देखते हैं कि वो हमें स्वीकार कर रहा है या नहीं, हमारी उपस्थिति से ख़ुश है या नहीं। जब हमें महसूस होता है कि हमें स्वीकार किया जा रहा है, तभी हम चैन से बैठते हैं।

उन लोगों और समूहों द्वारा बहुत सी सामाजिक समस्याएँ उत्पन्न होती हैं, जिन्हें दूसरे लोग उनकी शर्तों पर स्वीकार नहीं कर रहे हैं। जब आप "मैदान में पहुँच जाते हैं" और सामने वाले को सचमुच, बिना किसी शर्त के स्वीकार कर लेते हैं, तो आप उस व्यक्ति का आत्मसम्मान बढ़ा देते हैं। इससे आप उसकी आत्मछवि को बेहतर बना देते हैं और उसे आरामदेह और अपने साथ सुरक्षित महसूस करा देते हैं।

बस मुस्कुराएँ!

और स्वीकृति व्यक्त करने के लिए आपको क्या करना होता है? जवाब सरल है। बस मुस्कुरा दें। मुस्कुराने में सिर्फ़ 13 मांसपेशियों के इस्तेमाल की ज़रूरत होती है, जबकि त्योरी चढ़ाने के लिए 112 मांसपेशियों की ज़रूरत होती है। सच्ची मुस्कान सामने वाले से बहुत कुछ कह देती है। यह कहती है, "मैं आपको अपने वर्तमान

स्वरूप में बिना किसी शर्त के स्वीकार करता हूँ।" जब आप किसी व्यक्ति को देखकर मुस्कुराते हैं, तो वह मूल्यवान, महत्वपूर्ण और सार्थक महसूस करता है। वह अपने बारे में बेहतर महसूस करता है। और इसमें आपका कितना ख़र्च होता है? बस एक मुस्कान, जो सच्ची गर्मजोशी की अभिव्यक्ति है।

एक चीनी कहावत है, "जो व्यक्ति मुस्कुराता नहीं है, उसे दुकान नहीं खोलनी चाहिए।" सेल्समैन, बिज़नेसमैन या जिसकी भी आजीविका दूसरों के सहयोग पर निर्भर होती है, उसे अपने संबंधों में स्वीकृति का अभ्यास करना सीख लेना चाहिए।

आदान-प्रदान का नियम बताता है कि अगर आप मुस्कुराकर और सकारात्मक अभिवादन से लोगों को अच्छा महसूस कराते हैं, तो वे भी बदले में उसी तरह का व्यवहार करना चाहेंगे। विली लोमैन ने *डेथ ऑफ़ अ सेल्समैन* में कहा था, "सबसे महत्वपूर्ण चीज़ है लोगों द्वारा पसंद किया जाना।" जब लोग आपको पसंद करते हैं, तो वे आपके साथ सहयोग करने के ज़्यादा इच्छुक होते हैं। लोगों द्वारा पसंद किए जाने का शुरुआती बिंदु है दूसरों को पसंद करना। और आप किसी को पसंद करते हैं, यह जताने का तरीक़ा है मिलने पर गर्मजोशी भरी, दिल से निकली मुस्कान।

ज़ाहिर है, मुस्कुराने का सबसे मुश्किल समय तब होता है, जब आप ख़ुशी जैसी भावना महसूस न कर रहे हों। लेकिन आप कर्म करके उससे संबंधित भावना जगा सकते हैं। भले ही आप ख़ास सकारात्मक महसूस न कर रहे हों, लेकिन अगर आप दूसरे लोगों से मिलकर मुस्कुराते हैं, तो कुछ मिनट बाद आप दोबारा अच्छा महसूस करने लगेंगे। नकारात्मकता के बादल छँट जाएँगे, हवा में उड़ जाएँगे। धीरे-धीरे आपकी मुस्कानें ज़्यादा वास्तविक होती जाएँगी। आप दूसरों का आत्मसम्मान बढ़ाने की कोशिश करके अपना आत्मसम्मान बढ़ा लेंगे और इसका तरीक़ा है मुस्कुराना।

कृतज्ञता का नज़रिया

दूसरों का आत्मसम्मान बढ़ाने का तीसरा तरीक़ा है *प्रशंसा।* महत्व पाना इंसान के स्वभाव का हिस्सा है। जब भी आप दूसरे व्यक्ति द्वारा की गई किसी चीज़ के लिए अपनी कृतज्ञता व्यक्त करते हैं या उसे महत्व देते हैं, तो आप उसे ज़्यादा मूल्यवान, ज़्यादा योग्य और ज़्यादा सार्थक होने का एहसास कराते हैं।

महत्व देने के लिए बस इन सरल शब्दों की ज़रूरत होती है, "आपको धन्यवाद।" "आपको धन्यवाद" (thank you) शब्द अँग्रेज़ी भाषा में ही नहीं, बल्कि हर भाषा के सबसे सशक्त शब्द हैं। मैं अस्सी से ज़्यादा देशों की यात्रा कर चुका हूँ या वहाँ काम कर चुका हूँ। मैंने सीखा है कि अगर आप वहाँ की स्थानीय भाषा में "प्लीज़"

और "थैंक यू" शब्द कहना सीख लेते हैं और उनका इस्तेमाल करने लगते हैं, तो इन्हीं दोनों के सहारे आप दुनिया के किसी भी देश में आधी दूरी तक पहुँच सकते हैं।

"आपको धन्यवाद" कहें

"आपको धन्यवाद" (thank you) शब्दों में ज़बर्दस्त शक्ति होती है। जब भी आप किसी से ये शब्द कहते हैं, तो उसका आत्मसम्मान बढ़ जाता है। आपके धन्यवाद देने से उसे अपने व्यवहार का पुरस्कार और प्रोत्साहन मिलता है। "आपको धन्यवाद" कहने से आप इस बात की संभावना बढ़ा देते हैं कि वह उस काम को दोहराएगा। अगर आप छोटी-छोटी चीज़ों के लिए लोगों को धन्यवाद देते हैं, तो वे जल्दी ही आपके लिए बड़ी-बड़ी चीज़ें करने लगेंगे।

लोग आपके लिए कुछ भी करें, उसके लिए उन्हें धन्यवाद देने की आदत डालें। आपका जीवनसाथी आपके लिए जो भी करे, हर चीज़ के लिए "आपको धन्यवाद" कहें। आपके बच्चे घर में जो भी काम करें, उसके लिए उन्हें धन्यवाद दें। आप अपने जीवनसाथी और बच्चों को जितना ज़्यादा धन्यवाद देते हैं, वे अपने बारे में उतना ही ज़्यादा सकारात्मक और ख़ुश महसूस करते हैं। वे आपके लिए ऐसे और काम करने के लिए ज़्यादा उत्सुक हो जाते हैं, ताकि आप उन्हें महत्व दें।

दिन भर में जब भी लोग आपके लिए कुछ करें, तो उन्हें "आपको धन्यवाद" कहें। जब कोई आपको अपॉइंटमेंट दे, तो उसे धन्यवाद दें। समय निकालने के लिए उन्हें धन्यवाद दें। राय देने के लिए धन्यवाद दें। उनकी उदारता के लिए धन्यवाद दें। उनकी मदद के लिए धन्यवाद दें। आप जिस भी चीज़ के बारे में सोच सकते हों, हर उस चीज़ के लिए लोगों को धन्यवाद दें।

इसके अलावा "आपको धन्यवाद" की चिट्ठियाँ भेजें। धन्यवाद के पत्र आत्मसम्मान बढ़ाने और संबंध प्रगाढ़ करने वाले सबसे सशक्त साधनों में से एक हैं। जब आप किसी को धन्यवाद पत्र भेजते हैं, भले ही उसमें सिर्फ़ कुछ शब्द लिखे हों, तो वह महीनों तक, शायद बरसों तक आपकी सकारात्मक याद अपने मन में सँजोए रखता है। दूसरों के प्रति कृतज्ञता व्यक्त करने के अलग तरीक़े खोजकर, अलग तरीक़ों से "आपको धन्यवाद" कहकर आप ख़ुद को भीड़ से अलग कर सकते हैं।

"कृतज्ञता का नज़रिया" विकसित करें। सबसे सुखी और लोकप्रिय लोग वे हैं, जो ज़िंदगी में अपने साथ होने वाली चीज़ों और हर मिलने वाले व्यक्ति के प्रति सचमुच कृतज्ञ होते हैं। कृतज्ञता का नज़रिया आपके सामने की राह साफ़ कर देता है। कृतज्ञता का नज़रिया स्वस्थ व्यक्तित्व और आत्मसम्मान के उच्चतर स्तर की

गारंटी देता है। इसके अलावा, आप अपनी वर्तमान चीज़ों के लिए जितने ज़्यादा कृतज्ञ होंगे, भविष्य में आपको उतनी ही ज़्यादा चीज़ें मिलेंगी, जिनके लिए आप कृतज्ञ हो सकेंगे।

छोटे बच्चे इसके लिए रोते हैं; वयस्क लोग इसके लिए अपनी जान दे देते हैं

दूसरों को ज़्यादा महत्वपूर्ण महसूस कराने और उनका आत्मसम्मान बढ़ाने का चौथा तरीक़ा है हर मौक़े पर उनकी प्रशंसा करना। लोगों को ख़ुश करने और गर्व का एहसास दिलाने के लिए प्रशंसा से ज़्यादा तेज़ और अचूक तरीक़ा दूसरा नहीं है। दूसरों को प्रशंसा और मान देना उनके आत्मसम्मान को बढ़ाने, उनके व्यवहार को प्रोत्साहित करने और उनकी मदद या सहयोग पाने का सबसे अचूक तरीक़ा है।

आत्मसम्मान की एक परिभाषा यह है कि व्यक्ति ख़ुद को कितना ज़्यादा "प्रशंसनीय" समझता है। जब उसे किसी दूसरे व्यक्ति की प्रशंसा मिलती है, तो उसका आत्मसम्मान किसी गर्म दिन के थर्मामीटर की तरह ऊपर हो जाता है। *द वन मिनट मैनेजर* के लेखक केन ब्लैंचर्ड दिन भर "एक मिनट की प्रशंसाओं" के इस्तेमाल की सलाह देते हैं। उनका सुझाव है कि आप "लोगों को कोई सही चीज़ करते पकड़ें।" और आप यह काम जितना ज़्यादा करते हैं, वे उतने ही ज़्यादा असरदार और योग्य महसूस करते हैं। इस बात की काफ़ी ज़्यादा संभावना है कि वे उस व्यवहार को दोहराएँगे, जिसने प्रशंसा अर्जित की है।

जब माता-पिता या टीचर्स थके हुए बच्चों प्रशंसा करते हैं, तो वे उत्साहित हो जाते हैं और उनकी खोई हुई ऊर्जा लौट आती है। जब कोई सम्मानित व्यक्ति लोगों की सच्ची प्रशंसा करता है, तो उनका उत्साह और सक्रियता बढ़ जाती है और वे अपने बारे में पहले से ज़्यादा बेहतर महसूस करते हैं। लोगों का आत्मसम्मान बढ़ाने और उन्हें अपने बारे में अच्छा महसूस कराने की जितनी शक्ति प्रशंसा में है, उतनी किसी दूसरी चीज़ में नहीं है। बस उन्होंने जो कहा या किया है, उस चीज़ के लिए उनकी सच्ची तारीफ़ कर दें।

सकारात्मक प्रशंसा की तीन कुंजियाँ

प्रशंसा एक कला है। महान लीडर्स, सफल बिज़नेसमैन और उत्कृष्ट माता-पिता

प्रशंसा करने में माहिर होते हैं। यहाँ तीन चीज़ें बताई जा रही हैं, जिनका इस्तेमाल करके आप अपनी प्रशंसा से अधिकतम असर डाल कर सकते हैं।

पहली, प्रशंसा तत्काल होनी चाहिए। आप किसी कार्य या व्यवहार की *जितनी जल्दी* प्रशंसा करते हैं, उसका असर उतना ही ज़्यादा होता है। कुछ कंपनियाँ हर तीन महीने या छह महीने या एक साल में कर्मचारियों का मूल्यांकन करने की ग़लती करती हैं। लेकिन जब आप घटना के लंबे समय बाद लोगों की तारीफ़ करते हैं, तो इससे उनकी अपने बारे में भावनाओं या भावी कामों पर बहुत कम असर होता है। इसलिए तत्काल या पहला मौक़ा मिलते ही प्रशंसा करने की आदत डालें।

दूसरी, *किसी निश्चित चीज़* की प्रशंसा करें। जब आप किसी ख़ास काम या व्यवहार की प्रशंसा करते हैं, तो इससे यह सुनिश्चित होता है कि वह व्यक्ति उस ख़ास काम या व्यवहार को दोहराएगा। बहरहाल, अगर आप सामान्य प्रशंसा करते हैं, जैसी कि लोग करते हैं, तो इसका पाने वाले पर बहुत कम असर होता है। उदाहरण के लिए, अगर आप अपनी सेक्रेटरी से कहते हैं, "तुम बहुत अच्छा काम कर रही हो," तो आपके शब्दों का असर सामान्य होगा। लेकिन अगर आप कहते हैं, "तुमने गुरुवार तक वह रिपोर्ट टाइप करके कमाल कर दिया," तो इस बात की बहुत .ज्यादा संभावना है कि भविष्य में भी आपकी रिपोर्ट समय पर पूरी हो जाएगी और भेज भी दी जाएगी।

बच्चों की प्रशंसा में भी यही नियम लागू होता है। "तुम बहुत बढ़िया बच्चे हो," कहने के बजाय यह कहें, "तुमने आज सुबह अपना बिस्तर जमाने और अपने बेडरूम की सफ़ाई करने का बेहतरीन काम किया है।" जब भी आप ख़ास उपलब्धियों की प्रशंसा करते हैं, तो इस बात की काफ़ी संभावना है कि आपका बच्चा उस काम को दोहराएगा। नियम यह है : उस चीज़ की प्रशंसा करें, जिसे आप दोबारा देखना चाहते हों; तत्काल तारीफ़ करें; और किसी निश्चित चीज़ की प्रशंसा करें।

तीसरी बात, जब भी संभव हो, *सार्वजनिक रूप से प्रशंसा करें।* अगर आपको किसी व्यक्ति की ग़लती सुधारनी हो, तो यह काम अकेले में करें, लेकिन प्रशंसा दूसरों के सामने करें। किसी व्यक्ति की प्रशंसा करते समय आस-पास जितने ज़्यादा लोग मौजूद रहेंगे, उसका आत्मसम्मान उतना ही ज़्यादा बढ़ेगा। सहकर्मियों की भीड़ के सामने समारोहों में जो पुरस्कार और सम्मान दिए जाते हैं, उनका किसी व्यक्ति के आत्मसम्मान और उसके बाद के व्यवहार पर बहुत ज़्यादा असर पड़ता है।

हो सकता है लोग ज़्यादा पैसे की ख़ातिर ज़्यादा कड़ी मेहनत करें, लेकिन ज़्यादा प्रशंसा और सम्मान पाने के लिए तो वे टूटे हुए काँच के टुकड़ों के ऊपर रेंगकर आने को भी तैयार होंगे। सभी महान लीडर्स यह बात जानते हैं, इसलिए वे

उदारता से प्रशंसा करते हैं। नेपोलियन ने कहा था, "मैंने एक उल्लेखनीय चीज़ खोजी है; इंसान तमगों (ribbon) के लिए अपनी जान दे देंगे।" सही तरीक़े से की गई प्रशंसा एक शक्तिशाली प्रेरणा है।

दो तरह की प्रशंसाएँ

अगर आप चाहते हैं कि व्यक्ति कोई आदत *विकसित* करे, जैसे अपने बेडरूम की सफ़ाई करना या समय पर ऑफ़िस आना, तो वह जब भी यह काम करे, *हर बार आपको उसकी प्रशंसा करनी चाहिए।* इस तरह की प्रशंसा को "सतत प्रबलीकरण" कहा जाता है। अगर आप उस नए व्यवहार की लगातार प्रशंसा करते हैं, जिसे आप दोबारा देखना चाहते हैं, तो अंततः वह व्यक्ति उस काम को इतनी ज़्यादा बार करेगा कि वो उसकी आदत बन जाएगा। नई आदत विकसित हो जाने पर आप "समय-समय पर प्रबलीकरण" (intermittent reinforcement) की नीति बना सकते हैं। इसका मतलब है कि वह काम तीन-चार बार होने के बाद समय-समय पर आप उस व्यवहार की तारीफ़ करते हैं।

आदत पड़ जाने के बाद सतत प्रबलीकरण झूठा लग सकता है और दरअसल प्रेरणा को कमज़ोर भी कर सकता है। हो सकता है कि आदत पड़ने के बाद हर बार तारीफ़ होने से व्यक्ति अपने उस व्यवहार को पूरी तरह छोड़ दे। लेकिन आदत पड़ने के बाद समय-समय पर प्रशंसा से व्यवहार अनंत काल तक जारी रह सकता है। यह "प्लेट को लगातार घुमाने" जैसा है।

उदाहरण के लिए, आप अपने बच्चों से उनका कमरा साफ़ करवाना चाहते हैं। जब भी वे छोटी से छोटी चीज़ की सफ़ाई करें, तो हर बार उनकी तारीफ़ करें। इसे बहुत बड़ी बात बना लें। ऐसा तब तक करते रहें, जब तक कि बच्चे स्वेच्छा से या छुटपुट प्रेरणा से अपने कमरे साफ़ न करने लगें। जब वे अपने कमरे साफ़ करने की आदत डाल लें, तो आपको उन्हें हर तीसरी या चौथी बार ही प्रशंसा देने की ज़रूरत है। उस आदत का "पेंच फँसाने" के लिए इतना काफ़ी होगा।

बधाई देना

दूसरों का आत्मसम्मान बढ़ाने और उन्हें महत्वपूर्ण महसूस कराने के लिए आप जिस पाँचवें तरीक़े का प्रयोग कर सकते हैं, वह है बधाई। जब भी आप किसी व्यक्ति को उसकी किसी चीज़, जैसे गुण या वस्तु, के लिए बधाई देते हैं, तो आप उसके

आत्मसम्मान को बढ़ा हैं। प्रशंसात्मक बधाई मानवीय संबंधों में सशक्त औज़ार है। जैसा अब्राहम लिंकन ने कहा था, "हर व्यक्ति प्रशंसात्मक टिप्पणी पसंद करता है।" आप बधाई का इस्तेमाल लगभग हर जगह और हर स्थिति में कर सकते हैं। लगभग पक्की गारंटी है कि इसके बाद सामने वाला व्यक्ति ज़्यादा महत्वपूर्ण महसूस करेगा।

आप व्यक्तित्व के गुणों के लिए भी बधाई दे सकते हैं। जब आप किसी व्यक्ति को समय की पाबंदी, उदारता, लगन या संकल्प के लिए बधाई देते हैं, तो आप उसे ज़्यादा मूल्यवान और महत्वपूर्ण होने का एहसास कराते हैं। हम सभी को अपने सकारात्मक गुणों पर गर्व होता है। हम सभी को आम तौर पर अपनी शख़्सियत पर गर्व होता है। जब दूसरे लोग इन गुणों को पहचानते हैं और हमें बधाई देते हैं, तो हम अपने बारे में बेहतर महसूस करने लगते हैं।

आप मूल्यवान वस्तुओं के लिए भी लोगों को बधाई दे सकते हैं। लोग अक्सर जो चीज़ें ख़रीदते हैं, उसमें अपनी भावनाओं का निवेश करते हैं। मिसाल के तौर पर, ज़्यादातर लोग अपने मकान के लिए जो फ़र्नीचर ख़रीदते हैं, उसके बारे में बहुत सोच-विचार करते हैं। आप इस बात पर किसी व्यक्ति को बधाई देने में कभी ग़लत नहीं हो सकते कि उसका घर या लिविंग रूम कितना आकर्षक दिख रहा है।

लोग अपने कपड़े भी बहुत सोच-विचार के बाद ख़रीदते हैं। इस बात की गारंटी है कि अगर आप किसी महिला के कपड़ों की तारीफ़ करते हैं, तो इससे वह बेहतर महसूस करने लगेगी।

आप यही असर पुरुषों को बधाई देकर भी डाल सकते हैं, ख़ासकर उनके जूतों या टाई पर। पुरुष आम तौर पर बहुत सोच-विचार के बाद टाई और जूते ख़रीदते हैं। जब आप उन्हें बधाई देंगे, तो वे हैरान भी होंगे और ख़ुश भी।

आप लोगों की उपलब्धियों की प्रशंसा भी कर सकते हैं। आप उनकी शैक्षणिक उपाधि या पद के लिए बधाई दे सकते हैं। उनके द्वारा स्थापित कंपनी या उनके द्वारा हासिल किसी अन्य चीज़ के लिए भी उन्हें बधाई दे सकते हैं।

दूसरों की उपलब्धियों के लिए उन्हें बधाई देने से उनका आत्मसम्मान बढ़ता है और वे आपके बारे में अच्छा महसूस करने लगते हैं। अगर आप सचमुच किसी चीज़ के लिए सामने वाले को बधाई देना चाहते हैं, तो आपको इसके अनंत अवसर मिलेंगे। हर व्यक्ति ने ऐसी कोई न कोई चीज़ हासिल की होगी, जिस पर आप उसे बधाई दे सकते हैं। आपका काम तो बस वो चीज़ खोजकर उसे बधाई देना है।

बहरहाल, मैं आपको एक चेतावनी देना चाहूँगा। सिर्फ़ तभी प्रशंसा करें या बधाई दें, जब आप सचमुच इसे महसूस करें। कभी भी दूसरों का आत्मसम्मान बढ़ाने

की कोशिश में झूठ न बोलें। लोगों में झूठ पकड़ने के यंत्र लगे होते हैं। वे भीड़ भरे कमरे में भी झूठ पकड़ सकते हैं। इसलिए यह ग़लती न करें।

इस नियम का सिर्फ़ एक अपवाद है : झूठी मुस्कान हर समय सच्ची भ्रकुटी से बेहतर होती है। लेकिन बाक़ी सभी मामलों में आपकी बधाइयाँ सच्ची होनी चाहिए। आपको सचमुच वह महसूस करना चाहिए, जो आप कह रहे हैं। अगर ऐसा नहीं है, तो लोग महसूस करेंगे कि आप उनसे फ़ायदा उठाने की कोशिश कर रहे हैं। ऐसा होने पर आपको अपनी मनचाही प्रतिक्रिया के विपरीत परिणाम मिलेंगे। सामने वाले व्यक्ति का आत्मसम्मान कम हो जाएगा और वह आपकी बात पर अविश्वास तथा रक्षात्मकता से प्रतिक्रिया करेगा।

ये पहली पाँच चीज़ें, जो आप दूसरों को ज़्यादा महत्वपूर्ण बनाने के लिए कर सकते हैं, A अक्षर से शुरू होती हैं। पहली है रुचिकर (agreeable) बनना। दूसरी है स्वीकृति (acceptance) व्यक्त करना, लोगों से मिलते समय मुस्कुराना। तीसरी है महत्व (appreciation) देना, हर मौक़े पर "आपको धन्यवाद" कहना। चौथी है लोगों के सकारात्मक कामों की प्रशंसा करना (approval)। पाँचवीं है लोगों की उपलब्धियों, गुणों या मूल्यवान वस्तुओं के लिए उन्हें बधाई (admiration) देना। आपका यह व्यवहार दूसरों के साथ आपके अच्छे संबंधों की नींव है। जब आप इन पर अमल करते हैं, तो हर बार आप दूसरे लोगों को उनके और अपने बारे में बेहतर महसूस कराते हैं। इसके अलावा, ऐसा करने पर आप ख़ुद भी अपने बारे में बेहतर महसूस करते हैं।

"सफ़ेद जादू"

आप दूसरों को महत्वपूर्ण बनाने के लिए जो छठा क़दम उठा सकते हैं, वह भी A अक्षर से ही शुरू होता है और यह है *ध्यान* (attention)। ज़िंदगी ध्यान का अध्ययन है। आप हमेशा उसी चीज़ पर ध्यान देते हैं, जिसे आप सबसे ज़्यादा महत्व देते हैं, जिसमें आपकी सबसे ज़्यादा दिलचस्पी होती है और जिसे आप अपने लिए सबसे ज़्यादा महत्वपूर्ण मानते हैं। आपका ध्यान आपका जीवन है। जहाँ आपका ध्यान जाता है, आपके विचार, आपकी भावनाएँ और आपका जीवन भी उसी दिशा में जाता है।

आप दूसरों पर कितना ध्यान देते हैं, यह इस बात का प्रमुख संकेत है कि वे आपके लिए कितने महत्वपूर्ण हैं। आप हमेशा उन लोगों और चीज़ों पर सबसे ज़्यादा ध्यान देते हैं, जिन्हें आप सबसे ज़्यादा महत्व देते हैं। ध्यान का विपरीत है उदासीनता।

आप उन लोगों और चीज़ों को नज़रअंदाज़ कर देते हैं, जिन्हें आप महत्व नहीं देते या मूल्यवान नहीं समझते।

जब आप किसी व्यक्ति पर ध्यान देते हैं, तो दरअसल आप कह रहे होते हैं, "मैं आपको महत्व देता हूँ और महत्वपूर्ण मानता हूँ।" जब आप किसी व्यक्ति को नज़रअंदाज़ करते हैं, तो आप कह रहे हैं, "मैं आपको महत्वहीन मानता हूँ।" किसी व्यक्ति पर ध्यान देने भर से उसका आत्मसम्मान बढ़ जाता है। और किसी को नज़रअंदाज़ कर देने से उसका आत्मसम्मान कम हो जाता है। उदासीनता से अक्सर वह नाराज़ और रक्षात्मक महसूस करने लगता है।

नकारात्मक भावनाओं का एक प्रमुख कारण यह एहसास है कि लोग हमें नज़रअंदाज़ कर रहे हैं। जीवनसाथी, बॉस या रेस्तराँ के वेटर द्वारा नज़रअंदाज़ किए जाने से हमें अपना महत्व कम लगने लगता है। इसीलिए जो लोग मानवीय संबंधों में असरदार होते हैं, वे दूसरों पर सही ध्यान देने के बारे में बेहद संवेदनशील और जागरूक होते हैं।

आप लोगों को सही ध्यान कैसे दें ? आप सुनने के "सफ़ेद जादू" का इस्तेमाल करते हैं। सुनना मानवीय संबंधों में ध्यान का सच्चा पैमाना है। सुनने के माध्यम से ही आप दिखाते हैं कि आप सामने वाले को कितना ज़्यादा महत्व देते हैं और इस बात पर कि वह क्या कह रहा है। जब आप सामने वाले की बात सुनते हैं और अच्छी तरह सुनते हैं, तभी उसे इस बात का एहसास होता है कि वह मूल्यवान और महत्वपूर्ण है। सर्वश्रेष्ठ लीडर्स, सर्वश्रेष्ठ सेल्समैन, सर्वश्रेष्ठ मैनेजर्स और सर्वश्रेष्ठ मित्र उत्कृष्ट तथा कुशल श्रोता होते हैं।

अच्छे श्रोता बनने के तीन मुख्य लाभ हैं। पहला यह कि *सुनने से विश्वास बढ़ता है।* जब भी कोई हमारी बात सुनता है, तो हम उस पर ज़्यादा विश्वास करने लगते हैं। दो लोगों के बीच विश्वास बढ़ाने का सबसे तेज़ तरीक़ा यह है कि वे एक-दूसरे की बातें ग़ौर से सुनें और प्रशंसात्मक अंदाज़ में सुनें। जब आप ग़ौर से सुनते हैं, तो सामने वाला आपको जितना पसंद करता है और आप पर जितना विश्वास करता है, उतना इसकी विपरीत स्थिति में नहीं करता। तब आपसे प्रभावित होने की उसकी संभावना बढ़ जाती है।

अच्छी तरह सुनने का दूसरा लाभ यह है कि *इससे आत्मसम्मान बढ़ता है।* जब आप किसी व्यक्ति की बातें ग़ौर से सुनते हैं, तो उसका आत्मसम्मान बढ़ जाता है। जब भी कोई आपकी बात ग़ौर से सुनता है, तो आपका आत्मसम्मान बढ़ जाता है। आप ज़्यादा महत्वपूर्ण महसूस करने लगते हैं। आप ख़ुद को ज़्यादा मूल्यवान महसूस करने लगते हैं।

सुनने का तीसरा लाभ यह है कि *इससे आत्म-अनुशासन बढ़ता है।* सामने वाले की बातें ग़ौर से सुनने के लिए ज़बर्दस्त व्यक्तिगत आत्म-अनुशासन और आत्म-नियंत्रण की ज़रूरत होती है। एक औसत व्यक्ति एक मिनट में लगभग 150 शब्द *बोलता है*, जबकि आप एक मिनट में लगभग 600 शब्द *सुन सकते हैं।* सक्रिय श्रवण के लिए यह आवश्यक है कि आप अपना ध्यान नियंत्रित करें और सामने वाले की बात पर पूरी तरह केंद्रित रखें। आप बिना ध्यान भटकाए सुनने के लिए ख़ुद को जितना ज़्यादा अनुशासित कर लेंगे, जीवन के अन्य क्षेत्रों में भी उतने ही ज़्यादा असरदार बनेंगे।

बस वहाँ बैठे न रहें!

सक्रिय श्रोता बनने का पहला हिस्सा *ग़ौर से सुनना है।* कोण में बैठने के बजाय सीधे वक्ता के सामने बैठें। बोलने वाले की ओर थोड़ा आगे झुकें। अगर आप खड़े हुए हैं, तो एड़ी पर ज़ोर देकर खड़े हों, ताकि आपकी ऊर्जा का रुख़ आगे की तरफ़ हो जाए। सामने वाले के मुँह और आँखों को ग़ौर से देखें। इससे वक्ता को पता चलता है कि आप उसकी बातों पर पूरा ध्यान दे रहे हैं। वक्ता के सामने यह स्पष्ट हो जाता है कि आप उसकी बातचीत में पूरी तरह खोए हुए हैं।

सक्रिय श्रोता बनने का दूसरा हिस्सा है *सुनते समय बीच में बात न काटना।* ज़्यादातर लोग किसी की बातें वास्तव में सुनते ही नहीं हैं। वे तो यह सोचने में बहुत व्यस्त रहते हैं कि जब सामने वाला साँस लेने के लिए रुकेगा, तो वे क्या कहने वाले हैं। इस चक्कर में वे यह सुनते ही नहीं हैं कि सामने वाला दरअसल क्या कह रहा है।

जब भी वक्ता को एहसास होता है कि सुनने वाला बीच में कूदने के मौक़े का इंतज़ार कर रहा है या उसके विचार कहीं और भटक रहे हैं, शायद प्रतिक्रिया की तैयारी में व्यस्त हैं, तो वह चिड़चिड़ा, असहज और अक्सर अपमानित महसूस करने लगता है। लेकिन जब वक्ता को लगता है कि सामने वाला उसकी बात ग़ौर से सुन रहा है, तो वह ख़ुद को ज़्यादा मूल्यवान समझता है। इसलिए धैर्य से सुनें, शांति से सुनें, इस तरह सुनें जैसे सामने वाले की बातें सुनना आपके लिए दुनिया की सबसे मूल्यवान चीज़ हो और उसकी बात ख़त्म होने तक आप दुनिया में कहीं और नहीं होना चाहेंगे।

सक्रियता से सुनने का तीसरा हिस्सा है *जवाब देने से पहले ठहरना।* जब कोई वक्ता अपनी बात ख़त्म कर ले, तो तत्काल बोलना शुरू न करें। कुछ कहने

से पहले तीन या पाँच सेकंड का विराम दें। इस विराम में तीन चीज़ें होंगी।

पहली, आप सामने वाले की बात बेहतर तरीक़े से समझेंगे। जब आप सामने वाले की टिप्पणियों को अंदर समाने के लिए कुछ सेकंड का समय देते हैं, तो आप दरअसल उसकी बात को ज़्यादा बेहतर ढंग से समझ लेते हैं।

दूसरी बात, कुछ पल ठहरने से आप सामने वाले की *बात काटने से बचते हैं*, क्योंकि हो सकता है कि उसकी बात अभी पूरी नहीं हुई हो और वह सिर्फ़ अपने विचारों को सिलसिलेवार जमाने के लिए रुका हो। जब आप तीन से पाँच सेकंड तक ठहरते हैं, तो आप सामने वाले की बात काटने के बजाय उसे आगे अपनी बात कहने का अवसर देते हैं। किसी विचार या वाक्य के बीच में टोकने से इंसान जितनी ज़्यादा चिढ़ या अपमान महसूस करता है, उतनी बहुत कम चीज़ों से करता है।

तीसरी बात, जब आप जवाब देने से पहले ठहरते हैं, तो आप अपनी ख़ामोशी से यह स्पष्ट कर देते हैं कि आप उसकी बातों को महत्वपूर्ण समझते हैं। आप सावधानी से उस पर विचार कर रहे हैं। यह वक्ता के लिए बहुत प्रशंसनीय बात होती है कि श्रोता प्रतिक्रिया करने से पहले चुपचाप बैठकर उसकी टिप्पणियों के बारे में सोचे, प्रतिक्रिया चाहे जो भी हो।

अच्छी तरह से सुनने का चौथा हिस्सा *बात को स्पष्ट करने के लिए सवाल पूछना है।* आप सामने वाले की बात का पूरा मतलब समझने के लिए सवाल पूछते हैं। एक पुरानी कहावत है, "हर असफलता की जड़ में ग़लत मान्यताएँ होती हैं।" अगर आप बिना जाँच किए यह मान लेते हैं कि आप बात को पूरा समझ गए हैं, तो हो सकता है कि आपने ग़लत समझा हो। हो सकता है, आप सामने वाले की बात का असली मतलब न समझ पाए हों। यह स्त्री-पुरुष चर्चा पर ख़ास तौर पर लागू होता है।

सामने वाले ने जो कहा है और आपने जो समझा है, क्या वह एक ही है? इस "अनुभूति जाँच" के लिए आप एक बहुत अच्छे सवाल का इस्तेमाल कर सकते हैं, "आपका क्या मतलब है?" "दरअसल, आपका ठीक-ठीक क्या मतलब है?"

सेल्स, मार्केटिंग, परामर्श और प्रशिक्षण में मेरा अनुभव यह रहा है कि अगर आपको सामने वाले की बात के वास्तविक अर्थ के बारे में ज़रा सी भी शंका है, तो शायद आप उसकी बात समझ ही *नहीं* पाए हैं। अच्छे संप्रेषण और अच्छी तरह से सुनने के लिए यह अनिवार्य है कि आप स्पष्टता सुनिश्चित करने के लिए सवाल पूछें। और जब भी आप यह पूछते हैं, "आपका क्या मतलब है?" तो आपके सामने स्थिति ज़्यादा स्पष्ट हो जाती है।

किसी बातचीत का विस्तार करने, सुनने के अवसर बढ़ाने और अपनी समझ बेहतर बनाने का शायद सबसे अच्छा तरीक़ा खुले सिरे वाले सवालों का इस्तेमाल है।

खुले सिरे वाला (ofen-ended) सवाल वह होता है, जिसका जवाब "हाँ" या "न" में नहीं दिया जा सकता। खुले सिरे वाले सवाल रूडयार्ड किपलिंग की कविता के शब्दों से शुरू होते हैं, "... छह ईमानदार सेवक/ (जिन्होंने मुझे वह सब सिखाया है, जो मैं जानता हूँ);/ उनके नाम हैं क्या और क्यों और कब/ और कैसे और कहाँ और कौन।"

खुले सिरे वाले सवाल पूछने का एक और लाभ यह होता है कि आपको सुनने, विश्वास बनाने और सामने वाले के विचारों और भावनाओं को समझने का ज़्यादा मौक़ा मिलता है। याद रखें, जब आपका मुँह खुला रहता है, तो आप कुछ नहीं सीखते। बोलते समय आप सिर्फ़ वही कह सकते हैं, जो आप *पहले से* जानते हैं। लेकिन जब आप सुनते हैं, तब आपके लिए कोई नई चीज़ सीखना संभव होता है।

सक्रियता से सुनने का पाँचवाँ हिस्सा है सामने वाले के शब्दों से उसे *फ़ीडबैक* देना। उसकी बातों को अपने शब्दों में दोहराएँ। ऐसा करके आप वक्ता को प्रशंसात्मक बधाई देते हैं। आप दिखाते हैं कि आप कितने ग़ौर से सुन रहे हैं। दरअसल, जब तक आप वक्ता के अर्थ को सही तरीक़े से दोहरा नहीं देते, तब तक आपने उसकी बात सचमुच समझी ही नहीं है।

जब सामने वाला अपनी बात पूरी कर ले, तो इसे आज़माकर देखें। तीन से पाँच सेकंड रुकने के बाद कहें, "मुझे यह पक्का कर लेने दें कि मैं आपकी बात समझ गया हूँ। मुझे लगता है कि आप *यह* कह रहे हैं।" और फिर उसकी बात को अपने शब्दों में दोहरा दें।

जब भी आप इतने ग़ौर से सुनने की कोशिश करते हैं कि सामने वाले के शब्द उसके सामने दोहरा सकें, तो *आप* अपनी संप्रेषण की योग्यता बढ़ा लेते हैं। आप अपने और उसके बीच ज़्यादा विश्वास बना लेते हैं। आप सामने वाले का आत्मसम्मान बढ़ा देते हैं और आत्म-अनुशासन विकसित कर लेते हैं।

परानुभूतिपूर्ण सुनना

परानुभूतिपूर्ण सुनने (empathic listening) में सच्ची परवाह और सामने वाले के लिए साउंडिंग बोर्ड का काम करना शामिल है। इसमें आप सामने वाले की समस्याओं को सुलझाने की कोशिश नहीं करते, बल्कि उसकी बात ग़ौर से सुनते हैं।

मनोचिकित्सक परानुभूतिपूर्ण सुनने की इस तकनीक का इस्तेमाल करते हुए किसी व्यक्ति के शब्द अलग रूप में उसके सामने दोहराते हैं। मिसाल के तौर पर, अगर कोई व्यक्ति कहता है, "मैं अपनी नौकरी से सचमुच कुंठित हूँ," तो आप कह सकते हैं, "ऐसा लगता है, जैसे आप अपने ऑफ़िस में हो रही चीज़ों से तंग आ चुके हैं।"

जब आप सामने वाले के शब्दों को उसकी ओर *परावर्तित* कर देते हैं, तो इससे अक्सर उसे भी मदद मिलती है। इससे वह न सिर्फ़ समस्या को बेहतर समझ सकता है, बल्कि समाधान का ज्ञान भी हासिल कर सकता है।

परानुभूतिपूर्ण सुनना दो तरह का होता है, *सीधा* परावर्तन (simple reflection) और *विश्लेषणात्मक* परावर्तन (interpretive reflection)। "सीधे" परावर्तन में आप वक्ता की बात को सीधे-सीधे दोहरा देते हैं और उसमें कुछ जोड़ते नहीं हैं, न ही छिपे अर्थों की तलाश करते हैं। आप बस सुनी हुई बात को अपने शब्दों में दोहरा देते हैं।

अगर कोई व्यक्ति कहता है, "मैं सचमुच चिंतित हूँ," तो आप बस कह देते हैं, "आप सचमुच चिंतित दिख रहे हैं।"

"विश्लेषणात्मक" परावर्तन में आप सिर्फ़ वक्ता की कही बातों को नहीं दोहराते हैं। इसके बजाय आप उसके पीछे छिपे संदेश पर विचार करते हैं। "आपके काम के बारे में कोई चीज़ सचमुच आपको परेशान कर रही है; कहीं ऐसा तो नहीं कि बॉस आप पर बहुत ज़्यादा दबाव डाल रहा है ?"

विश्लेषणात्मक परावर्तन में आप दो में से एक चीज़ कर सकते हैं। पहली, आप या तो संक्षेप में बता सकते हैं कि सामने वाला क्या कह रहा है और फिर उसके संदेशों की *विषयवस्तु* पहचान सकते हैं। उदाहरण के तौर पर, आप क्रोध या कुंठा जैसी विषयवस्तु पहचान सकते हैं। आप कह सकते हैं, "मुझे लगता है कि आप इस स्थिति को लेकर सचमुच नाराज़ या कुंठित हैं।" आप ख़ुद ज़्यादा गहरा अर्थ नहीं जोड़ते हैं।

दूसरे प्रकार का विश्लेषणात्मक परावर्तन उन विचारों या भावनाओं को दोहराना होता है, जिन्हें वक्ता ने प्रकट तो नहीं किया है, लेकिन आपको लगता है कि वे ही उसका *असली* संदेश हैं। आप लक्षणों के बजाय मूल मुद्दे पर पहुँचने की कोशिश करते हैं।

उदाहरण के लिए, जब मेरा बेटा माइकल अठारह महीने का था, तो एक दिन मेरी पाँच साल की सबसे बड़ी बेटी क्रिस्टीना किचन में आकर चिल्लाने लगी, "मैं अपने भाई से नफ़रत करती हूँ।"

अगर मैं विश्लेषणात्मक सुनने की तकनीक नहीं जानता, तो मैं इस तरह की बात कह देता, “ओह, नहीं, तुम नफ़रत नहीं करती हो, तुम तो अपने भाई से प्यार करती हो और तुम यह बात जानती हो।” इसके बजाय, भाई-बहनों की प्रतिद्वंद्विता को समझते हुए और छिपे हुए संदेश पर प्रतिक्रिया करते हुए मैंने उससे कहा, “तुम्हें लगता है कि हम तुम्हारे छोटे भाई पर ज़्यादा ध्यान दे रहे हैं और तुम पर पर्याप्त ध्यान नहीं दे रहे हैं, है ना?”

इस पर क्रिस्टीना रोने लगी और बोली, “हाँ, कई बार मुझे महसूस होता है कि आप उसे मुझसे ज़्यादा प्यार करते हो।” दरअसल वह माइकल से नफ़रत नहीं करती थी। उसे तो बस इस दिलासे की ज़रूरत थी कि हम अब भी उससे बहुत प्यार करते हैं।

इस तरह का विश्लेषणात्मक परावर्तन या परानुभूतिपूर्ण सुनना बहुत मददगार होता है। इसके लिए आपको वक्ता के शब्दों के नीचे पहुँचना होता है और उन असली कारणों की तलाश करनी होती है कि वक्ता इस तरह क्यों महसूस कर रहा है।

परावर्तन सुनने का अभ्यास करके आप अपने परिवार के सदस्यों, दोस्तों और सहकर्मियों की बहुत मदद कर सकते हैं। कई बार तो व्यक्ति को बस किसी सच्चे दोस्त के परावर्तन श्रवण से मिलने वाली ज्ञान की हल्की सी झलक की ज़रूरत होती है, ताकि वह समझ सके कि उसे अपनी समस्याएँ सुलझाने के लिए किस चीज़ की ज़रूरत है। आप संवेदनशील और कुशल श्रोता बनकर ज्ञान की वह झलक दे सकते हैं।

बूमरैंग सिद्धांत

दूसरों का आत्मसम्मान बढ़ाने का सातवाँ तरीक़ा है बूमरैंग सिद्धांत का इस्तेमाल करना। यह सिद्धांत कहता है कि “जो भी सच्ची भावना आप किसी दूसरे व्यक्ति के लिए प्रकट करते हैं, वह बूमरैंग होकर देर-सबेर आप ही की ओर लौटेगी।”

शेक्सपियर ने लिखा था, “गुलाब की ख़ुशबू उस हाथ में बस जाती है, जो उसे किसी दूसरे को देता है।” जब भी आप किसी से या किसी के बारे में कोई सकारात्मक भाव व्यक्त करते हैं, तो वह अंततः बूमरैंग की तरह आपके पास लौट आएगा। अगर आप कोई नकारात्मक विचार व्यक्त करते हैं, तब भी यही सिद्धांत काम करेगा। इसलिए सुनिश्चित करें कि आप दूसरों के बारे में जो भी कहें, वह ऐसा हो, जिसे आप अपने जीवन में पाना चाहें।

आलोचना, निंदा या शिकायत करने के प्रलोभन का प्रतिरोध करें। रुचिकर बनें, स्वीकृति दें। महत्व दें, प्रशंसा करें और बधाई दें। दूसरों की बातें ग़ौर से सुनें और बूमरैंग का सिद्धांत याद रखें। अगर आप ये सारे काम कर लेते हैं, तो इससे न सिर्फ़ आप उन्हें अपने बारे में ज़बर्दस्त एहसास कराएँगे, बल्कि आप जहाँ भी जाएँगे, आपका स्वागत होगा।

बातचीत की कला

अब तक हमने इस अध्याय में जो भी बात की है, वह बातचीत की कला पर सर्वश्रेष्ठ रोशनी डालती है। दूसरों के साथ बातचीत में यानी विचारों, जानकारी और राय के आदान-प्रदान में व्यक्ति अपने व्यक्तित्व की गुणवत्ता प्रदर्शित करता है। यहाँ कुछ विचार दिए जा रहे हैं, जिनसे आपको किसी भी कार्यालयीन या सामाजिक स्थिति में बेहतर बातचीत करने में मदद मिलेगी।

बस, नियमों का पालन करें

अच्छी बातचीत का पहला नियम है *अपने श्रोता के प्रिय विषय पर बात करें।* लोगों से उन विषयों पर करें, जिनमें उनकी दिलचस्पी हो। अगर सामने वाले की दिलचस्पी हो, तो वे विषय भी ठीक हैं, जिन्हें आम तौर पर बातचीत में प्रतिबंधित माना जाता है। अगर सामने वाला चाहे, तो आप राजनीति और धर्म पर बातचीत कर सकते हैं। लेकिन अगर आप देखते हैं कि किसी ख़ास विषय पर आपको कोई प्रतिक्रिया नहीं मिल रही है, तो तेज़ी से पीछे हट जाएँ और किसी दूसरे विषय पर बात करने लगें।

बातचीत शुरू करने का एक बहुत अच्छा तरीक़ा सामने वाले व्यक्ति से यह पूछना है, "आप किस तरह का काम करते हैं?" अगर आप जानते हैं कि सामने वाला व्यक्ति क्या करता है, उस व्यक्ति का पद या उद्योग क्या है, तो इस तरह का सवाल पूछें, "आप वहाँ ठीक-ठीक क्या करते हैं?" या, "वहाँ पर कैसी स्थिति चल रही है?"

व्यक्ति के ख़ास काम या गतिविधियों के बारे में आपको चाहे जो जवाब मिले, आप सामने वाले से एक बड़ा दिलचस्प सवाल पूछ सकते हैं, "वैसे आप इस बिज़नेस या नौकरी में आए कैसे?"

ज़्यादातर लोग अपने व्यक्तिगत करियर को सबसे आकर्षक कहानियों में से एक मानते हैं। जब भी वक्ता रुके, तो आप यह पूछकर बातचीत आगे बढ़ा सकते हैं, "फिर आपने क्या किया ?"

"आप इस बिज़नेस में कैसे आए ?" और "फिर आपने क्या किया ?" ये दो सवाल पूछकर आप बातचीत को लगभग अनंत काल तक जारी रख सकते हैं।

शायद सामने वाले के प्रिय विषय को समझने का सबसे महत्वपूर्ण हिस्सा यह है कि आप उसके द्वारा प्रदर्शित रुचि के प्रति संवेदनशील बन जाएँ। अगर वह बेचैन नज़र आए, चारों तरफ़ या दूर देखने लगे, तो यह इस बात का संकेत है कि आपको विषय बदलकर किसी ज़्यादा रुचि वाले विषय पर बात करनी चाहिए।

ऐसा होने पर एक पल के लिए ठहरें और फिर इन शब्दों से शुरू होने वाले सवाल पूछेंः क्या ? कहाँ ? कब ? कैसे ? क्यों ? या कौन ? "आप यहाँ कब से रह रहे हैं ?" "आप कहाँ स्कूल गए ?" "आपने वह कंपनी कब शुरू की ?"

अच्छी बातचीत का दूसरा नियम है अपनी बारी लेना। इसका मतलब है कोई एकालाप नहीं। अगर आप कभी पाएँ कि आप तीन मिनट से लगातार बोल रहे हैं और इस दौरान आपके श्रोताओं ने कोई सवाल या टिप्पणी नहीं की है, तो शायद यह इस बात की गारंटी है कि आप ऐसे विषय पर बात कर रहे हैं, जिसमें सिर्फ़ आपकी दिलचस्पी है। यह ग़लती हम सबसे होती है। याद रखें, अगर दूसरे लोग अपना योगदान नहीं दे रहे हैं, तो आप बातचीत नहीं कर रहे हैं, बल्कि भाषण दे रहे हैं।

अपनी बारी लेने का यह भी मतलब है कि दूसरों के बोलते समय बीच में बात न काटें। और जब आपकी बात काटी जाए, जैसे जब कोई दूसरा समूह में शामिल हो जाए, तो वह सबसे शिष्टतापूर्ण काम करें, जो सबसे मुश्किल भी होता है : चुप हो जाएँ। किसी अधूरी कहानी को तब तक पूरा करने की कोशिश न करें, जब तक कि आपसे इसका आग्रह न किया जाए।

अच्छी बातचीत ज्वार-भाटे की तरह लय में उतरती-चढ़ती है। हर व्यक्ति को बोलने और सुनने का अवसर मिलता है। अगर किसी भी पक्ष को बोलने का अवसर नहीं दिया जाए, तो बातचीत एकतरफ़ा हो जाती है और ज़्यादा बोलने वाले को बोर समझ लिया जाता है।

अच्छी बातचीत का तीसरा नियम है *बोलने से पहले सोचना।* दूसरों को असहज, दुखी या शर्मिंदा कराने वाली चीज़ें बोलने से बचें। व्यवहारकुशल बनें और दूसरों की भावनाओं और संवेदनाओं के प्रति जागरूक भी।

व्यवहारकुशलता का विपरीत है विचारहीनता। व्यवहारकुशल बनने से बचने

का एक अच्छा तरीक़ा यह है कि किसी चीज़ के बारे में अड़ियल न बनें। बेंजामिन फ्रैंकलिन अपनी आत्मकथा में बताते हैं कि उन्होंने अपने व्यक्तित्व और दूसरों पर अपने प्रभाव को किस तरह बदला। ऐसा तब हुआ, जब वे अपनी हर राय के पहले ये शब्द बोलने लगे, "मुझे ऐसा लगता है कि" या "कुछ लोग कहते हैं कि" आदि। अगर आप अपने विचारों को हल्के तरीक़े से व्यक्त करते हैं, अगर आप यह संकेत देते हैं कि आप ग़लत हो सकते हैं, तो आप पाएँगे कि आपकी बात सुनना और आपके विचारों को महत्व देना दूसरों के लिए ज़्यादा आसान हो जाएगा।

यह संकेत भी दें कि आपकी राय में अन्य दृष्टिकोण और रुचियाँ भी तर्कसंगत हैं। व्यक्तिगत राय या रुचियों के संसार में कोई चीज़ काली या सफ़ेद नहीं होती हैं। राजनीति, धर्म, सेक्स, पोषण या किसी अन्य विषय पर बहुत से दृष्टिकोण हो सकते हैं, इसलिए इनके बारे में आपके विचार बस वही हैं : आपके विचार। अगर आप इसे स्पष्ट कर देते हैं कि आप दूसरे विचारों और विश्लेषणों के प्रति खुला नज़रिया रखते हैं, तो लोग आपके प्रति ज़्यादा खुल जाएँगे।

अच्छी बातचीत के लिए *दूसरों की निजता का सम्मान करें और ख़ुद के लिए भी थोड़ी निजता सुरक्षित रखें।* कुछ लोगों को दूसरों का इंटरव्यू लेने की आदत पड़ जाती है और वे उनसे ऐसे बहुत सारे सवाल पूछने लग जाते हैं, जिनके जवाबों से उन्हें दरअसल कोई मतलब नहीं होना चाहिए। अपने सवालों को सामान्य और अव्यक्तिगत रखें और सामने वाले को यह फ़ैसला करने का अवसर दें कि वह आपके सामने खुलना चाहता है या नहीं।

अपने परिचितों पर अपनी मुश्किलों का बोझ न लादें। सामाजिक समारोहों और कॉकटेल पार्टियों में लोग अपनी तमाम मुश्किलों पर लंबी बातचीत करने लगते हैं। कभी भी आलोचना, निंदा या शिकायत न करें। सकारात्मक और ख़ुशनुमा बनें। अपनी समस्याएँ अपने तक ही रखें।

यह याद रखने से मदद मिलती है कि आपकी कही हर बात का इस्तेमाल आपके ख़िलाफ़ किया जा सकता है। बर्नहैम का नियम कहता है, "हर व्यक्ति हर चीज़ जानता है।" आप किसी को किसी भी परिस्थिति में जो भी बताते हैं, वह बात अंततः हर एक को पता चल जाएगी और ख़ासकर उसे, जिसे आप वह बात कभी नहीं बताना चाहते होंगे। अपने शब्दों के बारे में सावधान रहें। सामाजिक या व्यावसायिक जीवन में कोई रहस्य नहीं होते हैं। "रहस्य" की अच्छी परिभाषा यह है "कोई ऐसी चीज़, जो आप एक समय में सिर्फ़ एक ही व्यक्ति को बताते हैं।" रहस्यों का कोई मूल्य नहीं है, जब तक कि उन्हें बताया न जा सके।

अंत में, उत्कृष्ट वक्ता बनने के लिए सहज रहें। *अपने असली स्वरूप में*

रहें। अपने व्यक्तित्व को प्रवाहित होने दें। सिर्फ़ वही कहें, जिसे कहने में आप आरामदेह महसूस करते हों। अगर किसी कारण आपके भीतर से कोई आवाज़ आपको चुप रहने के लिए कहे, तो उसकी बात मान लें। आसानी से और खुलकर बोलें। किसी दूसरे को प्रभावित करने की कोशिश न करें। दूसरों से जबरन प्रभावित हुए बिना बोलें। बस वही कहें, जो स्वाभाविक रूप से आपके मन में आता है।

सबसे अच्छे वार्ताकार और सबसे ख़ुशनुमा लोग वे होते हैं, जो आरामदेह, सकारात्मक और पूरी तरह सहज होते हैं।

खेल का मैदान आपका है

बातचीत और सामाजिक व्यवहार की कला आपका खेल का मैदान है, जहाँ आप अपने व्यक्तित्व की सभी योग्यताओं को सर्वोच्च सीमा तक विकसित कर सकते हैं। आप दूसरों को महत्वपूर्ण महसूस कराने की उन सभी सलाहों का अभ्यास कर सकते हैं, जिन पर हमने इस अध्याय में बातचीत की है। आप दूसरों के साथ बातचीत करते समय *आलोचना, निंदा या शिकायत से बच* सकते हैं। आप रुचिकर होने का *अभ्यास* कर सकते हैं, भले ही आप सामने वाले के दृष्टिकोण से असहमत हों। आप इसे अनुशासन और व्यक्तिगत विकास के अभ्यास के रूप में कर सकते हैं।

आप मिलने वाले लोगों की ओर मुस्कुराकर *स्वीकृति* का अभ्यास कर सकते हैं। आप महत्व देने का अभ्यास हर उस व्यक्ति को "आपको धन्यवाद" कहकर कर सकते हैं, जो आपके लिए कुछ भी करता है। आप दूसरों की उपलब्धियों की प्रशंसा करके प्रशंसा देने का अभ्यास कर सकते हैं। आप लोगों के गुणों और उपलब्धियों का पता लगाकर उनके कायल हो सकते हैं और बधाई देने का अभ्यास कर सकते हैं।

सबसे बढ़कर आप *ध्यान* देने का अभ्यास कर सकते हैं, जो सक्रिय रूप से सुनने का "सफ़ेद जादू" है। यह आदत आपको ऐसा व्यक्ति बना देगी, जिसके आस-पास लोग रहना चाहेंगे।

डेल कारनेगी के बारे में एक मशहूर कहानी है। कहानी इस तरह है कि एक बार उन्हें न्यूयॉर्क में एक पार्टी में आमंत्रित किया गया। यह पार्टी एक अमीर महिला के सम्मान में आयोजित की गई थी, जो उसी समय अफ़्रीका की यात्रा से लौटी थी।

जब डेल कारनेगी पार्टी में आए, तो उनका परिचय उस महिला से कराया गया। महिला ने तत्काल कहा, "ओह मि. कारनेगी, मैंने सुना है कि आप न्यूयॉर्क में सबसे अच्छे बातचीत करने वाले लोगों में से एक हैं। क्या यह सही है ?"

डेल कारनेगी ने जवाब दिया, "बहुत-बहुत धन्यवाद, मैडम। और मैंने सुना है कि आप अभी-अभी अफ़्रीका की यात्रा से लौटी हैं। आपने अफ़्रीका जाने का फ़ैसला क्यों किया?"

जब उस महिला ने बता दिया कि वह अफ़्रीका क्यों गई थी, तो कारनेगी ने पूछा, "और आप अपने साथ अफ़्रीका किसे ले गई थीं?" "और आप अफ़्रीका कब गई थीं?" "आप कब लौटीं?" "आप अफ़्रीका में कहाँ-कहाँ गई थीं?" "आप वहाँ कैसे पहुँचीं?" "आपने वहाँ क्या-क्या किया?"

दोनों लगभग बीस मिनट तक बातचीत करते रहे। इस दौरान कारनेगी के सवालों का जवाब देने के लिए वह महिला 95 प्रतिशत समय बोलती रही। अगले दिन न्यूयॉर्क के एक अख़बार के सामाजिक पृष्ठ पर उस महिला का कथन छपा था, "मि. डेल कारनेगी निश्चित रूप से न्यूयॉर्क के सबसे अच्छे बातचीत करने वालों में से एक हैं।"

आप भी बातचीत करने में कुशल बन सकते हैं, बशर्ते आप यह सीख लें कि बोला कैसे जाता है ओर ख़ासकर यह सीख लें कि सुना कैसे जाता है।

दूसरों को साथ लेकर चलना शायद वो सबसे महत्वपूर्ण चीज़ है, जो आप कभी सीख सकते हैं। शुरुआत में मैं काफ़ी अलोकप्रिय था। मेरे बहुत कम दोस्त थे और जो थे, वे ज़्यादातर मामलों में मेरी ही तरह सामाजिक रूप से मिसफ़िट थे। मेरा व्यवहार ठीक नहीं था, इसलिए लोग मेरे आस-पास नहीं रहना चाहते थे। इससे मेरे शुरुआती वर्षों पर काली छाया पड़ गई। इसने मुझे तब तक पीछे रोककर रखा, जब तक कि मैंने संबंधों का महान रहस्य नहीं सीख लिया।

रहस्य यह है कि आप दो चीज़ें करके लोकप्रिय बन सकते हैं। पहला, ख़ुद से *बाहर* निकलें और दूसरों के जीवन और चिंताओं के *भीतर* जाएँ। उनमें सच्ची दिलचस्पी लें। उनसे सवाल पूछें और जवाब सुनें। उनकी मदद करने के तरीक़े खोजें। बोने और काटने के नियम का अभ्यास करें। दूसरों के साथ वही करें, जैसा आप चाहते हों कि वे आपके साथ करें।

दूसरी चीज़, ख़ुद पर और अपने लक्ष्यों पर काम करने में जुट जाएँ। अपनी अनूठी प्रतिभाओं को विकसित करें। जो भी आप करते हों, उसमें अच्छे बनें। जो चीज़ें आपके लिए महत्वपूर्ण हैं, उन्हें बेहतर बनाने से आप ख़ुद को ज़्यादा पसंद करने लगते हैं। और आप ख़ुद को जितना ज़्यादा पसंद और सम्मान करते हैं, आप दूसरों के साथ उतने ही ज़्यादा आरामदेह और प्रभावी होते हैं। सफलता की तरह कोई सफल नहीं होता।

मानसिक कल्पना करें, संकल्प करें और भूमिका निभाएँ। ख़ुद पर इस तरह

काम करें, जैसे आपका भविष्य इस बात पर निर्भर करता हो। और यह सचमुच निर्भर करता है। आप अपनी दुनिया के सबसे सकारात्मक और असरदार लोगों में से एक बन सकते हैं ... और अपने सभी संबंधों में इन विचारों पर अमल करके आप ऐसे बन भी जाएँगे।

अध्याय 10

व्यक्तिगत संबंधों में महारत हासिल करना

पूरी तरह परिपक्व और आत्म-वास्तविकीकरण कर चुके व्यक्ति का एक लक्षण यह है कि उसमें दीर्घकालीन, अंतरंग संबंध बनाने और उन्हें लंबे समय तक क़ायम रखने की योग्यता होती है। दीर्घकालीन प्रेमपूर्ण संबंध क़ायम रखने वाले सबसे स्वस्थ व्यक्तित्व वाले लोग वे होते हैं, जिनमें संबंध बनाने की सबसे ज़्यादा क्षमता होती है।

जीवनसाथी का चुनाव और पारिवारिक जीवन की गुणवत्ता इंसान के रूप में आपकी सफलता को जितना तय करती है, उतना शायद कोई दूसरी चीज़ नहीं करती। आपके संबंध आपके व्यक्तित्व की स्पष्ट अभिव्यक्ति हैं, जो बताते हैं कि आप सचमुच कैसे हैं। अनुरूपता का नियम कहता है कि संबंधों का आपका बाहरी संसार विचार और भावना के आपके भीतरी संसार के अनुरूप होगा। अगर आपका भीतरी संसार सकारात्मक और प्रेमपूर्ण है, तो संबंधों का आपका बाहरी संसार भी ख़ुशनुमा और संतुष्टिदायक होगा।

उन्नीसवीं सदी में इंग्लैंड के प्रधानमंत्री बेंजामिन डिज़राइली ने एक बार कहा था, "सार्वजनिक जीवन की कोई भी सफलता पारिवारिक जीवन की असफलता की भरपाई नहीं कर सकती।" आपके व्यक्तिगत संबंध बाक़ी हर चीज़ से पहले आने चाहिए। जब आप बेहतर व्यक्ति के रूप में विकास करते हैं, तो आपके संबंधों को भी उसी अनुपात में बढ़ना और बेहतर बनना चाहिए।

आकर्षण के नियम के अनुसार आप अपने जीवन में उस तरह के लोगों को आकर्षित करेंगे, जो काफ़ी हद तक आपके जैसे ही होंगे, जिनके सोचने और व्यवहार करने के तरीक़े आपके प्रबल विचारों और भावनाओं के अनुरूप होंगे। जब आप ज़्यादा सकारात्मक, आशावादी और प्रेमपूर्ण बनते हैं, तो आप स्वाभाविक रूप से

ज़्यादा सकारात्मक, आशावादी और प्रेमपूर्ण लोगों को आकर्षित करेंगे।

बोने और काटने के नियम के अनुसार आप ठीक वही काटते हैं, जो बोते हैं और संबंधों के मामले में यह जितना सच है, उतना किसी दूसरे मामले में नहीं है। आप इसे दूसरों के साथ अपने पूरे व्यवहार में देख सकते हैं।

आप अपने विवाह या रोमांस से ठीक वही पा रहे हैं, जो आप उसमें डाल रहे हैं। आप किसी संबंध में ख़ुद का जितना ज़्यादा निवेश करेंगे, आपको उससे उतना ही ज़्यादा प्रेम, संतुष्टि और ख़ुशी मिलेगी। पुरुष और महिलाएँ आधे-अधूरे पैदा होते हैं और पूर्ण बनने के लिए उन्हें एक-दूसरे की ज़रूरत होती है। वे पूरक गुणों और लक्षणों के साथ पैदा होते हैं। दोनों को ही अपनी मानवीय तक़दीर पूरी करने के लिए एक-दूसरे की ज़रूरत होती है। जब संबंध सुखद होते हैं, तो जीवन में मानसिक शांति, दीर्घायु, सेहत, ख़ुशी और प्रचुरता भी मिलती है। कमज़ोर या शून्य संबंध वाले स्त्री-पुरुषों की सेहत ज़्यादा ख़राब रहती है और वे एक साथ सुखद जीवन बिताने वाले लोगों की तुलना में जल्दी मर जाते हैं।

रोनाल्ड एडलर और नील टाउन अपनी पुस्तक *लुकिंग आउट, लुकिंग इन* में लिखते हैं कि सशक्त सामाजिक बंधन वाले लोगों की तुलना में सामाजिक दृष्टि से एकाकी लोगों की कम उम्र में मरने की आशंका दो से तीन गुना ज़्यादा होती है। तलाक़शुदा पुरुष अन्य विवाहित पुरुषों की तुलना में हृदय रोग, कैंसर और स्ट्रोक से दोगुनी गति से मरते हैं। तलाक़शुदा स्त्री-पुरुषों में उनके साथियों की तुलना में सभी प्रकार के कैंसरों की दर पाँच गुनी ज़्यादा होती है। अगर और किसी कारण से न सही, तो लंबा और सुखद जीवन जीने की इच्छा के कारण ही आपको इस बारे में बहुत गंभीर हो जाना चाहिए कि अपने जीवन के सबसे महत्वपूर्ण लोगों के साथ उत्कृष्ट संबंध बनाएँ और उन्हें क़ायम रखें।

यह कहाँ शुरू होता है

आप ख़ुद को कितना पसंद करते हैं और आपमें कितना आत्मसम्मान है, ये दोनों चीज़े ही आपके व्यक्तित्व और आपकी ख़ुशी का स्तर तय करती हैं। उच्च आत्मसम्मान से उच्च प्रदर्शन संभव होता है और यह आपको जीवन के हर क्षेत्र में सफलता दिलाता है, जबकि कम आत्मसम्मान अधिकांश असफलता और कुंठा का कारण है।

आत्मसम्मान का पहला हिस्सा पूरी तरह से *भावनात्मक* है। इसका मतलब

यह है कि आप ख़ुद के बारे में कैसा महसूस करते हैं। इसमें बाक़ी कोई भी व्यक्ति या स्थिति शामिल नहीं है। आपके *आत्मसम्मान* का दूसरा हिस्सा इस बात से तय होता है कि आपके हिसाब से आप अपने काम में कितना सक्षम हैं। आपके हिसाब से जीवन के महत्वपूर्ण क्षेत्रों में आपका प्रदर्शन कितना अच्छा है ? इसे *प्रदर्शन-आधारित आत्मसम्मान* कहा जाता है और यह आपके व्यक्तित्व का अनिवार्य तत्व है।

जब आप महसूस करते हैं कि आप अपने काम में अच्छे हैं और अच्छा प्रदर्शन करते हैं, तो उस क्षेत्र में आपका आत्मसम्मान ऊँचा होता है। यह भावना आत्मसम्मान के दूसरे तत्व यानी आपके व्यक्तिगत मूल्य के एहसास को बलवान बना देती है। अगर आप अच्छा प्रदर्शन करते हैं, तो आप अच्छा महसूस करते हैं; अगर आप अच्छा महसूस करते हैं, तो आप अच्छा प्रदर्शन करते हैं। दोनों चीज़ें एक-दूसरे पर निर्भर हैं।

चूँकि आपके संबंध आपके पूरे जीवन के लिए केंद्रीय हैं, इसलिए आत्मसम्मान की सतत भावनाएँ महसूस करने के लिए आपको अपने दिल में यह बात अच्छी तरह से जान लेनी चाहिए कि आप दूसरों के साथ सकारात्मक, स्वस्थ और सृजनात्मक प्रेमपूर्ण संबंध बनाने व क़ायम रखने में सक्षम हैं।

अपने संबंधों में हीन या अक्षम महसूस करने से आपका आत्मसम्मान और आत्मविश्वास कम होता है। आप अपने जीवन के महत्वपूर्ण लोगों के साथ बेहतर संबंध बनाने में समर्थ होने के लिए जो कुछ भी करते हैं, उससे आपका आत्मसम्मान बेहतर होता है। दूसरों के साथ प्रभावकारिता आपको ज़्यादा सक्षमता और पूर्णता का एहसास कराती है। यह आपको मुक्त करती है कि आप अपने जीवन के दूसरे क्षेत्रों में ज़्यादा असरदार बन जाएँ।

आपके संबंधों की *गुणवत्ता* और आपके आत्मसम्मान आत्म-स्वीकृति के *स्तर* के बीच सीधा संबंध होता है। आप ख़ुद को उसी हद तक पसंद कर सकते हैं, जिस हद तक आप ख़ुद को पूरी तरह स्वीकार करते हैं। और आप ख़ुद को कितना ज़्यादा पसंद करते हैं, यह काफ़ी हद तक इस बात से तय होता है कि आपके हिसाब से दूसरे लोग आपको कितना स्वीकार कर रहे हैं।

हममें से अधिकांश लोगों को *सशर्त* स्वीकृति के माहौल में पाला गया है। हमें अक्सर अपने माता-पिता से अस्वीकृति और आलोचना मिली है। वयस्कों के रूप में हम दूसरों का - ख़ास तौर पर किसी एक विशेष व्यक्ति का - बिना शर्त का प्रेम और स्वीकृति चाहते हैं, ताकि बचपन की कमी पूरी हो सके। हमारी मानसिक सेहत इसी बात पर निर्भर करती है।

आत्म-स्वीकृति

आप ख़ुद को सचमुच पसंद करने के लिए तब तक मुक्त महसूस नहीं कर सकते, जब तक कि आप ख़ुद को पूरी तरह स्वीकार न कर लें, जब तक कि आप अपनी शक्तियों और कमज़ोरियों दोनों को स्वीकार न कर लें। और ख़ुद को स्वीकार करने की कुंजी कम से कम एक व्यक्ति द्वारा बिना शर्त स्वीकार किया जाना है। वह व्यक्ति ऐसा होना चाहिए, जिसका आप सम्मान और प्रशंसा करते हैं और इससे भी बेहतर, जिससे आप प्रेम करते हैं। जब कोई व्यक्ति तमाम बुराइयों और अच्छाइयों के साथ आपको स्वीकार कर लेता है, तब कहीं जाकर आप चैन से रह सकते हैं और ख़ुद को मूल्यवान तथा क़ाबिल व्यक्ति के रूप में स्वीकार कर सकते हैं।

आत्म-जागरूकता

आत्म-स्वीकृति अनुभव करने के लिए आपको सबसे पहले *आत्म-जागरूकता* विकसित करनी होगी। आपको यह समझने की ज़रूरत है कि आप वर्तमान तरीक़े से *क्यों* सोचते हैं, महसूस करते और काम करते हैं। आपको अपने जीवन के शुरुआती अनुभवों के असर के बारे में जागरूक होने की ज़रूरत है। यह समझने की ज़रूरत है कि आप ऐसे व्यक्ति कैसे और क्यों बने, जैसे आप आज हैं।

जब आप आत्म-जागरूकता का ज़्यादा ऊँचा स्तर हासिल कर लेते हैं, तभी आप आत्म-स्वीकृति के ज़्यादा ऊँचे स्तर पर पहुँच सकते हैं। ख़ुद को स्वीकार करने से पहले आपको इस बारे में ज़्यादा जागरूक बनना होगा कि आप सचमुच कौन हैं। आत्म-स्वीकृति के ऊँचे स्तर के साथ ही आप आत्मसम्मान का आनंद ले सकते हैं - ख़ुश, स्वस्थ व्यक्तित्व की कुंजी।

आत्म-प्रकटीकरण

आत्म-जागरूकता *आत्म-प्रकटीकरण* पर आधारित होती है। आप उसी हद तक ख़ुद को सचमुच समझ सकते हैं, जिस हद तक आप कम से कम एक अन्य व्यक्ति को अपने दिल की बातें बता सकते हैं। *उचित* आत्म-प्रकटीकरण का मतलब है कि आप अपने विचार और भावनाएँ किसी विश्वसनीय व्यक्ति को बिना अस्वीकृति या निंदा के डर के बता सकते हैं।

मनोचिकित्सा (psychotherapy) आत्म-प्रकटीकरण पर आधारित है। मनोचिकित्सक सिर्फ़ उसी हद तक सफल होते हैं, जिस हद तक वे रोगी से उसके दिल की बातें उगलवाते हैं और यह जान लेते हैं कि कौन सी चीज़ उनके दुख या बेअसर होने का मूल कारण है।

एक मनोवैज्ञानिक ने हाल ही में कहा था, "अगर हर इंसान सचमुच दूसरों की बातें सुनना सीख ले, तो अगले बुधवार तक अमेरिका के 75 प्रतिशत मनोचिकित्सक बेरोज़गार हो जाएँगे।" ईमानदारी से अपने दिल की बातें किसी दूसरे व्यक्ति को बताने के लिए आपको उस पर भरोसा करने की ज़रूरत है। आपको यह जानने की ज़रूरत है कि सामने वाला व्यक्ति आपकी परवाह करता है और वह आपका मूल्यांकन नहीं करेगा या अतीत में कही या की गई किसी चीज़ के लिए आपकी निंदा नहीं करेगा।

अपराधबोध बीसवीं सदी की एक बड़ी भावनात्मक समस्या है। अपराधबोध नाक़ाबिलियत की भावना से पैदा होता है। इसका एक कारण तो विनाशकारी आलोचना है और दूसरा कारण है अतीत की ग़लतियाँ। हममें से अधिकांश लोगों ने कुछ न कुछ ऐसा कहा और किया है, जिस पर हम अफ़सोस करते हैं। हमने दूसरों को चोट पहुँचाई है और हमें इस पर अफ़सोस होता है। हम अपनी कही या की गई चीज़ों के बारे में किसी दूसरे को बताकर इन नकारात्मक भावनाओं से मुक्त हो सकते हैं। इस तरह की साफ़-सफ़ाई (catharsis) हमें मुक्त कर देती है और इसके बाद ही हम अपने जीवन में आगे बढ़ सकते हैं। प्रायश्चित न सिर्फ़ आत्मा के लिए अच्छा है, बल्कि दीर्घकालीन सुख के लिए अनिवार्य भी है।

सच्चा आत्म-प्रकटीकरण कई बार डरावना होता है। इसके लिए जोखिम लेने और ख़ुद को असुरक्षित बनाने की ज़रूरत होती है। लेकिन यह मानसिक सेहत की बुनियादी शर्त है। जब आप अपने विचार और भावनाएँ खुलकर तथा ईमानदारी से किसी को बता देते हैं, तो आप ख़ुद को बेहतर ढंग से समझने लगते हैं। आप इस बारे में ज़्यादा जागरूक बन जाते हैं कि आप सचमुच कौन हैं। आप ख़ुद को और अपने जीवन को बेहतर दृष्टिकोण से देखने लगते हैं।

जब आप ज़्यादा आत्म-जागरूक बनते हैं, तो आप ख़ुद को ज़्यादा स्वीकार करने लगते हैं। जब आप ख़ुद को बिना किसी शर्त के स्वीकार करते हैं, तो आप आत्मसम्मान के ज़्यादा ऊँचे स्तर का आनंद लेते हैं। आप जो भी काम करते हैं, उसमें आप ख़ुद के बारे में बेहतर महसूस करते हैं। आप नकारात्मक भावनाओं से ख़ुद को मुक्त कर लेते हैं, जो आपको नीचे और पीछे रोके हुए हैं। आत्म-प्रकटीकरण से आप अपने सीने से पुरानी चीज़ों का बोझ उतार देते हैं और अपनी ज़िंदगी के

साथ आगे बढ़ जाते हैं।

अंतरंगता और विकास साथ-साथ बढ़ते हैं

विवाह और अंतरंग संबंधों का एक उद्देश्य आपको अपनी पूरी क्षमता तक विकास करने का अवसर देना है। पूर्ण विश्वास के संबंधों में आप सामने वाले को वे चीज़ें बताने के लिए मुक्त महसूस करते हैं, जो आपने अतीत में की हैं या जो आप वर्तमान में सोच या महसूस कर रहे हैं। ख़ुद की बातें ईमानदारी से बताकर आप मानवीयता की गहरी समझ विकसित करते हैं। आप दूसरों की मानवीय कमज़ोरियों के प्रति ज़्यादा सहिष्णु, ज़्यादा स्वीकार करने वाले और ज़्यादा करुण बनते हैं। आप अपने व्यक्तित्व के उन हिस्सों को विकसित करते हैं, जो प्रेमपूर्ण संबंधों के अभाव में निष्क्रिय रहते हैं।

हम ज़िंदगी में ज़्यादातर काम प्रेम पाने या प्रेम की कमी की भरपाई करने के लिए करते हैं। हर इंसान को इस बात की ज़रूरत होती है कि कम से कम कोई एक व्यक्ति उसे बिना शर्त के प्रेम करे और स्वीकार करे। जब इस भावनात्मक सुरक्षा की संतुष्टि हो जाती है, तभी आप अपने दिमाग़ और दिल को वह चीज़ हासिल करने की ओर लगा सकते हैं, जो बाहरी जीवन में आपके लिए संभव है। प्रेम पैसे की तरह होता है : अगर आपके पास प्रचुर आपूर्ति रहती है, तो आप उसके बारे में बहुत ज़्यादा नहीं सोचते। लेकिन अगर ये आपूर्ति कुछ समय के लिए कट जाती है, तो आप किसी दूसरी चीज़ के बारे में नहीं सोच पाते।

क़ैदियों को जो सबसे क्रूर सज़ा दी जाती है, वह है उन्हें दूसरे इंसानों से दूर ताले में बंद रखना - उन्हें एकांत कारावास में रखना। किसी व्यक्ति को मानवीय संपर्क, मानवीय व्यवहार से वंचित करना उसके साथ की जा सकने वाली शायद सबसे बुरी चीज़ है।

आपकी सबसे ऊँची आकांक्षा यह होनी चाहिए कि आप विकास करके इस तरह के व्यक्ति बनें, जो अपने जीवन में आदर्श प्रेमपूर्ण संबंध को आकर्षित करता हो। इससे आपके लिए उस ख़ुशी का आनंद लेना संभव होगा, जो आपका मूलभूत अधिकार है और जिसके लिए आपको बनाया गया है।

पिछले अध्याय में हमने मानवीय संबंधों में महारत हासिल करने के बारे में बताया था और उसमें बताई गई हर चीज़ आपके प्रेमपूर्ण संबंधों पर भी लागू होती है। इसके अलावा आप कई दूसरी चीज़ें भी कर सकते हैं या छोड़ सकते हैं, जिनसे आप अपने जीवन के महत्वपूर्ण व्यक्तियों के साथ अपने संबंधों को बहुत ज़्यादा

बेहतर बना सकते हैं। आइए, सफल संबंधों के छह नियमों से शुरू करते हैं।

सफल संबंधों के छह नियम

पहला नियम है, *समानताएँ आकर्षित करती हैं।* आप हमेशा ऐसे व्यक्ति के साथ सबसे ज़्यादा ख़ुश और स्वतंत्र रहेंगे, जिसकी रुचियाँ, सोच और जीवनमूल्य आपके जैसे हों। आकर्षण का नियम बताता है कि आप ऐसे व्यक्ति के प्रति आकर्षित होंगे, जिसके नज़रिए और विश्वास आपके नज़रिए और विश्वासों के सामंजस्य में होंगे।

पहला क्षेत्र, जिसमें वैवाहिक तथा अन्य संबंधों में समानताएँ आवश्यक है, वह है पैसे के प्रति नज़रिया - इसे कैसे कमाया जाए, कैसे बचाया जाए और कैसे ख़र्च किया जाए। दूसरा क्षेत्र है बच्चों के बारे में नज़रिया - उन्हें कब और कितने पैदा करना है, और कैसे पालना है। तीसरा है सेक्स के प्रति नज़रिया। चौथा है धर्म और पाँचवाँ है राजनीतिक तथा सामाजिक मुद्दों के प्रति नज़रिया। लोगों, सामाजिक गतिविधियों और मनोरंजन के कार्यों के प्रति नज़रिया भी तालमेल का महत्वपूर्ण पैमाना है। समानताएँ आध्यात्मिक क्षेत्र में भी आकर्षित करती हैं और यह क्षेत्र कई बार बहुत महत्वपूर्ण भी हो सकता है।

आप हमेशा उस व्यक्ति के साथ सबसे ख़ुश और स्वतंत्र रहेंगे, जिसके मूलभूत विश्वास और जीवनमूल्य इन क्षेत्रों में आपके सबसे ज़्यादा समान होंगे। वैवाहिक और अन्य संबंधों में सबसे ज़्यादा दुख और मतभेद इसी कारण होते हैं, क्योंकि दोनों में जीवन के इन बुनियादी मुद्दों के बारे में मूलभूत असहमतियाँ होती हैं।

संबंधों में सफलता का दूसरा नियम यह है कि *विपरीत ध्रुव आकर्षित करते हैं,* लेकिन सिर्फ़ स्वभाव में। प्रकृति हमेशा संतुलन और सामंजस्य की माँग करती है। और संतुलन उन दो लोगों के स्वभाव के मामले में सबसे ज़्यादा ज़रूरी है, जो वैवाहिक जीवन में एक बनते हैं।

तालमेल का एक सरल परीक्षण है, जिससे आप अपने अंतरंग संबंधों की जाँच कर सकते हैं। इसे "वार्तालाप परीक्षण" कहा जाता है। अगर सामने वाले का स्वभाव आपके अनुकूल है, तो उस संबंध में बातचीत का उतार-चढ़ाव आसान रहेगा। हर व्यक्ति उतनी बात करेगा, जितनी करने की उसे ज़रूरत है या जितनी वह करना चाहता है और दूसरे व्यक्ति को उतना सुनने का अवसर मिलेगा, जितना वह सुनना चाहता है।

यह संतुलन बहुत महत्त्वपूर्ण है। हर व्यक्ति को स्वस्थ और पूर्ण महसूस करने के लिए निश्चित मात्रा में बातचीत करने की ज़रूरत होती है। अगर लोगों को उस व्यक्ति के साथ बातचीत करने का पूरा अवसर न मिले, जिसके साथ वे अंतरंग रूप से जुड़े हैं, तो वे अपनी बातचीत की ज़रूरत को पूरा करने के लिए किसी दूसरे व्यक्ति को खोजने लगेंगे। लगभग सभी विवाहेतर संबंध किसी दूसरे के साथ बेहतर संप्रेषण की ज़रूरत के कारण शुरू होते हैं।

जब लोगों के स्वभाव में संतुलन होता है, तो वे जितने समय साथ रहते हैं, उसका 90 प्रतिशत समय आसान बातचीत का होता है, जो इधर से उधर झूलती है। सिर्फ़ 10 प्रतिशत समय आरामदेह ख़ामोशी का होता है।

बहरहाल, अगर किसी व्यक्ति को 70 प्रतिशत समय बोलने और सिर्फ़ 20 प्रतिशत समय सुनने की ज़रूरत है, और सामने वाले को भी 70 प्रतिशत समय बोलने तथा सिर्फ़ 20 प्रतिशत समय सुनने की ज़रूरत है, तो "एयर टाइम" को लेकर संघर्ष हो सकता है। वे लगातार इस बात के लिए जूझते रहेंगे कि कौन ज़्यादा बात करेगा, कौन अपनी ज़रूरतें पूरी करेगा और सामने वाले की ज़रूरतों को अनदेखा कर देगा।

इस तरह के संबंध में एक व्यक्ति होगा, जो ज़्यादा प्रेम करता होगा और एक व्यक्ति होगा, जो कम प्रेम करता होगा। जो ज़्यादा प्रेम करता है, वह हमेशा अपना होंठ दबा लेगा और सामने वाले यानी कम प्रेम करने वाले को उसकी इच्छानुसार बातचीत करने देगा। ऐसे में जो व्यक्ति कम प्रेम करता है, वह संबंध को नियंत्रित करता है।

बहरहाल, यह सिर्फ़ अल्पकालीन समाधान है। इसका नतीजा हमेशा यह होता है कि ज़्यादा प्रेम करने वाले व्यक्ति के मन में कुंठा और दुख पैदा होगा। अंततः ये दमित भावनाएँ बीमारियों या हानिकारक व्यवहार में सामने आएँगी।

सामंजस्य में कमी तब भी हो सकती है, जब दोनों ही पक्षों को सिर्फ़ 30 प्रतिशत बोलने और 70 प्रतिशत समय सुनने की ज़रूरत महसूस हो। इस मामले में 40 प्रतिशत समय पति-पत्नी कष्टकारी ख़ामोशी में आस-पास बैठे रहेंगे। वे दोनों बस बैठे रहेंगे और उनके पास कहने के लिए कुछ नहीं होगा। वे परेशान महसूस करेंगे, लेकिन उन्हें पता नहीं होगा कि ख़ामोशी को कैसे तोड़ना है। यह भी स्वभावगत असामंजस्य का एक उदाहरण है।

इस वार्तालाप परीक्षण को आप किसी भी स्तर पर, किसी भी लिंग के दोस्तों के साथ अपने संबंधों में लागू करके देख सकते हैं। आपके सबसे अच्छे दोस्त वे होते हैं, जिनके साथ आप आसानी से बातचीत कर सकते हैं और आसानी से ख़ामोश

रह सकते हैं। ये वे लोग होते हैं, जिनके साथ आप सबसे ज़्यादा सामंजस्य में होते हैं। लेकिन अगर आप अपने संबंध में ख़ुश रहना चाहते हैं, तो सबसे *ज़्यादा महत्वपूर्ण* यह है कि आप बातचीत की दृष्टि से अपने जीवनसाथी के साथ सामंजस्य में रहें।

सफल संबंधों का तीसरा नियम दोनों लोगों का पूर्ण समर्पण है। *पूर्ण समर्पण* के लिए संबंध को सफल बनाने के दिली संकल्प की ज़रूरत होती है। अगर दोनों अपने मूलभूत जीवनमूल्यों और नज़रियों में अनुकूल होते हैं और स्वभाव की दृष्टि से संतुलित होते हैं, तो उनके लिए आजीवन समर्पण ज़्यादा आसान बन जाता है। पूर्ण समर्पण का मतलब है कि कोई भी पक्ष अलग होने, संबंध विच्छेद करने या तलाक़ लेने की संभावना के बारे में कभी विचार या बात नहीं करता। पूर्ण समर्पण के लिए यह ज़रूरी है कि आप अपने शारीरिक और भावनात्मक पुल जला लें। इसका यह मतलब है कि आप उस संबंध को सफल बनाने के अलावा किसी भी अन्य विकल्प पर विचार करने से इंकार कर दें।

कई लोग किसी संबंध में, विवाह में भी, पूरा समर्पण करने से बचते हैं, क्योंकि उन्हें पुराने संबंधों में चोट पहुँची है। वे महसूस करते हैं कि अगर वे अपने विकल्प खुले रखते हैं, तो वे हमेशा भावनात्मक रूप से बचकर निकल सकते हैं। बहरहाल, समर्पण की इस कमी से अक्सर वही स्थिति पैदा हो जाती है, जिससे व्यक्ति डरता है। संबंध धीरे-धीरे बिगड़ता जाता है। एक या दोनों पक्ष ख़ुद को रोके रखते हैं और जब उन दोनों के बीच समस्याएँ पैदा होती हैं, जैसी कि वे हमेशा दो लोगों के बीच होती हैं, तो वे अलगाव को ही सही समाधान मानने लगते हैं।

अपनी पुस्तक *द रोड लेस ट्रैवल्ड* में डब्ल्यू. स्कॉट पेक प्रेम की एक सुंदर परिभाषा देते हैं। वे कहते हैं, *"प्रेम सामने वाले की क्षमता के पूर्ण विकास के प्रति पूरा समर्पण है।"* जब आप सचमुच किसी से प्रेम करते हैं, तो आप चाहते हैं कि वह अपनी पूर्ण क्षमता तक पहुँचे और वह बने, जो बनने में वह सक्षम है। अगर दोनों में से किसी में भी अपने जीवनसाथी के विकास के लिए अवसर पैदा करने या अवसर देने में ज़रा भी अनिच्छा या झिझक है, तो हो सकता है कि संबंध तो क़ायम रहे, लेकिन प्रेम न रहे।

इंसान के बारे में अद्‌भुत बात यह है कि हम भावनात्मक रूप से सिर्फ़ तभी स्वतंत्र होते हैं, जब हम सारे विकल्प छोड़कर पूरे दिल से एक व्यक्ति के प्रति समर्पित हो जाएँ। तब कहीं हम उच्च-गुणवत्ता के संबंध विकसित करने में सक्षम होते हैं, जिनकी ज़रूरत हमें इंसान के रूप में अपने विकास को पूरा करने के लिए होती है।

सफल संबंधों का चौथा नियम है *पसंद करना*। अपने जीवनसाथी को सचमुच

पसंद करना बहुत महत्वपूर्ण और संतुष्टिदायक होता है। दरअसल यह प्रेम करने से ज़्यादा महत्वपूर्ण होता है। हो सकता है कि दीर्घकालीन संबंध में लोग किसी मोड़ पर एक-दूसरे से प्रेम करना छोड़ दें। हो सकता है कि एक-दूसरे के लिए उनकी भावना की गहराई समय के साथ कम हो जाए। लेकिन अगर दोनों एक-दूसरे को पसंद करते हैं और एक-दूसरे का सम्मान करते हैं, तो संबंध अनंत काल तक चलता रहेगा।

जब एक व्यक्ति किसी कारण दूसरे व्यक्ति को पसंद करना या उसका सम्मान करना छोड़ देता है, तो संबंध आम तौर पर ख़त्म हो जाता है। कई दंपति प्रेम करते हैं और फिर संबंध तोड़ देते हैं और एक दूसरे से कभी बात नहीं करते। इसका कारण यह है कि उन्होंने कभी एक दूसरे को पसंद करने का समय नहीं निकाला और एक दूसरे का सम्मान करना नहीं सीखा। उन्होंने सामने वाले को सिर्फ़ एक रोमांटिक पार्टनर के रूप में देखा।

हो सकता है कि विवाह और संबंध काम न करें, लेकिन अगर संबंध शुरुआत से ही पसंदगी और सम्मान पर आधारित हों, तो दोनों पक्ष इसके बावजूद वयस्क स्तर पर संप्रेषण और व्यवहार कर सकते हैं। तब उनके संबंध में वे नकारात्मक भावनाएँ नज़र नहीं आएँगी, जो सम्मान और पसंदगी के बिना आती हैं।

सबसे अच्छे दोस्त का इम्तहान

आप सही संबंध में हैं या नहीं, यह बताने का उत्कृष्ट तरीक़ा है "सबसे अच्छे दोस्त का इम्तहान।" आदर्श संबंध में आपका जीवनसाथी आपका सबसे अच्छा दोस्त होता है। जीवनसाथी के बजाय आप दुनिया में किसी और के साथ रहना, बात करना या समय बिताना नहीं चाहेंगे।

अगर किसी कारण आप यह महसूस नहीं करते कि आपका जीवनसाथी आपका सबसे अच्छा दोस्त है, अगर आपको यह नहीं लगता कि आपको किसी और के बजाय उसके साथ रहना चाहिए, तो यह इस बात का संकेत है कि संबंध में कुछ गड़बड़ है।

लंबे समय तक साथ रहने वाले दंपतियों से लिए हर इंटरव्यू में पुरुष और महिला दोनों एक दूसरे के बारे में कहते हैं कि वे *दुनिया में सबसे अच्छे दोस्त हैं।*

दीर्घकालीन रूमानी संबंध की शुरुआत इस भावना से होती है कि आपको अपना सबसे अच्छा दोस्त मिल गया है। यह आपके एक साथ हँसने की मात्रा से पता चलता है। किसी संबंध में हँसी की मात्रा उस संबंध की सेहत का पैमाना होती

है। जब दो लोग आदर्श रूप से एक दूसरे के लिए उपयुक्त होते हैं, तो वे एक साथ बहुत हँसते हैं और समान चीज़ों पर हँसते हैं। जब दो लोग किसी कारण एक दूसरे के लिए उपयुक्त नहीं होते, तो उन्हें हँसने के लिए ज़्यादा आम बातें नहीं मिलतीं। उनके हास्यबोध अलग-अलग होंगे।

सफल संबंधों का पाँचवाँ नियम यह है कि *समान आत्म-अवधारणाएँ आकर्षित* करती हैं और इनमें सबसे ज़्यादा सामंजस्य होता है। आप हमेशा ऐसे व्यक्ति के प्रति आकर्षित होंगे और उसके सामंजस्य में रहेंगे, जो आपके जितना ख़ुश और सकारात्मक होगा।

संबंध का सामान्य भाव - आशावाद या निराशावाद का सामान्य स्तर - आत्म-अवधारणाओं के सामंजस्य का अच्छा पैमाना है। दिलचस्प बात यह है कि *सकारात्मक* आत्म-अवधारणाओं वाले लोगों की तरह ही *नकारात्मक* आत्म-अवधारणाओं वाले लोग भी एक-दूसरे के प्रति आकर्षित होते हैं। वे विवाह करते हैं, एक साथ रहते हैं और आजीवन नहीं, तो कई सालों तक काफ़ी संतुष्ट रहते हैं। उनका संबंध इस तथ्य पर आधारित है कि वे दोनों ही काफ़ी नकारात्मक हैं। समान आत्म-अवधारणाएँ आकर्षित करती हैं, चाहे वे जैसी भी हों।

अपने जीवनसाथी को 1 से 100 तक के पैमाने पर नंबर दें। अनुमान लगाएँ कि वह कितने प्रतिशत समय आशावादी और सकारात्मक रहता है तथा कितने समय तक नकारात्मक या निराशावादी रहता है। फिर ख़ुद को भी इसी पैमाने पर नंबर दें।

आप पाएँगे कि आप उस व्यक्ति के साथ सबसे ज़्यादा आरामदेह रहते हैं, जो काफ़ी हद तक आपके जितना ही ख़ुश या दुखी है। इसीलिए कहा जाता है, "एक जैसे पक्षी एक साथ उड़ते हैं," या "दुख साथ पसंद करता है।"

अगर दो लोग किसी संबंध में दाख़िल हों और उनमें से एक दूसरे की तुलना में ज़्यादा ख़ुश हो, तो उनके बीच संघर्ष और दुख पैदा होने लगेगा। अधिकांश संबंध और विवाह आत्म-अवधारणाओं के असंतुलन के कारण ही टूटते हैं।

एक अध्ययन में शोधकर्ताओं ने पाया कि अमेरिका में होने वाले पाँच में से चार तलाक़ के मामलों में उन महिलाओं ने पहल की, जो "बुरी तरह पगलाई हुई थीं और अब वे बर्दाश्त नहीं कर सकती थीं।" यह आश्चर्यजनक है कि कितने पति-पत्नियाँ महसूस करते हैं कि वे अपने जीवनसाथी की नकारात्मकता के कारण पीछे रुके हुए हैं। अमेरिका में आज संबंधों में एक गंभीर समस्या है और इसका कोई सरल समाधान नहीं है।

सफल संबंधों का छठा नियम है *अच्छा संप्रेषण* होना। सफल विवाह का बुनियादी

कारण यह है कि दोनों पार्टनर्स एक-दूसरे के साथ अच्छी तरह संप्रेषण करते हैं। वे एक ही वेवलेंग्थ पर रहते हैं। दोनों ही भाँप सकते हैं कि सामने वाला क्या महसूस कर रहा होगा और क्या सोच रहा होगा। वे एक साथ समान निष्कर्षों पर पहुँचते हैं। ऐसा लगता है, जैसे उनके "दिमाग़ एक हों।"

संबंधों की असफलता का प्राथमिक कारण ख़राब संप्रेषण है। दंपति एक दूसरे को ग़लत समझ लेते हैं और छोटे-बड़े तमाम मुद्दों पर लगातार बहस करते रहते हैं। दोनों को ही पक्का यक़ीन होता है कि वे ख़ुद सही हैं और सामने वाला ग़लत। उन्हें यह सोचने में बड़ी मुश्किल आती है कि सही परिप्रेक्ष्य में देखा जाए, तो दोनों के ही दृष्टिकोण सही हो सकते हैं।

किसी संबंध में गुणवत्तापूर्ण संप्रेषण के ऊँचे स्तर को बनाने और क़ायम रखने के लिए एक-दूसरे के साथ अटूट समय की उच्च *मात्रा* और *गुणवत्ता* दोनों की ज़रूरत होती है। दंपतियों को एक साथ अकेले रहने की ज़रूरत होती है। अपने संप्रेषण के मार्ग स्पष्ट रखने के लिए उन्हें आपस में बोलने और सुनने के लंबे समय की ज़रूरत होती है। जब भी दो लोग इतने ज़्यादा व्यस्त हो जाते हैं कि उनकी बातचीत कम हो जाए, तो जान लें कि आगे मुश्किल समय आने वाला है।

अच्छे संप्रेषण के लिए बोलने और सुनने दोनों की ही योग्यताओं की ज़रूरत होती है। सुखद बात यह है कि आप ये दोनों योग्यताएँ सीख सकते हैं। लेकिन किसी पुरुष और महिला के बीच उत्कृष्ट संबंधों के लिए उनके प्रमुख मतभेदों को समझने की ज़रूरत भी होती है।

मतभेद की जड़

पुरुष और महिलाएँ एक दूसरे से कई मायनों में अलग होते हैं और उनकी संप्रेषण शैलियाँ भी काफ़ी अलग होती हैं। आम तौर पर, पुरुष *प्रत्यक्ष* शैली का इस्तेमाल करते हैं, जबकि महिलाएँ *अप्रत्यक्ष* शैली का। महिलाओं की तुलना में पुरुष परिणामों, पूर्णता या समाप्ति पर ज़्यादा ध्यान केंद्रित करते हैं। महिलाएँ संबंधों और संप्रेषण की प्रक्रिया के बारे में पुरुषों से ज़्यादा चिंता करती हैं। इससे अक्सर बुनियादी ग़लतफ़हमियाँ पैदा हो जाती हैं।

एक पति-पत्नी का उदाहरण लें, जो दो-तीन घंटे से कार में कहीं जा रहे थे। *मैकडॉनल्ड्स* के पास से गुज़रते समय पत्नी ने कहा, "प्रिय, क्या तुम्हें प्यास लगी है?"

आदमी ने बिना इधर-उधर देखे कहा, "नहीं," और कार चलाता रहा। पत्नी

अपना होंठ काट लेती है और उसकी संवेदनहीनता पर आहत महसूस करती है। उस आदमी को पता ही नहीं है कि पत्नी दरअसल क्या कहना चाह रही थी और उसे इस बात का ज़रा भी अंदाज़ा नहीं है कि अब वह कितनी दुखी है।

अपनी अप्रत्यक्ष शैली में वह कह रही थी, "मुझे प्यास लग रही है; हमें रुककर पानी पी लेना चाहिए।" बहरहाल, उसने यह बात जिस तरह कही थी, वह उसके पति के सिर के ऊपर से गुज़र गई। वह मामले को समझ ही नहीं पाया।

संप्रेषण शैलियों के इस फ़र्क़ का एक और उदाहरण शॉपिंग है। पुरुष के लिए शॉपिंग एक सरल प्रक्रिया है, जिसका एक अपेक्षित परिणाम होता। वह भीतर जाता है, जो सामान ख़रीदने के लिए वह आया है, उसे ख़रीदता है और फिर वहाँ से चल देता है। आम तौर पर पुरुष शॉपिंग करना पसंद नहीं करते। वे असहज महसूस करते हैं और इसे जल्दी से जल्दी निबटाना चाहते हैं। पुरुष के लिए आदर्श शॉपिंग वह होती है, जब वह भागकर अंदर जाए और दौड़कर बाहर निकले, जबकि उसकी कार पार्किंग में चालू खड़ी रहे।

बहरहाल, ज़्यादातर महिलाओं के लिए शॉपिंग एक प्रक्रिया है, यहाँ तक कि मनोरंजक की गतिविधि भी है। शॉपिंग करने के लिए महिला को किसी चीज़ की ज़रूरत होना आवश्यक नहीं है।

शॉपिंग महिला के लिए एक आनंददायक अनुभव है और जब वह किसी दूसरे व्यक्ति के साथ शॉपिंग करती है, तो यह एक सामाजिक अनुभव भी बन जाता है। जो बातचीत होती है, वह भी उतनी ही महत्वपूर्ण होती है जितना कि ख़रीदा जाने वाला सामान। पुरुषों को यह बात समझने में मुश्किल होती है।

संप्रेषण शैलियों में इस फ़र्क़ का यह एक और उदाहरण है। पुरुष परिणामों और पूर्णता पर केंद्रित होते हैं। जब पत्नी उसके सामने किसी समस्या का वर्णन करती है, तो वह लगभग हमेशा प्रतिक्रिया करते हुए तार्किक समाधान बता देता है।

वह कहेगा, "तुम ऐसा क्यों नहीं करती?" फिर वह दोबारा अपना अख़बार पढ़ने लगता है या अपना ध्यान कहीं और मोड़ लेता है। उसे सचमुच लगता है कि उसने पत्नी की काफ़ी मदद कर दी है, क्योंकि उसने सही तरीक़े से उसकी समस्या सुलझा दी है।

उसे यह एहसास ही नहीं होता कि पत्नी आम तौर पर समाधान नहीं पूछ रही थी। पत्नी को उसकी सलाह या उसकी अनुशंसा की ज़रूरत नहीं है। वह तो बस स्थिति के बारे में *बातचीत* करने का मौक़ा चाहती है। वह तो अपने जीवनसाथी के साथ इस बारे में बातचीत करके समस्या का विश्लेषण करना चाहती है। वह

शायद पहले से ही जानती है कि वह क्या करने या क्या नहीं करने वाली है। वह तो बस इस ख़ास स्थिति या समस्या के बारे में बातचीत करना चाहती है, संप्रेषण का एक अवसर चाहती है।

पुरुष अपने जीवन की महिलाओं के साथ अपने संप्रेषण को सुधारने के लिए एक काम यह कर सकते हैं कि वे सलाह देने से परहेज़ करें, जब तक कि यह स्पष्ट न हो जाए कि महिला यही चाहती है। इसके बजाय ग़ौर से सुनें, ठहरें, सवाल पूछें, फ़ीडबैक दें और उसकी बात को दोहराएँ, ताकि यह सुनिश्चित हो जाए कि आप सही मतलब समझ गए हैं।

उससे पूछें, दिन कैसा गुज़रा

कोई पुरुष जब रात को घर लौटे या पति-पत्नी जब शाम को इकट्ठे बैठें, तो सबसे अच्छा काम यह होगा कि वह अपनी पत्नी से पूछे कि उसका दिन कैसा गुज़रा।

ज़्यादातर पुरुष अपने ऑफ़िस के दिन को सभ्यता के उदय के बाद सबसे आकर्षक अनुभव मानते हैं। बहरहाल, जब कोई पुरुष अपने जीवनसाथी को अपने दिन के बारे में बताने के बजाय उससे उसके दिन के बारे में पूछता है, तो उसे अक्सर इस बात पर हैरानी होती है कि पत्नी का दिन उसके दिन से कितना *ज़्यादा* दिलचस्प रहा।

जब कोई पुरुष पहली बार अपनी पत्नी से उसके दिन के हालचाल पूछता है, तो शायद पत्नी को इस बात पर सदमा लगेगा और हो सकता है कि वह संक्षिप्त जवाब देकर बात को टाल दे। उसे विश्वास ही नहीं होगा कि इसमें पति की सच्ची दिलचस्पी है। वह सोचेगी कि वो तो बस यूँ ही पूछ रहा है। इसलिए पति को इस दिशा में लगन से जुटना होगा। जब भी पत्नी कहती है, देखो, मैं काम पर गई और फलां-फलां के साथ लंच किया और फिर घर लौट आई, तो पति को किसी जासूस की तरह उससे पूछना चाहिए, तुमने आज सुबह क्या किया ? लंच कहाँ किया ? उसके बाद तुमने क्या किया ? दोपहर को तुमने क्या किया ? तुम्हारे ऑफ़िस के उस व्यक्ति के क्या हाल-चाल हैं ? वग़ैरह। अगर वह उसके दिन के बारे में थोड़ी और ताक-झाँक करेगा, तो पाएगा कि यह अक्सर काफ़ी दिलचस्प होता है।

इस नीति का एक लाभ यह है कि जब पत्नी को अपने दिन के बारे में बताने का मौक़ा मिलता है, तो पति को भी अपने काम के बारे में बताने का ज़्यादा समय मिलता है। याद रखें, बातचीत की सामग्री या विषय महत्वपूर्ण नहीं है। महत्त्वपूर्ण तो प्रक्रिया है। अपने जीवनसाथी में सच्ची दिलचस्पी ज़ाहिर करने और फिर सावधानी

से उसकी बात सुनने से समझ गहरी होती है तथा संबंध सुधरते हैं। सिर्फ़ इसी तरह आप संबंध को जीवित और विकासशील रख सकते हैं।

प्रमुख प्रश्न

किसी सफल संबंध को लगातार क़ायम रखने के लिए आपको यह सबसे महत्वपूर्ण सवाल पूछना चाहिए और इसका जवाब देना चाहिए, "यहाँ पर महत्वपूर्ण क्या है ?"

बहस में जीतना या सही साबित होना महत्वपूर्ण नहीं है; महत्वपूर्ण तो संबंध की गुणवत्ता है। महत्वपूर्ण यह है कि आप एक दूसरे से प्रेम करते रहें और सम्मान देते रहें और शांति व सद्भाव से साथ रहें।

जब आप लगातार पूछते हैं, "यहाँ पर महत्वपूर्ण क्या है ?" तो आप चीज़ों को ज़्यादा स्पष्टता से देख पाएँगे और आपको मार्गदर्शन मिलेगा कि कहने या करने के लिए सबसे उचित बात क्या है।

संबंधों के स्वर्णिम नियम का अभ्यास करें। ख़ुद से नियमित रूप से पूछें, "मेरे साथ वैवाहिक जीवन बिताने में उसे कैसा लगता होगा ?" या "अगर मेरा जीवनसाथी भी मेरे साथ वैसा ही व्यवहार करे, जैसा मैं उसके साथ करता हूँ, तो मुझे कैसा लगेगा ?"

अगर आप अपने जीवनसाथी के साथ वैसा ही करते हैं, जैसा आप अपने साथ और चाहते हैं अगर आप कोई ऐसी चीज़ करने या कहने से परहेज़ करते हैं, जो आप अपने जीवनसाथी द्वारा की या कही जाना पसंद नहीं करेंगे, तो आप अपने शब्दों व प्रभाव के बारे में ज़्यादा जागरूक बन जाएँगे।

जागरूकता ही सच्ची कुंजी है। जीवन ध्यान का अध्ययन है। अगर आप अपने संबंध की छोटी-छोटी चीज़ों पर ध्यान देते हैं, तो बड़ी-बड़ी चीज़ें अपनी परवाह ख़ुद कर लेंगी।

संबंधों की छह समस्याएँ और उन्हें कैसे सुलझाएँ

संबंधों के असफल होने के हज़ारों कारण होते हैं, लेकिन शायद सभी समस्याएँ छह प्रमुख क्षेत्रों में पाई जाती हैं। ये छह समस्याएँ ज़्यादातर बहसों, मतभेदों और तलाक़ की जड़ होती हैं। इन सभी का एक या दोनों पक्षों के आत्मसम्मान और आत्म-छवि से गहरा सरोकार होता है।

संबंधों में पहली समस्या है समर्पण की कमी। यह वर्तमान में लोकप्रिय "आधे" संबंध या विवाह में स्पष्ट है। पूर्ण समर्पण के बजाय सिर्फ़ आंशिक या आधा समर्पण ही होता है। एक या दूसरा पक्ष कहता है, "तुम आधी दूर चलना और मैं आधी दूर चलूँगा।" बहरहाल, जल्दी ही जब एक पक्ष सिर्फ़ 49 प्रतिशत चलने का फ़ैसला करता है, तो रिश्ते में दरार आ जाती है। और इस दरार में सँकरी होने के बजाय फैलने की प्रवृत्ति होती है। दोनों पक्ष इस दरार को बढ़ाते जाते हैं। एक या दूसरा फिर सिर्फ़ 48 प्रतिशत ही चलता है, फिर 40 प्रतिशत, फिर 30 प्रतिशत और यह सिलसिला तब तक चलता रहता है, जब तक कि वह कोशिश करना ही नहीं छोड़ देता।

इसका एक उदाहरण यह है कि शादी करने के बाद भी दंपति अपना अलग-अलग बैंक खाता रखते हैं। घर ख़र्च का समान विभाजन होता है। एक-एक डॉलर का हिसाब रखा जाता है कि यह इसका है या उसका। वे एक दूसरे को पैसा उधार भी देते हैं और फिर सटीक हिसाब रखते हैं कि किसने किसको कितना उधार दिया। मैंने एक मामला ऐसा भी देखा, जिसमें घर ख़र्च की पाई-पाई का अलग बँटवारा होता था, जिसमें यूटिलिटी बिल को डाक में भेजने के डाक टिकट का ख़र्च भी शामिल था।

मेरे दो दोस्त, जिन्हें मैं मैरी और जो नाम देना चाहूँगा, ग्यारह साल से एक साथ रह रहे थे। वे हमेशा शादी करने के बारे में बातें तो करते थे, लेकिन कभी कोई निर्णय नहीं ले पाए थे। बहरहाल, जब से वे एक साथ रह रहे थे, तब से उन्होंने अपार्टमेंट के लिए फ़र्नीचर और बाक़ी सामान अलग-अलग ख़रीदे थे। उनके अपार्टमेंट के हर सामान के पीछे एक छोटा स्टिकर लगा था, जिस पर लिखा था कि वह सामान किसका था। उन्होंने कभी अपने फ़ंड या जायदाद में घालमेल नहीं किया। ग्यारह साल के अंत में जब उन्होंने अलग होने का फ़ैसला किया, तो उन्हें अपने सारे सामान का बँटवारा करने में दो घंटे का समय भी नहीं लगा। वे अचेतन रूप से ग्यारह साल से अलग-अलग रास्ते पर जाने की योजना बना रहे थे, क्योंकि वे अपने संबंध में कभी भी पूरी तरह समर्पित नहीं हुए थे।

आंशिक समर्पण का एक और उदाहरण वैवाहिक अनुबंध है। ये अनुबंध पढ़ने में दिलचस्प लगते हैं। अनुबंधों का पहला पैरेग्राफ़ कहता है, "दोनों पक्ष, जो एक-दूसरे को बेहद प्रेम करते हैं और जीवन भर ख़ुशी-ख़ुशी इकटठे जीने की योजना बना रहे हैं, यहाँ यह अनुबंध को कर रहे हैं।"

बाक़ी का वैवाहिक अनुबंध विस्तार से बताता है कि उनके अलग-अलग होने पर जायदाद का बँटवारा किस तरह होगा। दरअसल वे विवाह करने से पहले ही

अलग होने की विस्तृत योजना बना रहे हैं।

जब एक पक्ष संबंध के प्रति पूरी तरह समर्पित होने का इच्छुक नहीं होता, तो इससे दूसरे में अस्वीकृति और नाक़ाबिलियत की भावनाएँ जागने लगती हैं। इससे उसे महसूस होता है कि वह पर्याप्त अच्छा नहीं है। उसे लगता है कि इसी कारण सामने वाला उसके प्रति पूरी तरह समर्पित नहीं होना चाहता।

जब बारबरा और मेरी शादी हुई, तो पादरी ने हमें बहुत सी वैवाहिक क़समें पढ़वाईं, जिनमें से किसी एक को हम चुन सकते थे। हम विवाह की क़सम के लिए अपनी पसंद की क़सम चुन सकते थे। बहुत सी क़समों को देखने के बाद मैंने उनसे पूछा, "जब तक कि मौत हमें जुदा नहीं कर देती, ये शब्द कहाँ हैं ?"

पादरी ने स्पष्ट किया कि आजकल की अधिकांश वैवाहिक क़समों से वे शब्द हटा दिए जाते हैं। ज़्यादातर लोग इतनी स्पष्ट या पूर्ण समर्पण वाली क़समें नहीं चाहते। वे तो ऐसी क़सम चाहते हैं, जिसमें उनके पास ज़्यादा लचीलापन और ज़्यादा विकल्प रहे।

मैंने उनसे पूछा कि क्या हम इन शब्दों को अपने विवाह की क़सम में रख सकते हैं। पादरी ने कहा कि हम अगर चाहें तो ऐसा कर सकते हैं। मैंने इस बात पर ज़ोर दिया कि "जब तक कि मौत हमें जुदा नहीं कर देती" शब्द हमारे विवाह की रस्म का हिस्सा रहें। मुझे महसूस हुआ कि "जब तक कि हम दोनों एक दूसरे से प्रेम करेंगे" जैसी वैवाहिक क़सम का दरअसल यह मतलब निकलता है कि पति-पत्नी विवाह के दीर्घकालीन होने के बारे में शायद सचमुच गंभीर नहीं हैं।

समर्पण की कमी से उबरने का तरीक़ा यह है कि आप ख़ुद को पूरी तरह से संबंध के प्रति समर्पित कर दें। अपने दोनों पैरों से छलाँग लगा दें। संबंध के असफल होने की आशंका पर विचार भी न करें। अगर आपकी ग़लती के बिना संबंध असफल हो जाता है, तो कम से कम ऐसा इसलिए तो नहीं होगा, क्योंकि आपने पूरे दिल से कोशिश नहीं की।

संबंधों में दूसरी प्रमुख समस्या है सामने वाले को बदलने की कोशिश करना या उससे बदलने की उम्मीद करना। यह अस्वीकृति का एक और सूक्ष्म रूप है। इसका यह मतलब निकलता है, "तुम जैसे हो, उस रूप में मेरे लिए पर्याप्त अच्छे नहीं हो।"

जब भी आप सामने वाले को बदलने की कोशिश करते हैं, तो आप यह संकेत देते हैं कि वह नाक़ाबिल है। इससे आप उसके भीतर क्रोध और द्वेष की भावनाएँ सुलगा देते हैं।

सच्चाई यह है कि लोग बहुत ज़्यादा नहीं बदलते। जैसा कॉमेडियन फ़िलप विल्सन ने कहा था, "जो आप *देखते हैं,* वही आपको *मिलता है।*" आप जिस व्यक्ति से शादी करने के बारे में विचार कर रहे हैं, अगर वह वैसा नहीं दिखता, जैसा आप चाहते हैं, तो इसके बारे में कुछ करने का समय विवाह से पहले है, बाद में नहीं।

सामने वाले को बदलने की कोशिश करने की समस्या का समाधान सरल है। वज़न कम करने, सिगरेट छोड़ने, व्यायाम करने, ज़्यादा सकारात्मक बनने या कोई और चीज़ बनने यानी किसी भी तरह सामने वाले को बदलने की कोशिश करने की समस्या का समाधान सिर्फ़ यह है कि आप उसे उसके वर्तमान रूप में स्वीकार कर लें। अगर आप सामने वाले व्यक्ति के व्यवहार और व्यक्तित्व को स्वीकार नहीं कर सकते, तो इससे आपको कुछ समझ में आना चाहिए। स्वीकृति काफ़ी हद तक अनुरूपता से तय होती है। स्वीकृति यह पता लगाने का एक अच्छा सूचक है कि यह आपके लिए सही संबंध है या नहीं। विवाह के बाद अस्वीकृति से निबटने के बजाय उससे पहले निबटना ज़्यादा आसान होता है।

कई बार जब आप सामने वाले को बदलने की कोशिश करना छोड़ देते हैं और उसे बिना किसी शर्त के जैसे का तैसा स्वीकार कर लेते हैं, तो वह ख़ुद बदलने का विकल्प चुन लेगा। इंसान ज़िद्दी होते हैं। अक्सर वे आपको चिढ़ाने वाला व्यवहार करने में सिर्फ़ इसलिए जुटे रहेंगे, क्योंकि आप उन्हें लगातार बदलने की कोशिश कर रहे हैं। जब आप उन्हें बदलने की कोशिश करना छोड़ देते हैं, तो वे अक्सर स्वेच्छा से अपने व्यवहार को बदल लेते हैं।

संबंधों में तीसरी प्रमुख समस्या है *ईर्ष्या*। ईर्ष्या हमेशा उस व्यक्ति के दिलोदिमाग़ में होती है, जो इस भावना का अनुभव कर रहा है। शेक्सपियर ने ईर्ष्या को "हरी आँखों वाला दैत्य" कहा था। यह एक भयंकर नकारात्मक भावना है, जो कम आत्मसम्मान और व्यक्तिगत अक्षमता की भावनाओं से उत्पन्न होती है।

जो व्यक्ति ईर्ष्या महसूस करता है, उसे इंसान के रूप में अपने मूल्य और महत्व के बारे में शंकाएँ होती हैं। उसे महसूस होता है, "कोई भी मुझे सचमुच प्रेम नहीं कर सकता, क्योंकि मैं इसी तरह का व्यक्ति हूँ।"

इस तरह का व्यक्ति शायद बचपन में विनाशकारी आलोचना का शिकार हुआ होगा और वयस्क के रूप में उसे विपरीत लिंग के व्यक्तियों के साथ नकारात्मक अनुभव हुए होंगे। अगर किसी को अपने माता-पिता से बिना शर्त का प्रेम कभी नहीं मिला, या इससे भी बुरी बात यह है कि बच्चे के बड़े होते समय उसके माता-पिता ने उसे अस्वीकार कर दिया या वे उसकी बुराई करते रहे, तो वयस्क होने के बाद

वह इसे लेकर बहुत असुरक्षित महसूस करेगा कि दूसरे लोग उसे पूरी तरह प्रेम करते और स्वीकार करते हैं या नहीं।

ईर्ष्या का इलाज यह एहसास करना है कि इसका सामने वाले व्यक्ति से कोई लेना देना नहीं है। इसका संबंध तो सिर्फ़ उस व्यक्ति के कम आत्मसम्मान से है, जो इसका शिकार है। ईर्ष्या से उबरने का तरीक़ा अपने आत्मसम्मान को बढ़ाने पर ध्यान केंद्रित करना है और बार-बार दोहराना है, "मैं ख़ुद को पसंद करता हूँ, मैं ख़ुद को पसंद करता हूँ, मैं ख़ुद को पसंद करता हूँ।"

जब आपका आत्मसम्मान ऊँचा होता है, जब आप ख़ुद को पसंद करते हैं और अपना सम्मान करते हैं, तो किसी दूसरे का कोई भी काम या बात आपके मन में अपने व्यक्तिगत महत्व के बारे में शंका पैदा नहीं कर सकती। आप भावनात्मक रूप से आत्मनिर्भर होंगे और ख़ुद के बारे में आपका एहसास दूसरों के व्यवहार से स्वतंत्र होगा।

जान-बूझकर किसी को ईर्ष्यालु बनाना कोई चतुराई भरा काम नहीं होता। ईर्ष्या एक दर्दनाक, विनाशकारी भावना होती है और यह ऐसी चीज़ नहीं है, जिसे एक दोस्त दूसरे पर थोपे। हममें से हर एक को अपने संबंधों में सुरक्षित महसूस करने की ज़रूरत होती है और जान-बूझकर ईर्ष्या जगाने से हमारी सुरक्षा हिल जाती है। ईर्ष्या हमें दुखी बना देती है।

संबंधों में चौथी प्रमुख समस्या होती है *आत्म-करुणा*। यह तब पैदा होती है, जब आप किसी ऐसी चीज़ को लेकर अपने लिए अफ़सोस करने लगते हैं, जो आपके पार्टनर ने या तो आपके साथ या आपके लिए की है या नहीं की है। आम तौर पर आत्म-करुणा महसूस करने वाले लोगों ने इसे अपने किसी अभिभावक से सीखा है, जो घर पर आत्म-करुणा से भरा व्यवहार करता था।

जब पार्टनर अपने काम में इतना व्यस्त या ख़ुश हो जाता है कि व्यक्ति ख़ुद को उपेक्षित महसूस करने लगे, तो अक्सर उसे आत्म-करुणा का एहसास होता है, "मैं कितना दुखी हूँ!" आत्म-करुणा का समाधान यह नहीं है कि आपका पार्टनर कोई काम करना छोड़ दे या कोई दूसरा काम शुरू कर दे। इसका इलाज तो अपने लक्ष्यों में इतना व्यस्त हो जाना है कि आपके पास ख़ुद के लिए अफ़सोस महसूस करने का समय ही न रहे।

अपनी भावनाओं के लिए आप ही ज़िम्मेदार हैं। अपनी ख़ुशी या दुख का कारण आप ख़ुद हैं। कोई भी आपको कुछ महसूस नहीं कराता। अगर आप आत्म-करुणा महसूस करते हैं, तो ऐसा इसलिए है क्योंकि आप अपने लिए अफ़सोस

महसूस करने का चुनाव करते हैं। आप अगर चाहें, तो दूसरी प्रतिक्रिया चुन सकते हैं। आत्म-करुणा का आधार यह ग़लत धारणा है कि आपको सुखी बनाने के लिए कोई दूसरा ज़िम्मेदार है।

आत्म-करुणा कमज़ोरी और पाखंड का एक रूप है, जो आपको पूरी तरह संतुष्ट इंसान बनने से रोकती है। अगर आप किसी ऐसे रिश्ते में हैं, जिसमें सामने वाला व्यक्ति ख़ुद के लिए दुखी महसूस कर रहा है, तो करुणा और समझ का परिचय दें और फिर उसे प्रोत्साहित करें कि वह अपना मनपसंद काम करने में व्यस्त हो जाए।

संबंधों में पाँचवीं प्रमुख समस्या है *नकारात्मक अपेक्षाएँ।* ऐसा तब होता है, जब आप लगातार सामने वाले से यह उम्मीद करते हैं कि वह आपको निराश करने वाले काम ही करेगा। सच्चाई यह है कि आपकी अपेक्षाओं में पूरी होने की प्रवृत्ति होती है। अगर आप अच्छी चीज़ों के होने की उम्मीद करते हैं, तो आप शायद ही कभी निराश होंगे। अगर आप अपने पार्टनर से यह उम्मीद करते हैं कि वह आपको नीचा दिखाएगा, तब भी आप शायद ही कभी निराश होंगे।

नियम है अपने पार्टनर से हमेशा *सर्वश्रेष्ठ की उम्मीद करना।* शायद कोई व्यक्ति अपने पार्टनर से सबसे अद्‌भुत शब्द यही कह सकता है, "मैं तुमसे प्रेम करता हूँ और मुझे तुम पर विश्वास है।" हमेशा उसे बताएँ कि आपको उसकी योग्यता पर पूरा भरोसा है और वह जिस चीज़ का संकल्प कर लेगा, उसे पूरा कर सकता है।

सुबह काम पर जाते समय यह जानना बहुत अच्छा लगता है कि आपके जीवन का सबसे महत्वपूर्ण व्यक्ति आप पर पूरा भरोसा करता है। फिर रात को उस व्यक्ति के पास घर लौटना भी अद्‌भुत महसूस होता है, जिसे आपके कामयाब होने की योग्यता पर पूरा विश्वास है, भले ही सामने कितनी ही बाधाएँ हों। कई सबसे सफल स्त्री-पुरुषों ने अपनी सफलता का श्रेय अपने जीवनसाथी की अटल सकारात्मक उम्मीदों को दिया है।

संबंधों में छठी प्रमुख समस्या *असामंजस्य* (incompatibility) है। यह एक बहुत संवेदनशील विषय है, जिस पर कई लोग तो बात भी नहीं करना चाहते। बहरहाल, यह संबंधों में पैदा होने वाली सबसे आम समस्याओं में से एक है। शायद यह वैवाहिक संबंधों में लोगों के दुखी रहने का सबसे आम कारण है।

आम तौर पर, जब दो लोग मिलते हैं और प्रेम करने लगते हैं, तो वे अपनी आपसी समानताओं की वजह से एक-दूसरे के प्रति आकर्षित होते हैं। बहरहाल,

जब साल गुज़रते हैं और उनके जीवन में बदलाव होने लगते हैं, तो वे अक्सर विपरीत दिशाओं में विकास करने लगते हैं। उनमें नई रुचियाँ, नए सपने और नए विचार विकसित होते हैं। पहली बार मिलते समय उनके लिए जो महत्वपूर्ण था, वह अब उतना महत्वपूर्ण नहीं रह जाता है। इसी कारण दोनों के बंधन की शक्ति कमज़ोर हो जाती है।

वैवाहिक असामंजस्य का सबसे आम समय अट्ठाईस से लेकर बत्तीस साल की उम्र है। बीस साल की उम्र के बाद लोग अपने वयस्क जीवन में सबसे तेज़ गति से विकास और परिवर्तन करते हैं। अगर कोई दंपति बीस साल की उम्र में ही विवाह कर लेते हैं, तो तीस बरस का होते-होते उन्हें लग सकता है कि उनके बीच बहुत कम समानताएँ रह गई हैं। उन्हें लग सकता है कि उनमें अब सामंजस्य ख़त्म हो गया है।

चेतावनी के लक्षण

दंपति अब सामंजस्य में नहीं हैं, इसका पहला लक्षण यह है कि उनके संबंध में से हँसी बाहर चली जाती है। वे हँसी-मज़ाक़ नहीं करते या मिलकर मज़ेदार काम नहीं करते।

दूसरा लक्षण यह है कि बातचीत ख़त्म हो जाती है। उनके पास बातचीत करने के लिए बहुत कम विषय रह जाते हैं। घर एक तरह की उपयोगी जगह बन जाता है, जहाँ वे बस रहते हैं। तब घर आपसी प्रेम और सद्भाव की जगह नहीं रह जाती।

हर व्यक्ति अपने काम में या बच्चों में या किसी और चीज़ में व्यस्त रहता है। दोनों ही अपनी भूमिकाएँ निभाते हैं। दोनों ही अपने पड़ोसियों और दोस्तों के सामने अच्छा नाटक करते हैं।

अपने वैवाहिक जीवन में दुखी कई लोग ख़ुद को अपने काम में झोंक देते हैं। वे हर दिन बारह से चौदह घंटे काम करते हैं, ताकि उन्हें जल्दी घर न जाना पड़े। और वे एक-दूसरे के साथ जितना कम समय बिताते हैं, संबंध उतना ही बिगड़ता चला जाता है। उनके पास पहले से भी कम साझी चीज़ें बचती हैं।

अगर आप पाते हैं कि आपके संबंध में हँसी और बातचीत कम हो रही है, तो यह फ़ौरन क़दम उठाने का समय है। अगर आप महसूस करते हैं कि आपमें और आपके जीवनसाथी में बहुत कम चीज़ें समान बची हैं, तो आपको संबंध बेहतर बनाने की हर संभव कोशिश करनी चाहिए। आपको जान लेना चाहिए कि यह

जीवन को प्रभावित करने वाली एक गंभीर समस्या है और एक साथ बैठकर इस पर बातचीत करनी चाहिए। आपको अपने पुराने प्यार भरे संबंध को दोबारा पाने के लिए हर संभव कोशिश करनी चाहिए।

शायद आपको कुछ समय की छुट्टी लेकर सैर-सपाटे पर जाने की ज़रूरत हो। शायद आपको एक-दूसरे के काम में दिलचस्पी लेने या नई साझी रुचियाँ विकसित करने की ज़रूरत हो। अगर आपने अपने संबंध बनाने में कुछ सालों और बहुत सी भावनाओं का निवेश किया है, और ख़ास तौर पर अगर बच्चे भी हैं, तो आपको संबंध बचाने की हर संभव कोशिश करनी चाहिए।

प्रेम को दोबारा कैसे लाएँ

प्रेम को अपने संबंध में दोबारा लाने का एक बहुत सशक्त तरीक़ा यह महसूस करना है कि प्रेम क्रिया है : प्रेम कर्म से संबंधित शब्द है। अगर आप "प्रेम" की भावना को महसूस करना चाहते हैं, तो इसके लिए आपको वे काम करने चाहिए, जो प्रेमपूर्ण व्यक्ति करता है। आपको अपने कामों के माध्यम से उस व्यक्ति से दोबारा प्रेम करने की भावना जगानी होगी, जिससे आप पहले कभी प्रेम करते थे, लेकिन अब नहीं करते।

आप किसी के लिए और उसके साथ प्यार भरी चीज़ें करके उससे प्रेम करना सीखते हैं - छोटी-छोटी परवाह, छोटे-छोटे एहसान, दयालुता, तोहफ़े और अन्य चीज़ें, जिनसे सामने वाले को ख़ुशी मिलती है। इनसे आप उस व्यक्ति से ज़्यादा प्रेम करने लगते हैं। जब आप ये छोटी-छोटी चीज़ें करना बंद कर देते हैं, तो आप प्रेम से बाहर निकलने लगते हैं। भावनात्मक बंधन ढीले होने लगते हैं। आग बुझने लगती है।

कर्म द्वारा प्रेम को दोबारा सुलगाने की इस प्रक्रिया के लिए ग्रीक शब्द है *प्रैक्सिस।* प्रैक्सिस का सिद्धांत कहता है कि आप भावनाओं के अनुरूप काम करके ख़ुद में भावनाएँ जगाते हैं और ऐसा तब तक करते रहते हैं, जब तक कि वे सुलगकर लपट में नहीं बदल जातीं। आप कर्म के रास्ते से भावनाओं तक अक्सर उसी तरह पहुँचते हैं, जिसका वर्णन हम अध्याय तीन *मास्टर प्रोग्राम* में कर चुके हैं।

अपने संबंध में दोबारा प्रेम लाने के लिए आप एक बार फिर वही काम कर सकते हैं, जो आपने प्रेम-प्रसंग की शुरुआत में किए थे। आप ज़्यादा परवाह करने वाले, ज़्यादा ध्यान देने वाले, ज़्यादा समझने वाले और ज़्यादा सहानुभूति भरे बन सकते हैं। जब आप प्रेमपूर्ण जीवनसाथी की भूमिका अदा करेंगे, तो पाएँगे कि सामने

वाले के प्रति आपकी भावनाएँ बेहतर होने लगी हैं। आप प्रेमपूर्ण काम करके प्रेम की भावनाओं को दोबारा हासिल कर सकते हैं।

दूसरों के बारे में प्यार भरी बातें सोचकर और उनसे प्रेमपूर्ण तथा शिष्ट तरीक़े से बातचीत करके आप अक्सर उन भावनाओं को दोबारा सुलगा सकते हैं, जो आपको कभी एक साथ लाई थीं। सामने वाले में उन अच्छे गुणों की तलाश करें, जिनकी आप कभी प्रशंसा करते थे। उसकी ग़लतियों को माफ़ कर दें और भूल जाएँ। प्रेम की तरफ़ लौटने की कोशिश करने समय यह एहसास सबसे ज़रूरी है कि आप सचमुच इस व्यक्ति के साथ रहना चाहते हैं, कि आप सचमुच इस संबंध को दोबारा बनाना और क़ायम रखना चाहते हैं।

अगर संबंध को बचाया न जा सकता हो, तो क्या करें?

यह हो सकता है, जैसा अक्सर होता है कि आपके रिश्ते की आग पूरी तरह बुझ चुकी हो। अब भावनात्मक त्याग करने की कोई इच्छा ही नहीं रह गई है, जो किसी संबंध को बचाने के लिए ज़रूरी होती है। दोनों पक्षों में गहरा असामंजस्य है।

असामंजस्य संबंध के टूटने का सबसे आम कारण है। औसत व्यक्ति यह पता लगाने के लिए विपरीत लिंग के कई सदस्यों के साथ घूमता-फिरता है कि उनमें से कौन उसके साथ ज़्यादा सामंजस्य में है। इसमें इतनी हैरानी क्यों होनी चाहिए कि दो लोग बाद में अलग-अलग व्यक्तित्व बना लेते हैं? इसमें इतनी हैरानी क्यों होनी चाहिए कि दो लोगों में सामंजस्य ख़त्म हो गया?

अक्सर आप देखते हैं कि रेस्तराँओं में दंपति चुपचाप बैठकर खा रहे हैं और एक-दूसरे से बातचीत तक नहीं कर रहे। या आप देखते हैं कि कार में बैठे दो लोग सामने देख रहे हैं और बातचीत नहीं कर रहे हैं। ये सब संकेत हैं कि दंपति के बीच का सामंजस्य ख़त्म हो चुका है।

स्वीकृति से शुरू करें

जब दो व्यक्तियों का सामंजस्य ख़त्म हो जाए, तो सबसे अच्छा काम बस इसे स्वीकार करना है। हार्वर्ड के विलियम जेम्स ने कहा था, "किसी भी मुश्किल से निबटने का पहला क़दम इसे स्वीकार करने की इच्छा है।"

आपके संबंध में कोई गड़बड़ है, इस तथ्य को अस्वीकार करने से बहुत से दुख और मनोदैहिक रोग पैदा हुए हैं। अस्वीकृति या अंदरूनी प्रतिरोध तनाव और दबाव पैदा करता है। असफल संबंध व्यक्ति के आत्मसम्मान के लिए बहुत शर्मनाक और जोखिम भरे होते हैं। उनसे निबटने की अनिच्छा बीमारी, अनिद्रा, सिरदर्द और चिढ़, क्रोध और डिप्रेशन जैसी नकारात्मक अभिव्यक्तियों का प्रमुख कारण है। ये सारी चीज़ें सिर्फ़ लक्षण हैं; मूल कारण तो संबंधों का असामंजस्य है।

जीवन में किसी भी मुश्किल से निबटने का एक बहुत उपयोगी तरीक़ा ख़ुद से यह पूछना है, "यह तथ्य है या समस्या ?" अगर यह *समस्या है,* तो इसे सुलझाया जा सकता है। तब आप इसके बारे में कुछ कर सकते हैं और अपनी बुद्धि का इस्तेताल करके इसे सुलझाने का कोई तरीक़ा खोज सकते हैं।

बहरहाल, अगर यह एक *तथ्य* है, तो सबसे स्मार्ट काम इसे स्वीकार करना है। तथ्य मौसम की तरह होते हैं : आप उनके बारे में कुछ नहीं कर सकते, सिवाय इसके कि आप उन्हें अपने विश्व-दर्शन में शामिल कर लें और उनके लिए जगह बना लें। कई लोग असामंजस्य के *तथ्य* को ग़लती से असामंजस्य की *समस्या* समझ लेते हैं, जिस वजह से बहुत सा ग़ैर-ज़रूरी दुख पैदा होता है। जब रिश्ते की आग बुझ जाती है, राख ठंडी हो जाती है और असामंजस्य स्थाई हो जाता है, तो बेहतर यही होगा कि एक या दोनों पक्ष ईमानदारी से इस तथ्य का सामना करें और इसके बारे में कुछ करें।

आप किसी दूसरे व्यक्ति के साथ संबंध में इस कारण से दाख़िल होते हैं, ताकि आप अकेले रहने की तुलना में उसके साथ ज़्यादा *ख़ुश रह सकें।* ज़्यादातर लोग ज़्यादा ख़ुश और संतुष्ट होने के लिए संबंध बनाते हैं, लेकिन इसके बजाय वे ख़ुद को ज़्यादा दुखी और कम संतुष्ट पाते हैं। फिर वे ग़लती से उस संबंध को जबरन जकड़े रहते हैं और उस मूल कारण को ही भूल जाते हैं, जिसकी वजह से उन्होंने वह संबंध बनाया था।

आपने अकेले रहने के बजाय किसी दूसरे व्यक्ति के साथ रहने का चुनाव सिर्फ़ इसलिए किया था, क्योंकि आप अपने जीवन को ज़्यादा अच्छा, ज़्यादा समृद्ध और ज़्यादा आनंददायक बनाना चाहते थे। आपने दुखी रहने के लिए ऐसा नहीं किया था। दुखी संबंध आपकी ख़ुशी को लूट लेता है और आपकी संभावित क्षमता को बहुत कम कर देता है।

कई लोग बुरे संबंधों में सिर्फ़ इसलिए बने रहते हैं, क्योंकि उन्हें डर होता है कि *दूसरे लोग क्या कहेंगे।* वे अपने पार्टनर्स, दोस्तों और सहकर्मियों के सामने अपनी इज्ज़त बचाना चाहते हैं और उसे गँवाने से डरते हैं। वे सबके सामने नाटक करते

हैं, जबकि बंद दरवाज़ों के पीछे बुरी तरह दुखी होते हैं। वे अक्सर उस संबंध में फँसे महसूस करते हैं, जिससे वे अपने परिचितों की शर्म का निशाना बने बिना बाहर नहीं निकल सकते।

सच तो यह है कि कोई भी आपके संबंधों के बारे में दरअसल *उतनी परवाह नहीं करता*, जितनी कि आप करते हैं। अधिकांश मामलों में आप पाएँगे कि जिन लोगों के बारे में आपने सोचा था कि उन्हें आपके असफल संबंध के बारे में पता चलने पर सबसे ज़्यादा दुख होगा, उन्हें दरअसल इसकी परवाह ही नहीं थी। ज़्यादातर लोगों के पास अपनी ख़ुद की इतनी सारी समस्याएँ होती हैं कि उनके पास आपके और आपकी समस्याओं के बारे में सोचने का बहुत कम समय या ऊर्जा होती है। दरअसल ज़्यादातर लोग अपना अधिकांश समय, पूरे दिन, ख़ुद के बारे में सोचते हैं। भले ही आप किसी अन्य व्यक्ति - बेटे, बेटी या अच्छे दोस्त - के बहुत क़रीब हों, लेकिन सामने वाला दरअसल चौबीस घंटे में आपके बारे में कुछ मिनट से ज़्यादा नहीं सोचता।

आपका पूरा जीवन बिखर सकता है, लेकिन अधिकांश लोगों के लिए आपकी समस्याओं से ज़्यादा महत्वपूर्ण यह है कि वे आज लंच में क्या खाएँगे। कई लोग जब आख़िरकार किसी दुखद संबंध को छोड़ देते हैं, तो उन्हें यह देखकर हैरानी होती है कि इस निर्णय का उनके आस-पास के लोगों पर दरअसल ज़रा भी असर नहीं पड़ा। दूसरे लोगों को परवाह ही नहीं होती। वे थोड़ी सहानुभूति जता सकते हैं और जिज्ञासावश कुछ सवाल पूछ सकते हैं, लेकिन उन्हें डिनर करने के लिए घर जाना होता है और आपसे दूर जाकर अपनी ज़िंदगी बितानी होती है।

बस! छोड़ दें

हज़ारों व्यक्तियों और दंपतियों के साथ मेरे सेमिनारों और वर्कशॉप्स का निष्कर्ष यह है कि किसी बुरे संबंध में बने रहने का सबसे मूर्खतापूर्ण कारण यह सोचना है कि इसे छोड़ने से दूसरे लोगों को चोट पहुँचेगी और वे विचलित हो जाएँगे।

भावनात्मक दृष्टि से पूरी तरह स्वार्थी होना सबसे स्मार्ट काम है। अगर आप ख़ुश नहीं हैं और स्थिति को नहीं बचा सकते, तो कम से कम ख़ुद ख़ुश रहें। वह करें, जिससे *आपको* ख़ुशी मिलती है। आप ख़ुद दुखी बनकर किसी दूसरे को कभी सुखी नहीं बना सकते। सिर्फ़ ख़ुश लोग ही दूसरों को ख़ुशी दे सकते हैं। किसी दूसरे की ख़ुशी की बलिवेदी पर अपनी क़ुर्बानी न दें। इससे अंत में न तो आपको ख़ुशी मिलती है, न ही सामने वाले को।

प्रेम सबसे महत्वपूर्ण चीज़ है

जीवन में सबसे महत्वपूर्ण चीज़ है प्रेम। प्रेमपूर्ण संबंध की सुरक्षा और ख़ुशी वह सबसे अद्‌भुत चीज़ है, जो कोई पुरुष और महिला अपने लिए अनुभव कर सकते हैं।

आपको सामने वाले के साथ प्यार भरा संबंध बनाने और उसे क़ायम रखने के लिए हर संभव कोशिश करनी चाहिए, जिसमें सुनना, कृतज्ञता और प्रशंसा व्यक्त करना, दयालुता, शिष्टता, नम्रता, धैर्य और ख़ासकर करुणा भरा व्यवहार करना है। आपको प्यार भरा संबंध बनाने के लिए अपनी तरफ़ से पूरी कोशिश करनी चाहिए, जिसके भीतर आप अनंत काल तक रह सकें।

लेकिन अगर यह काम न करे, तो आपमें यह स्वीकार करने का साहस और चारित्रिक बल होना चाहिए कि इंसान के जीवन में कोई भी चीज़ आदर्श या स्थाई नहीं होती। ईमानदारी से यह स्वीकार करें कि आप किसी दूसरे के लिए जो सबसे अच्छी चीज़ कर सकते हैं, वह है अपनी ख़ुद की ख़ुशी हासिल करना। ज़िंदगी कैसी होनी चाहिए, इसके बजाय इस बात पर ध्यान दें कि ज़िंदगी कैसी है। अगर आप वास्तविकता का सामना करते हैं, तो आप ख़ुद के प्रति और अपने जीवन में मौजूद सबसे महत्वपूर्ण लोगों के प्रति ईमानदार रहेंगे।

कर्म अभ्यास

चूँकि सुखद संबंध आपके आत्मसम्मान और ख़ुशी के लिए केंद्रीय हैं, इसलिए अपने बुनियादी संबंधों को व्यवस्थित करने का निर्णय लें। सामने वाले के साथ बैठने और उससे पूछने का संकल्प करें, "अपना संबंध अद्‌भुत बनाने के लिए हम कौन सी चीज़ें ज़्यादा कर सकते हैं और कौन सी चीज़ें कम कर सकते हैं?"

ज़रूरत पड़ने पर अपनी प्राथमिकताओं, जीवनमूल्यों का क्रम बदल दें और अपने संबंध को किसी अन्य चीज़ से ज़्यादा महत्वपूर्ण बना लें। ज़रूरत पड़ने पर त्याग और बदलाव करने के इच्छुक रहें, ताकि आपके घर और उस व्यक्ति की भावनात्मक सेहत की गुणवत्ता और स्थायित्व सुनिश्चित हो सके, जिसकी आप किसी अन्य व्यक्ति से ज़्यादा परवाह करते हैं।

सुदृढ़, समर्थनकारी, पूर्णतः प्रेमपूर्ण संबंध ही वह नींव है, जिस पर आप अपना अद्‌भुत जीवन बना सकते हैं। यह उस उत्कृष्ट व्यक्ति का सच्चा प्रकटीकरण है, जो आप बन रहे हैं। यह सेहत और ख़ुशी की आपकी कुंजी है। आपका संबंध उस व्यक्ति का प्रतिबिंब है, जो आप सचमुच हैं और महान भविष्य का आश्वासन भी।

अध्याय 11

लालन-पालन की कला में माहिर बनना

आपका सबसे महत्वपूर्ण और स्थाई संबंध तब शुरू होता है, जब आप किसी बच्चे को दुनिया में लाते हैं। आमदनी, नौकरी, दोस्त, सेहत और जीवनसाथी आ-जा सकते हैं, लेकिन अभिभावक के रूप में आपकी भूमिका ज़िंदगी भर चलती है। आपके लालन-पालन का असर आपके बच्चों और उनके बच्चों की कई पीढ़ियों तक क़ायम रह सकता है। अभिभावक का दर्जा शायद किसी वयस्क की सबसे बड़ी ज़िम्मेदारी है।

कोई भी व्यक्ति सफल अभिभावक बनने की योग्यताओं के साथ पैदा नहीं होता है। हम सभी नौसिखियों के रूप में शुरू करते हैं। सौभाग्य से आप अच्छे और असरदार अभिभावक बनने के बारे में बहुत कुछ सीख सकते हैं। आप इस बारे में पुस्तकें पढ़ सकते हैं और दोस्तों, रिश्तेदारों, डॉक्टरों तथा इस क्षेत्र के विशेषज्ञों से सलाह ले सकते हैं। कई अच्छी पुस्तकें, पत्रिकाएँ और लेख हैं, जिनमें दी गई सलाह और ज्ञान से आपको बहुत मदद मिल सकती है। कुल मिलाकर, अगर आप कोशिश करें, तो उस तरह के अभिभावक बन सकते हैं, जैसे आप बनना चाहते हैं।

अभिभावक की सच्ची भूमिका क्या है?

अभिभावक की सबसे महत्वपूर्ण भूमिका अपने बच्चों को प्रेम और पोषण देना है व उनमें उच्च आत्मसम्मान और आत्मविश्वास की भावनाएँ स्थापित करना है। अगर आप अपने बच्चों को इस तरह पालते हैं, कि वे अपने बारे में ज़बर्दस्त महसूस करें, कि वे बाहर निकलने और दुनिया का सामना करने के लिए उत्सुक हों, तो आपने सबसे महत्वपूर्ण अर्थों में अपनी ज़िम्मेदारी पूरी कर दी है। दूसरी तरफ़,

अगर आप अपने बच्चे को हर भौतिक चीज़ देते हैं, लेकिन उसे इस तरह पालते हैं, कि उसमें आत्मविश्वास और आत्मसम्मान की कमी रहे, तो आप अपनी बुनियादी भूमिका में असफल हो जाते हैं।

औसत वयस्क शायद अपनी ज़िंदगी के पचास साल शुरुआती पाँच सालों से उबरने में लगा देता है। अब्राहम मास्लो ने सिखाया था कि हमारी दो तरह की प्रमुख आवश्यकताएँ होती हैं, जिन्हें हम पूरा करने की कोशिश करते हैं। ये हैं हमारी क्षमता तक पहुँचने या "बनने" की आवश्यकताएँ और हमारी जानी-पहचानी कमियों की भरपाई करने की आवश्यकताएँ। पर्याप्त प्रेम के बिना पला बच्चा अपनी क्षमता तक पहुँचने की कोशिश नहीं करता, बल्कि वह तो पूरे जीवन प्रेम ही खोजता रहता है। कोई अभिभावक सबसे अच्छा काम यह कर सकता है कि वह अपने बच्चे को भरपूर प्रेम और भावनात्मक समर्थन दे। बच्चे को विकास करने के लिए इसकी आवश्यकता होती है। अभिभावक को ऐसा माहौल बनाना चाहिए, जिसमें बच्चे को यह महसूस हो कि उसके जीवन के सबसे महत्वपूर्ण लोग उससे भरपूर प्रेम करते हैं।

बढ़ता बच्चा मिलने वाले प्रेम की गुणवत्ता और मात्रा के अनुपात में ही स्वस्थ व्यक्तित्व विकसित करता है। जिस तरह पौधे को धूप और बारिश की ज़रूरत होती है, उसी तरह बच्चे को भी प्रेम और पोषण की ज़रूरत होती है।

माता-पिता अपने बच्चों के लिए अच्छे से अच्छा करना चाहते हैं। वे अपने बच्चों को इस तरह पालना चाहते हैं, ताकि बड़े होकर वे ख़ुश और स्वस्थ रहें। फिर ऐसा क्यों है कि इतने सारे बच्चे बड़े होते समय यह महसूस करते हैं कि उनसे पर्याप्त प्रेम नहीं किया जा रहा है? ऐसा क्यों है कि माता-पिता किसी तरह अपने बच्चों को उस प्रेम से वंचित रखते हैं, जिसकी ज़रूरत स्वस्थ विकास के लिए होती है?

अभिभावक पर्याप्त प्रेम क्यों नहीं करते

अभिभावकों के अपने बच्चों से पर्याप्त प्रेम न करने के दो प्रमुख कारण हैं। पहला तो यह है कि माता-पिता ख़ुद से ही प्रेम नहीं करते। कम आत्मसम्मान वाले माता-पिता को अपने बच्चों को उससे ज़्यादा प्रेम देने में बड़ी मुश्किल आती है, जितना वे ख़ुद के लिए महसूस करते हैं।

दूसरा कारण, जिसकी वजह से माता-पिता अपने बच्चों से पर्याप्त प्रेम नहीं करते हैं, यह है कि अक्सर उनके मन में यह ग़लत धारणा होती है कि उनके बच्चे उनकी उम्मीदों को पूरा करने के लिए दुनिया में आए हैं। अभिभावकों और बच्चों

के बीच संघर्ष का एक प्रमुख कारण होता है कि माता-पिता यह महसूस करते हैं या उन्हें यह अनुभूति होती है कि बच्चे उनकी उम्मीदों के "पैमाने" पर असफल हो रहे हैं।

कई अभिभावक अपने बच्चों को अपनी जायदाद के रूप में देखते हैं। वे महसूस करते हैं कि बच्चों का व्यवहार तभी सही है, जब वे अपने माता-पिता के मनचाहे तरीक़े से चीज़ें कह या कर रहे हों। अगर बच्चे का व्यवहार माता-पिता की उम्मीदों से अलग होता है, तो वे आलोचना भरी प्रतिक्रिया करते हैं। अनजाने में ही वे बच्चे से अपना प्रेम और स्वीकृति छीन लेते हैं। वे बच्चे की भावनात्मक लाइफ़लाइन को कुचल देते हैं। बच्चे को महसूस होता है कि उससे प्रेम नहीं किया जा रहा और इस तरह वयस्क जीवन के व्यक्तित्व की समस्याओं की नींव रख दी जाती है। समस्त नकारात्मक या असामाजिक व्यवहार मदद की पुकार है। समस्त अपराधबोध, क्रोध और द्वेष की भावनाएँ बचपन की आलोचना से शुरू होती हैं।

बच्चे जायदाद नहीं हैं

सुपर किड्स (बेहतरीन बच्चे) पालने का शुरुआती बिंदु यह एहसास करना है कि आपके बच्चे आपकी जायदाद नहीं हैं। आपके बच्चे ख़ुद अपने मालिक हैं। वे आपको दिया गया ईश्वर का उपहार हैं और ... अस्थाई उपहार हैं।

मैं अपने बच्चों को बताता हूँ कि उन्हें ईश्वर ने मेरे पास भेजा है और मेरा काम उन्हें प्रेम करना और उनकी परवाह करना है, जब तक कि वे बड़े नहीं हो जाते। मैं उनसे इस तरह व्यवहार करता हूँ, जैसे वे बेशक़ीमती तोहफ़े हों, जो मुझे कुछ समय के लिए उधार दिए गए हैं। मेरा काम यह नहीं है कि उन्हें अपनी उम्मीदों के अनुरूप बनाऊँ। मेरा काम तो उन्हें प्रोत्साहित करना है, ताकि वे अपनी अनूठी पहचान और व्यक्तित्व विकसित करें।

हर बच्चा दूसरे बच्चों से अलग होता है और वह इस दुनिया में अपने ख़ुद के एजेंडे के साथ आता है। वह अपने ख़ास गुणों, रुचियों और योग्यताओं के साथ दुनिया में आता है। आपका बच्चा क्या बन सकता है और क्या बनेगा, यह कोई भी काफ़ी समय तक नहीं जान सकता। बच्चे का काम अपने माता-पिता की उम्मीदों के अनुरूप ढलना नहीं है, बल्कि विकास करना और पुष्पित होना है और अंततः वो बनना है, जो वह बनने में सक्षम है।

ख़लील जिब्रान ने अपनी अद्भुत पुस्तक *द प्रोफ़ेट* में इस विचार को सुंदरता से व्यक्त किया है। वे कहते हैं, "*तुम्हारे बच्चे तुम्हारे नहीं हैं। वे तो जीवन की*

आकांक्षा के शिशु हैं। वे तुम्हारे माध्यम से आए ज़रूर हैं, लेकिन वे तुम्हारे नहीं हैं। हालाँकि वे तुम्हारे साथ हैं, लेकिन वे तुम्हारी संपत्ति नहीं हैं।

"तुम उन्हें अपना प्रेम दे सकते हो, लेकिन अपने विचार नहीं, क्योंकि उनके पास उनके ख़ुद के विचार होते हैं। तुम उनके शरीर को घर दे सकते हो, लेकिन उनकी आत्माओं को नहीं, क्योंकि उनकी आत्माएँ तो कल के घर में निवास करती हैं, जहाँ तुम नहीं जा सकते, सपने में भी नहीं। तुम उनके जैसे बनने की कोशिश कर सकते हो, लेकिन उन्हें अपने जैसा बनाने की कोशिश हर्गिज़ मत करना, क्योंकि ज़िंदगी पीछे की तरफ़ नहीं चलती, न ही गुज़रे हुए कल के साथ ठहरती है। तुम वह धनुष हो, जिससे तुम्हारे बच्चे जीवित तीरों की तरह छोड़े गए हैं।"

बच्चे क़ीमती उपहार हैं

जब आप अपने बच्चों को बेशक़ीमती उपहार मानते हैं, जिनका आनंद आप सिर्फ़ कुछ समय के लिए ले सकते हैं, तो आप माता-पिता की भूमिका में ख़ुद को अलग तरीक़े से देखने लगते हैं। जब आप अपने बच्चे की ख़ास प्रकृति और व्यक्तित्व का जश्न मनाते हैं और उसे प्रोत्साहित करते हैं, तो वह बारिश में खिले फूल की तरह विकास करता है। लेकिन अगर आप बच्चे को वैसा बनाने की कोशिश करते हैं, जैसा वह नहीं है, तो बच्चे की आत्मा कुम्हला जाएगी और ख़ुशी व आनंद की उसकी क्षमता पतझड़ में पेड़ की पत्तियों की तरह धूल चाटने लगेगी।

अनुरूपता का नियम बताता है कि आपके संबंधों का बाहरी संसार आपके विचारों के भीतरी संसार और आपके सच्चे व्यक्तित्व का आईना होगा। आपके बच्चे जो हैं और जो बनते हैं, वह काफ़ी हद तक उसका प्रतिबिंब होगा, जो आप ख़ुद एक व्यक्ति के रूप में हैं। जब भी आपको अपने बच्चे के साथ कोई समस्या हो, तो ख़ुद के भीतर झाँककर देखें और पूछें, "मुझमें ऐसा क्या है, जिससे यह स्थिति पैदा हो रही है?"

जब भी बच्चे कुछ ग़लत कर देते हैं, तो अधिकांश माता-पिता उन्हें दोष देते हैं और उनकी आलोचना करते हैं। बहरहाल, श्रेष्ठ माता-पिता बच्चे के व्यवहार के लिए ख़ुद को ही मूलभूत स्रोत मानते हैं। उन्हें एहसास होता है कि सेव कभी पेड़ से ज़्यादा दूर नहीं गिरता।

शुरुआती सालों में बच्चे पूरी तरह प्रतिक्रियाशील होते हैं। उनका अच्छा या बुरा व्यवहार काफ़ी हद अपने माता-पिता और आस-पास के लोगों के व्यवहार पर प्रतिक्रिया होता है। जब अभिभावक बच्चे के व्यवहार के लिए ज़िम्मेदारी स्वीकार

करने लगते हैं, तो बच्चे के सामने आने वाली मुश्किलों को सुलझाने में असली प्रगति संभव होती है।

प्रेम से फ़र्क़ पड़ता है

सुपर किड्स को पालने में सबसे महत्वपूर्ण बात है उन्हें मिलने वाले प्रेम की मात्रा। बच्चों को प्रेम की वैसी ही ज़रूरत होती, जैसी फूलों को पानी की। आप किसी बच्चे को ज़रूरत से ज़्यादा प्रेम कभी नहीं दे सकते। अभिभावक की ओर से बच्चे के लिए प्रेम और प्रशंसा का सतत प्रवाह बच्चे की भावनात्मक और शारीरिक सेहत की लाइफ़लाइन है। बच्चे की लगभग सभी समस्याओं की जड़ उसकी इस अनुभूति में होती है कि उसके माता-पिता उससे पूरी तरह प्रेम कर रहे हैं या नहीं, उसे पूरी तरह स्वीकार किया जा रहा है या नहीं।

चाहे यह वास्तविक हो या काल्पनिक, प्रेम की कमी के गंभीर परिणाम होते हैं। प्रेम की कमी शारीरिक या भावनात्मक रोग पैदा कर सकती है और इसकी वजह से मौत भी हो सकती है। प्रेम रोकने या कम करने के नुक़सान दीर्घकालीन हो सकते हैं, जिससे बच्चे के व्यक्तित्व पर विनाशकारी असर पड़ सकता है। भावनात्मक समस्याओं वाले वयस्क हमेशा वे लोग होते हैं, जिनके माता-पिता ने बचपन में उनसे पर्याप्त प्रेम नहीं किया।

बीसवीं सदी की शुरुआत में बच्चों को पालने का एक नया सिद्धांत लोकप्रिय हुआ। इस सिद्धांत का दावा था कि शुरुआती महीनों में शिशु का वयस्कों से जितना कम संपर्क रहेगा, उसका स्वास्थ्य उतना ही बेहतर रहेगा। यह महसूस किया गया कि बहुत सारे वयस्कों के संपर्क से बच्चे को बहुत सी बीमारियाँ होने की आशंका बढ़ जाती है।

इस सिद्धांत के आधार पर नवजात शिशुओं को छूने पर पाबंदी लग गई। बच्चों को कम से कम छुआ जाता था। माता-पिता के आने पर रोक लगा दी गई। डाएपर बदलने और बोतल देने के अलावा बच्चों को ज़्यादा से ज़्यादा समय तक उनके पालने में अकेला छोड़ दिया जाता था। लेकिन एक भयंकर चीज़ होने लगी। इन जगहों पर पलने वाले बच्चों का विकास रुक गया। वे निष्क्रिय बन गए। वे जल्दी ही कुम्हलाने लगे और उनमें से कुछ मर गए।

इस बीमारी को मियास्मा या "पनपने की असफलता" का सिंड्रोम कहा गया।

जिन बच्चों को जन्म के बाद के शुरुआती हफ़्तों और महीनों में प्रेम और स्पर्श से वंचित रखा गया, दरअसल उनमें जीने की इच्छा ही ख़त्म हो गई। वे चौंकाने

वाली गति से मरने लगे।

न्यूयॉर्क स्टेट के एक अनाथालय में छह महीने की अवधि में पचास में से अड़तालीस बच्चे मर गए। आख़िरकार, डॉक्टरों और नर्सों को एहसास हुआ कि बच्चों को वयस्कों के संपर्क और दुलार की ज़रूरत है। जब नर्सें बच्चों को गोद लेने लगीं, तो "मियास्मा" के लक्षण कम होने लगे और बच्चे सामान्य तरीक़े से बढ़ने लगे।

एक मशहूर मामला था, जो एक मनोवैज्ञानिक जर्नल में छपा। तीन साल का एक छोटा बच्चा इस वक़्त बेबी-सिटर के पास था, जब उसके माता-पिता डिनर के लिए बाहर गए। दुर्भाग्य से डिनर लेकर घर लौटते समय कार दुर्घटना में माता-पिता का निधन हो गया। फिर सोशल सर्विसेस डिपार्टमेंट ने बच्चे को एक अनाथालय में रख दिया। उसे अपने प्रेमपूर्ण माता-पिता नहीं दिखे और वह इतना छोटा था कि स्थिति को समझ भी नहीं सकता था।

वह अनाथालय में ग़लत व्यवहार करने लगा। वह बिस्तर गीला कर देता था, रोता था, दूसरे बच्चों के साथ लड़ता था। उसका व्यवहार गंभीर समस्या बन गया। उसे एक अनाथालय से हटाकर दूसरे अनाथालय भेजा जाने लगा। एक और उल्लेखनीय चीज़ भी हुई। उसका विकास रुक गया। उसकी प्रगति थम गई। अगले चार सालों तक वह हर जगह समस्या बना रहा और सात साल की उम्र के बाद भी उसका शारीरिक हुलिया तीन साल जितना ही था।

फिर एक अद्‌भुत घटना हुई। एक प्रेमपूर्ण दंपति ने अनाथालय में उस लड़के को देखा और गोद ले लिया। वे उसे अपने घर लाए और उसे प्रेम की गर्मी दी। वे उसे गोद लेते थे, उससे बातें करते थे, उसे घुमाने ले जाते थे और बिना शर्त के प्रेम तथा स्वीकृति से उसके साथ व्यवहार करते थे। वे बार-बार उसे गले लगाते थे, चूमते थे और उसका हाथ थामते थे।

कुछ हफ़्तों के भीतर ही वह लड़का दोबारा विकास करने लगा। अगले नौ महीनों में वह इतना लंबा हो गया और उसका वज़न इतना बढ़ गया कि उसने चार सालों की कमी की भरपाई कर ली। नए अभिभावकों के साथ एक साल रहने के बाद वह अपनी उम्र के लड़कों की सामान्य लंबाई और वज़न तक पहुँच गया। बच्चों पर प्रेम का आश्चर्यजनक असर पड़ता है।

ऐसे बच्चों के कई उदाहरण हैं, जो प्रेम रोके जाने के फलस्वरूप शारीरिक विकास नहीं कर पाए। ऐसे बच्चों के और भी ज़्यादा उदाहरण हैं, जो भावनात्मक और मानसिक विकास नहीं कर पाए, क्योंकि उनके बड़े होते समय स्वस्थ विकास के लिए ज़रूरी प्रेम कम कर दिया गया था या रोक दिया गया था।

ये मानसिक और भावनात्मक समस्याएँ ग़लत व्यवहार, व्यक्तित्व के दोषों, न्यूरॉसिस, साइकॉसिस और वयस्कों के रूप में दुनिया का सामना करने की गंभीर असफलताओं में प्रकट होती हैं। प्रेम की कमी निश्चित रूप से वह सबसे गंभीर समस्या है, जिसका सामना कोई अपने बचपन में कर सकता है।

बिना शर्त का प्रेम और स्वीकृति

सुपर किड्स पालने की कुंजी है उन्हें बिना शर्त अटूट प्रेम और स्वीकृति देना। अपने बच्चे के सामने यह स्पष्ट कर दें कि वह चाहे जो करे, उसके प्रति आपका प्रेम कम नहीं होगा और आप उसे 100 प्रतिशत प्रेम करते रहेंगे। आप अपने बच्चे को जो सबसे अद्भुत उपहार दे सकते हैं, वह यह पूर्ण विश्वास है कि आप उसे पूरी तरह प्रेम करते हैं, बिना संकोच के, चाहे वह जो भी करे और चाहे जो हो जाए।

जब भी मुझे अपने बच्चों को अनुशासित करना होता है या सुधारना होता है, तो मैं हमेशा यह कहकर शुरू करता हूँ, "मैं तुम्हें बहुत प्रेम करता हूँ, लेकिन तुम यह नहीं कर सकते, या तुम्हें इस तरह का व्यवहार बंद करना होगा।" मैं हमेशा यह बहुत स्पष्ट कर देता हूँ कि मैं बच्चे से नहीं, बल्कि व्यवहार से दुखी हूँ। मैंने अपने बच्चों को *प्रशिक्षित* कर दिया है, ताकि वे इसे पूरी तरह समझ लें।

मैं अपनी छोटी बेटी क्रिस्टीना से कहता था, "डैडी तुमसे कितना प्यार करते हैं ?" और वह अपने हाथ फैलाकर कहती थी, "आप मुझसे इतना प्यार करते हो।" फिर मैं पूछता था, "जब मैं तुम्हें तुम्हारे बेडरूम में भेजता हूँ, तब कितना प्यार करता हूँ ?" वह जवाब देती थी, "आप तब भी मुझे इतना प्यार करते हो," और अपनी बाँहें फैला लेती थी।

फिर मैं पूछता था, "जब मैं तुम्हारे हाथ की पिटाई करता हूँ या तुम्हारे खिलौने लेकर तुम्हें तुम्हारे बेडरूम में भेज देता हूँ, तब मैं तुम्हें कितना प्यार करता हूँ ?"

वह अपने हाथ चौड़े करके कहती थी, "डैडी, आप तब भी मुझे इतना प्यार करते हो!"

फिर मैं नक़ली हैरानी से पूछता था, "ऐसा कैसे हो सकता है ?" वह जवाब देती थी, "डैडी, मै चाहे जो भी कर लूँ, आप मुझसे हमेशा 100 प्रतिशत प्यार करते हो।"

डॉ. रॉस कैंपबेल ने अपनी पुस्तक *हाऊ टु रियली लव युअर चाइल्ड* में कहा है कि आपका बच्चा किसी न किसी तरीक़े से आपसे यह सवाल हमेशा पूछ रहा

है, "क्या आप मुझसे प्यार करते हैं?" इकलौता फ़र्क़ यह है कि आप कैसा जवाब देते हैं।

कई बार बच्चा ग़लत व्यवहार करता है, क्योंकि वह यह जाँच करना चाहता है कि आप उसे सचमुच प्यार करते हैं या नहीं। बच्चे जितने ज़्यादा बड़े और परिपक्व बनते जाते हैं, वे यह सवाल उतनी ही ज़्यादा सूक्ष्मता से पूछने लगते हैं, "क्या आप मुझसे प्यार करते हैं?" बहरहाल, सवाल हमेशा वही रहता है। उत्कृष्ट अभिभावक वह है, जो इस सवाल के जवाब में हमेशा बच्चे को हर संभव तरीक़े से यह बता देता है, "हाँ, मैं तुमसे सचमुच बहुत प्यार करता हूँ।"

उन्हें कैसे बताएँ

अगर आप अपने बच्चों को सुपर किड्स की तरह पालना चाहते हैं, तो उन्हें *हर दिन बताएँ कि आप उनसे प्यार करते हैं*। आप किसी बच्चे से "मैं तुमसे प्यार करता हूँ" चाहे जितनी बार कहें, वह कभी बोर नहीं होगा। भले ही आपका बच्चा नाटक करे कि उसे यह वाक्य सुनने की ज़रूरत नहीं है, लेकिन आप इस बात पर भरोसा न करें। जब बच्चा अपने अभिभावक से "मैं तुमसे प्यार करता हूँ" सुनता है, तो हर बार वह ज़्यादा सुरक्षित और आत्मविश्वासी महसूस करता है। उसका आत्मसम्मान बढ़ता है। और वह जितना ज़्यादा जानता है कि आप उससे प्यार करते हैं, वह उतना ही खुलकर ख़ुद से प्रेम करता है।

आप तीन प्रमुख तरीक़ों से अपने बच्चों को *बता* सकते हैं कि आप उनसे प्रेम करते हैं। पहला, *नज़रें मिलाकर* अपने बच्चों को बताएँ कि आप उनसे प्यार करते हैं। बच्चों के पास "भावनात्मक टैंक" होते हैं और वे आँखों के माध्यम से अपने "भावनात्मक टैंक" में अपने माता-पिता का प्रेम भरते हैं। जब भी आप किसी बच्चे को प्रेमपूर्ण निगाह से देखते हैं, बच्चा अपने बारे में अद्भुत महसूस करने लगता है। छह सप्ताह की उम्र से ही वह मुग्ध होकर उस व्यक्ति की आँखों में देखता है, जो प्रेम और स्नेह से उसकी ओर मुस्कुरा रहा हो।

जिन बच्चों को माता-पिता की स्नेह भरी निगाहें नहीं मिलती, उन्हें सचमुच प्रेम किए जाने का एहसास नहीं होता है। वे महसूस करते हैं कि उनके साथ कोई गड़बड़ है और माता-पिता से उनके संबंध में कुछ गड़बड़ है। वे असुरक्षित महसूस करते हैं। उन्हें लगता है कि उन्होंने ऐसा कुछ कर दिया है, जिसे उनके माता-पिता पसंद नहीं करते और उन्हें यह पता ही नहीं होता कि आख़िर वह कौन सी चीज़ है।

हमारे समाज में लगातार आँखें मिलाने को आम तौर पर आलोचना या शिकायत

का लक्षण समझ लिया जाता है। जब हम अपने बच्चों से ग़ुस्सा होते हैं, तब तो हम उन पर अपनी निगाह जमा लेते हैं, लेकिन प्रेम के इज़हार के लिए हम उन पर बहुत कम देर तक निगाह टिकाते हैं। कई बच्चे बड़े होने पर महसूस करते हैं कि किसी भी तरह के आँखों के संपर्क असहज होते हैं। वे महसूस करते हैं कि यह शत्रुतापूर्ण कार्य है और वे इससे बचने के लिए दूसरी तरफ़ देखने लगते हैं।

प्रेमी-प्रेमिका बैठकर काफ़ी देर तक एक-दूसरे की आँखों में निहारते रहते हैं। इस तरीक़े से एक वयस्क दूसरे से कहता है, "मैं तुमसे प्यार करता हूँ।" आप अपने बच्चों के साथ भी यही तरीक़ा आज़मा सकते हैं। लगातार प्रेमपूर्ण नज़रें मिलाने से आपके बच्चों पर बहुत ज़्यादा असर पड़ता है और आप यह देखकर हैरान रह जाएँगे। ख़ास तौर पर तब, जब उन्हें कुछ समय से इसका अनुभव न हुआ हो।

दूसरी बात, आप *शारीरिक संपर्क* करके अपने बच्चों को यह बता सकते हैं कि आप उन्हें प्रेम करते हैं। अपने बच्चों को गले लगाना और चूमना, स्पर्श द्वारा उन्हें यह बताने का सबसे अद्भुत तरीक़ा है कि आप सचमुच उनसे प्रेम करते हैं और उन्हें महत्व देते हैं। पारिवारिक मनोचिकित्सक वर्जीनिया सेटिर कहती हैं कि बच्चों को ज़िंदा रहने के लिए हर दिन चार बार, सेहत के लिए आठ बार और विकास के लिए बारह बार गले लगने की ज़रूरत होती है। बच्चों के बड़े होते समय आप उन्हें जितनी ज़्यादा बार गले लगाएँ और चूमें, उतना अच्छा होता है।

जिन बच्चों को माता-पिता गले नहीं लगाते हैं या चूमते नहीं हैं, वे अंततः यह विश्वास करने लगते हैं कि वे इस लायक़ नहीं हैं कि उन्हें गले लगाया या चूमा जाए। वे असुरक्षित महसूस करते हैं। उनका आत्मसम्मान कम होता है। उनके व्यक्तित्व पर बुरा असर पड़ता है। प्रतिक्रिया में वे विनाशकारी व्यवहार करने लगते हैं।

अनुसंधान से पता चलता है कि जीवन के पहले साल में लड़कों और लड़कियों को बराबरी से गले लगाया जाता है। इसके बाद लड़कियों को ज़्यादा शारीरिक प्रेम मिलता है। इसके बाद लड़कियों को उतना ही शारीरिक प्रेम मिलता रहता है, लेकिन लड़के को गले लगाने की मात्रा नाटकीय रूप से कम हो जाती है। पाँच साल की उम्र तक लड़कों को मिलने वाले शारीरिक प्रेम की मात्रा लड़कियों की तुलना में 20 प्रतिशत रह जाती है।

कुछ माता-पिता मानते हैं कि अगर आप लड़के से बहुत ज़्यादा प्रेम करेंगे, तो वह "लड़कीछाप" बन जाएगा। बहरहाल, इसका उलटा सच होता है। जिन लड़कों को उनके माता-पिता बहुत ज़्यादा गले लगाते हैं और शारीरिक संपर्क देते हैं, वे बड़े होकर सशक्त, मर्दाना और आत्मविश्वासी बनते हैं। जिन लड़कों को उनके माता-पिता

का बहुत कम शारीरिक संपर्क मिलता है या बिलकुल भी नहीं मिलता, वे बड़े होकर असुरक्षित, प्रेमहीन और आत्मविश्वास में कमी का अनुभव कर सकते हैं।

एक वैचारिक ख़ेमा यह मानता है कि लड़कियों की तुलना में लड़के बड़े होते समय जो अतिरिक्त आक्रामकता दिखाते हैं, उसका संबंध गले लगाने और शारीरिक संपर्क की कमी से है। यह विचार इस बात को नज़रअंदाज़ करता है कि टेस्टोस्टेरोन हॉर्मोन लड़कों को ज़्यादा ऊधमी बनाने में अपनी भूमिका निभाता है। बहरहाल, आप बचपन में किसी को ज़्यादा शारीरिक प्रेम देकर उसके शारीरिक, भावनात्मक या मानसिक विकास को चोट नहीं पहुँचा सकते।

ध्यान केंद्रित करना बच्चे को यह बताने का तीसरा और शायद सबसे सशक्त तरीक़ा है कि आप सचमुच उससे प्यार करते हैं। *ध्यान केंद्रित* करने के लिए ज़रूरी है कि आप अपने बेटे या बेटी के साथ ढेर सारा समय गुज़ारें। बच्चों को उनके माता-पिता के साथ रहने की ज़रूरत होती है। बड़े होते समय उन्हें अपने माता-पिता के साथ बातें करने, संबंध बनाने, उनके आस-पास रहने की ज़रूरत होती है। उन्हें इस समय की उतनी ही ज़रूरत होती है, जितनी कि स्वस्थ विकास के लिए भोजन की।

"गुणवत्तापूर्ण समय" बनाम "समय की मात्रा" पर बहस अप्रासंगिक है। सच्चाई यह है कि गुणवत्तापूर्ण समय ज़्यादा समय गुज़ारने का नतीजा है। गुणवत्तापूर्ण समय यानी अपने बच्चे के साथ गुज़ारे गए बेशकीमती पल और अनुभव उसके साथ बहुत सारा समय बिताने का नतीजा होता है। इसका और कोई विकल्प नहीं है।

आप यह नहीं कह सकते, "चलो, हम थोड़ा गुणवत्तापूर्ण समय गुज़ार लेते हैं।" आपको बहुत से समय का निवेश करना होगा, शायद कई घंटों का, तब कहीं जाकर आप "गुणवत्तापूर्ण" समय का आनंद ले पाएँगे, जो बच्चे और अभिभावक के आपसी संबंध के लिए बहुत महत्वपूर्ण हैं।

शायद बच्चे के साथ उच्च गुणवत्तापूर्ण संबंध बनाने का इससे बेहतर कोई और तरीक़ा नहीं है कि आप उसके साथ लंबा अटूट वक़्त गुज़ारने का शेड्यूल बनाएँ। आपके बच्चों को अपने विचार और भावनाएँ अपने जीवन के किसी महत्वपूर्ण व्यक्ति को बताने की ज़रूरत है। और अभिभावक के रूप में आपको उनके जीवन में सबसे महत्वपूर्ण व्यक्ति होना चाहिए।

अगर माता-पिता के पास सुनने का समय नहीं है, तो बच्चे अपने हमउम्र दोस्तों के साथ ज़्यादा समय बिताने लगेंगे। वे उनसे प्रशंसा और स्वीकृति चाहने लगेंगे और अपने व्यवहार व प्राथमिकताओं में उनके मागदर्शन के अनुरूप काम करने लगेंगे।

अगर आप अपने किशोर बच्चे के जीवन पर सबसे सकारात्मक असर डालना

चाहते हैं, तो उसके लिए आपको प्रेम, समर्थन और सम्मान का *प्राथमिक* स्रोत बनना होगा। अगर आपके बच्चे को आपसे प्रेम और समर्थन नहीं मिलता, तो उसके व्यवहार को प्रभावित करने की आपकी क्षमता तेज़ी से घटती चली जाएगी। आप दोनों के बीच में एक खाई आ जाएगी। वह आपकी सलाह, आपके जीवनमूल्यों और आपके दृष्टिकोण को अस्वीकार कर देगा।

तारीफ़ और प्रोत्साहन

अपने बच्चों के सकारात्मक कामों के लिए लगातार उनकी प्रशंसा करें और उन्हें प्रोत्साहन दें, भले ही वे छोटी चीज़ें हों। उस काम की हमेशा तारीफ़ करें, जिसे आप दोबारा देखना चाहते हों। प्रशंसा करके उनका आत्मसम्मान और आत्मविश्वास बढ़ाएँ।

जब आपका बच्चा स्कूल से घर आए, और उसके ग्रेड ए से लेकर डी तक के हों, तो अच्छे ग्रेड के लिए अपने बच्चे की तारीफ़ करें और बधाई दें। फिर जिन क्षेत्रों में वह कमज़ोर है, उनमें उसे बेहतर प्रदर्शन करने के लिए प्रोत्साहित करें। प्रशंसा आपके बच्चे की मनोवैज्ञानिक सेहत के लिए अमृत की तरह होती है। उसका व्यक्तित्व आपसे मिलने वाली प्रशंसा और प्रेम से विकसित होता है। जब आप अपने बच्चे की सफलताओं के लिए उसे प्रशंसा और प्रोत्साहन देते हैं, तो आप उसे ज़्यादा बड़ी सफलता पाने के लिए प्रेरित करते हैं, ताकि उसे और भी ज़्यादा प्रशंसा तथा प्रोत्साहन मिल सके।

प्रशंसा से बच्चे का आत्मसम्मान बढ़ता है। प्रशंसा से उसकी आत्मछवि बेहतर बनती है। प्रशंसा से वह ख़ुद पर भरोसा करने लगता है और इससे उसे ज़्यादा बड़ी और बेहतर चीज़ें करने का आत्मविश्वास मिलता है।

असुरक्षा

कभी भी अपने बच्चों की *विनाशकारी आलोचना* न करें। वे आपकी किसी भी तरह की आलोचना के प्रति बहुत ज़्यादा असुरक्षित होते हैं। यह उनके दिल को चीर देती है। जब भी किसी कारण उनके जीवन के महत्वपूर्ण वयस्क उनकी आलोचना करते हैं, तो वे भले ही ऊपर से प्रतिक्रिया न करें, लेकिन मन ही मन बुरी तरह आहत होते हैं।

विनाशकारी आलोचना ने इतने ज़्यादा व्यक्तित्वों को नष्ट किया है, जितना इतिहास में अब तक हुए सारे युद्धों ने भी नहीं किया। वयस्क के रूप में हमारी अधिकांश व्यक्तित्व संबंधी समस्याएँ मूलतः हमारे एक या दोनों अभिभावकों की विनाशकारी आलोचना की वजह से पैदा हुई हैं। जब हम अपने बच्चे की आलोचना करते हैं, तो उसे महसूस होता है कि उससे प्रेम नहीं किया जा रहा है, वह क़ाबिल नहीं है और परिणामस्वरूप वह असुरक्षित हो जाता है। बच्चा भीतर से बुरा महसूस करने लगता है। वह हताश और निराश महसूस करने लगता है।

अक्सर माता-पिता अपने बच्चों को *ज़्यादा* कुशल बनाने के लिए उनकी आलोचना करते हैं। बहरहाल, विनाशकारी आलोचना का दरअसल यह नतीजा होता है कि आपका बच्चा खुद को अकुशल मान बैठता है और उसकी आत्म-अवधारणा कमज़ोर हो जाती है। आत्म-अवधारणा कमज़ोर होने से उसकी कुशलता का स्तर भी उसी अनुपात में कम हो जाता है। किसी भी तरह की आलोचना से बच्चे का प्रदर्शन इतना ज़्यादा प्रभावित हो सकता है कि वह अक्सर उस गतिविधि से पूरी तरह बचने की कोशिश करे। फिर आपका बच्चा ज़्यादा अच्छा बनने के बजाय ज़्यादा बुरा बन जाता है।

डोरोथी नोल्टी ने एक बहुत अच्छी सलाह दी थी, जिसे हर माता-पिता को याद रखना चाहिए। इसे "बच्चे वह सीखते हैं, जो वे जीते हैं" शीर्षक दिया गया है और यह इस तरह है :

अगर बच्चा आलोचना के साथ जीता है,
तो वह निंदा करना सीख लेता है।
अगर बच्चा शत्रुता के साथ जीता है,
तो वह लड़ना सीख लेता है।
अगर बच्चा उपहास के साथ जीता है,
तो वह संकोच सीख लेता है।
अगर बच्चा शर्म के साथ जीता है,
तो वह अपराधबोध सीख लेता है।
अगर बच्चा सहिष्णुता के साथ जीता है,
तो वह धैर्य सीख लेता है।
अगर बच्चा प्रोत्साहन के साथ जीता है,
तो वह आत्मविश्वास सीख लेता है।
अगर बच्चा प्रशंसा के साथ जीता है,
तो वह महत्व देना सीख लेता है।
अगर बच्चा निष्पक्षता के साथ जीता है,

तो वह न्याय करना सीख लेता है।
अगर बच्चा सुरक्षा के साथ जीता है,
तो वह आस्था रखना सीख लेता है।
अगर बच्चा सम्मान के साथ जीता है,
तो वह ख़ुद को पसंद करना सीख लेता है।
अगर बच्चा स्वीकृति और मित्रता के साथ जीता है,
तो वह दुनिया में प्रेम खोजना सीख लेता है।

ख़ुद से यह पूछना न भूलें कि महत्वपूर्ण क्या है

जब भी आपके सामने अपने बच्चे से संबंधित कोई चुनौतीपूर्ण स्थिति हो, तो आपको यह सवाल हमेशा पूछना चाहिए, *"यहाँ महत्वपूर्ण क्या है ?"* और सही जवाब हमेशा यह होगा कि बच्चे को उच्च आत्मसम्मान और आत्मविश्वास के साथ पालना आपका सच्चा लक्ष्य और सच्ची भूमिका है। *सही* होना महत्वपूर्ण नहीं है। महत्वपूर्ण यह नहीं है कि आप बच्चे को अपनी उम्मीदों के हिसाब से चलने पर मजबूर करें। महत्वपूर्ण तो यह है कि आप उसे ख़ुश, स्वस्थ और आत्मविश्वासी व्यक्ति के रूप में बड़ा बनाएँ।

अपने दिल की बात सुनें। प्रेमपूर्ण अभिभावक के दिल की आवाज़ हमेशा हर पुस्तक या विशेषज्ञ की सलाह से ज़्यादा श्रेष्ठ होती है। अपने दिल की गहराई में आप हमेशा जान जाएँगे कि आपके बच्चे के लिए क्या सही है। और जब तक आपका हर निर्णय और व्यवहार प्रेम के मार्गदर्शन में होगा, तब तक आपका हर काम सही होगा।

उच्च सफल लोगों को कौन सी स्थितियाँ पैदा करती हैं?

द एचीविंग सोसायटी के लेखक हार्वर्ड के डॉ. डेविड मैकक्लेलैंड ने कई सालों तक लालन-पालन के विषय पर शोध किया। वे यह पता लगाना चाहते थे कि लालन-पालन शैलियाँ बच्चों में उपलब्धि की प्रेरणा को किस तरह प्रभावित करती हैं। उन्होंने पाया कि सफल व्यक्तियों को पैदा करने वाले परिवारों के दो मूलभूत लक्षण होते हैं। यहाँ सफल व्यक्तियों से आशय उन लड़के-लड़कियों से था, जो किशोरावस्था या युवावस्था की शुरुआत में उल्लेखनीय चीज़ें हासिल करने लगते हैं।

प्रजातांत्रिक माहौल

सफल व्यक्तियों को पैदा करने वाले परिवार और लालन-पालन शैली दोनों का ही पहला गुण प्रजातांत्रिक होना था। बच्चों की राय माँगी जाती थी और उनका सम्मान किया जाता था। बचपन से ही उन्हें प्रोत्साहित किया जाता था कि वे पारिवारिक निर्णयों के बारे में अपनी राय बताएँ। उनसे पूछा जाता था कि वे क्या सोचते हैं और कैसा महसूस करते हैं। उनकी बातों पर ग़ौर से विचार किया जाता था। बच्चों की राय हर मामले में मानी भले ही नहीं जाती थी, लेकिन उनके विचारों को महत्त्व दिया जाता था। पूरा परिवार साथ बैठकर मामलों पर बातचीत करता था और सहमति बनाता था।

बहुत कम चीज़ें किसी बच्चे को इतना बेहतर महसूस कराती हैं, जितना कि अपने माता-पिता द्वारा बुद्धिमान, सोचने वाला व्यक्ति माना जाना। जब आप अपने बच्चों के साथ इस तरह व्यवहार करते हैं, जैसे वे महत्त्वपूर्ण और बुद्धिमान हों, तो वे आपको हैरान कर देंगे कि वे सचमुच कितने स्मार्ट और ज्ञानी हैं।

अक्सर हमारी डिनर टेबल पर जब मैं ऑफ़िस की किसी समस्या से जूझता हूँ, तो मैं उसे बारह साल की क्रिस्टीना को आसान भाषा में समझाकर उसकी सलाह माँगता हूँ। अक्सर वह उल्लेखनीय ज्ञान भरी बातें सुझा देती है। "बच्चों के मुँह में सरस्वती विराजमान होती है" यह पुरानी कहावत बहुत सच साबित होती है। बच्चे कई बार स्थिति को अपने माता-पिता से ज़्यादा निष्पक्षता और स्पष्टता से देख सकते हैं। जब आप किसी स्थिति में अपने बच्चे की सलाह माँगते हैं, तो हो सकता है कि आप मिलने वाले जवाब की गुणवत्ता पर हैरान रह जाएँ। लेकिन सबसे महत्त्वपूर्ण बात यह है कि आप पूछते हैं। इससे बच्चे का आत्मसम्मान और व्यक्तिगत महत्त्व का एहसास बढ़ता है। अपने बच्चे से उसकी राय या सलाह माँगना इस बात का संकेत है कि आप उसका कितना ज़्यादा सम्मान करते हैं और इससे उसका आत्मसम्मान बढ़ जाता है।

सकारात्मक अपेक्षाएँ

बेहद सफल व्यक्तियों को पालने वाले माता-पिता का दूसरा गुण है : "सकारात्मक अपेक्षाएँ।" ऊँची सफलता पाने वाले युवक-युवतियाँ ऐसे परिवारों में पले थे, जिनमें उनके माता-पिता उन्हें लगातार बताते रहते थे कि वे उनमें कितना ज़्यादा यक़ीन करते हैं और उन्हें कितना ज़्यादा विश्वास है कि वे अच्छे काम करेंगे और ज़िंदगी

में महान चीज़ें हासिल करेंगे।

जब आप अपने बच्चे से कहते हैं, "तुम यह काम कर सकते हो," या "मुझे तुम पर भरोसा है," तो आप उसे प्रोत्साहित करते हैं कि वह ख़ुद पर यक़ीन करे। आप अपने बच्चे को प्रोत्साहित करते हैं कि वह आपके प्रोत्साहन के शब्दों की अनुपस्थिति में जितनी कोशिश करता, उससे ज़्यादा करे। जिन बच्चों से बचपन में सकारात्मक अपेक्षाएँ की जाती हैं, वे चाहे जिस क्षेत्र में कोशिश करें, बेहतर परिणाम हासिल करते हैं।

यहाँ एक महत्वपूर्ण बात ध्यान रखें। सकारात्मक अपेक्षाओं और माँगों में फ़र्क़ होता है। कई माता-पिता सोचते हैं कि वे सकारात्मक अपेक्षाएँ व्यक्त कर रहे हैं, जबकि दरअसल वे बस माँग कर रहे हैं कि उनके बच्चे एक ख़ास मानदंड पर प्रदर्शन करें। माँग हमेशा *सशर्त प्रेम* से संबंधित होती है, इस विचार से कि अगर बच्चा अपेक्षाओं के अनुरूप प्रदर्शन नहीं करता, तो अभिभावक का प्रेम और समर्थन कम हो जाएगा।

अपने बच्चों को यह बताना महत्वपूर्ण है कि चाहे वे कितना ही अच्छा या बुरा प्रदर्शन करें, आप उनसे पूरी तरह और बिना किसी शर्त के प्रेम करते हैं। अगर बच्चा महसूस करता है कि उसके ख़राब प्रदर्शन से आपका प्रेम कम हो जाएगा, तो वह घबरा जाएगा और असुरक्षित महसूस करेगा। इसके बाद भले ही वह अच्छा प्रदर्शन करे, लेकिन उसे इससे कोई ख़ुशी नहीं मिलेगी और अपनी सफलता से कोई स्थाई संतुष्टि भी नहीं मिलेगी।

होम वर्क और शिक्षा

जो माता-पिता उच्च सफलता पाने वाले युवाओं को पालते हैं, होम वर्क के बारे में उनके नज़रिए स्पष्ट होते हैं। वे होम वर्क और स्कूल में अच्छे प्रदर्शन के महत्त्व के बारे में बहुत स्पष्ट होते हैं। वे इस बात पर ज़ोर देते हैं कि उनके बच्चे स्कूल वर्क को समय पर पूरा कर लें। हर शोध में बच्चों की स्कूल में ऊँची सफलता का सबसे महत्वपूर्ण तत्व माता-पिता का नज़रिया रहा है। जब माता-पिता बच्चे की शिक्षा में सक्रियता और सकारात्मकता से सहभागी होते हैं, तो सफलता की संभावना ज़्यादा होती है।

उत्कृष्ट स्कूल वर्क को तय करने वाला एक तत्व यह है कि होम वर्क कहाँ और कब किया जाता है। ऊँची सफलता पाने वाले युवक-युवतियाँ जिन घरों से आते हैं, वहाँ होम वर्क पारिवारिक डिनर टेबल पर डिनर के बाद या पहले किया

जाता है। होम वर्क करते समय टीवी बंद रहता है और माता-पिता मौजूद रहते हैं। अगर ज़रूरत होती है, तो माता-पिता बच्चों के होम वर्क में स्वेच्छा से मदद करते हैं और उनके असाइनमेंट्स की जानकारी रखते हैं।

दूसरी तरफ़, कम सफलता पाने वाले युवक-युवतियाँ ऐसे घरों से आते हैं, जिनमें माता-पिता या तो बच्चों के होम वर्क में ज़रा भी रुचि नहीं लेते या फिर इसके लिए उन्हें उनके कमरे में भेज देते हैं। जब बच्चों को उनका होम वर्क करने के लिए उनके कमरों में भेज दिया जाता है, तो उन्हें यह संदेश मिलता है कि होम वर्क और स्कूल का काम महत्वपूर्ण नहीं है। जो बच्चे दस साल की उम्र तक अपना होम वर्क पूरा करना नहीं सीखते हैं, वे बाद के शैक्षणिक करियर में अच्छा स्कूली काम करने में शायद ही कभी समर्थ हो पाते हों।

अगर आप चाहते हैं कि आपके बच्चे स्कूल में अपना सर्वश्रेष्ठ प्रदर्शन करें, तो आपको उनकी शिक्षा के हर दौर में पूरी तरह शामिल होना होगा। जैसा मैंने पहले कहा है, ज़िंदगी ध्यान का अध्ययन है। आप हमेशा उस चीज़ पर ज़्यादा ध्यान देते हैं, जिसे आप सबसे ज़्यादा महत्व देते हैं। जब आप अपने बच्चे के स्कूली काम और स्कूली गतिविधियों पर क़रीबी ध्यान देते हैं, तो वह उन गतिविधियों को बहुत ज़्यादा महत्व देने लगता है। अगर आप उसके होम वर्क और स्कूली काम को नज़रअंदाज़ करते हैं, तो बच्चे को संदेश मिलता है कि ये चीजें महत्वहीन हैं और वह भी उन्हें नज़रअंदाज़ करने लगता है।

उनका आत्मसम्मान बढ़ाएँ

आप अपने बच्चे का आत्मसम्मान बढ़ा सकते हैं, बशर्ते आप उसे बचपन से यह कहना सिखा दें, "मैं ख़ुद को पसंद करता हूँ।" मैं अपने बच्चों से आईने के सामने खड़े होकर यह दोहराने को कहता हूँ, "मैं ख़ुद को पसंद करता हूँ, मैं ख़ुद को पसंद करता हूँ, मैं ख़ुद को पसंद करता हूँ।" जो बच्चे आत्मसम्मान का स्तर बनाना और फिर उसे क़ायम रखना सीख लेते हैं, उनमें बाक़ी बच्चों से बेहतर आत्म-अवधारणा होती है।

उच्च, सकारात्मक आत्म-अवधारणाओं वाले बच्चे स्कूल में अच्छा प्रदर्शन करते हैं। वे गुंडागर्दी में शामिल नहीं होते या मुश्किल में नहीं पड़ते। वे अपने शरीर के साथ विनाशकारी हरकतें नहीं करते। वे अपने साथियों के नकारात्मक प्रभावों का प्रतिरोध करने में ज़्यादा सक्षम होते हैं। उनका चरित्र ज़्यादा सशक्त होता है।

ऊँची आत्म-अवधारणाओं, ऊँचे आत्मसम्मान वाले बच्चे अपनी सोच में

आत्मनिर्भर होते हैं। इस बात की ज़्यादा संभावना है कि वे ख़ुद सोचेंगे और ख़ुद को सफलता, उपलब्धि और व्यक्तिगत संतुष्टि की दिशा में ले जाएँगे। वे अपनी कमियों की भरपाई करने के बजाय अपनी पूरी क्षमता तक पहुँचने पर ज़्यादा एकाग्र होते हैं।

जब आपका बच्चा अपने बारे में ज़बर्दस्त महसूस करता है, तो उसमें उन चीज़ों के बारे में बेहतर विवेक विकसित हो जाता है, जो उसके लिए दीर्घकाल में अच्छी हैं। वह संतुष्टि में विलंब करने की योग्यता विकसित कर लेता है, ताकि भविष्य में उसे ज़्यादा बड़े पुरस्कारों का आनंद मिल सके।

अच्छी मिसाल पेश करें

अगर आप ख़ुश, स्वस्थ, आत्मविश्वासी बच्चे पालना चाहते हैं, तो आपको एक अच्छी मिसाल पेश करने की ज़रूरत है। आपको उस तरह का रोल मॉडल बनने की ज़रूरत है, जैसा आप उन्हें बनाना चाहते हैं।

बच्चे अपने शुरुआती वर्षों में काफ़ी हद तक अनुकरण से सीखते हैं। वे आपको देखकर और आपकी बातें सुनकर सीखते हैं। वे आपके शब्दों और व्यवहार की नक़ल करके सीखते हैं।

जब आप अभिभावक बन जाते हैं और ख़ुद को रोल मॉडल के रूप में पेश करते हैं, तो आपके पास अपनी मनचाही चीज़ करने तथा कहने की विलासिता नहीं होती। तब आपको अपने व्यवहार के बारे में बहुत ज़्यादा जागरूक रहना होगा और इस बारे में भी कि इसका आपके बच्चों पर क्या असर पड़ सकता है।

अगर आप चाहते हैं कि आपके बच्चे स्वस्थ और अच्छी आदतों के साथ बड़े हों, तो आपको सही भोजन करके और अपने घर में सही भोजन उपलब्ध कराकर मिसाल पेश करनी होगी। अगर आप चाहते हैं कि आपके बच्चे शराब, धूम्रपान और दूसरी नशीली आदतों से दूर रहें, तो आपको इन क्षेत्रों में मिसाल पेश करने की ज़रूरत होगी। अगर आप चाहते हैं कि आपके बच्चे टीवी देखने के बजाय पढ़ने में ज़्यादा समय बिताएँ, तो आपको हर अवसर पर पढ़ने की मिसाल पेश करनी चाहिए। अगर आप चाहते हैं कि आपके बच्चे धैर्य, शांति, संयम और आत्म-नियंत्रण विकसित करें, तो आपको इन गुणों का मॉडल बनने की ज़रूरत है - सबसे मुश्किल परिस्थितियों में भी।

बच्चे हमेशा अपने माता-पिता की तरफ़ देखते हैं, ताकि यह भाँप सकें कि कैसे व्यवहार करना है। अगर आप अच्छे रोल मॉडल हैं, तो उन पर बहुत ज़्यादा

प्रभाव पड़ सकता है। शायद अपने बच्चों की ज़िंदगी बनाने की दिशा में किया गया यह आपका सबसे बेहतरीन काम हो सकता है।

अपने जीवनसाथी से प्रेम करें

शायद कोई व्यक्ति अपने बच्चों के लिए जो सबसे अच्छा काम कर सकता है, वह है उनकी माँ से प्रेम करना। और शायद कोई माँ अपने बच्चों के लिए जो सबसे अच्छा काम कर सकती है, वह है उनके पिता से प्रेम करना। बच्चे प्रेम के बारे में अपने परिवार से सीखते हैं, जिसमें प्रेम खुलकर अभिव्यक्त होता है और बाँटा जाता है। वे अपने माता-पिता का आपसी प्रेम देखकर सीखते हैं कि प्रेमपूर्ण वयस्क कैसे बनना है।

हो सकता है, आपको ऐसे माता-पिता ने पाला हो, जो इनमें से कुछ चीज़ों के बारे में जागरूक न रहे हों। हो सकता है, उन्होंने आपके मामले में कई ग़लतियाँ की हों, ख़ासकर विनाशकारी आलोचना की। हो सकता है, उन्होंने आपको वह प्रेम और स्नेह न दिया हो, जिसकी आपको ज़रूरत थी।

आप आदतों के ग़ुलाम हैं। माता-पिता के रूप में आपकी स्वाभाविक प्रवृत्ति अपने बच्चों के साथ भी वही चीज़ें करने की होती है, जो आपके साथ की गई थीं। आप वही ग़लतियाँ करते हैं। आप वही चोट पहुँचाने वाले काम करते हैं और फिर इसके बारे में बुरा महसूस करते हैं। लेकिन सुधार करने के लिए कभी भी देर नहीं होती। अगर आप अपने बेटे या बेटी की विनाशकारी आलोचना करने की आदत में फँस गए हों, तो आप इसी वक़्त स्थिति को सुधारने के लिए क़दम उठा सकते हैं, ताकि आपके बच्चे का आत्मसम्मान दोबारा लौट सके।

इसे वापस लेना

अपने बच्चों के साथ बैठें। फिर एक गहरी साँस लें और उनसे तमाम विनाशकारी आलोचना या शारीरिक दंड के लिए *क्षमा माँगें*, जिसका इस्तेमाल आपने उन पर कभी किया है। उन्हें बताएँ कि आपको हर उस चीज़ के लिए अफ़सोस है, जो आपने उन्हें चोट पहुँचाने के लिए कही या की है। आपको हर उस बात के लिए अफ़सोस है, जिससे आपने उन्हें किसी तरह उनके बारे में बुरा महसूस कराया है।

हर उम्र के बच्चों की एक बड़ी शिकायत यह रहती है कि उनके माता-पिता

अपनी की हुई ग़लतियों या चोट पहुँचाने वाले कामों अथवा बातों के लिए कभी नहीं कहते हैं, "मुझे अफ़सोस है" या "मैं माफ़ी माँगता हूँ।" बच्चे निष्पक्षता और न्याय के प्रति बेहद संवेदनशील होते हैं। वे उस वक़्त नाराज़ और आहत महसूस करते हैं, जब उन्हें भान होता है कि उनके साथ भेदभाव भरा व्यवहार किया गया है या उन पर बेवजह आरोप लगाया गया है। अगर मामले को सुलझाया न जाए, तो यह ग़ुस्सा बरसों तक जारी रह सकता है।

अपने बच्चों से क्षमा माँगने का आपका उद्देश्य अपराधबोध पैदा करने वाली हर उस चीज़ की पूरी ज़िम्मेदारी स्वीकार करना है, जो आपने कभी की या कही है। जब आप क्षमा माँगते हैं, तो आप बच्चे के सामने यह ज़ाहिर करते हैं कि आप भी इंसान हैं। आप आदर्श नहीं हैं। आप उसे दिखाते हैं कि आपमें अपनी ग़लती मानने का चारित्रिक बल और साहस है।

कई माता-पिता अपने बच्चों से क्षमा माँगने से इंकार कर देते हैं, क्योंकि वे डरते हैं कि इसके बाद उनके बच्चे उनका सम्मान नहीं करेंगे। वे महसूस करते हैं कि उन्हें निर्दोष छवि प्रस्तुत करने की ज़रूरत है, वरना बच्चे उनका फ़ायदा उठा लेंगे। वे डरते हैं कि क्षमा माँगना कमज़ोरी की निशानी है। उनके अहं इतने नाज़ुक होते हैं कि वे इसके बारे में विचार भी नहीं करना चाहते।

बहरहाल, सच इसका विपरीत होता है। जब आप अपने बच्चे से क्षमा माँगते हैं, तो आपके प्रति उसका प्रेम और सम्मान बढ़ जाता है। आप इस बात की संभावना बढ़ा लेते हैं कि आपका बच्चा भविष्य में आपके साथ सहयोग करेगा। जब आप ग़लती के बावजूद क्षमा नहीं माँगते, तो इससे आपका बच्चा नाराज़ और द्वेषपूर्ण बन जाता है। उसकी नज़रों में आपका महत्व घट जाता है।

जब आप अपने बच्चे से क्षमा माँगते हैं, तो आप अपराधबोध, नकारात्मकता और नाक़ाबिलियत का वो बोझ हटा लेते हैं, जो अतीत की विनाशकारी आलोचना के कारण उसकी पीठ पर लद गया था। क्षमा माँगकर और अपने व्यवहार के लिए ख़ुद को दोषी मानकर आप अपने बच्चे को मुक्त कर देते हैं। क्षमा माँगने या "मैंने जो किया और कहा, उसके लिए मुझे अफ़सोस है"कहने के परिणाम तत्काल और आश्चर्यजनक हो सकते हैं।

कई अभिभावकों ने अपने बच्चों में रातोंरात बदलाव देखा है, जब उन्होंने उनके पास बैठकर यह कहा है, "मुझे हर उस चीज़ के लिए अफ़सोस है जो मैंने तुम्हें किसी तरह से चोट पहुँचाने के लिए कभी कही या की है।"

कई बच्चे अपने माता-पिता से महीनों या बरसों तक अलग, दूर या पहुँच से बाहर थे। उनकी अपने माता-पिता से तत्काल सुलह हो गई, जब अभिभावक में

ज़िम्मेदारी स्वीकार करने और क्षमा माँगने का साहस और चारित्रिक बल आ गया।

क्षमा माँगने के बाद वादा करें कि दोबारा कभी विनाशकारी आलोचना नहीं करेंगे। अपने बच्चों से कहें कि अगर आप कभी उस दिशा में फिसलें, तो वे आपको यह बात याद दिला दें। उसके बाद जब भी आप अपना वादा भूलें, जब भी आप ग़ुस्से में कोई बात कहें, तो तत्काल उसे वापस लें और कहें, "मुझे अफ़सोस है।"

बच्चे बहुत लचीले होते हैं। वे अपने माता-पिता का प्रेम और सम्मान इतना ज़्यादा चाहते हैं कि वे हमेशा क्षमा कर देंगे और भूल जाएँगे। एक बार जब आप बच्चे से क्षमा माँग लेते हैं और बच्चा क्षमा कर देता है, तो स्लेट साफ़ हो जाती है। बच्चा उतना ही आज़ाद महसूस करता है, जिस तरह जेल से छूटने वाला क़ैदी। और आप भी आज़ाद हो जाते हैं।

जब आप अपने बच्चों से क्षमा माँगते हैं और कहते हैं कि आपको अफ़सोस है, तो आप उन्हें अपनी ग़लतियाँ स्वीकार करने की अनुमति भी देते हैं। उन्हें अपनी ग़लतियों को छिपाने और ख़ुद की रक्षा करने में बहुत सारी भावनात्मक ऊर्जा का निवेश करने की ज़रूरत नहीं है, जैसा अधिकांश वयस्क करते हैं। जब आप ज़ाहिर करते हैं कि आपमें अपनी ग़लतियाँ मानने का साहस और चारित्रिक बल है, तो आप एक मिसाल पेश करते हैं, जो आपके बच्चों में साहस और चारित्रिक बल पैदा करती है। तब उन्हें एहसास हो जाता है कि स्वीकृति पाने के लिए उन्हें आदर्श होने की ज़रूरत नहीं है। वे जैसे हैं, उसी रूप में मूल्यवान और महत्वपूर्ण हैं।

आपका सबसे स्थाई संबंध अपने बच्चों के साथ होता है। यह संबंध आपके ज़िंदा रहने तक चलता है। अगर आप अपने बच्चों के साथ प्रेम, धैर्य और समझ के साथ व्यवहार करेंगे, तो आप ज़िंदगी भर पुरस्कारों की फ़सल काटेंगे।

फटाफट संक्षेप

पहली बात, लालन-पालन की प्राथमिक भूमिका उच्च आत्मसम्मान और आत्मविश्वास वाले बच्चे पालना है। इससे वे वयस्कों के रूप में ख़ुशी और उपलब्धि के लिए तैयार होंगे।

दूसरी बात, बच्चों को अपने माता-पिता के बिना शर्त के प्रेम, प्रशंसा और स्वीकृति के सतत प्रवाह की ज़रूरत होती है। यह स्वस्थ विकास के लिए उनकी प्रमुख ज़रूरत है। अगर उन्हें यह नहीं मिलता, तो वे ज़िंदगी भर इसकी तलाश में भटकते रहेंगे।

तीसरी बात, अपने बच्चों को रोज़ाना बताएँ कि आप उनसे प्रेम करते हैं - शब्दों से भी और कर्मों से भी। उनकी तरफ़ प्यार से देखें, स्नेह से शारीरिक संपर्क करें और उन पर ध्यान केंद्रित करें। उनके साथ काफ़ी समय बिताएँ, उन्हें घुमाने ले जाएँ, फ़िल्म दिखाने ले जाएँ, ट्रिप्स पर ले जाएँ और लंच या डिनर पर भी। जब आप अपने बच्चे के साथ बहुत से समय का निवेश करते हैं, तो उसे स्पष्ट रूप से समझ में आ जाता है कि आप उससे कितना ज़्यादा प्यार करते हैं। उसके सामने इसे अभिव्यक्त करने का इससे ज़्यादा असरदार तरीक़ा और कोई नहीं है।

चौथी बात, अपने बच्चों की शिक्षा और होम वर्क में शामिल होकर उनके लिए ज़्यादा उपलब्धि का माहौल बनाएँ। उनसे सकारात्मक अपेक्षाएँ रखें कि वे अपना सर्वश्रेष्ठ प्रदर्शन करें। उन्हें बताएँ कि आपको उन पर भरोसा है। उनकी राय को महत्व दें और उन्हें पारिवारिक जीवन के बारे में अपने विचार तथा भावनाएँ बताने के लिए प्रोत्साहित करें। उनके साथ सम्मान से पेश आएँगे, तो वे भी अपना सम्मान करने लगेंगे।

पाँचवीं बात, याद रखें कि आप अपने बच्चे के मूलभूत रोल मॉडल हैं। जाने-अनजाने आपका बच्चा ज़िंदगी भर आप जैसा बनने की कोशिश करेगा और बाक़ी लोगों के साथ उसी तरह पेश आएगा, जिस तरह आप उससे पेश आए थे। अगर आप अपने बच्चे के साथ दयालुता, धैर्य, प्रेम, सम्मान और सहिष्णुता से पेश आते हैं, तो वह भी बड़ा होकर पूरी तरह कार्यकारी, आत्म-वास्तविकीकरण वाला इंसान बनेगा। आप इससे ज़्यादा की उम्मीद नहीं कर सकते और आपको इससे कम से संतुष्ट भी नहीं होना चाहिए।

कर्म अभ्यास

ख़ुद से पूछें कि अगर आप अपने बच्चे की जगह होते, तो आपको कैसा लगता। ख़ुद को अपने बच्चे की स्थिति में रखें और फिर अभिभावक के रूप में अपना मूल्यांकन करें। आपकी शक्तियाँ और कमज़ोरियाँ क्या हैं? आप कौन सी चीज़ें अच्छी तरह करते हैं और कौन सी चीज़ों में गड़बड़ कर देते हैं? आपके द्वारा की जाने वाली किन चीज़ों से बच्चों में आपकी उम्मीद से कम आत्मसम्मान विकसित हो रहा है? बेहतर और ज़्यादा प्रेमपूर्ण अभिभावक बनने के लिए आप आज से क्या कर सकते हैं?

अपने बच्चे के पास जाकर उससे पूछें कि आप बेहतर अभिभावक बनने के लिए क्या कर सकते हैं। पूछें कि क्या उसे आपकी कोई चीज़ पसंद नहीं है। उसके

जवाबों और बातों को ध्यान से सुनें। बीच में बात न काटें, स्पष्ट न करें या रक्षात्मक दलील न दें। जवाब देने से पहले ठहरें। यह कहकर ज़्यादा स्पष्टता से पूछें, "तुम्हारा क्या मतलब है ?" या "मिसाल के तौर पर ?"

अपने शब्दों में उसकी बात दोहराएँ। अंत में यह वादा करें कि आप उसकी बातों के आधार पर क़दम उठाएँगे और कुछ करेंगे। कर्म के बिना शब्द विश्वसनीय नहीं होते।

अगर आप ठान लें, तो उत्कृष्ट अभिभावक बन सकते हैं। आप इस अध्याय और पुस्तक में सीखी हुई बातों का अभ्यास करके ऐसा कर सकते हैं। यह शायद आपका सबसे महत्वपूर्ण निर्णय होगा ... और शायद सबसे लाभकारी भी।

अध्याय 12

विजय : प्रेम की शक्ति

जब मैं दुनिया घूमने के लिए बाहर निकला, उससे पहले किशोरावस्था में मैंने काफ़ी समय तक जीवन के अर्थ के बारे में सोचा था। "मैं यहाँ क्यों हूँ ? जीवन का उद्देश्य क्या है ? अस्तित्व का कारण क्या है ? मैं कौन हूँ ? कहाँ से आया हूँ ? और कहाँ जा रहा हूँ ?" मुझे यक़ीन है कि हर किसी ने कभी न कभी इस धरती पर अपने व्यक्तिगत अस्तित्व के कारणों के बारे में इसी तरह विचार किया होगा।

युवावस्था में मैं इस नतीजे पर पहुँच चुका था कि प्रेम दुनिया में सबसे महत्वपूर्ण चीज़ है। मैंने आठ सालों में अस्सी से ज़्यादा देशों की यात्रा की, कई काम किए, कई भाषाएँ सीखीं और कई रोमांचक अनुभव पाए। बहरहाल, इसके बाद भी मैं महसूस करता था कि प्रेम ही दुनिया में सबसे महत्वपूर्ण चीज़ है।

मैं कभी-कभार किसी व्यक्ति से पूछता था कि उसके हिसाब से जीवन में सबसे महत्वपूर्ण चीज़ क्या है। मुझे यक़ीन है कि उसके जवाब से आप यह जान सकते हैं कि वह भावनात्मक रूप से कितना परिपक्व है। मेरे विवेक से इकलौता सही जवाब प्रेम है। मैंने यह सवाल अग्रणी बिज़नेसमैनों, राजनेताओं, प्रोफ़ेशनल्स और हर क्षेत्र के लोगों से पूछा है। और मैंने पाया है कि सबसे दुनियादार और भौतिकतावादी लोग भी इस सवाल पर यही कहेंगे कि प्रेम किसी भी दूसरी चीज़ की तुलना में ज़्यादा महत्वपूर्ण है।

अध्याय एक में मैंने सफलता के बारे में कहा था कि यह सात अलग-अलग तत्वों का मिश्रण है। ये सभी तत्व व्यक्ति के मन में दुनिया के प्रति मौजूद प्रेम की मात्रा से प्रभावित होते हैं।

हर चीज़ प्रेम पर निर्भर करती है

आपके पास उसी हद तक *मानसिक शांति* होती है, जिस हद तक आप ख़ुद से और दूसरों से प्रेम करते हैं। आपके पास उसी हद तक *सेहत और ऊर्जा* का ऊँचा स्तर होता है, जिस हद तक आप आत्म-प्रेम, आत्म-स्वीकृति और दूसरों का प्रेम व स्वीकृति अनुभव करते हैं। आपके पास उसी हद तक *प्रेमपूर्ण संबंध* होते हैं, जिस हद तक आप ख़ुद से प्रेम करते हैं और दूसरों के प्रति अपना प्रेम व्यक्त करते हैं। कई मामलों में प्रेम जीवन में *आर्थिक सफलता* के आपके स्तर के लिए केंद्रीय होता है। लगभग सभी सेल्फ़-मेड मिलियनेअर वह काम करते हैं, जिसे करने से उन्हें प्रेम है। आप जिस हद तक ख़ुद से और अपने काम से प्रेम करते हैं, उसी हद तक आप आगे बढ़ने के लिए *ऊँचे, चुनौतीपूर्ण और सार्थक आदर्श लक्ष्य* निर्धारित करेंगे। आत्म-प्रेम और आत्म-स्वीकृति से आपके लिए अधिक आत्म-ज्ञान और *आत्म-समझ हासिल करना ज़्यादा आसान बन जाता है।* आख़िरकार आप जीवन में उसी हद तक स्थाई संतुष्टि, *आत्म-अभिव्यक्ति और आत्म- वास्तविकीकरण* हासिल कर पाते हैं, जिस हद तक आप ख़ुद से और दूसरों से बिना शर्त प्रेम करते और पाते हैं।

प्रेम का "नियमों" से संबंध

आप मानसिक जीव हैं। आपके साथ होने वाली लगभग हर चीज़ आपके सोचने के तरीक़े का नतीजा है। अगर आप अपनी सोच की गुणवत्ता बदलते या सुधारते हैं, तो आप अपने जीवन की गुणवत्ता को अपने आप बदल लेते हैं या सुधार लेते हैं। इस पुस्तक के कई मानसिक नियम प्रेम के महत्व और स्वस्थ व्यक्तित्व के विकास से संबंधित हैं। वे सार्थक लक्ष्यों और आकांक्षाओं की उपलब्धि का हिस्सा हैं।

विश्वास का नियम कहता है कि आप जिसमें भी भावना के साथ विश्वास करते हैं, वह आपकी वास्तविकता बन जाता है। अगर आप ख़ुद से प्रेम और सम्मान करते हैं व विश्वास करते हैं कि आप महान चीज़ें हासिल करने में सक्षम हैं, तो लगभग तय है कि आप उससे ज़्यादा हासिल करेंगे, जितना तब करते, अगर आपको अपने बारे में शंका होती या अपनी व्यक्तिगत क्षमता में विश्वास नहीं होता।

अपेक्षाओं का नियम बताता है कि आप विश्वास के साथ जिस भी चीज़ की उम्मीद करते हैं, वह अपने आप पूरी होने वाली भविष्यवाणी बन जाती है। अगर आप ख़ुद से और दूसरों से सर्वश्रेष्ठ की उम्मीद करते हैं, जो प्रेमपूर्ण नज़रिए की स्वाभाविक अभिव्यक्ति है, तो आप शायद ही कभी निराश होंगे। अगर आप विश्वास

के साथ अच्छी चीज़ें होने की उम्मीद करेंगे और इसके अनुरूप व्यवहार करेंगे, तो आप अपनी मनचाही चीज़ें ज़्यादा हासिल करेंगे।

आकर्षण का नियम बताता है कि आप हमेशा अपने जीवन में ऐसे लोगों और परिस्थितियों को आकर्षित करते हैं, जो आपके प्रबल विचारों के सामंजस्य में होती हैं। जब आप अपने और दूसरों के बारे में अच्छे व प्रेमपूर्ण विचार रखते हैं, तो आप अपनी ओर अच्छे तथा प्रेमपूर्ण लोगों को आकर्षित करते हैं। ये लोग आपके जीवन को सुखद बना देते हैं। वे आपके जीवन को ख़ुशियों से भर देते हैं। वे कामकाज और व्यक्तिगत संबंधों में संतुष्टि प्रदान करते हैं।

अनुरूपता का नियम बताता है कि आपका बाहरी संसार आपके भीतरी संसार का प्रतिबिंब होगा। अगर आपका स्वभाव दयालु, नम्र और प्रेमपूर्ण है, तो संबंधों, सेहत और भौतिक सफलता का आपका बाहरी संसार भी सेहत, ख़ुशी और समृद्धि से भरा होगा।

एकाग्रता का नियम बताता है कि आप जिस भी चीज़ पर ध्यान केंद्रित करते हैं, वह बढ़ती है। अगर आप लगातार अपने और दूसरों के बारे में प्रेमपूर्ण विचार रखने का चुनाव करते हैं, तो आप अपने जीवन के हर हिस्से में ज़्यादा प्रेमपूर्ण संबंधों का "विकास" कर लेते हैं।

विस्थापन का नियम कहता है कि आप किसी नकारात्मक विचार की जगह सकारात्मक विचार रख सकते हैं। जब आप सचेतन रूप से अपने चेतन मन की सामग्री चुनते हैं और अपने विचार प्रेम, धैर्य, सहिष्णुता तथा क्षमा पर केंद्रित रखते हैं, तो आप उन नकारात्मक विचारों को बाहर निकाल देते हैं, जो आपकी मानसिक शांति भंग करते हैं, आपकी सेहत और ऊर्जा को कम करते हैं और आपके संबंधों को नुक़सान पहुँचाते हैं।

प्रेम हमें अप्रतिरोध का सिद्धांत सिखाता है। बाइबल कहती है, "मूल्यांकन मत करो, ताकि तुम्हारा मूल्यांकन न हो," और "उनके लिए प्रार्थना करो, जो तुम्हारे साथ द्वेषपूर्ण व्यवहार करते हों।" जब आप क्रोध और नकारात्मकता पर प्रेम और दयालुता से प्रतिक्रिया करते हैं, तो आप न सिर्फ़ अपनी भावनात्मक अखंडता व सकारात्मक मानसिक नज़रिया बरकरार रखते हैं, बल्कि सामने वाले व्यक्ति की भी मदद करते हैं।

कोई भी चीज़ किसी इंसान को इतना हैरान नहीं करती, जितना यह कि जिसके साथ वह दुर्व्यवहार कर रहा है, वह बदले में नम्रता, शिष्टता और दयालुता से प्रतिक्रिया कर रहा है। इससे वह स्वतंत्र हो जाता है कि वह अपना आलोचनात्मक व्यवहार छोड़ दे और बेहतर व्यक्ति बन जाए।

अतिचेतन गतिविधि का नियम बताता है कि जिस विचार, योजना और लक्ष्य को आप अपने चेतन मन में लगातार रखते हैं, उसे आपका अतिचेतन मन साकार कर देगा। आप बेहतर जीवन पा सकते हैं, सुखद और प्रेमपूर्ण संबंध बना सकते हैं, सेहत, ऊर्जा और ख़ुशी अनुभव कर सकते हैं, बशर्ते आप लगातार उन चीज़ों के बारे में सोचते रहें, जिन्हें आप अपने जीवन में सचमुच पाना चाहते हैं और उन चीज़ों को अपने दिमाग़ से निकालें, जिन्हें आप नहीं चाहते।

प्रेम ही जवाब है

हमेशा *प्रेम ही जवाब है।* दुनिया में सिर्फ़ एक ही चीज़ है, जो कभी ज़रूरत से ज़्यादा नहीं हो सकती। वह है प्रेम। आप कभी ख़ुद से ज़रूरत से ज़्यादा प्रेम नहीं कर सकते और आप दूसरों से भी ज़रूरत से ज़्यादा प्रेम नहीं कर सकते। प्रेम की कमी या प्रेम रोकना अधिकांश व्यक्तिगत और व्यवहार संबंधी समस्याओं की जड़ है। प्रेम न सिर्फ़ जवाब है, बल्कि जीवन की अधिकांश समस्याओं का इलाज भी है।

बड़ी डाकू भावना

चाहे इंसान के धार्मिक विश्वास जो भी हों, बाइबल की कुछ महान शिक्षाओं के शाश्वत सत्य से इंकार करना संभव नहीं है। न्यू टेस्टामेंट की एक सुंदर पंक्ति है, "ईश्वर प्रेम है और जो ईश्वर में निवास करता है, वह प्रेम में निवास करता है और ईश्वर उसमें निवास करता है।"

इसमें यह भी कहा गया है, "प्रेम में कोई भय नहीं है, बल्कि आदर्श प्रेम तो भय को दूर भगा देता है।"

ये शब्द हमारे लिए महत्वपूर्ण हैं, क्योंकि मानवीय सुख का महान डाकू हमेशा किसी न किसी तरह का डर है - असफलता का डर, अस्वीकृति का डर, आलोचना का डर, किसी से मिलने वाले प्रेम या सम्मान को गँवाने का डर, बुरी सेहत का डर, दूसरों की उम्मीदों के अनुरूप प्रदर्शन न कर पाने का डर और पर्याप्त अच्छे न होने का आम डर।

इंसान के रूप में अपनी पूरी क्षमता तक पहुँचने का एकमात्र तरीक़ा डर की उस भूमिका को धीरे-धीरे कम करना है, जो यह आपके जीवन और निर्णयों में निभाता है। आपका लक्ष्य और आदर्श उस बिंदु तक पहुँचना होना चाहिए, जहाँ आप किसी भी चीज़ से न डरें। जब आप डर को पूरी तरह अपने मन से बाहर

निकाल देते हैं, तो आप पूरी तरह आत्मविश्वासी बन जाते हैं और पूरा संसार आपके सामने खुल जाता है। और यह *प्रेम* ही है, जो डर को नष्ट करता है और इसे अंततः आपके जीवन से बाहर निकाल देता है।

आत्म-प्रेम शुरुआत है

आत्मसम्मान सचमुच स्वस्थ व्यक्तित्व का बुनियादी गुण है। आप अपना आत्मसम्मान बढ़ाने के लिए जो भी करते हैं, वह हर चीज़ आपको और ज़्यादा सुखी इंसान बनाने में योगदान दे रही है। शुरुआत में आपका आत्मसम्मान चाहे जितना कम हो, आप इसे उन चीज़ों द्वारा कार के जैक की तरह धीरे-धीरे ऊपर उठा सकते हैं, जिनके बारे में हमने इस पुस्तक में बात की है।

आप हर वक़्त ख़ुद से सकारात्मक तरीक़े से बात कर सकते हैं। आप अपनी मानसिक तस्वीर उस सर्वश्रेष्ठ रूप में देख सकते हैं, जो आप संभवतः बन सकते हैं। आप आशा और प्रेरणा के सकारात्मक संदेशों से अपने मस्तिष्क को लबालब भर सकते हैं। आप ख़ुश, आशावादी, लक्ष्य-केंद्रित लोगों के साथ उठ-बैठ सकते हैं। आप अपने जीवन के हर हिस्से को इस तरह व्यवस्थित कर सकते हैं, ताकि आप लगातार अपने बारे में अच्छी भावनाओं को बलवान बनाएँ।

आप ख़ुद को जितना ज़्यादा पसंद करते हैं या जितना ज़्यादा प्रेम करते हैं, उतना ही ज़्यादा आप दूसरे लोगों को पसंद या प्रेम करेंगे। आपके मन में दूसरों के लिए और उनके मन में आपके लिए जितना प्रेम और सम्मान है, वह इसके सीधे अनुपात में है कि आपके मन में अपने प्रति कितना प्रेम है।

उलटाव का नियम बताता है कि जिस तरह भावनाएँ हमें कर्म की ओर ले जाती हैं, उसी तरह कर्म भी भावनाओं की ओर ले जाते हैं। अगर आप ऐसी चीज़ें करते और कहते हैं, जो आपको प्रेम करने के सामंजस्य में हों, तो जल्दी ही आप सचमुच ख़ुद के प्रति सकारात्मक और प्रेमपूर्ण महसूस करने लगेंगे। अगर आप ऐसी चीज़ें कहते और करते हैं, जो आपके मनचाहे परिणामों के सामंजस्य में हों, तो परिणाम आपके आस-पास प्रकट होने लगेंगे। प्रेम ही वह उत्प्रेरक है, जो आपके भीतर छिपे सर्वश्रेष्ठ स्वरूप को सक्रिय बनाता है। यह आपके आस-पास के लोगों और स्थितियों के साथ भी यही करता है।

आपके विश्वासों का एकमात्र सच्चा पैमाना आपके शब्द नहीं, बल्कि कार्य हैं। आप जो *इच्छा या आशा* करते हैं, वह महत्वपूर्ण नहीं है। महत्वपूर्ण तो सिर्फ़ वह है, जो आप सचमुच *करते हैं*। शब्द नहीं, कार्य महत्वपूर्ण होते हैं। और कई

ख़ास काम करके आप ख़ुद में ऊँचे आत्मसम्मान की भावनाएँ जगा सकते हैं, जिसके बाद हर चीज़ संभव हो जाती है।

व्यक्तिगत उपलब्धि के साम्राज्य की कुंजियाँ

पहली कुंजी, आप ख़ुद को बिना *शर्त स्वीकार करने का संकल्प कर सकते हैं,* चाहे आपने अतीत में जो भी किया हो या न किया हो। आप पीछे हटकर अपने ख़ास गुणों की सराहना कर सकते हैं। आप अपने अच्छे बिंदुओं को रेखांकित कर सकते हैं और उन क्षेत्रों को नज़रअंदाज़ कर सकते हैं, जिनमें आप किसी दूसरे जितने अच्छे न हों। आप ख़ुद को अपने वर्तमान स्वरूप में ही पसंद कर सकते हैं और अपना सम्मान कर सकते हैं, बजाय उस स्वरूप के जैसे आप किसी दिन बनना चाहेंगे। आत्म-स्वीकृति ही आत्मसम्मान की नींव है।

दूसरी कुंजी आप अपना आत्मसम्मान और अपने व्यक्तिगत महत्व का एहसास बढ़ा सकते हैं, बशर्ते आप अपने सभी कामों के परिणामों और अपने जीवन की *पूरी ज़िम्मेदारी स्वीकार कर लें।* जब आप आत्मनिर्भर, उत्तरदायी व्यक्ति बनते हैं, तो आप अपने जीवन की अनचाही चीज़ों के लिए दूसरों को दोष देने या आलोचना करने या बहाने बनाने से इंकार कर देते हैं। आप अपनी स्थिति के लिए बहाने बनाने या दूसरों पर दोष मढ़ने में अपनी रचनात्मक ऊर्जा बर्बाद करने के बजाय अपने कमज़ोर क्षेत्रों पर काम करते हैं। ऊँचे आत्म-उत्तरदायित्व का नज़रिया ऊँचे आत्म-सम्मान, आत्म-प्रेम और व्यक्तिगत प्रभावकारिता का आधारभूत हिस्सा है। इनमें से प्रत्येक दूसरे के साथ क्रिया करता है और उसे बलवान बनाता है।

तीसरी कुंजी, आप अपने लिए *महत्वपूर्ण और सार्थक लक्ष्य तय कर सकते हैं।* अपने लिए कोई बड़ा लक्ष्य तय करने से ही आपका आत्मसम्मान बढ़ जाता है। यह आपकी आत्म-अवधारणा को बेहतर बना देता है। जो व्यक्ति ख़ुद को पसंद करता है और ख़ुद पर विश्वास करता है, वही रोमांचक लक्ष्य बना सकता है। और लक्ष्य लिखने से आप ख़ुद को पहले से ज़्यादा पसंद करने लगते हैं और ख़ुद पर ज़्यादा भरोसा करने लगते हैं। लक्ष्य तय करने का काम उस तरह का व्यक्ति बनने का शुरुआती बिंदु है, जिस तरह के व्यक्ति आप बनना चाहते हैं। यह आत्म-उत्तरदायित्व के नज़रिए का प्रदर्शन है। यह आपके जीवन का नियंत्रण लेने और अपने बारे में ज़बर्दस्त महसूस करने की कुंजी है।

आत्मसम्मान बढ़ाने का चौथा तरीक़ा है *अपने शरीर की अच्छी देखभाल करना।* जब आप स्वस्थ, पोषक आहार लेते हैं, अच्छी नींद लेते हैं और नियमित व्यायाम

करते हैं, तो यक़ीनन आप अपने बारे में बेहतर महसूस करते हैं। आप अपनी जितनी बेहतर देखभाल करते हैं, आपमें उतना ही ज़्यादा आत्मसम्मान और आत्मप्रेम होगा। यह भावना दूसरों के साथ आपके संबंधों में फैलती है। जब आप ख़ुद के साथ अच्छा व्यवहार करते हैं, तो आप दूसरों के साथ भी अच्छा व्यवहार करते हैं।

पाँचवाँ और आत्मसम्मान को बढ़ाने का शायद सबसे तेज़ तरीक़ा है, सिर्फ़ यह दोहराना, *"मैं ख़ुद को पसंद करता हूँ, मैं ख़ुद को पसंद करता हूँ, मैं ख़ुद को पसंद करता हूँ।"* इसे दिन में पचास से सौ बार दोहराएँ, जब तक कि आप इस संदेश को अपने अवचेतन मन की गहराई तक न पहुँचा दें। अंततः आपका अवचेतन मन इस आदेश को आपके कार्यकारी निर्देश के रूप में पूरी तरह स्वीकार कर लेता है। फिर आप फ़र्क़ देखेंगे। आपकी बॉडी लैंग्वेज, आपका नज़रिया, आपके चेहरे के भाव और आपकी आवाज़ का अंदाज़ सब कुछ बदलकर बेहतर हो जाएगा। आप अपने हर काम में ज़्यादा सकारात्मक और उत्साही महसूस करेंगे। आप अपने बारे में अच्छा महसूस करने के लिए "प्रोग्राम्ड" हो जाएँगे।

तीन तरह का प्रेम

प्राचीन यूनानियों ने प्रेम को तीन अलग-अलग श्रेणियाँ में बाँटा था। पहले प्रकार के प्रेम को वे इरॉस कहते थे। यह आत्म-प्रेम के बारे में है। अधिकांश लोग प्रेम के क्षेत्र में चिंताओं के पार कभी नहीं जा पाते। जीवन में असफलता और दुख का मूल कारण कम आत्मसम्मान है। कम आत्मसम्मान के कारण ज़्यादातर लोग अपने बारे में बहुत चिंतित हो जाते हैं और दूसरों की भावनाओं को पूरी तरह भूलकर अपनी ख़ुद की भावनाओं में संलग्न हो जाते हैं। वे इरॉस के स्तर पर ही बने रहते हैं। न्यूरॉसिस और साइकॉसिस जैसे अति वाले मामलों में वे दूसरों की भावनाओं के बारे में सोचते भी नहीं हैं।

दूसरी तरह का प्रेम है *फ़िलियास*। इसका मतलब है दूसरों के प्रति प्रेम। जब व्यक्ति ख़ुद से प्रेम करता है, तो यह स्वाभाविक प्रवृत्ति है कि इसके बाद वह दूसरे लोगों से प्रेम करने की ओर मुड़ता है। यह स्वस्थ, सुखी व्यक्ति की निशानी है।

जब भी आप ख़ुद के बारे में ख़ास अच्छा महसूस करते हैं, तो आप दूसरों के प्रति, अजनबियों के भी प्रति, ज़्यादा दयालुता, धैर्य और दोस्ती महसूस करते हैं। जब भी आप किसी तरह से ईश्वर की कृपा का पात्र महसूस करते हैं, तो आप सहज बोध से अपने से कम सौभाग्यशाली लोगों की मदद करना चाहते हैं। आत्म-प्रेम आपको हर काम में उदार और बड़े दिल वाला बना देता है।

प्राचीन यूनानियों के अनुसार प्रेम का तीसरा और सर्वोच्च प्रकार है *केरिस*, जिससे हमें अपना शब्द *कैरिस्मेटिक* मिला है। केरिस का मतलब है शाश्वत प्रेम, सारी मानव जाति से प्रेम। यह सबसे दुर्लभ क़िस्म का प्रेम है। सिर्फ़ कुछ लोग ही व्यक्तिगत विकास के इस स्तर तक पहुँच पाते हैं। ईसा मसीह, बुद्ध और सेंट फ्रांसिस ऑफ़ असिसी जैसे महान लोग ही इतने व्यापक प्रेम की अद्‌भुत क्षमता के लिए मशहूर थे। और मानव जाति के इन महान प्रेमियों का मानव जाति के इतिहास पर शासकों और राजाओं से ज़्यादा सकारात्मक प्रभाव पड़ा है।

प्रेम दुनिया को बदल डालता है

ईसा मसीह को "प्रेम का धर्मगुरु" कहा जाता है। ईसाई ईसा मसीह को आदर्श व्यक्ति कहते हैं, जिन्होंने सभी लोगों के लिए पूर्ण और बिना शर्त का प्रेम अभिव्यक्त किया - सबसे मुश्किल और दर्द भरी परिस्थितियों में भी। आदर्श प्रेम के इस आदर्श की तरफ़ ज़्यादातर लोग जीवन भर चलते हैं।

छठी सदी ई.पू. में बौद्ध धर्म की स्थापना करने वाले गौतम बुद्ध आज भी करोड़ों लोगों के लिए प्रेरणा का स्रोत हैं, क्योंकि उनका स्वभाव पूर्ण प्रेम का था और उन्होंने इंसान को डर से उबरने तथा आनंद हासिल करने का मार्ग दिखाया था।

असिसी के सेंट फ्रांसिस असीम प्रेम व्यक्त करने के लिए मशहूर थे, जो पक्षियों, जानवरों, फूलों और छोटे-छोटे कीड़े-मकोड़ों के लिए भी था। सभी जीवित प्राणियों के प्रति बिना शर्त के प्रेम के इस मानदंड के कारण सेंट फ्रांसिस करोड़ों लोगों के रोल मॉडल और हीरो हैं।

मैं अफ्रीका के डॉ. अल्बर्ट श्वेट्ज़र से 1965 में मिल चुका हूँ और उनके साथ काम भी कर चुका हूँ। उन्हें बीसवीं सदी के महानतम मानवतावादी के रूप में जाना जाता है। उनका जीवनदर्शन "जीवन के प्रति सम्मान" था। उन्होंने पचास साल से ज़्यादा समय तक इस जीवनदर्शन पर अमल किया और सेंट्रल अफ्रीका के लोगों की ज़रूरतें पूरी कीं। वे दुनिया भर के करोड़ों लोगों के लिए प्रेरणा बन चुके हैं।

आधुनिक युग में कोलकाता की मदर टेरेसा दुनिया की शायद सबसे सम्मानित व्यक्ति रही हैं। उनका लाखों लोगों के दिलोदिमाग़ पर ज़बर्दस्त असर पड़ा है, क्योंकि उनके दिल में कोलकाता के ग़रीब और मर रहे लोगों के प्रति बिना शर्त का प्रेम था। जब उनसे एक बार पूछा गया कि दुर्भाग्यशाली लोगों को उनके अंतिम समय में सांत्वना देने वाले मिशनरीज़ ऑफ़ चैरिटी के लोग इतने ख़ुश कैसे रह पाते हैं, तो उनका जवाब था कि हर मिशनरी बुक ऑफ़ मैथ्यू के शब्दों में यक़ीन करता है,

"जितना तुमने मेरे इन सबसे निचले स्तर के भाइयों के लिए किया है, उतना ही तुमने मेरे साथ किया है।"

प्रेम एक सक्रिय क्रिया है

प्रेम शब्द एक क्रिया है, एक सक्रिय क्रिया (activever verb) है। प्रेम सिर्फ़ कोई ऐसी चीज़ नहीं है, जिसे आप *महसूस* करते हैं। यह तो ऐसी चीज़ है, जो आप *करते हैं*। दरअसल उलटाव के नियम के कारण जब आप किसी दूसरे के प्रति प्रेमपूर्ण व्यवहार करते हैं, तो आप उस व्यक्ति के प्रति प्रेम की अपनी भावनाओं को गहरा और बलवान बनाते हैं। प्रेम और दयालुता का काम प्रेम और दयालुता की भावनाएँ पैदा करता है।

जिस तरह आप काम करके ख़ुद को प्रेम की भावना तक ला सकते हैं, उसी तरह आप काम करके दोबारा प्रेम हासिल कर सकते हैं, भले ही आपको यह महसूस हो कि जिस प्रेम का आपने पहले अनुभव किया था, वह अब कम हो गया है या चला गया है।

इसके लिए ग्रीक शब्द है "प्रैक्सिस।" प्रैक्सिस का मतलब है कि असल भावना होने पर किए जाने वाले काम करने से ही दरअसल भावना पैदा होती है।

आप दूसरे व्यक्ति के साथ ठीक वही व्यवहार करके दोबारा प्रेम पा सकते हैं, जैसा आप उससे गहरा प्रेम होने की स्थिति में करते। आप अपनी प्रेमिका के साथ अपने संबंध में पुराने प्रेम जैसा व्यवहार करके अपने प्रेम को क़ायम रख सकते हैं। उससे वैसा ही व्यवहार करें, जैसा आपने तब किया था, जब आपका उससे प्रेम-प्रसंग शुरू हुआ था या जब आप उसे सबसे शिद्दत से प्रेम करते थे। अगर आप संबंध में लगातार इस तरह से व्यवहार करते हैं, तो आप प्रेम की उन भावनाओं को जगा लेंगे, जो आप दोनों को एक साथ लाई थीं। लेकिन अगर कोई व्यक्ति यह बात भूलकर संबंध को नज़रअंदाज़ करने लगता है, अगर वह प्रेम दर्शाने वाले काम करना छोड़ देता है, तो प्रेम की भावनाएँ कम हो सकती हैं और समस्याएँ खड़ी हो सकती हैं।

ख़ुशी की कुंजी

सबसे ख़ुश व्यक्ति वही रहे हैं, जो लगातार अपने आस-पास के लोगों के प्रति प्रेम, दयालुता और स्नेह दिखाने के तरीक़े तलाश करते रहे हैं। उन्हें न सिर्फ़ बाक़ी

लोगों का सबसे ज़्यादा प्रेम और सम्मान मिलता है, बल्कि वे सबसे स्वस्थ और धन्य भी होते हैं।

ले हंट की एक अद्भुत कविता है, जिसे "अबू बेन एडहम" कहा जाता है :

अबू बेन एडहम (उसकी जाति फले-फूले!)
एक रात शांति के गहरे सपने से जागा,
और अपने कमरे में छितरी चाँदनी में उसने देखा
कि सुंदर लिली के फूल जैसा
एक देवदूत सुनहरी किताब में लिख रहा था;
गहरी शांति ने बेन एडहम को साहसी बना दिया था!
उसने अपने कमरे में मौजूद देवदूत से पूछा,
"क्या लिख रहे हैं?" देवदूत ने अपना सिर उठाया
और बड़ी मीठी मुस्कान के साथ जवाब दिया,
"उन लोगों के नाम, जो ईश्वर से प्रेम करते हैं।"
"और क्या इसमें मेरा नाम है?" अबू ने पूछा। "नहीं, नहीं है,"
देवदूत ने जवाब दिया। अबू ने फिर धीमी,
लेकिन बहुत शांत आवाज़ में कहा, "मैं आपसे प्रार्थना करता हूँ,
मेरा नाम उन लोगों की सूची में लिख लेना,
जो अपने साथी इंसानों से प्रेम करते हैं।"
देवदूत ने लिख लिया और अंतर्ध्यान हो गया। अगली रात
वह दोबारा आया, दिव्य प्रकाश के साथ,
और वे नाम दिखाए, जिन्हें ईश्वर के प्रेम का वरदान मिला था,
और, देखो! बेन एडहम का नाम सबसे ऊपर था।

बोना और काटना

आप जितना प्रेम दूसरों को देते हैं, उससे ज़्यादा प्रेम आपको कभी नहीं मिल सकता। प्रेम सिर्फ़ *बाँटने* से बढ़ता है और आप इसे देकर ही अपने लिए ज़्यादा प्रेम हासिल कर सकते हैं। आप जितना ज़्यादा देंगे, उतना ही ज़्यादा पाएँगे।

इसी तरह आप जितना कम प्रेम व्यक्त करते हैं, आपको उतना ही कम प्रेम मिलता है। अगर आप इसे ज़रा भी व्यक्त नहीं करते, तो आप भीतर झाँकने पर नाराज़, आलोचनात्मक और दुखी बन जाएँगे।

डर, शंका और कम आत्मसम्मान की भावनाओं का इलाज किसी ऐसे व्यक्ति को खोजना है, जिसकी आप मदद कर सकते हैं, जिसके प्रति आप प्रेम व्यक्त कर सकते हैं। दुख का सबसे अच्छा इलाज किसी दूसरे को ख़ुश करना है।

ज़्यादातर लोग इसका उलटा होते देखना चाहेंगे। जब वे दुखी या प्रेमरहित महसूस करते हैं, तो उन्हें इसका समाधान यह लगता है कि कोई दूसरा उन्हें ख़ुश करे, कोई दूसरा उनसे प्रेम करे और उनकी समस्याएँ सुलझाए। बहरहाल, प्रेम ऐसी चीज़ है, जिसे आप करते हैं। प्रेम दूसरों के प्रति सकारात्मक और सृजनात्मक व्यवहार में व्यक्त होता है। अगर आप प्रेम को व्यक्त करने का अभ्यास करते हैं, तो आपको उसे पाने में ज़रा भी समस्या नहीं होगी और अंततः आपका जीवन प्रेम से भर जाएगा। आपके जीवन में प्रेम कितना है, इसे आप इस तरह नियंत्रित करते हैं कि आप दूसरों को कितना देते हैं। उदार बनें!

एलिज़ाबेथ बेरेट ब्राउनिंग ने प्रेम पर एक बड़ी ही सुंदर कविता लिखी थी। यह कई सालों से मेरी प्रिय कविता है। इसका शीर्षक है "मैं तुमसे कैसे प्रेम करती हूँ ?"

मैं तुमसे कैसे प्रेम करती हूँ ? मुझे तरीक़े गिनने दो।
मैं तुमसे उस गहराई, चौड़ाई और ऊँचाई से प्रेम करती हूँ,
जहाँ तक मेरी आत्मा पहुँच सकती है, जब भावना ओझल होकर
अस्तित्व और आदर्श कृपा के सिरों पर पहुँचती है।
मैं तुमसे हर दिन की
सबसे शांत ज़रूरत के स्तर पर, धूप में और मोमबत्ती की रोशनी में,
मैं तुमसे स्वतंत्रता से प्रेम करती हूँ, जिस तरह लोग अधिकार की आकांक्षा करते हैं;
मैं तुमसे शुद्धता से प्रेम करती हूँ, जिस तरह वे प्रशंसा की ओर मुड़ते हैं।
मैं तुमसे जोश से प्रेम करती हूँ
अपने पुराने दुखों में और अपने बचपन की आस्था से।
मैं तुमसे ऐसा प्रेम करती हूँ, जो मैंने अपने खोए संतों में गँवा दिया था
मैं तुमसे साँसों, मुस्कानों, आँसुओं, अपने सारे जीवन से प्रेम करती हूँ!
और अगर ईश्वर ने चाहा, तो मैं तुमसे मौत के बाद
और भी ज़्यादा प्रेम करूँगी।

युगों-युगों से सबसे समझदार लोग इस नतीजे पर पहुँचे हैं कि प्रेम से ज़्यादा

महत्वपूर्ण कुछ भी नहीं है। चूँकि आप एक आत्म-उत्तरदायी व्यक्ति हैं, इसलिए यह आपकी ज़िम्मेदारी है कि आप अपनी दुनिया के लोगों के प्रति प्रेम और दयालुता व्यक्त करने की अपनी क्षमता बढ़ाकर और बेहतर बनाकर अपने जीवन की गुणवत्ता बेहतर बनाएँ।

नकारात्मकता अवरोध है

प्रेम के अनुभव और अभिव्यक्ति में सबसे बड़ी अवरोध *नकारात्मक भावनाएँ* हैं, ख़ासकर डर, क्रोध, अपराधबोध और द्वेष। लगभग हर व्यक्ति अब भी किसी न किसी ऐसे व्यक्ति के प्रति नकारात्मक भावनाएँ पाले हुए है, जिसने अतीत में उसे चोट पहुँचाई थी। कई लोगों ने अपने माता-पिता के प्रति क्रोध और द्वेष को चालीस-पचास सालों से पाल रखा है। आम तौर पर लोग अपने पुराने संबंध या भूतपूर्व जीवनसाथी के प्रति ग़ुस्से और द्वेष को कभी नहीं भूलते। अक्सर एक असफल काम या गड़बड़ व्यावसायिक कोशिश नकारात्मक भावनाएँ पैदा कर देंगे। अगर कोई व्यक्ति इन भावनाओं के बारे में बार-बार सोचकर उन्हें जकड़े रहता है, तो वह उन्हें हर साल ज़िंदा रखता है, भले ही वह घटना काफ़ी पुरानी हो।

ख़ुद को मुक्त करें

आप अपने मस्तिष्क और दिल को उस नकारात्मकता से मुक्त कर सकते हैं, जिसे आपने लंबे समय से क़ायम रखा है। आप एक निर्णायक क़दम उठाकर ऐसा कर सकते हैं : सभी लोगों को हर उस चीज़ के लिए एक साथ क्षमा कर दें, जो उन्होंने आपको चोट पहुँचाने के लिए कभी की हो।

प्रेम और ख़ुशी के जीवन का द्वार है क्षमा। दूसरे लोगों को खुलकर माफ़ करने और चोट को भूलने की आपकी योग्यता अखंडता, साहस, चरित्र और पूरी तरह विकसित व्यक्तित्व की सच्ची निशानी है।

कई लोग अपने द्वेष को सिर्फ़ इसलिए जकड़े रहते हैं, क्योंकि उन्हें महसूस होता है कि उन्होंने उसकी इतनी भारी क़ीमत चुकाई है, इसलिए वे इसे नहीं भूल सकते। कई बार लोगों का पूरा जीवन ही उनके अतीत की चोटों और कष्टों की बुनियाद पर बना होता है। उनके पास बात करने के लिए और कुछ होता ही नहीं है। वे लगातार अपने नकारात्मक अनुभवों के बारे में ही सोचते रहते हैं।

अंततः ये लोग ख़ुद को शारीरिक और मानसिक रूप से बीमार कर लेते हैं।

उनका दमित ग़ुस्सा और नकारात्मकता देर-सबेर बाहर निकलती है और वे हर उस नए संबंध को बिगाड़ लेते हैं, जिसे वे बनाने की कोशिश करते हैं। वे अपना भविष्य बर्बाद कर लेते हैं। हर मामले में एक ही समाधान है - क्षमा करना और भूल जाना।

सामने वाले व्यक्ति को क्षमा करना पूरी तरह *स्वार्थपूर्ण* काम है। आप इसे इसलिए करते हैं, ताकि आप आज़ाद हो सकें। आप इसलिए माफ़ करते हैं, ताकि आप ख़ुशी अनुभव कर सकें, जिसके लिए आपको बनाया गया था। और यहाँ पर एक सरल इम्तहान है : अगर आपने सचमुच किसी दूसरे व्यक्ति को उसे माफ़ कर दिया है, तो आप इसे दूसरे व्यक्ति पर कोई एहसान करके या उसे कोई तोहफ़ा भेजकर अपने सामने दर्शा सकते हैं। सिर्फ़ इसी तरीक़े से आप ख़ुद के सामने हमेशा-हमेशा के लिए यह साबित कर सकते हैं कि आप आख़िरकार उस व्यक्ति से संबंधित नकारात्मक भावनाओं से आज़ाद हैं। (अध्याय पाँच में वर्णित "पत्र" को देखें।)

अगर आप पाते हैं कि आप अब भी सामने वाले व्यक्ति के प्रति अच्छा काम करने में सक्षम नहीं हैं, तो इससे आपको अपनी सच्ची भावनाओं के बारे में पता चल जाना चाहिए। क्षमा करने की अक्षमता शायद आपको ख़ुद से और अन्य लोगों से प्रेम करने से रोक रही है। हो सकता है कि आपने अपना पैर अपनी भावी ख़ुशी के ब्रेक पर कसकर जमा रखा हो।

इनमें सबसे महानतम

प्रेम का एक बहुत सुंदर वर्णन बाइबल के फ़र्स्ट कोरिन्थियन्स, अध्याय तेरह में किया गया है। हमने अपने विवाह में यह पूरा अंश पढ़वाया था :

> हालाँकि मैं पुरुषों और देवदूतों की भाषाओं में बोलता हूँ, लेकिन मुझमें प्रेम नहीं है, इसलिए मैं एक बजने वाला ढोल या मंजीरा बन गया हूँ।
>
> और हालाँकि मुझमें भविष्यवाणी करने की प्रतिभा है और मैं सारे रहस्य और सारे ज्ञान को समझता हूँ और हालाँकि मुझमें सारी आस्था है, जिससे मैं पहाड़ हिला सकता हूँ, लेकिन मेरे पास प्रेम नहीं है। मैं कुछ नहीं हूँ।
>
> और हालाँकि मैं अपनी सारी वस्तुएँ ग़रीबों के भोजन के लिए दान देता हूँ और हालाँकि मैं अपने शरीर को जलाने के लिए देता हूँ, लेकिन मुझमें प्रेम नहीं है, इसलिए इससे मुझे कोई लाभ नहीं होता।

प्रेम आजीवन चलता है और दयालु है; प्रेम ईर्ष्या नहीं करता; प्रेम घमंड नहीं करता; प्रेम फूलकर कुप्पा नहीं होता।

प्रेम असभ्य व्यवहार नहीं करता, प्रेम अपना ख़ुद का फ़ायदा नहीं देखता, प्रेम आसानी से उत्तेजित नहीं होता और प्रेम कोई बुराई नहीं सोचता।

प्रेम अत्याचार में आनंद नहीं लेता है, बल्कि सच्चाई में होता है।

प्रेम सभी चीज़ें सहन करता है, सभी चीज़ों में यक़ीन करता है, सभी चीज़ों की आशा करता है, सभी चीज़ों को बर्दाश्त करता है।

प्रेम कभी असफल नहीं होता, लेकिन जहाँ भविष्यवाणियाँ होंगी, वे असफल हो जाएँगी; जहाँ जीभें होंगी, वे रुक जाएँगी; जहाँ ज्ञान होगा, यह ग़ायब हो जाएगा।

क्योंकि हम सिर्फ़ एक हिस्सा ही जानते हैं और भविष्यवाणी का भी एक अंश ही जानते हैं।

लेकिन जब संपूर्ण आता है, तो फिर अंश ग़ायब हो जाता है।

जब मैं बच्चा था, तो बच्चे की तरह बोलता था, बच्चे की तरह समझता था, बच्चे की तरह सोचता था : लेकिन जब मैं आदमी बन गया, तो मैंने बचकानी चीज़ें छोड़ दीं।

अब हम एक गहरे काँच के पार देखते हैं; लेकिन फिर आमने-सामने : अब मैं हिस्से में जानता हूँ; लेकिन फिर मैं जान जाऊँगा, जब मुझे भी जान लिया जाएगा।

और अब आस्था, आशा, प्रेम, ये तीनों क़ायम हैं; लेकिन इन सबमें महानतम प्रेम है।

कई समझदार और बुद्धिमान व्यक्तियों ने फ़र्स्ट कोरिन्थियन्स, अध्याय तेरह के आंतरिक अर्थ के बारे में लंबे स्पष्टीकरण लिखे हैं, लेकिन यह कहना सुरक्षित है कि यह हमें यह बताता है कि जब हम पूरी तरह प्रेम करने वाले इंसान बन जाते हैं, तो हम सबको समझ जाएँगे, सबको माफ़ कर देंगे और अपने जीवन के हर हिस्से में सच्ची ख़ुशी महसूस करेंगे।

इम्तहान की घड़ी

प्रेमपूर्ण बनने का सबसे महत्वपूर्ण समय तब है, जब आप सबसे कम प्रेमपूर्ण महसूस कर रहे हों। अपने धैर्य, दयालुता और करुणा के संग्रह का दोहन करने का समय

तब है, जब आप सामने वाले से सबसे ज़्यादा अप्रसन्न हों। अप्रिय व्यवहार आम तौर पर मदद और समझ की गुहार है। यह इस कुंठा को व्यक्त करने का ज़रिया है कि उसमें सच्चे प्रेम और स्वीकृति की भावना नहीं है। इन शब्दों में बुद्धिमत्ता है, "नम्र जवाब ग़ुस्से को दूर भगा देता है।"

जब आप किसी मुश्किल व्यक्ति के साथ शांत और प्रेमपूर्ण तरीक़े से व्यवहार करते हैं, तो आप अक्सर एक मानवीय चमत्कार देखेंगे। आप अक्सर उसके नज़रिए और व्यवहार को बदलता देखेंगे। आप अक्सर देखेंगे कि मुश्किल व्यक्ति थोड़ा नरम हो गया है और उसका व्यक्तित्व उजला हो गया है। लेकिन सबसे महत्त्वपूर्ण बात, जब आप प्रेमपूर्ण तरीक़े से काम करते हैं, तो आप अपनी व्यक्तिगत और भावनात्मक अखंडता को क़ायम रखते हैं। आप अपने बारे में अच्छा महसूस करते हैं। आप अपने भीतरी और बाहरी जीवन के नियंत्रण में महसूस करते हैं।

मार्गदर्शन के लिए एक सरल सवाल

कुछ साल पहले *इन हिज़ स्टेप्स* नामक बेस्टसेलिंग पुस्तक प्रकाशित हुई। यह अमेरिका के एक छोटे क़स्बे के बारे में लिखी गई, जहाँ हर व्यक्ति सर्वोच्च जीवनमूल्यों के अनुरूप जीने लगा। कुछ भी कहने या करने से पहले उस क़स्बे का हर व्यक्ति ख़ुद से यह सवाल पूछता था, "क्या ईसा मसीह यह करते?"

दूसरे शब्दों में, सचमुच ईमानदार, सचमुच दयालु, सचमुच प्रेमपूर्ण, सचमुच धैर्यवान, सचमुच करुण और सचमुच समझदार व्यक्ति इस स्थिति में क्या करता?

यह एक अद्‌भुत कहानी थी। ग़लत समझे जाने की शुरुआती समस्याएँ जब सुलझ गईं, तो क़स्बे में हर व्यक्ति को ज़्यादा शांति और ख़ुशी महसूस हुई। लोग और व्यवसाय ज़्यादा समृद्ध हो गए। ग़लतफ़हमियाँ ज़्यादा जल्दी सुलझ गईं। पूरे क़स्बे में ख़ुशी और शांति की भावना फैल गई।

अपनी दुनिया बदल दो

आप दुनिया को नहीं बदल सकते, लेकिन आप दुनिया को एक बेहतर व्यक्ति यानी स्वयं का उपहार दे सकते हैं। आप ख़ुद पर मेहनत करके ऐसे व्यक्ति में बदल सकते हैं, जिसकी आप प्रशंसा और सम्मान करते हों। आप दूसरों के रोल मॉडल बन सकते हैं और पैमाने तय कर सकते हैं। आप ख़ुद को नियंत्रित और अनुशासित कर सकते हैं, ताकि आप किसी कारण किसी के प्रति भी नकारात्मक तरीक़े से

बोलने या काम करने का प्रतिरोध करें। यह ठान लें कि आप चोट पहुँचाने के बजाय हमेशा प्रेमपूर्ण तरीक़े से काम करने पर ज़ोर देंगे।

आप दूसरों के बारे में दयालुतापूर्ण और प्रेमपूर्ण विचार सोचकर अपने मस्तिष्क को शांत व सकारात्मक बनाए रखने के लिए संज्ञानात्मक नियंत्रण विधि का इस्तेमाल कर सकते हैं। जिन लोगों ने आपको चोट पहुँचाई है, उनके बारे में दयालुता से सोचकर आप अपने ग़ुस्से का फ़्यूज़ उड़ा सकते हैं। सामने वाला आपको कितना परेशान कर रहा है, यह सोचने के बजाय उसके बारे में यह कहें, "ईश्वर उस पर कृपा करे।" इससे आप अपनी नकारात्मक भावनाओं को कमज़ोर बना सकते हैं, अपनी शांति लौटा सकते हैं और अपने मस्तिष्क की स्पष्टता बढ़ा सकते हैं। आप असाधारण इंसान बनने की राह में एक और क़दम उठा सकते हैं।

जीवन का उद्देश्य

"हर चीज़ पाने के साथ प्रेम पाएँ।" आपने जीवन के अर्थ और उद्देश्य के बारे में जो भी पढ़ा हो, वह आपको प्रेम के विचार और महत्व तक लाता है। ख़ुद से प्रेम और सम्मान करने वाली हर चीज़ आपको दूसरों के प्रति प्रेम का इज़हार करने में ज़्यादा समर्थ बनाती है। जब भी आप किसी के प्रति कोई दयालु या प्रेमपूर्ण काम करते हैं या बात कहते हैं, तो हर बार आप उस प्रेम की मात्रा बढ़ा देते हैं, जो आपमें ख़ुद के लिए है। क्रिया पारस्परिक है। एक से दूसरे में पैदा होती है।

हर बार जब आप प्रेमपूर्ण कार्य करते हैं, तो आप संसार को एक बेहतर जगह बना देते हैं। हर बार जब आप किसी के प्रति प्रेम व्यक्त करते हैं, चाहे उसे इसकी ज़रूरत हो या न हो, तो आप उसके जीवन की गुणवत्ता को समृद्ध करते और बढ़ाते हैं। इसके साथ ही आप अपने जीवन की गुणवत्ता को भी समृद्ध करते और ऊपर उठाते हैं। आप ख़ुद को देवदूतों की जमात में पहुँचा देते हैं। आप अपने जीवन को दूसरों के लिए वरदान और अपने लिए एक अद्भुत अनुभव बना लेते हैं।

एमेट फ़ॉक्स ने प्रेम पर "द गोल्डन गेट" नामक सुंदर कविता लिखी है। यह कई सालों से मेरे लिए प्रेरणा का स्रोत है।

> प्रेम डर को दूर भगाता है।
> यह बहुत से पाप ढँक लेता है।
> यह पूरी तरह अजेय होता है।
> ऐसी कोई मुश्किल नहीं है, जिसे प्रेम न हरा सकता हो;

कोई बीमारी नहीं है, जिसका इलाज पर्याप्त प्रेम न कर सकता हो;
कोई दरवाज़ा नहीं है, जिसे पर्याप्त प्रेम न खोल सकता हो;
कोई खाई नहीं है, जिस पर पर्याप्त प्रेम पुल न बना सकता हो;
कोई दीवार नहीं है, जिसे पर्याप्त प्रेम न तोड़ सकता हो;
कोई पाप नहीं है, जिसका प्रायश्चित पर्याप्त प्रेम न कर सकता हो।
इससे कोई फ़र्क़ नहीं पड़ता कि मुश्किल कितनी बड़ी है,
स्थिति कितनी निराशाजनक है,
मामला कितना उलझा हुआ है, ग़लती कितनी बड़ी है।
प्रेम की पर्याप्त आपूर्ति इस सबको सुलझा देगी।

अगर आप सिर्फ़ पर्याप्त प्रेम कर सकें, तो आप दुनिया के सबसे ख़ुश और शक्तिशाली इंसान बन जाएँगे।

अगर आप अपने हर काम में, जीवन के हर क्षेत्र में सचमुच सफल और सुखी होना चाहते हैं, तो आपको हर मौक़े पर प्रेम देना सीखना चाहिए। प्रेम की अभिव्यक्ति और दयालुता के काम आपके लिए उतने ही स्वाभाविक होने चाहिए, जितना साँस लेना और छोड़ना होता है।

कुछ साल पहले मैं एक प्यारी महिला से मिला, जो दादी थीं। उन्होंने मुझे एक अद्‌भुत कहानी बताई। उन्होंने कहा कि उन्हें ऐसे घर में पाला गया था, जहाँ सचमुच प्रेमपूर्ण माता-पिता थे। उन्होंने उसे और उसके अन्य भाई-बहनों को सिखाया था कि हर एक के लिए प्रेम व्यक्त और महसूस करना कितना महत्वपूर्ण है, चाहे सामने वाले व्यवहार कैसा भी हो।

जब उनकी माँ गुज़र गई, तो भाई-बहन अपने माता-पिता की संपत्ति बाँटने के लिए इकट्‌ठे हुए। इस महिला की शादी एक दौलतमंद उद्योगपति से हुई थी, इसलिए उसे पैसे की कोई ज़रूरत नहीं थी। वास्तव में वह तो अपने माता-पिता के घर से सिर्फ़ एक चीज़ चाहती थी और यह एक तख़्ती थी, जो उसके बचपन में अँगीठी के ऊपर लिविंग रूम में लटकी रहती थी। जब किसी दूसरे व्यक्ति के साथ कोई समस्या पैदा होती थी, तो उसके माता-पिता अक्सर उस तख़्ती की ओर इशारा करते थे और उस पर लिखी सलाह ने जीवन भर उसका मार्गदर्शन किया था। तख़्ती पर लिखा थाः

सिर्फ़ एक जीवन, और वह भी जल्दी ही गुज़र जाता है;
सिर्फ़ प्रेम से किया गया काम अमर रहेगा।

अगर आप इस सशक्त विचार के मार्गदर्शन के हिसाब से अपना जीवन जीते

हैं - जो सभी युगों के महान प्रेमियों और चिंतकों की सकल बुद्धिमत्ता का सार है - तो शायद आपसे कभी ग़लती नहीं होगी।

सिर्फ़ एक जीवन, और वह भी जल्दी गुज़र जाता है;

सिर्फ़ प्रेम से किया गया काम अमर रहेगा।

अपने जीवन के परिदृश्य को पलटकर देखने पर आप पाएँगे कि आपकी सबसे क़ीमती संपत्तियाँ उन लोगों के विचार और यादें हैं, जिनसे आपने प्रेम किया है और जिन्होंने आपसे प्रेम किया है।

आपकी सबसे बड़ी ग़लतियाँ और आपके सबसे बड़े अफ़सोस प्रेम से संबंधित होते हैं - आपसे पर्याप्त प्रेम नहीं किया गया या आपने पर्याप्त प्रेम नहीं किया।

प्रेम शुरुआत है; प्रेम ही अंत है। जीवन में आपका उद्देश्य पूरी तरह प्रेमपूर्ण व्यक्ति बनना है। जीवन ध्यान का अध्ययन है। यह प्राथमिकताओं और विकल्पों का मामला है। आपका जीवन वह है, जो आप प्राथमिकताएँ तय करके और मनचाही चीज़ों पर ध्यान केंद्रित करने का विकल्प चुनकर इसे बनाते हैं। आपका काम सुखद जीवन जीना है और यह तभी संभव है, जब आप अपने दिमाग़ को प्रेम, करुणा और क्षमा के विचारों से भर लें।

सिर्फ़ एक जीवन, और वह भी जल्दी गुज़र जाता है;

सिर्फ़ प्रेम से किया गया काम अमर रहेगा।

यह युगों-युगों का रहस्य है, समूची मानवीय महानता की सच्ची बुनियाद है। यह मूलभूत जीवनमूल्य है और सच्चे असाधारण लोगों का अनिवार्य एकीकरण का सिद्धांत है। और प्रेम के बारे में सबसे अद्भुत चीज़ यह है कि आप अगर फ़ैसला कर लें, तो अपने जीवन को प्रेम से सराबोर कर सकते हैं। चुनाव आपका है। जैसा कि यह हमेशा रहा है।

मेरी शुभकामनाएँ आपके साथ हैं। मैं आपकी सफलता और ख़ुशी की कामना करता हूँ। और सबसे बढ़कर, मैं आपसे प्रेम की कामना करता हूँ।